KB233647

인물로 보는
한국 공연예술사

3

인물로 보는

한국 공연예술사 *3*

초판 1쇄 인쇄 · 2025년 4월 5일
초판 1쇄 발행 · 2025년 4월 15일

지은이 · 유 민 영
펴낸이 · 한 봉 숙
펴낸곳 · 푸른사상사

주간 · 맹문재 | 편집 · 지순이 | 교정 · 김수란, 노현정 | 마케팅 · 한정규
등록 · 1999년 7월 8일 제2-2876호
주소 · 경기도 파주시 회동길 337-16(서패동 470-6)
대표전화 · 031) 955-9111~2 | 팩시밀리 · 031) 955-9114
이메일 · prun21c@hanmail.net
홈페이지 · http://www.prun21c.com

ⓒ 유민영, 2025

ISBN 979-11-308-2234-1 94680
ISBN 979-11-308-2231-0(세트)

값 49,000원

History of Korean
Performing Arts in People 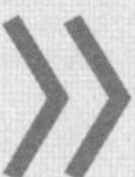

유민영

인물로 보는
한국 공연예술사

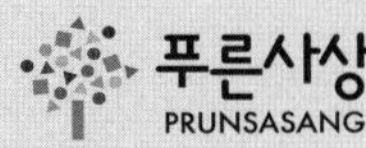
푸른사상
PRUNSASANG

오늘날 연극이 바탕이 된 영화를 비롯하여 뮤지컬, TV 드라마, OTT 드라마 등이 한류의 중요한 축(軸)으로서 세계인들의 환호를 받고 있어 한국인이면 누구나 자부심을 느끼지 않을 수 없을 것이다. 이와 같은 현상은 어느 날 갑자기 하늘에서 떨어진 것이 아니다. 천수백 년 동안 험난한 사회에서 일생을 바쳐 이 땅에 연극을 일궈온 선구자들이 있어 우리가 문화적으로도 일등 국민임을 세계인들에게서 인정받고 있는 것이다. 이 책은 바로 그 선구자들을 심층적으로 탐구한 것이다.

인물 선정의 대전제는 천수백 년에 걸친 우리 연극사를 엮어온 대표적 인물이어야 한다는 것이었다. 그러나 우리의 전통사회에서는 연극이나 무용, 음악 등을 하는 예능인들은 광대라 하여 천민으로 푸대접을 받아왔다. 그런 속에서도 예능이 좋아서, 또는 숙명적으로 그런 것을 하지 않을 수 없었던 사람들이 천수백 년 동안 이 땅에 연극이라는 문화를 형성해왔다. 그럼에도 불구하고 그들은 역사에 이름을 남기지 못하고 초라하게 사라져갔다. 삼국시대부터 가면극이 있었고 고려시대에는 꼭두각시인형극도 있었지만 광대로서 제대로 이름을 남긴 인물은 조선 후기에 판소리를 창극의 차원에서 정립한 신재효(申在孝)가 처음이다. 그 이전에도 수많은 광대들이 명멸했지만 변변한 기록이 없어 천착(穿鑿)의 대상이 될 수가 없다.

이 책은 신재효로부터 시작하여 최근에 타계한 연출가 안민수(安民洙)까지 한국 공연예술사의 흐름을 따라 그때그때 주요 역할을 한 인물들을 선정하여 그들의 삶과 예술세계를 탐색해나갔다. 불행하게도 연극이 배우의 예술임에도 불구하고 비평이 없었던 전 시대에 활동했던 배우들은 기록이 거의 없었다. 다행히 필자가 희곡사, 극장사, 연극사 등을 쓰기 위해 1960년대 중반부터 당시 생존해 있던 연극인들, 변기종, 서월영, 복혜숙, 석금성, 유치진, 박진, 진랑, 김연수, 김소희, 이서구, 전옥, 오영진, 고설봉, 지계순 등 많은 원로 연극인들을 찾아다니며 그들의 이야기를 녹음하고 스케치한 것이 있어서 기록의 한계를 극복하는 데 적잖은 도움이 되었다. 사실 배우의 경우는 작가나 연출가 등과 달리 기록이 희소한 데다가 그나마도 단편적이어서 그들의 삶과 예술세계를 재구(再構)하는 일은 쉽지가 않다. 바로 그 점에서 필자가 일찍이 벌인 녹음 작업이 새삼 소중한 자산이 될 수가 있었다.

배우 외에도 극작가, 연출가, 무대미술가, 제작자, 분장사, 연극학자 등 연극인들이 다수지만, 연극과 관련이 있는 비연극인들도 다수 포함되어 있다. 개화기에 극장 운영자로서 사라져가는 전통예술을 끈질기게 보존하면서 영화예술을 진흥시킨 박승필, 〈아리랑〉으로 창작영화의 지평을 연 나운규, 파란의 삶 속에서 여배우의 전범을 보여준 최은희, 처음으로 우리 손으로 전문적인 동양극장을 세우고 신무용의 단초를 제시한 배구자, 신무용을 개척하여 서양에까지 소개했던 탁월한 무용가 조택원, 극작가 김우진과 비련의 정사를 한 최초의 소프라노 윤심덕, 「떠나가는 배」로 유명한 시인이며 서양 희곡을 제대로 번역한 박용철 등, 연극운동가, 영화인, 서양음악가, 신무용가, 번역자까지 다양한 인물들이 망라되었다. 이들이 각자 자기 분야에서 대성했지만 연극에도 크게 기여한 인물들이다.

일이 되느라 최근 『북한연극사』(2024)를 쓰면서 얻은 귀중한 북한 자료로 월북 연극인들인 송영, 김선영, 박영호, 황철, 함세덕, 임선규 등의 예술 활동을 크게 보완할 수가 있었던 것은 더 없는 소득이라 하겠다. 20여 년 전에도 인물 연극사를 한 차례 펴낸 적이 있었으나, 그 이후 발굴한 자료들이 적지 않아 새로 정리하여 집필해야겠다는 생각이 마음속 깊은 곳에 빚으로 남아 있던 차에 『북한연극사』의 발간이 나를 채찍질한 셈이다.

분량이 많아져서 세 권으로 나누게 되었다. 3권에서는 연극 대중화를 이끌어낸 연출가 이진순부터 연극학과 민속학의 석학 이두현까지, 18명의 인물들을 탐구 대상으로 삼았다. 오늘날 전세계적인 인기를 누리고 있는 한류의 기반이 되는 한국 공연예술의 성장과 성숙의 시기를 다룬 것이다.

출판시장 상황이 어려운데도 불구하고 방대한 분량의 졸저를 출판해준 푸른사상사 한봉숙 대표와 편집부원들에게 깊은 감사를 표한다.

2025년 3월
유민영

제6부 한국 현대연극의 거목들

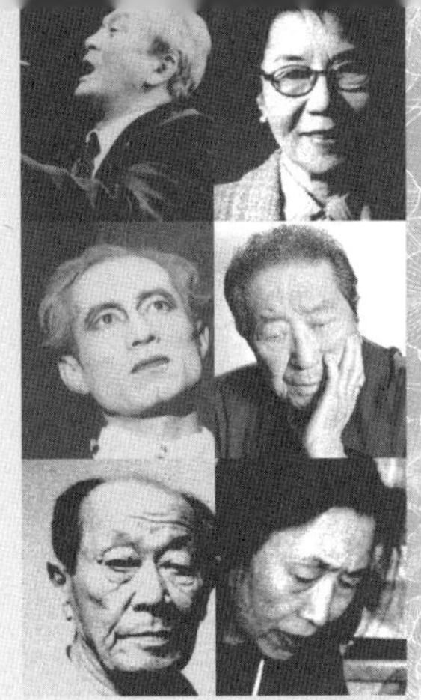

현대극으로의 발돋움 (2)

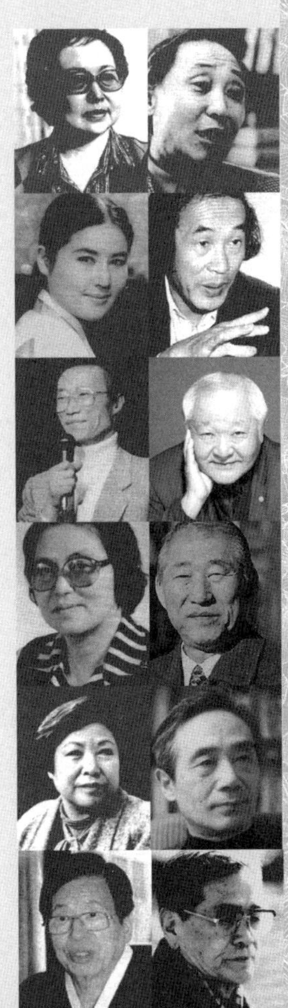

연극 대중화의 길로 나아간 연출가
이진순

한 인간에 대해 올바른 평가는 시대가 바뀐 뒤라야 가능하다고들 말한다. 그렇다면 연출가 이진순(李眞淳)에 대해서도 오늘날에 이르러서야 비로소 제대로 된 평가가 가능하게 되었다고 할 수 있다. 한 사람의 예술가를 평가할 때, 그가 누린 직위나 훈포상 같은 것은 그리 중요한 척도가 아니다. 그런 세속적인 요소들은 오히려 그 인물에 대한 올바른 평가를 방해할 수도 있기 때문이다. 특히 예술가를 평가할 때 그러한 것들은 그의 진체(眞體)를 훼손할 수도 있다. 예술가를 평가하려면 그가 어떤 예술관을 갖고 그것을 구체적으로 실천해서 문화예술 발전에 기여했느냐에 초점을 맞추어야 한다. 그런 측면에서 보았을 때, 연출가 이진순은 그의 업적에 상응하는 평가를 받고 있느냐 하는 의구심을 가질 수도 있을 것이다.

사실 그동안 우리의 연극 연구 분야에서는 극작가 위주의 평가 작업은 활발했지만 연출가나 배우 등은 소외되어왔다. 극작가 외에는 자료 부족으로 올바른 평가가 쉽지 않았기 때문이다. 극작가는 희곡을 고스란히 남기지만 연출가나 배우는 남길 만한 것이 별로 없다. 배우나 연출가는 스스로 연기론이나 연출론을 써놓지 않는 한 그들이 정열을 쏟은 만큼의 흔적을 남기기가 어려운 영역의 사람들이다. 아무리 명작을 만들어도 막이 내림과 함께 작품은 사라지기 때문이다. 영상 녹화 기술이 발전하지 못한 시절에는 더욱 그러했다. 여기에는 물론 우리 연극학의 일천함과 취약한 기반에도 책임이 없지는 않다.

외국의 침략과 항쟁, 동족상잔과 혁명으로 점철된 현대사를 헤쳐오는 동안 많은 사람들이 그랬던 것처럼 이진순 역시 예술가로서는 비교적 굴곡 많은 삶을 살아왔다. 그가 40세를 훌쩍 넘겨 만혼을 하고 가정 안정을 찾았다는 것 한 가지만 보아도 그의 삶이 평탄치 못했다는 것을 어느 정도 짐작할 수가 있을 것이다. 그런데 그 굴곡 많은 삶은 대체로 생애 전반에 해당될 뿐 후반은 행복했다고 말할 수 있지 않을까 싶다. 물론 그러한 삶이 뒷날 그의 예술 창조에 플러스 요인이 되었다고 보는데, 가령 현실에 대한 통찰력이라든가 무대예술 작업에 대한 융통성, 그리고 상업적 측면에서의 스케일 등에서 구체적으로 드러나지 않았나 싶다.

1916년 평안북도 신의주에서 중산층 가정의 외동아들로 태어난 그는 신식 교육을 받은 부모 밑에서 어려움 없이 유년 시절을 보냈다. 부친(이근태)은 일본 와세다대학 출신이고, 모친 역시 이화여전 출신의 최고 인텔리였다. 그러나 부친이 독립운동에 가담하면서 그는 소년 시절을 시베리아, 일본, 만주, 몽고 등지를 떠돌며 어렵게 보내야 했다. 그의 회고에 의하면 그의 부모는 그가 4세 때 미국으로 건너갈 생각까지 했었다고 한다. 물론 그런 시도가 좌절되고 뜻하지 않은 시베리아에 정착하게 된다. 따라서 그는 초등학교부터 여기저기 교육제도가 다른 곳에서 불규칙하게 공부해야 했고, 그런 상황은 중등학교까지 이어졌다. 만주 영실학교로부터 시작하여 귀국 후 평양의 광성학교, 진남포의 삼성학교와 제2보통학교 등의 입퇴학이 바로 그러한 방황의 증좌였다. 그런 중에도 교육열이 대단히 강했던 모친은 그를 혼자서 먼 광성학교로 보내놓고 오랜 기간 가족과 떨어져 살도록 했다고 한다. 그리하여 그는 방랑과 소외에서 오는 고독을 되씹는 소년으로 성장한다. 그러한 성장 배경과 북방지역 특유의 강인한 성향이 합쳐져서 그가 의지의 사나이가 된 것 아닌가 싶다.

그리고 후배 연극인들이 그에게서 어딘가 이국적인 분위기를 느끼게 된 것

　　　　제5부　현대극으로의 발돋움 (2)

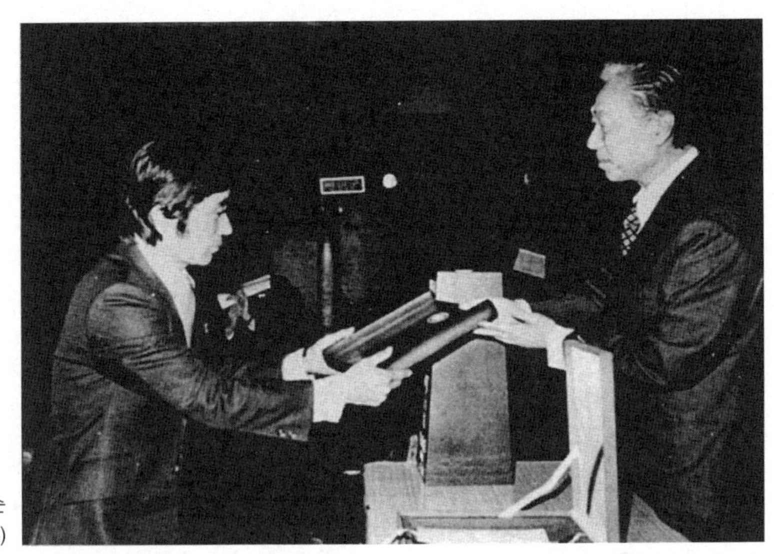

이진순
(오른쪽)

도 우연의 일이 아닐 것 같다. 이런 그가 하필이면 그 많은 직업 중에서 연극을 택했을까도 하나의 의문이지만 여러 가지 정황을 살펴보면 그에게 있어서 연극은 하나의 운명이랄 수 있겠다. 가령 그가 만주에서 살았던 시절, 즉 그가 다섯 살 무렵 외삼촌이 교회 연극을 하면서 그를 억지로 무대에 출연시킨 일이 있다고 한다. 그 얼마 후 그는 외조모를 따라 무성영화를 구경한 적이 있는데, 이 두 사건(?)이 어린 그의 심성을 자극함으로써 일찍부터 그로 하여금 무대예술에 자연스럽게 이끌리게 했다고 회고한 적이 있다.[1] 그뿐만 아니라 그 자신도 천성적으로 감수성이 예민하고 문예에 남다른 호기심을 가졌다는 것이다. 그런 그에게 나운규의 영화와 극단 취성좌의 공연 관람은 하나의 충격이었다. 이러한 유소년 시절의 예술 체험이 그로 하여금 소학교 때 이미 학예회에서 〈돌아오는 아버지〉(菊之寬)를 연출케 했고, 장차 '내 인생은 연극이다'라고 결심케 했다는 것이다. 따라서 그가 장차 연극인이 되기 위해서 니혼대학(日本大學) 예술과를 택한 것은 극히 자연스런 것이라고 볼 수가 있다. 그는

---

1 이진순의 회고담, 1983.5.2.

대학에 가서 장차 함께 연극운동을 벌일 이해랑, 김동원, 박동근 등 연극지망생들과 교유하면서 아시아에서는 가장 선진적인 무대예술을 호흡하게 된다. 그는 성격이 활달해서 교유의 폭이 넓었고, 미지에의 호기심 역시 누구보다도 강했기 때문에 항상 새로움을 찾아 자유분방한 생활을 했다. 그는 1934년에 이해랑, 김동원 등과 동경학생예술좌를 조직했는데, 그것은 미래 우리 연극을 위한 인재 양성과 본격 소극장운동을 전개하기 위해서였다. 그는 학교생활보다는 학생예술좌활동과 아방가르드 영화에 심취했었다.

항상 분주하고 어수선했던 그의 모습을 보고 동료 임호권(林虎權)은 매우 재미있는 평을 한 바 있다. "떠버리, 성격이 여름날 야시장처럼 어수선한 것이 마치 인파만파 속에서 장사치들의 싸구려 소리가 들리는 것 같다. 얼굴은 클라크 게이블과 같이 야성미가 있고 살빛은 에디오피언 사촌뻘쯤 될 게다. 그는 달리는 야행열차와 같은 억센 정열을 가졌다. 언제나 분주한 그 표정이 현대인다운 것을 엿보게 한다. 어디를 그렇게 설설거리며 돌아다니는지 동물명이 설설이다. 소설에서 태작을 많이 쓰던 사람이 엉뚱한 걸작을 낸다고 그의 수다한 말 중에서 엉뚱한 명안(名案)이 많이 나온다. 그러므로 그는 우리좌에서 없지 못할 존재다. 무슨 회 때 그가 빠지면 조용한 것이 재미가 없는 것이다. 아방가르드 영화의 연구자다. 진지한 태도로 영화공부만을 꾸준히 하는 것이 대기(大器)될 가능성을 보여준다. 그러나 지금은 지식의 지편(紙片)들이 아무렇게나 쌓여만 있지 정리가 되지 못한 듯하다. 그는 자기가 애용하는 마도로스 파이프를 대통령이라 부른다(이것만으로도 그의 성품을 알 수 있다). 설설이의 발길은 머지않아 뒤꼬리를 분주히 흔들며 이상향을 찾아가리라."[2]

이상의 평에서 알 수 있는 것처럼 그는 성격이 매우 수선스럽고 수다스러웠으며 허풍기가 많았던 것 같다. 여름날 야시장이 얼마나 시끄러운가. 그런데 흥미로운 사실은 그가 도쿄 유학 시절에는 연극 이상으로 아방가르드 영화에

---

2 『막』 제2호, 1935.3.

　　　　　　　　　　제5부　현대극으로의 발돋움 (2)

심취해서 장차 영화인으로 입신할 것 같았다는 사실이다. 그러나 그는 평생 영화와는 거리를 두고 살았다. 그만큼 대학 시절에 관심 가졌던 것을 성인이 된 뒤에까지 그대로 밀고 가지는 않는다는 점을 그가 보여주고 있어 흥미롭다. 또한 그가 이미 대학 시절부터 애연가였다는 사실이다. 그는 누구보다도 담배를 많이 피운 연극인이었다. 60대 접어들어 아파트로 이주해 살면서부터 금연을 했지만 그전까지는 담배를 물고 살다시피 했었다. 그만큼 그는 청년 시절의 어수선한 성격과 취향을 성년에 와서도 거의 그대로 가지고 있었다. 특히 강인하면서도 열정적인 성품이라든가 의리를 중시한 것 등 장점이 많았고, 대기만성형으로 본 것도 정확한 관찰이었다. 그는 유학 시절 친구를 좋아해서 자기 자신도 어려운 가운데 허기진 유학생들의 배를 채워주는 일을 마다하지 않았다고 한다.

학생예술좌에서는 주로 단역배우로 무대에 섰고, 1938년 귀국과 동시에 이해랑, 김동원 등과 극연좌에 신인배우로 입단해서 전문 극단의 무대에 몇 번 섰었다. 그가 출연한 작품은 〈목격자〉(맥스웰 앤더슨 작)와 〈깨어서 노래 부르자〉(클리포드 오데츠 작) 두 편에 단역으로 극장 무대에 섰었다. 그러나 그는 곧 가족과 함께 중국 베이징으로 훌쩍 떠나며 연극계와 결별케 된다. 이후 1938년 말부터 해방과 함께 귀국(1946)할 때까지 8년 가까이 중국에서 살았는데, 22세 때부터 30세까지 청년 시절을 중국땅에서 보낸 셈이다. 그가 가장 열정이 넘칠 시기에 외지에서 살면서 무엇을 어떻게 했는지 확실하게 밝혀진 것은 없지만 생업 중에도 베이징에서 간간이 연극을 한 것만은 사실인 듯싶다.

가령 그가 한 회고에서 "가장 소중한 젊은 시절 그 시절을 중국의 신극과 외국의 여러 분야 예술을 접하면서 보내게 된 것이다. 당시 중국은 돈 벌러 가는 곳이었기 때문에 예술을 하는 사람들은 별로 없었다. 그나마 몇몇 사람들이 연극에 대한 뜻을 같이 하게 되었고 나는 연극을 할 것을 주장하였다. 문학평론가 백철 선생의 도움을 받아 〈춘향전〉을 공연하게 되었고 이때부터 본격적으로 연출을 하게 되었다"고 말한 바 있다. 물론 중국생활 8년여 동안에 작품 한

편 연출한 것으로 미루어 그가 생업으로 힘들게 산 것 같고 연극을 완전히 저버리지는 않은 것만은 확실하다. 그리고 거기서 중국 전통극이라든가 서양 문화를 어느 정도 접했던 것도 부인할 수 없다고 볼 수 있다. 그가 누구보다도 경극(京劇)에 조예가 깊어서 뒷날 창극(水宮歌) 연출에 부분적으로나마 그것을 원용했던 것도 그의 중국생활과 무관치 않을 것 같다.

여하튼 그는 해방과 함께 곧바로 귀국해서 연극운동에 뛰어들었다. 대학 동기생들인 이해랑, 김동원 등과 어울리다가 1947년 10월에 중국통이라 할 번역가 김광주(金光洲)와 손잡고 극단 신지극사라는 단체를 만들어 역시 중국 희곡 〈태양이 그리워(日出)〉(조우 작)를 직접 연출해서 귀국 신고를 했는데, 출연자는 김승호, 강계식, 전두영, 장일, 박현, 노재신, 하옥주 등 신진들이었으며 반응은 신통치 않았다. 그는 이에 굴하지 않고 청산리전투를 배경으로 한 독립운동 이야기를 소재로 직접 쓴 희곡 〈언덕에 꽃은 피고〉를 무대에 올렸으나 창립공연만도 못했다. 그가 해방공간에서 자신만의 위상을 찾아보려 했으나 역시 8년여의 공백을 메꾸기에는 역부족이었다. 그의 동기생들인 이해랑, 김동원 등은 이미 연극계에서 확고한 위치를 차지하고 맹활약하고 있었던 데 비해서 그는 너무나 초라한 것이었다. 다행히 당시는 대학극이 다시 활기를 찾기 시작하던 때라서 그는 대학극 연출에서 무언가를 찾아보려 했고 유치진 주도의 연극학회 일을 도우면서 재기를 기다리는 수밖에 없었다. 즉 그는 연극학회 주최의 대학 강습회에서 연출론을 강의하기도 하고 간간이 들어오는 악극단들의 연출을 생업으로 삼기도 했다. 그만큼 그는 연극계 주류에서 벗어나 있었다.

그러다가 6·25전쟁을 만나면서 그의 인생은 크게 전환점을 맞는다. 그는 서울에서 숨어 지냈고, 9·28수복 때는 연극동지들을 모아 수도극장에 〈붉었던 서울〉(김영수 작)이라는 반공극을 올릴 만큼 철저한 반공주의자였다. 그렇기 때문에 그는 1·4후퇴 당시 가장 먼저 피난길에 올랐고 대구와 부산을 오가며 연출 활동을 한 것이다. 이때 신협의 〈붉은 장갑〉(사르트르 원작)을 연출했는데 공연이 크게 실패하면서 신협과 멀어졌고 대신 서항석이 극장장으로 있는

국립극장 쪽으로 기울었다. 서항석이 함경도 사람이어서였는지는 몰라도 평
안도 출신인 그와 가까웠다. 그는 악극 연출로 생계를 꾸려갔지만 국립극장이
대구에서 문을 열면서부터는 거기서 여러 가지 일을 했다. 그가 1950년 국립
극장 개관공연 때 오페라 〈춘향전〉을 연출한 이래 깊은 인연을 맺어왔기 때문
에 대구에서의 일은 극히 자연스런 것이기도 했다. 특히 그가 해방 직후 악극
연출을 많이 했기 때문에 음악에 대해서 어느 정도 알았고, 그래서 오페라 연
출도 그가 할 수가 있었다. 사실 당시 오페라를 할 만한 전문 연출가가 전무한
때라서 그는 대학 오페라도 도맡아 하다시피 했다. 그가 뒷날 창극 연출에 남
다른 애착을 가졌던 것도 이와 무관치 않다. 그러나 그가 이처럼 무대예술 형
식을 가리지 않고 닥치는 대로 연출을 한 것에 비판적인 이도 없지는 않다. 그
가 명확한 연출관도 없이 먹고살기 위해 연출을 한다고 보았기 때문이다. 그
러나 그가 오직 수입만을 위해서 장르를 넘나든 것 같지는 않고, 음악을 좋아
하는 데다가 어디에도 소속되지 않았기 때문에 자유롭게 작업했던 것 같다.

그가 대학극 연출과 강의에 열심이었던 배경은 아무래도 유치진 주도의 연
극학회에서 잔일을 하면서부터였다. 가령 서라벌예대라든가 동국대 등에서
강의를 한 것도 그런 연유에서였다. 그렇다면 왜 그가 그처럼 젊은이들에게
관심을 많이 가졌을까. 이는 두말할 필요도 없이 기성연극계에 너무나 실망한
데 따른 것이었다. 그는 어떤 글에서 "오늘 우리 연극계는 연극정신에서 살겠
다는 소박한 감정과는 어느덧 거리가 멀어져 탁해지고 둔해지고 어지러워졌
다. 이것은 이미 아마추어가 아니고 프로페셔널이란 의식이 그렇게 만들어주
는지는 몰라도 연극정신엔 아마추어건 프로페셔널이건 변함이 있을 수 없다.
또 지금의 기성연극인들만으로는 어찌 할 수 없는 궁지까지 온 것이 현 연극
계의 위기일런지도 모른다. 이 모든 정리되지 않은 기성에 저항하는 것은 오
직 신인에게 바라는 것뿐"[3]이라고 쓴 바도 있다.

---

3 〈작가를 찾는 6인의 등장인물〉 팸플릿.

이처럼 그는 환도 직후의 기성연극계에 절망하고 있었기 때문에 대학과 국립극장 신인배우양성소에 열정을 쏟았다. 그는 언제나 어른답게 젊은 후진들에게 관심이 많았고 충고도 많이 한 편이다. 그는 후배 제자들을 만나서는 "젊은 연극인들이여, 결코 좌절하지 말라. 보는 이에게 감동을 주기 위한 뼈를 깎는 고통의 작업이 실패한다 하더라도 결코 좌절하지 말라. 풍족하게 살 수 없는 것이 연극이라면 오히려 그것을 아끼고 사랑해야 한다. 마지막으로 왜 연극을 안 하면 안 되는가 하는 생각을 항상 품고 있어야 한다는 말을 하고 싶다. 호기심, 흥미, 근접 분야로 가기 위한 과정에서라면 애당초 연극을 안 하는 것이 낫다. 확실한 목적을 갖고 뛰어라. 그러나 우리 모두 일등으로 들어설 수는 없다. 그리고 일등이 있을 수도 없다. 젊은이들이여, 그러니 결코 좌절하지 말라. 그것의 지름길은 자아발견뿐이다"라고 충고했다. 거기에 그치지 않고 "우리의 개성을 찾자. 아울러 연극을 괴롭히는 근접예술이 눈에 띄게 발전하고 있다. 영화, 텔레비전 등. 하지만 그들 속에서 우리 연극만의 독특한 세계를 찾아야 한다. 영화나 텔레비전에서 볼 수 없었던 예술성과 그 미학을 앞서 말한 우리의 개성, 한국적인 성격과 덧붙여 재창조해야 한다"고 친절하게 방향까지 제시했다.

그런 그도 1960년대 동인제 극단 시대가 열리자 극단 광장(廣場)을 조직하고 나왔는데, 그것이 1966년이었다. 그는 광장 창단의 변에서 "어디까지나 민중과 더불어 살며 입김을 나눠야 한다. 민중이 연극에서 멀어져가는 데는 여러 가지 원인이 있겠지만 연극에 대한 애정을 느끼지 못하는 데 있지 않을까"[4]라고 말한 것에서도 알 수 있듯이 그는 기성연극이 민중과 괴리되어 있다고 보았다. 그러면서 그는 고설봉, 백성희, 신원균, 이진수, 이석구, 고은정 등 중견과 신인들을 중심으로 단원을 구성하고 셰익스피어의 〈윈저의 아낙네들〉로 창단공연을 갖기에 이른다. 그런데 창단의 변이나 창립공연작을 보면 그가

4　창립공연 팸플릿.

건전한 전문 연극을 추구하려 했던 것 같다. 어떤 참신성이라든가 기성연극계를 긴장시킬 만한 이념을 들고 나온 것은 아니라는 이야기다. 솔직히 그가 해방 직후 만들었던 신지극사라는 극단을 한 번 가져보았으나 단 2회라는 단명으로 끝나면서 20여 년 동안 객원으로 남의 단체서 일해온 여한을 풀어보려는 의도도 없지 않았던 것 같다.

그는 극단의 성격을 분명히 하기 위해서 안톤 체호프라든가 베데킨트 등과 같은 사실주의와 표현주의 작품을 무대에 올리는 한편 고동율, 김자림, 김숙현, 조성현 등 신진 무명작가들의 작품을 과감히 취택하기도 했다. 그가 흥행 성과와는 거리가 먼 근대극이나 신인 작품을 계속해서 무대에 올린 이유는 올바른 근대극 정립과 창작극의 빈곤을 타개해보기 위해서였다. 그가 해방 직후 악극 연출과 오페라 연출을 많이 한 관계로 음악극에 언제나 애정을 갖고 있었고, 국립극장에서 창극정립운동에도 남다른 열정을 가졌었다. 그는 또 어려운 속에서도 『연극』이라는 전문 잡지를 자비로 발간하기도 했는데, 역시 재정 문제로 단 두 번 내는 것으로 끝나긴 했다. 다만 여기서 그의 연극에 대한 열정을 읽을 수 있다는 이야기가 될 뿐만 아니라 우리 연극계에 전문 잡지의 필요성도 일깨워 주었다는 점에서 의미가 크다고 말할 수 있다. 그의 전문 잡지 발간의 꿈은 1970년대에 와서 이루어졌다. 즉 그가 동국대학에 터를 잡은 데다가 연극협회 책임자가 되면서 생활도 안정되고 문예진흥원도 생겨남으로써 월간잡지를 펴낼 수가 있게 된 것이다. 그는 잡지 발간으로 만족치 않고 희곡집도 펴냈으며 연극 대중화에 앞장서기도 했다.

마침 실험극장에서 〈에쿠우스〉가 폭발적 붐을 몰고 오면서 그는 대극장을 통해 화답이라도 하는 듯이 대형공연으로 관중을 모으는 일을 했다. 사실 그가 대형작품을 하기 전에는 뒤렌마트의 〈로물루스 대제〉 같은 대체로 진지한 작품을 선호했었다. 그런 그가 1970년대 들어서 상업성 짙은 대형공연을 선호한 것은 당초 그가 꿈꾸었던 연극 대중화가 임박했다는 인식을 한 데 따른 것이고, 마침 세종문화회관이 문을 엶으로써 그 실현이 가능하다고 확신했던 것 같다. 그로서는 한 연극인으로서 전성기를 맞은 것이기도 했다. 전술한 바 있듯이 그는 서른 살까지 중국 등지를 떠돌며 불안정한 생활을 했고, 귀국해서도 거의 쉰 살이 다 될 때까지 매우 힘겨운 생활을 했었다. 가령 그의 대학 동기들인 이해랑이나 김동원은 연출가와 배우로서 대성해 있을 때도 그는 연극계와 문화계에서 별로 각광을 받지 못했었다. 그런 그였지만 일찍이 친구 임호권이 평했던 대로 그는 대기만성형으로서 50대 후반에 와서야 연극인생의 꽃을 피울 수가 있었다. 이처럼 대기만성형이었던 그가 1984년 68세를 일기로 세상을 뜸으로써 만년의 복을 다 누리지는 못한 것 같다.

그렇다면 그가 한 시대의 연극인으로서 우리 연극사에 어떤 공로를 남긴 것일까. 가령 그가 몇몇 지면과 공개강좌 등에서 밝힌 연극관을 살펴보면 대체로 오서독스하면서도 사회성을 띤 것이 특징이다. 즉 그는 연극이란 무엇인가라는 질문을 받자 '그 시대의 발언'이라는 답변으로부터 시작한다. 그리고 이어서 연극은 '해답 아닌 물음에 접근하여 생활에 영향을 주고 충격을 불러일으켜서 자기 발전을 기하는 데 역할 하는 것'이라 정의한다. 그러면서 그는 자기가 하는 연극은 '리얼리즘에서 출발한 것'(『일간스포츠』 1976.3.6)이라고 분명히 밝혔다. 그는 또 다른 신문과의 대담에서도 "막이 오른다는 것은 어쩌면 인생의 한 단면이 새로 전개되는 그런 현실일지도 모른다. 우리가 살고 있는 현실이 제1의 현실이라고 한다면 막이 오른 후 무대에서 펼쳐지는 현실은 제2의 현실이 될 것이다. 말하자면 꾸며서 만들어낸 현실"(『조선일보』 1974.12.21)이라고 정의함으로써 자신이 사실주의 연출가임을 명확히 밝혔다. 그는 거기에 그치지 않고 연극의 한 요소인 관객과 관련해서는 "연극을 봄으로써 생각하게 되고 감격을 받아들임으로써 우리들이 지니고 있던 무겁고 짜증스러운 여러 가지 부담이 정신적으로 가벼워지는 것"(『동아일보』 1975.8.4)이라 하여 자신이 정통적인 연출가임을 분명히 했다.

이상과 같은 그의 생각을 종합해보면 그는 역시 19세기 후반 이후 서구 근대극, 특히 스타니슬라프스키로부터 출발하여 메이어홀드, 라인하르트 등의 연출관을 혼합해서 자기화하려 노력한 연출가라고 말할 수가 있을 것 같다. 가령 그가 비교적 연출 초기에 쓴 '연출노트'에도 보면 "연출가가 그리는 인물은 즉 산 배우를 움직이는 창작가이다. 산 배우에게 다른 성격과 생명을 불어넣어주는 창작가"라 하여 극작가, 배우, 연출가의 창조영역을 확연히 구분했다. 이어서 그는 "연출이 주관이 없을 때, 연극에 등장하는 모든 배우들은 성격이 없는 인형이 되고 동시에 무대장치조명도 통일이 없어질 것이다. 연출은 허다한 부서를 결합시키는 감독자로 끝나서는 안 된다. 이 여러 가지 각 부문을 살려 조화가 되게 하며 그것이 합쳐졌을 때, 하나의 연극으로서 예술적 생명을 약동시킬 수 있는 종합체를 구성하는 데 연출의 힘이 있는 것이다. 연출가는 배우가 원래 지니고 있는 그 개성, 성격, 외모를 사랑하는 데서부터 출발하지 않으면 안 된다. 어떤 인간을 무대에서 행동케 하느냐 이것이 연출의 제1조건이 될 것"이라는 것이다. 그러면서 그는 "희곡 배우 연출가는 조용한 희곡에서 움직이는 배우에게 자신의 설계도를 내보이는데" 이 설계도 속에는 "자연과 또한 그 속에서 생활하는 인간상이 연출가의 두뇌를 통과하여 무대적인 리얼리즘으로 나타난다"고도 했다. 따라서 연출가에게는 "관중의 기호에 좌우되지 않는 고집, 의지, 인생관, 예술관이 체내에 굵직하게 도사려 있어야 한다"면서 "연출가는 오늘에서 내일을 향하여 살아야 한다. 그러나 어제를 되돌아볼 줄 아는 아량과 반성이 뒤따라야 한다."고 했다.

이러한 그의 연출관, 더 나아가 예술관을 분석해보면 그가 비교적 리얼리스트로서 근대극의 기본이념에 충실하려는 자세를 취하고 있음을 확인할 수 있다. 다만 동시대의 연출가 이해랑 등과 비교해보면 그가 연출가를 배우 위에 놓음으로써 연출에 큰 비중을 둔다는 점이라 하겠다. 그는 사실 신극사에 있어서는 제4세대쯤에 놓이지만 연출사에 있어서는 제3세대에 속한다. 즉 홍해성의 제1세대에 이어 유치진 등의 제2세대, 그리고 이해랑, 이원경 등과 함께 제3세대에 속한다. 그런데 제1세대부터 제3세대까지는 모두가 19세기 후반의 서구 근대극, 특히 러시아를 중심으로 한 근대극술을 하나의 전범으로 삼았고, 따라서 연출은 스타니슬라프스키 시스템을 동양에서 처음 시험한 쓰키지 소극장 연극에 영향 받았다고 말할 수 있다.

그럼에도 불구하고 이진순만은 이런 큰 줄기를 추종했으면서도 나름대로 융통성을 발휘한 연출가였다. 스타니슬라프스키, 메이어홀드, 막스 라인하르트 등의 장점을 혼합해보려 노력한 것이다. 그러한 그 나름대로의 노력은 연출노트에도 잘 나타나 있는데, "저 위대한 라인하르트의 스펙터클하고 웅장한 무대의 구사를 잊을 수는 없다. 또한 스타니슬라프스키의 사실주의 무대와 메이어홀드의 표현파적 양식 무대의 창조는 확실히 연출의 위치와 연극의 성격을 예술적으로 표현한 좋은 표본"이라 경탄한 바 있다. 이러한 그의 연출관에서 두드러지게 나타나는 것은 그가 윌리엄 포엘로부터 시작하여 막스 라인하르트에서 꽃피는 소위 절충주의(折衷主義)에 영향을 받고 있다는 점이다. 이처럼 그가 리얼리즘에 바탕을 두면서도 연출가를 연극의 최고 지위에 올려놓는 자세는 역시 라인하르트식의 절충주의에 근거한 것이다. 그가 이해랑과 함께 연극수업을 받고 동시대에 연출을 했으면서도 다른 성향을 보여준 것은 순전히 라인하르트의 절충주의를 추종했기 때문이다. 그에 따라 그는 여러 가지 연극 장르를 넘나들면서 스펙터클한 대작을 많이 연출했다.

가령 그가 1976년 3월에 연출했던 톨스토이 원작의 〈전쟁과 평화〉 같은 작품도 하나의 예가 될 수 있는데, 연출의 변에서 그는 "내 연극은 리얼리즘에서 출발해서 지금의 바탕은 리얼리즘이지만 거기에 집착하지 않고 무대를 통해 새로운 테크닉을 개발, 발견해 이를 과감히 표시하려는 자세를 지키고 있다. 시대의 발전 변화에 따라 연극의 창조 작업도 변하는 게 원칙이지만 변화 자체에 민감한 모방 추종적인 변화는 무의미하다"고 실토한 바 있다. 이러한 그의 설명 속에는 라인하르트식의 절충주의 냄새가 짙게 배어 있기도 하지만 그보다는 그의 열린 감각이라 보고 싶다.

대개의 동시대 연출가들이 리얼리즘을 금과옥조로 삼고 거기서 벗어나는 것을 꺼렸지만 그는 과감하게 그런 경직성을 벗어던진 것이다. 물론 보기에 따라서는 그가 비판 받을 수도 있다. 정통 리얼리스트를 자처해온 그가 연극사에 남을 만한 걸작 한 편 남기지 못하고 순전히 수익성만 고려해서 이상스런 대작을 만들어놓는 것이 예술가의 진정한 자세냐 하는 것이 그런 지적이었다. 그러나 분명한 것은 그가 자신의 변화무쌍한 삶만큼이나 끊임없이 자신을 변화시키려 애썼던 것만은 사실이었다. 즉 그는 자기가 겪어온 연극 체험을 바탕으로 해서 해방 이후 1970년까지의 연극 진행 과정을 정리도 했고 연극의 직업화를 앞장서서 부르짖기도 했다. 그래서 연극계 일각에서는 그가 저질 상업주의를 부추기는 장본인이라 매도당하기도 했었다. 그런 일부의 비판과 관련해서 그는 한 인터뷰에서 "내가 말하는 전문화라는 것은 '무르익은 연극'을 내놓자는 것이다. 그래서 돈도 벌고…. 그러나 '상업연극과는 뜻이 좀 다르다. 소박한 표현으로 알찬 내용, 참신한 내용을 담아서 여러 계층 사람이 모두 호응하는 연극"이라고 그 한계를 분명히 했었다. 그러면서 그는 상업연극이 결코 나쁜 것이 아니라는 주장도 폈다. 그는 KBS에 출연해서 "다시 말해서 상업화가 되어야 한다. 전문적인 상업화는 결코 나쁜 것이 아니다. 보다 알차고 많은 투자를 통해 연극을 어른스럽게 만들어야 한다. 어떤 이들은 극단이 많이 생기는 것을 걱정하기도 하지만 난 그렇게 보지 않는다. 뭐든지 씨를 많이 뿌리면 걷는 수확도 많아지게 된다."[5]고 주장한 바도 있다. 그가 말하는 잘 만들어지고 세련된 연극이란 결국 모든 계층의 사람들이 즐길 수 있는 것으로서 과거 동양극장시대 대중연극의 현대판을 염두에 둔 것이 아닐지 모르겠다. 그런 그의 생각은 오늘날 뮤지컬이 유행하는 현실과 부합하는 것이긴 하다. 다만 그가 그런 주장을 하기 전에 리얼리즘극의 전범이 될 만한 연출작품을 하나라도 남겨놓았더라면 하는 아쉬움이 없지 않다. 그렇다면 그는 맹목적인 서구 추수적인 연출가인가 하는 점이다.

그의 연출 목록을 훑어보면 번역극이 많은 것이 사실이지만 그것은 어디까

---

5 김혁수, 「지촌 이진순의 나의 회고록」, 『한국연극』 통권 제212호.

지나 창작극 빈곤시대의 연출행적이고, 실제로는 창작극 개발에 신경을 적잖게 쓴 연출가였다. 그 한 예로서 자신의 극단 광장을 통해서 고동율(高東栗), 김숙현 등 신진 극작가들을 발굴했고 국립극장에서도 창작극 연출을 여러 번 했었다. 그가 1970년대 초 행한 어느 강연에서 "지금 창작극보다 번역극에 관객이 몰리고 있는 현실에 연극인들은 책임을 느끼고 무엇보다 창작희곡의 출현에 노력해야 한다"고 외친 바도 있다.

그는 평생 2백여 편의 작품을 연출했는데, 이는 동양극장시대의 홍해성이라든가 그의 동료 이해랑 못지않을 만큼 많은 양의 연출경력이다. 다만 그의 많은 연출작품 목록에는 홍해성이나 이해랑과는 달리 악극이나 창극 등 정통연극에서 벗어나는 작품이 태반을 이룬다는 점에서 차이가 날 뿐이다. 이런 그의 연출작품을 시대별로 분류해서 설명하는 것은 의미가 없을 것 같고, 오히려 장르별로 설명하는 것이 적절할 것 같다. 전술한 바 있듯이 그가 연출가로 정식 데뷔한 것은 해방과 함께 중국으로부터 귀국해서 1947년 10월의 〈태양이 그리워〉(조우 작)였다. 그러니까 니혼대학 시절 학생예술좌 활동과 졸업 후 귀국해서 잠시 극연좌 시절에는 배우로 무대에 섰으므로 그의 연출 경력과는 무관한 것이다. 그래서 그가 연출가로 공인받은 것은 1949년 극예술협회 공연의 〈살아 있는 이중생각하〉(오영진 작)였다.[6]

그 이후로 그는 무대예술 장르나 작품 성향을 거의 가리지 않고 닥치는 대로 연출을 했는데, 가령 정통극에서부터 악극, 창극, 무용극, 오페라 등에 걸쳐있었다. 그러나 그가 연출한 수백 편의 작품 중에서 대표작으로 꼽을 수 있는 것은 역시 정통리얼리즘극과 창극에 있다고 말할 수 있다. 즉 1962년 12월 국립극단의 〈산불〉(차범석 작)로부터 시작해서 〈갈매기〉(체호프 작), 〈학마을 사람들〉(이범선 원작), 〈로물루스 대제〉(뒤렌마트 작)로 이어지는 사실주의 계열과 〈바람과 함께 사라지다〉(마거릿 미첼 원작), 〈전쟁과 평화〉(톨스토이 원작), 〈남한

---

6 김흥우, 「이진순의 생애와 업적」, 『한국연극』 통권 제212호.

　　　　　　　　　　　　제5부　현대극으로의 발돋움 (2)

산성〉(김의경 작), 〈페르귄트〉(입센 작) 등의 대형작품들이야말로 연출가로서 그가 남긴 대표작이라 볼 수 있다. 그중에서도 해방 이후 대표희곡으로 손꼽히는 〈산불〉 연출은 우리 현대연극사의 이정표가 될 만했고, 〈갈매기〉와 〈로물루스 대제〉 역시 번역극 연출로서 그의 성가를 높여준 연출이었다. 이처럼 그는 당대의 어떤 연출가보다도 폭넓은 레퍼토리를 가졌었는데, 가령 셰익스피어로부터 몰리에르, 실러 등 고전작가와 입센, 체호프 등 근대작가, 버너드 쇼, 뒤렌마트, 파뇰, 사르트르 등 현대작가, 베데킨트와 같은 표현파작가, 그리고 〈전쟁과 평화〉 등 명작소설 각색극에 이르기까지 그가 섭렵한 세계는 대단히 폭넓다. 창작의 경우만 해도 차범석, 하유상, 김경옥, 김자림, 이근삼 등 전후작가와 김의경, 이재현, 윤대성, 신명순, 윤조병, 오태석, 김숙현, 고동율, 이현화 등 신진들도 그의 손을 거쳤다. 그런데 그는 인간심리의 세로(細路)를 치밀하게 추적한 동시대의 이해랑과는 달리 선이 굵었지만 거칠게 펼쳐놓는 성향이었으며 딱딱한 대사 위주 무대에 스펙터클을 가미하는 특기를 보여주었었다. 예를 들어 국립극단의 〈함성〉(김의경 작)만 보더라도 현대무용과 그림자극을 활용하여 볼거리를 많이 삽입했었다.

그는 시대극도 여러 편 연출했는데, 항상 오늘의 시점에 놓고 과거를 재현하는 방식을 취했었다. 환언하면 그는 작가가 그려놓은 과거사를 언제나 현재의 문제로 끌어올려서 재현시키곤 했다는 이야기다. 그 점이 바로 그가 만든 시대극이 생동했던 이유였다. 물론 연극은 과거의 문제를 다룬다고 해도 언제나 현재형이다. 그러나 그의 시대극은 단순히 시제상의 현재형을 뛰어넘어서 오늘의 문제와 결부시켰다는 점에서 차이가 나는 것이다. 그리고 그가 현대극 못지않게 관심을 갖고 연출한 것이 창극이었다. 1960년대 말엽 국립극장에서 국극정립위원회가 만들어지면서부터 관심을 갖고 참여한 그는 누구보다도 창극에 애착을 갖고 여러 번에 걸쳐서 작업을 했었다. 그가 창극발전에 뭔가 이바지해보려고 한 데는 유학과 중국생활 중 가부키나 경극 등에서 뭔가를 느낀 데 따른 것이었다고 여겨진다. 그런데 그가 중국으로부터 귀국했을 당시에는 우리 고전극들 중 판소리와 창극을 제외하고는 거의 버림받다시피 되어 있었다. 따라서 그는 현대극을 연출하면서도 우리의 그러한 연극현실에 대하여 아쉬운 마음을 지니고 있었다.

그가 주변의 오해를 무릅쓰고 창극 연출에 기꺼이 나선 것도 바로 그러한 연유에서였다. 가령 그가 창극 〈심청가〉를 연출한 이유만 하더라도 옛것을 가지고 자아발견의 계기로 삼겠다는 의도에서 출발한 것이었다. 그는 창극이 제대로 양식화되지 않았다고 믿고 연출 계획을 언제나 양식화에 맞춰놓고 출발하곤 했다. 그는 〈심청가〉를 연출하는 과정에서 전통가면을 활용하는가 하면 현대적인 배우술을 도입하기도 했다. 그는 이 작품의 연출 변에서 "우리 고유의 탈춤 꼭두각시놀음 등에서 흡수할 수 있는 형식도 다 받아들이면서 서구적인 기법도 도입해야 한다"고 했다. 이런 그의 견해와 시도는 옳다고 보기 어렵다. 왜냐하면 창극은 이미 전통극이라고 보기 어렵기 때문이다. 그것은 개화기 이후 중국 경극과 함께 서구 근대극 형태에서 힌트를 적잖게 받았기 때문이다. 다만 여기서 주목해야 할 것은 그의 창극에 대한 관심과 열정이다.

그는 70년대 이후 틈만 나면 국립극장에 올라가서 창극 연출을 했는데, 〈춘향가〉, 〈흥보가〉, 〈배비장전〉, 〈수궁가〉 등이 바로 그의 대표적 연출작품이다. 그는 창극을 연출할 때마다 새로운 시도를 해보려고 노력을 했는데, 그런 실험에 대해서 확신을 갖지는 못했었다. 가령 그의 첫 번째 본격 실험이었다고 할 〈심청가〉에서도 보면 스스로의 한계를 자인한 바 있다. 즉 남도창에 이북의 가면극 접목이 타당하냐고 스스로 의문을 던지기도 했었던 것이다. 그런 회의 속에서도 그는 여전히 실험을 계속한 점에서 그의 창극 사랑을 읽을 수가 있다. 가령 그가 〈수궁가〉를 연출하는 과정에서도 '동물들의 움직임을 춤으로 꾸미는 데 필요한 음악을 새로 작곡하고 안무도 탈춤과 한국 춤과 민속에서 적절히 안배했으며 재래의 단조롭던 반주를 30인조의 우리 악기 편성으로 생음악을 사용했고, 의상도 대담하게 동물 형태의 해학적인 창극에 알맞은

     제5부   현대극으로의 발돋움 (2)

모습'으로 만들었던 것이다. 특히 주목되는 것은 그가 만년에 창극을 연출하면서 대형화를 꾀하면서 시청각화도 시도했다는 사실이다. 그가 그런 방식으로 나아간 것은 연극이 우선 볼거리가 풍부해야 재미도 있고 관객도 모여든다고 확신한 데 따른 것이었다. 그와 작품을 많이 해본 원로배우 백성희는 회고의 글에서 "선생의 연출은 입체감이 탁월해 몹씬의 처리가 타의 추종을 허용치 않는다. 선생이 오페라 연출을 많이 하신 것도 그런 점에서였다.

1974년, 장충동 현 국립극장 해오름극장에서 국립극단이 공연한 김의경 작 〈남한산성〉의 연출은 아직도 우리 무대에서 그것에 필적할 만한 연출을 볼 수 없을 만큼이 되었다. 그 큰 무대를 꽉 메운 장종선의 장치(성곽), 그 밑을 지나가는 난민들의 개미 같은 행렬, 무대 한가운데에 까마득히 세운 계단, 그 위의 누각을 향해 한 발 한 발 올라가는 망국의 왕(김동원), 거기에 겹쳐지는 한의 소리 창(조상현), 그것은 보는 사람으로 하여금 가슴을 찢는 슬픔에 젖게 하였다. 그것은 선생의 기질이요, 철학이요, 예술세계였다."7고 긍정적 평가를 한 바 있다.

여하튼 그는 해방 이후 이해랑과 함께 연출 제3세대의 양축을 이룬 인물이었다. 그가 이해랑과 동시대에 같은 대학 같은 학과에서 연극수업을 받고 서구 근대극을 이 땅에 이식하겠다는 포부를 갖고 연출 활동을 해왔지만 확고한 연극관을 갖고 한 분야를 깊숙이 파고든 이해랑과는 너무나 다른 연극세계를 펼쳤다. 그러니까 이해랑이 고차원의 정신세계를 추구했다면 그는 연극 대중화의 길로 나아갔던 것이다. 바로 그 점에서 그의 가장 큰 연극사적 공로라고 한다면 우리 연극이 아마추어리즘을 벗어나지 못하던 시절에 연극 대중화를 통한 연극 직업화를 앞장서 추진한 점이라고 말할 수 있다.

7　백성희, 「어느새 10년…」, 『한국연극』 제212호.

본격 여성 극작가이자 여성연극의 대모
박현숙

조선시대에 문장을 배워 시문을 남긴 여성은 대부분 기생이었다. 명문가 출신의 시인 허난설헌은 극히 드문 경우였다. 이는 남존여비 사상이 농후했던 우리 중세사회의 한 단면을 보여주는 현상이다. 개화기에도 적잖은 문학작품들이 발표되었지만 여성작가는 잘 보이지 않는다. 다만 현대문학이 시작되는 3 · 1운동 무렵을 전후해서 김명순(彈實), 김원주(一葉) 등이 시를 써서 등단했고, 그 후에 강경애, 김말봉, 박화성, 최정희, 장덕조, 모윤숙, 임옥인, 손소희, 전숙희, 조경희, 한무숙, 강신재, 홍윤숙, 김남조, 신지식, 추은희 등 여성작가들이 등장하여 우리 문단을 풍요롭게 했으며, 현재는 수많은 여성문인이 해외에서까지 훌륭한 작품들을 활발하게 창작을 하고 있다.

그런 중에도 여성 극작가는 좀처럼 나타나지 않았다. 물론 최초의 여성 서양화가 나혜석(晶月)이 입센의 〈인형의 집〉을 읽고 감명을 받은 나머지 짤막한 희곡 한 편을 실험했지만 전문 극작가로 나아가지 못하고 타계했으며, 심재순이 1935년에 〈줄행랑에 사는 사람들〉이라는 희곡으로 『조선일보』를 통해 등단했으나 그것으로 끝났다. 해방 전의 여성으로는 소설가 한무숙이 1943년도에 〈마음〉이라는 희곡으로 조선연극협회 주최의 응모에 당선된 적이 있었고, 다음해에 〈서리꽃〉이라는 희곡을 썼으나 그 또한 다시는 희곡을 쓰지 않았다.

　　우리 연극사에서 본격적인 여성 극작가의 등장은 대단히 오랜 시간을 기다려야 했다. 왜냐하면 천수백 년의 연극사상 제대로 된 여성 극작가의 등장은 1950년 6·25전쟁이 끝난 뒤에야 가능했기 때문이다. 물론 그 첫 테이프를 끊은 여성작가는 시인 홍윤숙이다. 1958년도에 『조선일보』 신춘문예에서 〈원정〉으로 데뷔한 뒤에도 1967년에는 희곡 〈무너진 땅〉과 시극 〈여자의 공원〉 등을 발표하고, 그 후 〈에덴 그 후의 도시〉도 발표 공연한 적이 있다. 그 후로

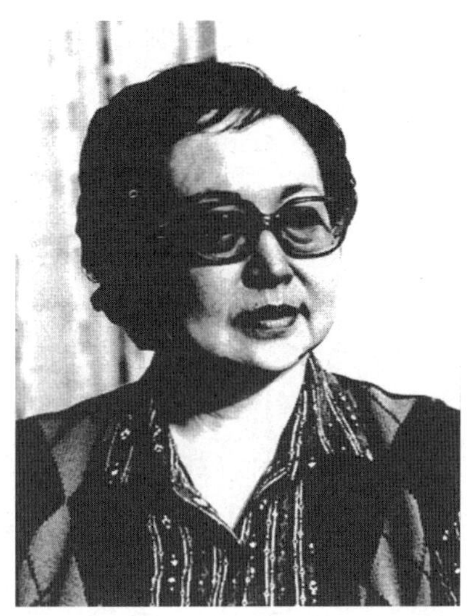

박현숙

는 시 창작으로 돌아섰다. 그리고 이어서 김자림이 1959년도에 〈돌개바람〉으로 데뷔했고, 곧 이어서 설중매 박현숙(朴賢淑)이 희곡 〈항변〉으로 화려하게 등장했다. 그 뒤를 이어서 전옥주, 오혜령, 강성희, 김숙현, 강추자, 최명희, 정복근 등이 잇달아 극작가로 등단하며 소위 페미니즘 희곡이라는 한 줄기를 이루지만, 대부분의 여성 극작가들은 희곡 창작에 그쳤을 뿐 박현숙처럼 연극운동으로까지 나아가지는 않았다. 그 점에서 박현숙은 여성 극작가라는 테두리를 넘어 한국 현대연극사에서 중요한 자리를 차지한다고 볼 수 있다.

　　필자가 그를 현대연극사의 한 자리에 올려놓은 이유는 다음 세 가지 때문이다. 그것은 곧 학생극운동과 극작 활동, 그리고 극단 활동 등으로서 그의 활동 폭이 여성으로서는 비교적 넓다고 본 데 따른 것이다. 즉 그는 해방 직후에 대학극운동의 선봉에 섰었고, 극작가로 데뷔한 이후는 평생 희곡 창작을 했으며, 현대 연극운동의 단초를 연 제작극회 창립동인과 대표로서 여러 해 동안 활동해왔다. 이러한 그의 연극 활동을 생애와 연결시켜보면 매우 흥미 있는 결론이 나온다.

그는 1926년 6월 황해도 재령에서 박순일(朴順一)과 송정옥(宋貞玉)의 무남독녀로 태어났다. 1926년이면 3·1운동이 일어난 지 7년 뒤가 된다. 그런데 여기서 구태여 그의 출생과 3·1운동을 연관시켜 이야기하는 것은 그의 생애가 그와 무관하지 않기 때문이다. 사실 그는 세 살 때인 1929년에 아버지를 잃게 되는데, 그 원인은 두말할 것도 없이 일제의 폭압통치와 직결되는 것이다. 즉 평안도 강서 출신의 아버지는 숭의학교를 나와 재판소 서기라는 사법공무원이었다. 어머니 역시 숭의여학교를 나온 인텔리 여성이었다. 그의 가계는 잘 알려져 있지는 않지만 대체로 조부는 평안도 강서의 부농이었던 것 같고, 외가 역시 강서 사람으로 방앗간과 엿 공장을 했다는 것으로 보아 비교적 윤택한 집안이었던 것만은 분명하다. 그렇지 않았다면 농촌에서 제대로 공부를 시킬 수가 없었을 것이 아닌가. 그런데 의협심과 민족의식이 강했던 그의 부친이 한국인을 탄압하는 일인 검사와 갈등을 빚으면서 파직되었고, 황해도로 피신해 있다가 1929년 항일운동의 주동자로 몰려 비명횡사하고 말았다. 그와 관련하여 그는 다음과 같이 회고한 바 있다.

> 아버지는 억울하게 재판 받는 조선 사람의 대변자가 되셨다가 요주의 인물로 직장도 박탈당했고 감시를 벗어나기 위해 평양에서 황해도 재령 심심산골로 할아버지가 피난 보내기도 했다고 한다. 1929년 전국적으로 구국만세를 부르며 시위하던 중 시위 주동자로 몰려 학살된 시체로 인도되었다는 아버지의 이야기는 내가 간호학교로 떠나던 날 어머니께서 들려주시며 '네가 좀 더 커서 시집갈 때가 되면 친가에도 통고하고 같이 한번 다녀오자꾸나' 하셨는데, 이것이 어머니의 마지막 충고요, 유언이 된 셈이다.[1]

이처럼 그는 독립운동가의 딸로 태어나 부친이 일찍 학살당함으로써 그의 가족은 수난의 기나긴 도정을 밟게 된다. 그의 모친은 조모와 함께 해주 근처

---

1 박현숙, 「나의 유·소녀시절」, 『박현숙 문학전집』 제7권, 늘봄, 2001, 110~111쪽.

의 어촌(漁村)으로 이주한 후 어선 한 척을 구입하여 거기서 나오는 세(稅)를 받아 생활을 했기 때문에 밥걱정은 하지 않았다. 다만 소년과부가 된 그의 모친이 재혼에 실패함으로써 그의 인생행로를 암담하게 했을 뿐이었다. 그런 그가 어떻게 해서 연극인의 길을 걷게 되었는가는 다음과 같은 자전적인 글에 잘 나타나 있다.

> 내가 연극을 시작한 것은 8, 9세 때부터이다. 초등학교에 입학하기 위하여 해주로 이사했었고 어머니도 그때에 재혼을 했었다. 교회에서는 크리스마스 때 언제나 연극대사를 외워야 했었고 학교에서도 개교기념일 때면 연극을 했었다. 당시 아랑(阿娘)극단이 1년에 한 번씩 공연 왔었다. 그때 주연배우는 주로 남자 황철 씨와 그의 상대역인 여주인공은 차홍녀씨가 맡아오곤 했다. 그들은 그 당시 제일 유명한 배우였었다. 며칠 전부터 광고포스터가 거리에 나붙으면 잠이 안 왔다. 그 황홀한 조명 아래 연극의 내용에 따라 미남미녀가 열연으로 관중의 마음을 사로잡고 후련하게 내뱉는 대사 그 매력! 나는 커서 꼭 배우가 되고 싶었다. 그래야 내 속의 울분을 시원스럽게 토해낼 수 있을 것만 같은 그런 감정이었다.[2]

> 돈이 없어서 학교를 진학할 수 없다는 환경은 나에겐 좌절과 실망만 안겨 주었다. 어머니가 싫어졌고 어디론가 날아가고 싶은 마음뿐이었다. 집을 뛰쳐나가는 것만이 어머니가 나에 대한 회개의 기회도 될 것이라는 생각과 돈 없이 무능한 엄마, 그 재혼한 남자 때문에 늘 숨고 쫓기며 살아야 했던 1년간의 치욕과 어머니에 대한 미움은 분수처럼 터져 나왔다. '가자 어디론가 먼 데로 떠나자'라는 생각으로 마침 와있던 아랑극단의 황철씨를 찾아갔다.[3]

앞에 인용한 두 대목에는 그가 운명적으로 연극인이 될 수밖에 없었던 배경이 기술되어 있다. 그런데 그 배경은 대체로 네 가지로 요약해서 설명할 수 있

---

2 박현숙, 『예술가의 삶』, 혜화당, 1994, 43쪽.
3 위의 책, 43쪽.

을 것 같다.

그 첫째가 종교(기독교)와의 관련성이다. 북선 지방은 기독교가 일찍부터 전파되어 기독교 신자가 많았다. 박현숙도 그러한 가정에서 자라면서 교회에 드나들게 되었고 다니던 학교 역시 미국 선교사가 세웠기 때문에 거기서 자연스럽게 성경과 성극을 접하게 된 것이다. 그러니까 그는 크리스마스와 같은 교회의 주요 행사 때마다 어린이 성극의 주인공으로 조그만 무대에 서면서 독특한 연극의 매력에 은연중에 끌리게 되었던 것 같다. 그것은 뒷날 간호학교에 진학해서도 비슷한 역할과 체험을 한다.

두 번째로는 유년 시대의 독특한 연극 체험이다. 즉 당대 최고의 대중 연극 배우 황철과 차홍녀의 공연 관람에서 어떤 자극을 받았다는 사실이다. 그는 황철과 차홍녀의 사진이 새겨진 광고포스터만 보고도 잠을 못 이룰 정도였고, 그들의 연기를 보고는 또 그런 체험이 창작의 바탕이 되기도 했다는 점에서 그의 연극 체험은 중요한 의미를 지닌다.

세 번째로는 역시 그의 천부적 재질이었다고 말할 수 있다. 그러니까 모든 사람이 다 예술적 체험을 한다고 예술가가 되는 것은 아닌 만큼 그가 연극인이 된 것도 특별한 재능에 따른 것이었다고 보아야 할 것 같다. 일찍부터 그가 연극의 주역으로 뽑혀서 자기 역할을 충실히 해낸 것은 역시 총명하고 단정한 용모에다가 소질도 있었기 때문이다.

그리고 네 번째로는 불운한 가정환경이 그로 하여금 연극의 길을 가게 만든 것이다. 즉 독립지사의 무남독녀로 편모슬하에서 가난과 수치로 유소년 시절을 보내면서 그런 가정으로부터 이탈하여 연극으로 자신의 답답한 심정을 털어내고 싶은 욕망이 용솟음쳤다는 점이다. 그러니까 불운한 가정환경과 소녀 시절 교회의 성극에 출연하여 박수 받은 것이 계기가 되어 연극의 길을 걸었고, 그것이 그의 운명처럼 되었다는 이야기다.

그 점은 그가 짤막하게 쓴 시(詩) 두 편에도 나타나 있다. 「회고록」이라는 시에서 그는 "억울하고 참혹한 역사 속에 부딪치며 살다 보니/나는 대학 시절부터 일기를 썼다/그것이 내 삶의 한(恨)의 기록이었다./내 안에 울분의 찌꺼기를 글로나마 털어버리고 싶어서였다/그것이 글쓰기 시작한 시초요 희곡을 쓰게 된 셈이다"라고 읊었으며, 「연극의 매력」이라는 시에서는 "어린 시절 크리스마스면 무대에 올랐다/그때 받은 박수가 연극 주변에서/살아온 나의 운명이다/1944년 해주 도립병원 개원기념공연에/엉터리 내 각본에 연출 출연까지 맡아 공연했었다./제목은 '외로운 사람들'/그 다음해는 일인극에 출연, 박수와 찬사를 받은 후/나는 줄곧 지금까지 연극 주변에서 살고 있다"[4]고 했다.

그러나 연극에의 꿈은 일단 모친의 절대적인 반대에 직면하여 그는 간호원의 길을 걷게 된다. 해주에 있는 도립간호원학교에 입학한 것이다. 당시 소녀들을 정신대에 강제로 끌어가던 시대 상황이 그의 진로에 상당한 영향을 준 것도 사실이었다. 한편으로는 당시에 사회봉사를 할 수 있는 길로서는 차선책이긴 해도 간호원이 적합하다고 믿었던 것이다.

그는 간호학교를 다니면서도 연극에의 미련과 매력을 떨쳐버릴 수 없어서 전공과는 무관한 연극을 틈틈이 했다고 한다. 그러니까 그는 간호학교에서 주연뿐만 아니라 희곡도 쓰고 연출까지 하는 1인 3역을 할 정도로 열정적인 아마추어 연극인 노릇을 했다. 그는 해방 직전 간호학교를 졸업하고 종합병원인 해주도립병원 이비인후과 수간호원으로 취임해서 생활안정을 얻게 된다. 얼마 후 해방을 맞은 그는 공부를 더 하고 싶은 욕심으로 해주에 처음 생긴 음악전문학교 성악과에 입학하게 된다. 그리하여 낮에는 간호원으로서 근무하고 밤에는 성악을 공부하러 야간 전문학교를 다니게 되었다.

그러나 그는 해방 직후의 혼란기에서 소련군의 만행 등을 보면서 월남을 결행하게 된다. 조모와 모친을 남겨두고 1946년 겨울에 병원 친구들과 단신 월남한 그는 일단 서울대학 병원의 간호사로 취직하고 있다가 가족을 만나러 다시 해주를 다녀온 적이 있다. 그러나 늙은 조모와 모친은 월남할 수가 없었기

4　박현숙, 『그리움은 강물처럼』, 늘봄, 2005, 27쪽.

때문에 혼자 돌아올 수밖에 없었다. 서울대학병원에서 간호사로 일하며 중앙대학에 입학한 그는 마음속으로 두 가지를 생각하기 시작했다. 그 하나는 한 여성으로서 국가를 위해 무엇을 해야 할 것인가 하는 대의(大義)의 문제였고, 다른 한 가지는 개인적 취향에의 끌림에 관한 것이었다. 그와 관련하여 「인생의 방향」이란 짧은 에세이에서 그는 다음과 같이 쓴 바 있다.

해방이 되고 공부를 계속하겠다고 생각되어 38선을 넘을 때, 나는 나라 일에 더 큰 관심을 가졌었고 여성이라는 문제에 더 큰 흥미를 느끼고 있었다. 일제 때의 여러 가지 사회현상에서 부지불식간에 조성된 일이라고 생각되기는 하지만 나라와 사회를 올바로 잡는 데 내 연약한 힘이나마 보태겠다는 의욕이 불꽃처럼 튀었던 일이다. 나는 여성운동에 앞장서고 정계에 나설 야심을 가지고 대학에 들어갔다. 헌데 일이란 참 묘하게 되었다. 해방 후 어느 대학에서나 마찬가지지만 자기네 대학의 특색을 살리려고 어떤 학부만을 중점적으로 내세우는 경향이 있었다. 우리 대학에서는 남녀공학 하는 대학치고 여학생이 많아서인지 연극부를 가장 앞세웠다. 나는 서슴지 않고 연극부에 들어갔다. 그리고 부의 책임자로 선임되었다.

이상과 같은 그의 에세이에서 보여주는 것처럼 당초의 목표는 정치가였다. 그가 정치가를 꿈꾸게 된 동기는 아무래도 유년 시절의 고통에 찬 삶에 대한 반사로 보아야 할 것 같다. 어떻든 선친의 죽음이 그로 하여금 반일과 민족에 눈을 뜨게 했고, 해방된 조국을 굳건하게 하는 데 일조를 하겠다는 생각을 하는 것은 극히 자연스런 것이 아니었나 싶다. 그러나 처녀의 몸으로 혈혈단신 월남한 그로서 선구 여성 임영신(任永信)이 운영하는 중앙대학교에 들어감으로써 운명이 달라진 것이다. 당시 초창기 신흥대학들에서 특징으로 내세운 연극부 책임학생이 됨으로써 그는 자연스럽게 연극을 통한 사회개혁으로 방향을 바꾸게 된다. 최무룡, 주동운 등과 중앙대학의 학생극을 이끌면서 〈기다리던 메시아〉, 〈파종〉, 〈산굴〉 등의 아마추어작품으로 무대경험을 쌓을 수도 있었고, 김진수가 쓴 희곡 〈코스모스〉에 주연으로 출연하여 영예로운 총장상을 받기도 했다.

과묵하고 단아한 용모의 그는 여배우로서는 안성맞춤이었다. 중부 출신의 정확한 표준어 구사능력도 그로 하여금 단번에 대학극의 신데렐라로 발돋움할 수 있게 해주었다. 당초 그가 입학한 것은 교육학과로서 장차 잔 다르크와 같은 사람이 되겠다는 꿈을 가진 때도 있었다. 그런데 전문학교가 대학으로 학제가 변경될 때 심리학과로 전과한 것이었다. 장차 정치를 하던 글을 쓰던 심리학은 여러 면에서 절대로 필요한 학문이라 생각했기 때문이다. 그러니까 다른 사람의 마음을 알아야 움직일 수 있고 또 극도 쓸 수 있을 것이라 믿은 것이다.

그러나 그는 심리학 공부보다는 연극에 더 열성적이었다. 혈혈단신 월남한 그의 고학생활이란 고난 그 자체였다. 그는 결국 생존을 위해서 1947년 경성방송국 성우로 취직함으로써 최소한의 생활을 유지할 수 있었다. 그는 장민호, 이혜경 등과 성우생활을 같이 하는 행운도 누렸다. 그가 성우까지 겸함으로써 연극과는 더욱 가까워졌고 대학극의 히로인으로 부각되는 것은 시간문제였다. 즉 1948년 유치진 주도의 연극학회 주최의 전국남녀 대학극 경연대회에서 여배우 주연상을 받음으로써 대학극에서는 물론이고 기성연극계에서도 주목의 대상이 된 것이다. 그리고 1949년에도 한국 초연의 〈햄릿〉(셰익스피어 작)에 오필리어로 출연하여 대단한 갈채를 받기도 했었다. 당시 대학극(연대) 연출가로 이름을 날렸던 차범석은 박현숙에게서 받은 인상을 다음과 같이 쓴 바 있다.

가름한 얼굴을 한, 턱 밑에 까만 점이 있었던 평범한 여학생은 시선을 끌 만큼 미인도 아니었거니와 말도 없었다. 그러나 며칠 후 시공관 무대에서 존 밀링턴 싱의 〈그늘진 계곡〉에서 '노라' 역을 해낸 그녀는 완전히 다른 하나의 인간으로 탈바꿈하고 있었다. 낭랑한 음성과 여성미가 철철 넘치는 자태, 그리고 풍부

한 감정의 표출은 자연인 박현숙에서는 도저히 찾아볼 수 없는 아름다움과 신비
감마저 물씬 느끼게 했다. 그녀는 최우수 여자연기상을 탔고 나는 연출상을 탔
었다.[5]

　이상과 같이 박현숙은 여배우로서 대성할 자질을 갖고 대학극 무대의 히로
인으로 화려한 각광을 받고 등장한 것이다. 대학 시절 그의 활동으로 볼 때 배
우의 길을 걸었어도 최고의 배우로 군림했을 것 같지만 그는 이후 극작가로
변신했다. 그가 왜 여배우의 길을 걷지 않았는가에 대해서는 후술하겠거니와
「나의 문단 데뷔 시절」이라는 에세이에서 "결혼이 나에게서 꿈의 무대를 앗아
가 버린 것이다"라고 밝힘으로써 그의 가정환경에서 찾아야 하지 않을까 싶
다. 다른 한편으로는 앞에서도 언급한 바 있는 것처럼 엄격한 기독교 가정에
서 태어났고 일제에 저항적인 부모 밑에서 자랐다. 그러니까 매우 완고한 보
수적인 가정에서 성장했다는 이야기가 된다. 그런 여러 가지 복합적인 요인이
작용하여 그를 다른 방향으로 돌리게 만든 것 같다.

　그는 대학 시절 취향과 생활을 위해서 잠시 밤에는 성우로 활동했고 졸업반
이 되자 글을 쓸 목적으로 한국문화연구소 기자가 되었다. 그런 때에 6·25전
쟁을 만나게 된다. 전쟁이 누구에게나 고통을 안겨주기는 마찬가지일 것이다.
그가 대학 후배들과 피난길에 올라 부산에까지 이르는 데는 많은 사람들처럼
생사의 고비를 넘는다. 부산에 정착한 후 그는 희망 잡지사의 기자로 취직하
여 성우생활을 접게 된다. 이어서 극작가 오영진이 주관한 문학예술신보사로
자리를 옮겨 활동하다가 고향 사람 최홍룡(崔洪龍)을 만나 단란한 가정을 꾸리
게 된 것이다. 결혼을 하면서 그는 그 당시의 보통 여성들처럼 대외활동을 접
고 한 가정에 충실한 아내로 돌아가게 된다. 그러나 그는 가정에 묻혀서 자녀
키우기만으로 만족할 수 없었고 내면 속의 외침을 억누를 수 없었다. 그는 결

5　차범석, 「한 잔의 커피 향 같은 우정」, 박현숙, 『박현숙 문학전집』 제7권, 259쪽.

국 가정생활을 하면서도 혼자 집에서 할 수 있는 일은 당초 자신이 꿈꾼 바 있던 문학에의 길이라 생각한다.

그는 한 에세이에서 "남달리 고독한 환경에서 살아야 했던 나는 친구들과 어울려 노는 시간보다는 오히려 조용히 독서하는 데 더 열중했었고 그러다 대학 연극부 부장을 맡았고, 그때 좋은 교수님 지도로 직접 출연하게 되었고 때때로 학보사 같은 데 글을 게재한 적도 있었다. 그때부터 문학 곁에 가까이 있게 된 셈이라고나 할까. 어쨌든 나와 문학의 상관은 이렇게 되어 이루어졌는지 모른다. 방송극에 출연을 했고 연극을 하면서 이름 있는 작품의 재미있는 줄거리나 대사에 언제나 나는 취해 살았다. 문학의 향기를 알게 된 것은 이때였다"[6]고 씀으로써 그가 작가가 될 수밖에 없었던 배경을 술회한 바 있다. 그렇다면 그가 왜 하필 소설이나 시가 아닌 극작가로의 길이었는가 하는 점인데, 그에 대하여는 다음과 같이 회고했다. "결혼한 후론 외부활동은 일체 중지하고 혼자 할 수 있는 작업을 연구했다. 소설가가 되고 싶었으나 그것보다는 연극으로 익숙해진 무대 상황과 배우들의 분위기 흐름을 많이 알고 있기 때문에 오히려 내게는 희곡 쓰는 쪽이 편하게 느껴졌다. 그때부터 희곡 습작에 들어간 것이다."[7]

이상의 글에서 알 수 있는 것처럼 그가 희곡을 쓰게 된 동기는 젊은 시절 아마추어 연극과 방송극 등을 했던 경력의 가정주부로서는 극작가가 최선이라는 것을 인식하고서였다. 거기에다가 당초 그가 하고 싶었던 정치 사회운동을 연극을 통해서 해야겠다는 생각까지 겹쳐서 희곡 창작에 나선 것이라고 말할 수가 있겠다. 이는 그가 쓴 한 에세이에서도 확인할 수가 있다.

'이 이념의 밑바닥에 깊이 잠재해 있는 사회참여 의식이 나도 모르게 강력하

---

6 박현숙, 「나는 왜 문학을 선택했는가」, 「박현숙전집」 제7권, 13~14쪽.
7 박현숙, 『그리움은 강물처럼』, 67~68쪽.

게 샘솟아 작용한다'면서 '예술 가운데서도 사회성이 가장 강렬한 연극을 좋아하고 또한 그 희곡작품에서도 사회성이 짙은 것을 택하여 그 소재로 하게 되는 것은 필연적'이라 아니할 수 없는 일이다.

이러한 생각을 가진 그는 이미 1949년 12월에 한국문화연구소 기자로 활동했고, 1950년 초에 문화연구소가 전국적으로 공모한 문예작품 현상모집에서 수필 「어머니」가 당선작으로 뽑힌 적도 있기 때문에 희곡으로 돌린 것은 어쩌면 수월한 일이었는지도 모른다. 그런 그가 드디어 1960년 『조선일보』 신춘문예에서 「항변」으로 입선의 영광을 안게 된다. 단순한 입선으로 만족할 수 없었던 그는 이듬해 「사랑을 찾아서」(일명, 女囚)를 가지고 가작 입선, 그 다음해인 1962년 「땅 위에 서다」로 당선의 영광을 안게 된 것이다. 그는 정열적인 창작 활동으로 데뷔 5년 만에 여성으로서는 최초의 희곡집 『여인』을 펴냈고, 다시 5년 뒤에는 수필집 『막은 오르는데』도 출간했다.

그는 창작 활동만으로 만족하지 않았다. 그는 드디어 대학 시절 연극을 함께 했던 차범석, 최창봉, 조동화, 김경옥, 이두현, 노회엽, 안평선, 김지숙, 최상현, 오사량 등과 제작극회 조직에 참여했다. 그 배경과 관련하여 그는 다음과 같이 회고한 바 있다.

1948년 제1회 전국 남녀 대학연극경연대회 때 두각을 나타냈던 동지들은 당시 명동입구 '동방싸롱'이라는 찻집이 집합장소였다. '대학극회'라는 명칭으로 신극운동을 하자는 열의들이 대단하였다. 그러다가 6 · 25가 일어났고 동지들은 모두 지방으로 뿔뿔이 헤어졌다. 1 · 4후퇴 시는 부산에서 연대 박성호, 고대 김경옥, 이수열, 김지숙들과 같이 마르셀 파뇰의 〈마리우스〉에 화니 역을 맡아서 대구 문화극장에서 공연한 적도 있었다. 그리곤 1956년에야 서울로 환도해 왔다. …(중략)… 전후 폐허를 딛고 신협(新協)이 신극의 명맥을 잇고 있던 시절, 우리 대학 출신의 연극동지들은 다시 모여 무엇인가 보다 새로운—기성극단보다 좀 더 현대적인 연극을 한다라는 합의로 장황한 선언문까지 발표하며 출발했던

것이 제작극회였다.[8]

이상과 같이 제작극회는 해방 후 서울의 주요 대학극 출신들이 모여 신협일변도 연극의 흐름을 바꾸어보려는 의도로 시작된 것으로서 여성으로서는 단연 그가 앞장섰었다. 따라서 몇 번의 대표가 교체되는 과정에서 1969년부터 여성으로서는 박노경, 이병복 등에 이어서 세 번째로 극단 대표가 되어 제작극회를 선두에서 이끌게 된다. 그가 제작극회 대표직을 맡기 전에는 폭넓은 사회활동을 하고 있었다. 그 대표적인 것이 서울가정법원 가사조정위원이었다. 법원의 가사조정위원은 도덕적으로 깨끗해야 되고 식견과 경험이 풍부할 뿐만 아니라 이해 당사자 간의 화해를 기하는 조정능력을 갖춘 사람이라야 될 수 있다는 점에서 그의 온후한 인품을 짐작하게 한다.

이런 그가 극단을 이끌었기 때문에 침체되었던 제작극회가 회생의 가능성을 보이기 시작했다. 당시 디자이너 이병복이 이끌던 자유극장과 선의의 경쟁 관계까지 이르렀던 제작극회 박현숙의 활동과 관련하여 주간잡지인 『주간여성』은 다음과 같이 매우 흥미로운 기사를 게재한 바 있었다.

제작극회는 연극이 아직도 대중예술로 크게 발전되어야 한다는 희망을 가지고 있다. 좀 더 확실성 있는 극단 기금을 마련하기 위해 생각한 그들의 아이디어는 극단주식회사제의 기획이다. 그러니까 연극 애호가들에게 주(株)를 팔자는 생각이다. 1주당 1천 원으로 정하고 이 주를 열 개 이상 즉 1만 원어치 이상 사야 주주가 될 수가 있다. 근대식 주식회사체제를 철저하게 이어받음으로써 상업 극단을 성공시켜 보겠다는 야심이 농후하다 하겠다. 제작극회 후원회들은 남녀가 많은 데 비하여 자유극장 주주들은 여성들이 대부분이다. 연령층은 별로 특징이 없고 여자 회원 중에서 인텔리 주부가 많은데 비하여 남자 주주들은 사회 유지들이 많다. 제작극회 주주들은 박현숙 씨의 개인적인 친지들보다는 경제, 실업계, 학계의 저명인사들로 주력부대를 구성하고 있다. 여자 주주들은 말하자

---

8 위의 책, 147~148쪽.

면 박현숙 씨의 개인적인 영향력에 끌려온 명사들이다(『주간여성』 1969.2.5).

이상의 글에서 박현숙의 정치적 수완 및 인간적 폭과 사교성, 그리고 연극 관 같은 것을 어느 정도 엿볼 수 있지 않을까 싶다. 그는 일찍부터 연극의 사회적 기능과 함께 대중화를 목표로 했다. 그는 소수 귀족취미로 연극을 즐기는 것을 경계하고 동시에 거부했다. 많은 사람이 보고서 사회개선에 이바지해야 한다는 것이다. 그가 1973년도에 중앙대학의 석사학위 논문으로 제출한 테마도 바로 한국연극의 사회적 기능에 관한 것이었다. 그는 세계연극의 흐름과 한국연극의 발전 과정을 문학사회학적 방법으로 일별하면서 다음과 같은 결론을 도출했다.

> 연극이 사회적 기능을 완수하기 위해서는 사회구성원의 하나로서의 연극인의 자세 확립이 중요하다는 것을 지적해야 하겠다. 그들은 인간상실의 현대사회체제 속에서 새로운 인식의 장을 열고 자유를 획득할 수 있는 용기 있는 실존인이 되어야 하며, 그들의 자의식과 사회의식을 통하여 사회의 불합리와 비논리를 개선함으로써 새로운 사회질서가 확립되어야 하는 것이다.[9]

이상의 글에서 그가 하고 싶었던 주장은 연극이란 것이 당초 인간과 사회관계 속에서 생성된 만큼 본질적으로 연극은 사회개선에 이바지해야 하며, 그러려면 먼저 연극인들이 각성해서 용기 있게 그런 방향으로 창조 작업을 벌여나가야 한다는 것이었다. 그리고 연극은 당연히 직업화되어야 하고 극단은 조그만 주식회사 형태가 되어야 한다고 믿었던 것 같다. 제작극회를 주식회사체제로 끌고 가보려 한 것도 순전히 그의 생각이 아니었다. 따라서 그가 후원자로 끌어들인 사람들은 대부분 남자들이었고 정계, 재계, 학계의 명사들이었다.

---

9 박현숙, 「연극의 사회적 기능에서 본 한국연극의 제 문제」, 중앙대학교 사회개발대학원 석사학위 논문, 1973.

나머지 여성들은 영향력 있는 문인이었다.

그가 뒷날 한국 여성문학인회 회장을 맡았던 것도 우연의 일이 아니다. 그는 조용히 규방에만 들어앉아 있는 주부들을 상대하지 않았다. 그의 친구들 역시 정계, 관계, 재계, 학계의 남자들이었고 여성들은 거의가 문인이었다. 그의 친화력과 인간적 폭을 짐작할 수 있게 해주는 것이다. 당시로서 그의 연극관이 실현되기에는 상황이 너무 열악했다. 나라 전체가 빈곤 극복을 위한 경제개발에 집중되어 있었던 데다가 국립극장 외에는 공연장이 없었던 시대에 연극의 대중화라든가 직업화는 하나의 이상일 수밖에 없었다. 그러나 그가 지향했던 방향만은 너무나 옳은 것이었다. 그는 연극 한 가지만으로는 성이 차지 않았다. 당초 그가 처녀 시절에 품었던 국가경영에 대한 꿈을 한 번 살려보고 싶은 욕망에 사로잡히기 시작했다.

그런 때에 집권당으로부터 요청이 왔다. 중앙 상임위원으로 임명된 것이다. 일제하의 수난과 해방 직후 소련군인들의 횡포에 분노해 있었던 그는 언제든 '나라 바로 세우는 데 이바지한다'는 깊은 마음속의 한을 펼 기회를 얻었다고 믿었다. 그러나 정치판은 그를 금방 실망시켰다. 세력다툼과 모함, 모략이 난무하는 정치판에 그는 환멸을 느끼기 시작했다. 그는 정치판이 자기가 뛰놀 무대가 아니라는 것을 곧바로 깨달은 것이다. 그렇다면 그가 왜 정치와 연극을 조화시켜보려 했을까. 그에 대한 답변은 그의 「연극에의 매력」이라는 에세이에 잘 나타나 있다.

물론 그래서는 안 되고 정치는 어디까지나 현실의 모순과 결함을 타개하여 보다 나은 사회로 성장시키는 것이 목적이라 하겠다. 즉 정치는 현실을 보다 나은 현실로 이끌어 올리는 데 그 뜻이 있다. 이렇게 볼 때 연극과 정치는 그 지향하는 바는 다르지만 다루는 소재가 현실이라는 데는 공통적이다. 즉 연극은 현실을 관조하고 비판하고 예언하는 사회의 등불이고, 정치는 현실을 재단하고 정리하고 개척해 나가는 사회의 동력이다. …(중략)… 정치와 연극에는 또 하나의 공통점이 있다. 현실을 다루는 데 있어서 둘 다 치밀한 조직력이 필요하다는 점이다. 어떤 예술이든 조직이 필요없는 것은 없겠지만, 정치나 연극이나 모두 여러 사람, 즉 하나의 집단이 조화를 이루어 치밀한 조직력을 발휘할 때 비로소 충분한 효과를 나타내는 것이다. 이것은 아마 현실이나 질서의 본질일는지 모르겠으나, 어떻든 나타난 현상으로 볼 때 가장 절실하게 조직력이 요구되는 것은 연극과 정치인 것 같다.[10]

연극과 정치가 여러 면에서 공통점이 있다고 믿고 다가서보려 했던 그였지만 그의 종교로 다져진 정의감과 진실함, 그리고 극작가로서의 순수함과 서정성은 살벌한 정치판에서 상처 입기가 십상이었다. 그는 정치에의 미련을 단 1년 만에 털어버리고 창작 생활에만 몰두했다. 자기 일생의 궤적을 오로지 한 가지 방향으로 잡게 된 것이다. 바로 여기서 그의 연극관을 한 번 짚고 넘어가지 않을 수 없을 것 같다. 그는 「연극에의 매력」이라는 에세이에서 다음과 같이 설명한 바 있다.

'연극은 사회의 거울이다'라고 말한 셰익스피어의 혜안을 새삼스럽게 말하려는 것은 아니지만, 연극이야말로 사회의 모든 현상을 세밀히 관조할 수 있는 좋은 예술 수단임에는 틀림이 없다. 종합 형태의 예술이 많기는 하지만, 연극은 인간의 말과 동작이라는, 즉 인간의 심리적, 사회적 또는 물리적 행위를 가지고 형상화하는 예술이기 때문에 자연히 현실과 밀착하게 마련이다.

그뿐 아니라 연극은 항상 현실의 앞장에 서서 인간의 꿈, 사회의 비전을 제시해준다. 그에 앞서 사회와 현실을 신랄하게 비판하고 모순과 악을 고발하는 데 주저하지 않는다. …(중략)… 동지들이나 관객들이 흔히 내 작품에서 사회성이 강하다고 평한다. 이것은 사회에 대한 또는 정치에 대한 내 관심이 깊은 데서 비롯된 것 같다.

그것은 내 이념의 밑바닥에 깊이 잠재해 있는 사회참여의식이 나도 모르게 강렬하게 샘솟아 작용하는 때문인지 모른다. 솔직히 고백해서 사회에 대한 참여의

---

10 박현숙, 『막은 오르는데』, 창조사, 1970, 22~23쪽.

　　　　　　　제5부　현대극으로의 발돋움 (2)

식은 예나 지금이나 나를 강렬하게 지배하고 있다. 내가 예술 가운데도 사회성이 가장 강한 연극을 좋아하고, 또 연극의 작품 가운데도 사회성이 짙은 그런 것을 택하여 희곡의 소재로 하게 되는 것은 어쩔 수 없는 일일는지 모른다.[11]

그러면서 그는 "나는 연극을 통해서 사회참여에 온 정열을 쏟을 때만이 산다는 보람을 느끼는 때문인지 모르겠다."고 술회한 바도 있다. 그렇다고 해서 그가 그런 연극관에 얽매어 있기만 한 것은 아니었다. 그는 활발한 사회활동을 하면서도 전통적인 가정의 가치를 최고로 존중했고, 따라서 가정 지키기와 사회활동, 그리고 연극운동을 삼위일체시킨 것이다. 그러는 동안 그는 네 권의 희곡집과 세 권의 에세이집, 그리고 몇 편의 논문도 발표했다. 드디어 2001년에는 일곱 권으로 된 『박현숙 문학전집』까지 발간케 되었다.

그의 작품세계의 씨줄과 날줄은 역시 사회와 가정이라 말할 수 있을 것 같다. 그런데 가정의 확대판이 사회라 볼 때 궁극적으로 그가 추구하는 것은 행복한 가정을 지키는 일이라 말할 수 있다.

사실 행복한 가정은 부부의 사랑으로 이루어진다고 볼 때 그의 관심은 사랑에 모아진다. 그런데 그 사랑이라는 것이 단순히 이성 간의 사랑이나 가족애를 넘는 대단히 넓은 사랑이다. 그가 너무나 여성적이고 모성애가 철철 넘치는 작가지만 거기에 그치지 않고 성을 넘어서는 사회적 사랑을 묘사하고 싶어한다. 그는 일단 사랑을 출발점으로 삼고 부부간의 미묘한 심리적 갈등이라든가 가족 문제, 청소년 문제, 그리고 후진사회가 빚어내는 고정관념과 인습에 의한 고통과 정치혐오 등을 섬세하게 그려낸다. 그러나 후반에 와서는 마치 유진 오닐처럼 자전적인 작품으로 자신의 인생을 정리하려는 것처럼 보이기도 한다.

누구보다도 사랑의 갈증을 느끼고 사랑의 부재를 괴로워하는 그는 언제나

---

11 위의 책, 23쪽.

진정한 사랑을 갈구한다. 이는 아마도 그가 가정법원 가사조정위원으로 30여 년간 봉직하면서 그 당시로는 남성들의 횡포로 억울하게 이혼당하는 아내들이 많았기 때문에 대부분의 소재를 거기서 얻었을 것으로 생각된다. 따라서 자연스럽게 여성들에 동정심을 갖고 쓰지 않을 수 없었으리라 본다.

습작기에 쓴 〈출발〉은 농촌청년과 대학생, 그리고 한 여성 간의 삼각관계를 묘사했지만 다분히 교훈적이다. 그 다음 작품 〈항변〉에서 그는 자신의 정치관, 사회관, 애정관 등을 보여준다. 권력과 금력만을 쫓는 남편과 가정적인 아내와의 정서적 괴리를 애정의 부재를 통해서 묘사하는 것으로 정치와 남성에 대한 혐오감을 우회적으로 표출한다. 가령 〈항변〉의 주인공(한민수)만 하더라도 권력과 돈에 굶주린 국회의원으로서 가정은 전혀 돌보지 않는다. 반대로 아내는 남편의 따뜻한 애정과 행복한 가정을 희구한다. 여기서 부부간의 갈등이 빚어지는 것은 극히 당연하고 결국 가정은 파탄지경에 이를 수밖에 없는 것이다. 그 결과는 아들의 죽음이다. 이러한 주제는 다음 작품인 〈방관자〉, 〈타인들〉, 〈가면무도회〉 등에서 변형, 반복, 심화되어 나타난다. 어느 여류명사의 자살사건에서 힌트를 얻어 쓴 것으로 알려진 〈방관자〉만 하더라도 남성우위의 사회에서 여성의 좌절과 고독을 그린 작품이다. 즉 아내에 대한 진솔한 사랑보다는 돈과 권력만을 추구하는 이중적 남편에 절망하고 집을 떠나는 여성의 이야기가 바로 이 작품이다.

남편을 가정파괴자로 보는 그는 어느 면에서는 극단적이기까지 하다. 〈타인들〉에서도 보면 남편은 바람둥이고 〈가면무도회〉에서도 예외가 아니다. 사실 그가 일관되게 그려내고 있는 것은 불행한 여자의 삶이고 그것을 넘어서려는 것이라고 말할 수 있다. 그런데 여자의 행복은 순전히 남자의 진솔한 사랑에 의해서만 가능하다고 보았다. 이러한 그의 작품주제는 〈항변〉을 시발로 해서 끊임없이 반복된다. 그러나 여자가 행복하기에는 현실이 너무 불합리하다. 왜냐하면 우리의 남정네들이란 거의가 화목한 가정보다는 권력이나 돈, 그리고 명예를 쫓고 외부에서 일어나는 새로운 일들에 더 관심을 기울이려는 경향이 강하기 때문이다. 그의 작품들 속에서 부부간의 갈등이 첨예화되는 이유도 바로 거기에 있는 것이다. 〈항변〉은 그런 모델이 될 만한 작품이다. 그렇기 때문에 그는 행복한 부부와 가정을 찾는 〈땅 위에 서다〉라는 작품을 썼는지 모른다. 이 작품에서 그는 가정의 행복이 돈이나 명예, 권력 같은 것과 무관하고 오직 부부간의 인간적 신뢰에 바탕하고 있음을 묘사하고 있다. 그가 가장 슬퍼하는 것은 애정 없는 부부간의 동물적 결합이며 동시에 생물학적 공존이다. 그는 항상 남편들의 위선을 거부하고 증오한다. 그가 처음부터 부부 문제와 따사로운 가정을 동경하는 듯한 작품을 계속 쓰게 된 배경은 아무래도 법원에서 가사조정위원으로 오랫동안 파탄 난 부부들의 문제를 목도한 것이 바탕이 되고 있다 하겠다.

앞에서도 언급한 바 있는 것처럼 그는 독립운동을 한 부친을 어렸을 때 여의고 여기저기 이주해서 어렵게 살았으며, 특히 모친의 불행한 1년간의 재혼 생활을 곁에서 지켜봐야 했기 때문에 무의식적으로 남자에 대하여 매우 부정적 이미지를 갖고 있는 듯이 보인다. 이러한 그의 인생 배경이 불행한 여자의 삶을 그려내는 바탕이 된 것으로 보인다. 그런데 그는 〈가면무도회〉에서 볼 수 있는 바와 같이 여성도 이제 박제되어 규방 속에서 눈물만을 흘릴 수 없다는 것이다. 과감하게 인습을 깨뜨리고 나가야 한다는 것을 은연중에 드러내기 시작한다.

이러한 이미지로 인해서 그는 때때로 보수적으로 비치기도 한다. 그의 순정적인 면도 마찬가지다. 그가 순정적이라는 것은 한 여인의 비련을 민족분단과 연결시킨 〈여수〉에서 잘 나타나 있다. 자선병원을 경영하다가 간첩죄로 재판정에 선 월남한 여의사인 정애리는 순전히 한 남자에 대한 사랑 때문에 남북을 오가다가 비극적 여인이 된 경우이다. 즉 전쟁터에서 만난 남자와의 사랑 때문에 남북을 방랑했고, 결국 남파간첩까지 되기에 이른다. 그녀 간첩 활동보다는 자선병원을 하다가 체포되었다는 것은 그녀에게 이데올로기는 관심 밖이었고 오직 여자로서의 사랑과 행복만이 전부였다는 뜻이다.

이처럼 그녀를 비극의 주인공으로 만든 것은 순전히 남자의 배신과 이데올로기, 조국 분단이었다. 이와 같이 남자의 배반으로 순정의 여심이 짓밟히는 과정은 최초의 장막극 〈여인〉에서 더욱 선명하게 묘사된다. 즉 낙도 여교사가 유복한 집안 출신의 의과대학생을 사랑했지만 그 학생은 여교사에게 임신까지 시키고 부잣집 딸과 결혼한다. 배신당한 여교사는 아이를 낳아 고아원에 보내고 방황하다가 낙도로 돌아와 전쟁고아를 돌보는 것으로 생애를 보낸다. 그러니까 그 여교사는 세속적 삶과 사랑에 실패하고 오직 자선사업으로 자신을 초극, 구원받게 되는 것이다. 이러한 여성의 남성에 대한 실망과 삶의 패배는 때때로 도전으로 바뀌기도 한다. 여성만이 사회의 희생물로서 머물 수 없다는 것이다.

〈타인들〉에서 보면 제목이 암시하듯이 부부는 궁극적으로 함께 사는 타인에 지나지 않는다는 관점에서 접근하고 있다. 이 작품에서 보면 놀아나는 남편에 대한 보복으로 아내 역시 남편의 젊은 비서와 놀아난다는 내용이다. 이처럼 그는 때때로 전통적인 인종의 여인상을 거부하는 방향으로 나아가기도 한다. 이제 한국 여성도 규방 속에 유폐된 존재일 수만은 없고 자기의 삶을 개척해 나가야 한다는 것이다.

〈세상은 온통 요지경 속〉이라는 작품에서 보이는 바처럼 여성도 이제는 남성의 기만을 혁파하고 남성에 대한 아름다운 기대와 환상도 깰 때가 되었다는 것이다. 그가 특히 바람을 피우는 남편이나 정치인들을 건달로 혐오하고 매도하는 것도 그러한 남성 혐오증과 통하는 것이라 볼 수 있다. 그는 아직도 남아 있는 전통적인 남권우위사상이라든가 가부장적인 의식은 사라져야 한다고 믿고 있다. 적어도 그 점에서는 매우 진보적으로 비치기도 한다. 그러나 그가 가정을 소중하게 여기고 더 나아가 인생의 낙원으로까지 여기는 점에서는 보수적인 것도 사실이다.

이러한 그의 양면성은 결국 현대화된 부부와 가정이라는 변증법적 합명제를 낳게 된다. 앞에서도 조금 언급한 바 있듯이 그는 작가이기 이전에 한 여자로서 그의 조모와 모친 2대가 식민지 압제와 해방 직후 소련군정 밑에서 겪었던 쓰디쓴 아픔을 내면 깊숙이 지니고 있다. 그리고 그는 그것을 진솔하게 희곡화해냈다. 그것이 다름 아닌 자전적 작품이라 할 〈그 찬란한 유산〉이다.

피와 눈물로 쓴 이 작품에는 조모와 모친 등이 모델로 등장한다. 가령 식민지 시대를 정면으로 거부했기 때문에 2대가 참담하게 몰락하고 3대까지 그 고통의 유산을 물려받아야 했던 몰락가문과 동족 탄압에 앞잡이 노릇을 하고서도 해방 이후 아무런 속죄 없이 잘 사는 가문과의 갈등에서 왜곡된 현대사를 되돌아보게 하는 것이 바로 이 작품이다. 그런데 여기서 주목되는 것은 결국 일제 앞잡이의 2세로 하여금 참회를 하지 않을 수 없게 만들고 동시에 피해 가문으로 하여금 관용을 베풀게 한 점이라 하겠다.

이처럼 그가 만년에 와서는 젊은 날의 아픔과 한을 스스로 치유하기 위한 노력을 하려는 듯하다. 그도 이제 인생의 황혼기에 접어들었음을 실감하는 것이 아닌가 싶다. 적대자를 용서하고 역사의 앙금을 씻어내며 스스로 정화해가는 도정에 서 있는 것이다. 이제는 사회를 분노의 눈으로만 바라보기보다는 이해의 눈으로 관조하려 한다. 그러니까 사회와 남성에 대한 저항과 분노를 이해와 용서로서 풀어간다는 이야기이다. 이는 물론 박현숙 개인의 인간적 원숙성을 보여주는 것이지만, 다른 한편으로는 긍정적 세계관으로 바뀌어 감도 드러내주는 것이 된다.

그는 최근에도 몇 편의 희곡을 썼다. 그중에서도 특히 주목되는 작품이 〈조국의 어머니〉이다. 그가 작의에서도 밝힌 바 있듯이 해방에서부터 4·19학생혁명 때까지 15년 동안 혼란과 분단, 동족상잔과 가난 등 고통의 세월을 드넓은 가슴으로 감싸 안은 한 어머니의 이야기다. 즉 그는 이 작품과 관련하여 "사상과 이념 때문에 희생양이 되어버린 두 아들, 성폭행으로 죽음을 각오한 딸, 그러나 어머니의 슬기로움 때문에 희망을 다시 찾는 일 등 상처들을 사랑으로 감싸 안은 어머니의 삶을 담아본 것"이라 쓰고 있다. 식민지 시대부터 민족해방, 분단, 동족상잔 그리고 최근의 도덕 불감증 사회를 거치면서 숱한 아품과 곤비로 인한 응어리진 어머니상을 동정어린 눈으로 감싸 안은 작품이 바로 〈조국의 어머니〉이다.

사실 그가 묘사한 불행한 어머니상은 그 자신일 수도 있고, 그의 어머니일 수도 있으며, 격동의 시대를 겪어온 이 땅의 모든 모상이기도 하다. 그는 언제나 행복한 가정을 우선시한다. 그가 일관되게 주장해온 사회는 건강하고 행복한 가정으로부터 출발한다는 명제가 〈여자의 성〉이라는 작품에 다시 투영되는데, 이 작품은 권선징악적 입장에서 접근하고 있는 것이 특징이다. 그러니까 행복한 가정과 진실한 아내의 사랑보다는 물욕과 욕정만을 쫓는 남편을 파멸시킴으로써 남성들에게 경종을 울려주는 방향으로 작품의 결말을 가져간다.

사실 가정과 어머니는 상관관계에 있다. 왜냐하면 가정의 중심축은 뭐니 뭐니 해도 아내이고 어머니이기 때문이다. 따라서 그는 남녀의 순정적인 사랑으로부터 시작하여 부부 문제, 가정 문제, 그리고 마지막으로 어머니로 결론지으려는 것이 아닌가 싶다. 그는 평생의 창작 생활에서 이 범위를 크게 벗어나지 않았다.

그렇다면 가장 최근에 탈고한 임영신의 일대기 〈청사에 빛나리 그 이름〉은 어떻게 보아야 할 것이냐 하는 점이다. 우선 그의 작의부터 들어보면 다음과 같다. 즉 그는 작의에서 "임영신 여사님의 빛나는 생애는 너무나 방대한 업적을 남기고 간 분이어서 이 한 편의 희곡으로는 다 밝힐 수가 없다. 개화기에 태어나서 일제 36년 줄곧 항일운동에 몸 바친 독립투사로서 해방 후에는 정계의 큰 별이셨고 특히 교육계에도 중앙대학교 설립자이시고 여성 개화운동의 선구자였다. 나는 내 모교의 총장이셨고 늘 '사랑하는 내 아들 딸들아'라고 불러주시던 그분의 다정했던 음성을 다시 한 번 상기하면서 이 한 편의 희곡을 바치기로 한다."고 쓴 바 있다.

작의에 나타난 것만 보면 극히 사적인 입장에서 은사에 대한 보은처럼 보인다. 그러나 한 발짝 더 나아가서 들여다보면 그가 젊은 시절 지향했던 이상과 창작세계 같은 것이 이 작품 속에 상당히 투영되어 있음을 알 수 있다. 주지하다시피 〈청사에 빛나리 그 이름〉의 모델 임영신은 근대사의 대표적인 여걸로서 독립운동에서부터 시작해서 미국 유학, 정치, 사회육성활동에 이르기까지 대단히 많은 업적을 남긴 선각자이기 때문에 그가 흠모하고 따랐던 것은 너무나 자연스러운 일이다. 그러니까 작품의 모델 임영신은 그에게 있어서 단순한 은사를 넘어 젊은 시절 꿈꾸었던 것을 실현한 인물로 각인되었다고 말할 수 있다.

그는 이제 팔순을 맞아 일단 평생의 중요한 부분을 정리하고 있는 듯이 보인다. 남녀 간의 진정한 사랑의 의미를 캐고 부부의 문제를 행복한 가정의 차원에서 접근한 그는 일종의 이화부부(異化夫婦)를 개탄 슬퍼하곤 했다. 이 말은 곧 그가 남녀관계에 있어서 사랑의 부재를 슬퍼하면서 건강한 가정을 걱정해왔다는 이야기가 된다. 그는 평생 부부간의 진정한 사랑과 가족 문제에 집착해왔는데 이는 가정이야말로 사회의 최소 단위로서 가정의 건강이 곧 사회의 건강이라 생각한 데 따른 것이었다고 말할 수가 있다.

실제로 그는 〈그의 고백〉이라는 2005년도 희곡의 작의에서 "건강한 가정이 튼튼한 사회를 만들고 그래야 훌륭한 사회가 존속할 텐데"라고 쓴 바도 있다. 그는 연극이 어떻게든 사회개선에 이바지해야 한다고 본 것이다. 그렇다고 해서 그가 격렬한 이념의 문제로 끌고 간 것은 애초에 아니었으며 오로지 여자의 입장에서 전근대적 인습의 가정 형태를 혁파해보는 것이었다. 그러면서 자기를 되돌아보기도 하고 때때로 서편에 지는 황혼을 바라보듯이 인생을 담담하게 관조하기도 한다. 따라서 시간이 흐를수록 그는 자전적인 작품을 쓰고 있는 것이다.

마치 유진 오닐이 〈밤으로의 긴 여로〉를 남겼듯이 말이다. 그 조짐은 〈그 찬란한 유산〉에서도 조금은 나타났다. 그 속편은 아마도 피와 눈물로 쓰는 자기 고백적 작품이 나오지 않을까 싶다. 그의 최근작 〈회로/파도야 말해다오〉도 이채로워 보이지만 이 작품 역시 유년 시절에 잠시 살았던 황해도의 어느 어촌 이야기라는 점에서 자전적이라고 말할 수가 있다.

그가 이 작품에서 보여주는 풍경이라 할 비린내가 나는 바닷바람, 파도소리, 멀리 보이는 깜박이는 등대, 만선을 구가하는 농악소리 등……. 인생의 어쩔 수 없는 긴 회로의 숙명적인 고리를 외딴 섬에 포커스를 맞추고 있다. 한편 피를 말리며 뼈를 깎는 아들에 대한 그리움, 고향을 지척에 둔 백령도 앞바다에서 향수와 처절한 기다림으로 연명하는 슬픈 인간상은 곧 자신이라고 말할 수가 있다.

이처럼 그가 연륜을 더해가면서 아팠던 과거가 되살아나는 것 같다. 왜냐하면 그가 현실문제보다는 지난 시절의 흔적을 자꾸만 찾아 헤매는 듯이 보이기 때문이다. 가령 최근에 발표한 〈태양은 다시 뜨리〉(전 2막)만 하더라도 과거 이야기다. 즉 1944년, 그러니까 일제 말엽에서부터 해방(1945년 8월 15일) 때까지의 기록이다. 제1막은 도쿄로 되어 있고, 제2막은 해주로 되어 있는데, 이 작품은 한 여주인공(박간호원)을 통해 본 해방전후사라고 말할 수가 있다. 물론 작품의 주인공은 도쿄여자전문 학생(오애실)과 릿쿄대학 영문과 학생(김철호)이다. 그러나 이들 두 사람이 모두 파멸한 상태이기 때문에, 이끌고 가는 인물은 의사(공민수)와 간호원(박 간호원)이라 볼 수가 있다. 식민지의 암담한 현실 속에서 지식청년들의 몰락 과정을 매우 리얼하게 묘사한 이 작품은 윤동주와 이광수를 대비시킴으로써 지식인의 현실 대처의 양면성도 부각한 것이다.

그는 작의와 관련하여 "작품소재를 찾던 중 어느 날 일간지에 실린 어떤 신여성의 기사에 관심이 집중되었다. 1920년에서 1930년 사이에 일본 도쿄여자전문학교까지 마치고 시, 소설, 연극, 기자생활도 한 개화기 신여성의 사건이었다. 일제 식민지 통치하에서 사생아까지 낳고 가부장제도의 억압과 멸시의 거센 세파를 헤치며 몸부림치다 사면초가의 질곡에서 그만 미친 채 일본 아오야마 뇌병원에서 생을 마감했다는 개화여성의 생애를 써보기로 결심했다"고 쓴 바 있다. 이 말은 곧 그가 실화에서 소재를 얻었음을 실토한 것이고, 그 과정에서 자연스럽게 윤동주와 그 대비되는 인물인 이광수를 끌어들였다고 볼 수가 있겠다.

그러니까 이 작품에서 여주인공(오애실)과 남주인공(김철호)은 거의 실제적 인물의 한 표상이라 말할 수가 있다. 따라서 이 작품에서는 세 층의 지식인상이 그려지고 있다. 윤동주와 같은 철저한 민족주의자와 이광수와 같은 변절자, 그리고 소극적 저항자 등이다. 그런데 이 작품에서는 식민지 시대의 억압에 대처하는 지식인상과 함께 신여성들의 생존방식과 사랑의 행태를 복선으로 깔고 있는 점에서 주목을 끌 만하다. 그러니까 우리의 근대사 속에서 여성들은 두 가지의 장벽에 부딪쳐서 신음한다. 가령 그 한 가지가 전통인습이라고 한다면 다른 한 가지는 일제의 핍박이라 하겠다. 이 두 가지 불운이 연약한 신여성을 한꺼번에 덮침으로써 여성이 파멸해 갈 수밖에 없는 절박함을 묘사한 작품이 바로 〈태양은 다시 뜨리〉라는 것이다.

이 작품의 여주인공은 동경 유학 중 유부남을 사랑하여 임신 중이었는데 고향의 집과 부모가 모두 불타버림으로써 그 충격으로 정신이상이 되었고, 그의 연인은 폭격으로 두 눈을 잃음으로써 절망 속에 해방을 맞는다. 두 남녀는 같은 고향 병원에 있으면서도 만나지 못했고 여주인공은 해산하다가 죽게 된다. 이런 비극은 그의 작품에서 찾아보기 힘든 경우이다. 그러나 이 작품에서도 그의 긍정적인 세계관은 그대로 나타나 있다. 그것이 다름 아닌 신생아의 탄생이다. 여주인공(오애실)은 비록 죽지만 그가 낳은 건강한 남아가 있기에 조국은 해방과 함께 힘차게 뻗어나갈 수 있지 않은가.

바로 그 점에서 이 작품은 상징성이 강하다고 말할 수 있다. 즉 죽는 여주인공이 인습과 억압의 질곡을 상징한다면 신생남아는 희망으로 가득 찬 해방된 조국을 상징한다고 볼 수가 있다. 낡은 식민통치는 가고 희망찬 조국이 새로 탄생한다는 메시지야말로 그가 〈태양은 다시 뜨리〉에서 드러내 보여주려 한 것이라 말할 수가 있다. 특히 제2막에서 양원달의 대사 중에 "어쩌겠어? 가는 사람 오는 사람 세상만사 무상한 것 아니오"에서 관조적인 그의 인생관도 언뜻언뜻 나타나고 있다.

그러니까 노년기에 접어든 그가 고통으로 가득 찼던 오욕의 역사를 담담하게 관조하고 있는 것이다. 그 결정판이 다름 아닌 2005년에 출간된 수상집『그리움은 강물처럼』에 실은 신작 희곡 〈그의 고백〉(1막 5장)이다. 그러니까 이 작품은 그가 하고 싶은 이야기, 즉 굴곡진 한국현대사를 한 가정에 압축해서 정리한 작품이다. 우선 그가 쓴 작의부터 여기에 소개할 필요가 있을 것 같다.

> 일제 36년간 비운의 나라에 태어나서 80평생 조용한 날 없이 늘 소용돌이치는 국운을 따라 슬픈 사연들을 겪어야 했던 부모의 세대를 바라보며 살았다. 광복 후 38선을 숨어서 넘나들며 가족끼리의 얼룩진 고통의 한(恨)을 애타게 그리워하면서도 만날 수 없었던 지나간 세월, 사랑하는 사람들을 목 메이게 그리워하며 살아야 했던 지나간 시간들. 요사이 젊은이들이 외국 이민 가는 수가 많아졌다는 뉴스와 이혼율이 세계 2, 3위라는 소식은 안타까운 사연들이다. 그리고 혹자는 외국 은행에 많은 돈을 숨겨놓았다는 정보도 우리를 슬프게 하고 있다. …(중략)… 이제 언제 떠나갈지 모르는 팔순을 맞으며 지나간 암담한 세월 속에 한을 묻고 미래를 재조명해보고자 쓴 희곡이다. 나는 이 희곡의 주인공처럼 자식 없이 고통받는 노인들을 위해 자선사업 단체에 희사해주었으면 하는 바람으로 이 작품을 엮어냈다.[12]

그는 작의를 통해 이 희곡이 자신의 일대기라는 사실을 확인시킨다. 실제로 이 희곡은 작의에서 밝힌 바처럼 박세민이라는 한일건축회사 사장의 가정에 포커스를 맞춰서 식민지 시대의 질곡과 분단전쟁, 이산가족 문제, 4·19학생혁명, 부부간의 애정 문제, 남편의 이중적 생활, 그리고 호주로 이민 간 아들 내외와 그 자녀들까지 다루고 있다. 1막 5장의 작품에 포괄하기에는 너무나 긴 시간과 많은 문제를 한 가족 문제로 압축한 것이 특징이다. 그러니까 주제는 그가 작의에서 밝힌 그대로이고 다만 여기서 주목되는 부분은 고통과 절망 속에서도 희망을 찾아내려는 그의 끈질긴 갈망과 휴머니즘이라고 말할 수가

---

12 박현숙,『그리움은 강물처럼』, 129쪽.

있지 않을까 싶다. 가령 과거를 어쩔 수 없이 숨겨왔던 남편이 진심으로 참회하는 것부터 시작하여 아내의 따사로운 포용, 그리고 이민 가서 살고 있는 아들 가족의 귀국과 시나리오 작가인 노처녀 딸이 국제영화제에서 상을 탐과 동시에 결혼에까지 이르며, 갑자기 죽은 남편의 유산 5억 원을 무의탁노인들을 위한 자선사업에 기부하는 것으로 끝맺는 것에서 그의 어두웠던 과거 역사 정리와 뜨거운 휴머니즘이 드러난다.

이상과 같이 해방 직후 대학극의 히로인으로 각광받고, 흔치 않은 여성 극작가로 여성 문제와 가정 문제를 정치·사회적 차원에서 천착하고 또 곤비(困憊)의 역사를 여성적인 애연(哀然)함으로 감싸 안음으로써 현대희곡사의 한 축을 든든하게 해온 설중매 박현숙, 그런 그는 단순히 극작가로서만 머물지 않고 한국 여성계 지도자로서의 역할도 적잖게 했다. 가령 그가 1965년 잠시 정계에 몸을 담고 있을 때는 한국 부인회 대표로서 전(全) 일본부인연맹의 초청으로 도일하여 일본 여성들을 향해서 뼈있는 발언을 한 적도 있고, 1988년도에는 저11회 세계국제여성 극작가대회에 한국 대표로 나서서「한국 여성 극작가의 현황과 작품세계」를 발표하여 호평을 받은 바도 있다. 그런 그가 화려하고 장엄했던 과거를 뒤로 하고 마무리 인생을 용서하고 스스로 참회하면서 미래에 희망을 걸고 있다는 메시지의 전달에 힘을 쏟고 있다.

그가 최근에 쓴 시 몇 편 속에는 만년을 정리하는 노 작가의 모습이 눈물겹도록 아름답게 나타나 있다. 즉「비구니 승」이라는 시에 보면 "맑고 푸른 산상에 오르면/속세를 떠나 산에서 살고 싶었습니다./아름다운 꽃과 산새들의 노래를 들으며/여생을 그렇게 보내고 싶었습니다./가난도 싫었고 자리다툼의 싸움도/미워서 그냥 모두 다 싫어져서/그렇게 살고 싶었습니다"라고 읊음으로써 그의 순수하면서도 초월적인 꿈이 서려 있다. 이는 그만큼 그가 역겨웠던 지난 삶에 환멸을 느끼고 있음을 비구니의 깨끗한 삶의 동경을 통해 우회적으로 표출한 것으로 볼 수가 있다. 그런 그가 죽음을 명상하면서 자신을 평생 지탱시켜준 하느님에 더욱 의탁하는 것은 극히 자연스런 행로일 듯싶다.

즉 그는 「죽음」이란 시에서 "어느 날 나는 갑자기 의식을 잃었었다./역시 병명은 지병인 고혈압과 당뇨가 원인/속세를 떠났던 그 시간은/그저 조용한 잠자리였었다./깨어난 곳은 B병원 응급실/내가 던진 첫 마디는/"여기가 어데야, 내가 왜 여기와 있어"/내 옆에 침통한 얼굴로 앉아 있던/막내아들이 나를 꼭 끌어안았다./나는 아무 고통 없이 그냥 깊은 잠에서/깨어난 상태였다./그 후론 버리는 작업을 시작했다./내 책장에 소중하게 보관됐던 책은 개인 도서실에 기증하고/가구 몇 개 옷 구두 등/아까워 못 쓰던 유리컵까지도/아낌없이 가까운 사람들에게 보내졌다./지금은 죽음이 언제 찾아올지라도/하나도 두렵지 않다./그저 담담히 기다려질 뿐이다"라고 썼으며 「텅 빈 방에」라는 시에서는 "하루 종일 텅 빈 방에/혼자입니다./그런데 외롭지 않은 까닭은/당신과 같이 있기 때문입니다"[13]라고 씀으로써 하느님에 의탁하고 있음을 간증하고 있다.

이처럼 그는 만년의 고독과 아픔을 종교에 깊이 침잠하는 것으로 달랬다. 한 인간으로서뿐만 아니라 연극인으로서도 아름답게 정리한 것이다. 그는 어느 한적한 양로원에서 이상과 같은 시를 쓰고 2020년 12월에 향년 94세로 동경하던 별자리 뒤 사랑하는 아버지 품으로 돌아갔다.

---

13 위의 책, 43쪽.

분단의 역사를 견뎌낸 대스타
최은희

　1970년대 초반까지 은막을 주름잡던 대스타 최은희(崔銀姬, 본명 慶順)는 당시를 기억하는 세대에게는 최고의 우상이라 해도 과언이 아니다. 그가 1950년 6·25전쟁의 비극을 남달리 겪은 데다가 1978년 갑자기 북한으로 납치되면서 그에 대한 구구한 억측이 여배우로서는 좀처럼 쌓기 힘든 영화사의 금자탑을 허물어뜨리고 있다는 현실은 참으로 안타까운 일이라 아니할 수 없다. 그래서인지는 모르나 그에 대한 연구는 말할 것도 없고 변변한 글 하나 찾아보기 어렵다. 그에 대해서 쓰는 것이 무슨 금기사항이나 되는 양 영화, 학계, 평론계에서 최은희를 비켜간 느낌마저 준다.

　바로 그 점 때문에 필자는 그의 업적과 공과에 대하여 객관적으로 정리할 필요를 절감했다. 전란의 폐허 후의 영화 여건이 열악했던 시절에 가녀린 여배우로서 최은희만큼 영화붐을 일으키는 데 절대적 역할을 한 인물은 아마도 찾기 어려울 것이다. 그렇기 때문에 그는 한국 영화사 1세기 동안 30여 년이라는 장기간 동안 대중의 사랑을 넘어 우상처럼 받들어졌으며, 지금은 하나의 전설이 되어 있는지도 모른다. 노년에 이르러서도 당초 그의 고향이라 할 연극무대에 간간이 서면서 자신의 존재를 스스로 확인하고 있어서 올드팬들의 아름다웠던 추억을 불러일으켜주기도 했다.

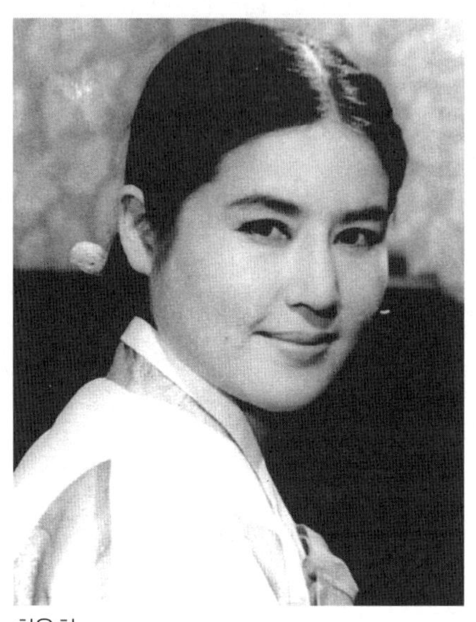

최은희

그는 1930년 11월(음력으로는 1929년생) 경기도 광주(廣州) 초월면 지월리라는 벽촌에서 최영환(崔榮煥)과 김애기의 9남매 중 넷째 딸로 태어났다. 부친 최영환은 구한말 군인으로 있다가 일제의 한국병탄 직후 대한제국 군대가 강제 해산 당함으로써 자동적으로 일본 군대에 편입되었는데 시골 경찰을 하라는 명령을 받고 즉각 제대를 해버린다. 평소 대일감정이 나빴기 때문에 도저히 일제 경찰은 할 수 없다고 생각한 나머지 농사나 지으려고 고향으로 낙향한 것이다. 모친은 전형적인 서울 규수로서 가사를 잘 익힌 단아한 처자였다. 그런데 농사일이 생각한 대로 만만한 것이 아님을 절감한 그의 부친이 그가 겨우 한 살 때 강보에 싸인 채로 가솔을 이끌고 처가가 있는 서울 금호동으로 이사를 했다.

서울에 무작정 올라왔으나 특별한 기술이 없었던 가장이 직장을 구하지 못함으로써 가족의 어려움은 이루 말할 수가 없었다. 다행히 외가의 도움으로 근근이 생활하다가 부친이 용산우체국 직원으로 취직을 했기 때문에 그때부터는 의식주 걱정은 하지 않을 정도로 살 수가 있었다. 부모의 금실이 좋았기 때문에 건전한 가정에서 품성교육은 잘 받은 편이었다. 그는 기마병 출신의 잘생긴 아버지와 고운 얼굴의 어머니의 좋은 점만 닮아서 여성으로서는 우량아 소리를 들을 정도로 매우 잘생긴 편이었다. 흰 피부에다가 눈이 크고 까만 눈썹은 눈을 덮을 만큼 길었으니까 당초부터 미인형이었다. 효재국민학교에 입학했는데, 학업은 특출하지 않았지만 춤과 노래를 좋아했으며 특히 그림 솜씨는 단연 뛰어났었다. 조숙했던 데다가 고집이 세고 주견이 뚜렷했던 그는 부모의 손에 이끌려서 동양극장에도 가보았으나 뭔지도 몰랐고, 여덟 살 때 이규환 감독의 영화 〈나그네〉를 보고 신기함을 느꼈다니까 그가 매우 일찍부터 예술에 눈뜬 것만은 분명하다. 그러니까 그가 아주 어린 시절에 연극을 보고 영화를 구경한 것이 그쪽 분야에 관심을 갖게 된 동기였다.

따라서 그는 국민학교를 졸업할 무렵에 가수가 되고 싶어 친구 셋과 오케가 극단에 지원한 적도 있었다. 그런 그가 연극배우가 된 것은 지극히 우연한 어떤 만남에 따른 것이었다. 즉 그 당시는 태평양전쟁 중이었기 때문에 정기적으로 방공훈련이 있었는데, 어느 날 방공호에서 여배우 문정복(文貞福)을 만난 것이 계기가 되었다. 활달했던 친구가 문정복에게 배우를 시켜달라고 졸랐고 문정복은 연인이었던 명배우 황철(黃撤)에게 소개를 해주어서 극단 아랑에 연수생 비슷하게 발을 들여놓게 된다.

이것이 그에게는 첫 번째 운명적 사건이었다. 그러나 황철이 어린 그를 받아들이는 데는 주저하지 않을 수 없었다. 황철은 우선 부모의 허락을 받아오도록 요구했다. 그러는 동안 시간이 흘러서 결국 이듬해 공연 중이던 〈성길사한〉(김태진 작, 안영일 연출)에서 안내원으로 연극에 발을 들여놓게 되었다. 이 작품은 극단 아랑이 1942년 정월에 성보극장에서 공연한 것이므로 그가 겨우 14세 때였음을 알 수 있다. 그는 사실 국민학교를 졸업하자마자 경성기예학교에 입학을 했지만 가정형편이 넉넉지 않았기 때문에 그가 대식구의 가정살림을 도와야 한다는 생각으로 다니지는 못 했다. 그가 극단을 기웃거린 것도 예술가가 된다기보다는 어떻게든 집안을 도와보려는 순수한 의도에서였다. 물론 그가 내적으로 예능에 재주가 있었던 것은 분명했고 은연중에 가수나 배우가 되어보고 싶었던 것도 부인할 수는 없었다. 그가 아랑에 발을 들여놓기 직전에 잠시 극장 안내원으로 취직했던 것도 실은 그런 연예인으로 발탁될 기회를 엿보고서였다. 실제로 그가 극단 아랑에서 처음에 한 일은 연기가 아니라 공연의 뒤치다꺼리였다.

그때는 상업극단들이 지방공연에서 수익을 올리고 있었기 때문에 자주 순회공연에 나서곤 했다. 그 역시 집에 말도 없이 아랑의 지방순업에 따라 나선 일이 있었다. 집에서는 난리가 났고 그는 곧장 잡혀왔으며 부친이 방문을 밖에서 걸어 잠가놓기까지 했다. 그래도 어떻게든 뛰쳐나오곤 했는데 엄한 부친이 그의 신발을 도끼로 찍어놓기도 했었다.

그런 중에서도 그는 연극의 매력을 알아가면서 다시 뛰쳐나오곤 했다. 결국 그는 아랑의 연구생이 되었고, 처음에는 고참배우 임사만(任士滿)의 가방모찌 역할을 하면서 연기를 조금씩 익혀가게 되었다. 그러다가 1943년 8월에 처음으로 〈청춘극장〉(김내성 작)에 주인집 하녀라는 조역으로 무대에 설 수가 있었다. 그때 첫 무대에서 당황했던 자신의 모습을 그는 다음과 같이 회고했다.

> 2막에 처음으로 등장하려고 무대 뒤에 서 있는데 발이 안 떨어졌다. 무대에 못 박은 것 같고 춥지도 않은데 벌벌 떨리고, 선배가 뒤에서 밀어주어서 무대에 나왔다. 관객도 안 보이고 상대방 얼굴도 뿌옇게 안 보이고 몸이 둥둥 떠 있는 것 같았다. 관객은 콩나물시루처럼 보였다. 대사만 순서대로 외고 나왔는데 황철 선생이 잘 했다, 요다음에는 말을 크게만 하라고 격려해주었다. 3막에 나가서 이러저러 해서 내가 훔쳤다고 하는데 클라이맥스라고 객석에서 우레 같은 박수가 터져 나왔다. 너무나 놀라고 당황해서 대사를 까먹었다. 멍하게 서 있으니까 막 뒤에서 프롬프터가 대사를 읽어줘서 대사를 하고 나왔다. 땀이 쫙 흘렀다. 선배들이 첫 무댄데 잘했다고 칭찬해주었다.[1]

이상에서 확인할 수 있는 것은 그가 비록 남자아이처럼 고집이 세고 억센 면이 있었다고는 하지만 역시 첫 무대에서는 고전을 면치 못했지만 외모에 있어서나 언어 구사, 그리고 연기력 등에서는 가능성을 보여주었다는 사실이다. 그런데 그가 아랑에 들어가서 첫 해에는 연극분위기에 휩쓸려서 잘 몰랐지만 1년여 지나면서 잠시지만 연극판에 회의를 느끼기도 했다. 그 이유는 두 가지

---

1 최은희의 미필고 자서전 참조.

　제5부　현대극으로의 발돋움 (2)

였는데, 그 한 가지는 일부 배우들의 문란한 생활이고 다른 한 가지는 황철과 같은 명배우가 스스로 여자들처럼 얼굴에 분을 바르는 것이 안 좋아 보였기 때문이다. 그러나 그런 회의는 곧 없어졌는데 다행히 황철, 태을민(太乙民), 배용(裴勇), 박영신(朴永信) 등과 같은 좋은 선배들의 학구적인 자세가 그를 가라앉혔다고 말할 수가 있다.

이들은 지방순업에서도 항상 책을 놓지 않았고 그에게도 스타니슬라프스키 연기론을 가르치면서 격려를 아끼지 않았다. 그가 점차 연기에 흥미를 느끼기 시작했지만 배우들의 고달픈 생활과 대중의 배우에 대한 천시사상 등이 그로 하여금 때때로 평범한 가정주부를 동경하게도 만들었다. 따라서 그가 때때로 극단에 나가지 않고 집에서 두문불출했던 이유도 바로 그 연유 때문이었다. 그런 낌새를 알아차린 그의 부모는 잘 되었다 싶어 그를 출가시키려 했다. 실제로 부모에게 억지로 이끌려서 한두 번 맞선도 보았으나 결혼 생각이 전혀 없었던 그가 응할 리 만무했다.

그는 극단과 가정을 들락거리면서도 아랑의 몇몇 작품들, 가령 〈삼대〉라든가 〈바람 부는 시절〉, 〈새벽길〉, 〈물새〉, 〈과부〉 등에 조연급으로 출연했다. 그렇다고 그가 제대로 된 배우로 대접받은 것은 아니었고 연수생으로 취급받는 처지였다. 다만 잘만 다듬으면 장래에 큰 재목이 될 것이라는 막연한 기대 속에서 선배 배우들을 따라다니는 딸랑이 배우에 불과했다. 그런 속에서도 그는 열심히 연기공부를 했다. 즉 그는 황철이라든가 배용 등에게서 스타니슬라프스키 연기이론을 수시로 귀담아 들었다. 그리고 실제적인 체험을 바탕으로 하여 그것을 무대에까지 연장시켜야 한다는 것도 배웠다. 그는 그들에게서 얻어들은 것을 무대에서 직접 실험을 해보기도 했는데, 고통에 못 이겨 우는 장면에서 그 이론에 따라 실제로 울어보니까 감정에 복받쳐서 그 다음 연기를 이어갈 수가 없었다. 그러면서 그는 배우 자신과 극중인물은 별개라는 사실도 깨달았다. 즉 그는 걸인 역을 진짜 거지가 할 수 없듯이 배우란 자기가 창조한 제2의 인물을 연기하는 것이지 자기감정을 그대로 표현하는 것은 연기가 아니란 사실도 확실히 깨달았다.

그가 그러한 연기 원리를 조금씩 알아가면서 배우라는 직업도 해볼 만하다는 생각을 했고, 모든 일상을 연기와 연결시켜보는 버릇도 생겨났다. 어느 때는 화려하게 차려입은 여인이 기차간에서 다리를 쫙 벌리고 앉아 있는 것을 보고는 천박한 여자 역을 할 때는 저렇게 해야겠다는 생각을 굳히기도 했다. 그리고 담배 피우는 모습이라든가 술 마시는 모습, 싸우는 모습, 하다못해 밥 먹는 모습까지도 유심히 관찰하면서 연기란 생활 그 자체이므로 보이는 모든 것들을 자기가 맡은 역과 연결시켜보면서 고민을 하며 연습해보았다. 이처럼 해방 전까지 그는 배우가 되기 위한 하나의 연수기간으로 삼아 오매불망 치열하게 노력했다.

그는 3년 가까이 연기의 본질을 제대로 터득하지 못한 채 허둥대는 동안 민족해방을 맞았다. 그는 그때 나이 겨우 17세의 소녀티를 갓 벗은 처녀였다. 그는 뭐가 뭔지 모르는 해방의 흥분상태에서 여기저기 극단에 불려다니는 여배우로서 조금씩 이름을 알리기 시작했다. 우선 1920년대를 장식했던 극단 토월회가 박승희 등 리더들의 의욕으로 재기공연을 가졌을 때, 〈40년〉이란 작품에 복혜숙, 석금성 등 대선배들과 해방 후 처음 한 무대에 서는 영광을 안았다. 그는 만주에 사는 눈뜬 장님소녀 역으로서 노래까지 불렀는데, 선배들이 크게 주목하면서 영화배우를 하면 괜찮겠다는 칭찬을 처음 들었다. 그로부터 그는 선배 배우들의 주목을 받으면서 여기저기 극단에서 출연교섭을 받는 신예 여배우로서 주목의 대상이 되었다.

해방 이듬해(1946) 정월에는 극단 문화극장의 〈황야〉(김영수 작, 박춘명 연출)와 극단 백화의 〈백의민족〉(이운방 작, 안종화 연출) 두 군데에 출연했다. 이 시기도 그에게는 여전히 수업시대였다고 보아도 무방할 것 같다. 왜냐하면 그가 항상 무대배우로서의 수련이라는 생각으로 무대에 임했기 때문이다. 가령 천부적인 배우 김승호의 상대역을 하면서 그에게서 배우려고 한 점이 그러한 예라고 말할 수 있다. 애국투사 역을 맡았던 김승호가 뛰어 들어오면 그가 숨겨주는 장면인데, 그가 항상 무대 깊숙이 서기 때문에 그는 객석에 등을 보여주게 만들었다. 배우가 관객에 등을 보이는 것은 연기의 초보도 모르는 것으로서 있을 수 없는 것이다. 그래서 다음 공연부터는 그가 먼저 무대 깊숙이 들어가서 김승호를 기다리고 있었다. 그에게 한 방 먹인 것이다. 그때 김승호는 배우가 돋보이기 위해 어디에 서야 하는가를 그에게 가르쳐주었고 그 역시 무대공간의 활용을 스스로 깨닫게 된 것이다.

이러한 사건은 별것 아닐 수도 있지만 그가 정식 연기교육을 받아보지 못한 상황에서 스스로 연기를 터득한 사실을 극명하게 보여주는 것이어서 흥미롭다. 그는 적어도 연기에 관한 한 천부적 재능을 지녔던 배우였음을 알 수가 있다. 그런 자세로 잇달아서 그는 극단 백화의 〈나라와 백성〉(이운방 작, 양산박 연출)에 양백명 등 선배들과 당당히 무대에 섰다. 그러다가 그는 곤욕도 치렀다. 즉 그는 이극영이 만든 극단 8월극장을 따라 여름에 지방공연을 갔다가 제대로 되지 않아서 평택의 한 여관에 생전 처음 인질로 잡혔다가 간신히 풀려나 장마통에 서울까지 걸어서 올라온 일이 있었다.

그런 그에게 인생의 중요한 변화가 왔다. 다름 아닌 촬영기사이며 경향신문 사진기자 김학성(金學成)과의 결혼이었다. 김학성은 도쿄 유학생 출신으로 신문기자 겸 영화사 촬영기사를 겸하고 있었다. 영화를 찍으면서 알게 되었으나 김학성이 초혼에 실패하고 자녀까지 있어서 당초 결혼할 생각은 거의 없었는데, 그가 워낙 적극적으로 나섰기 때문에 결혼을 하게 되었다. 1947년 초가을이었으므로 최은희의 나이 18세였다. 최은희는 워낙 가정교육을 잘 받은 터라서 일단 연예계를 떠나 살림에 전념하는 듯이 보였다. 또 실제로 연극계를 떠나고도 싶었던 것이 사실이었다. 그러나 연예계가 그를 그냥 평범한 여자로 놓아두지 않았다. 중앙극장 주인 김성진이 극작가 김영수를 내세워 극단 신청년을 창립했는데, 그에게 거금 700원을 주면서 참여하라고 요청해왔다. 당장 셋방도 얻기 어려운 처지여서 그 돈은 그를 움직이게 하는 데 충분했다.

그는 그해 11월에 서월영, 박경주 등 대선배들과 창립공연 작품인 〈5남매〉(김영수 작, 허홍 연출)에 화려하게 다시 등장한다. 그러나 그가 극단 신청년에는 계속 머물지 않고 여기저기 불려다니는 프리랜서로서 다음해에는 극단 민협(民協)의 창립공연작 〈선혈〉(남혜성 작, 안종화 연출)에 양백명, 김승호 등 선배와 함께 출연했고, 이어서 극단 전진극장의 〈백진주와 전원교향악〉(한노단 작·연출)과 〈정조성〉(추목동 작·연출)에 역시 김승호, 황정순 등과 출연했다. 그가 영화까지 출연하느라 연극에는 자주 출연을 못했지만 시간만 나면 연극무대에 열심히 섰다. 그는 해방 직후 몇 년 동안에 근 10여 개 극단에 찬조 출연했으며 당시 가장 정통적 연극을 하고 있던 극예술협회에도 두 번이나 출연했다. 즉 〈높은 암산〉과 〈맹진사댁 경사〉다.

그런데 극예술협회가 〈맹진사댁 경사〉를 갖고 대구지방 공연을 갔을 때, 그가 슬그머니 귀경하면서 극단이 큰 곤욕을 치른 일이 있었다. 그 당시 극협 기획을 맡았던 윤방일(尹芳一)이 일을 잘못하여 극장 만경관과 대구 키네마 두 곳에 계약을 해놓음으로써 공연에 차질을 빚자 그가 약속위반이라면서 귀경해버린 것이다. 그때의 리더는 이해랑이어서 최은희에 대하여는 좋은 감정을 갖지 않았다. 그것은 물론 연기에 대해서도 마찬가지였다. 이해랑은「나의 삶, 우정, 연극」이라는 회상기에서 "한편으로 전에 신협에서 〈포기와 베스〉 등 몇 작품을 할 때 대사 몇 마디 하는 단역으로 최은희가 나왔었는데 그렇게 잘하지 못했다. 〈맹진사댁 경사〉나 〈높은 암산〉에서도 마찬가지였다. 그는 영화에서 출발했기에 무대연기에 익숙지 않았다. 대사가 잘 통하지 않아 객석 뒤편까지 들리지 않는 등 최은희 연기력에 불신이 있었던 셈이다. 또 한 가지 나로서 석연치 않은 점이 있으니 전에 얘기했지만 사변 전에 〈맹진사댁 경사〉를 갖고 대구에 갔을 때 일이다. 그때 윤방일 군이 대구 키네마와 만경관에 이중계약을 하는 바람에 시비가 벌어져 공연을 쉬는 동안 최은희는 자취를 감춰서 나를 애먹였던 것이다" [2]라고 하여 최은희에 대하여 대체로 부정적인 감정을

---

2 이해랑, 『허상의 진실』, 새문사, 372~373쪽.

                        제5부 현대극으로의 발돋움 (2)

갖고 있음을 내비친 적이 있다.

이해랑은 몇 번 최은희의 공연을 유심히 지켜본 뒤에도 그의 연기의 문제점을 비교적 냉철하게 평가했는데, 연기와 관련하여 "외모와 체격은 배우로서의 좋은 자질을 갖추었으나 무대배우로서는 연기력이 약했다. 특히 성대가 약해 대사를 하는데 아름답지가 못하고 무리하게 들렸다. 가성이 나오니 전달이 제대로 안 되고 부족한 전달을 동작으로 보완하자니 자연 연기가 거칠어졌다. 설명적인 연기로 연극에선 큰 성공을 거둔 작품이 없다."(『중앙일보, 1978.12.11.)고 했다. 이는 아무래도 아주 어린 나이에 어깨너머로 연기를 배운 데다가 큰 역을 맡아보지 못했던 최은희의 연기패턴을 면밀하게 지켜본 이론가 이해랑으로서는 충분히 내릴 만한 결론이었고, 특히 신혼 초에 대구까지 따라가서 연극인들이 싸우는 모습에 공포감을 느낀 최은희가 서울집으로 돌아온 것도 이해가 가는 대목이다.

사실 그 당시 연예인들 중 정상적인 교육을 받은 경우는 흔치 않았었다. 더구나 여성들의 경우는 여학교를 나온 배우도 많지 않은 편이었다. 그래서 최은희는 스스로도 인정한 바 있듯이 천부적인 배우임에 틀림없다. 그는 자서전에서 그와 관련하여 "우리 때는 연기를 가르쳐주는 학교도 없었고 그저 선배들이 하는 것을 보고 배웠다. 늘 무대 옆에서 선배들 하는 것을 보고 있으면 대사가 다 외어졌다. 같은 작품을 수백 번 봐도 그렇게 재미있었다. 그러다 갑자기 배우가 탈이 나면 대역을 서곤 했다. 누가 가르쳐주는 사람도 없고 내가 이렇게 하면 좋겠다 싶어하면 반응이 좋고 그런 걸 보면 어느 정도 천부적인 재능이 있는 것 같다."고 술회한 바 있다. 그렇기 때문에 그는 연극무대와 영화를 오갈 수 있었다.

1949년도에 그는 극단 성군의 〈계승자〉(서웅소 작·연출)에 출연했고, 1950년도에도 극단 신향 창립공연작 〈노다지〉(박노아 작, 허집 연출)에 변기종, 김승호 등 선배들과 한 무대에 섰었다. 그런 그였지만 영화에서 출연료를 넉넉히 주는 데다가 대중과의 만남폭도 컸기 때문에 점차 영화 쪽으로 기울게 된다. 그런데 여기서 한 가지 간과해서는 안 될 일은 그가 해방 직후의 좌우익연극 갈등 속에서 이데올로기 연극만은 단 한 번도 하지 않은 점이다. 그는 웬일인지 이데올로기 연극은 생리에 맞지 않아서 고의적으로 피했다고 한다. 그래서 연극동맹에 가입하라는 그들의 요구에도 전혀 응하지 않았다고 했다. 이는 그의 손위 시누이가 되는 선배 김연실과 크게 다른 점이었다. 그 당시 어린 나이였음에도 우익연극인들은 점잖아 보였고 좌익 연극인들은 대단히 전투적이어서 싫었다고 했다.

그리고 그가 영화와 인연을 맺은 것은 1946년 그의 나이 18세 때였다. 그의 회고에 의하면 해방 직후 토월회 재건 공연 얼마 후 선배였던 최운봉의 권유로 영화에 발을 들여놓은 것으로 되어 있다. 이 일에 관련하여 영화평론가 김종원은 다음과 같이 쓴 바 있다.

> 1946년 청구영화사에서는 최금동 시나리오 〈새로운 맹세〉의 제작을 서두르고 있었다. 신경균이 연출을 맡게 된 이 작품에는 최운봉과 김연실 등 다른 배역은 예정되었으나 주연 여배우만은 공개모집을 통해 뽑기로 방침이 서 있었다. 그러나 시간이 흘러도 마땅한 신인은 나타나지 않았다. 스태프진의 걱정은 태산같았다. 신인배우 하나 때문에 모처럼 얻은 일거리를 놓칠까 염려되어서였다. 그때만 해도 영화제작은 돈을 대는 전주들의 기분에 따라 좌우되었다. 이런 어느 날 회원들이 자리한 영화사로 한 처녀가 찾아왔다. 큰 키에 촌티가 채 가시지 않은 순박한 얼굴, 가꾸지 않은 엉성한 몸매, 집에만 있다가 금방 뛰쳐나온 순진한 모습 그대로였다. 신경균 감독은 누군가에게 급히 전화를 걸었다. 여기 주연감이 하나 와 있으니 어서 와서 보라는 것이었다. 이 처녀가 곧 최은희였다. 감독의 연락을 받고 달려온 사람은 〈새로운 맹세〉의 촬영을 맡은 카메라맨, 뒷날 이 처녀의 남편이 된 김학성(金學成) 바로 그였다.[3]

이상에서 확인할 수 있는 것처럼 그는 아주 우연한 기회에 영화에 입문했고

---

3 김종원, 「인물영화사 (132) 불행한 여우 최은희 (하)」, 『일간스포츠』 1981.6.18.

또 거기서 첫 번째 남편이었던 김학성도 만난 것이다. 그가 김학성을 만난 것은 결코 행복을 안겨주는 사건은 되지 못한 것 같다. 후술하겠거니와 그로 인해서 그가 6·25전쟁 당시 큰 곤욕을 치렀기 때문이었다. 그의 영화데뷔는 성공적이지 못했던 것 같다. 왜냐하면 그동안 연극무대에서 조·단역으로 몇 년 활동했던 것이 전부인 데다가 영화에 대해서는 전혀 지식이 없었기 때문이다. 선배였던 최운봉이 기초는 가르쳐주었지만 상대배우 아닌 기계를 상대로 해서 갑자기 연기를 한다는 것이 쉬운 일이 아니었다. 감독은 그가 너무 오버액션을 한다고 야단을 쳤다. 그로서는 무대에서 액션이 커야 되었기 때문에 버릇이 된 것이다. 그도 힘들기는 마찬가지였다. 무대에서 하던 대로 액션이 적으면 감정이 나오지 않고 감정이 나오면 자연스럽게 오버액션이 되었기 때문이다. 그런 고비를 넘기면서 스스로 고민도 많이 했다. 이러한 고민과 자기한계를 극복하기 위한 피나는 노력이 그로 하여금 연기가 나날이 향상되도록 했는지도 모른다. 첫 작품에 이어서 그는 두 번째 작품인 〈밤의 태양〉(박기채 감독)과 〈마음의 고향〉(윤용규 감독)에 잇달아 출연했다. 그로부터 그는 연극과 영화를 오가면서 활동폭을 넓혀갔다. 그렇다고 해서 그가 크게 각광받은 것은 아니었다. 다만 미완의 가능성만을 계속 보여주면서 열심히 극장과 로케현장을 누빈 것이다.

그런 그에게 비극적 운명이 서서히 닥쳐오고 있었다. 그것이 다름 아닌 6·25전쟁이었다. 즉 그가 1950년 초여름에 해군영화였던 〈사나이의 길〉(한형모 감독)이라는 영화를 찍기 위해서 박암, 한은진 등과 전남 목포에 머물렀었다. 그 당시 촬영은 김학성의 제자 심재흥(沈載興)이 했는데, 최은희가 스승의 부인이었기 때문에 먼저 촬영을 끝내고 그를 상경시켰다. 그것이 전쟁나기 5일 전이었다고 한다. 그러니까 그가 김학성의 아내가 아니었으면 그렇게 빨리 상경하지 않았을 것이고 시련도 겪지 않았을 것이라는 이야기다. 6·25전쟁 며칠 후 최은희의 납치사건을 두고 하는 이야기다. 그와 관련해서는 그와 함께 영화를 했던 한은진의 회고가 흥미롭다. 즉 한은진은 김학성의 수기를 바탕으로 하여 다음과 같이 그 당시 상황을 회고했다.

> 수기에서 김(金)씨는 최은희가 그때 심재홍의 도움을 받지 않고 빨리 상경을
> 하지 않아 6 · 25를 목포에서 맞았더라면 차라리 전쟁의 큰 비극을 겪지 않고 또
> 다른 여인이 되었을 것이라고 회상한 것을 보았다. 그 말은 맞았을지도 모른다.
> 목포에 남아 있던 박암과 최삼은 내 단체로 입단했다. 최은희가 만일 그때까지
> 목포에 있었더라면 그도 보랑(寶浪)에 입단했을 것이다. 그리고 남달리 각별한
> 사이였던 내가 아무래도 은희를 감쌌을 것이고 그도 시련 없는 예술인으로 또
> 다른 인생의 길을 걸었을지도 모를 일이다.[4]

이상과 같은 한은진의 가정은 옳았을지도 모른다. 그러나 최은희의 증언은
다르다. 그가 목포에서 전쟁이 터진 것을 알았지만 부산으로 가지 않고 가족
이 있는 서울로 돌아왔다는 것이다. 이는 아무래도 당사자의 이야기가 맞을
것 같다. 여하튼 그는 6 · 25가 터진 며칠 후에 서울까지 쳐들어온 인민군에
의해서 납치되어 북한으로 끌려가는 기막힌 처지가 된 것이다. 그는 신세계백
화점 근처에서 월북연극인 심영(沈影)을 우연히 만나면서 불길한 예감이 들었
고 결국 며칠 뒤에 명동성당으로 끌려다.

거기에는 함께 연극을 했던 김동원, 김승호, 양백명 등 예술인 수십 명이 잡
혀와 있었다. 그는 할 수 없이 그들과 북쪽으로 끌려갔고 평양 부근까지 가서
야 탈출할 수가 있었다고 한다. 구사일생으로 북진하던 국군에 의해서 구제된
것이다. 사선을 넘어도 한참 넘은 것이다. 그는 연예인 몇 사람과 정훈공작대
를 조직하여 국군을 따라다니면서 위문공연도 해주었다. 그런데 여기서 그는
평생의 멍에를 짊어지는 고통을 안고 살아가는 처지가 된다. 이 말은 곧 그가
당대 최고의 미녀 여배우였다는 점에서 납치 도중 여자로서 많은 곤욕을 치렀
을 것이라는 막연한 억측을 사람들이 만들어낸 데 따른 것이다. 그러나 그는

---

4 한은진, 「예(藝)에 살다—스크린 40년」, 『일간스포츠』 1978.10.15.

그러한 억측을 살 만한 아무런 일도 당한 일이 없었다. 그가 여러 예술인들과 함께 끌려가는 와중에서 그런 곤욕을 치를 여지도 없었다. 따라서 그는 목숨을 구해준 국군에 고마움과 충성을 표시하려고 위문공연을 다닌 것이고, 그것이 또한 대한민국 국민으로서 할 도리라고 생각한 것이다.

그러는 사이에 남편 김학성이 일선에 나갔다가 다리에 파편을 맞아 큰 부상을 당함으로써 난리통에 병간호까지 하는 처지가 된다. 그것은 1·4후퇴 당시 그가 부산으로 내려가서 치른 고통의 나날을 말하는 것이다. 생계 꾸리랴 남편 간호하랴 눈코 뜰 새가 없었다. 그는 할 수 없이 친지 장계자가 하는 다방에 취직했다. 왜냐하면 그가 그 당시 특별히 할 일도 없었던 데다가 가족부양도 해야 했기 때문이다. 이처럼 그가 인민군에 납치되어 죽을 고비를 수없이 넘기며 구사일생으로 귀환했지만 그의 앞에 놓인 것은 고달픔뿐이었다. 특히 남편과의 갈등으로 더욱 그의 생활은 절망적이었다. 그는 안 피우던 담배도 피우고 술도 마셨다. 그를 다방에서 찾아낸 이해랑은 그때 최은희의 모습을 이렇게 묘사했다.

> 최은희는 6·25 때 납치, 생명을 걸고 탈출을 했으며 1·4후퇴 때 부산으로 피난, 부산서 생활하고 있었다. 신협이 부산공연을 가니까 친척이 경영한다는 다방에서 일을 보고 있었다. 납치 탈출 때의 충격 때문인지 부산서 본 최은희는 옛날의 최은희가 아니었다. 뺨을 붉히던 수줍음도 가셔지고 스스럼없이 술과 담배를 피우곤 했다. '여기서 이렇게 지내서 되겠느냐, 연극을 하자'고 종용해 신협에 가담했다.[5]

이상에서 확인할 수 있는 것처럼 그가 부산피난시절 거의 자포자기한 상태에서 생활하고 있었음을 알 수 있다. 납치의 후유증에서 벗어나기도 전에 가난과 그리고 남편과의 극한적 갈등이 그로 하여금 절망상태에 빠지게 한 것

---

5 이해랑, 「남기고 싶은 이야기들」, 『중앙일보』 1978.12.11.

같다. 그런 그를 연극계가 다시 불러냈는데, 그 단체가 다름 아닌 신협(新協)이었다. 그는 사실 신협의 전신이라 할 극협과는 인연이 깊었다. 왜냐하면 그가 1948년부터 2년여 동안 여러 편의 작품에 출연한 적이 있었기 때문이다. 그런 그를 강력히 추천한 사람은 함께 납치당했던 김동원이었다. 마침 신협이 세익스피어의 〈오셀로〉를 공연하면서 주역인 데스데모나 역을 찾고 있던 터였다. 깐깐한 이해랑은 최은희에 대해서 호감을 갖고 있지 않았지만 남자주역을 맡은 김동원이 강력히 천거한 것이다. 저간의 사정에 대하여 이해랑은 다음과 같이 회고했다.

> 여기서 김동원이 최은희를 데스데모나 시키면 어떠냐는 제안을 했다. 신협의 단원으로 맞이하자고 한 것이다. 그때 나는 '괜찮은 의견이다. 좋은 생각'이라고 찬성하면서도 개운치가 못했다. '다방에 얼굴마담으로 있던 여자를 연극에 출연시켜도 될 것인가? 부산바닥이란 것이 빤하고 서울서 피난 온 그 다방에 최은희가 앉아 있다니까 몰려들어 득실거리곤 했던 것이다. '이렇게 연극을 해도 되는 것인가. 사회에 있어서 존경받는 예술가의 면모를 유지하려면 그런 점을 조금 생각해야 하지 않을까.' 더구나 우리 극단이 있음으로써 국민의 정신적인 지표가 되고 어떤 생활 방향이랄까를 제시해주는 지도적인 색채가 강한데 최은희를 불러들이는 것이 적합한 일인가 …(중략)… 그런저런 일들이 겹쳐 나는 며칠을 두고 다른 데서 데스데모나 배역의 여배우를 구해보고 정 안 되면 최를 부르자고 생각했다. 그러나 당시 여배우, 더욱이나 데스데모나 역을 할 만큼 미모와 연기력을 갖춘 여배우를 발견하기가 쉽지 않았다. 결국 김동원의 말대로 최은희를 다시 신협에 맞이하기로 했다.[6]

이처럼 그는 귀족 출신의 까다로운 이해랑의 시험 과정을 거쳐서 연극계로 롤백한 것이다. 그는 예상 밖으로 데스데모나 역을 능숙하게 해냄으로써 이해랑의 눈에 들었고 신협의 신데렐라로 부상하기 시작했다. 그때부터 그는 당시

---

6 이해랑, 앞의 책, 372~373쪽.

                                             제5부 현대극으로의 발돋움 (2)

대표적인 극단이었던 신협의 주역배우로 명성을 얻었고, 인기작들이라 할 〈햄릿〉, 〈무영탑〉, 〈애국자〉, 〈왜 싸워?〉, 〈줄리어스 시저〉, 〈은장도〉 등에 연달아 출연했고, 넉넉한 수입으로 생활안정도 기할 수 있었다. 연극배우로 승승장구하던 그가 인생의 전환점을 만드는 사람과 만나게 되는데, 그것은 순전히 영화 때문이었다. 그것도 극영화가 아닌 기록영화였고, 젊은 유망주 신상옥(申相玉)이라는 운명적인 남성이 감독이었다. 처음에는 극단 신협으로 교섭이 온 것이었음을 이해랑의 다음과 같은 회고로 알 수가 있다.

> 그 무렵 대구에 피난 와 있던 신상옥 군이 어디서 카메라 한 대를 마련해서 소위 〈코리아〉란 선전영화를 만든다고 나섰다. 말하자면 한국을 소개하는 영화였는데 무슨 관광영화라고도 할 수 있는 한국의 풍물을 소개하는 영화였다. 그런 영화를 제작하겠다고 우리한테 의논을 해왔다. 신협에서 몇 사람 내달라는 요청이다. 마침 우리는 〈오셀로〉를 마치고 쉬는 동안이어서 최은희, 김동원 그리고 내가 출연했다. 영화 중에 한국을 소개하는 〈춘향전〉한 토막을 하는데 최은희가 춘향, 김동원이 이도령, 내가 방자로 분장, 찍은 일이 있었던 것이다.[7]

이상과 같이 그가 신상옥을 만난 것은 전쟁이 끝나갈 1954년 한국의 명승지와 그와 관련된 고사를 홍보용으로 찍은 한 편의 다큐멘터리영화로 인한 것이었다는 점에서 우연이랄 수가 있다. 사실 다큐멘터리영화를 통해서 배우의 연기력을 측정할 수도 가능성도 알아내기는 쉽지 않다. 그러나 그 홍보영화에서는 마침 짧은 장면이긴 했어도 〈춘향전〉의 한 장면을 찍었기 때문에 신상옥 감독은 그의 가능성을 발견했던 것 같다. 그때부터 신상옥과 최은희는 가까워졌고 함께 영화를 하기로 했다. 그리하여 1955년 춘원 이광수의 대표작 중의 하나인 「꿈」을 신상옥 감독이 연출하고 그가 주연을 맡아 영화로 만들어냈고, 그 여세를 몰아 김동인 소설 원작 〈젊은 그들〉을 찍어 어느 정도 성공을 거두

---

7 위의 책, 373~374쪽.

었다. 연극 데뷔 13년 만이고 영화 데뷔 10년 만에 드디어 스타의 자리에 오르기 시작한 것이다.

물론 그가 전시 중에 극단 신협의 여자주역으로서 어느 정도 이름을 날리긴 했었지만 그것은 연기가 다듬어지지 않은 상태에서 한계가 있었던 것도 사실이었다. 그런 그가 영화에서 서서히 빛을 발하기 시작한 것이다. 더욱이 재능 있는 젊은 감독 신상옥을 만나면서부터 일취월장한 것이다. 그런데 신상옥과 영화를 하면서 두 사람이 인간적으로 가까워졌고, 그것이 빌미가 되어 남편 김학성과는 결별의 수순을 밟아야 했다. 두 사람 사이에는 송사도 있었기 때문에 그로서는 근 일 년 동안 고통의 나날을 보내야 했다. 그런 고통을 털어낸 뒤인 1957년부터 그는 두 번째 운명적 사건이라 할 신상옥과 결혼을 한다. 그리고 감독과 주연 여배우로서 명콤비가 되어 거의 매년 한 작품씩 영화를 만들어냈는데, 〈무영탑〉, 〈지옥화〉, 〈어느 여대생의 고백〉, 〈그 여자의 죄가 아니다〉, 〈동심초〉, 〈독립협회와 청년 이승만〉 등이 바로 그런 작품들이었다.

이들 작품 중에서 가장 인기를 끈 영화는 〈어느 여대생의 고백〉으로서 단성사 영화관에 큰 돈을 벌어주기도 했다. 그가 이처럼 스타덤에 올랐기 때문에 출연교섭이 쇄도함으로써 신상옥과 영화를 하지 않는 동안에는 윤봉춘, 김소동, 김성민, 이병일, 박영환, 이용민, 한형모 등 그 당시 영화계를 좌우하던 감독들과도 많은 작품을 만들었다. 그의 작품들 중에는 〈어느 여대생의 고백〉처럼 흥행적으로 성공한 것도 있고 그렇지 못한 것도 있었다. 그러나 분명한 것은 그가 여배우로서 1950, 60년대를 주름잡았던 것만은 사실이었다. 그런 그의 라이벌로 생기발랄한 김지미가 떠오르고 있었다. 영화계에 두 명의 여배우가 겨루는 양상이 된 것이다. 그런데 그러한 경쟁은 우연히 같은 시기에 만든 고전작품 하나로 결판이 나게 되었다.

그것이 다름 아닌 신상옥 감독의 〈성춘향〉과 홍성기 감독의 〈춘향전〉을 최은희와 김지미가 각각 맡아 경쟁을 벌여서 최은희가 완승을 거두면서 두 여배우의 대결이 종지부를 찍게 된 것이다. 사실 당시 33세의 그와 한참 아래의 젊은 김지미의 춘향 역 경쟁에서 누가 승리할 것인가는 아무도 예측할 수 없었다. 그러나 전형적인 고전미의 최은희가 완승을 함으로써 두 달 반 동안에 38만 명이라는 경이적인 관객을 동원할 줄은 아무도 몰랐다. 그러니까 그동안 닦아온 그의 연기력이 자신의 고전미와 합쳐져서 빛을 발한 것이다. 특히 그의 내면으로 끌어들이는 정적(靜的)인 흡인력은 전통과 유교적인 인습에 순종하는 전형적인 한국 여인의 모습을 담아내는 데 적합했던 것이다.[8]

그러나 그가 정말 대표적인 스타로 부상한 작품은 춘향 역보다는 문예영화 〈사랑방 손님과 어머니〉(주요섭 원작소설)였다. 그는 이 영화를 찍기 위하여 피나는 노력을 했다. 즉 그는 한복을 입고 피아노 치는 장면을 제대로 하려고 피아노를 직접 배웠고, 명창 김소희에게서 가야금과 승무를 배우기도 했었다. 그는 그 시절 연기훈련과 관련하여 자서전에서 "어머니에게 밤새 쪽찌는 것, 거둠치마 입는 것도 배웠다. 배역을 받으면 혼자서 중얼중얼 밤새워 연습했다. 화장실 가서도. 노력하면 꼭 그만큼의 대가가 온다는 것을 체험으로 배웠다. 〈무영탑〉 촬영 때, 사극의 머리를 했는데 연극에서는 해봤지만 영화는 훨씬 섬세해야 하기 때문에 집에서 밤새도록 머리를 얹었다 풀었다 했으며 팔이 아프면 쉬었다가 하기도 했다. 옷도 집에서 미리 다 입어보고 연습했다"고 회고한 바 있다.

이런 피나는 노력으로 〈사랑방 손님과 어머니〉는 그의 대표작이라고 해도 과언이 아닐 만큼 연기의 극치를 보여주었고 흥행적으로도 문예영화의 고전이 되어주었다. 그가 이 영화에 혼신의 열정을 쏟아부으면서 모든 고통과 인내를 내면으로 끌어들여 다시 농축시켜 절제의 미학으로 승화시킨 것은 일생일대의 명연기로서 다른 배우들의 추종을 불허했다. 그로서도 아마 생애 최고의 연기력을 보여준 것이 아닌가 싶다.

그런데 여기서 한 가지 간과해서는 안 될 것이 그의 연기욕심이다. 주지하

---

8 김종원 · 정중헌, 『우리 영화 100년』, 현암사, 300쪽.

다시피 그의 이미지는 전형적인 고전미다. 그런데 때때로 그러한 자신의 이미지를 깨는 역을 스스로 선택하기도 했다는 점이다. 가령 양공주 역의 〈지옥화〉란 영화가 바로 그런 경우였다. 남편 신상옥 감독의 반대에도 불구하고 그는 고아한 자신의 얼굴의 이미지를 바꾸려고 점도 그려 넣고 입술도 크게 그렸으며 머리도 빠글빠글 볶았다. 대중에게 각인되다시피 한 현모양처나 과부 이미지를 벗어보고 싶어서였다. 그렇게 해서 여우주연상을 받기도 했으나 팬들로부터는 항의 편지가 쇄도했다.

광팬들의 항의에도 불구하고 그는 천의 얼굴을 가져야 하는 배우가 너무 일관된 역만 맡아서 이미지가 고정되는 것은 바람직하지 않다고 확신했다. 여하튼 그는 〈성춘향〉, 〈사랑방 손님과 어머니〉, 〈열녀문〉 등으로 일약 최고의 스타로 자리를 굳혔으며 개인적으로도 인생의 절정에 서 있었다. 특히 부군인 신상옥 감독의 승승장구로 이들 부부가 한국 영화를 이끄는 쌍두마차가 된 것이다. 그들은 국내의 영화상은 모조리 휩쓸었고 국제적으로도 이름을 날리기 시작했다. 신상옥 감독이 연간 수십 편의 작품을 만들다 보니 최은희에게도 감독의 기회가 주어짐으로써 1964년 〈공주님의 첫사랑〉을 시발로 하여 〈민며느리〉, 〈총각선생〉 등 3편의 영화를 만들었으나 감독으로서의 가능성은 보이지 않았던 것 같다. 그러니까 그는 어디까지나 명배우이지 명감독은 못 되었던 것이다. 그래서 영화감독은 세 편으로 끝내고 다시 하지 않았다.

그는 이 시기부터 자신이 걸어온 과정을 되돌아보기 시작했다. 제대로 된 연기교육도 받아보지 못한 채 정상에 오른 자신의 배우인생이 진정으로 정상적인가 하는 회의를 갖게 되었던 것이다. 그래서 그는 후배들만은 제대로 연극 교육과 훈련을 받고 연예계에서 일할 수 있는 길을 터주고 싶었다. 그것이 곧 한국의 연극과 영화 발전의 첩경이라 생각한 것이다. 여기서 그는 두 가지를 고안해냈다. 한 가지는 극단을 만들어 기성배우들을 재훈련시켜야겠다는 것과 다른 한 가지는 전문적인 연기학교를 만드는 계획이었다.

그래서 생겨난 것이 극단 배우극장이고 안양영화예술학교였다. 그런 그의 원대한 계획이 이루어진 것이 1966년으로 최은희의 나이 37세였으며 영화배우로서는 최고 전성기를 지나 대스타로서의 위치를 굳건히 만든 직후였다. 명성과 재력을 갖추었기 때문에 그의 구상은 쉽게 이루어졌는데, 그 뒤에 당대 최고의 영화감독 신상옥이 버티고 있어서 일이 더욱 수월했다. 그는 자신이 만든 배우극장 공연에 직접 주연을 맡아 출연도 했다.

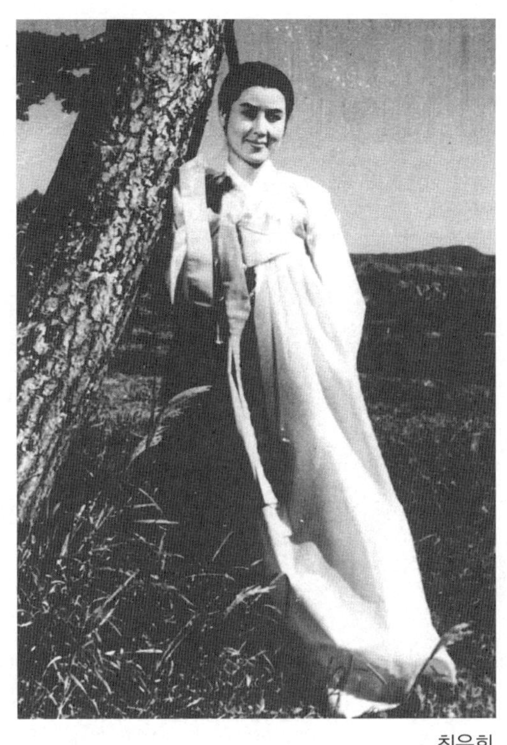

최은희

안양영화예술학교 설립 3년 뒤인 1969년도에 교장에 취임했지만 바쁜 틈에도 배우극장에 주연으로 출연했다. 가령 연극 〈부활〉(톨스토이 원작소설)에 카츄사로 직접 무대에 선 것이다. 최은희는 언제나 연극을 자신의 고향으로 생각했다. 영화배우로서 타인의 추종을 불허할 만큼 인기 절정에 있었어도 그는 자신을 연기자로서뿐만 아니라 인간으로서도 성숙시켜준 연극무대를 마음의 고향으로 생각하고 있었다. 그는 학교 일로 대단히 바빴지만 영화와 연극무대를 오가며 연기의 끈을 놓지 않았다. 교장을 맡은 이후에도 영화 〈여자의 일생〉, 〈이조 여인 잔혹사〉, 〈만종〉, 〈효녀 청이〉, 〈한강〉, 〈아이 러브 마마〉 등을 신상옥 감독과 만들었으며 그 사이사이에 연극 〈의사 지바고〉, 〈낙엽〉, 〈박람회 다음 날〉, 〈1000일의 앤〉, 〈투우사의 왈츠〉 등을 제작하고 직접 주연도 했다.

이처럼 그가 장년기에 접어들어서는 배우로서뿐만 아니라 예술계의 한 지도자로서의 역할을 다 하려고 애쓰는 모습을 보여주려고 애썼다. 그런 그에게 또 한 번의 불행이 닥쳐왔는데, 그것은 신상옥 감독과의 이혼이었다. 자녀를 낳지 못하는 그에게 닥쳐온 세 번째 불행이었다. 그러니까 6·25전쟁 때의 사선을 넘는 납치사건에 이어 초혼의 실패, 그리고 행복했던 신상옥 감독과의 이혼이 바로 그것이었다. 그가 이혼의 상처를 조금씩 잊어갈 즈음에 네 번째의 불행이 닥쳐올 줄은 아무도 상상하지 못했다. 즉 그가 연예계의 주요 인물로서 한창 활동하고 있을 때인 1978년에 네 번째 운명적 사건이 벌어졌다. 그것이 세상 사람들을 놀라게 했던 납북사건이었다.

중국 사람으로 위장한 북한 공작원에게 유인되어 홍콩으로부터 북한으로 끌려간 것이 1978년 1월이었다. 그것은 순전히 김정일에 의한 것이었음은 다음과 같은 그의 수기에 극명하게 나타나 있다.

나는 드디어 북한땅을 밟았다. 이날이 1978년 1월 22일 오후 3시쯤, 영원히 잊지 못할 그날이다. 나는 선착장을 지나 앞사람들의 뒤를 따라 걸었다. 그런데 주변에서 '높은 사람이 나왔다'고 수군거리는 소리가 들렸다. 그러나 나에게는 누가 나오든 상관없는 일이다. 사랑하는 가족 친지들과 생이별을 하고 다시는 영영 만날 수 없는 북녘땅에 발을 디딘 나에게 누가 나온들 무슨 상관이 있겠는가. 나는 고개를 푹 숙인 채 앞사람들의 발자국 소리를 따라 걸었다. 조금 걷다 보니 앞에서 누군가가 이쪽을 향해 뚜벅뚜벅 걸어오는 소리가 들렸다. 그리고 약간 굵직한 남자의 목소리가 들렸다. '오시느라 수고 많이 하셨습니다. 최선생, 내가 김정일입니다' 그러면서 그는 손을 내밀며 악수를 청했다. 나는 그의 얼굴을 쳐다볼 기력도 없고 또 쳐다보기도 싫었다. 그가 나를 납치해온 장본인이라는 것을 직감적으로 느끼게 된 나는 속으로 분노가 끓어올랐다.[9]

이상에서 알 수 있는 것처럼 그는 김정일에 의하여 갑자기 북한으로 끌려

---

9   최은희·신상옥, 『조국은 저 하늘 저 멀리 (상)』, 패시픽 아티스트 코퍼레이숀, 1988, 28쪽.

간 것이다. 거기서 그는 3년여 간 별 할 일 없이 세뇌공작을 받으며 지내게 된다. 그가 갑자기 홍콩에서 사라지자 이혼으로 죄책감에 시달리던 신상옥 감독은 직감적으로 납북된 것으로 인식하고 그를 구하기 위해서 동분서주하기 시작했다. 그러다가 그마저 몇 달 뒤 납북되고 말았던 것이다. 신상옥은 납북 뒤 5년여 간 혹독한 감옥생활을 했는데, 그 이유는 그가 두 번에 걸친 탈출사건 때문이었다. 그렇다면 왜 김정일은 그들을 납치한 것일까? 그것은 두 사람이 쓴 수기에 잘 나타나 있다. 즉 신상옥에 의하면 당초 그들이 필요했던 인물은 신상옥이었다고 한다. 북한의 영화와 연극이 낙후된 데다가 배우들의 연기력도 수준 이하라고 생각한 김정일이 남한의 대표적 감독인 신상옥을 데려다가 영화와 연극을 진흥시키고 아울러 배우들의 기량도 향상시키고자 꾸민 것이었다.

그렇다면 왜 최은희를 먼저 납치한 것일까? 그 이유도 간단하다. 김정일이 최은희 주연의 많은 영화를 익히 알고 있었던 데다가 특히 〈사랑방 손님과 어머니〉에 매료되어 있던 차에 최은희를 먼저 납치한 뒤 신상옥 납치의 미끼로 쓰려 한 것이었다. 김정일은 한국에서의 두 사람 관계를 훤히 알고 있었던 것이다. 그 두 사람 관계란 부득이한 이혼 별거를 말하는 것이다. 그러니까 김정일은 두 사람이 숙명적으로 떨어질 수 없다는 것을 알고 있었다는 이야기다.

결국 납치 5년여 뒤에서야 비로소 신상옥과 최은희가 재회할 수 있었고 김정일의 계획대로 평양에 '신필름'을 만들고 영화 제작에 나서게 된 것이다. 그것이 1983년 가을부터였다. 신필름은 두말할 나위 없이 신상옥, 최은희를 사장과 부사장으로 하는 그야말로 두 숙명의 콤비를 위해서 김정일이 만들어준 영화사로서 자금과 인력이 풍부했다. 재능과 열정에 있어서 남에게 뒤지지 않는 이들 명콤비는 북한의 절대권력자 김정일의 비호 아래 영화 제작에 착수하여 1984년 〈사랑 사랑 내 사랑〉으로 북한 인민들을 단번에 휘어잡았다.

수십 년 동안 무미건조한 목적물에 신물이 나 있던 북한 인민들에게 있어서 순수한 사랑 이야기는 목마른 자에게 물을 마시게 하는 것이나 다름없었다.

최은희는 북한에서도 톱스타로 부상했고, 특히 다음 작품 〈돌아오지 않은 밀사〉는 그가 직접 메가폰을 잡아 체코의 카르로비바리 국제영화제에서 특별감독상까지 받음으로써 김정일로부터 최고의 대우와 신임을 받기에 이른다. 그가 김정일로부터 신임을 받는다는 것은 그만큼 탈출에 다가간다는 이야기와 통한다. 왜냐하면 그들이 그만큼 그에 대한 감시의 끈을 느슨하게 한다는 뜻도 되기 때문이다. 그럴수록 그들은 영화를 열심히 만들었다. 그들은 개화기 이야기 다음으로 일제시대 민족의 궁핍한 이야기를 다룬 소설을 작품화하기로 하고 최서해의 「탈출기」 다음으로 여류작가 강경애의 단편 「소금」을 네 번째 영화로 만들어서 모스크바 국제영화제에 출품, 그로 하여금 여우주연상을 받을 수 있게 했다.

따라서 그는 국내의 웬만한 영화상은 말할 것도 없고 아시아영화제에서의 여우주연상, 그리고 납북 후 북한에서 만든 영화를 갖고서도 국제적인 영화상까지 받음으로써 세계적인 여배우가 된 것이다. 그들은 계속해서 〈홍길동〉과 〈불가사리〉, 〈심청전〉, 〈춘향전〉 등을 제작하여 해외에 팔기도 했다. 그러나 그들은 어떻게든 그곳을 탈출해야겠다는 생각으로 기회를 엿보았고, 결국 1986년 3월에 오스트리아 비엔나에서 영화합작을 핑계삼아 극적으로 탈출하는 데 성공한다. 납북 만 8년 만의 자유로의 귀환이었다. 탈출 성공 직후의 광경을 수기는 이렇게 묘사했다.

정문 밖에는 택시 두 대가 기다리고 있었다. 현관에서 택시까지 가는데도 여간 겁이 나지 않았다. 앞차에는 그 사람과 은희, 나 세 명이 타고 뒤차에는 다른 미국인 두 명이 따라왔다. 얼마를 갔는지 택시는 숲이 우거진 주택가 어느 단독주택 앞에 멈췄다. 은희와 나는 오는 도중 밖을 내다보지도 못한 채 차 안에서 앉은키를 낮추고 움츠리고만 있었기 때문에 어디를 어떻게 돌아왔는지 전혀 알 수가 없었다. 미국인 직원은 우리를 집안으로 안내한 뒤 문 밖으로 나갔다. 조금 후에 그는 연분홍색 장미 한 송이를 들고 다시 들어와 은희한테 주면서 말했다. '웰컴 투 더 웨스트!'(welcome to the west) 은희는 너무도 감격한 나머지 장미송이

　　　　　　　　　제5부　현대극으로의 발돋움 (2)

를 받아들고 눈물을 펑펑 쏟았다. 나는 은희의 우는 모습을 물끄러미 바라보면서 문득 앞으로 영화 속에서 그 누가 저 연기를 저렇게 해낼 수 있을 것인가하고 생각했다. 확 전신에 긴장이 풀리며 심한 피곤이 엄습해 왔다.[10]

이상과 같이 그는 부군 신상옥 감독과 함께 죽음을 무릅쓴 극적 탈출을 감행했던 것이다. 그는 곧바로 미국으로 망명하여 한동안 미국의 보호를 받으면서 새로운 길을 모색했다. 그는 미국 중앙정보국의 보호를 받으면서 워싱턴 D.C.에서 3년 반가량 살면서 파란만장한 자신의 삶을 되돌아보며 마음의 안정을 찾았다. 그런 그의 마음에 다가온 것은 종교였고 가톨릭에의 귀의였다. 천주교 신자는 아니었어도 소녀 시절 수녀가 되었으면 좋겠다는 막연한 동경심을 갖기도 했던 그로서는 극히 자연스런 귀착점이었다. 그가 안양예술학교에 재직하고 있을 때 친분을 쌓았던 나자로마을 이경재 신부에게 연락을 취한 그는 영세를 원했고, 그 신부의 도움으로 1987년 가을에 주미 오스트리아 대사관에 있는 소성당에서 꿈에 그리던 영세를 받을 수가 있었다.

그리고 신상옥과도 정식으로 혼배성사까지 받음으로써 마음의 평안을 찾게 된다. 그러니까 그가 그동안 순전히 타의에 의하여 수없이 겪어야 했던 고통과 수난, 결혼과 이혼, 납치와 탈출 등과 같은 한 여인으로서는 감당하기 어려웠던 인고(忍苦)를 말끔히 털어버릴 수 있었다. 따라서 가톨릭으로의 귀의가 그로서는 제2의 탄생이나 마찬가지였다.

그러나 탈북 뒤에도 한동안 자유로운 활동은 제약을 받았기 때문에 연예활동은 하지 못했다. 그러다가 그는 1990년에 한국인들이 많이 사는 로스앤젤레스로 거처를 옮기고 서서히 활동을 하기 시작했다. 그동안 그가 사람들을 기피(?)하면서 대외활동을 삼갔던 것과 관련하여 LA의 『중앙일보』 기자와 가진 인터뷰에서 "납치라는 엄청난 일을 당하고 8년간 갇혀 살다가 탈출한 사람

---

10 최은희 · 신상옥, 『조국은 저 하늘 저 멀리 (하)』, 패시픽 아티스트 코퍼레이숀, 1988, 366~367쪽.

은 사람 보는 눈이나 세상 보는 눈이 전 같을 수가 없어요. 작은 일에도 두려움이 앞서고 몸을 사리게 되지요. 저희는 아직도 거주지를 공개하지 못하고 지내고 있습니다. 가끔 마주치는 교포들 중에 반갑게 인사를 건네와도 제가 가깝게 터놓고 접근하지 못해 안타깝고 미안할 때가 많습니다"[11]라고 답함으로써 북한의 보복에 대한 공포 속의 자신의 부자유스런 삶을 실토하기도 했다.

그러다가 그가 다시 무대에 서기 시작한 것은 1997년 2월로서 LA의 윌셔 이벨극장이었고 작품은 〈오 마미〉(장소연 작, 이호영 연출)였다. 이는 그가 1972년 서울에서 배우극장 공연 이후 무려 25년 만이었으며 북한에서 탈출한 뒤 첫 번째 무대 복귀이기도 해서 중요한 의미를 지닌다. 그는 LA에서의 무대 복귀와 관련하여 "연기 생활 50년을 마감한다는 각오와 연기 초년생이란 기분으로 최선을 다하겠다"(『LA 한국일보』 1997.2.22)고 소감을 말한 바도 있다.

그 공연은 상당한 성공을 거두었는데, 소녀 같은 청순한 모습으로 교민들을 감동시켰다고 한다.[12] 공연 출연 직후 LA 중앙일보와 가진 인터뷰에서 소감을 묻는 기자에게 "오랜만에 내 천직인 연기에 몰두하다 보니 삶에 생기가 돈다"(『LA 중앙일보』 1997.2.21)고 말함으로써 자신의 연기고향은 어디까지나 연극이라는 것을 강조한 바 있다. 그가 영화로서 한 시대를 풍미했었지만 언제나 자신을 키워준 연극에 감사하면서 한국연극 발전을 위해 뭔가 해야겠다는 강박관념 같은 것도 지니고 있었다. 그런 생각 때문에 그가 미국에서도 연극무대에 설 수가 있었던 것이다.

미국에 머무르면서도 귀국에의 꿈을 항상 저버리지 않고 기회를 엿보던 최은희가 미국 정부 및 한국 정부의 허락을 받고 귀국한 것은 1999년이었고, 거처를 마련한 뒤인 2000년에야 영구 귀국했다. 실로 오랜만의 귀향이었다. 한

---

11 「고영아가 만난 사람—LA에 새 터전 6년째 배우 최은희 씨」, 『중앙일보』 1996.7.8.
12 이석렬, 「연극 「오 마미」의 성공적인 공연을 보고」, 『오피니언』 1997.3.10.

국에 정착하자마자 신 감독이 안양에 신필름예술센터를 만들어 최은희가 대표를 맡았고, 동시에 과거에 많은 작품에 출연하면서 깊은 인연을 맺었던 극단 신협의 대표직에도 추대되었다. 최은희는 최근 추세에 맞추어서 2002년에는 신협을 갖고 뮤지컬 〈누구를 위하여 종을 울리나〉(신상옥 연출)를 예술의 전당 무대에 올렸는데, 거기서 그는 노익장을 과시하기도 했다. 그는 나름대로 어떻게든 유명무실해져 있는 신협을 재건하여 오늘의 혼란스런 연극계를 정돈하고 싶어했다. 그러나 그런 꿈이 쉽게 이루어지는 것은 아니다. 아울러 그가 과거의 안양예술학교와 같은 인재 양성기관도 다시 하고 싶지만 여건이 허락지 않아서 안타까워하고 있다. 그는 다만 동아대학의 석좌교수로서 간간이 출강하고 있을 뿐이다.

그는 자기에 적합한 역만 만난다면 연극이든 영화든 출연하고 싶다고 했다. 그렇지만 연극계와 영화계가 과거와는 많이 달라졌다. 그렇다고 해서 아무 작품이나 출연은 하지 않는다는 원칙을 견지하고 있다. 왜냐하면 자신에 대한 아름다운 이미지를 지니고 있는 수많은 팬들에게 추한 모습을 보여주고 싶지 않기 때문이다. 그가 좋아하는 배우도 인기절정에서 홀연히 은퇴하여 은둔생활을 했던 전설적 배우 그레타 가르보나, 그리아 가슨 같은 인물이라는 점에서 그것은 확인된다고 하겠다. 그 어느 누구도 따를 수 없는 파란만장의 삶을 살아온 대배우 최은희, 그가 만년에 가톨릭으로 귀의하여 마음의 평온을 찾고서 마지막으로 한국의 연극영화 발전을 위하여 무언가 해야겠다고 동부서주하던 모습은 너무나 애연(哀然)하면서도 아름다웠다.

그는 자신이 배우로서 움직일 수 없을 만큼 노쇠하면 들어앉아 그림을 그리고 싶다고 했다. 과거 영화 출연을 하면서 화가 역을 맡았을 때 사군자(四君子)를 직접 배운 적이 있는 데다가 그림에도 소질이 있으니 개연성이 있는 이야기다. 이처럼 그는 과거나 반추하는 쇠락한 연기자가 아니고 좀처럼 꺼지지 않는 불처럼 언제나 의연하고 의욕에 넘쳐 있었다. 그런데 그것이 단순한 개인적 욕망이 아닌 한국 문화에의 헌신이라는 점에서 그는 끝까지 아름다움을 발(發)하고 있는 것이다.

　여기서 극히 개인적인 이야기를 덧붙이자면 그가 만년에 분당으로 이사와 살 때 용인에 사는 필자와 이따금 만난 적이 있다. 그것은 그가 자서전을 쓰면서 학문하는 필자의 의견을 듣고 싶어 한 데 따른 것이다. 일식을 좋아한 그는 언제나 초밥집에서 만나 생선과 사케(정종) 한두 잔을 마시면서 연극 영화 이야기를 주로했다. 그런데 그는 필자가 보아줄 수 없을 만큼 글재주가 있었고 또 조금도 꾸밈없이 정직한 글을 썼다. 그 얼마 후 그는 예술원상을 받았다는 기사가 나와 연락을 취했으나 전화가 연결되지 않았다. 입원했다는 소식이 들려왔고, 얼마 뒤 소천했다는 기사가 나왔다. 그때 나이 향년 92세였다. 한국영화 발전에 큰 발자국을 남겼음에도 불구하고 타의에 의해 이혼과 재혼을 거듭하고 생사가 걸린 납북과 탈북까지 겪어야 했던 최은희의 인생이야말로 파란만장한 삶이었다.

한국연극을 풍성하게 한 실험적 연출가
허규

한국 현대 연극운동사에서 제5세대라 부를 수 있는 소위 동인제(同人制) 극단 시대의 대표적 연출가를 꼽는다면, 필자는 김정옥(金正鈺), 임영웅(林英雄), 허규(許圭), 안민수(安民洙), 이렇게 네 사람을 꼽겠다. 이들이 연극에 입문한 시기는 대체로 연차는 있어도 1960년을 전후해서였고, 정식 연출가로 데뷔한 것도 모두 1960년대였다. 이들은 같은 동인제 극단 시대를 걸어오면서도 교육배경이 다를 뿐 아니라 취향에 있어서도 또한 현격하게 차이가 난다.

흥미로운 사실은 임영웅과 안민수가 대체로 일관된 연극관을 갖고 연출 작업을 해온 데 반해서 김정옥과 허규는 상당한 변신을 거듭해왔다는 점이다. 김정옥의 경우 가장 서구적이었다가 1970년대 중반 이후에는 가장 한국적인 것을 추구하는 실험 연출가로 작업하고 있으며, 허규는 활동 기간을 세 부분으로 나누어 설명해야 할 만큼 변신을 거듭한 연출가이다. 그리고 김정옥과 허규는 1970년대 이후 극본을 직접 써서 연출을 할 만큼 자의식이 강하고 우리 극작가들이 쓰고 있는 창작 극본에 만족을 못 하고 있다는 점이 공통점이다. 물론 이들 두 사람의 전통에 대한 접근 자세와 연극철학에는 상당한 거리가 있는 것도 부인할 수는 없다. 여하튼 허규는 대략 10년 주기로 해서 세 번의 변신을 하면서 결국 창극 연출과 축제 연출로 그의 30여 년에 걸친 작업을

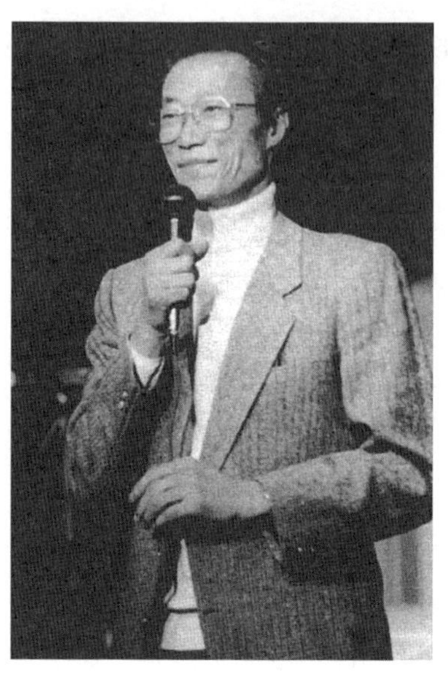

허규

일단 종결지었다.

1934년 경기도 고양에서 부농의 8남매 중 장남으로 태어난 그는 당초 예술과는 거리가 먼 가풍 속에서 성장했다. 큰 과수원을 운영하던 부친은 평소 현대화된 농장 경영의 야망을 가지고 있었기 때문에 장차 가업을 이을 장남을 서울의 농업중학로 진학시킨다. 고양군이 서울의 근교이긴 해도 학교와는 거리가 멀었기 때문에 그는 서울에 있는 당숙 집에서 학교를 다닐 수밖에 없었다. 그런데 우연찮게 당숙이 아마추어 연극광이었기 때문에 옆에서 은연중에 그의 영향을 받게 된 것이다. 꿈에도 연극연출가가 된다는 생각을 해본 적이 없는 그였지만 점차 당숙의 일거수일투족에 흥미와 호기심을 갖게 되었고, 독서는 자연히 당숙의 서재에 있는 연극 분야 서적을 읽는 것으로부터 시작되었다. 그때의 사정을 그는 다음과 같이 쓴 바 있다.

언젠가는 아버지의 이종 사촌동생인 이종희 씨 댁에 머물면서 학교엘 다닌 적이 있었는데, 그 아저씨가 당시 연극에 열을 올리시던 분으로 6·25동란 전까지 직접 연극을 해오시던 분이었다. …(중략)… 낡은 일본 목조인 아저씨 집 다락방에는 각종 연극서적이 쌓여 있었고, 아저씨는 밤늦게까지 독서를 하는가 하면, 어느 날 7, 8명의 20대 친구들과 함께 극단운영, 작품선정, 연습일정 등을 의논하기도 했다. …(중략)… 다락방에 모여들던 젊은 연극인들도 심각했지만, 감수성이 예민했던 어린 나에게도 다락방 연극인들의 정열이나 거동 일체, 그리고 그들의 재능이 한없는 호기심을 불러일으켜 주었던 것이다.[1]

---

1   허규, 「내가 걷는 연극의 길」, 박한령 편, 『허규의 놀이마당』, 인문당, 2004, 101쪽.

그러나 이상과 같은 상황은 어디까지나 중학생 시절의 단순한 호기심 차원을 넘어서는 것은 아니었다. 다만 그가 중등학교 시절의 독서 방향이 당숙의 서재에 꽂혀 있는 연극서적들에 의존할 수밖에 없었다는 데 있었다. 그러니까 그가 스스로 밝힌 바 있듯이 장차 연극인이 되겠다는 생각은 전혀 하지 않은 채 서재에 흩어져 있던 연극관련 책자들을 닥치는 대로 읽었다는 사실이다. 그 후 얼마 뒤에 6·25전쟁을 만나 당숙과의 교류도 뜸해졌다. 따라서 그는 엄부의 명령과 임학을 전공한 담임선생의 권유에 따라 수원에 있는 서울대학교 농과대학 임학과에 진학하게 되었다. 이 경우는 우리나라 최초의 실험극작가 김우진(金祐鎭)이 대지주였던 부친의 엄명에 따라 구마모토(熊本)농림학교에 진학했던 것과 흡사하다.

허규는 농촌 출신답게 워낙 나무를 좋아했기 때문에 임학 공부에도 열심이었다. 그러나 시간이 흐르면서 당숙 집의 연극서적들이 생각났고 이따금 찾아가서 책을 빌려다가 읽곤 했다. 그가 "당숙집의 희곡들을 읽다 보니 그리스극, 로마극, 셰익스피어, 몰리에르를 알게 되었고, 특히 아일랜드의 국민연극과 농촌계몽극이 있다는 것도 알았다"는 것이다. 점차 그는 흥미를 느끼는 강도가 심해갔고, 특히 『연극 사회학』이라는 책자는 그로 하여금 공리적으로 연극을 생각하게 만들었다. 바로 거기서 그는 당시 유행했던 학생들의 농촌계몽운동에 연극 프로그램을 삽입한다면 매우 좋을 것 같다는 공상도 하기에 이른다. 그가 전공하고 또 좋아하기도 했던 나무와 연관시켜 삼림을 주제로 삼은 계몽극을 한다면 괜찮을 것 같다는 생각도 한다. 그러나 그러한 공상이 현실화되기는 쉽지 않았고, 따라서 연극을 전업으로 하고싶은 생각으로 밤을 지새우기도 했다. 임학을 전공하는 학생이었음에도 불구하고 문예서클에 더 가까이했던 그는 스스로를 제어하기 힘들 정도로 연극이라는 운명의 견인에 말려들고 있었다.

그때의 심정에 대하여 그는 "내 인생의 발길이 연극이라는 수렁 속으로 빠져 들어가기 시작했던 것 같다"고 회고한 바 있다. 그러나 연극입문이 그렇게 쉬운 일만은 아니었다. 우선 중농의 완고한 집안 분위기가 광대의 길을 가게 하지는 않았다. 그는 마지막으로 자기에게 연극의 길도 있다고 은연중에 암시적으로 가르쳐준 당숙을 찾아가서 상의했다고 한다. 그러나 의외로 당숙은 연극의 길을 반대한다. 자기의 실패를 조카가 되풀이하는 것이 바람직하다고 생각지 않았기 때문이었다. 그러나 이미 그는 연극병이 깊어졌고 결국 '자식 하나 없는 셈 치겠다'는 엄부의 뜻을 어기고 그 길을 가기로 결심한다. 그는 마침 서울대학신문에 연극부원 모집광고를 보고 사범대학으로 찾아갔음을 다음과 같이 썼다.

> 1955년 여름, 서울대학교 농과대학 3학년에 재학 중이던 나는 1학기 종강이 있던 다음날 아침 짐을 꾸려서 기차를 타고 서울로 왔었다. 당시 용두동에 있던 서울대학교 사범대학에서 모임이 있었는데, 그 연극회에 참석하기 위해 사대 기숙사의 한 방에 발을 들여놓게 된 것이 곧바로 내가 연극에 평생을 걷게 된 그날이 될 줄이야.[2]

이처럼 그는 엄부의 근엄한 얼굴이 어른거리는 것을 느끼면서도 3학년 여름방학 때 서울대학 연극부의 문을 두드린 것이다. 그는 농대생으로서 전혀 이질적인 인물이라는 눈총을 받으면서 유치진 작의 〈조국〉(오사량 연출)의 조연출로서 자기 역할을 해내는 것으로 그치지 않고 아예 당시 가장 앞서가던 극단 제작극회(制作劇會) 연구단원으로 가담하여 창립 작품 〈사형수〉(홀워시홀 작)에 심부름꾼 노릇을 하는 것으로서 기성연극에 한 발을 들여놓게까지 한걸음에 치달은 것이다. 또한 그는 거기서 얻은 경험을 살려서 대학 졸업반 때는 수원 농대 마당에 가설무대까지 설치하고 〈조급한 마음〉(존 팩트릭 작)이란 작품을 스스로 제작, 연출, 출연, 장치, 분장, 조명 등 독불장군 식으로 만들어내기도 했다. 그만큼 그가 연극에 열정적으로 빠져들고 있었다.

---

2 위의 글, 위의 책.

그는 대학을 졸업하고 일단 취직을 해야겠다는 생각으로 마침 생겨난 안양 촬영소에 입사시험을 보고 합격통지서를 받았지만, 이틀 뒤에 첫 출근도 못하고 군에 입대함으로써 영화와의 인연은 평생 맺지 못한다. 그는 32개월이란 지리하기 이를 데 없는 사병생활을 하는 동안 휴가를 나와서도 여기저기 대학과 고등학교의 연극반을 지도하느라고 탈영병 노릇도 했었다. 그만큼 문약한 그로서는 군대생활이 고통 그 자체였다. 1960년 5월에 제대를 했으나 그가 할 일이라곤 아무데도 없었다. 그는 연극청년들과 어울려서 명동을 배회하며 술과 연극 이야기로 몇 달을 낭비하기도 했다. 여름에는 인왕산 골짜기의 한 동굴을 아지트로 삼아 독서와 명상을 하기도 했다. 그러면서 자살을 할 것이냐 삭발을 하고 출가를 할 것이냐로 밤을 지새우기도 했다. 이는 그가 한 예술가로 태어나는 데 있어서 숙성하는 과정이라고 볼 수도 있을 것 같다. 그러던 차에 대학 시절 연구단원으로 잠시 몸담았던 극단 제작극회에서 전위극 〈성난 얼굴로 돌아보라〉(존 오스본 작)를 최창봉 연출로 공연하게 되었는데, 그에게 조연출로 참여하라는 요청이 온다.

일단 연출가로 입문한 그는 대학극 출신들의 모임인 실험극장의 창립멤버로서 당당히 연출가로 나선다. '우리는 능력 있고, 열성 있는 연극인이 되기 위해 실험도구가 되며… 우리는 연극을 사랑하고 연극을 위해서 자기희생조차 감수할 결의를 가진 사람들로 구성한다'는 실험극장의 캐치프레이즈가 멋있어 보이지만 아마추어 냄새가 물씬 나는 것도 사실이었다. 가령 실험극장의 창립공연 작품인 이오네스코의 〈수업〉을 그가 연출했지만 그것도 동국대학 강당에서였다. 그 공연이 당시로서는 대단히 전위적이었기 때문에 여러 면에서 성공을 거두기는 어려웠지만 그로서는 공부를 많이 한 작품이었던 것만은 분명했다.

사실 이제 겨우 연극에 입문한 그로서는 아리스토텔레스 방식의 희곡을 해체한 부조리극을 형상화한다는 것은 힘에 겨운 일이었다. 따라서 그의 첫 번째 기성극단 연출은 1961년 제작극회의 명동 국립극장에서의 제10회 공연작품이었음을 그 스스로 밝힌 바 있다.

<blockquote>
출발에는 준비의 고통이 따르는 법, 실험극장 창립공연 연출에 이어 1961년 당시 나는 연극계의 관심을 집중시키며 1950년대의 연극의 중요한 장(章)을 마련했던 제작극회의 10회 공연으로 4·19를 주제로 한 차범석 작 〈껍질이 째지는 아픔 없이는〉의 연출을 맡았다. 이 작품이 나의 연출가로서의 데뷔작인 셈이다.[3]
</blockquote>

이처럼 그는 몇 번의 조연출과 대학극 연출을 거쳐서 연출가로서의 재능을 보여준 것은 한두 해 지나서였다. 이 말은 그의 기성극단 연출 데뷔작이 실패였다는 이야기고 제대로 된 연출가로서 인정받기는 3년여의 수련기를 거친 뒤인 1964년의 셰익스피어 작 〈리어왕〉과 〈순교자〉(김은국 원작)를 연출한 때부터였다.

그가 연출을 한 지 4년여 지났을 때, 전문가들에게 비친 그의 연출가로서의 모습은 재치보다는 성실함이었다. 어떤 신문은 그의 초창기 활동을 평가하면서 "재질보다 의지로 시작한 연극에의 길은 이제 신예(新銳)로서 자리를 굳혔다."고 쓴 바 있다.

뚝심과 집념, 탐구하는 자세로 연출에 임한 그는 시작은 전위극으로 했지만 정통극에서 오히려 능력을 보여주었고, 고전, 비극, 희극, 번역극, 창작극 등 무슨 작품이든지 가리지 않고 진지하게 연출 작업을 했다. 그런 그가 서사극(敍事劇)에 관심을 가지기 시작한 것은 1964년부터였다. 서사극에 관한 책들이 일본에 소개되면서 그는 그와 관련된 책을 읽기 시작했고, 그것을 연출에서 조심스럽게 시도했다. 그 첫 작품이 다름 아닌 〈안도라〉(막스 프리쉬 작)였다. 그렇다면 그가 서사극에서 시도하려던 것은 무엇인가? 그와 관련해서 그는 "현대에서 협소해진 무대를 무한한 데로 끌고 가서 연극의 시를 발굴하고 싶어

---

3 위의 글, 위의 책. 107~108쪽.

서…"였다고 토로한 바 있다.

이는 분명히 서사극의 본의와는 조금 거리가 있는 견해지만 여하튼 그가 시간이 흐르면서 오서독스한 연극에서 어떤 한계 같은 것을 느끼고 있었던 것만은 분명했다. 항상 실험성을 추구하는 그였지만 레퍼토리에 따라서는 정통적 방법도 회피하지는 않았다. 가령 보마르셰의 〈피가로의 결혼〉 같은 정통희극에서 그가 장기(長技)를 보여준 것은 그 좋은 예이다.

그가 1961년부터 생업으로 방송국에 PD로 입사하여 KBS, TBC, MBC 등으로 옮겨 다니며 TV드라마를 연출함으로써 방송극의 수준 향상에 기여도 적잖게 했다. 그 하나의 본보기가 TBC TV드라마인 〈탑(塔)〉(김희창 작)이었다. 대체로 방송극은 대중적일 수밖에 없고, 그에 따라 멜로드라마 위주로 가게 마련이다. 그럼에도 불구하고 그가 연출한 TV드라마는 경우에 따라서는 문제작으로 평가되곤 했다.

TV드라마를 한 차원 높였다는 TBC의 〈탑〉에 대해서 원로극작가 차범석(車凡錫)은 품위와 격조를 가지고 TV드라마의 건강한 방향을 제시했다고 높게 평가한 바 있다. 이 작품을 시청한 시인 김수영(金洙暎)도 〈탑〉이 TV드라마의 품격을 높임과 동시에 독자적인 궤도에 오를 수 있도록 했다고 격찬한 바 있다.

그가 이처럼 젊은 시절에 방송국 연출에도 남다른 열정을 쏟았지만 마음은 언제나 연극 무대에 와 있었다. 그가 연극 무대에서나 방송국에서 절감한 것은 배우술의 부재였다. 그는 극작가의 빈곤 이상으로 연극 기술의 빈곤이 더 큰 문제라고 생각한 것이다. 그래서 그는 이미 1960년대부터 젊은 연극 지망생들을 제대로 양성하고 싶은 의욕에 불타고 있었다. 다만 그들을 교육시킬 시간적 여유와 재원이 문제였다. 실제로 그는 한때 2년 정도 신인배우 훈련과 그들을 위한 연기교과서 제작에 나섰다가 MBC TV개국요원으로 참여하면서 시간 관계로 포기한 적도 있었다. 이처럼 그는 연기자 지망생들의 배우술에 대단한 관심을 갖고 있었다. 이는 사실 연극현장에서 연출가만이 절감할 수 있는 문제였다. 그러면서 그는 10여 년간의 연출 생활 제1기를 끝맺게 된다.

따라서 그의 연출 생활 제2기는 1970년대 들어서면서부터 새롭게 시작된다. 여기서 새롭다고 한 것은 그의 연극관과 연출 패턴에 큰 변화가 일어나기 시작했다는 의미로 사용한 용어다. 그 첫 작품이 다름 아닌 1970년 실험극장의 〈허생전〉(오영진 작) 연출이었다. 그것을 설명하려면 우선 이 작품의 연출변부터 들어보아야 하겠다. 그는 연출의 변에서 그동안 우리 연극이 '그 무엇'을 찾기만 하다가 감명도 추억도 없는 쭉정이만을 주웠다면서 다음과 같이 썼다.

> 그 '무엇'만을 찾기에 우리들 맥박 속에 흐르고 있는 우리 고유의 멋들어진 가락과 장단과 흥취를 연극에서 상실했다. 그래서 연극은 재미를, 매력을 잃어간 것은 아닐지? 나는 이번 연출의 중요한 과제로서 우리 민속예술이 지닌 연극적 효과를 이번 연극에서 부분적으로나마 보고 싶었다. 판소리의 그 박력 있는 호소력과 음률과 얘기 전개의 묘미, 그리고 청각을 통한 회화적 효과, 우리의 가면극의 흥취 있는 율동, 농도 짙은 해학, 그 대담한 생략과 주술적 효과, 그리고 우리의 동양화 화폭 속에 흐르고 있는 정적인 멋과 그 섬세함 등 우리 고유의 리듬을 연극 속에 응용해보려는 것이다. 뭔가 우리의 것, 그것도 세계성을 지닌 자랑스러운 우리의 것을 가지고 싶은 충동을 이길 수 없어 충분한 준비도 없이 서둘러서 시도해본다.[4]

이상과 같은 그의 연출의 변 가운데는 그가 장차 추구해갈 연극철학이 모두 함축되어 있어서 주목되는 것이다. 그러니까 우리 고유의 문화 속의 정서와 표현양식을 현대 연극으로 구현하되 그것이 단순히 특수성만이 아니라 보편성까지 지녀야 한다는 것이었다. 이는 상당히 적절하고 미래지향적인 구상이었다. 왜냐하면 1970년대 우리 문화계의 아젠다는 다름 아닌 전통의 발굴과 현대적 재창조였기 때문이다. 그리고 그는 실제로 〈허생전〉 연출에서 여러 가지 색다른 형태를 보여주기도 했다. 가령 그는 이 작품에서 배우들로 하여

---

4   허규, 『민족극과 전통예술』, 문학세계사, 1991, 275쪽.

                                    제5부   현대극으로의 발돋움 (2)

금 창을 부르짖게는 하지 않았지만 판소리의 4·4조 리듬을 살린 대사를 하게 끔 했으며, 북장단의 생음악을 써서 현장감을 살리기도 했다. 그런 그의 연극이 당시로서는 생소했지만 신선했고 주목을 끌었던 것만은 분명했다. 그러니까 그가 그의 평생의 화두였던 전통예술의 뿌리를 끌어다가 서양연극에 접목시키는 작업을 시도했다는 이야기다.

이는 그가 그동안 남모르게 굿판을 찾아다니고 탈춤이라든가 판소리, 민요, 남사당패놀이 등을 구경하고 메모했던 데 따른 것이기도 했다. 1960년대는 드라마센터를 중심으로 하여 전통극의 복원 작업이 붐을 이루었었다. 그것을 그가 놓치지 않고 따라다니며 섭렵한 것이다. 그리고 그동안 생업으로 매달리고 있었던 문화방송국을 떠나 1972년에 소망이었던 연기자양성과 한국적 배우술의 정립을 위한 스튜디오를 열고 젊은 배우들을 모아 탈춤, 판소리, 민속인형극, 민요 등을 가르치면서 소위 한국적인 연기기술을 개발하는 일을 시작한다. 그리고 드디어 그는 자신의 연극철학을 구체화시키기 위한 극단을 창단하게 된다. 그것이 극단 민예극장(약칭 민예)이었는데 1973년 상반기였다.

1973년 5월, 정동의 새문화스튜디오에서 출범한 민예는 여섯 항목의 선언문을 채택했는데 그것은 다음과 같았다. 첫째 우리는 연극 예술을 통하여 인간의 진실을 탐구하고 관객과 함께 자기를 개발하고 초극하기를 열망한다. 둘째 우리는 우리 민족 고유의 극예술을 창조하기 위하여 독창적인 연극기호를 연구, 창안한다. 셋째 우리는 이제까지 인류가 이루어놓은 모든 연극의 역사와 기술을 창조의 소재로서 수용한다. 넷째 우리는 이념, 행동, 기술의 삼위일체로서의 자기 능력을 연마하여 인간의 자유의지의 영원한 승리를 확신하는 적극적 행동으로서의 연극을 행한다. 다섯째 우리는 관객을 진정한 사랑으로 고무시켜 감동하도록 최선을 다한다. 여섯째, 우리는 서로의 개성을 존중하고 창의력을 신뢰하여 총화의 노력으로 예술무대를 창조한다.[5]

---

5 민예 창립공연작 〈고려인 떡쇠〉 팸플릿.

그런데 그 핵심적 골자가 세계연극유산을 바탕으로 우리 민족 고유의 연극술 개발이고 고유의 연극기호 창조였다는 데 주목할 필요가 있다. 항상 새로운 것을 추구해온 그가 극단 실험극장 연출을 도맡아오면서 그리스 비극으로부터 셰익스피어를 거쳐 근대극, 더 나아가 서사극, 부조리극까지 섭렵했음에도 어딘가 허전함을 느낀 것은 도대체 '우리 고유의 연극술은 없는가?'라는 강한 의문 때문이었다.

따라서 그가 박규채(朴圭彩), 최불암, 손진책, 정현(鄭賢), 오승명, 공호석(孔昊錫), 이도련, 김흥기(金興基) 등과 극단 민예를 조직하면서 구상한 것은 '우리 극의 창조'였다. 그러니까 그가 십수 년간의 서양극 연출에서 느낀 것은 이제 우리도 신극 60년의 일방적 서양극 답습에서 벗어나 한국적 연극술을 창조할 때가 되었다고 생각한 것이다.

그렇다면 그 방법론은 무엇인가? 한마디로 말해서 전통연극의 현대적 계승 내지 수용이라는 말로 요약될 수가 있다. 그렇게 될 때 진정한 민족극이 정립될 수 있다는 것이다. 결국 이것은 1930년대 초 극예술연구회가 서양 근대극 이식을 부르짖은 이후 40여 년 만에 그 극복을 선언한 것이므로 신극 정신의 현대적 재정립이라 부를 수 있을 것 같다.

이러한 새 연극철학을 현실화시키기 위해서 그와 민예 단원들은 판소리 창, 무가(巫歌), 민요, 민속무용 등을 익히는 한편 탈, 꼭두각시인형을 직접 제작하는 고된 훈련에 들어갔다. 그렇기 때문에 당시 민예 단원들은 모두가 탈춤에 능통했고, 민요나 판소리 한 가락 부르지 못하는 배우가 없었다.

단원들이 실기 습득에 몰두하고 있을 때 그는 전통연희의 드라마투르기 탐색에 열정을 쏟았다. 그는 우선 민예의 창립공연 작품인 〈고려인 떡쇠〉(김희창 작)에서 호한한 고려 남성의 굳센 의지와 신념을 부각시키려 했다. 이러한 그의 의도는 두 번째 작품인 〈궁정에서의 살인〉(강용흘 작)으로 이어짐으로써 극단 민예의 민족주의적 색채를 분명하게 드러냈다. 그는 확고한 연극이념과 그 구현을 위한 화려한 청사진도 갖고 있었다. 가령 민예의 사업계획을 보면 공연, 교육, 극작 워크숍, 소극장 건립, 출판, 인형극 개발, 민족극 예술연구소, 외부 공연지원 등 거창했다. 물론 이들 중 구체적으로 실천된 것은 몇 가지 안 되지만 방향과 포부만은 옳고 또 대단했다.

단원들이 수년 동안 창작극과 번역 등을 1년에 대여섯 편씩 공연하면서 현대극술과 전통연희를 익혔다고 생각한 그는 국립 창극단의 요청으로 창극 〈심청가〉를 연출하기에 이른다. 그가 창극단의 창극을 연출하기는 그때가 처음이었다. 그는 연출의 변에서 "우리의 전통예능의 현대적 극장예술로의 정립은 나의 꿈이며 사명이며 의무라고 스스로 결정하고 수년 동안 그것의 구체화를 위한 방법을 모색해왔다"면서 이번 연출 방향과 관련하여 "현대무대의 축소, 설명적 장치 생략, 앞 무대 활용, 관객과의 약속에 의한 극 진행, 일상성을 무시한 조명 등의 기법상의 원칙을 세우고 형상화하려 했다"[6]고 설명함으로써 전통예능에 현대적 극술을 접목했음을 밝힌 바 있다.

그는 이어서 신(新)창작 가면극이라 할 〈서울 말뚝이〉(장소현 작, 손진책 연출)와 〈놀부전〉을 무대에 올려서 주목을 끌기도 했는데 이들 작품들이야말로 "우리나라 사람만이 쓰는 언어, 음률, 동작, 그리고 연극적 표현양식을 바탕으로 한 순수한 한국적 현대 극장예술 정립을 위한 정리 작업"의 일환으로 했다면서 "〈서울 말뚝이〉의 경우, 종놈 말뚝이의 눈을 통해서 인간세계에의 악순환을, 〈놀부전〉의 경우, 놀부의 자서전적 작품구조를 통해서 인간세계의 근원적 모순을 풍자하는 데 초점을 맞추었으며, 그밖에 판소리 기법을 연기술에 확대 응용하고 탈(가면), 몸짓, 화술, 공간 처리 등을 새롭게 가다듬었다."[7]고 했다.

그의 소위 '우리 것 찾기' 실험이 시작된 것이다. 그는 이어서 전통인형극인 꼭두각시놀음도 새로 극본을 써서 무대에 올리기도 했다. 그러니까 그가 19세기 말 일본에서 일어났던 신가부키운동(新歌舞技運動) 같은 것을 벌였다고 볼

---

6 허규, 앞의 책, 308쪽.
7 위의 책, 312~313쪽.

수 있다. 그는 이 시기의 한 연출노트에서 "민속극의 현대에의 수용 또는 현대 연극으로서의 정착실험을 계속 펴나가겠다"고 다짐하기도 했다.

그의 의도는 국적 있는 한국연극을 창출해보겠다는 것이다. 그가 우리의 전통연희를 탐색하는 동안 은연중에 가무극의 가능성에 눈을 떴고 그것이 그로 하여금 국립가무단의 뮤지컬 〈이 화창한 아침에〉(이근삼 작) 연출에 나서도록 했다. 그는 생애 첫 번째 뮤지컬 연출 대본을 받고 가슴이 두근거렸고, 곧이어 마술의 세계에 끌려 들어가는 것처럼 신명이 나기도 했다고 한다. 그만큼 그는 오서독스한 연극보다는 가무극에서 소질이 나타났다고 말할 수 있다.

그럴 즈음에 그는 처음으로 서양 문물과 연극을 깊이 있게 체험할 수 있는 긴 여행길에 오르게 된다. 그리고 거기서 그는 "연극은 무척 다양한 예술이라는 점을 확인했고, 또 독자적인 기능으로만 존재해야 된다는 생각을 더욱 굳히게"된다. 따라서 그가 독일의 I.T.I.(국제극예술협회) 총회 참석 등, 연극계에서 얻은 소득은 "우리의 연극이 먼 곳에 있는 것이 아니라 우리 현실 속에 나와 밀접하게 있는 내 생활 주변에 있으며 우리의 전통 속에, 그리고 나 자신 속에 비밀처럼 도사리고 있다는 것"을 깨닫는다.

이 말은 결국 그가 우리의 전통 속에서 연극 정신뿐만 아니라 극술도 찾아내야 한다는 신념을 굳혔다는 이야기다. 이후 그는 직접 창작극본을 쓰기로 결심한다. 물론 그가 막연히 희곡을 써보겠다고 생각한 것은 더 일찍부터였지만 그의 첫 희곡 〈물도리동〉을 굳이 가면 제작 과정을 제재로 삼았던 것은 1972년 하회탈을 만들어 보면서였다. 그가 이 희곡 창작을 1976년 봄부터 했지만 막상 탈고한 것은 1977년 여름이었다. 이 작품이 고려시대 가면 제작과 허도령의 전설을 극화한 것이기 때문에 그는 무의(巫儀), 판소리, 정악(正樂)의 가곡, 노동요 등 전통연희에서 극성이 있는 모든 것을 삽입해서 연출을 했다.

그 자신도 이 작업이야말로 '전통예술의 연극성을 발견하고 재구성하는 것을 목표로 한 제1단계'라 명명한 바 있다. 이러한 노력은 제1회 대한민국 연극제의 대통령상 수상으로 일단 평가받기에 이른다. 그는 〈물도리동〉을 전후해서 민속에 탐닉했고, 따라서 그는 시간이 날 때마다 굿판을 찾았으며 마치 민속학자처럼 전국 곳곳에 현장답사를 다녔다. 그런데 그가 학자처럼 자료 수집에만 몰두한 것이 아니라 연극 형식의 현장성 발견에 더 관심을 쏟았으며, 형식미의 추구보다는 연극이 지녀야 할 생명감을 어떻게 살리느냐 하는 데 주목했다.

그리하여 그가 발견한 것은 우리의 전통연희는 '놀이'가 그 생명이라는 것이었다. 그렇다면 앞으로 그 생명감을 예술적으로 어떻게 표현하고 내용을 심화시키며 예술 형식을 어떻게 현대감각에 맞게 세련시키느냐에 달려 있는가를 생각했다.

그런 생각으로 작업한 것이 바로 그의 세 번째 창작극이라 할 〈다시라기〉라 하겠다. 주지하다시피 〈다시라기〉는 전남의 진도 지방에서 전래되어 온 장례 의식으로서 한국인의 사생관(死生觀)을 잘 나타내주는 민속예능인 동시에 원형적 연극 형태 중의 한 가지이다. 그는 그것을 현대 연극으로 재현했는데 관객 반응은 찬반으로 갈린 바 있었다. 즉 '놀이'로서는 흥겨웠으나 '연극'으로서는 미흡했다는 평가가 나온 것이다. 이런 평가에 대해서 그는 "연극의 생명은 현장성에 있다. 연기자나 관객이 그 현장 속에서 살아 움직일 수 있어야 한다. 이를테면 신바람이다. 그래서 연극의 놀이성, 관객의 유희본능(遊戲本能) 같은 원초적인 것이 바로 다시라기의 핵심이다"라고 반박하고 나서기도 했다. 또 다른 측면에서 이야기한다면 그가 조선일보와의 인터뷰에서 "오늘의 연극은 너무 양식화되고 정형화되는 것 같아요. 그 틀을 깨고 껍데기를 벗겨 형식 이전의 원초적인 인간 본능과 감정을 부각시키고 싶은 게 연출가로서의 욕심입니다. 전통을 수용하더라도 오늘의 관객과 호흡을 같이하고 같은 공간에서 흥을 교감할 수 있는 놀이적 역할을 중요시하겠다"(『조선일보』 1979.12.15)는 의지 속에 그의 작업의 방향이 서 있었다.

이처럼 그는 한국적인 흥과 멋, 신명을 연극의 화두로 삼고 그것을 민속예능에서 찾아내 현대인들에게 전달해주는 것을 연출가의 가장 중요한 사명 내지 덕목으로 삼았던 것이다. 그 점에서 그는 누구보다도 민족주의적인 색채가 농후한 연출가이다. 따라서 그가 바라본 우리의 현대문화는 선진 서구문명의 쓰레기일 수밖에 없었다.

그렇기 때문에 그가 끈질기게 연극에서 '우리 것'을 찾는 것이야말로 외래문화로부터의 탈피이고, 동시에 정체성 모색이었다. 이는 〈다시라기〉에 앞서서 그가 썼던 두 번째 희곡 〈바다와 아침 등불〉이 조선시대의 한 늙은 판옥선 조선업자(造船業者)의 고집스런 점을 묘사한 점에서도 그의 생각의 일단을 살필 수가 있다.

그러니까 전통의 지킴이를 통해서 자신의 철학을 내비쳤다는 이야기이다. 이러한 그의 지킴이 정신이 1970년대 후반에 와서는 창극 연출로 표출된다. 즉, 그는 1978년 가을에 〈심청가〉 등 3대 창극을 연출하면서 국립극장에서 발행한 〈심청가〉 팸플릿에 다음과 같은 연출 소감을 토로했다.

현대와 같은 물질문명 상위 시대에 저질, 외래문화의 홍수 속에서 급변하는 상황 속에서의 가치관의 혼돈, 모방과 표절이 팽배하는 시대 풍조 속에서 자기의 참모습 '본체(本體)'를 확인하기란 그리 쉬운 일이 아니다. …(중략)… 그러나 우리들이 우리의 전통예술을 대할 때 느껴지는 공감, 영혼을 어루만져주는 듯한 그 얼과 멋, 예지는 우리들을 일깨워 주고 달래주고 준엄하게 꾸짖는 소리를 들을 수 있는 것이다.

나는 십 수 년 전부터 연극공부를 하기 위해서 우리의 전통예술(공연예능 분야)에 관심을 갖기 시작하였고, 그것을 현대적인 극장예술로 정립하여 보려는 꿈을 갖고서 판소리, 탈놀이, 무속, 기타 전래되는 민중예능 등을 접촉하면서 기초자료 분석을 하여 왔는데 그 속에 자신의 모습이 그려져 있음을 보고 부끄러워하기도 했고, 또한 희열을 맛보기도 하였었다. 매번 창극을 연출할 때마다 전통예술의 정립이 달걀로 바위를 때리는 무모한(?) 작업이라고 속으로 생각하면서 나는 언젠가는 달걀이 바위를 파괴시킬 수 있는 그날을 기약하면서 오늘도 즐거운 고행을 계속할 것이다.

이상에서 알 수 있는 바와 같이 그는 민속예능(탈춤, 꼭두각시극, 무속 등)으로부터 판소리가 극대화된 창극에 매료되기 시작한다. 10년여 동안 민속 예능의 현장답사와 이론 습득으로 그 분야의 전문가 수준에 오른 그가 창극 연출에 손을 댔기 때문에 과거의 창극 연출가와는 다른 작품을 만들어낼 수가 있었다. 즉 그는 창극에 내재된 무궁무진한 에너지를 뽑아내는 한편, 다양한 민속예능을 동원하여 창극의 외연(外延)을 극대화시키는 쾌거를 이룩했다. 가령 그가 그동안 2시간 내외로 연행되어오던 창극을 5시간으로 확대하여 가급적이면 원형에 가깝도록 만든 것이 그 단적인 예라 볼 수가 있다. 이 말은 곧 그가 창극의 원형이 어떠해야 하는가를 보여주려 노력했다는 이야기가 된다. 몇 번의 창극 연출에서 어떤 암시와 함께 자신을 얻은 그는 창작창극에 나서는 데까지 이른다.

즉 그는 첫 번째로 그동안 잊혀졌던 〈강릉매화전〉을 복원하고, 이어서 19세기 판소리 이론 정립자 신재효(申在孝)의 일대기를 〈광대가〉라는 이름으로 무대화하여 절찬을 받기도 했다. 그가 창극 연출로 방향을 틀면서 극단 민예는 자연스럽게 그의 후계자라 할 손진책의 손으로 넘어갔다. 민예는 아현동을 떠나 신촌 이대입구에 소극장을 마련하여 공연 활동을 펴나갔다. 극단을 후진에게 물려준 그는 홀가분한 자세로 창극 개혁에 심혈을 쏟을 수가 있었다.

1980년 신군부가 집권하면서 정치·사회·문화 전체가 큰 변화를 겪게 되었다. 그가 제2기의 연출 생활을 마감하고 제3기의 극장 관리자로서의 연극 인생을 시작하게 된 것이다. 그것이 다름 아닌 국립극장장의 취임이다. 연극 전문인으로서는 제1대의 유치진과 제2대의 서항석에 이어서 세 번째로 국립극장장에 오른 그는 극장의 위상을 바꾸어 보려는 노력을 하게 된다. 그가 극장에 대해서 갖고 있었던 소견은 논문「한국적 극장예술의 정립 가능성에 대하여」에 잘 나타나 있다.

그는 논문에서 두 가지 대안을 제시했는데, 그 한 가지가 전통연극(연극 유산) 범주에 포함되는 각종 민속 연희를 공연할 수 있는 전용 야외극장 건립이었고, 다른 한 가지는 현 국립극장의 전문 극장화였다. 따라서 그는 극장장을 맡자마자 자신의 평소의 꿈을 펼치기 시작한다. 우선 대극장과 소극장 사이의 공간을 야외극장으로 만들었고, 지하실에 실험소극장도 하나 꾸몄다. 이는 국립극장이 외형적으로 달라진 모습이었다. 이어서 그는 수시로 전통예술인들을 초청하여 야외극장에서 공연토록 했다. 그가 극장 관리자로서의 행정수완이 능란한 것은 아니었지만 나름대로 일반 행정가들이 못했던 몇 가지 일을 펼쳐 나갔다. 가령 야외극장과 실험무대 개설 외에도 전속 단체를 정비한 것을 비롯하여 전속단체의 지방순회공연의 확대, 연수원 제도의 부활 등은 주목할 만한 업적이다.

그리고 그는 연출가답게 장기공연 체제도 마련했으며, 자신이 직접 연출 작업을 하기도 했다. 그는 국립극장을 시민과 친숙한 문화 공간으로 탈바꿈시키는 데 주안점을 두고 일을 벌인 것이 특징이다. 그가 극장장을 맡은 이후 국립극장은 보수적이라는 평을 들을 정도로 전통예술 공연에 치중한 것도 사실이다. 그는 극장장으로서뿐만 아니라 중견 연출가로서 86, 88아시아경기대회와 서울국제올림픽 문예축전에 직접 참여하기도 했다. 그가 올림픽 문예축전에 참여하는 기본적 자세는 '새로운 이론과 전통적인 기술을 합쳐서 세계성을 띤 예술'을 창조한다는 것이었다.

그러나 올림픽 문예축전은 모든 예술이 총동원되는 것인 만큼 그의 주장만 반영되는 것이 아니었다. 그는 올림픽 문예축전 부수행사 중 거리축제를 구상하는 한편 창극 연출에 전념했다. 그는 극장장으로서의 여러 가지 이점을 살려서 창극의 원형 복원에 나섰다. 1982년 가을에 공연한 소위 완판(完版) 〈춘향전〉이 그 시발이라 볼 수 있다. 그동안 2시간 정도의 시간에 맞추어 공연되어 온 창극을 그가 5시간 반으로 확대시킨 〈춘향전〉을 선보인 것이다.

그는 이와 관련하여 "지난날의 창극 공연이 여러 가지 제약으로 인해 생략, 삭감되고 축소되어 많은 아쉬움을 자아낸 것이 사실이다. 민족예술의 발굴과 계승이 어느 때보다 절실해지고 있는 현실에서 창극 〈춘향전〉의 모든 것을 찾아내고 부활시켜, 되도록 완판 춘향전을 꾸며보도록 최선을 다했다"(『조선일보』 1982.11.13)고 설명한 바 있다.

그런데 이런 그의 작업은 관객들로부터 상당한 호응을 얻었다. 개화기에 시작되어 1930년대 후반에 동양극장에서 정립된 창극이 서양연극에 맞춰서 2시간 내외의 공연 시간을 준수해 오다가 허규에 의해서 본래의 모습을 되찾게 된 것이다. 이런 작업은 얼마간 호평 속에 계속되었다. 그렇다면 그의 창극 연출은 국악 전문가들에는 어떻게 비쳐졌을까. 대표적 국악 이론가 중의 한 사람인 전 국립창극단장 최종민(崔鍾敏)은 허규야말로 1세기에 걸친 연극사에서 가장 모범답안에 가까운 창극을 연출한 인물이라면서 다음과 같이 평가했다.

> 그가 마음속에는 '전통성 있는 현대극'이라든지 '한국적인 현대 민족극을 만들어야겠다는 생각이 있었을지 모르지만 그가 한 작업은 전통문화를 되도록 많이 활용하여 전통적인 창극을 만드는 것이 목표였던 것 같다. 그는 1983년 완판 창극 〈토생원과 별주부〉를 연출하고 중계방송 중간에 아나운서와 대담을 할 때에도 "우리의 전통 중에서 버릴 것은 버리고 좋은 것은 추려서 활용해야 되는데 지금까지 너무 많이 버려서 현재 남아 있는 전통은 버릴 것이 없습니다. 되도록 많은 전통문화를 활용하여 보다 한국적인 창극을 만들려고 노력하였습니다"라는 말을 하기도 했다. 때문에 그는 전통문화를 현재의 상황에 맞게 적응하도록 하여 새 생명력을 갖게 하는, '전통의 현재화'를 한 것인데, 그는 그런 작업을 꾸준히 모색하고 보완하면서 해온 것이다.[8]

이상에서 알 수 있는 바와 같이 최종민은 허규가 어디까지나 서구연극 이론에 근거하여 '외래문화의 한국화' 작업에 해당하는 '한국적인 연극' 또는 '민족극'을 만든 것이라면서 '외래문화의 한국화'와 다른 '전통문화의 현재화' 작업

---

8 최종민, 「국립창극단과 허규의 창극」, 『세계화 시대의 창극』, 국립중앙극장, 2002, 126~127쪽.

을 한 것이라고 평가했다. 이런 그는 다시 축제의 매력과 중요성에 관심을 갖기 시작했다. 그것은 아무래도 그가 88서울국제올림픽의 거리축제를 맡으면서부터가 아닌가 싶다.

물론 그가 이미 1970년대 초 전통연희를 탐구하는 과정에서 전통연희 자체가 축제의 한 형태라는 것을 알고 그 가치를 발견한 바 있었다. 그러니까 그가 우리 민족을 축제의 민족으로 보았고 전통연희도 그런 것의 연장으로 생각했으며 그가 항상 말하는 '놀이성'이란 말도 실은 축제의 핵심을 가리킨 것이었다. 따라서 그는 우리도 브라질(리오 카니발)이나 영국(에딘버러 퍼레이드), 일본(미도스지 퍼레이드) 등이 하고 있는 축제모델을 만들어 보려고도 했다. 그러던 차에 88서울올림픽 장외행사를 맡아서 〈상감마마 행차〉(어가행렬)를 연출하게 된다. 축제문화에 대한 그의 집념은 그가 국립극장장을 떠나면서 더욱 강해졌다. 가령 그가 1990년에 일본으로 건너가서 〈사천왕사(四天王寺) 왔소!〉라는 거리 축제를 벌였던 것이야말로 그 단적인 예라 볼 수 있다. 그런데 이 축제는 단순치가 않다. 대단히 깊은 의미를 지니고 있었다.

왜냐하면 이 축제는 그의 민족주의적인 사려와 재일동포를 통한 애국심 고취라는 의미를 내포하고 있기 때문이다. 그러니까 그가 이런 축제를 생각해낸 것은 단순히 재일동포의 뿌리 찾아주기라는 차원을 넘어서 지문날인 등 차별에 대한 무언의 발언도 담겨 있다고 볼 수도 있다. 그 점은 축제의 기본 구성으로서 고대의 왕인(王仁) 박사를 비롯한 담징, 김춘추 등 대표적 인물 17명을 중심인물로 삼아, 이 인물들이 배를 타고 일본으로 가면 이와 관련이 깊은 일본 측 인물들이 정중하게 맞아들이는 형식으로 짠 데서도 어느 정도 나타난다고 하겠다. 그리고 이 축제는 재일동포들에게 자부심을 심어주는 것을 넘어서 미래를 향해 꿈을 펼치도록까지 배려한 것이 특징이었다.

이런 그였지만 30여 년에 걸친 연출 작업으로 건강을 잃었고 외부활동이 힘겨울 정도가 되었다. 그의 건강이 급격히 악화된 데는 많은 일과 함께 습벽도 한 이유일 수가 있다. 과음과 절식(節食)도 한 원인이라는 생각이다. 그는 스스로 밝힌 바 있듯이 일단 연출에 임하면 시간 가는 줄도 모르고 일만 하며 독한 소주만 마시는 버릇이 있었다. 그런 것이 과로와 겹쳐서 발병한 것이 아닌가 싶다. 결과보다는 과정에서 보람과 행복을 느껴온 그가 나이가 들면서 병을 얻은 것은 어찌 보면 자연스런 현상이었을지도 모른다.

일찍이 전위극으로 출발하여 한국의 태고(太古)의 하늘을 배회하던 그는 마지막으로 극장 짓기에 나서게 된다. 지금까지 어렵게 지탱되고 있는 원남동의 창우극장이 바로 그것이다. 그러나 그가 사재를 털어서 그의 마지막 꿈이었던 극장을 짓기는 했으나 운영은 쉬운 일이 아니었다. 우선 그가 건강이 좋지 않은 상태에서 출발한 데다가 2000년도에 세상을 떠남으로써 극장 기능은 사실상 종료된 것이나 마찬가지다. 그가 국립극장을 떠난 뒤에 만들었던 축제문화진흥회도 흐지부지되었음은 두말할 나위 없다.

사실 연극 또는 더 나아가 예술 분야와는 아무런 인연도 없었던 농촌가정에서 태어나 농업중학과 농과대학을 다니다가 우연히 당숙을 만나고 그 집에서 읽은 『세계희곡전집』과 『연극사회학』이라는 책자가 그의 운명이 되었다는 허규, 그가 참으로 특이한 연출가였던 것만은 분명하다. 극작가 이근삼이 그에 대하여 '잠자는 시간 빼고 연극만 생각한 사람'이라고 지칭한 것은 정곡을 찌른 지적이었다. 깡마르고 훤칠한 키와 투박한 학자풍의 그는 우직스러운 외모와는 달리 시대감각에 민감했고, 항상 새로운 것을 찾아 구도자와 같이 낯선 길만을 헤맸다. 결국 그가 찾아낸 것은 '전통의 바다'였고, 이 땅의 태고의 하늘이었으며 조국에 대한 끝없는 사랑이었다.

그는 물론 시행착오도 많이 했다. 아니 시행착오의 연속이었는지도 모른다. 그러나 그가 평생의 화두로 내세웠던 전통의 현대적 계승과 수용은 아직도 미완의 과제로 남아 있다. 한 가지 분명한 것은 그가 제시한 화두가 1970, 80년대의 암울했던 시대에 마당극이라는 열린 무대의 정치풍자극이 가능토록 했으며, 수많은 극작가, 연출가, 무대미술가들에게 풍부한 소재 제공과 함께 상상력 넘치는 실험 작업을 가능하게 해주었다는 사실만은 아무도 부인하지 못할 것이다. 창극의 원형 찾기 작업과 축제판 벌이기도 그의 후반기 업적 가운데 하나지만 그것이 본 궤도에 오른 것은 아니다. 그러나 분명한 것은 그가 창극과 축제가 가야 할 방향을 어느 정도 제시했다는 점은 중요하다.

이러한 그의 연출 작업의 궤적을 찾아올라가다 보면 매우 흥미 있는 사실을 발견하게 된다. 그 점은 그가 고대로부터 현대로 내려온 것이 아니고 거꾸로 거슬러 올라간 사실이다. 그러니까 그가 부조리극으로부터 시작하여 마지막에 도달한 것이 다름 아닌 원형연극이라 부를 수 있는 축제가 아닌가. 이는 곧 첨단에서 근원으로 돌아간 경우와 비슷하다. 그것은 마치 걸출한 시인 서정주(徐廷柱)가 신라의 하늘을 찾은 것과 유사하지 않을까.

그가 국립극장을 맡아서도 적잖은 변화를 일으켰다. 일반 행정가들이 국립극장을 경직되게 운영했던 것과는 달리, 그는 국립극장을 대중에게 다가가게끔 열린 문화공간으로 만들어보려고 애썼다. 그것은 매끄러운 행정 처리와는 다른 차원에서 일단 평가되어야 할 것 같다. 물론 다른 편에서는 국립극장을 굿판으로 만들었다는 비판도 없지 않았다. 1960년대 초 동인제 극단 시대를 연 주역의 한 사람으로서 박제되어 있던 전통연희를 현대적인 극장 무대에 끌어냈고, 그것을 바탕으로 하여 한국연극의 폭과 깊이를 넓히고 또 풍성하게 했던 그는 분명히 우리 시대의 가장 중요한 연출가 중의 한 사람으로 기록되어야 할 것이다.

　　　　　　　　　　　　제5부　현대극으로의 발돋움 (2)

희곡에 인문학적 깊이를 더한 여성 극작가
강성희

한국의 근대문학이 자리 잡아가는 과정에서 여성이 상당히 비중을 차지하기 시작한 것은 대체로 1930년대였다. 시에서 시작되어 소설로 옮겨가고 산문으로까지 확대되었지만 희곡 분야에만은 좀처럼 여성이 등장하지 못했다. 아무래도 희곡이란 것이 무대를 통하여 완성되는 만큼 여성이 참여하기가 쉽지 않았으며, 특히 희곡은 창작 과정도 시나 소설과 상당한 차이가 있기 때문에 여성이 도전하기가 만만치 않았던 것 같다. 그렇기 때문에 여성 극작가가 등장하기까지 오랜 시간을 기다려야 했다.

해방이 되어서도 한참 뒤인 1950년대 중반에 와서야 하나둘씩 여성 극작가들이 나타났고, 그런 중에서도 매우 뒤늦게 지적인 여성이 등장했는데, 그가 바로 강성희(姜誠姬, 본명 順寶)이다. 유독 여성작가가 희소한 희곡 분야에 늦게나마 강성희라는 극작가가 나타났다는 것은 우리 여성 희곡계의 폭을 넓혀주는 데 더없이 소중하다고 아니할 수 없다. 또한 그는 그 어떤 작가들보다도 넉넉한 집안에서 태어나 가장 정상적이면서도 엘리트 코스를 밟아왔다는 점에서 여타 여성 극작가들에 비해 색다른 존재였다.

그는 1921년 12월에 대대로 평안도에서 살아온 강제환(姜帝煥)과 정은도(鄭恩道)의 사이에서 1남 3녀 중 셋째, 딸로는 둘째로 태어났다. 자수성가한 사업

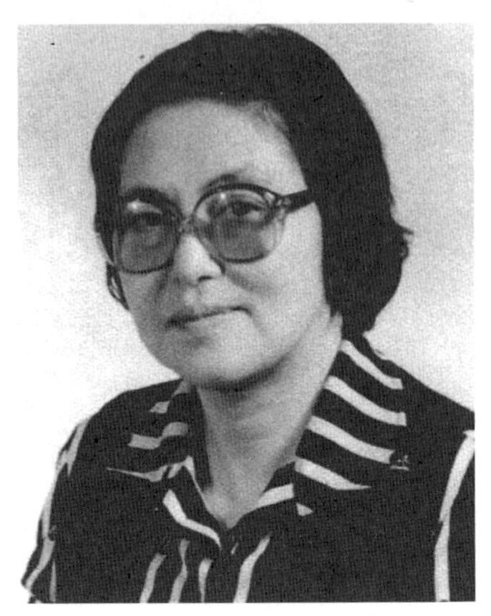

강성희

가인 부친의 사업관계로 어릴 적에 신의주로 이사했는데 압록강 사이로 집이 두 군데, 즉 만주땅의 안동에도 있어서 양쪽을 왔다 갔다 하면서 살았다. 이는 그만큼 집안이 넉넉했다는 이야기가 된다. 부친은 당시로서는 꽤 앞선 통신 판매업을 하느라고 조선과 만주에 상점을 갖고 있었다. 많은 공부를 한 것은 아니었지만 두뇌가 명석해서 일종의 국제양행 성격의 무역업을 통해 가난을 뚫고 자수성가한 것이었다. 이는 그가 얼마나 깨어 있었던가를 잘 보여주는 것이다.

게다가 모친까지 이미 1910년대에 숭의여학교를 다녔을 정도로 자각된 여성이었다. 부유한 외가에서 딸을 중등학교까지 보낸 것이다. 부친이 가난 속에서 자수성가한 성실파라고 한다면 모친은 신식 공부를 한 데다가 활달한 성격이어서 자녀들에 대한 교육열 또한 대단했다. 게다가 가정이 경제력까지 갖추었기 때문에 4남매 모두를 유학시키기로 한다. 그의 오빠는 일본으로 가서 다이쇼대학을 졸업하였고 세 자매는 모두 서울로 유학 와서 언니는 경성여상을 졸업하고 취업했으며, 강성희는 이화고녀를, 그리고 여동생은 숙명고녀를 다녔다. 당초 강성희는 음악가가 꿈이었다. 일찍부터 피아노를 잘 쳤고 소질도 있었다. 여기서 그의 소녀 시절을 회고한 이야기를 조금 소개할 필요가 있을 것 같다. 그는 제자에게 보낸 서간에서 당시의 이야기를 다음과 같이 쓴 일이 있다.

초등학교 때부터 피아노 레슨을 받겠다고 졸라 만주 안동현에서 압록강 철교를 건너 신의주까지 피아노 선생 댁을 다니곤 했던 어린 시절, 코르위붕겐도 열심히 마스터하고 마치 음악도라도 될 것처럼…… 그러다가 이화여중고에 입학한 뒤에는 학과공부에다 정구(테니스), 피아노까지 정신없이 바쁜 유학생활을 계속하던 중 고교 상급반이 되어 일본 사범학교 입시공부에 열중하게 되자 생각이 달라졌어. 기계적인 피아노 반복연습에 회의를 느끼기 시작하면서 동시에 어둠 속에 갇혀 있던 내 자신을 깨우치기 위한 지식 탐구에 몰두하게 된 거야. 음악도 운동도 다 포기한 채 밤새워 입시과목 공부에 몰두하게 되었고 영어, 수학은 개인교수를 찾아다니며 극성스럽게 노력했던 덕분에 일본에서 가장 입학하기 힘든 동경여자고등사범학교에 합격했고 이화여고에서는 역사에 없는 일이어서 떠들썩했지, 신문에도 나고……[1]

강성희의 당초의 꿈은 피아니스트였고 다음이 정구선수였다. 그러니까 소녀 시절에는 음악을 잘 했고, 서울로 유학 와서 고등학교 시절에는 정구부에 들 정도로 운동에도 상당한 소질을 지니고 있었다. 그러다가 환경이 바뀌면서 방향을 전환했는데 아무래도 그에게는 틀에 박힌 피아노 연습보다는 깊이 생각하고 탐구하는 학자적 소질이 더 많았던 것이 아닌가 싶다.

대단한 노력파이고 동시에 야심도 컸던 강성희와 여동생은 위의 회고의 글에서 알 수 있듯이 각각 도쿄여자고등사범학교와 나라여자고등사범학교에 입학함으로써 수재 자매로 장안의 화제가 되기도 했었다. 그만큼 그들 형제는 지독한 학구파들이었다.

게다가 부친은 '하늘이라도 있으면 올라가라'고 할 정도였고 모친 역시 '결혼할 필요도 없다. 공부나 하라'고 할 정도로 개화되고 진보적이었다. 고등사범에서는 주로 역사와 지리를 전공했으나 그의 취향은 문학과 철학이었다. 부유하고 교양 있는 집안에서 가정교육을 제대로 받은 그는 고등사범 시절에 인문과학과 예술로 지성과 교양을 다지게 된다. 실제로 그가 풍부한 학식과 내

---

1 강성희 · 조현례, 『너와 나와 만나는 곳』, 동서문화사, 2005, 102쪽.

면적 지성을 갖추게 되는 시기가 바로 20대 도쿄 유학 시절이었다. 고등사범학교 시절 그는 누구보다도 많은 독서를 했고 한국인은 강성희 하나뿐이었기 때문에 더더욱 일본 사람들과 대결해서 지지 않으려고 열심히 공부했다. 괴테와 헤르만 헤세의 문학에 심취하고 음악가는 포기했지만 음악은 여전히 생활의 일부가 되었음은 두말할 나위 없었다. 이는 그만큼 그가 예술적이었던 데다가 넉넉한 가정 분위기에 의한 것이기도 했다.

그는 제자에게 보낸 서간에서 "내 유학 시절이 바로 태평양전쟁 때여서 식량난으로 굶주리며 고생하다가 방학 때 집으로 돌아오면 그야말로 나의 천국이었지, 내가 좋아하는 명곡 대형 레코드(관부연락선과 기차를 갈아타면서 깨뜨리지 않으려고 가슴에 꼬옥 안고 가져온)를 하루 종일 틀기도 하고 피아노, 기타, 만도린 등 악기를 쌓아놓은 방에서 내 피아노 반주로 노래 부르던 우리 형제들의 합창소리가 끊일 날이 없었다. 큰 힘으로 우리의 가슴에 직접 부딪쳐 오는 베토벤의 심포니를 많이 들었고 차이콥스키, 베르디, 푸치니, 바그너, 로시니…… 이들의 오묘한 하모니 속에서 자랄 수 있었던 그 귀한 시절은 내게 평생 잊을 수 없는 소중한 역사로 남게 되었어"라고 씀으로써 그가 얼마나 유복하고 여유로운 속에서 청년 시절을 보냈는가를 잘 보여주고 있다. 적어도 그에게는 식민지 시대라는 것이 그리 어려운 시절이 아니었다. 그러니까 넉넉한 가정에서 마음껏 누리고 싶은 취미를 만끽하며 젊은 날을 보낸 것이다.

그는 조용하고 아름다운 외모와는 달리 성격은 매우 적극적이었고 또한 능동적이었다. 전형적인 외유내강형이었던 것이다. 그 역시 이북 기질을 타고난 것이다. 그가 고등사범학교 시절 혼자서 춘원 이광수(李光洙)를 찾아가서 훼절과 관련하여 여러 가지 항의성 질문을 던진 것도 바로 그런 기질에 따른 것이었다. 그를 오랫동안 지켜보아온 원로 극작가 차범석의 다음과 같은 인상 평은 정곡을 찌른 것이었다.

     제5부   현대극으로의 발돋움 (2)

30여 년 전 드라마센터에서 돌아가신 유치진 선생님의 소개로 수인사를 했을 때의 첫인상은 초저녁의 어둠 속에 피어 있는 하얀 박꽃이었다. 화장기라고는 별로 느낄 수 없는 피부는 영락없는 흰 상아의 인상이었다. 그러면서도 안경너머로 약간 치켜뜬 듯 올려다보는 눈길은 아직도 장난기가 가시지 않은 소녀 같았다. …(중략)… 높은 교양과 축적된 예술적 의욕을 안으로 숨긴 채 말을 줄이되 앞줄에 나서기를 꺼려하는 수줍음, 이를테면 중용과 겸손과 패기를 알맞게 갖춘 지성의 소유자임을 쉽게 터득할 수가 있었다. …(중략)… 그리고 보면 극작가 강성희 여사는 불을 품고 살아가는 여인이다. 언제고 활활 타올라 재가 되고 싶은 충동과 유혹을 느끼면서도 그것을 되도록이면 밖으로 나타내기를 주저하면서 저만치 구석자리를 찾아 나섰을지도 모를 일이다.[2]

이 인상기는 대단히 정확한 직관적 평가라고 말할 수 있다. 그러니까 차범석은 강성희의 외모를 통해서 내면의 숨겨진 심중까지를 짚어낸 것이다.

강성희는 고등사범을 졸업할 무렵 고대하던 민족해방을 맞았고 곧바로 귀국하여 이화여대 문과 2학년으로 편입해서 영문학을 전공하게 된다. 대학 시절 정지용 시인의 영시 강의에 매료되어 시를 습작하기도 했고, 이웃집에 여류 소설가 최정희가 살고 있어서 소설도 습작했었다. 막연히 문학가가 되고 싶어서였다. 이렇게 문학에 매력을 느끼고 있던 차에 영미 희곡 전공의 김갑순(金甲順) 교수 지도의 졸업공연에 조연으로 출연을 하게 되었다.

졸업공연 작품은 제임스 배리의 〈주택가〉였는데, 그 유려하면서도 시적인 대사에 그만 매료된 것이다. 제임스 배리는 영국의 소설가 겸 극작가로서 명문장가로서도 이름을 날렸으며 특히 그의 희곡작품들인 유머러스한 〈주택가〉라든가 환상적인 〈장하다 클라이튼〉, 그리고 영원한 동심을 그린 〈피터 팬〉 등이 그를 매료시킨 것이다. 그는 제임스 배리의 상징적이면서도 따뜻한 인간애로 그려내는 평범한 사람들의 인생 이야기가 마음에 들었던 것이다. 그의 희

---

2 차범석, 「차가운 머리와 더운 가슴으로—전집 출간을 축하하며」, 『강성희 희곡전집』1, 한누리미디어, 1996, 9~10쪽.

곡을 읽으면서 강성희는 산문인 소설에서 느낄 수 없는 희곡의 언어미와 무대
분위기가 마음에 젖어들었다고 한다. 장차 희곡을 써보아야겠다고 마음속으
로 생각하기 시작한 것도 바로 이 시기였다. 그런 때에 유명한 작명가를 만나
서 이름도 순실에서 성희(誠姬)로 바꾸어버렸다.

그의 조용하면서도 품위를 중요시하는 보수적 성격이 배우의 길은 생각 못
하게 한 것 같다. 그는 시간이 흐를수록 장차 희곡을 쓰겠다는 마음을 굳혔다.
그렇다고 해서 당장 그가 희곡 창작에 매달리도록 만드는 외부적 자극이 있었
던 것은 아니었다. 그는 1947년 이화여자대학교를 졸업하자마자 경성사범학
교의 영어 교사로 취직한다. 그리고 1949년 동료 미술교사 유경채(柳景採)를
만나 행복한 결혼을 하게 된다. 6·25전쟁 때 득남을 했고, 1·4후퇴 당시 영
아를 데리고 대구까지 피난을 간다. 대구에서는 생활하기가 어려웠기 때문에
지인이 있는 진해로 내려가 일단 전쟁기를 넘기게 되는데 진해여고가 바로 생
활터전이 되어주었기 때문이다.

학교 관사에 살면서 유경채는 미술교사로, 강성희는 영어교사로 근무했기
때문에 피난지에서도 생활이 안정될 수가 있었다. 누구나 그러했던 것처럼 그
의 생애 중 6·25전쟁을 낀 1950년대, 즉 그의 30대야말로 가장 어려웠던 시
기였다. 그러나 평탄했던 그의 유소년 시절보다는 그로 하여금 극작가가 될
수 있도록 성숙시킨 시기가 바로 1950년대가 아니었나 싶다. 그는 개성 강한
남편과 어려운 생활을 꾸려가면서 무엇인가 해보려는 꿈은 언제나 지니고 있
었다. 그러면서 남편의 성공과 가정의 안정 및 3남 1녀의 성장에 따라 창작에
로 방향을 돌리기 시작했다.

특히 그가 극작에 빠져드는 계기를 만들어준 것은 유아 시절 천국으로 간
딸(銀湖)에 대한 아픔이었다. 누구보다도 가정적이고 자녀에 대해 유난히 애정
을 쏟아부었던 그로서 딸을 잃은 것에 대한 슬픔은 곧 삶을 송두리째 잃는 것
이나 마찬가지였다. 그는 슬픔을 가누지 못하고 방황했다. 그런 때에 동랑 유
치진(柳致眞)을 만나게 되었고 그의 지도로 곧장 월간『현대문학』에 〈자장가〉

라는 단막희곡으로 추천을 받을 수 있었다. 그때의 상황을 그는 다음과 같이
회상했다.

> 중년에 들어서도 나는 한참 애들 키우랴, 어려운 살림에 시달리며 쓰는 작업
> 에 착수하기가 그렇게도 힘들었던 일, 늦게나마 어려운 희곡을 써보겠다고 동랑
> 유치진 선생님을 늘 찾아가던 일…… 그 일이야말로 오랫동안 모색해오던, 내
> 자신에게 맞는 장르를 찾아 한 걸음 내디뎌 보는 시작이었지, 아무리 늦어도 시
> 작이 반이라는 신념 밑에 현대문학지에 「나는 지각생」이라는 추천 소감과 함께
> 「자장가」를 유치진 선생님의 추천으로 발표하게 된 거야. 그 후로 자나 깨나 작
> 품 구상하는 생활에 몰입하는 귀중했던 문학수업 시기, 60년대와 70년대……[3]

이상에서 느껴지는 것은 두 가지이다. 하나는 그가 어릴 적부터 집념이 강
했었고 두 번째로는 나이와 상관없이 일단 목표를 세우면 끝까지 관철하는 성
격이라고 하겠다. 그런 성격 때문에 중년의 가정주부로서 그 어려운 희곡을
쓰게 된 것으로 볼 수가 있다. 그의 처녀작은 매우 환상적인 희곡이었다. 즉
〈자장가〉는 작가의 체험세계와 상상력이 잘 조화된 작품이며 강성희의 초기
문학세계를 단적으로 보여주는 것이어서 흥미롭다. 이 말은 곧 이 작품의 모
티브가 그의 남편의 과거이고 동시에 죽은 딸의 이미지가 거기에 덧붙여진 것
으로 볼 수가 있다. 작품의 경개를 간추려보면, 아내와 사별하고 외동딸을 키
우는 한 조각가가 있었다. 그는 죽은 아내에 대한 사랑 때문에 재혼을 단념하
고 딸이 켜는 바이올린 소리를 들으며 매일 아내의 모습만 조각한다. 그러던
어느 날 여전히 2층 방에서 자장가를 켜는 바이올린 선율이 들려오는데 문득
딸을 가르치는 바이올린 선생이 죽은 아내의 얼굴과 너무나 닮았음을 발견케
된다. 비바람 불고 천둥번개 치는 어느 날 저녁 조각가는 그 여선생에게 그런
사실을 고백하고 좋은 반응을 얻는 것으로 막이 내린다.

---

3 위의 책, 63쪽.

이 이야기는 그의 남편이 잃어버린 청년 시절의 첫사랑 여성과 강성희와의 만남이 매우 닮은 사실에서 주목되는 것이다. 그런데 더욱 흥미로운 사실은 그가 남편의 과거를 어떻게 생각하고 또 그것을 어떻게 그의 첫 작품으로 형상화했느냐 하는 점이다. 그의 기억의 자리에 남편의 첫사랑이 오랫동안 하나의 그림자로 드리워져 있었던 것은 분명하고 그가 호불호를 넘어 문학적 소재로 삼을 만큼 그는 도량을 지닌 '여자'임을 잘 보여주는 경우였다고 말할 수가 있다. 그리고 또 하나 처녀작에서 주목되는 점은 주인공이 조각가라는 사실이다. 뒷날 그가 쓰는 작품의 주인공들은 대체로 화가이다.

이 말은 그가 사랑하는 가족을 즐겨 모델로 쓰고 있음을 보여주는 것이다. 그는 그 어느 여류작가들보다도 가정의 가치를 중요시하는 극작가라고 말할 수가 있다. 그가 미국의 제자에게 보낸 편지에서 "원래 인간은 모든 다른 사람들과의 애착을 끊고도 살아갈 수 있도록 결혼이라는 제도가 생겼고, 결혼하고 가정을 이루어 일생 동안 가족 중심의 끈끈한 사랑으로 보살피며 살아가도록 되어 있지. 그래서 가정이 얼마나 엄숙하고 필연적인 것인가를 깨닫게 되면, 결혼을 기피하고 혼자 사는 사람들에게서는 어쩐지 부자연스러움을 느끼게 되는 것이 아닐까? 한 가정을 이루고 나면 그 가정의 모든 책임을 져야 하는 부부의 의무는 무겁고 끝이 없는 법, 젊은 시절 꿈꾸던 자신의 야망이나 희망조차도 모두 잃게 되고 여자의 경우는 더욱 심하지, 한 생명을 낳아 기르는 그 과정……"[4]이라고 하여 가정의 무한한 가치를 강조한 바 있다.

이처럼 가장 보수적인 가정관을 갖고 희곡을 쓰는 작가임을 스스로 밝히고 있다. 강성희의 가족 중시 주제의 선택은 특히 초기와 말기에 두드러진다. 대체로 작가들이 초기에는 자기 인생을 묘사하고, 중기에는 남의 인생을 묘사하며, 말기에는 다시 자기에게로 돌아온다는 이야기가 있지 않은가.

그의 외모는 대단히 해맑고 청아하며 매우 지적으로 보인다. 성격은 소녀처

---

4 강성희 · 조현례, 앞의 책, 155~156쪽.

　　　　　　　제5부　현대극으로의 발돋움 (2)

럼 순수하고 단순하며 정이 넘친다. 너무 여리고 서정적이기 때문에 상처를 잘 받는 편이다. 이러한 그의 인품은 작품에서 그대로 드러난다. 동시대의 박현숙 같은 극작가는 사회문제에 많은 관심을 갖고 희곡을 썼지만 그는 오로지 그의 외모나 성격에서처럼 여성 문제나 가족 문제를 주로 작품화하려고 노력했다.

그가 미국의 제자에게 보낸 서간에서도 "날이 가고 달이 가도 나에게는 아무 공명심도 없거니와 정치나 사회문제에도 그리 큰 관심을 갖지 못했고, 모든 일 유 선생에게 맡기고 내 내면의 순수한 명령에 의해 희곡을 하나씩 구성하며 완성해 가는 낙으로 살아왔던 것 같아. 남이야 알아주건 말건 내 취향대로 가고 싶은 곳을 향해 달려가는 것, 그것뿐이었어"라고 말함으로써 적어도 그의 관심이 사회나 정치문제는 아니라는 사실을 분명히 밝히고 있다.

실제로 그가 가족 문제를 가장 중요한 소재로 삼지만 지순한 사랑도 형상화해낸다. 젊은 날 다 태우지 못한 사랑을 작품 속에서 태워보려는 듯이……. 가령 〈날아가는 새〉의 경우만 보더라도 그 점이 확인된다. 한 아름다운 여배우의 사랑과 좌절을 처연하게 묘사한 이 작품은 탐미주의 작가 오스카 와일드의 작품세계를 연상시킬 만큼 유미주의적 색채가 농후하다. 이 작품에서 여주인공은 한 여배우로서보다도 남자를 사랑하고 그의 아기를 낳아 기르는 범용한 '여자'로 살기를 갈망한다. 그러나 탐미적인 남자 쪽에 의해서 그것을 거부당한다. 따라서 여주인공은 어쩔 수 없이 가장 여자다운 삶을 순전히 타의에 의해서 포기당할 수밖에 없게 된다. 어떻게 보면 남자의 이기주의에 의한 여자의 비운 내지 희생이라 볼 수 있는 것이다.

이처럼 그의 작품세계는 남성에 의해서 여자가 불행해질 수밖에 없는 운명의 장난 같기도 하다. 그는 대체로 남성을 부정적 시각에서 묘사하고 있는 것이 특징이다. 그는 남성을 사랑의 대상으로 삼으면서도 그 독선적이고 이기적인 속성을 혐오한다. 이는 그가 남편에게서 받은 이미지라고도 말할 수 있다.

가령 〈엘리 엘리 이 손을〉도 그러한 전형이다. 부부간의 불화로 인해 철도 사고를 당함으로써 어머니를 잃은 상처로 고민하는 딸(아영)이 결국 그 정신적 상처로 말미암아 결혼생활이 파탄에 직면한다. 그런데 그 파탄의 원인이 남편과 그를 둘러싼 남자들의 이기적 욕망과 허영에 따른 것이었다. 결국 딸도 어머니의 불행했던 전철을 밟는 상황에 다다른다. 이처럼 딸(아영)의 결혼이 파탄에 이르게 된 것은 그의 죽은 어머니와 마찬가지로 순전히 남성들의 속물적 욕망 때문이라는 것을 작품 속에서 직설적으로 설명하고 있다.

특히 이 작품에서 여주인공을 둘러싸고 있는 남편과 남편의 친구 의사 선배 등 여러 명의 남성들의 이기적 속성 묘사는 흥미롭다. 한상철도 이 작품에 대하여 "매우 심각하고 거대한 주제를 표방하지는 않으면서도 오늘 우리들 일상인의 삶을 좀벌레처럼 파먹어가고 있는 정신의 독기를 섬세하게 그려간 작품이 이 연극이다. …(중략)… 부부간의 관계, 남녀 간의 애정, 친구 간의 우정의 정체가 객관적으로 센티멘털리즘을 되도록 배제한 채 차분하게 펼치며 현대의 비인간적인 인간관계에 씁쓸한 여운을 남긴다"[5]고 긍정적인 평가를 한 바 있다.

이러한 그의 남성에 대한 부정적 시각이 때로는 연민의 정으로 바뀌기도 한다. 〈할렘의 어느 밤〉이 바로 그런 경우인 바, 어떤 기혼녀에게 속아서 미국으로 이민 갔던 시인의 좌절을 묘사한 이 작품에서도 그가 남녀 간의 사랑의 본질 내지 허구성을 묘파하고 있다. 그리고 기혼녀에게 배신당한 시인은 우연히 흑인소녀에게 마음이 쏠리게 된다. 그 시인은 흑인소녀에게 '몸을 그리워하는 애정일수록 마음을 상실한다'고 속삭이는 대목이 있는데 이 대사 속에 작가의 애정관이 숨겨져 있다. 그가 생각하는 남녀 간의 사랑은 대단히 아가페적이다.

그 점에서 그의 사랑은 지순하고 순결하기까지 하며 에로스적인 사랑은 동물적인 부정(不淨)의 대상으로 보는 경향도 없지 않다. 그러니까 그는 정신적

---

5 한상철, 「『엘리 엘리 이 손을』을 보고」, 위의 『전집』 3, 326~327쪽.

사랑을 우위에 둠으로써 남녀 간의 만남이 진정한 의미를 지니는 것으로 보고 있다. 그렇다고 해서 그가 부부간 혹은 남녀 간의 순수한 사랑만을 추구하는 작가도 아니다. 그가 극작가로 데뷔하면서 여행도 많이 할 수 있었기 때문에 주제의 범위를 가정 밖으로 넓히는 계기도 만들어갔다. 그 결과 그동안 써왔던 작품들과는 성향이 다른 다음 작품 〈할렘의 어느 밤〉이라는 작품도 내놓을 수가 있었다. 그가 뉴욕여행 후의 경험을 토대로 하여 쓴 이 작품은 성향이 색다르다. 그 당시 함께 여행했던 극작가 주동운도 그와 관련하여 다음과 같이 쓴 바 있다.

> 86년 뉴욕 국제펜클럽대회에 강성희 여사와 필자는 한국 대표단원들과 같이 그 회의에 참가했었다. 회의가 끝난 후 우리는 관광버스를 타고 맨해튼 브로드웨이를 관광했다. 예정대로 허드슨 강가의 '자유의 여신상'을 구경하고 맨 마지막으로 흑인 할렘가를 돌아보았다. 버스를 탄 채로 …(중략)… 우리는 감히 내려서 구경할 엄두도 못 내고 돌아왔다. 그리고 몇 년이 지난 후 강성희 여사는 「할렘의 어느 밤」이란 희곡을 발표했다. …(중략)… 그 작품 속에는 내가 미처 생각지도 못했던 인간의 내면세계가 극명하게 펼쳐지고 있었다. 흔히 여성작가의 작품이라면 소녀 취향적이고 센티멘털리즘에 젖은 신변잡기에 머문다는 통념을 강성희 작가의 작품 하나가 완전히 불식시켜주었다.[6]

앞에서도 조금 언급한 바 있듯이 한 기혼여인의 꼬임에 빠져서 미국으로 이민 온 청년의 참담한 좌절을 묘사한 이 작품은 남성보다는 여성의 문제점을 그려냈다는 점에서 종래의 작품 성향과 다르다. 그러나 여기서도 그의 아가페적 사랑은 그대로 드러나고 있다. 그런데 한 가지 주목할 점은 그가 소재원천을 찾아서 계속 보폭을 언제나 넓히고 있다는 점이라 하겠다. 그러니까 그가 부부간이나 가정의 병폐뿐만 아니라 현대 사회의 병리를 찾는 방향으로 시선

6　주동운, 「강성희 희곡전집 간행에 즈음하여」, 『전집』 1, 303~304쪽.

의 지평을 넓혀나가고 있었다.

다음 작품인 〈백합향〉만 하더라도 노부부의 갈등을 묘사하면서도 끝내 희망을 버리지 않는 그의 낙관적 인생관을 드러내 준다. 그는 지나칠 정도로 여성적이지만 강인한 여성이다. 그가 작품의 소재를 넓혀가면서도 언제나 돌아오는 곳은 궁극적으로 가정이기 때문이다. 가령 실제로 한 젊은 건축가 김기석의 이혼기를 다룬 〈이 세상 크기 만한 자유〉의 경우만 보더라도 궁극적으로 그가 말하고 싶은 것은 예술에 앞서 가정의 가치를 더 중요시한 것이라고 볼수가 있다. 그러니까 한 건축예술가의 정신적 방황을 이해하면서도 행복한 가정이 우선시된다는 이야기다.

물론 그가 가정이나 이성 간의 사랑만을 노래한 것이 아니다. 즉 그는 종교계의 문제점을 다룬 〈하룻 동안의 체류〉를 썼는가 하면 교육계의 비정을 고발한 〈디포음의 시간〉이란 희곡도 썼으며, 손수 무당을 찾아가서 그들의 사설을 바탕으로 하여 〈사주팔자〉를 쓴 바도 있다. 그만큼 그의 소재범위가 만만치 않은 것이다.

그는 단단한 가정적 배경과 화려한 학벌에도 불구하고 전혀 티를 내지 않는다. 그는 신식 교육을 받지 못한 전통적 여성 이상으로 헌신적이다. 이러한 그의 면모는 여성시인 모윤숙(毛允淑)과 춘원 이광수(李光洙)의 사랑을 리얼하게 묘사한 〈렌〉이라는 작품에 잘 나타나 있다. 사실 시인 모윤숙의 경우, 그러한 사랑을 했을까 의구심이 가는 인물이긴 하다. 물론 뛰어난 두 문인 간의 사랑이 하나의 아름다운 에피소드로 전해온 것은 부인할 수 없다. 다만 작가가 모윤숙이라는 여류시인을 통해서 자신의 헌신적 애정관을 표출했다고 보는 것이 타당하지 않을까 하는 생각을 해보게 된다. 그 점은 작가 자신도 시인하고 있다. 강성희는 〈렌〉의 작품 배경을 이야기하는 가운데 다음과 같이 설명한 적이 있다.

1977년 런던 펜대회 때 처음 알게 되었어요. 78년 시드니대회에 가서는 룸메

이트가 되어 친해지는 계기가 되었지요. 모 선배의 전화도 받고 심부름도 하는 가방모찌 노릇을 했지요. 시드니 해안에서 일행들이 함께 유람선 여행을 하는데 제 옆에 앉아 있던 모 선배 때문에 얼마나 재미있었는지 몰라요. 남들이 들을까 봐 유람선 뱃고동소리에 맞춰 참았다가 방귀를 뀌었다지 뭐예요? 참 소탈하고 정열적인 분이었지요. 이광수 씨를 혼자 짝사랑했다는 소문은 완전히 와전된 것 같아요. 서로 정신적 교류가 있었지만 렌의 정열이 워낙 세다 보니까 한쪽에선 짝사랑으로 보는 시각도 있었겠지요. 서울 효자동 이광수 선생 댁을 방문한 적 이 있었어요. 그때가 아마 대학 졸업 후인데 '뭐 하고 싶은 일이 있는가' 해서 '당 분간은 모르겠다'고 하자 당시 중앙방송국에 근무하고 있던 모윤숙 선생에게 안 내장을 써주면서 찾아가 보라고 하더군요.[7]

이상과 같이 모윤숙과 이광수의 사랑은 사실보다 부풀려져 전해오던 것인 데 강성희가 헌신적 사랑으로 승화시킨 것이라고 볼 수가 있다. 강성희는 이 광수에 대해서 외경에 가까운 존경심을 갖고 있는 것이 아닌가 싶다. 왜냐하 면 〈렌〉을 쓴 뒤 강성희는 이광수를 정면으로 다룬 〈흰꽃마을〉이란 희곡을 썼 기 때문이다.

이광수의 문학적 업적과 삶의 궤적에 대해서는 찬반이 엇갈린다. 민주화운 동이 한창이던 1970, 80년대는 운동권에서 이광수를 훼절한 소설가 내지 민 족 반역자로 매도했다. 원로 극작가 차범석마저 "친일파로 매도당하는 인간을 어떻게 주인공으로 쓰는가"라고 말렸다는 이야기도 전한다.[8] 그럼에도 불구하 고 강성희는 이광수를 매우 동정적 입장에서 묘사한다. 그는 그 작품과 관련 하여 다음과 같이 고백한 바 있다.

일본에 학병권유운동을 하러 이광수 선생이 왔을 때, 전 여학생대표로 여관에 안내하는 역할을 맡기도 했는데, 그때 본 선생은 굉장히 침착하고 지적인 인간

형이더군요. 외모 또한 태양같이 잘 생기셨고 따뜻해서 반할 만했어요. 당시 시대상황에서 변절해야 했던 지도자 입장에 서서 따뜻한 시선을 갖고 그를 이해해보고 싶었습니다. 일본 사상이 많이 침투된, 당시로는 선각자적 지식인의 고뇌 같은 것을 표현해보고 싶었지요.[9]

이상과 같은 작가의 작품배경 설명 속에는 두 가지의 함축적 의미가 내포되어 있다고 보아야 할 것 같다. 그 첫째는 여대생 시절에 만나보았던 한 대작가의 인간적 면모에 대한 매력이고, 두 번째로는 당시 문단 원로로서 악랄한 일제에 의해 어쩔 수 없이 훼절의 희생자가 되지 않을 수 없었던 처지에 대한 동정과 연민이라 하겠다. 그가 모윤숙의 사랑과 이광수의 훼절 배경을 다룬 희곡 두 편을 연속으로 쓰면서 보여준 것은 색다른 면모다. 그 하나가 개화기 이후의 선각자들을 작품 소재로 끌어들인 점과 다른 하나는 전기적인 희곡을 어떻게 써야 할 것인가 하는 문제제기라고 하겠다.

그는 전기적인 작품을 쓸 경우에 대하여 "역사적인 인물을 취급할 때 어느 일정한 시기의 역사이니만큼 그 자체에 특이한 모양새가 있어 이를 충실하게 재생하는 것이 우선 작가에게 주어진 임무임에는 틀림이 없으나 그 지난 인물이 살아서 움직이게 하면서 그 인물의 성격을 잘 그려내기 위한 장면을 어떻게 정리해 나가야 하는가가 문제되는 거지. …(중략)… 작가는 학자와는 판이하여 개인의 의견을 삽입시키지 않는 학자에 비해 감정, 애증, 의견, 편견까지도 자연 붓 끝에서 흘러나오게 마련이거든. '모든 창작의 원천은 개인의 심령이다'라는 말이 있듯이 주인공에 관한 사실은 전연 왜곡시키지 않으면서도 전개시키는 장마다 작가의 취향대로의 장면을 펼쳐나가는 것"이라고 하여 사실에 충실하면서도 허구를 가미할 수밖에 없는 것이 바로 자신이 쓰는 인물 희곡이라고 설명했다.

그는 나이가 들어가면서 원숙미를 더해간다. 그것은 곧 관용과 연민의 정으로 나타나고 있다. 훼절작가 이광수에 대한 변호적(?) 묘사와 불행했던 나혜석(羅惠錫)에 대한 따뜻한 시선은 그 점을 극명하게 보여주는 예라 말할 수 있다. 물론 나혜석에 대한 접근은 단순히 관용의 자세만은 아니었다. 나혜석에 대한 것은 오히려 여성적 분노가 밑에 깔려 있다. 그는 사실 이 작품에서 나혜석은 왜 불운해야 했는가에 포커스를 맞추려 한 것 같이 보인다. 그러니까 현실과 이상의 괴리에서 왜 여성만이 참담한 좌절을 겪어야 하는가를 분노의 시선으로 접근했다는 이야기다. 그는 여성도 제도와 낡은 도덕률의 멍에에서 벗어나 자기의 진정한 삶을 찾을 권리가 있다고 본 것이다. 나혜석에 대한 문학적 변호라 할 수 있는 〈철쇄〉가 바로 그러한 관점에서 쓴 것이라 볼 수 있다.

1926년 여름에 극작가 김우진과 현해탄에서 정사한 최초의 소프라노 윤심덕(尹心悳)을 다룬 〈검푸른 바다〉도 그런 그의 심정에서 크게 벗어나는 것이 아니다. 그런데 그가 윤심덕 이야기만은 여타의 전기적 작품들과 다른 자세로 접근한 것이 특징이다. 왜냐하면 당초 음악가가 되어보려고 피아노까지 교습받을 정도로 음악광이었기 때문에 소프라노를 희곡화하는 것이 즐거운 일이었던 것이다.

그는 이 작품을 극화하는 과정에서 "음악인인 윤심덕을 구상하면서 지난 소녀 시절에 내가 지나치게 좋아하던 음악에 관해 많은 생각을 해볼 기회가 되었고, 따라서 좋아하던 노래를 집어넣기도 하고 좋은 음악을 들으며 꿈에 부풀어 공상의 세계로 마음껏 날개를 펼쳐보던 소녀 시절로 돌아가 마음 내키는 대로 써 보자"고 하여 만들어낸 것임을 밝힌 바 있다. 그러니까 그는 인습에 의해서 사랑뿐만 아니라 한 여성으로서도 참담하게 좌절한 윤심덕을 표출해낸 것이다.

전술한 바도 있듯이 그는 삶에 있어서 사랑을 무엇보다도 중요하게 생각하고 있으면서도 남성과 똑같이 한 인간으로 대지를 딛고 우뚝 서기를 갈망한다. 그러나 현실은 그러한 것을 모두 방해하고 속속들이 파괴한다. 무지몽매

한 남성군상과 매우 진부한 낡은 도덕률이 여성의 삶다운 삶을 파괴시키고 상처만을 입힌다고 본 것이다. 그는 페미니즘이란 말이 유행하기 훨씬 이전에 이미 작품을 통해서 그것을 묘사해왔었다.

가령 초기에 쓴 〈폐허〉 같은 작품을 보더라도 그 점은 잘 나타나 있다. 이 작품은 6·25전쟁을 겪으면서 남편의 방황으로 인한 아내의 불행한 삶을 밀도 있게 묘사한 작품인데, 여기서 그는 전통적으로 우리의 부인상이 어떤 것인가를 적나라하게 보여준다. 아내는 대체로 심약하고 착해서 남편의 폭거로 말미암아 육체와 영혼이 망가지고 만다. 따라서 아내는 정신질환에 이르거나 죽음을 당하기까지 한다.

그는 항상 우리 사회가 부부관에 관한 한 전통적 인습의 구각을 깨지 못하고 있다고 보고 있다. 그가 일련의 작품에서 묘사하려는 것도 바로 그러한 균형추를 잃은 부부관계이다. 그런데 그의 항변은 너무나 조심스럽고 조용해서 잘 들리지 않을 때가 있다. 그러나 절제되고 억제된 그의 저항의 음성은 책을 덮거나 극장 문을 나선 뒤 멀리서 메아리쳐오듯이 귓전을 때린다. 그것은 마치 불행한 여자를 치어죽이고 지나쳐가는 황혼열차의 기적의 애련함같이……. 물론 그가 자제하고 품위만 지키고 있는 것은 아니다. 〈역광〉에서 볼 수 있는 바와 같이 조용히 투쟁하는 여성상도 묘사한 바 있기 때문이다.

그는 범용하면서도 개성이 강한 자기세계의 작가이다. 연륜을 더해갈수록 그에게서는 젊은 날의 문학수업이 빛을 더해 가는 것 같다. 그것은 희곡의 언어에서 잘 나타나 있다. 즉 군더더기 없는 문장, 화려하고 감각적인 필치, 세련된 어휘 구사 등은 역시 학창 시절 서구 문학을 섭렵하면서 얻게 된 것이라 볼 수가 있다. 그는 문체만 서구적인 것이 아니다. 그의 작품 분위기가 극히 도시적인 것도 실은 서양적인 분위기와 통한다고 말할 수 있다. 그가 창조해 낸 주인공들 역시 토속적인 사람은 거의 없다. 모두 다 고등교육을 받았고 직업도 예술가들이거나 사업가, 교육자, 의사 등 현대적인 직종을 가진 사람들이다. 그만큼 지성도 갖추고 세련미를 갖춘 인물들이다. 특히 여주인공들이 대부분 자기세계를 가진 인물들이라는 데 주목할 필요가 있다. 여주인공들 대부분이 일상적인 가정주부로 안주하기보다는 뭔가 자기 자신을 찾아보려 발버둥치는 '자각된 여자'들이라는 것은 곧 상대 남자들과 충돌을 야기하게 되는 동인도 되는 것이다.

그러나 강성희도 팔순을 향해가면서 그동안 추구해온 작품세계에 변화의 조짐을 보여주기 시작했다. 그러나 혈기 방장했던 장년기와 같이 울분에만 머물러 있지 않고 점차 인생을 관조하려는 모습을 보여주고 있다. 그 점은 앞에서 언급한 이광수의 이야기서부터 강하게 풍기기 시작한 것이다. 표현은 점차 서정적으로 흐르고 기법은 환상적으로 가는 것이 특징이다. 따라서 그의 작품에 시가 등장하기 시작했다.

시는 〈렌〉에도 등장했고, 〈흰꽃마을〉에도 등장했다. 그뿐만이 아니다. 이는 음악사상 최초의 소프라노였으면서도 비명으로 간 윤심덕(尹心悳)의 일대기 〈검푸른 바다〉에도 등장한다. 비록 노래의 형식으로 나오지만, "저 별이 반짝이면/안개 고요한 속에/수렛소리 들리며/날 조용히 찾아오는 이/어여쁜 님의 모습/이 밤 기쁨이 솟네/즐거운 이때는 찾아왔도다/그대와 함께 만나는/이 내 가슴이 뛰도다"도 분명히 대사이기 이전에 시다.

그는 모윤숙, 이광수, 나혜석에 이어 윤심덕의 불안한 삶에 연민의 손길을 뻗친 것이다. 그가 자기 작품에 시를 투입하기 시작한 것은 만년에 들어서다. 그는 다시 식민지 시대의 상처라 할 정신대에 주목했다. 그들의 참담한 삶에 동정의 손길을 뻗친 것이다. 이 작품은 다음과 같은 시로부터 시작된다. "바람의 속삭임을 듣자/파도의 우는 소릴 듣자/다시 조용히 귀 기울여 보라.//나는 듣는다./죽은 원혼의 소리//불쌍한 영혼들의/저 울음소리/억울하게 죽은 혼의/울음소리를//나는 듣는다./저 원혼의 소리. 소리를".

이상과 같은 시에서 알 수 있는 바와 같이 강성희는 무녀의 주문 같은 것을 읊어대고 있다. 그는 인생의 관조를 넘어 명부(冥府)의 세계까지를 응시하는 것 같다. 그러니까 그는 너무 억울하게 죽어서 저승에 가지 못하고 떠도는 영혼과 대화하고 있다.

그리하여 그는 한바탕 해원굿을 펼친다. "넋이야/넋이야/그 넋이 뉘 넋인가/원한의 고혼들이여/얼마나 울었는가/목 터져라 울었겠지/얼마나 아팠는가/그 설움. 그 원한/다 어찌하였는고/넋이라도 오르시구/혼이라도 오르소서/타고난 천명일랑/다 하지 못하고서/꽃다운 그 나이에/짓밟히고 짓밟히다/가버린 영혼들이여!/넋이라도 오시구/혼이라도 오소서/그 아픈 가슴/그 찢긴 상처/어루만져 주고 싶어/예 우리 모였으니/넋이라도 오르시구/혼이라도 오르소서."

이것은 무당의 주문이지만 그가 저 영혼 깊숙이에서 토해내는 시 자체다. 이처럼 그는 만년에 와서 매우 독특한 면모를 보여주고 있다. 그는 마치 저승의 세계를 주유(周遊)하는 것처럼 몽환의 세계를 보여주기까지 한다. 그가 한때 자기 희곡에서 영상을 활용한 바 있는데 만년의 몽환세계와 영상 기법이 만나게 된다면 매우 유니크한 작품도 창출할 수 있을 것 같다. 영화감독이 아닌 이상 그가 뮤지컬로 갈 가능성을 충분히 보여주는 것이다. 그는 이제 과거 속에 사는 것 같기도 하다.

그런 첫 번째 작품이 다름 아닌 여성 소설가 한무숙(韓戊淑)을 묘사한 〈명륜동입니다〉이고, 다음 작품이 〈어디 있어, 어디 갔어!〉이다. 전자는 그가 과거에 썼던 전기극들과 약간 다른 면이 있다. 왜냐하면 한무숙은 그가 평생 존경해오던 인물로서 인간적 거리가 있었던 다른 전기극들과는 편차가 있을 수밖에 없기 때문이다. 우선 한무숙의 가족들이 모두 생존해 있어서 자유로운 허구를 만들어내기가 쉽지 않았을 것이다. 그래서 기록극이라고 보아도 무방할 정도로 전기 그 자체이다.

생전에 한무숙은 보수적인 우리 사회에서 현모양처라는 전통적 여인상의 표상이었음에도 불구하고 그의 정신만은 심원한 예술세계를 마음껏 주유했던 인물이다. 그런데 강성희와 한무숙 간은 선후배였던 데다가 워낙 오랫동안 교유하고 또 정서적 공유로 인하여 자매 이상의 사이였다. 그가 한무숙의 삶과 작품세계를 그만큼 깊이 있으면서도 소상하게 알고 있었다는 것은 평소의 꾸준한 정신적 교류 없이는 불가능하다. 한무숙이 생전에 전화 받는 습관이었던 '명륜동입니다'를 그대로 작품 제목으로 삼은 이 희곡은 구성 자체가 레제드라마의 성격을 지니며 동시에 서사양식을 취하고 있는 점에서 과거 작품들과 차이가 있다. 그러면서도 프라이타크가 일찍이 제시했던 5부 3점설의 비극 구조를 따르고 있는 것이 특징이다. 차남의 죽음을 클라이맥스로 삼고 이어서 한무숙의 임종을 파국으로 하여 마지막 그의 문학적 업적 기리기로 종막을 삼은 점에서 그것은 잘 나타나고 있다.

앞에서도 조금 언급한 바 있듯이 이 작품의 성격은 기록극과 같은데, 이는 아무래도 한무숙의 전기극이라고 볼 수 있기 때문이다. 따라서 한무숙의 가족과 주변 인물들이 모두 실명으로 나온다. 그럼에도 불구하고 이 작품이 한무숙이라는 여류작가를 우상화로 비치지 않게 한 것은 역시 강성희의 절제력 때문이라고 말할 수 있다.

사실 한무숙은 한 여자로서 또한 인간으로서 거의 완벽하게 살고 갔다는 칭송을 받고 있는 소설가이다. 그런 인물을 객관화시키기는 쉽지 않다. 한 걸음이라도 긍정적으로만 나가면 찬양론이라고 욕먹을 수 있고 그 반대쪽으로 기울면 유족 측의 반발을 살 수도 있다. 그런데 그는 양쪽을 절묘하게 극복해내고 있다. 그가 실재 인물을 조금도 깎아내리거나 미화도 하지 않으면서 오롯이, 그리고 아름답게 그려낼 수 있었던 것은 두 가지에서 비롯되었다고 볼 수 있다. 그 한 가지는 그의 지적이면서도 냉철한 통찰력과 기억력에 바탕을 두고 한무숙이라는 인물을 바라본 데 따른 것이고, 다른 하나는 탄탄한 작품 구성력에 의한 것이었다.

그 결과 이 작품이 독자에게 전달되어오는 감흥은 대략 세 가지라고 말할 수 있다. 첫 번째로 주인공 한무숙과 작가 강성희 두 사람의 풍부한 인문학적 소양과 아름다운 품성이 독자의 마음을 풍요롭게 한다는 것, 두 번째로 그의 오랜 문학수련에 따른 유려한 문체와 자연스러움이 독자들을 편안하게 하는 점, 그리고 끝으로 한무숙과 강성희의 공통적 성정(性情)이 화음을 이루어 작품에서 향기로움이 풍겨 나온다는 점이다. 여기서 공통적 성정이란 순수함과 탐구욕, 그리고 삶에 대한 아름다운 애착같은 것을 가리킨다. 사실 한무숙과 강성희 두 사람은 현실주의자들이었지만 그것이 오히려 타인들에게 아름답게 비친 이유는 그들이 궁극적으로 추구하는 것이 개인적 욕망이 아닌 지고의 정신세계였기 때문이다.

물론 이 희곡이 한 인간의 53년 동안을 압축시키는 데서 오는 비약과 수많은 장면전환 등에 문제점도 없지는 않다. 그러나 이런 문제점도 작품이 풍기는 향기를 감소시키는 것은 아니다. 만년에 쓴 이 작품에서 느껴지는 것은 역시 그의 인생관조적 자세이다. 모든 것 즉 사람들과 사물까지도 연민의 정으로 감싸 안으려는 자세에서 그렇다. 그가 원숙한 경지에 접어들어서 모든 사람들과 화해하고 용서하며 구원의 세계로 나아가려는 것 같다.

다음 작품 〈어디 있어, 어디 갔어!〉(전 6막) 역시 비슷한 관점에서 이해할 수 있는 희곡이라고 말할 수가 있다. 부군과의 찬란하면서도 어딘가 그를 짓눌렀던 반세기의 삶을 반추하고 회상하는 자각적 작품을 그가 썼다는 것은 늙었다는 이야기일 수도 있다. 〈어디 있어, 어디 갔어!〉는 일종의 망부가(亡夫歌)기도 하다. 그는 이 작품집의 서문에서 "엷은 주황빛 노을이 마음을 가라앉히는 순간 눈을 감았습니다. 마알갛게 비어 있던 마음에 문득문득 떠오르는 사연들, 파도처럼 밀어닥치는 지난날의 아프고 겪기 힘들었던 우리들의 생활……. 그 모든 힘든 일들이 가슴에 꽉 차오릅니다. 그 오랜 세월 속에 나는 한사코 당신에게 매어달려 살아온 조그만 아이였습니다. 따지고 보면 우리는 같이 만나야 했던 운명이었나 보죠. 참다운 것이란 소리 없이 찾아오는 것처럼……. 생의 헝클어진 실마리를 풀어가면서 같이 울고 같이 행동하고 같이 생각하며 살아온 많은 세월들이었습니다. 그리고 당신은 갔습니다. 내가 하늘만큼 믿고 살던 당신이 그렇게 가 버리다니요. 당신과 전화 한 통화 할 수 있는 가느다란 아주 가느다란 전화줄이 있었으면 하는 염원을, 그런 터무니없는 생각이 절실해지기도 합니다"라고 하여 이 작품이 망부가임을 스스로 밝힌 바 있다.

그는 이 작품에서 당당한 실력의 꿈 많은 처녀가 개성 강한 서양화가 유경채와 만나 범용한 한 주부로 돌아가서 3남 1녀를 낳아 기르는 과정, 그리고 임종과 그 후일담을 처연하게 또 객관적으로 묘사해보려고 했다. 일종 직전에 아내를 찾으며 하던 말 "어디 있어, 어디 갔어!"를 작품 제목으로 삼은 이 희곡의 종장에 이런 대사가 나온다.

> 때때로 이 가정에서 좀 탈출하고 싶어 훌쩍 떠나보려는 나를 당신은 언제나 꽁꽁 묶어놓으려고만 하더니 이제 나에게 어디 너 혼자 살아보라고 하는 앙갚음인가요. 저 많은 손가방을 사 모아놓고 아무것도 안 들고 빈손으로 떠나버린 당신!

이 독백 속에는 그의 인생이 함축되어 있다. 이는 곧 아내와 어머니라는 가족의 멍에를 벗어던지고 한 여자로서 드넓은 대지 뒤에 우뚝 서보려던 그를 가정의 울타리에 평생 묶어 두었던 망부(亡夫)에 대한 원망이 이제는 그리움과 회한으로 바뀌어서 그로 하여금 고독의 골짜기를 헤매게 한다는 슬픈 독백인 것이다. 그런데 이 작품에서 주목할 만한 점은 그가 아내이기 이전에 한 인간으로서 예술적 혹은 학문적 성취에의 끝없는 갈망에도 불구하고 가족사랑, 특히 자녀에 대한 어머니로서의 역할을 대단히 중요시하는 전통적 가치관을 내비치고 있다는 사실이다. 그만큼 강성희야말로 가장 보수적 가치관을 가진 작가인 것이다.

이 작품은 형식에 있어서도 조금 색다르다. 그의 작품 경향은 당초 리얼리즘에 바탕을 두고 표현주의라든가 상징주의, 그리고 서사 기법 등을 구사했던 것도 사실이었는데 이 작품은 그런 것을 종합한 것 같다. 마치 손톤 와일더의 〈우리 마을〉처럼 형식의 자유분방함을 추구한 것이다. 특히 이 작품에서 플롯보다는 캐릭터 구축에 치중한 것이라든가 슬라이드 같은 영상의 활용 등은 전위적이기도 하다. 그만큼 그는 노쇠할 줄 모르고 늙을수록 탐구정신을 발휘하고 있다.

　말년에는 어린이들을 위한 신작 〈희망의 속삭임〉을 포함하여 과거에 썼던 희곡 몇 편을 뮤지컬화한 『사랑의 축제』라는 희곡집을 펴냈다. 그는 이 뮤지컬 작품집 서문에서 "우리 인간은 이왕이면 멋지게 살아야겠다는 자신마다의 신념에 따라 각양각색의 삶을 영위하다가 생을 마감하게 된다. 또 누구나 자신의 원대한 인생관을 품고 해박한 지식을 가지려 하며, 넓은 시야로 고결한 생애를 보내고 싶어한다"면서 왕성한 의욕을 과시한 바 있다.

　40년 이상 작품활동을 한 끝에, 한 여자로서도 황혼기에 들어섰고, 잘 익은 과일처럼 원숙기에 접어들어서도 그는 자신의 낙관적 인생관에 따라 끝없이 희망을 노래하고 싶어 한다. 그는 뮤지컬화한 〈할렘의 어느 밤〉의 끝에서 이런 노래를 부르고 있다. "무수한 별들이 반짝이지요/별들은 나에게 다가오고 있네/별들은 나에게서 피어나고 있네/무수한 너희들을 가슴에 안고/더 높은 하늘로 날아가리라."

　그가가 만년에 오면서 서정시를 작품 속에 투영하고 있는 것은 정서의 투명화와 함께 모든 것의 절제를 의미하는 것이기도 하였다. 그러니까 담론을 절약하고 대사를 절약해간다. 마치 베케트가 그렇듯이. 지성과 감성을 오버랩시켜 한 편의 서정시로 표현하려는 듯이 자신의 작품세계를 압축했다. 망부의 추상화의 영향일까. 그는 마치 수도자처럼 정서를 닦아왔기 때문에 그러한 서정시가 자연스럽게 유로되는 것이 아닐까 싶다. 사실 작가뿐만 아니라 인간은 누구나 시인처럼 순수하고 단순해지는 것이 바람직하지 않을까 싶다. 강성희는 바로 그런 극작가가 되고 싶어 했고 또 실제로 되어간 것도 같다. 인간과 작품의 완성을 위하여……. 그러나 인간의 수명은 제한되어 있음을 그도 알았던가. 그는 자신의 가족사와 부부의 못다 한 사랑을 망부가에 구겨 넣고 2009년에 향년 88세로 사랑하는 아버지와 부군이 있는 저 별자리 너머로 이사를 갔다.

한국 최초의 여성 연출가
강유정

인간의 삶을 정서화한 연극의 무대에는 언제나 남녀노소가 등장하여 이 세상에서 살아가는 모습을 보여준다. 연극에 남녀배우가 반드시 필요한 이유다. 그러나 우리나라에서는 적어도 조선조까지는 연극 무대에 일반 여자를 등장시키지 않았다. 다만 기생들이 민요를 부르고 춤을 추는 것이 고작이었다. 우리나라 연극이 고도의 예술로 발전하지 못한 이유 중에 그런 요인도 하나 추가시킬 수 있을 것이다. 개화기에 와서까지도 연극을 천시하는 전근대적 관습의 잔재가 남아 있어서 특히 여성 인재들의 연극진출이 드물 수밖에 없었다. 그것은 우리 근대극의 발전을 더디게 한 요인 중의 하나다.

해방 전까지 여성문인이나 화가는 있었어도 단 한 사람의 여성 극작가나 여성 연출가가 없었던 것도 바로 그런 연유 때문이었다. 물론 최초의 서양 화가 나혜석(羅惠錫)이 단막극 한두 편을 쓴 일이 있지만 그를 여성 극작가라고 부를 수는 없다. 희곡을 전문으로 하지도 않았을뿐더러 더 이상 작품을 발표하지 않았기 때문이다. 따라서 해방 전까지 여성들은 배우로서의 역할이 전부였고 그 후에나 여성들이 배우 이외의 활동에 나서게 된다. 6·25전쟁 중 행방불명된 박노경(朴魯慶)이 극단 여인소극장을 2년여 이끈 이후 박현숙(朴賢淑)과 김자림(金玆林)이 6·25 후에 극작가로 등장함으로써 희곡계는 다양화해지

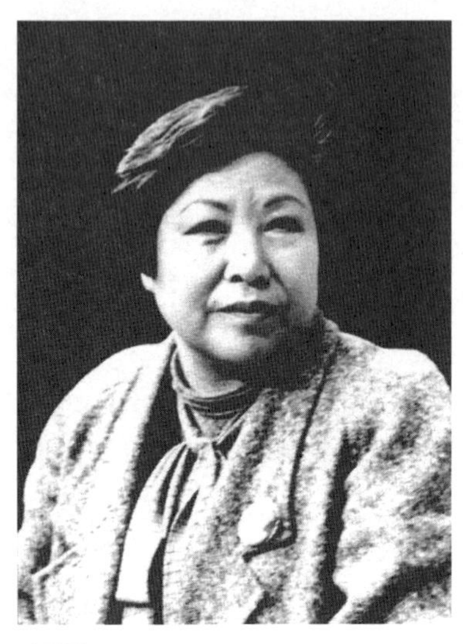

강유정

기 시작한다. 그리고 연출가도 나타났는데, 그가 강유정(姜由楨)이다. 그를 가리켜서 여성 연출가 제1호라고 부르는 이유도 바로 거기에 있다. 당초 극작가를 꿈꾸었다는 그는 1932년 경남 진주의 주변 마을이었던 주곡이란 곳에서 태어났다. 본명은 강숙자(姜淑子)였다. 당시 우리나라 농촌은 대단히 보수적이었고 특히 경상도의 시골은 고루하기까지 했었다. 소녀과 부인 조모와 신식 공부 없었던 모친의 삶은 누구나 그렇듯 일부종사, 오직 자녀만을 위한 희생을 전부로 아는 삶이었다.

이미 그곳에서 여학교를 다녀서 개명된 그에게 그런 전근대적 여인상은 자신의 이상과는 너무나 동떨어진 것이었다. 그는 동국대 국문학과에 진학하여 문학을 공부하면서 조모나 모친과 같은 삶을 살지 않기 위한 길로서 연극운동에 뜻을 두게 되었고, 마침 6 · 25전쟁이 일어나면서 대구로 피난 온 극단 신협을 만나게 되었으며, 연기와 연출을 겸하고 있던 명인 이해랑(李海浪)을 만나는 행운을 얻게 된다. 이해랑은 희곡을 쓰고 싶다는 그에게 무대를 알아야 가능하다는 이야기를 해주면서 신협 공연에 단역과 조역을 주어 무대에 계속 세웠다. 그러면서 어깨너머로 이해랑의 연출 기법을 배우게 된다. 그는 저간의 사정에 대하여 다음과 같이 회고했다.

대학 시절부터 연극은 자기표현의 방편으로 내게 성큼 다가왔다. 연극을 통해서 나를 표현하고 싶었던 것이다. 특히 나는 극작에 관심이 많았다. 연기, 연출 등 연극 모든 분야를 실연하면서 극작에 대한 나의 열망은 끊임없이 불탔지만 외향적인 일에 적성이 있었는지 연출가가 되었다. 대학극을 중심으로 연기수

업을 쌓으면서 이해랑 선생이 이끄는 극단 신협에서 연극인으로서 나의 생활은
시작되었다. 전란 중에도 끊임없었던 연극에의 꿈…… 그간의 날들을 돌아보면,
꿈처럼 지나온 시간들이다(『한국연극』 통권 79호).

경상도의 밥술이나 먹는 집에서 태어나 어려움 없이 자라서 대학까지 진학
시켰는데 연극을 한다고 나선 그를 그의 완고한 부친이 허락할 리 만무했다.
그에게 당장 금족령이 내려진 것이다. 그 역시 경상도 여성답게 뚝심이 세었
고 의지 또한 남자를 뺨칠 정도로 강했기 때문에 곧바로 부친의 벽을 뚫고 나
갔다. 그는 6·25전쟁이 한창 때였던 1951년 1월부터 신협의 연수생으로서
문예중대를 따라 동부전선을 몇 달씩 돌아다니면서 단역과 조역으로 무대에
선 것이다. 그는 그 시절의 어려웠던 연극인생활을 다음과 같이 회고했다.

한국전쟁은 이 땅에 사는 사람들 모두에게 비극과 고통을 안겨준 전쟁이었다.
연극인들에게도 한국전쟁 당시의 고통은 이루 말할 수 없었는데, 1951년 1월은
더더욱 잊을 수 없는 때이기도 했다. 당시 국군이 북진을 시작할 무렵이어서 그
런대로 희망이 보이던 시절이기도 하다. 예술가들도 국방부 문예중대 군속(문관)
으로 편입되었는데 이 부대는 전쟁터를 찾아다니며 위문공연을 해야 하는 선무
공작대였다. …(중략)… 나는 1소대 극단 신협에 편입되어 A팀 B팀 2개 팀으로
나누어진 〈순동이〉 공연팀에 속해 있었는데, 문예중대는 서부전선과 동부전선
으로 위문공연을 떠나야 했다. 2개 팀으로 나누어 우리는 최전방에서 전투가 막
지나가고 난 즉시 전투하는 부대를 뒤쫓아 가면서 공연을 해야 했다.[1]

이상과 같이 그는 가장 어려웠던 시절에 연극에 입문하여 신협의 주요작
품들 십수 편에 출연했고, 예를 들어 셰익스피어의 대표작과 실러의 〈빌헬름
텔〉에서 광녀 역 같은 것을 맡았었다. 그가 대구와 부산을 오르내리며 신협의
단원으로 활약하기 몇 년, 그러나 곧바로 결혼을 함으로써 이번에는 남편의

---

1 강유정, 「한국연극 80년 야사 (90)」, 『스포츠조선』 1992.11.

금족령으로 극단 신협을 떠날 수밖에 없었다.

그는 돌파구로서 영화 쪽으로 방향을 돌렸고 1956년도에 이강천 감독의 조연출로 들어가서 영화 〈생명〉을 만드는 데 일조한다. 이어서 홍성기 감독 밑에서 〈길은 멀어도〉, 〈재생〉, 〈두고 온 산하〉 등을 만든 데 이어, 1964년에 재미작가 김은국 소설 원작의 〈순교자〉를 마지막으로 해서 영화계를 떠나게 된다. 왜냐하면 영화계에서 여성이 메가폰을 잡는다는 것은 연극계에서 연출을 하는 것보다 어려울 정도로 당시 영화계가 살벌했기 때문이다.

그는 결국 스승인 이해랑의 안내대로 연극계로 다시 돌아와서 극작을 시도해본다. 사실 극작이 쉬운 일은 아니었다. 그는 극작에 소질이 없다는 것을 깨닫고 연출 쪽으로 방향을 잡았다. 자신이 하고 싶은 연출 작업을 하려면 남의 극단보다는 자신의 단체를 가져야 한다는 생각으로 1966년 10월 7일 극단 여인극장을 창단하게 된다. 연극공연은 말할 것도 없고 극단 유지에는 상당한 자금이 필요한데 그는 독실한 불교신자로서 성곡재단의 김미희(金美熙) 여사가 후원회장을 맡아줌으로써 어느 정도 해결해낼 수 있었다.

주지하다시피 이 단체는 1947년 여인소극장에 이어 여인들만의 극단으로는 두 번째였다. 극작가 김자림과 중진 배우 진랑, 그리고 정은숙, 서계영, 이순, 선우용녀, 김영애, 김복희, 김윤희, 강추자, 임영자, 김혜숙 등이 동인이었다. 동인들의 성향을 보면 배우가 주류고 극작가, 아나운서, 여성운동가들이었으므로 당초 이들은 순전히 연극만을 생각하지 않고 여성운동 차원으로 극단에 접근했음을 알 수 있다.

마침 1960년대는 동인제 시스템의 극단 시대였기 때문에 강유정도 그런 추세를 좇아서 극단을 창단한 것이다. 창단이념을 보면 '여성만이 지닌 섬세한 끈기를 바탕으로 하여 연극의 범국민운동, 나아가서는 사회명랑화 운동을 펼쳐 보인다'는 것이었는데, 조금은 막연해 보이기도 했다. 여성으로서 신극사상 두 번째로 극단을 조직한 그는 그 배경과 목표에 대하여 다음과 같이 길게 설명한 바 있다.

폭넓은 활동을 통하여 사회명랑화운동으로부터의 벅찬 작업에 커다란 봉사
를 할 수 있으리라고 스스로 다짐하는 것입니다. 극단 여인극장은 이름 그대로
여인들만이 뜻을 모아 모인 극단입니다. 여인이라 해서 연약한 자가 아닙니다.
여성만이 지닌 섬세한 끈기를 바탕으로 하여 살림꾼의 지혜를 총동원하자는 것
이 이 집단의 자랑이라고 스스로 내세우고 싶은 것입니다. 나라가 살림을 잘해
야 하듯이 대중문화운동에도 역시 살림꾼의 마음씨가 요구되지 않을까요? 우리
여인극장은 바로 그 살림하는 살림꾼의 집단을 자처하면서 좋은 사람살이, 보다
나은 살림꾼을 널리 펴나가자는 모토를 모두의 마음속에 간직하고 있습니다. 우
리 여인극장은 연극을 위한 연극에만 심취할 유한계급이 아니며 또 그러한 유체
(遊體)집단이 될 수도 없습니다. 우리는 보다 생산적이고자 합니다. 밝은 사회,
웃음이 넘치고 생기가 도는 사회를 이룩하는 데 힘이 되고 보탬을 준다면 얼마
나 믿음직하고 자랑스러운 일이겠습니까. 연극중흥에 박차를 가하는 여인극장
의 추진력은 연극의 효용증대에도 크게 작용할 것이라 굳게 믿는 것입니다. 좋
은 일, 올바른 뜻이라면 연극은 얼마든지 수단으로 동원될 수 있는 일입니다. 목
마른 대중이 있다면 그들의 목을 축여줄 것이요, 웃음을 잃은 민중이 있다면 그
들의 표정 속에 미소를 담아주는 일이 바로 여인극장의 궁극적 목표입니다.[2]

이상과 같은 여인극장의 캐치프레이즈를 요약해보면 첫째 연극의 대중화
모색이고, 두 번째로는 건전한 사회건설을 위한 생산적 연극을 하겠다는 것이
며, 세 번째는 대중에게 정서적 충족을 만족시켜주는 범문화운동을 펼친다는
것이었다. 조금 막연한 감도 없지는 않았지만 그들의 색깔은 연극공연을 해
가면서 드러나기 시작했다. 우선 그들은 1966년 창단공연으로 안톤 체호프의
〈갈매기〉(이진순 연출)를 무대에 올렸고, 이듬해에는 셰익스피어의 〈셰익스피어
의 여인들〉을 공연했으며, 1968년 드디어 그가 로르카의 〈알바의 집〉으로 연
출가로서의 모습을 보여주게 되는 것이다. 그런데 모두에서도 말한 것처럼 연
극은 여인들로만 하기는 어려울뿐더러 1960년대의 경제적 고통은 이루 말할

---

2 강유정과의 대담. 한국연극협회 사무실에서, 1982.8.19.

수가 없었다. 그래서 여인극장으로서는 첫 번째 큰 고비를 맞게 된다. 창단 때는 그래도 성곡재단의 도움으로 쉽게 고비를 넘겼지만 언제나 그 기업에만 의존할 수도 없는 노릇이었고, 남자배우들의 문제는 심각했다. 가급적이면 여성들이 두드러진 작품을 골랐지만 그것도 한계에 부딪칠 수밖에 없었다. 따라서 제4회 공연을 마치고 단원들이 공동으로 쓴 글에 보면 "처음 여인극장이 세상 밖에 태어날 때 그래도 거창한 기록을 세워 의욕에 넘쳐흐르고 있었습니다. 그러나 연극예술이라는 무거운 짐을 지기에는 너무도 우리는 연약하였던 것입니다. 버려진 예술 그늘에서 숨 쉬고 있는 연극인들…… 이 그늘진 영역에서 우리 여성들 힘으로 무엇을 어떻게 해야 보탬이 될까 하고 고심을 하기도 했습니다. 그러기에 더욱더 안간힘을 써보는 것이 아닐까 하고 자조를 해보기도 합니다. …(중략)… 쓰러질 뻔했습니다. 두 번째의 공연을 갖고 연극에서 손을 떼어버릴까 했습니다. 그러나 우리를 지켜보는 눈들이 많았습니다. 균형을 잃어버린 채 기우뚱거리면서 우리들은 다시 일어설 수밖에 없습니다"라고 실토한 바 있다.

그만큼 여인극장은 처음부터 장애물 경주하듯이 힘겹게 공연 활동을 벌일 수밖에 없었다. 많은 연극인들이 과연 여인들로만 구성된 극단을 그가 얼마나 끌고 갈 수 있을까 의구심을 가졌지만 '철의 여인'이라는 별명을 가진 그로서는 그래도 잘 이끌고 갔다. 그는 여타 극단들에 뒤지지 않고 어려웠던 시절이었음에도 불구하고 대극장 대신 호텔의 강당 같은 곳에서나마 해마다 두세 편의 장막극을 무대에 올리는 저력을 보여준 것이다. 작품들도 대체로 무거운 주제를 가진 것들이었다. 적어도 그는 '여성을 통한 새로운 인간화와 관객과 배우가 혼연일체가 되어 모노타입 아닌 고도의 예술과 철저한 논리성이 깃들인 올바른 인물 창조'를 목표로 하고 있었기 때문에 진지할 수밖에 없는 것이다.

그가 항상 배우들에게 하는 말 '진실하라, 진지하라'는 주문대로 그는 작품 선택도 언제나 진지하게 했다. 그가 창립공연 때부터 여인극장의 인기 레퍼토리라 할 〈욕망이라는 이름의 전차〉(테네시 윌리엄스 작) 등에서도 알 수 있듯이 그는 인간문제를 진지하게 다룬 작품을 선호했고, 근현대 명작들을 관객들에게 보여주겠다는 생각으로 작품을 선택했다. 그가 1970년대 초까지 자랑하는 레퍼토리라 할 휴 레오나드의 〈다〉라든가 노경식의 〈달집〉 등만 하더라도 평범한 인간들의 진지한 삶을 사실적으로 다룬 희곡들이다. 이는 우리나라 근대 연극의 목표이기도 했었다.

사실 이는 1930년대 초 도쿄 유학 출신들이 만들었던 극예술연구회와 학생예술좌의 이념이기도 했는데, 그가 이해랑으로부터 신극정신을 이어받았다고 볼 때 그것은 극히 자연스러운 것이며, 그의 지향점도 궁극적으로 리얼리즘을 기조로 한 정통연극임을 알 수 있다. 그렇기 때문에 1970년대 초부터 활발하게 전개된 젊은 연극인들의 무궤도한 실험극활동에 대하여 우려의 목소리를 내기도 했다. 즉 그는 당시에 유행처럼 번진 실험극활동과 관련하여 "어떤 연극양식이건 복합적인 현실의 리얼리티가 압축되어 있어야 한다. 서구의 방법론을 한국의 리얼리티에 대한 재고 없이 무대에 올린다는 데에 문제가 있다고 본다. 연극은 약속에서 이루어지는 예술이다. 행해진 연극양식이 이 사회의 성숙도(질서라는 차원의)를 무시한 것이라면 다수의 관객은 연극을 통해 혼란만을 경험하게 될 것"이라고 우려를 표하기도 했다.

그가 한국일보 권오현 기자와의 인터뷰에서도 "모든 작품은 들고 나올 수 있는 자신감이 섰을 때 발표해야 합니다. 신중에 신중을 기해야 한다는 얘기지요. 그러기 위해서는 현장경험 등 모든 면에서 오랜 수련이 필요합니다. 요즘 젊은 연극인들이 다양한 시도를 하는 것은 좋으나 그것이 실험으로만 그칠 때 결과는 매우 공허한 것"(『한국일보』 1993.2.22)이라는 말로 무궤도한 실험극 남발을 경계하기도 했다. 이처럼 그는 처음부터 끝까지 정통극을 지켜나갔으며 혼란기에도 흔들리지 않았다.

그는 남성연극인 이상으로 배포도 컸다. 20여 명 가까운 단원들을 이끌고 미주지역 5대주를 누빈 것이 1978년부터 1982년까지였고 작품은 대한민국

연극제에서 작품상을 수상한 〈산국〉이었다. 그러니까 그는 해외 동포 위문공연에 이어서 한미수교 100주년기념을 위하여 〈학이여 사랑일레라〉와 〈봉이 김선달〉을 갖고 미주공연을 다닌 것이다. 미주에도 우리 동포가 많이 살고 있는 만큼 그곳에서도 우리의 작품이 공연되어야 한다는 신념에서였다. 이는 순전히 연극이 우리 실생활과 동떨어진 것이 아니라는 신념에 따른 것이기도 하다. 그런데 미국 공연 때는 한 여배우의 교통사고까지 일어남으로써 그가 궁지에 몰리기도 했다.

사실 우리나라에서 극단을 이끈다는 것은 정말로 가시밭길 그 자체라고 해도 과언이 아니다. 더욱이 영화와 비디오, TV 등 영상매체가 대중문화를 지배하면서 그의 공연 활동은 더욱 어려워만 갔다. 그러나 그는 그런 어려움도 극복해나가야 했다. 영상문화가 오서독스한 연극을 위협하는 처지에 대하여 그는 "사실 영상시대를 따라가려는 시각화에 대한 몸짓이 얼마나 공허하게 느껴지는지 몰라요. 그래서 자꾸 감각적인 연극을 추구하게 되는데 그것이야말로 위기의 시작이라고 생각해요. 정통 리얼리즘을 완전히 자기 것으로 만든 다음 실험이니 해체니 하는 것들을 추구해야 합니다. 연극이란 게 인간들 간의 대화 혹은 이야기 아니겠어요. 저희 여인극장은 앞으로도 사람의 이야기를 진솔하게 하는 극단으로 남고 싶어요"(『한국연극』 통권 239호)라고 자신의 확고한 신념을 밝힌 바도 있다. 그런데 그를 괴롭힌 것은 단순히 시대감각의 변화만이 아니었다.

솔직히 우리나라에서 순수연극으로 생활한다는 것은 연목구어나 마찬가지다. 아직까지 동양극장의 소위 고등신파, 즉 대중연극시대 몇 년과 악극 여성국극시대 10여 년을 제외하고 정극으로 생활을 꾸린 경우가 거의 없었다. 더구나 그가 극단을 이끈 1960년대 이후는 영화와 TV 등 영상시대였던 데다가 1980년대 이후는 프로스포츠 등 대중오락이 발전했던 시기였으므로 순수연극을 해나가기가 보통 어려운 것이 아니었다. 따라서 여인극장의 배우들이 극단을 떠나고 출연료 문제로 단원들과의 갈등도 없지 않았다. 따라서 1993년

에「우리 모두가 함께 풀어야 할 과제」라는 연극시론을 통해서 다음과 같이 쓴
바 있다.

> 수익성 없는 적자 공연에 투자할 제작자가 없는데다가 극단의 대표나 연출
> 자들이 가까스로 돈을 마련해서 막을 올린다고 해도 전문적인 공연기획자가 귀
> 한 연극계로서는 언제나 적자를 감수해야 하는 판국이다. …(중략)… 연극이 좋
> 아 그저 무대를 통하여 사람 만나는 것을 천직으로만 여기고 살고 있는 죄로, 아
> 니면 젊은 연극인들보다 세상을 더 많이 살아왔다는 죄로 참으로 견디기 어려운
> 온갖 수모를 무릅쓰고 그놈의 제작자 노릇을 하고 있는 것이다. 적자가 나서 혹
> 은 기대했던 관객이 오지 않아서 출연자들과 공연관계자들에게 돌아가는 수고
> 비가 적을 때는 임금착취니 어쩌니 하는 말을 듣는 사람들도 있다 하니 참으로
> 기막힐 일이다. …(중략)… 임금착취를 당했다고 여기는 연극인이 있다면 그들은
> 한 번이라도 그 어려운 공연 제작비나 적자공연 빚 감당을 나누어 본 사람들인
> 가(『한국연극』 통권 204호).

이상의 글은 극단을 이끌어간다는 것이 얼마나 절박한 것인가를 그가 실토
한 것이다. 그러면서 그는 정부의 순수연극 지원을 호소하는 한편 전국민 연
극보기운동과 질 낮은 상업극 자제를 권고하기도 했다. 그가 글 말미에 "그 옛
날 선배들의 사명감과 장인정신을 다시 한번 생각해볼 때가 지금인 것 같다"
라고 쓴 것에서 그의 연극정신이 얼마나 건강했던가를 짐작할 수가 있다. 그
런 철녀였지만 중병에는 어쩔 수 없었다. 즉 그가 천식으로 1998년 갑자기 쓰
러짐으로써 상당기간 병석에 누워있어야만 했다. 물론 극단 활동도 한동안
하지 못했다. 1년여 가까이 쉬고 있던 그가 다시 연출을 하겠다고 나선 것이
2000년 봄부터였다. 건강이 완전히 회복도 되지 않은 상태에서 고집스럽게
그가 연출을 계속한 것이다.

이처럼 그는 여성의 몸으로 감당키 어려운 시대와 역사의 변전 속에서 또
순수연극 하기가 매우 어려웠던 시절에 아픈 몸까지 이끌고 여인극장을 40여

년 동안 한결같이 쉼 없이 끌어오면서 무려 122회 공연이라는 대기록을 세웠으며, 그중 그가 연출한 것만도 100편이나 된다. 그는 타계하기 단 몇 달 전까지 작품을 연출했고 마지막 작품도 모녀의 문제를 다룬 〈아름다운 여인의 작별〉(마틴 맥도나 작)이었다. 여성의 문제를 오직 여성의 편에서만 보지 않고 근본적으로 인간의 문제로 파악하면서 인간으로서의 여성을 표현해보겠다고 연극운동에 뛰어든 지 53년, 그리고 여인극장 창단 40년 만에 그는 여성연극의 한 이정표를 조그맣게 세워놓고 다 이루지 못한 과제를 후배들에게 넘긴 채 홀연히 2005년 겨울에 향년 73세로 저쪽 동네로 떠나버린다.

그렇다면 그의 연극관과 연출관은 어떤 것일까. 물론 앞에서도 간간이 그의 연극관이라든가 연출관은 조금씩 나타냈다. 그러나 좀 더 구체적으로 규명해볼 필요가 있다. 우선 그의 연극관부터 살펴보자. 그런데 흥미로운 사실은 그가 한국 근대극의 주류라 할 리얼리즘을 자신의 연극이념으로 삼았음에도 불구하고 연극관 만은 극히 고전적이라는 사실이라 하겠다. 그는 연극관을 묻는 어떤 기자의 질문과 관련하여 "나는 연극을 제의라고 생각한다. 연극인은 곧 제사장인 것이다. 어떤 면에서 선택받은 사람들이기에 다른 사람과는 달라야 한다. 자신에게 신랄하고 엄격해야 함은 아무리 강조해도 지나치지 않을 것이다. 연극이 제의라 함은 연극 행위가 '남'을 이끈다는 것이다. 연극이 해야 할 일은 열심히 살아가는 사람의 갈등을 보다 선명히 보여줌으로써 풍요로운 삶을 이끌어가야 한다는 것"(『한국연극』 통권 79호)이라고 말함으로써 극히 보편적인 답변을 한 적이 있다.

솔직히 연극은 제의로부터 출발한 것인 만큼 그렇게 보는 것은 당연하게 여겨지기도 한다. 그러면서 연극인을 선택받은 사람이라고 본 것이 흥미롭고 연출가를 제사장이라고 규정한 것은 더욱 주목되는 사항이다. 그리고 그는 이어서 "연극은 인간의 혼 또한 생활의 실험실이라고 본다. 예술의 과정은 인간의, 혼의, 생활의 프로세스이니까, 라고 말한 스타니슬라프스키의 명제는 현대적인 의미를 상실하지 않는 대단히 중요한 과제"라고도 했다. 여기서 그가 이해랑으로부터 연극을 배운 흔적이 나타나는데, 그것이 다름 아닌 스타니슬라프스키의 사실주의 연극관이다. 그는 연출가로서 40여 년 가까이 보냈기 때문에 나름대로의 연출관을 갖고 있었을 뿐만 아니라 정통적 연출가로서의 자세를 한 번도 벗어나지 않았다. 그는 연출가의 두 부류, 즉 희곡을 훼손하지 않고 연출을 하는 경우와 연출가가 자기이념에 맞도록 과감하게 희곡을 해체 재구성하는 경우 중 전자에 속하는 정통파 연출가였다. 따라서 그는 연출의 과제를 다음과 같이 설명한 바 있다.

> 연출의 과제는 생활의 진실에 눈을 돌려야만 하고 사람의 행동의 내면적 요인을 찾아내는 것이고 우리를 에워싸고 있는 사람들의 혼의 세계를 더욱 깊이 이해하기 위해 접근해야 할 것이다. 크나큰 역사적인 사건이라도 한 사람 한 사람의 개인운명과 복잡하게 얽혀 있기 때문이다. 정치나 경제, 미학, 사회학이 모두가 밀접한 관계를 갖고 있기 때문이다. 이러한 현실생활의 인식도 없이 자기는 현대적인 연출가라고 생각하지 말아야 한다.[3]

이상의 글에서 그의 정통파 연출가로서의 면모를 읽을 수 있다. 그러면서 그는 연극이란 사람들이 사는 사회 그 시대의 총합된 옆얼굴을 창조하는 것인 만큼 연출가는 시대의 시적 이데아 또한 무대예술, 관객, 작가, 배우의 교차점일 수밖에 없다고 주장하기도 했다. 그러니까 극작가와 배우, 무대미술가, 조명, 음향가 등은 말할 것도 없고, 관객 사이의 조정자 외에 아무것도 아니라는 것이다. 그가 한 기자와의 인터뷰에서 연출의 역할과 관련하여 "한 작품이 무대에 상연되기까지는 끊임없는 커뮤니케이션, 즉 희곡, 연출, 미술, 배우들과 부단한 접촉을 해야 하며, 의견이 엇갈렸을 때는 계속 토론을 해 작품주제를 압축시켜 나아가야 만이 그 작품이 성공이냐 아니냐의 성패가 있는 것"(『한국연

---

3 강유정, 「나의 연극세계, 연출노트—연출가는 시대의 시적 이데아」, 『한국연극』 통권 106호.

극』통권 108호)이라고 한 것은 바로 그런 연출관에서 나온 말이었다. 그러면서 그는 연출가가 작품을 만들어가는 데 있어서 집중해야 할 사항과 관련하여 다음과 같이 설명한 바 있다.

연출가는 형상화에 있어 연기자가 완전한 이해를 갖도록 노력해야 하고 배우 자신의 상상력을 불러일으키지 않으면 안 된다. 연기자가 인물(역)을 창조하는 형상은 연출자가 일시적으로 성급하게 지시해서는 안 된다. 배우가 열의를 갖고 배역의 주도화에 눈뜨고 연기자 스스로 형상화에 대해 발언을 시키는 것이 필요하다. 이리하여 연기자를 도와 연기자의 사상과 상상력을 필요한 방향으로 몰고 가야 하는 것이다. 연출자의 설명만 듣는다는 것보다는 배우로 하여금 배역의 형상화를 사고하면서 몸에 익혀야만 또한 이해하게 하고, 이러한 수단이 배우의 상상력을 기를 수 있는 훈련을 계속하지 않으면 안 된다고 본다. 배우도 연출자와 같이 희곡을 써놓은 현실을 잘 알고 있어야만 작중인물의 현실생활에 대한 지식이야말로 역의 창조적 상상력을 훈련할 수 있는 좋은 재료가 된다는 것을 이해해야만 한다.

이상에서 주목되는 것은 그의 연출관이 스타니슬라프스키의 리얼리즘 연출관에 닿아 있다는 점이라 하겠다. 이 말은 곧 그가 배우에게 최대한 역량 발휘를 시킨다는 점에서 그렇다. 그러니까 순전히 연출가의 연극이념에 따라 배우를 조련시키는 현대 연출 기법과는 거리가 멀다는 것을 의미하기도 한다. 그만큼 그가 극작가와 배우를 존중하는 정통파 연출가였다. 그가 평소 '정신이 살아 있지 못한 배우는 꼭두각시에 불과하다'고 했던 것도 바로 그러한 연출관에 따른 것이다. 그렇기 때문에 그는 연출가로서 얼마나 많은 인내와 이해력, 그리고 포용력이 필요한가를 다음과 같이 썼다.

나의 경우 연출 작업에 있어 일을 함께 하는 연기자들과 수많은 에피소드들이 빚어진다. 작품인물에 대한 성격 분석, 주제 등 연기자들과의 갈등구조가 생긴다. 생명력을 불어넣어 창조적인 인물을 만드는 데는 각기 자기 나름의 시각, 편견, 습성이 작용된다. 이를 해결하려면 연출자는 연기자를 이해하고 훌륭한 작품을 만드는 데 도와줘야 한다. 작업 외적으로는 그들에게 하등의 감정도, 좋지 않은 선입견도 지니지 않았음에도 때로는 지나친 연출자의 요구가 오해를 받고 서먹해지는 경우들이 돌출한다. 어려운 여건 아래서 다급하고 답답한 마음에 자신도 모르게 거친 말투도 튀어오고 마치 연기자 위에 군림하려는 쪽으로 비쳐질 수도 있을 것이다. 다소간에 불공평하고 무리한 처사도 전혀 없다 못할 것이다. 내가 30여 년간 연극을 해보니 드는 마음이다. 보다 섬세한 마음 씀씀이, 혜안, 올바른 판단력을 기르기 위해 최선을 다해야겠다.[4]

이상은 그가 만년에 어느 신문에 기고한 에세이의 일부인데 한 여성 연출가로서 배우들을 다스리는 일이 얼마나 어렵고 힘든가를 잘 보여주고 있다. 그러면서도 남을 배려해야 하는 연출가의 자세도 보여준다. 그런데 여기서 한 가지 짚고 넘어가야 할 것이 있다. 그것이 다름 아닌 지나친 연기자 배려라 하겠다. 그와 연극을 했던 여러 명의 배우들이 그의 지나친 연기자 존중에 불만을 터뜨린 적도 있다. 연출가가 큰 테두리만 정해주고 배우 마음대로 해보라는 식은 연출을 포기한 것이 아니냐는 불평이었다.

물론 이는 어디까지나 그가 중병을 앓고 난 이후에 일어났던 것이므로 아무래도 그의 건강과도 무관치는 않다. 그러나 분명한 것은 그의 연출에서 배우의 창조영역을 최대한 배려하는 자세는 여타 연출가들과 다른 점이었다고 말할 수 있다. 그의 연출 자세에 대해서는 여러 가지 찬반의 평가가 내려질 수 있다. 그러나 단 한 가지 분명한 사실은 그의 연출 능력은 여하간에 그가 연극을 통해 우리가 사는 거친 세상을 좀 더 아름답게 바꾸어보려고 노력했었다는 것이다.

가령 그가 타계 몇 달 전에 마지막으로 연출했던 〈아름다운 여인의 작별〉 팸플릿에 쓴 글에서 그는 "제목과는 달리 이 연극의 종말이 결코 아름답지는 않

---

4 임재준, 「나의 어머니 강유정」 제15회 이해랑연극상 팸플릿.

지만, 그냥 그 정도에서 끝나는 것이 아니라 나와 우리의 삶을 아름답게 만들기 위해서 나는 이제부터 무엇을 해야 하는가를 고민하도록 유도하는 것이 우리 작품의 궁극적인 목표"라고 한 점에 잘 나타나 있다고 본다.

결론적으로 말해서 그가 한국 현대 연극사에서 평가받는 부분은 아무래도 연극하기 대단히 어려웠던 시기에 50여 년 동안 한결같이 배우와 연출가로 활동해온 점이다. 즉 극단 신협 단원으로서 십수 편의 작품에 단역과 조연으로 무대에 섰고, 극단을 이끌면서 100여 편의 작품을 연출함으로써 현대연극사의 한 부분을 채워준 것이 그의 최대 공로라 하겠다. 다만 현대연극사에 이정표가 될 만한 대표작을 남기지 못한 것이 하나의 아쉬움이고, 또 그것이 그의 특색 있는 연출가로서의 한계일 수도 있다. 여하튼 그의 타계로 말미암아 50년의 전통을 가진 여인들만의 극단이었던 여인극장은 현대연극사의 뒤안길로 사라지게 되는 것이 아닐까.

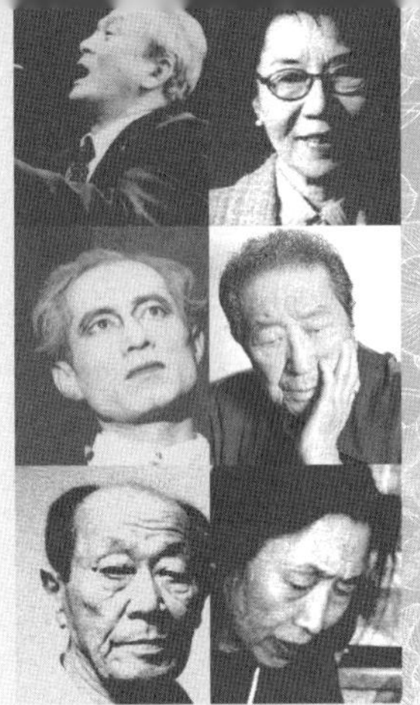

한국 현대연극의 거목들

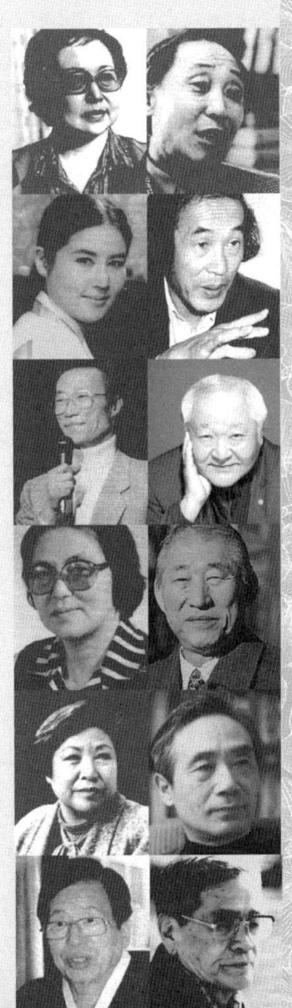

리얼리즘 연극을 완성한 극작가
차범석

희곡문학의 전통이 빈약한 이 땅에서 그래도 희곡다운 희곡을 쓰기 시작한 첫 번째 극작가는 유치진이다. 그로부터 여러 극작가들이 등장하여 각자의 작품세계를 구축했는데, 역시 큰 줄기는 서구 근대극의 영향을 받은 사실주의극이라 말할 수 있다. 사실주의 희곡을 쓴다는 극작가는 많지만, 이 분야에서 뚜렷한 자리를 차지할 수 있는 인물은 드물다. 사실주의극의 큰 봉우리를 만든 극작가의 계보를 이어보면 유치진을 출발점으로 하여 함세덕, 그리고 차범석(車凡錫)이라 볼 수가 있다. 유치진이 1930년대에 사실주의극의 기초를 닦았다면 함세덕은 1940년대에 일보 전진시켰고 차범석은 1960년대에 그 꽃을 피운 것이다.

이 세 극작가 중에서 좌경했다가 전쟁 중에 죽은 함세덕을 제외하고 유치진과 차범석, 두 사람은 여러 면에서 공통성을 지닌다. 사실 함세덕과 차범석이 다 같이 유치진의 제자지만 함세덕은 민족분단 과정에서 다른 길로 나아갔고 차범석만은 일관되게 정통노선을 지켜왔다. 물론 유치진과 차범석이 한국 사실주의극의 양대 봉우리를 이루고 또 광범위한 연극 활동을 했다는 점에서 공통점을 지니기는 하지만 그 배경까지 같은 것은 아니다. 오히려 가정배경은 유치진과 함세덕이 비슷하고 차범석은 상당히 다르다. 그러니까 차범석

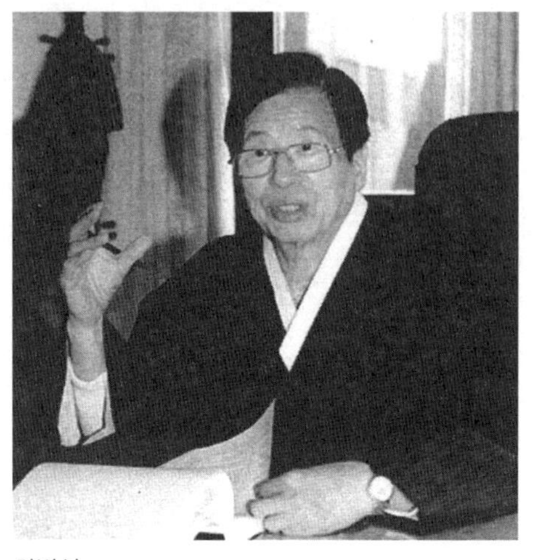

차범석

은 우리나라 극작가들 중에서 유별나리만치 부르주아 명문대가 출신이라는 점에서 이색적이기까지 하다. 즉 그는 1924년 11월에 전남 목포의 천석꾼이라는 지주의 차남으로 태어났다. 부친(車南鎭)은 이미 1920년대에 일본 유학(명치대학 법학부)을 한 전남지역의 명사였고 모친(金南牛)도 명문가 규수였다. 그런 가정의 3남 2녀 중 둘째 아들이었던 그는 아명이 평균(平均)이었고 첫 출발부터 순탄할 수밖에 없었다. 식민지라는 궁핍했던 시절에도 그는 대궐 같은 집에서 여유롭게 유년 시절을 보낼 수 있었고 목포제일보통학교와 광주고등보통학교를 다닐 수가 있었다. 어려서부터 대단히 명석했던 그는 일찍부터 예능에 재질이 나타날 만큼 감수성이 풍부한 어린이였다. 그가 겨우 돌이 갓 지나서부터 유성기에서 흘러나오는 유행가에 맞춰서 흥얼대고 국악이나 만담으로 바뀌면 울음보를 터트렸다는 그의 회고[1]는 경이롭기까지 하다. 이런 그의 성향은 소학교 시절에 영화에 매료되는 것으로 나타난다. 그는 단순히 영화에만 빠진 것이 아니고 목포에 가끔 들르는 유랑극단 공연에도 흥미를 가짐으로써 부친의 기대와는 달리 장차 예도를 걸을 가능성을 은연중에 보여주고 있었다. 그는 이 시기의 자신에 대하여 다음과 같이 회고한 바 있다.

나는 일주일에 두 번은 영화 구경을 했다. 활극, 모험극, 인정비극, 시대극, 현대극……. 1930년대 전후의 영화란 영화는 거의 관람했던 나의 소년기는 극세

---

1 차범석, 『떠도는 산하』, 형제문화, 1998, 10쪽.

　　　　제6부　한국 현대연극의 거목들

계(獻世界)로 물들어가고 있었을 것이다.[2]

이상에서 알 수 있는 바와 같이 그는 이미 소년 시절부터 연극이라는 예술
장르와 가까워지고 있었던 것 같다. 그리고 학교성적은 대단히 우수한 가운데
서도 그가 특별히 두각을 나타낸 분야는 글짓기, 그림 그리기, 노래 부르기 등
이었다고 한다. 대체로 내성적이었던 그는 언제나 책을 가까이 했고, 따라서
11세 때인 1935년도에는 학교교지 『목보학보(木普學報)』에 「만추(晚秋)」라는 글
을 싣기까지 했다. 이처럼 그는 유년 시절의 음악에 대한 놀라운 감수성에 그
치지 않고 글재주도 남달랐으며 무용에 대해서도 특별한 관심을 가진 소년이
었다. 그 점은 그가 열두 살 때 우연히 구경한 최승희(崔承喜) 무용에 매료되어
그것을 흉내 내는 것에서 잘 나타났다고 말할 수 있다. 그는 한 회고의 글에서
이렇게 썼다.

> 열두 살 때 무용가 최승희의 무용을 보고 난 후부터 나는 곧잘 거울 앞에 혼자
> 서 있었다. 어머니의 치마를 뒤집어쓰고 팔을 펴기도 하고 다리를 쳐들기도 하
> 고, 손가락 끝으로 관음보살의 춤을 흉내 냈다. …(중략)… 나는 이미 그 시절부
> 터 '무대'라는 세계에 마음을 두었던 것 같다.[3]

이상에서 확인할 수 있는 것처럼 그는 일찍부터 음악은 물론이고 영화, 연
극, 문학, 그리고 무용에까지 남다른 호기심과 애착을 가졌었고 그중에서도
극장예술에 몰입되고 있었다. 따라서 그는 입학하기 어려운 광주고보에 입학
해서도 공부보다는 영화구경에 더욱 열정적이었다. 그는 회고의 글에서 "영
화! 그것은 분명히 마력이었다. 일찍이 내 마음속 깊은 곳에 뿌려진 씨앗에서
꽃이 피는 마술함이었다. 그것이 먼 훗날 비록 연극의 길로 진로 변경은 있었

---

2 위의 책, 14쪽.
3 차범석, 『거부하는 몸짓으로 사랑했노라』, 범문사, 1984, 291~202쪽.

지만 어찌되었건 '극(劇)'의 세계라는 점에서는 연극과 영화는 뿌리가 같은 예술임은 그 누구도 부인 못할 것"[4]이라고 쓴 바 있다. 물론 그 당시에 연극이 발달해 있었다면 그는 영화 못지않게 무대예술에 경도되었을지 모른다. 그러나 광주나 목포 등에는 신파 유랑극단이 간간이 다녀갈 정도였으므로 그는 자연히 영화에 매료될 수밖에 없었을 것이고, 또 영화가 지니고 있는 환상성은 소년을 몽환 속으로 몰아넣었을 것임은 자명하다.

그가 영화에 얼마나 빠져 있었던가는 이미 소년 시절에 『영화의 벗』이라는 월간잡지를 사 모은 사실에서도 잘 나타난다. 솔직히 10대의 고보 학생이 영화 전문지를 매월 사서 본다는 것은 보통 일이 아니다. 그만큼 그는 영화에 빠져 있었던 것이다. 운동을 별로 좋아하지 않은 그는 영화 외에 많은 시간을 문학서적 섭렵으로 보냈다. 당시 그가 좋아했던 작가들은 톨스토이, 헤르만 헤세, 도스토옙스키, 바이런, 하이네 등 서구 근대작가들과 이시카와 다쓰조(石川達三), 하야시 후미코(林芙美子), 후나바시 세이지(舟橋聖一), 니와 후미오(丹羽文雄), 이시자카 요지로(石坂洋二郎) 등 일본 소화문학의 대표적 문인들이었다. 일본에서는 일찍부터 세계문학전집이라든가 근대희곡 대계 같은 책을 펴냈기 때문에 우리나라 문학청년들이 많이 읽었다.

이처럼 그는 장차 의사가 되기를 바라는 부친의 뜻과는 달리 작가가 되기 위한 길을 닦고 있었다. 그가 이처럼 정적인 예술에 젖어들면서 성격도 대단히 내성적으로 굳어져 갔다. 차범석도 그 시기 자신의 성품과 관련하여 "온순, 과묵, 비사교성 등의 음성적인 면과 그와는 정반대로 회의적이고 반항적이면서 한편으로는 미지의 세계에 대한 도전성과 공격성까지도 갖추고 있었다."[5]고 회고한 바 있다.

여하튼 그는 공부를 더하기 위해서 일본으로 가서 상급학교에 도전했으나

---

4 차범석, 『떠도는 산하』, 85쪽.
5 위의 책, 129쪽.

　　　　　　　　　　　　제6부 한국 현대연극의 거목들

낙방함으로써 본의 아니게 한동안 낭인 생활을 할 수밖에 없었다. 거기서도 그는 일본 문학과 연극 그리고 영화를 두루 섭렵할 수 있었다. 그러다가 결국 그는 제2차 세계대전의 소용돌이 속에 부친의 귀국명령에 따라 목포 집으로 돌아오게 된다. 그에게 당장 닥친 것은 징병 문제였다. 그는 적어도 일본을 위해서 목숨을 바칠 수는 없다고 생각했다. 그래서 병역 면제 혜택이 주어지는 관립광주사범학교 강습과에 입학한다. 그 당시는 전쟁으로 워낙 어수선할 때여서 문학이고 예술이고는 생각할 여지도 없었다. 그는 절망감에 빠져서 술도 배우고 친구들과 어울려 허우적거리고 있었다. 그런 때에 사범학교에도 병역 면제 혜택을 취소하는 조치가 내려진 것이다. 그런 사실에 접하면서부터 그는 방황하기 시작했다. 그것은 단순히 징병의 두려움 때문이라기보다는 일제를 위해서 목숨도 잃을 수도 있는 상황에 대한 회의가 머리를 떠나지 않은 데 따른 것이었다. 그는 한동안 문학수업도, 학업도 소홀히 한 채 술과 여행으로 세월을 낚고 있었다. 그 시기에 그는 남도의 여러 지역을 돌아다녔는데, 그것은 뒷날 창작에 어느 정도 도움이 되지 않았을까 싶다.

그러는 동안 1945년 3월이 되자 그는 광주사범강습과를 수료하게 되었고 곧바로 고향의 모교에 이종훈도(理種訓導)로 발령을 받는다. 갓 스물을 넘긴 그의 교사생활은 흥분되고 즐거운 것이었다. 그러나 그것도 잠시였다. 왜냐하면 예상했던 대로 초등학교 훈도생활 3개월 만에 징집영장이 나왔기 때문이었다. 다행히 그는 남양군도 아닌 제주도에서 병영생활을 하게 되었다. 그가 적어도 연합국의 공격으로 죽을 확률은 거의 없었던 것이다. 그것은 대단한 행운이었다. 그나마 3개월 만에 민족해방을 맞음으로써 그의 장래도 활짝 열리게 된다. 그는 귀가하자마자 곧바로 북교초등학교로 복직되었다. 그는 급훈을 '자유'로 정하고 열정적으로 학생들을 가르쳤다. 해방 직후의 사회는 좌우로 양분되어 혼란의 극치를 달렸지만 그는 중립의 입장에서 아이들만 열심히 지도했다. 그런 그에게도 잠시나마 가정적인 곤혹스러움도 없지는 않았다. 즉 명치대학 법학부 출신의 부친이 지역의 명사로서 어쩔 수 없이 시도의원과 중추원 참의까지 지냄으로써 참회의 돌베개를 베고 자는 고통을 겪고 있었기 때문이다. 다행히 그의 부친이 평소 덕을 많이 쌓았던 데다가 자의가 아니었음이 밝혀짐으로써 마음의 고통으로부터 곧바로 벗어날 수가 있었다.

그 역시 초등학교 교사생활이 너무 단조로웠던 데다가 소년 시절부터 꿈꾸어왔던 연극에 대한 미련을 저버릴 수 없어서 학교생활을 1년 만에 접고 1946년 가을 연희대학교(지금의 연세대) 영문과에 입학한다. 문학이나 연극을 공부하려면 연세대가 가장 마땅했기 때문이었다. 스물세 살이라는 늦깎이 학생이었지만 서울의 대학생활은 경이롭고 즐거운 것이었다. 그는 입학하자마자 신태민(申泰旼) 등 동료들을 모아 연희극예술연구회를 조직하는가 하면 새마을회라는 독서서클도 만들 만큼 적극적이었다. 그가 문학과 연극에 쉽게 개안할 수 있었던 데는 대학 시절에 김기림(金起林), 염상섭(廉想涉), 유치진(柳致眞), 최재서(崔載瑞) 등의 강의가 한몫을 했다고 말할 수 있다. 게다가 여기저기서 공연되는 기성극단의 공연을 보면서 자기도 모르는 사이에 연극인이 되어가고 있었다. 특히 극장 안팎에서 피터지게 싸우는 좌우익연극인들의 대립과 갈등을 지켜보면서 나름대로의 연극관도 형성되고 있었다. 그러니까 그는 이 땅의 예술이라는 것은 결국 투쟁이라는 생각 하에 다음과 같은 연극관이 마음속에 자리 잡아간 것이다.

우리가 처해 있는 현실을 있는 그대로 거울 속에 비춰보고 싶다. 추하다고 미화시키지 말고 글렀다고 숨기지도 말고, 못 생겼다고 부끄럼타지 말고, 가난하다고 꾸밀 것도 없는 우리의 실상을 있는 그대로 표출하는 수밖에 없잖은가! 이와 같은 나의 소박한 리얼리즘은 이때부터 옷을 입기 시작했다. 부정, 불의, 모순, 기만, 가식의 옷을 모조리 벗기게 하고, 알몸과 알몸으로 솔직하게 끌어안을 수 있는 연극이 있어야 한다. 미국도 아니고 일본도 아니고 소련도 아닌 한국은 한국일 수밖에 없는 명징한 연극이 있어야 한다.[6]

---

6 위의 책, 173~174쪽.

    제6부 한국 현대연극의 거목들

이상에서 확인할 수 있는 것처럼 그는 이미 대학 시절에 리얼리즘 연극관을 굳혀가고 있었다. 이러한 그의 연극관이 구체적으로 표출되기는 극작가로 데뷔한 뒤지만 대학극 시절에도 은연중에 그러한 생각을 갖고 활동했던 것만은 분명했다고 말할 수 있다. 그는 사실 대학 시절 학업보다는 연극 활동에 더욱 열정을 쏟았다. 그가 「막 앞에서 얻은 인생」이라는 에세이에서 "대학 시절은 강의보다는 연극 순례와 대학극활동으로 채워진 광분과 폭풍의 계절이기도 했었다"[7]고 회고한 것도 바로 거기에 근거한 것이다.

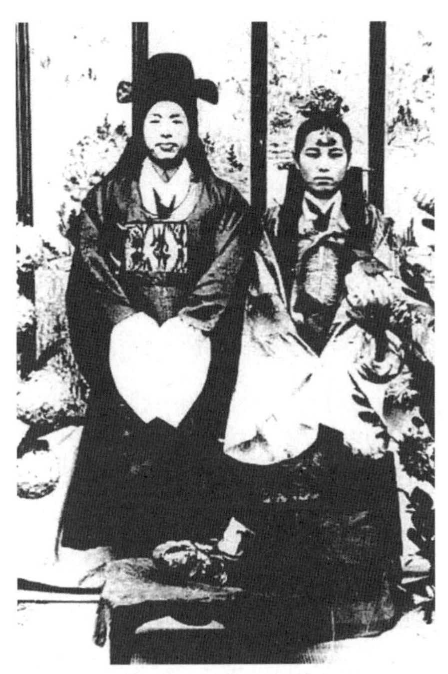

차범석(왼쪽)

그런데 그의 관심이 연극에만 쏠려 있는 것은 아니었다. 제대로 연극을 하려면 무용도 실제로 알아야 한다는 생각까지 하기에 이른다. 따라서 그는 1947년 가을 느닷없이 함귀봉(咸貴奉)교육무용연구소에 들어간다. 함귀봉은 당시 앞서가는 무용가로서 명동 YWCA에 연구소를 차리고 있었는데 마침 최창봉(고려대), 조동화(서울약대), 김경옥(고려대) 등이 입소했기 때문에 거기서 평생의 친구로 사귀는 계기도 만들 수가 있었다. 그가 이미 열두 살 때 최승희 무용을 보고 매료된 적이 있었던 터라서 무용연구소 입소가 생경한 것만은 아니었다. 거기서 그는 상당한 수준의 무용이론과 실기까지 익힐 수가 있었다.

이처럼 그가 대학의 문학수업과 연극, 무용에 빠져 있을 때 고향의 부모로부

---

7 차범석, 『거부하는 몸짓으로 사랑했노라』, 64쪽.

터 결혼을 권유받는다. 그리하여 대학 2학년 때인 1947년 겨울에 광주의 양가
집 규수(朴氏)와 결혼을 하게 된다. 워낙 마음으로부터 준비가 안 된 상태에
서 경황없이 학업 중에 결혼을 한 상태였기 때문에 신부를 고향에 두고 혼
자 상경할 수밖에 없었다. 전형적인 한국 여인상이라 할 그의 아내는 평생
뒤에서 그의 험난한 연극 생활을 뒷바라지하는 현모양처로 살게 된다.

　해방 직후에는 이념 갈등으로 혼란을 겪었던 터라서 뜻있는 연극인들은 때
묻지 않은 신진 연극인 양성에 대한 열망이 있었다. 중진 연극인이었던 유치
진이 나서서 대학극 경연대회를 만든 것도 그 때문이었다. 차범석이 비록 아
마추어이긴 했어도 본격적으로 대학극운동으로 나설 수 있었던 것도 바로 그
경연대회가 있었기 때문이다. 즉 그는 연희극예술연구회를 이끌고 그리스 비
극 〈오이디푸스왕〉을 갖고 참가하여 단체상과 연출상, 개인 연기상까지 받는
영예를 누리게 된다. 연극에 자신을 가진 그는 차제에 연극경연대회에 참가했
던 각 대학극인들을 모아서 대학극회를 조직하고 나섰다. 이처럼 그는 이미
대학극 시절부터 차세대 리더가 될 수 있는 가능성을 보여주기 시작한 것이
다. 그런데 그가 저절로 대학극 리더가 된 것은 아니었다. 가령 연극제작에 있
어서 그는 자신이 직접 연출도 하고 때로는 얼굴에 분도 바르고 무대에 서기
도 하는 등 솔선수범을 했기 때문에 많은 학생들이 추종했던 것이다. 그러나
궁극적으로 그가 생각한 것은 희곡을 쓰는 일이었다. 더욱이 유치진을 만나면
서 은연중에 많은 영향을 받고 있었다. 물론 그는 이미 리얼리즘극에 대한 어
느 정도의 확신을 갖고 있었고 유치진을 만나면서부터 로맹 롤랑의 「민중연
극론」에도 다가가고 있었다. 그가 회고록에서 "연극을 통하여 인성(人性)을 고
양시키고, 사회를 개혁하고, 그래서 연극이 단순한 놀이나 오락에서 벗어나서
하나의 예술로 승화되는 날이 하루 속히 와야 한다는 원칙적이고도 소박한 염
원은 바로 나를 충동질하는 원동력 가운데 하나였다"[8]고 술회한 것이야말로

8　위의 책, 191쪽.

바로 그러한 배경을 말한 것이다.

그는 방학만 되면 아내가 기다리고 있는 고향으로 돌아가서 목포 청년들을 데리고 아마추어 연극운동을 벌였는데 그것은 일종의 예행연습이었다. 이 말은 곧 그가 극작가가 되기 위한 실습으로서 흑산도라든가 홍도 등지의 섬 여행과도 연결되는 것이라 말할 수 있다. 이처럼 그는 은연중에 서민들의 밑바닥 삶을 취재하고 있었던 것이다. 1950년 초 국립극장이 개설되면서 그는 유치진 극장장의 배려로 김경옥, 김정섭 등과 함께 국립극장전속의 연구단원이 되어 공연 때는 스태프 조수로 뛸 수 있는 기회도 가졌다. 그러나 불행하게도 6·25전쟁이 일어남으로써 그는 고향으로 돌아가게 되었다. 그는 대학 4년을 거의 수료한 상태였기 때문에 목포중학에 교사로 취직을 할 수가 있었다. 대학에서는 영문학을 전공했지만 목포중에서는 국어를 가르쳤다. 그는 오히려 국어 가르치는 것을 더 좋아했다. 극작가가 되기 위해서는 문학수업도 겸해서 국어교사가 더 나았다고 생각한 것이다. 평범한 생활을 싫어하는 천성대로 그는 학교에서도 '목중예술제'라는 것을 만들어 연극을 하는 등 분주하게 살았다. 그는 습작을 하는 동안 발표에 대한 욕망도 끓어오른 것이 사실이었다. 그는 여러 편의 습작품 가운데서 공연할 만하다고 생각되는 〈별은 밤마다〉를 1951년 봄 목포에서 무대에 올렸는데, 그가 주연까지 맡았었다. 명문가의 자제로서 중학 현직교사가 얼굴에 분바르고 무대에 섰다는 한 가지만으로도 그가 얼마나 연극마니아였는가를 짐작하고도 남음이 있는 것이다. 그는 가문의 체면이라든가 주위 사람들의 눈치 같은 것을 염두에 두지 않고 자기가 하고 싶은 대로 연극만 한 것이다. 그는 많은 습작을 했는데 가령 〈닭〉을 위시하여 〈제4의 벽〉, 〈전야〉, 〈풍랑〉 등도 이 시기에 쓴 희곡들이었다. 그는 중앙무대에 나서려면 신춘문예를 통해서 등단해야 한다는 생각으로 1955년에 『조선일보』에 〈밀주〉를 냄으로써 단번에 가작으로 입선을 하게 된다. 그는 그것으로 만족하지 않고 이듬해 다시 도전하여 〈귀향〉으로 당당히 당선을 함으로써 중앙연극계에 신진극작가로서 화려하게 등장하게 된다. 그때 나이 32세였다. 대

개의 작가들이 그러하듯 그의 초기작품들은 모두가 젊은 시절 그가 절절하게 체험했던 기억들을 작품으로 승화시켜낸 것이 특징이라 말할 수 있다. 가령 가작 입선작 〈밀주〉만 하더라도 흑산도의 짚으미(深里)라는 벽지가 무대로 설정되어 있다.

따라서 등장인물들은 하나같이 문명과 완전히 동떨어진 빈궁 어민들이어서 찌든 삶이 그대로 노출될 수밖에 없다. 묘사는 비록 희극적이지만 등장인물들은 슬픔도 눈물도, 그리고 한(恨)마저 갯바람에 말린 깡다리 새끼만도 못하게 말라버린 어민들로서 무지와 가난 속에 나뒹그러져 있는 처지다. 당선작 〈귀향〉 역시 해남이 무대로서 그 지방에서 전승되고 있는 〈강강수월래〉에서 모티브를 따온 것이다. 그런데 이 작품은 가작과 궤를 같이하면서도 한 발 앞서 나간 작품이다. 즉 가난한 농민을 묘사하면서 그 원인이 부조리와 모순으로 가득 찬 사회에 있음을 지적했다는 사실에서 그렇다. 기법에서도 진척된 면이 보였는데 그것이 다름 아닌 극적분위기 형성이다. 작가는 그러니까 〈강강수월래〉의 애조(哀調)에다가 광적인 가락을 가미함으로써 극적 분위기를 조성한 것이다. 당선 무렵에 쓴 또 하나의 단막극 〈무적〉 역시 안개로 가득 찬 흑산도 해안이 무대로 되어 있다. 이 작품은 전작들과는 달리 사랑과 이별의 슬픔을 묘사한 서정적 작품이다. 뒷날 큰 화가가 되는 여류 모씨가 모델이 되었다는 점에서 차범석의 작품 취향을 보여주는 것이기도 하다. 그러니까 그는 언제나 현실에서 취재를 해서 작품을 썼다는 이야기가 된다. 그만큼 그가 황당한 작품은 쓰지 않는다는 이야기가 될 것이다. 그가 유년 시절부터 청년 시절까지 목포 바닷가에서 보냈기 때문에 그의 정서 깊숙이에는 짙푸른 바다와 파도소리, 갈매기소리, 그리고 갯내음이 배어 있어서 초기작품을 풍성하게 했다. 그러나 그가 서울로 이주하면서 그런 정서는 상당기간 잠복되고 문명세계에 메스를 가하게 된다. 그러니까 그의 소위 고향 정서는 만년에 가서야 또다시 솟구치게 된다. 그는 비록 서른두 살에 데뷔했지만 만만찮은 실력을 쌓은 신인이었다. 그는 대학에서 유치진의 희곡강의를 들었고 대학극활동을 통해서 연출, 연기, 무대미술, 제작 전반에 대해서 이미 일가견을 가진 상태였다. 따라서 그는 곧바로 중앙무대로의 진출을 결심한다. 지역사회의 연극이란 아마추어를 넘어서지 못 한다는 것을 인식한 그가 6년이나 있었던 목포를 벗어나야 한다는 생각을 하게 된 것이다. 그러나 이미 자녀까지 둔 상태에서 직장을 갖지 않으면 안 되었다. 다행히 여성소설가 박화성(朴花城)의 소개로 덕성여고에 취직을 할 수가 있었다. 그는 6년이나 재직했던 목포중학을 떠나면서 어린 학생들에게 "사람은 소신이 있어야 한다. 비굴하게 살지 말자. 주인이 던져준 고기 뼈 몇 개에 혹하여 꼬리치는 개가 되지 말자"는 이임사를 남겼다. 그 이임사에는 올곧은 그의 성격이 잘 나타나 있다. 그는 평생 그런 이임사처럼 살아가게 된다.

상경하면서 그는 드디어 대가족으로부터 분가도 할 수가 있었다. 그가 약관 스무 살에 소학교 훈도로 부임해서 급훈을 '자유'로 정했던 일이 있었는데 드디어 15년 만에 그것을 몸소 실천한 것이다. 사실 당시 명문대가집에서 분가한다는 것은 일종의 혁명이었다. 그는 대지주의 차남이었지만 유산을 단 한푼도 받지 않겠다고 선언했고, 그것을 평생 지킨 사람이기도 하다. 그가 어려운 서울생활에서 아내에게 삯바느질을 시킬망정 '내 자신의 힘으로 산다'는 신념을 단 한 번도 어긴 일이 없었다. 그는 한 회고의 글에서 "무슨 일이 있어도 부모님한테 손을 안 벌린다라는 굳은 결심은 1956년 서울로 올라올 때부터 마음 한구석에서 자라고 있는 나의 좌우명 같은 것이었다. 다시 말해서 자활(自活)이자 자립(自立)이라는 덕목은 바로 나의 생활철학으로 굳어진 지 오래였다. 부모 덕에 호강하고, 그 후덕으로 출세하는 사람도 있겠지만 나는 이미 그 지경을 넘어선 지 오래였다"고 쓴 바도 있다. 그는 지주의 차남답지 않게 서울 변두리 전세방에서 어렵게 살면서 국어교사를 하는 것으로 안주하지 않고 희곡 집필에 매진했다. 그는 그것으로도 만족하지 않고 대학극 시절 함께 운동을 했던 김경옥, 최창봉, 조동화, 박현숙, 노희엽, 이두현 등과 함께 제작극회라는 새로운 형태의 극단도 조직했다. 그것도 상경한 지 불과 몇 달 안 되어서였다. 이는 그만큼 그가 연극 활동에 열정을 갖고 있었음을 단적으로 보여주는 것이기도 하다.

솔직히 당시만 하더라도 신협 외에는 극단다운 단체가 없었기 때문에 제작극회의 탄생은 연극계에 새바람을 일으키는 기폭제가 될 만큼 중요한 의미를 던지는 사건이라 할 만했고, 그것을 주도한 인물이 목포에서 갓 올라온 차범석이었다. 제작극회의 창립공연 연출을 그가 맡았다는 것 또한 의미하는 바가 적지 않다. 왜냐하면 그가 단순히 극작가로 머물지 않고 전천후 연극인이 될 가능성을 보여주는 것이었기 때문이다. 대단히 부지런하고 열정적이었던 그는 교사, 극단 활동, 창작이라는 세 가지 일을 해내고 있었고 〈불모지〉, 〈사등차〉, 〈성난기계〉, 〈계산기〉, 〈상주〉, 〈분수〉, 〈나는 살아야 한다〉 등을 문예잡지에 발표했다. 이들 작품은 서울로 와서 쓴 제2기 작품군으로 분류할 수 있는데 그 이유는 고향 이야기를 넘어 보편적 주제로 방향을 틀어잡았기 때문이다. 이런 계열의 결정판은 역시 〈껍질이 째지는 아픔 없이는〉이 아닐까 싶다. 상경해서 쓴 작품들도 물론 다양하지만 대체로 전쟁이 남긴 상처와 그런 상황에서 방황하는 좌절된 인간군상을 리얼하게 묘사한 것이 특징이다. 가령 전쟁으로 인한 전통적 가정의 붕괴라든가 기계화로 인한 인간소외와 가족의 불안, 전상(戰傷) 귀환자의 실연문제에 이르기까지 광범위하다. 결국 그는 4·19 학생혁명을 겪으면서 교사생활도 청산하고 작품도 정치와 이데올로기 문제로 방향을 틀게 된다. 그러니까 그는 서민들의 좌절과 불행을 잘못된 정치에서 찾기 시작한 것이다. 그 결정판이 다름 아닌 〈껍질이 째지는 아픔 없이는〉과 〈산불〉이라 말할 수 있다. 부패의 원조 자유당 정치 모리배 가족의 실상과 허상을 통해서 구시대의 조락과 새 시대의 여명을 알리는 작품이 전자라고 한다면 후자는 이념의 대립과 갈등이 동족전쟁을 야기하고 궁극적으로 인간 그 자체를 파괴해간다는 강렬한 메시지를 던지고 있는 것이다. 그의 전후의 대표작으로 꼽히는 〈산불〉은 민족분단과 연결되는 것이기 때문에 3부작으로 구성되어 있다.

　　　　　　　　　　제6부　한국 현대연극의 거목들

그런데 여기서 그가 과연 현실을 정밀히 기록하듯이 작품을 써나가고 있는
가에 대해서 알아볼 필요가 있을 것 같다. 서두에서도 조금 언급한 바 있는 것
처럼 그는 철저한 리얼리스트이다. 따라서 그는 '무엇을 쓸 것인가'라는 글에
서 다음과 같이 설명했다.

> 두말할 나위도 없이 현실을 비추어주는 거울을 만들어야 한다. 우리가 겪은
> 역사적인 현실, 그리고 일상생활 주변에서 물거품처럼 떠올랐다가는 사라져가
> 는 수많은 일들 …(중략)… 전쟁의 포연(砲煙)이 휩쓸고 간 들판, 그 헐벗은 상처
> 투성이의 폐허에서 생긴 일, 그리고 서울의 지붕 밑이건 박 덩굴이 영글어 있는
> 초가집이건 거기에는 한국의 슬픈 얘기며 흐뭇한 인정의 샘이 있는데도 그것을
> 파헤치기를 촌스럽게만 여기는 게 도대체 어디서 생긴 버릇일까?[9]

이상에서 확인할 수 있는 것처럼 그는 확고한 리얼리스트로서 작가는 사회
와 현실의 소리를 재현시켜서 대중에게 들려주어야 한다는 것이다. 적어도 그
에게 있어서는 현실을 외면한 작가는 생각할 수 없다. 그가 〈산불〉을 쓸 무렵
에는 혁명과 군사쿠데타가 이어서 일어난 시기였으므로 한국현대사에 있어서
가장 격동의 시절이었다. 따라서 그의 신상에도 적잖은 변화가 일어났다. 즉
그가 상경해서 직장생활을 했던 덕성여고를 사직하고 문화방송 창립요원으
로 방향 전환을 한다. 그런데 여기서 주목할 만한 그의 강직한 성격의 단면이
드러난다. 그 당시 학원의 족벌체제가 많은 수모를 당했는데 그는 정의의 편
에 서서 과감히 학원을 뛰쳐나온 것이다. 그가 목포의 초등학교를 사직할 때
도 그랬지만 그는 생업 같은 것은 염두에 두지 않고 언제나 정의의 편에 서서
과감히 사표를 던지곤 했다. 그가 철두철미 리얼리즘을 고수하는 것도 불의를
참지 못하는 올곧은 품성과도 무관치 않다. 그는 평생에 걸쳐서 몇 번의 중요
한 고비를 맞게 되는데 그때마다 자신의 희생을 각오하고 언제나 정의의 편에

---

9 차범석 · 오유권 · 추식, 『현대한국문학전집』 9, 신구문화사, 1967, 497쪽.

서곤 했다.

　그가 학교에서 방송인으로 방향 전환을 하면서 창작 활동에는 오히려 가속도가 붙었다. 나이 30대 후반이므로 가장 왕성한 활동을 할 시기이기도 했다. 그는 〈산불〉의 대성공을 계기로 또 하나의 히트작을 발표했는데 그것이 다름 아닌 〈갈매기떼〉였다. 여기서도 그의 작품 성향과 정서의 일면이 나타나는데, 그것이 다름 아닌 배경설정과 주제라 하겠다. 그가 상경해서 쓴 작품들이 처음에는 서울 등 대도시를 배경으로 했었는데 국립극장에서 크게 히트한 〈산불〉과 〈갈매기떼〉는 다시 고향을 배경으로 했다. 즉 전자를 영암 월출산을 상상하면서 쓴 작품이라고 한다면 후자는 목포의 부둣가를 무대로 한 것이다. 이 작품의 구체적 배경으로 나오는 진남관이라는 식당도 실재하는 전복회 전문의 음식점이었다. 그런데 이 두 작품의 중요성은 배경보다는 주제에 있다. 왜냐하면 두 작품이 모두 정치권력의 사악함을 우회적으로 고발한 것이기 때문이다. 사실 무고한 서민들은 이데올로기가 뭔지 정치가 뭔지 알지도 관심도 없다. 그러나 위정자들의 극히 이기적인 권력노름으로 말미암아 다수의 민중이 희생당한다.

　6·25전쟁이 그렇고 4·19, 5·16 등이 모두 그런 경우가 아니고 무엇인가. 그가 〈산불〉을 쓰게 된 동기와 관련해서도 "나는 여기 문명도 의욕도 찾아볼 길 없는 깊은 산속에서 그릇된 사상의 희생과 갈등을 통해 지난날 우리 민족이 겪었던 상처를 어루만지며 잃어버린 인간성을 찾고자 붓을 들었다."[10]고 설명한 바 있다. 그만큼 그는 휴머니스트로서 문명과 정치권력 등으로 인해서 마모되어가는 인간성 회복에 주안점을 두고 작품을 써나간 것이다. 물론 그의 관심 폭이 단순히 거기에만 머물러 있었던 것도 아니다. 가령 〈청기와집〉에서 볼 수 있듯이 전통의 붕괴와 신세대의 등장 같은 것도 주요 관심사로 삼은 바 있었다.

---

10 〈산불〉 팸플릿.

그런데 그가 무엇을 제재로 삼았던 간에 그의 희곡 쓰기는 철저한 리얼리스트답게 견고한 구성을 장기(長技)로 한다는 점이다. 그의 희곡은 모두가 빈틈 없이 짜여져 있다. 마치 벽돌을 쌓아올리듯 플롯에 있어서 어느 한 군데 빈 구석이 없다. 그 점에서 그는 여러모로 유치진을 닮았다고 말할 수가 있지 않을까 싶다.

그의 작품이 국립극장에서 연달아 성공되면서 그는 일류작가로서 자리를 굳힘과 동시에 본격적인 전문 극단 창단에 대한 구상에 들어가게 된다. 때마침 소위 동인제 극단 시대로 접어든 데다가 드라마센터까지 개관되어, 아마추어 냄새가 나는 제작극회 가지고서는 연극 활동을 펴나가기가 어렵다고 생각했다. 따라서 그는 제작극회의 일부 동지들의 반대를 무릅쓰고 극단 산하(山河)를 창단하기에 이른다. 사실 당시 그의 연극에 대한 상황 인식은 "보다 본격적이고 직업적인 극단으로 탈바꿈해야 한다. 언제까지나 소영웅적이거나 자기도취의 울타리 안에서 맴돌 순 없다. 연극은 보다 많은 관객 속으로 뛰어들어서 동시대의 사람들과 호흡을 같이해야 옳은 일이다. 그러므로 소수의 대학생이나 고등학생만을 상대로 하는 연극에서 벗어남으로써 좀 더 어른스럽고 폭넓은 계층과 호흡을 같이하는 연극이 나와야 한다."[11]고 외쳤다. 그의 이러한 생각은 당시로서는 상당히 앞서가는 것이었고 또한 올바른 상황 판단이기도 했다. 그가 적어도 대학생 그것도 여대생 몇백 명을 상대로 연극을 하는 시대는 지났다고 본 것이다. 그러니까 연극이 대중화 또는 전문화되지 않고는 앞을 치고 나가기 힘들 것으로 보고 있었다는 이야기다. 그는 바쁜 방송국 일에도 불구하고 창작과 극단 일에 열정을 쏟았다. 극단 산하를 통한 연극대중화운동도 단순히 구호로 그치는 것이 아니라 대단히 구체적이었다. 가령 극단 활동의 캐치프레이즈로 내건 창작극의 활성화, 연극 관객의 저변 확대를 위한 지방공연, 새로운 관객 육성과 신인 양성 등 세 가지 목표를 그가 몸소 실천해

---

11 차범석, 『거부하는 몸짓으로 사랑했노라』, 280쪽.

간 것이다. 혹자는 그의 연극 대중화 운동을 상업주의로 오해하는 경우도 없지 않았지만 그는 단호했다. 그는 오히려 상업주의를 철저히 배격했다. 오히려 서투른 번역극으로 관객을 호객하는 것이 상업주의라고 본 것이다.

그러니까 그의 진정한 생각은 "현실과 동떨어진 번역극으로 젊은 학생들의 의식구조를 마비시키거나 우리 민족의 현실에 등을 돌림으로써 스스로를 지식인이라고 자처하는 천박한 엘리트주의를 없애고 관객에게 보다 친숙한 연극으로 관객의 지지를 받는 연극이 곧 민족연극"[12]이라고 했다. 따라서 그는 주로 창작극만 공연했고 당초의 목표대로 지방공연도 가졌다. 그런 중에도 그는 〈열대어〉를 비롯해서 〈풍운아 나운규〉, 〈장미의 성〉, 〈대리인〉, 〈왕교수의 직업〉 등 장막극과 각색극도 몇 편 내놓았다. 그런데 이 시기의 그의 작품은 조금 달라진다. 주로 풍자성을 띠거나 아니면 신변적인 경향으로 흐른 감이 없지 않다. 가령 여배우 강효실을 모델로 한 〈열대어〉 같은 작품이 그 하나의 예가 되지 않을까 싶다. 그러나 이 시기에 그는 평생 가장 활발한 작품활동을 한 것만은 분명했다. 문화방송 간부에다가 극단 대표, 그리고 연극협회 이사장까지 맡음으로써 동분서주할 수밖에 없었고 희곡 창작에 방송드라마까지 씀으로써 연극인으로서는 절정에 올랐으나 모두를 감당하기에는 벅찬 업무량이었다.

결국 그는 1970년 봄, 과로로 병석에 눕게 된다. 그것이 계기가 되어 방송인생활은 접었지만 창작열은 조금도 식지 않았다. 그런데 이때도 그의 강직한 성격의 일단이 드러난다. 사실 근무 중 병이 생기면 그 기간이 얼마든 병가를 내고 치료를 받으면 될 것이고 또 모두 다 그렇게 한다. 그럼에도 불구하고 그는 관례를 따르지 않고 문화방송에 사표를 던지고 나온 것이다. 남에게 조금도 신세를 지지 않겠다는 그의 평소의 신념대로 행동에 옮긴 것이다. 그는 〈박수할 때 떠나간다〉라는 수필에서 "인생이란 게 다 그런 거지 뭐… 박수할 때

---

12 위의 책, 284쪽.

    제6부 한국 현대연극의 거목들

떠나면서 사는 거지, 좀 더 먹고 싶다 했을 때 숟갈을 놓는 게 건강법의 비결이지. 미련을 짓깨물 줄 아는 용기, 나는 그것을 실천했을 뿐이지”라고 쓴 바 있는데, 그는 실제 삶에서 그대로 행동으로 옮기곤 했다. 사실 우리나라처럼 불안정한 사회에서는 그렇게 사는 것이 보통 힘든 일이 아니다. 솔직히 범인으로서는 실천하기 어려운 삶의 방식이다.

범용한 사람들은 자신과 가족을 보전하기 위해서도 쉽게 타협하고 안주하게 마련이 아닌가. 그가 천석꾼 지주의 차남이면서도 유산을 전혀 받지 않고 자립했던 것도 순전히 그러한 신념에 따른 것이었다. 누구보다도 낙관적이면서 긍정적 인생관을 지니고 있는 그는 어떤 곤비 속에서도 희망을 저버리지 않았다. 그는 1년여의 긴 병상에서도 펜을 놓지 않았고 〈환상여행〉, 〈묘지의 태양〉, 〈파도가 지나간 자리〉, 〈위자료〉, 〈이차돈의 죽음〉 등 장·단막극을 계속 발표했다. 그가 병상에서 일어난 뒤로 그의 인생관과 작품 성향이 조금은 달라진다. 가령 그가 긴 병상생활의 고독 속에서 인간관계의 허망함을 느꼈고 특히 함께 연극을 했던 동지들의 떠나감에서 자괴감까지 느낄 정도였다. 거기서 그는 오히려 관용을 배웠고 포용력까지 기를 수 있는 소득도 얻었다.

그리고 그의 긍정적인 성격대로 〈약산의 진달래〉 등 새마을극본을 몇 편 쓴 다음에는 역사극으로 방향을 돌렸는데 그때 나온 작품이 다름 아닌 〈새야 새야 파랑새야〉와 〈손탁호텔〉이다. 그가 비록 새마을극을 썼다고 하더라도 역사에 대한 깊은 성찰만은 그치지 않았다. 혹자는 그의 새마을극에 대해서 혹평했지만 그는 조금도 개의치 않고 그동안 자신이 써온 소신에 따라 썼음을 소상하게 밝힌 바 있다. 가령 〈활화산〉 창작과 관련하여 그는 작품 후기에서 “이 희곡의 여주인공은 현존인물이며 내가 작품을 쓰기 위해 경상북도 월성읍 안강읍 옥산마을까지 내려가서 직접 만나본 인물이다. 이제부터 작품 속에다 창조하려는 한 인물을 직접 대했을 때 나는 작가가 가지고 있는 상상력이나 추리력이 얼마나 허약한 것인가를 발견하고 남몰래 부끄러움을 금치 못했었다. 그 여인은 이른바 새마을운동의 기수로서 각광을 받은 인물이었다. 그러나 그녀의 집에서 보고 듣고 이야기하는 가운데 내 머리와 가슴을 파고드는 것은 그 여인의 개인적인 이야기보다는 '한국의 여인'과 '우리 농촌의 문제'가 앞질러가는 것을 느꼈다. 인습과 나태와 무지와 그리고 빗나간 민주주의의 물결 속에서 해방 후 20여 년 동안 버림받아온 농촌의 비애가 새삼 가슴을 조이게 했다. 그러므로 나는 모델을 얻은 게 아니라 어쩌면 또 하나의 불씨를 얻은 셈이 되었다. …(중략)… 그러므로 이 작품은 모델로 채택한 여인 전기는 물론 아니다. 그래서 이름도 바꾸었고 인간관계도 바꾸었다. 이를테면 나는 그 여인을 빌려왔을 뿐이다. 나는 그 여인의 아픔을 통하여 농촌과 한국적인 여인의 아픔을 되새기면서 미래로 향한 잘 사는 세계를 그려보고 싶었다"[13]고 솔직하게 상황을 설명한바 있다. 이상과 같은 창작배경 설명에서 알 수 있는 것처럼 그는 유신정부가 내세운 정책을 맹목적으로 순응한 것이 아니라 가난과 싸우고 있는 한 농촌 여인의 삶을 리얼하게 묘사함으로써 우리가 안고 있는 퇴영적이면서도 부정적인 행태를 드러내보고 싶었던 것이다. 그는 불의나 부정과는 결코 타협하는 성격이 아니다.

그러니까 어떤 정권이 내걸었든 우리 민족의 빈곤 타파는 옳은 정책이고 작가가 순수한 입장에서 현실을 냉철하게 바라보는 것도 또한 흠이 될 수가 없다고 했다. 그는 또한 자신의 창작자세에 대하여 "작가는 자기가 살고 있는 시대에 대해서 거부할 수도 있고 긍정할 수도 있다. 살아볼 가치가 있다고도 하고, 살아갈 가치가 없다고도 한다. 그러나 그것을 작품 속에다가 어떻게 그려낼 것인가는 그 사람의 생리요 철학이요 감각일 것이다. 다만 한 가지 밝혀두고 싶은 것은 우리의 얘기를 쓰고 싶다는 욕심이다. 한국 사람의 문제를 한국 사람의 눈으로 보고 한국말로 표현하고 싶다는 갈구가 있을 뿐이다. 잘 사는 나라의, 잘 사는 사람들의 '사랑의 유희'나 '언어의 유희'가 아니고 나와 함께 살아가는 이 시대의 얘기를 아직은 내가 좋아하는 수법으로 쓰고 싶다. 그것

---

13 차범석, 『학이여 사랑일레라』(제4희곡집), 어문각, 1982. 작품노트 참조.

은 어제도 오늘도 그리고 내일도 마찬가지다"라고 실토한 바 있다.

이는 사실 리얼리스트다운 그의 자세라 볼 수 있다. 사실 그는 유신정책을 지지한 적이 없을 뿐만 아니라 대체로 부정적으로 응시하고 있었음이 역사극 몇 편에 잘 나타나고 있다. 그러니까 그의 유신시대에 대한 나름의 대응은 개화기에서 뭔가를 찾아보는 것이었다. 가령 그가 동학운동에서는 민초들의 불굴의 저항의식과 솟구치는 에너지를 찾았고, 〈손탁호텔〉에서는 외세문제와 민족적 주체성을 찾아보려 한 것이 아닌가 싶다. 이런 그의 역사인식은 뒷날 단재 신채호(申采浩) 이야기라든가 백범 김구(金九) 이야기, 그리고 한일문제로까지 확대되어 가게 된다. 그가 동학혁명에서 민족적 에너지를 찾은 뒤에는 민족적 정체성에 대해서 깊은 사색을 하게 된다. 〈손탁호텔〉이 바로 그런 역사극이다. 19세기 말 서울 정동에 자리 잡고 있던 조그만 호텔을 독일 여인이 운영하고 있었는데, 그곳에서는 갖가지 사건이 일어났고 그런 사건들은 그대로 개화기 역사의 압축이 될 만한 것이었다. 그런데 이 작품의 진정한 주인공은 손탁이 아니라 서재필을 중심으로 한 진보적 청년들이었다.

그로서는 두 번째로 쓴 사극이지만 대단히 의미심장한 작품이라 볼 수 있다. 그는 이 작품을 쓰게 된 배경에 대해서 "어느 시대이건 체험할 수 있는 미움과 사랑, 고독과 배반, 개인과 조직, 그리고 시류를 타고 표류하는 군상을 그리면서 오늘과 내일을 잠시 생각해보기로 했다. …(중략)… 나는 오직 그 시대를 살아가는 젊은이를 상상하고 내일을 살아가야 할 현재의 내 자신을 위해서 나름대로의 모험을 즐기기로 한 것이다. 도도히 흘러내리는 물줄기 속에서 꿋꿋하게 키를 잡고 서 있는 젊은 선장을 생각하면서 〈손탁호텔〉을 썼다. 요는 서재필도 손탁도 시대를 앞서가는 사람이었기에 겪어야만 했던 인간적인 고독감이나 좌절감은 더 심각했을 것이고 그런 사람들끼리 서로가 가까워질 수 있을 거라는 사건의 설정도 감히 해본 것이다. 그러나 이 작품은 이 두 사람의 사랑을 그리려는 것은 아니다. 격동하는 시대의 소용돌이 속에서 시대를 앞서가고 민중을 깨우치려던 독립협회의 정신적인 바탕과 독립신문의 역사적인 사명감을 오늘의 우리 삶에다 투영하려는 데 그 의도를 찾는다면 사실 손탁이라는 인물은 방계의 인물이 될지도 모른다. 요는 당시의 우리 조정이나 국민이 자주성도 가지지 못했고, 스스로를 통제할 이성도 갖추지 못했던 역사적 현실 속에서 자주성과 인간성을 부르짖는 두 인간, 서재필과 손탁의 부각은 결코 작위적 만은 아니라는 점이다"라고 설명했다.

이처럼 그는 어지러운 군부통치하에서 민족의 자존문제를 사유하고 있었다. 그렇다고 해서 그가 투사도 아니고 경직된 이념에 사로잡힌 자도 아니었다. 그는 다만 자유로운 사유와 감각으로 그때마다 사회와 역사, 그리고 인생을 담담하게 희곡이라는 형식을 빌려 기록해갈 뿐이었다. 리얼리즘을 기조로 하면서도 그에 구애받지 않고 여러 가지 형태의 시도도 서슴지 않았으며 정통 작가들이 기피할 수 있는 TV드라마도 결코 사양하지 않았다. 이러한 그의 사고의 유연성이라 할까 포용력을 보여준 것은 그가 질병의 고통을 겪고 나서가 아닌가 싶다. 여기서 잠시 그의 방송극 집필 이야기로 들어갈 필요가 있을 것 같다.

즉 그가 병상에서 일어난 뒤의 가장 큰 변화의 한 가지는 본격적으로 방송 드라마를 쓰기 시작한 점이라 말할 수 있다. 비록 그것이 방송국 측에서 강요하다시피 해서 쓴 것이긴 해도 그와 우리의 대중 문화계 전반에 있어서는 중요한 의미를 지니는 것으로 보아도 될 것 같다. 왜냐하면 그로서는 창작의 지평을 크게 확대하는 것이고 방송국 측에서는 그동안 지탄받아온 드라마의 질을 한 단계 끌어올리는 하나의 계기가 되는 것이기 때문이다. 사실 그는 대단한 원칙주의자라 볼 수 있다. 그는 언제나 원칙에서 벗어나는 일은 하지 않았고 또 용납도 하지 않았다. 그가 기회 있을 때마다 개탄해 마지않는 지론이 있다. 가령 그는 연극계를 향해서 '이 땅에 극단은 있어도 연극은 없고, 공연은 있어도 예술은 없고, 연극지망생은 있어도 예술가는 없다'고 개탄하곤 했었다. 그렇기 때문에 그가 방송드라마에 임하는 자세도 일반적인 직업 방송드라마 작가들과는 궤를 달리하는 것이었다. 그가 그동안 몇 번의 TV극을 특집

     제6부 한국 현대연극의 거목들

극 형식으로 쓴 바 있기 때문에 생소한 것은 아니었다. 그러나 장기적으로 쓰는 것은 처음이기 때문에 그로서는 망설이지 않을 수 없었던 것 같다. 결국 그는 주말극으로서 MBC TV에 〈망향초〉라는 연속극을 쓰기로 한다. 그런데 그의 첫 번째 주말연속극은 의외로 7회로 도중하차하는 일이 생겼다. 그 작품은 당국이 요청해서 쓴 반공드라마인데 국군장교가 여성을 성폭행하는 장면이 나온다고 해서 강제로 중단하도록 한 것이었다. 사실 차범석으로서는 반공드라마라고 해서 상투적으로 쓸 수는 없었고, 평소 희곡을 쓰듯이 리얼하게 나아갔을 뿐이었다. 그런데 그것이 정부당국자의 눈에 거슬린 것이다. 여기서도 그의 곧은 성품과 투철한 작가정신이 드러난다. 그가 적당히 타협하면 되겠지만 그는 그렇게 하지 않았다. 그가 고집을 절대로 꺾지 않은 것이다. 오히려 그는 그만두기를 잘했다고 생각했다. 왜냐하면 그의 성격으로서는 반공목적극을 쓰는 것은 자존심이 허락하지 않았을 뿐만 아니라 예술성이 없는 목적극은 이미 작품이 아니라고 생각했기 때문이다. 그로부터 얼마 후에 그는 일일연속극 청탁을 받게 되었다. 그는 몇 번의 TV드라마로 자신이 있었기 때문에 쾌히 승낙했다. 그것이 다름 아닌 〈물레방아〉였다. 이 작품은 장안에 화제가 될 만큼 인기를 끌었다. 당시 다른 작가들의 연속극은 70회를 넘기기가 힘들었는데 〈물레방아〉는 100회를 간단히 넘겼다.

방송드라마의 수준을 한 단계 끌어올렸다는 평가를 받은 그에게 이 작품이 경제적으로도 여유를 가져다준 것도 사실이었다. 그러나 그의 관심은 돈에 있지 않았다. 그는 생활비를 제외하고 여윳돈으로 극단 사무실을 얻는 등 치부와는 동떨어진 일만 했다. 그의 궁극적 목표는 한국연극의 진흥이지 방송극이나 써서 편안한 삶을 누리는 것은 아니었다. 그러나 그와 함께 연극을 했던 배우나 연출가들은 달랐다. 1970년대 초부터 떠나가기 시작한 동지들이 극단으로 돌아오지 않은 것이다. 그래서 그는 공연을 할 때마다 곤욕을 치르곤 했다. 그의 열정을 단원들이 따라주지 못한 것이다. 사실 단원들도 먹고 살아야 하기 때문에 그들의 입장에서 보면 이해할 수밖에 없었다. 그러나 그로서는 너무나 황당할 수밖에 없었다. 그는 20여 년 가까이 극단 운영을 해보았기 때문에 연극은 천재 한 사람이나 운동가 한 사람이 할 수 있는 일은 아니라는 사실을 누구보다도 잘 알고 있었다. 그 당시는 연극계에 상업주의 바람이 불어서 인기 탤런트를 내세워서 돈벌이를 하는 극단들도 없지 않았었다. 그럴 때마다 그는 다음과 같이 비판하곤 했다.

> 돈을 벌기 위하여 저속한 방법에만 혈안이 된다면 그것은 이미 연극과는 거리가 먼 것이다. 한 사람의 인기 있는 배우나 가수를 끌어내서 관객에게 웃음을 파는 연극은 이미 타락이다. 연극의 생명은 앙상블이다. 주역부터 단역에 이르기까지 그리고 미술, 음악, 조명, 소품에 이르기까지 하나의 일관성을 유지하며 작품의 정신세계를 향하여 총집결하려는 일사불란한 연극이라야 한다.[14]

이상에서 알 수 있는 것처럼 그는 작가임에도 불구하고 연극이 만들어지는 과정을 연출가 이상으로 꿰뚫고 있었다. 따라서 그는 극단 산하 활동을 쉴 수밖에 없다고 생각했다. 그런 때 마침 MBC TV로부터 농촌을 배경으로 한 〈전원일기〉 집필 의뢰가 온다. 그는 목포라는 소도시 출신이지만 지주 집안 자제였기 때문에 농촌 현실을 누구보다도 잘 알고 있었다. 그는 1980년 10월 22일 〈박수 칠 때 떠나라〉를 첫 회로 내보냈는데, 시청자들로부터 커다란 호응을 불러일으켰다. 솔직히 1970년대 이후 소위 산업화 사회로 옮겨지면서 도시는 급격하게 비대화되고 농촌은 피폐해갔었다. 그렇기 때문에 그가 묘사해낸 농촌은 유토피아가 아닌 소조(蕭條)한 것이었고 그러나 인정만은 언제나 훈훈한 곳이었다. 도시 사람 대부분이 농촌 출신들이었기 때문에 그의 작품은 시청자들의 향수를 자극하기에 충분했다. 그가 극작가로 데뷔할 때 고향 주변 섬사람들의 삶을 따뜻하게 감싸 안았듯이 산업화되고 도시화되면서 자꾸 소외만되어가는 농민들을 보듬어 안고 또 잊혀져가는 우리 고유의 풍정을 되살려보

---

14 위의 책, 334쪽.

　　　　　　제6부　한국 현대연극의 거목들

려는 각도에서 써갔던 것이다. 그러니까 그가 궁극적으로는 농촌과 농민들에게 희망의 메시지를 던진 것이라 말할 수가 있다. 그만큼 그는 어떤 작품을 쓰건 궁극적으로는 휴머니즘을 밑에 깔아가고 있었다. 그가 시작한 〈전원일기〉는 최고 인기의 주간극으로서 20년 이상 방영되는 장수 드라마가 되었지만 그는 꼭 1년을 채우고 더 이상 쓰지 않았다. 그가 첫 번째 작품으로 내보냈던 제명 그대로 '박수 칠 때 떠난 것'이다. 방송국에서는 아우성이었다. 그럴 수밖에 없는 것이 〈전원일기〉의 시청률이 급상승하고 있었기 때문이다. 차범석은 계속 써주어야겠다고 애원하다시피 졸라대는 김한영 담당PD에게 "사람은 남들이 잘 한다고 박수 칠 때 떠날 줄 알아야 해. 그 이상 미련을 느끼거나 연연하다가는 노추(老醜)를 못 면할걸. 떠날 때는 말없이 뒤돌아보지 말고 가야 해, 그게 나의 인생철학이니까, 김 형! 지난 1년 동안 나는 행복했어요"라는 말로 냉정하게 발길을 돌렸다. 그럼에도 불구하고 방송국 측의 계속되는 애원에도 그는 단호했다. 생활은 대단히 풍족해졌지만 그는 연극을 해야 했기 때문이다. 그는 이처럼 중요한 고비마다 극적인 결단을 내렸고, 그 결단은 반드시 자신과 가족의 희생을 전제로 했다는 점에서 그의 비범성이 나타나는 것이다. 그때의 처지에 대해서 그는 다음과 같이 회고했다.

> 나는 극단으로 돌아왔다. '산하'를 다시 일으키기 위해서였다. 이제는 눈치를 볼 필요도 없다. 미친 척하고 혼자서 가는 것뿐이며 마음속의 응어리를 연극으로 풀어야 한다고 결심했다.[15]

이상과 같은 그의 회고에서 알 수 있듯이 그는 언제나 자신이 당초 설정해 놓은 정도에서 어긋난다고 생각하면 어떤 희생도 혼자 감수하면서 과감히 떨쳐버리곤 했다. 그가 만약에 방송드라마를 계속 썼다면 치부도 하면서 편하

---

15 위의 책, 349쪽.

게 살 수도 있었다. 그럼에도 불구하고 그는 편한 길을 버리고 또다시 험난한 연극운동의 길로 접어든 것이다. 이는 사실 그만이 할 수 있는 결단이었다. 이러한 그의 결단으로 재기하다시피 한 산하의 공연은 뜻밖에 말이 아닐 정도로 참패했다. 숀 오케이시의 〈쥬노와 공작〉(차범석 연출)은 대단히 견실한 무대였지만 관객이 찾아주지 않았다. 그는 낭패감에 빠질 수밖에 없었다. 그는 관객이 없는 연극이 무슨 의미가 있겠는가고 자문하면서 그래도 연극을 해야 하는가라고 자책까지 하는 지경에 도달한 것이다. 물론 그는 극단을 살리기 위해서 현실과 영합할 수도 있었다. 그러나 그의 올곧은 성격은 그것을 용납하지 않았다. 그때의 심정을 그는 이렇게 썼다.

> 다른 극단처럼 씨도 안 먹히는 코미디도 하고, 엎치락 덮치락거리는 연극으로 관객의 말초신경을 간지럽히는 연극도 할 수 있었겠지만 나는 그게 어려웠다. 부조리 연극이니 전위연극이니 하며 서양의 새로운 연극을 도입시킴으로써 젊은이들의 호기심과 허영심을 교묘하게 이용하는 방법도 있었지만 나는 그것을 못했다. 우리의 현실이나 역사의식도 제대로 파악 못하는 주제에 외국 것이라면 무턱대고 덤벼대는 시류(時流)에 대해서 나는 부정적 입장에 서 있었기 때문이다. …(중략)… 나는 다시 원점으로 돌아가야겠다고 생각했다.[16]

이상에서 알 수 있는 것처럼 그는 이상하게 변질된 관객 성향과 시류에 편승해서 웃음을 팔거나 야한 번역극 또는 설익은 번역극으로 호객행위를 하고 있는 극계 현실에 절망하면서 마지막 승부를 건다는 심정으로 정면대응하게 된다. 즉 그는 방송국으로 흩어진 옛 멤버들을 동원하여 〈산불〉을 공연했으나 역시 참패했다. 우선 한두 배우를 제외하고 옛 멤버들이 참여하지도 않았을 뿐만 아니라 공연장도 제대로 빌리지 못해서 어린이대공원 안의 강당에서 막을 올린 것이다. 그는 그때부터 자신의 연극운동에 대해서 근본적으로 회의를 갖기 시작했다. 그는 극단 해체를 마음속으로 굳혀가고 있었다. 그는 누구도

---

16 위의 책, 351쪽.

     제6부 한국 현대연극의 거목들

모르게 극단 산하의 마지막 공연을 준비해간다. 과거 세실극장에서 히트한 바 있는 〈옛날 옛적에 훠어이 훠어이〉(최인훈 작)를 제52회 공연으로 무대에 올린 것이다. 그는 프로그램에 '하나의 종장'이라는 제목으로 이렇게 썼다.

> 20년을 이끌어온 한 극단이 종말을 내려야겠다는 뜻이 무엇인가를 알아줄 사람은 있을 것이다. 늙어서 추악한 꼴을 남에게 보이는 일은 죄악이다. 극단의 연륜이 길고 공연 횟수만 자랑하는 때는 지났다. 진실이 없는 극단은 사라지고 진실한 연극만이 남았으면 좋겠다.[17]

이상은 다분히 자괴적인 글이지만 사실은 당시 연극계와 관객층 전체에 대한 냉소에 다름 아니다. 솔직히 신극운동 이후 수백 개의 극단들이 부침 명멸했지만 대부분 흐지부지되었을 뿐 정식으로 해단을 선언한 경우는 1936년 지두한(池斗漢)의 조선연극사에 이어 극단 산하가 두 번째가 아닌가 싶다. 그만큼 차범석은 매서울 정도로 맺고 끊는 것이 분명했다.

만 20년 동안 자신을 몽땅 던지면서까지 애지중지 키워온 극단을 해산한 뒤 깊은 좌절감 속에 그는 은둔 상태로 들어가 창작에만 몰두했다. 그의 작품 경향 역시 조금씩 달라지는 조짐도 보여주었다. 이 시기를 전후해서 쓴 희곡은 〈학이여 사랑일레라〉를 비롯하여 무용극 〈강〉, 〈갈증〉, 〈도미부인〉 등 세 편, 그리고 희곡 〈새벽길〉이다. 이때의 큰 변화는 역시 장르의 확대와 표현 형식의 확충이라 볼 수 있다. 물론 그는 대단히 원칙주의자지만 방송드라마를 쓴 것에서도 알 수 있듯이 창작에서만은 비교적 융통성이 있었다. 무용극본을 쓴 것은 그가 학창 시절 무용학원을 다녔을 만큼 그 분야를 좋아했으므로 당연지사였고, 고향 목포의 삼학도 전설을 아름다운 연극으로 만든 〈학이여 사랑일레라〉에서는 음악과 춤을 과감하게 도입했다. 그리고 소재를 과거와는 달리 역사와 설화에서 찾아보는 경향마저 보여주었다. 이는 그 자신도 시인하고 있

---

17 위의 책, 353쪽.

듯이 그동안 써온 작풍과는 궤를 조금은 달리하는 것이었다. 그것은 표현 방식의 변화뿐만 아니라 주제에 있어서도 마찬가지이다. 그가 우선 불교의 윤회 사상에서 모티브를 가져왔고 삶의 본질에 대해서 깊이 사유하기 시작했다는 것도 전과는 약간의 차이점을 드러내는 것이었다. 가령 세 마리의 학을 진·선·미로 대입시켜서 이 세 가지가 조화를 이루는 것이야말로 인간이 추구하는 성숙의 목표라고 생각한 것이 그 하나의 예라 하겠다. 그리고 오랜만에 그가 다시 고향 목포로 눈을 돌린 것도 주목할 만한 점이라 말할 수 있다. 이때부터 그는 역사를 사유하는 동시에 고향에서도 작품의 제재를 건져 올려보고 싶었던 것이 아닌가 싶다.

그러는 사이 그를 청주대학에서 교수로 초청해감으로써 또 한 번의 직업 전환을 하게 된다.

당초 그는 교수 제의를 고사했었다. 자신은 현장 연극인으로서 창작에만 매진해왔기 때문에 연극 교육자가 된다는 것에 대해서 처음에는 거부감을 가졌던 것도 사실이었다. 특히 현장도 모르는 해외 유학파들이 연극 교육을 맡고 있는 것에 호감을 못 갖고 있던 터라서 그가 망설인 것은 극히 자연스런 일이었다. 결국 그는 대학 측의 간청으로 수락할 수밖에 없었다. 그는 권위나 허세를 생래적으로 싫어하고 젊은이들을 좋아하는 데다가 소탈해서 학생들이 따랐고 풍부한 현장경험으로 강의 역시 생동감이 넘칠 수밖에 없었다. 언제나 격의 없는 그의 주변에는 교수들과 학생들이 몰려들었고, 그는 단 1년 만에 학장직에까지 오를 수가 있었다. 학생들을 가르치면서 작품만 쓰려던 그의 계획은 조금 어긋났지만 그래도 틈나는 대로 창작에 몰두할 수가 있었다. 그런데 마침 그가 군사정권에 반대하는 학생들의 학원민주화운동의 한가운데에 서야 하는 입장에 놓일 수밖에 없었다. 왜냐하면 그도 대학 보직자의 한 사람이었기 때문이다. 주지하다시피 당시의 학원민주화운동은 과격하기 이를 데 없었다. 대학마다 기물이 파손되고 교수의 권위는 땅에 떨어졌었다. 그 자신이 소학교 교사 시절부터 고등학교 교원 시절까지 언제나 정의의 편에 서서 투쟁도 몇 번 한 경력이 있었지만 과격하기 이를 데 없는 80년대 학생운동은 견뎌내기 어려운 것이었다. 그는 누구보다도 민주화를 갈망하는 처지였지만 학생들의 무자비한 파괴행위는 용납할 수가 없었다. 그는 정면에서 학생들을 설득하고 회유도 해보았지만 아무 소용이 없었다. 그는 결국 회의와 실망 끝에 보직을 내던지고 강의에만 열중했다. 그런 그에게 뜻밖에 '서울88예술단'을 맡아달라는 청이 온다. 서울국제올림픽을 앞두고 새로운 총체예술을 만들어보겠다는 정부의 구상에 따른 것이었지만 다른 복선도 깔려 있었던 것이 사실이었다. 즉 장차 남북대결에서 북한의 혁명가극에 대항할 만한 총체가무극을 만들어 보자는 것이었다. 물론 그것은 정통연극만을 추구해온 그의 노선과는 맞지 않는 것이었다. 그러나 연극 장르보다는 정신에 더 큰 비중을 두어온 그에게는 그런 제의도 호기심을 불러일으킬 만한 것이긴 했다. 언제나 현장에 미련이 있었던 그는 새로운 실험에 도전한다는 생각으로 단장직을 수락했고 첫 작품 〈새불〉(오태석 작)을 세종문화회관 무대에 올렸으나 큰 성과를 올리지는 못했다. 그는 결국 정부의 간섭이 싫었던 데다가 창립공연에 대한 악의적 비판에 절망함으로써 그마저 내팽개치고 대학으로 복귀한다. 그는 이처럼 아니다 싶으면 미련 없이 내던지곤 했다.

　대학으로 되돌아간 그는 다시 창작에 몰두했다. 이때 나온 작품이 바로 〈식민지의 아침〉과 〈사막의 이슬〉이다. 주지하다시피 이 두 작품은 모두가 특정 사회단체들의 요청으로 쓴 것이라는 점에서 오랜 구상 끝에 나온 작품은 아니다. 즉 전자가 개화기의 민족사학자이며 독립지사였던 단재 신채호(申采浩)의 일대기를 기록극으로 쓴 것이라고 한다면 후자는 한국 최초의 가톨릭신부 김대건(金大建)의 일대기이다. 물론 그가 전에도 춘사 나운규의 일대기를 비롯해서 실존인물들에 대해서 거의 기록극 형태로 몇 편의 희곡을 쓴 바 있지만 서사극 형태는 아니었다. 그런데 이번에는 〈식민지의 아침〉을 쓰면서 처음으로 본격 서사극 형태를 시도하면서 연극 형식의 또 한 번의 변화를 꾀했다고 말할 수가 있다. 이처럼 그는 여러 가지 표현 방식을 별 거부감 없이 시도해볼 만큼 개방적 사고를 지니고 있었다. 그는 또한 김대건전을 쓰면서 천주교에 대한 남다른 관심을 갖게 되는데, 이는 아무래도 그의 가족의 신실한 가톨릭 생활과도 연관이 있었지 않았나 싶다. 여기서 또 한 가지 그의 창작자세의 일면을 살필 수 있는데 그것이 다름 아닌 법고창신(法古創新) 정신이라 하겠다. 즉 그는 자신의 작품노트에서 "예술에 있어서 새로움이란 무엇인가. 무(無)에서 유(有)를 찾는 기발하고도 황당무계한 기상천외의 발상만은 아닐 것이다. 이미 있는 것에 대한 갈고닦고 하는 노력 또한 무시할 수 없는 것이다. 그래서 고전(古典)에 대한 재해석도 있을 게고, 연출의 시각과 작가의 시각을 대조시키는 작업도 있을 수 있을 것"이라고 설명한 바 있다. 이는 그가 그동안 실존 인물이나 고전에서 소재를 많이 가져온 것에 대한 응답이기도 했다.

그런데 그의 청주에서의 조용한 대학 생활도 오래 지속되지 못했다. 격동하는 정치사회와 살벌하게 변화해가는 대학 풍토가 그를 조용히 창작에만 몰두하게 내버려둘 리 만무했다. 그 역시 대학의 소용돌이 속에 타의에 의해 끼어들어 수습의 앞장에 서지만 지나치게 정치화된 현실에 환멸을 느끼기 시작한다. 즉 학생이나 교수들이 순수하지 못한 것에 실망한 것이다. 그는 교수들이 자신을 총장으로 추대하려는 기색을 감지하고 대학을 떠나기로 결심하게 된다. 여기서도 경우 밝은 그의 성격의 일단이 나타난다. 웬만한 사람이면 의리고 뭐고 총장에 연연할 것이지만 그는 그렇지 않았다. 그는 명분에 어긋나는 일은 결코 하지 않았다. 그런 그가 대학을 떠나기로 결심한 이유는 두 가지에 있었지 않나 싶다. 그 한 가지는 자신을 대학으로 초빙한 학교 이사장이 연세대 동창으로서 친구를 배신할 수 없다는 것과 다른 한 가지는 대학경영자는 당초 자신이 목표했던 것도 아닐뿐더러 극작가로 평생을 일관하겠다는 신념과도 어긋나는 것이었기 때문이었다.

결국 그는 청주대학을 1989년 사직하고 상경한다. 얼마 있다가 서울예술대학 교수로 초빙받게 된다. 그리고 또다시 창작에 몰두한다. 이때 무용극본을 여러 편 썼는데 가령 〈저 하늘 북소리〉를 비롯하여 〈고려애가〉, 〈꿈의 춘향〉

등과 희곡 〈안네 프랑크의 장미〉, 그리고 〈청계마을의 우화〉를 발표한 것이다. 이 시기에 그의 창작의 폭은 대단히 넓어지게 된다. 당초부터 그는 열린 사고를 갖고 작품을 써왔지만 특히 70대에 들어서는 그런 경향이 더한 것이 특징이라 말할 수 있다. 가령 무용극본 창작은 그가 전문가 이상으로 춤에 대해서 일가견을 갖고 있었기 때문에 당연한 것이지만 외국 작품 번안이라든가 주제의 확대 같은 것도 눈에 띄는 현상이라 볼 수 있다.

우선 이때의 주목되는 작품은 아무래도 〈안네 프랑크의 장미〉와 〈통곡의 땅〉이 아닐까 싶다. 왜냐하면 전자가 한일문제를 짚은 것이라고 한다면 후자는 백범 김구(金九)를 작품화한 것이기 때문이다. 주지하다시피 그는 일찍부터 정치에 대해서 대단히 부정적인 생각을 갖고 있었다. 따라서 일제의 한국 침략이라든가 분단, 동족전쟁 같은 것도 궁극적으로는 정치의 잘못에서 찾는 경향도 없지 않다. 그는 제8대 국회의원 선거를 소재로 해서 쓴 〈셋이서 왈쯔를〉이라는 작품노트에서 "나는 원래가 정치에 관해서는 일종의 결벽증과 기피증 같은 버릇이 있어서 정치 자체를 부정적인 시각으로 보아왔다. …(중략)… 정치는 국민을 위하여 있고, 국민들로 하여금 사람답게 살게 하는 데 그 기본철학이 있을진대 그 당시 이 땅의 정치는 그게 아니었다. …(중략)… 대권쟁탈, 당리당략, 금권정치, 거수기 의원, …… 등 온갖 정치적 부조리나 악덕은 어쩌면 정상적인 왈츠가 아니라 발이 안 맞는 겉도는 춤이요, 비틀거리는 춤일 수밖에 없다는 것이 나의 시각"이라고 쓴 바 있다. 물론 이상과 같은 글은 1990년대에 쓴 것이지만 이 시점에서도 그대로 적용되는 내용이라 볼 수가 있다. 백범 김구를 소재로 쓴 〈통곡의 땅〉에서 그는 조국독립과 통일을 위해 노력하다가 비명에 간 백범의 고통에 찬 내면세계를 리얼하게 묘사하고 있다. 그런데 이 작품에서도 주목할 만한 점은 그가 단순히 백범의 비극적인 삶을 재조명하는 데 그친 것이 아니라 오늘의 잘못된 정치풍토를 부정적으로 보는 시각에서 접근하고 있다는 데 있다. 그가 작품후기에서 "백범이 반대파의 총탄에 쓰러지면서 토해낸 피맺힌 통곡의 소리가 들리는 듯하다. 그리고 지금 이 땅에서 벌어지고 있는 정치적 작태를 지하에서도 통곡하고 있을 것"이라고 썼다.

이처럼 현대사에 비판적이었던 그가 일제의 민족탄압 문제를 다룬 〈안네 프랑크의 장미〉에서는 약간 다른 모습을 보여준다. 이 작품 역시 기록극 성격을 띠지만 실제로는 순수창작이다. 종전 직전까지 지하에서 땅굴을 팠던 징용 노무자의 딸인 야마네 마사코(山根昌子)가 쓴 자전적 수기 〈머나먼 여로〉에서 착상한 이 작품 역시 다분히 기록극적 성격을 지닌다. 물론 그렇다고 해서 이 작품이 기록극이라는 이야기는 아니다. 그는 언제나 사실을 중요시하기 때문에 창작에 앞서서 사실 탐색을 철저히 한다. 가령 그는 이 작품을 쓸 때에도 마사코의 글뿐만 아니라 그 글의 배경이 된 현장을 직접 답사하기도 했었다. 그만큼 그는 철저하게 사실을 조사한다. 그렇게 해서 쓴 작품임에도 공연은 그를 흡족해할 만큼 관객의 호응이 열띠지 못했다. 왜 그랬을까. 그것은 두말할 필요도 없이 그가 시대분위기에 너무 앞서간 때문이 아니었던가 싶다. 즉 당시까지만 해도 한국인들의 대일감정은 극히 좋지 못했었다. 그럼에도 불구하고 그는 시대 흐름을 내다보고 일본 제국주의의 만행을 용서와 화해의 차원에서 접근했던 것이다. 그와 관련해서 그는 다음과 같이 소회를 밝힌 바 있다.

> 1992년 9월, 국립극단의 152회 공연작품으로 햇빛을 보았건만 관객의 시선은 냉담했었다. 내 판단이 어리석었거나 아니면 관객의 무지였거나 둘 가운데 하나가 그 원인이었을 게다. 그러나 오늘날 한일문화교류가 본격화되었고, 남북통일의 물고가 트인 시점에서 볼 때 나는 나의 작은 시도가 헛되지 않았고, 또 그것은 언젠가는 딛고 넘어야 할 문제라고 생각했다. 그런 점에서 희곡 〈안네 프랑크의 장미〉는 나에게는 소중한 꽃이기도 했다.[18]

이상에서 알 수 있는 것처럼 그는 이 작품에 대해서 어느 정도 확신을 갖고 그런 방향으로 주제를 가져간 것이었지만 관객의 대일(對日)감정은 그것을 쫓

---

18 차범석, 「후기」, 『통곡의 땅』(車凡錫 제7희곡집), 가람기획, 2000.

 제6부　한국 현대연극의 거목들

아오지 못했다고 말할 수 있다. 그러나 10여 년이 지난 오늘날 그의 시대감각은 옳았다고 해도 과언이 아니다. 왜냐하면 국민의 정부 시절에 이미 대중문화를 개방할 정도로 한일관계는 호전되었고 세계 추세도 개방시대로 접어들었기 때문이다. 그는 이처럼 자신의 생각이나 신념을 주변의 시선을 별로 의식하지 않고 옳다고 믿으면 행동으로 옮기는 성격이다. 따라서 그는 때때로 주위 사람들로부터 비판을 듣는 경우도 없지 않았다. 그렇다고 해서 그가 그동안 사도를 건 적은 한 번도 없었고, 정도에서 조금도 벗어난 적이 있지도 않았다. 그만큼 그는 '형평성과 균형, 그리고 중용'을 삶과 창작의 지표로 삼아왔다고 말할 수가 있다.

그는 또한 이 시기에 〈바람분다, 문열어라〉와 〈그 여자의 작은 행복론〉이라는 색다른 작품 두 편을 발표한다. 이 작품들을 이색적이라 표현한 것은 전자가 그가 오랜만에 쓴 희극이라고 한다면, 후자는 엘렉트라 콤플렉스를 주제로 한 점에서 그렇다. 물론 그는 〈바람분다, 문열어라〉를 이전에 발표한 바 있는 〈왕교수의 직업〉과 〈위자료〉에 이어지는 세 번째 풍자극으로 규정했지만, 이것은 분명 두 작품과는 표현 방식에 있어서 상당한 차이가 있다. 즉 이 작품은 그가 설명한 대로 현대인의 치부를 들춰낸 풍자극인 것은 사실이나 대단히 문명비판적인 데다가 템포 역시 빠르고, 그 어떤 작품보다도 해학성이 진했다.

그리고 〈그 여자의 작은 행복론〉만 하더라도 그가 과거에 썼던 사랑 주제의 작품들과 성격이 대단히 달라서 마치 그리스 비극 〈페드라〉가 연상될 만큼 처절한 비극으로 몰고 간 점이다. 그만큼 그는 연륜을 더해가면서 작품세계의 폭을 넓고 깊게 확대해갔다고 말할 수 있다. 그가 얼마나 작품세계를 넓혀 나갔나는 정치색 짙은 〈나는 불섬으로 간다〉를 쓴 뒤에 악극대본 〈가거라 38선〉을 발표한 사실에서도 잘 나타나고 있다. 그런데 여기서 한 가지 주목할 만한 사실은 그가 시간의 흐름 속에서 작품세계를 꾸준히 변화시켜가면서도 순간순간 과거로 돌아가서 당초 마음속에 묻어두었던 소재를 끄집어내서 작품화한다는 사실이다. 그 하나의 예가 다름 아닌 〈나는 불섬으로 간다〉이다.

이 작품은 1926년 전남 신안군 도초도(都草島)에서 일어났던 유명한 소작쟁의 사건을 오늘의 입장에서 재조명해본 정치색 짙은 희곡이다. 즉 어느 청년이 취직을 하려 했으나 이유 없이 신원조회에서 탈락했고, 이유를 알아본 결과 그의 조부가 일제 시대에 도초도의 소작쟁의에 연루된 사실이 있음이 판명된 것이다. 그러니까 그것이 문제가 되어 취직이 안 되었다는 이야기다. 이는 곧 작가가 일제 시대부터 군사정부시대까지 지속되어온 연좌제(連坐制) 문제를 제기한 것으로서 해방 이후에도 변치 않는 경직된 이념 문제를 본격적으로 비판한 작품이다. 이처럼 그는 연륜이 더해가면서도 정치에 대한 불신만은 조금도 달라지지 않을 만큼 의식이 살아 있었던 것이다.

그런가 하면 악극대본도 서슴없이 발표했다. 그런데 그가 악극대본을 쓴 것에 대해서 비판의 시선으로 바라보는 사람들도 없지 않았다. 그에 대해서 그는 나름의 대응논리를 갖고 있었다. 그러니까 그는 대중예술과 고급예술에 대한 구별 자체를 인정하지 않는 입장이었다. 그는 「대중예술과 고급예술」이란 글에서 다음과 같은 생각을 밝힌다.

> 엄밀히 말해서 예술이나 문화를 고급과 대중으로 이분화(二分化)한다는 자체가 모순일 수도 있다. 그것은 처음부터 분리된 상태가 아니라 사회변천에 따라 인간 스스로가 갈라놓은 것이다. 예를 들어 셰익스피어의 연극을 가리켜 그 누가 고급예술이라 말했던가. …(중략)… 다만 결과적으로 고급예술은 소수의 사람에 의한 선택된 예술이며, 대중예술은 대다수의 사람의 지지를 받는 예술로 귀결된 점에서는 그 누구도 부인을 못할 것이다. …(중략)… 예술은 하나이지 둘이 아니라는 근원적인 사고방식일 수도 있다. 그러나 우리의 현실은 여전히 두 갈래로 나뉘어지고 있으며 서로의 우월성만을 내세우고 있는 실정이다. 공존의 장이 되어야 할진대 그것은 서로 존중하고 이해하고 그래서 그 모두가 내 것이라는 아량까지는 베풀어야 옳을 일이다.[19]

---

19 차범석,『목포의 완행열차의 추억』, 융성출판, 1994, 220~221쪽.

이상에서 확인할 수 있는 것처럼 차범석은 고급예술과 대중예술의 구별을 대체로 거부하는 쪽이고 결과적으로 관객이 많이 참여하는 연극을 중요시하는 편이었다. 이는 사실 그가 극단 산하를 창단할 때도 표명했던 소신이기도 하다. 그렇다고 해서 그가 경박한 작품을 쓰는 것은 아니었다. 그는 누구보다도 진지한 문제작을 많이 쓴 사회성 강한 작가다.

그러면서도 그는 자유분방하게 장르를 넘나들면서 대중을 향해서 이야기하고 외치기도 하며 대중에게 아름다움과 즐거움을 선사할 줄 아는 폭이 넓은 작가인 것이다. 그가 일찍부터 무용극본을 많이 써온 것은 다 아는 일이고 악극대본에 이어 뮤지컬극본과 오페라대본까지 쓴 것을 아는 사람은 그렇게 많지 않다. 즉 그는 국민의 정부 들어서 한국문예진흥원장을 맡은 데 이어 영예로운 대한민국예술원회장 자리에 올라서도 예전과 조금도 다름없이 창작 활동을 지속했고 전에 하지 않았던 창작뮤지컬극본이라든가 오페라대본에 도전해서 희곡 수준에 못지않은 작품을 써내기도 했다. 혹자는 그가 예술가로서는 최고의 자리라 할 진흥원장과 예술원회장에 오른 것에 대해서 감투욕이라도 있는 것처럼 수군거리지만 그는 그런 자리에 한 번도 연연한 적이 없었다. 사실 두 자리 모두 추대 받은 경우였다고 말할 수 있다. 그가 만약 자리에 연연했다면 급료가 넉넉한 진흥원장 자리를 내놓고 명예만 있는 예술원회장만을 맡지 않았을 것이다. 과거에 어느 인사는 두 자리를 함께 해서 빈축을 산 경우도 없지 않았었다. 그만큼 그는 경우가 밝고 진퇴가 분명한 작가라 말할 수 있다. 그리고 그는 어느 자리에 오르나 한결같았고 창작 자세나 인간관계에 있어서 달라지는 것이 없었다. 열심히 작품을 쓰고 젊은 후배들과 어울려서 격의 없이 주연을 베풀곤 했다. 그는 끊임없이 독서하고 부지런히 연극과 무용 공연을 관람하는 데 그치지 않고 후배들을 격려 질책하면서 무대예술 발전에 매진하고 있다. 그가 후배 연극인들을 질책할 수 있는 것은 그만큼 스스로 작업을 게을리 하지 않기 때문이다. 논어에 '누워서 남을 깨우지 말라'는 말이 있는 것처럼 그가 젊은이들 이상으로 정열적으로 작업을 하고 있기 때문에 후배들을 나무랄 수 있는 것이다. 그가 70대 후반에 들어서도 창작열의는 조금도 감퇴되지 않고 오히려 더욱 원숙한 작품을 쏟아내기 시작했다. 그가 80고개에 접어들면서도 뮤지컬극본에서부터 오페라대본, 정극 등을 거의 1년에 한 편 꼴로 쏟아내고 있는 것을 보면 놀랍기까지 하다.

그런데 이 시기에 쓴 작품들에서 보이는 공통점은 역시 연륜답게 그가 그동안 지녀온 인생관과 세계관을 은은히 비쳐주고 있다는 점이다. 가령 뮤지컬극본 〈처용〉에서 자유정신을 고취했다면 오페라 대본 〈백록담〉과 〈연오랑 세오녀〉에서는 민족적 자긍심을 표출하려 했으며 정극 〈옥단어!〉에서는 삶의 덧없음을 묘사했다고 말할 수 있다. 사실 작품 〈처용〉은 신라시대부터 전래되어 오는 처용설화의 극화이다. 따라서 국문학과 민속학 분야에서 그에 대한 연구가 많을 뿐만 아니라 학설 또한 분분한 것이 사실이다. 즉 어떤 학자는 처용을 무당으로 보기도 하고 아랍상인이라고도 한다. 그리고 한국 해학문학의 효시로서 처용을 호야형(好爺型) 인물이라고도 하며 최초의 간통문학이라고 주장하는 학자도 없지 않다. 그런데 차범석은 그러한 여러 가지 학설을 두루 섭렵한 뒤에 자기 나름대로 처용의 캐릭터를 만들어낸 것이다. 그것은 앞에서도 설명한 바대로 자유정신인데 이는 역시 모든 것에 대한 관용에서나 가능한 것이 아닐까 싶다.

이 작품은 사실 울산지역에서 그에게 창작을 의뢰한 것인 만큼 그 고장의 의도를 도외시할 수는 없었을 것이다. 그것이 다름 아닌 뿌리 찾기인데 그는 그런 요구를 적절히 수용하면서도 자신의 창작의도를 십분 살리고 있다. 그것이 다름 아닌 특수성과 보편성의 조화라 하겠다. 그것을 그는 '용서와 화합'이라는 큰 틀에서 접근해간 것이다. 물론 그것이 전부는 아니다. 그는 스스로의 작품해설에서 매우 주목할 만한 이야기를 다음과 같이 했다.

즉 우리의 뿌리를 찾되 그 범세계성에 바탕을 두어 지역사회는 물론 우리 민족이 함께 공감대를 형성할 수 있는 작품이 되기를 염원했다. 그러므로 그것은 처용설화에다 바탕을 두었으되 어디까지나 민족적이며 범세계성의 의미가 부각되어야 한다는 명제 아래서 '용서와 화합'이라는 아주 추상적인 말을 떠올렸다. 누구나 그 말은 오래전부터 강조해온 정치적인 이념이 아니냐고 반문할 것이다. 그러나 원초적으로 나라와 민족의 번영 없이 문화도 예술도 없다는 상식적인 대전제 아래서 화합과 용서는 바로 우리민족의 지상의 과제이자 넓게는 인류평화를 향한 절실한 염원이며 기도이기도 하다.[20]

이상에서 알 수 있는 것처럼 그는 노년기에 접어들어서는 민족적인 집착에서 벗어나 인류 공존의 문제를 사유하기 시작했다는 점이다. 그것은 사실 그가 〈안네 프랑크의 장미〉를 쓸 때부터 사유하기 시작한 것으로 보이는데, 결국 인간은 홀로 살 수 있는 것이 아니라는 극히 평범한 데서 출발하는 것이기도 하다. 그것은 물론 민족에게도 똑같이 적용되는 원칙이기도 하다. 그러면서 그는 인생무상을 음미하기도 한다. 그러한 그의 깊은 사유는 〈처용〉 제8장의 처용의 노래 '꿈, 그것은 꿈'이라는 이중창에 잘 나타나 있다. 즉 그는 이 노래에서 "꿈이었소 모두가 꿈/고관대실도 금은보화도/아침이슬 같은 것/한때나마 나를 혹하게 한/모든 것은 꿈이었소/내가 가는 길은 거기 없었소/내가 한때 탐한 것들/그것은 모두가 꿈이었소/아… 꿈에서 깨어나고 싶소/아… 꿈에서 깨어나게 해주오/반짝거린다고 모두 금이 아닌 것/그것은 오직 꿈'이라고 허허로이 외치고 있다. 이러한 그의 사유는 〈옥단어!〉에서 절정을 이룬다.

앞에서도 조금 언급한 대로 〈백록담〉에서는 제주 여성을 통해서 민족적 자긍심에 주안점을 둔 것이 색다르다고 말할 수 있지 않을까 싶다. 그럴 수밖에 없었던 것이 이 작품 역시 제주도에서 어떤 목적을 갖고 그에게 의뢰했기 때문이다. 그러나 그는 계몽극이나 목적극을 쓰지 않고 제주 여성들의 강인한 삶을 통해서 한국 여성 더 나아가 세계 모든 여성들의 위대성까지를 묘사해보

---

20 차범석, 『옥단어!』, 푸른사상사, 2003, 160~161쪽.

려 했다. 그만큼 그는 노년기에 접어들어서는 민족적 정체성이라는 다분히 폐
쇄적인 데서 벗어나 인류애라는 보다 넓은 데로 지평을 확대해간 것이 특징이
라 볼 수 있다.

물론 그렇다고 해서 그가 민족의 문제를 벗어던졌다는 이야기가 아니다. 그
점은 그가 가장 최근에 발표한 〈옥단어!〉에서 극명하게 표출되고 있다. 그가
언제나 사실에 근거를 두고 작품을 쓰기 좋아하는 것은 단순히 리얼리스트라
서 그렇다기보다는 타고난 정직성과도 무관치 않아 보인다. 그의 어떤 작품
도 황당무계하지 않다. 왜냐하면 그가 연극이란 인생의 진실을 그려내는 것이
라는 확고한 신념에서 작품을 써왔기 때문이다. 그는 특히 실존인물을 소재
로 해서 작품쓰기를 좋아했다. 그것은 나운규를 비롯해서 서재필, 신채호, 김
구 등 여러 명에 이른다. 특히 그는 노년기에 접어들어서는 자기 자신의 이야
기를 주변 사람들을 통해서 말하고 싶은 것이 아닌가 싶다. 〈옥단어!〉 역시 목
포에서 살았던 실존인물이었다. 즉 옥단(玉丹)이는 목포지방의 4대 명물에 꼽
히는 매우 특이한 인물로서 1930년대부터 1950년대까지 목포에서 떠돌이로
살다 간 여자이다. 그녀가 떠돌이였기 때문에 출생도 가족관계도 전혀 밝혀져
있지 않은 그야말로 사고무친의 전설적 인물이라 말할 수 있다. 그가 묘사
한 대로 그녀는 날품팔이꾼으로서 이집 저집 다니면서 허드렛일도 해주고
수돗물을 길어다주고 애경사 때는 빠짐없이 드나들었다고 한다. 그러나 그
녀는 그 노동의 대가는 일정치도 않거니와 요구도 안 했으며 시간이 늦으면
골방이건 마루건 아무 데서나 새우잠을 자곤 했다. 그런데 옥단이는 성격이
낙천적인 데다 몸집은 유달리 풍만했다고 한다. 그러나 곱지도 않은 얼굴에
는 언제나 지분을 발랐고 붉은 댕기를 돌려 쪽을 찌고 값싼 옥비녀를 꽂아
멋을 부렸다. 그런 그녀에게 누군가 "옥단어! 한 곡 뽑아봐야!" 하고 말을 건
네면 옥단이는 방 윗목 구석지에서 일어나 풍만한 앞가슴 속에서 하모니카
를 불다가 흥이 나면 궁둥이 춤이며 병신춤, 그리고 러시아 민속춤인 코팍
댄스까지 추는 게 장기였다는 것이 차범석이 기억하는 옥단이다. 이처럼 작

가는 그 인물을 유년 시절부터 가까이에서 지켜보았기 때문에 인간 됨됨이
에 대해서는 소상히 알고 있는 편이었다. 바로 여기서 그가 그 인물을 통해
서 무슨 이야기를 하고 싶었는가를 들어볼 필요가 있다. 그는 작가의 변에
서 다음과 같이 썼다.

> 가진 것은 없어도 베풀 줄 알고, 아는 것은 없어도 인정이 있고, 외롭게 살면
> 서도 외롭지 않았던 옥단이의 삶에서 오늘을 살고 있는 우리들이 얻어낼 수 있
> 는 것을 찾고 싶었다. 그리고 우리가 가장 어렵게 살았던 1930년대부터 1950년
> 대까지의 폭풍 같은 세월 속에서 살아나온 옥단의 삶의 궤적은 곧 우리 현대사
> 의 뒷골목 풍경이기도 하다. 한 무지몽매한 여인이 시달려 살았던 현실은 그대
> 로 우리의 역사이자 시대의 반영일진대 이 작품은 단순한 연극이 아닌 우리의
> 현대사와 그 아픔을 되돌아보자는 데에 그 의미를 두고 있다. "옥단어!" 하고 모
> 두가 천대했던 한 여인의 생애를 통해 우리의 어두웠던 시대에 대한 진혼이기도
> 하다. 천대받으면서도 끈질기게 버티며, 남을 위해 베풀다가 길지 않은 생애를
> 마친 불행한 여인 옥단은 우리 민족의 자화상일지도 모른다.[21]

이상과 같은 작가의 변 속에 이 작품의 제재가 모두 들어 있다고 해도 과언
이 아니다. 그런데 여기에 그의 작가적인 한 특색이 드러나고 있다는 데 주목
할 필요가 있다. 그것이 다름 아닌 그의 정신적 귀향(?)이라 하겠다. 앞에서도
조금 언급한 바 있듯이 그는 젊은 시절 고향 주변의 이야기로 등단했고, 도시
로 진출해서는 도시문명적인 이야기를 즐겨 작품 소재로 삼았었다. 물론 몇몇
작품은 고향 주변을 무대로 이념적인 이야기나 정치문제를 다룬 것이기도 하
다. 그러나 그것은 어디까지나 자기가 하고자 한 이야기 전개를 위해서 무대
를 빌려온 것일 뿐 짙은 고향 이야기는 아니었다. 그러다가 〈학이여 사랑일레
라〉로부터 그는 다시 고향 이야기를 하기 시작했고, 〈옥단어!〉에 와서는 아예

---

21 차범석 선생 팔순 기념공연 〈옥단어!〉 팸플릿.

자신의 이야기를 조금씩 해보려는 듯싶다. 이는 사실 초기에는 자신의 얘기, 중반에는 남의 얘기, 종반에는 자기의 얘기로 돌아간다는 작가들이 밟는다는 정신적 궤적을 그도 밟고 있는 듯싶어서 흥미롭다.

이 작품에서는 물론 한 보잘것없는 떠돌이 여인을 다루고는 있지만 그녀를 둘러싸고 있는 인물들은 대체로 그 자신과 가족의 이미지를 많이 따온 느낌을 많이 주는 것도 사실이다. 작품이란 작가의 상상력, 속에서 꾸며진 허구지만 그가 언제나 사실에 근거해서 작품을 써왔다는 점에서 〈옥단어!〉에 등장하는 인물들이야말로 실존인물들의 스케치로 보아도 무방하다는 생각이다. 가령 옥단이가 허드렛일을 많이 해준 이참봉네 가족, 그중에서도 이참봉과 그의 아들 영찬은 작가의 숙부와 작가 자신의 삶 방식은 물론이고 정신적 궤적과 여러 면에서 상통한다. 그러나 여기서 중요한 것은 그러한 인물 창조에 있다기보다는 원숙기에 들어선 그가 무슨 생각을 하고 있고, 또 무엇을 말하려는가에 있는 것이다. 이 작품 속에는 그의 인생관이라든가 세계관 같은 것이 그 어떤 작품들보다도 짙게 투영되어 있다. 그의 대표작이면서 동시에 해방 이후 최고 걸작으로 꼽히는 〈산불〉의 경우 다분히 이데올로기적이라고 한다면 〈옥단어!〉는 인간탐구라는 점에서 보다 본질적이기 때문에 그가 한 차원 높은 경지에 다다르고 있는 것이다. 극히 자전적 성격을 띠고 있는 점도 과거의 작품들과 다른 점이고 그렇기 때문에 자신의 인생관을 설득력 있게 펼칠 수 있다고 말할 수 있었다고 보는 것이다. 우선 이 작품의 시대배경이 1938년 겨울서부터 1950년 초겨울까지로서 12년 동안 목포의 명문 이참봉네 가족의 수난을 옥단이의 삶과 병치시킴으로써 식민지 말엽부터 6·25전쟁 때까지의 한국인들의 곤비에 찬 삶을 되돌아보고 있다. 그런 척박한 상황에서는 현실과 어느 정도 타협할 수밖에 없다는 이참봉과 학병에 거부하는 아나키스트 아들 영찬, 그리고 그 틈새에서 아무것도 모르고 희생당하는 옥단이는 그대로 우리들의 자화상이었다고 해도 과언이 아니다.

그는 우선 이 작품에 그가 평생 동안 삶의 방식으로 지켜온 자유정신을 투

영하고 있다. 주인공 옥단이의 삶 자체가 자유 그 자체이다. 어디에 소속되지
도 않고 가진 것도 없으며 또 가지려 들지도 않는다. 그렇다고 해서 그녀가
삶에 불만을 갖고 있는 것도 아니다. 그녀가 모자라 보이지만 그녀는 사랑
도 알고 인간의 소중함도 알고 있다. 다만 집착하지 않을 뿐이다. 작가는 영
찬의 입을 통해서 '우리가 추구하는 것은 오직 자유! 절대적인 자유! 남을 구
속해도, 구속당해도 안 되는 자유뿐이다!'라고 외치고 있다. 물론 여기서 주
인공이 부르짖는 자유는 일제의 속박으로부터 자유이고 전통적인 도덕이나
관습으로부터의 자유지만 작가가 진정으로 추구하는 것은 삶을 둘러싸고
있는 모든 것으로부터의 벗어남이라는 점에서 다분히 철학적이라고 볼 수
가 있다.

　작가는 젊은 시절 이래 관급, 제도, 조직 등으로부터 자유롭기를 갈망해
왔고 그러기 위해서 투쟁도 했었다. 그러나 그가 노년기에 들어서는 세속
적 삶 자체를 훌훌 털어버리려는 사유세계로 빠져드는 듯이 보인다. 그렇기
때문에 소년 시절 가볍게 보아넘겼던 하찮을 수 있는 여인 옥단이에 관심
을 가진 것이 아닌가 싶다. 그의 이러한 생각은 종교적 경지에까지 다다르
고 있다. 그는 또 죽은 옥단이의 입을 통해서 "나는 지나간 일은 탓 안하기로
했어라우. 지내고보면 모든 게 먼지 같고, 안개 같고, 바람 같은 것을… 어
디서 낳아서, 이름이 뭐고, 직업이 뭐고, 재산이 얼마고 따져봐야 살아 있는
동안만이지. 여기서는 아무런 소용도 없는디 왜들 그렇게 서로 뺏고 가질려
고 하는지 모르겠구만이라우. 만사가 허사지라우… 세상 떠날 때는 빈손인
디 뭘 욕심내 아… 동이 트는구만! 오매 눈부신 것! 이것들이 땅에서는 눈 씻
고 봐도 못 볼 것이다. 이렇게 높은 데서 봐야제! 내 걱정 말고, 적게 먹고 가
는 똥 싸면서 살 것이어! 홋호…"라고 노래하듯 외친다. 작가는 이처럼 어디
에 소속되지도 않고(無歸屬), 또 아무 것도 가진 것 없는(無所有) 옥단이를 통
해서 인생의 덧없음을 조용히 노래하고 있다. 그렇다고 해서 그가 허무주의
에 빠졌다는 이야기가 아니다. 그가 이야기하는 것은 서구적 허무를 넘어선

동양적 사유세계로서 절망을 뛰어넘는 영원무애(永遠無涯)의 사상이라 말할 수 있다. 환언하면 그가 초탈(超脫)의 세계에 접어들고 있다는 이야기이다. 그는 이 작품에서 그가 그동안 거의 활용하지 않았던 씻김굿까지 동원하고 있다. 이는 곧 불우한 떠돌이 여인을 위해서 해원(解寃)굿을 해주겠다는 것으로서 그의 평소 지론이라 할 관용의 도를 실천하는 것이기도 하다. 그는 사실 정치 사회풍자극도 여러 편 썼지만 의식이 비틀려 있지 않은 것도 특징이라면 특징이다.

그가 지주의 집안에서 부족함이 없이 성장했기 때문에 세상을 항상 큰 틀에서 바라볼 줄 아는 입장에 설 수가 있었다. 이것도 그의 장점 중의 하나라는 생각한다. 그리고 그가 전통적 의식을 작품에 도입한 것과 관련하여 최근 가톨릭교에 입교한 것과 어긋날 수도 있다고 말할 수 있을지 모른다. 그러나 작품은 별개이다. 그가 가톨릭에서는 개인적 구원을 모색하면서도 창작에서는 남도의 토속적 의식(儀式)을 빌려서 옥단이의 영적구제를 시켜주고 있는 것이다. 그가 좀처럼 활용하지 않았던 전통적인 장례의식을 원용한 것도 인상적인데, 이것 역시 한국인의 존재양상을 구현해내고 있다는 점에서 그의 작품이 점차 토속적 세계로 빠져들고 있는 느낌마저 준다. 어차피 한국인의 삶을 진솔하게 묘사해 내려면 전통적 의식(儀式)을 빌려올 수밖에 없지 않은가. 그가 근자에 가톨릭에 입교했고, 또 떠돌이 여인을 통해서 인생의 허망함을 노래하고 있다는 것은 그가 이제 입신의 경지에 접어들었음을 단적으로 보여주는 것이기도 하다. 격동의 현대사의 풍랑 속에서 80 나이를 넘어선 그가 달관의 경지에서 흩날리는 삶의 노래 〈옥단어!〉가 우리를 감동시키는 것은 어찌 보면 당연하다. 그가 〈산불〉을 쓴 이후 40여 년 만에 비로소 〈옥단어!〉를 통해 〈산불〉을 뛰어넘는 걸작을 내놓게 된 것은 놀라운 일이 아니다. 왜냐하면 이는 그만큼 그가 부단히 공부하고 고뇌하면서 부단히 스스로를 채찍질해온 결과의 산물이기 때문이다. 이 작품에서 그는 여러 가지 새로운 경지와 함께 기법도 보여주었는데, 그 첫째가 역시 사실 위에 높은 상징을 덧씌운 것이고, 두 번째는 토속적 풍정을 짙게 투영한 것이며, 세 번째는 초월의 경지에 이를 만큼 삶의 본질에 깊이 다가간 점이다. 이는 사실 한국 리얼리즘극의 진전을 극명하게 보여주는 것이다. 이 작품에서는 특히 언어의 조탁(彫琢)도 돋보였으며 남도 특유의 맛깔스런 방언이 작품의 진가를 더했다고 말할 수 있다.

그러면서도 그는 만족이란 없다는 듯이 부지런히 새로움을 추구했다. 마치 하나의 초가 자신을 모두 태우듯이 연극 창조 작업에 자신을 몽땅 연소시키고 2006년 6월 6일 82세를 일기로 세상과 작별했다.

그의 타계는 유치진으로부터 시작된 리얼리즘 희곡이 함세덕을 거쳐 일단 완성단계에 도달했고 동시에 한국 사실주의 연극의 종언을 의미한다고 말할 수 있다. 그러니까 한국연극이 한 시대를 마감하고 백화제방의 다양성을 향해서 힘차게 나아갈 것으로 생각된다.

백성희

희곡이 없어도 연극은 가능하다. 연출가가 없어도 연극을 할 수는 있다. 그러나 배우가 없으면 연극도 없다. 연극 사조가 아무리 바뀌어도 배우의 존재는 흔들리지 않는다. 누가 뭐래도 배우는 연극의 중추이므로 무대를 떠받치는 것은 장치 아닌 배우인 것이다. 그러나 배우가 관중에게 아무리 깊은 감동을 던져주어도 그것은 하나의 잔영(殘影)일 뿐 실체로서 존재하는 것이 아니다. 무대 위에서 발하는 배우의 위력도 막이 내리는 순간 담배연기처럼 사라지고 관객 개개인의 기억 속에 희미하게 남을 뿐이다. 배우의 허망함은 그러한 관객 개개인들의 기억조차 긴 시간 속에 사라져버린다는 데 있다. 아무리 빛나는 스타라 하더라도 밤하늘의 별들이 태양이 뜨기 전에 사라지는 것처럼 허망한 것이라는 사실이다.

특히나 이 땅의 배우들은 지난 시절 너무나 슬펐다. 배우라는 존재 자체가 허무한 데다가 박대와 소외, 그리고 가난까지 함께 겪어야 했기 때문이다. 더더구나 이 땅의 여배우는 외롭고 슬펐다. 천수백 년 동안 이 땅에서도 연극은 있어왔지만 그 숱한 여배우들은 다 어디로 갔단 말인가. 조선시대까지는 떠돌이 광대였으므로 그렇다 치더라도 개화기 이후의 그 빛나는 여배우들은 어디로 갔단 말인가. 지난 시절 우리 연극계에는 이월화, 복혜숙, 지최순, 차홍녀,

전옥, 김선영 등 몇 손가락에 꼽히는 여배우만 있었단 말인가. 그렇지 않다. 연극무대 위에는 언제나 여배우가 있었다. 그럼에도 불구하고 그 숱하게 명멸했던 여배우들의 대부분이 육체적 생애와 예술적 생애가 길지 못했었다는 공통성을 지닌다. 지난 시대 여배우들의 육체적 생애와 예술적 생애가 짧았던 이유는 사람에 따라 다르겠지만 공통점도 지니고 있는 바, 그 첫째가 연극 천시라는 유교 인습이었고, 두 번째로는 정치 · 사회 · 경제적인 제약이었으며, 세 번째는 남권

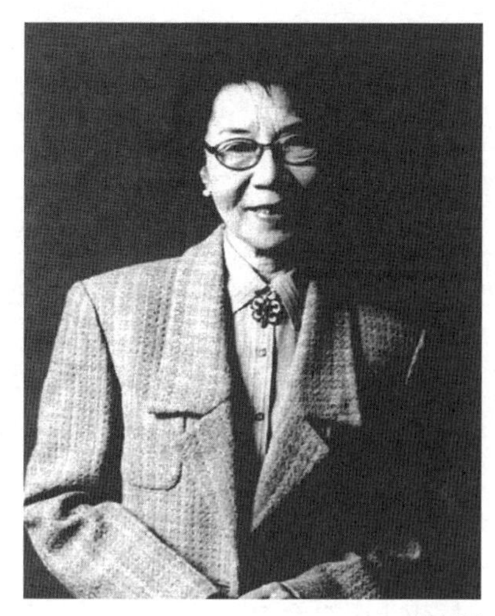

백성희

위의 사회 속에서의 여성에 대한 홀대, 그리고 끝으로 최악의 연극 환경 등이었다.

그런데 그러한 악조건을 극복하고 우뚝 선 뛰어난 여배우 한 사람이 있다. 그가 다름 아닌 국립극단의 간판이며 무대지기라 할 백성희(白星姬)다. 대체로 우리의 예술가들 중 상당수는 세월의 풍상과 함께 자신을 제대로 추스르지 못하고 퇴장한다. 이러한 황막한 우리 풍토 속에서 세월과 함께 더더욱 빛나는 배우가 바로 백성희다. 팔순을 넘어선 뒤에도 나이를 의식 못할 만큼 건강미와 젊은 목소리를 지녔기 때문에 무대에 서면 언제나 신선함을 객석에 던져주었다.

만년 주연배우 백성희의 인생은 과연 어떻게 전개되어온 것일까. 그는 1925년 9월 2일 이경현(李景鉉)과 김성열(金成烈)의 장녀로 서울 중구 영락동에서 태어났다. 영락동은 명동 옆이었기 때문에 일본인들의 집단 거주지였다. 일인 집단 주거지에는 일찍부터 수좌(壽座)와 같은 일인들의 전용극장이 들어서 있었기 때문에 우리나라 초창기 신파극의 전파 지역이었다. 백성희와 신파극은

별다른 연관이 없지만 뒷날 가극단에 첫발을 들여놓은 것과 연관시켜 보면 출생지가 어떤 운명의 끈이 된 듯도 싶다. 그의 본명은 이어순이(李於順伊)였고, 아버지는 목재상으로서 전형적인 서울 토박이 중류층의 유복한 가정을 일궜었다. 따라서 그는 남부럽지 않은 넉넉한 가정의 9남매(아들 넷, 딸 다섯 명)의 장녀로서 유치원을 다닐 수 있었고, 소학교와 중등학교(同德高女)로 이어지는 정규교육도 받을 수가 있었다.

일찍이 새뮤얼 셸던은 배우의 세 가지 조건의 첫 번째로서 천부적 소질을 제시했는데, 백성희야말로 그런 조건에 딱 들어맞는 경우였다. 왜냐하면 그는 유치원 때부터 이미 배우의 자질을 보여주었기 때문이다. 그의 소질을 살찌게 한 것이 바로 주변 환경이었다. 개명되고 유복한 가정이었기 때문에 어려서부터 음악과 문학에 가까이 다가설 수 있게 된 것이다. 집에 축음기가 있었기 때문에 음악과 우리의 고전에 눈뜰 수 있었고, 책꽂이에 꽂혀 있는 각종 한적(漢籍)들과 문학서적은 그로 하여금 감수성과 상상력, 그리고 남의 인생을 간접 경험토록 만들어주었다. 한적들은 궁궐의 관리로 있던 조부가 읽었던 것이다. 그런 가운데서도 그가 결정적인 영향을 받은 일본 잡지『다가라쓰카소녀가극단(寶塚小女歌劇団)』이라는 월간지를 들춰볼 수 있었던 것도 수준 높은 가정 배경이 아니었으면 불가능한 것이었다.

두 번째로는 유식한 할머니의 영향을 지적할 수 있다. 마치 독일의 세계적 문호 괴테가 유년 시절 집에서 할머니가 연출해서 보여주는 인형극을 보고 문학적 상상력을 키웠던 것처럼 백성희는 예술적 감각을 지닌 할머니의 영향과 보호를 적잖이 받았다. 완고한 부친의 반대를 무릅쓰고 배우의 길로 접어드는 데 은연중 후견인 역할을 해준 이도 바로 할머니였다는 점에서 그렇다. 세 번째로는 주변의 자연환경을 꼽을 수 있을 것 같다. 그가 소학교에 입학하던 해 서울 변두리였던 신당동으로 이사를 간 것은 자연과 친화하는 데 결정적 계기가 되었다. 꾸불꾸불한 논두렁길을 걸으면서 아침 이슬을 스치고, 들꽃으로 꽃반지를 만들어 끼고 풀피리를 불 수 있는 소녀의 낭만을 키우게 된 것도 그런 자연환경 덕분이었다. 이러한 자연과의 친화는 그의 감성을 더욱 풍성하게 만들어주었고, 그것이 문학과 조화를 이룸으로써 그는 예술가의 기본적 자질을 이미 10대에 키운 것이었다. 이러한 기(技)는 성장하면서 곧바로 나타난다.

전통적이며 안락한 가정과 잘생기고 명석한 두뇌의 소유자였던 그에 대한 부모의 소망은 당시로서 명약관화하다. 현모양처가 되기를 바란 것은 두말할 나위 없었다. 그러나 그는 이미 갓길로 빠져들기 시작한다. 그의 뇌리에서 떠나지 않는 일본소녀가극단원들의 멋진 모습은 그에게 운명의 견인이 되어 자신도 모르게 잡아끌고 있었다. 신문 귀퉁이에 나와 있던 빅타무용연구소 연구생 모집광고가 바로 그것이었다. 그는 주저 없이 무용연구소에 들어가서 고전무용에서부터 발레까지 배울 수 있었고, 음악은 물론 발성법까지 익힘으로써 가극배우의 기초를 닦을 수 있었다. 그것은 그로 하여금 자연스럽게 당시 유행하던 가극단에 입단케 만들었고, 뒷날 유명 정치가가 된 서민호(徐珉濠) 주도의 빅타가극단의 말단 단원이 될 수 있었다. 그러나 명문가 집안의 장녀였던 그의 연극입문은 쉬운 일이 아니었다. 그는 자전적인 글에서 다음과 같이 회고한 바 있다.

1942년, 내가 5년제 중학교를 다닐 때의 10월 어느 날이었다. 어머니와 나는 아주 조그맣게 돼서 아버지 앞에 앉아 있었다. 방문 밖에서는 외할머니가 동생들에게 손짓으로 조용히 하라고 이르며 안방에 주의를 집중시키고 있었다. 아버지는 내게 마지막 다짐을 하셨다.

"꼭 광대가 될 거냐?" 안간힘을 다해 나는 "네"라고 대답했다. 그때 아버지의 벼락 치는 듯한 노성, "나가, 보기 싫어" 천지가 진동할 것 같은 불호령이었다. 일찍이 그렇게 격노한 아버지의 모습을 본 적이 없던 나는 그저 두렵고 무섭기만 해서 사색이 다되어 아버지의 손만 보고 있었다. 주먹을 쥐었다 폈다 하시는 아버지 손이 곧 내게로 뻗쳐와 호되게 내려칠 것 같은 두려움에 사로잡혀 있었다. 이윽고 "진정하세요" 하는 어머니의 조용한 목소리가 들렸을 뿐 그 다음은 기억할 수가 없었다. 내가 눈을 떴을 때, 이마에는 물수건이 얹혀 있었고 할머니와 어머니는 내 손을 주물러주고 계셨다. 그로부터 사흘 동안 나는 물 한 모금 마시지 못한 채 줄곧 의식불명 상태로 몸져 누워있었다.[1]

　이상에서 알 수 있는 것처럼 그는 대단히 어려운 상황에서 연극 입문을 한 경우에 속한다. 그럴 수밖에 없었던 것이 남부럽지 않을 만큼 유복하고 한다 하는 명문가의 장녀로서 여학교까지 다닌 그를 완고한 부친이 배우로 만들 수 있었겠는가. 그럼에도 불구하고 그가 고집을 꺾지 않자 결국 부친도 손을 들었던 것 같다. 그 이후 술만 마시면서 고심하던 부친이 다시 그의 의지를 확인하는 자리에서 그가 "이 세상에서 연극 말고는 하고 싶은 것이 없다"고 대답했고, 부친은 "이제 너는 내 딸이 아니다. 할 테면 해라. 그러나 하다가 흐지부지 해서는 그땐 너는 내 딸이 아닌 것은 고사하고 사람이 아니다"라는 말로서 부녀간의 연극 이야기는 일단 막을 내렸다.

　부친이 목재상을 한 것은 순전히 건강 때문이었다고 한다. 그러니까 청년 시절 몸이 약해서 절간에서 요양한 적이 있었고, 그때 나무에 매료되어 목재상을 했다고 한다. 여하튼 그는 어려움 없이 여학교를 나와서 연극에 입문한다. 춤과 노래, 연기에 빠지면서 학교 공부에 흥미를 잃는 것은 너무나 당연했다. 여학교 졸업을 얼마 앞두고 학교 공부를 접은 채 부모의 만류를 뿌리치고 가출 상태에서 빅타가극단의 무대를 처음 밟은 것은 1942년 18세의 앳된 처녀 시절이었고, 가극 〈심청〉의 뺑덕어멈 역이었다. 이 작품을 연출했던 서항석(徐恒錫)은 그녀의 데뷔 연기에 대하여 "18세의 소녀로서 그 변덕 많고 호들갑스럽고 야멸차고 익살맞기까지 한 중년녀 행덕모를 거뜬히 해낸 이화자(李和子)의 연기는 놀랄 만했다. 그 이화자가 다름 아닌 오늘의 명여우 백성희인 것이다"[2]고 쓴 바 있다. 여기서 이화자는 그가 본명 어어순이를 감추고 무대에 서기 위해 임시로 지은 이름이었고, 그를 갸륵하게 본 서항석이 예명을 백성

<hr>

1　백성희,『무대 밖에서—예술가의 삶 17』, 혜화당, 1994, 119쪽.
2　서항석,『경안 서항석 전집』(5), 하산출판사, 1987, 1809쪽.

희로 붙여주게 된 것이다. 이처럼 그는 대배우가 될 수 있는 자질을 이미 데뷔 무대에서 유감없이 보여주었다.

첫 무대에서 주목을 끈 그는 빅타가극단을 따라 북선 지방은 물론이고 만주까지 한 달 반 동안 순회공연을 하고 돌아왔다. 고생스럽긴 했으나 그것은 그에게 생애 최초의 긴 여행이기도 했다. 호기심으로 가득 차 있던 그에게 특히 만주 여행은 많은 것을 느끼게 해준 순회공연이었다. 그는 순회공연담을 물은 부친에게 당돌하게도 "사람이 세상에 태어나 무엇인가 반드시 할 일이 있다고 생각지 못하는 사람은 교양 있는 사람이라 말할 수 없다"라면서 "연극을 하기 위해 세상에 태어났다고 확신합니다"라고 말한다.

그런데 그로 하여금 본격 배우의 길로 접어들게 한 것은 흥미롭게도 당시 대표적 극단이었던 유치진 주도의 현대극장의 공연사고(?)였다. 1943년 현대극장이 부민관에서 공연하고 있던 〈봉선화〉(함세덕 작, 안영일 연출)를 관극하러 갔다가 갑작스런 출연자 결장으로 대역을 맡아 무대에 나선 것이다. 그 작품에서는 조역에 불과했지만 거기서도 그의 재질과 가능성만은 유감없이 나타났다. 그것이 계기가 되어 그는 곧 바로 재공연에서 주역으로 발탁되었다. 이때부터 그녀는 발랄한 청춘을 무대에서 불사르기 시작한다. 약관 열아홉 살의 풋내기 처녀였던 그는 현대극장 단원으로서 〈목격자〉, 〈낙화암〉 등에서 큰 역을 거뜬히 소화해냈던 것이다.

이 무렵 그는 한 남성을 운명적으로 만나게 된다. 1920년 현진건, 박종화, 이상화 등과 문학동인지 『백조』의 창립동인으로서 〈물레방아〉, 〈벙어리 삼룡〉 등으로 유명한 소설가 나도향(羅蹈香)의 동생 나조화였다. 나도향의 모습에서 유추해낼 수 있듯이 나조화도 예술적인 기질을 타고는 났으나 배재고보 시절에는 야구에 흥미를 가졌었고 니혼(日本)대학 창작과에서는 문학을 공부하기도 했다. 서울 토박이였던 조부는 국가유공자였고 부친이 한의사였기 때문에 가정은 유복한 편이었다. 따라서 그는 돈을 벌기 위해 안간힘을 쓰는 위인은 아니었던 것 같다.

나조화는 빅타가극단장으로 있던 친구를 도와주면서 자연스럽게 백성희를 주목했다. 백성희보다는 열네 살이나 연상이었기 때문에 10대의 순진한 소녀였던 백성희는 전혀 이성으로서 그를 대한 것은 아니었다. 그렇지만 똑똑하고 청순한 미모의 백성희에 마음을 두고 있던 나조화는 수시로 연극 관련 책을 사다 주는 등 공을 들였고, 백성희 역시 그런 그에게 조금씩 마음이 끌려가고 있었던 것 같다. 눈 오는 어느 겨울밤에 용산의 성남극장에서 공연을 마치고 나오던 백성희는 나조화로부터 정식으로 청혼을 받게 된다. 그때의 정황을 백성희는 다음과 같이 회고했다.

> "어때? 나한테 시집오지!" 당황한 나는 "어머!" 외마디 소리를 남기고 집을 향해 뛰었다. 이성, 사랑, 결혼, 열네 살 연상인 그는 그런 대상으로는 거리가 있었다. 그리고 그러기에 나는 너무 어렸다. 하얀 백지 위의 까만 점 하나. 가슴에 새겨진 점 하나를 안고 몇 날 몇 밤 몸살을 앓는 동안 어느새 그 점은 작은 내 가슴을 온통 차지하고 있었다. 그럴 무렵 그의 한마디, "연극에서 살자, 내 몫까지 해줘" 고등학교 때부터 야구에서 한 몫 하던 그였기에 예술에 대한 꿈을 내게 심었다는 뜻이었다.[3]

백성희는 나조화의 예술에 대한 꿈을 통해 그를 다시 깊이 이해하게 되면서 결혼에도 흔쾌히 응한 것이다. 그리하여 그들은 1944년 2월에 신설동의 한 조그마한 절에서 조촐하게 혼례를 치르게 된다. 백성희의 나이 만 열아홉 살 때였다.

이듬해(1945) 여름 해방 직전에 아들 하나를 낳고는 한동안 외아들을 키우느라 무대에 서지 못했고 행복한 아내로서 가정에 머물러 있었다. 그러다가 해방을 맞으면서 접었던 연기 생활을 다시 시작하게 되는데, 그것은 곧 황철, 이해랑 등과의 만남이었고 극단 낙랑극회의 단원도 되었다. 그 단체의 대표적

3　백성희, 앞의 책, 115쪽.

공연 중의 하나였던 〈산적〉(함세덕 작)의 출연에 이어 〈높은 암산〉(맥스웰 앤더슨 작)에서도 멋진 연기를 보여줌으로써 '파란 연잎 위의 한 송이 연꽃 같다'는 호평을 받기도 했다. 결혼 후에 그는 젊은 여배우로서 더욱 안정감을 갖고 서서히 두각을 나타내기 시작한다. 좌우익 연극의 대립 갈등 속에서 그는 아랑곳하지 않고 기회가 주어지면 무대에 서곤 했다. 연극 스승이이라 할 유치진, 이해랑 등이 연극계의 주도권을 다시 잡으면서 더욱 본격적으로 무대에 설 수가 있었다. 1948년 정부 수립과 함께 연극계가 안정되면서 그는 신협 무대와 다른 극단 무대에도 섰었다.

드디어 1950년 4월에 국립극장이 문을 열면서 백성희는 전속단체인 신협의 최연소배우로 연극의 대해(大海)에 화려하게 등장했다. 그가 국립극장의 전속배우가 된 것은 대단한 의미를 지니는 것이었다. 왜냐하면 그 자신도 시인한 바 있듯이 유치진의 현대극장으로부터 이해랑의 극협, 그리고 신협으로 이어짐으로써 한국 정통극의 적자 단체의 막내 여배우로서 자리를 잡은 것이었기 때문이다. 특히 복혜숙, 유계선, 김선영 등 당대의 대여배우들과 같은 위치에서 연극을 하게 된 것은 행운이기도 했다. 그래서 그는 다른 연극인들에게 뒤떨어지지 않으려고 세계의 국립극장에 대해서 공부를 많이 했다고 한다. 그녀는 대배우들과 함께 창립공연작인 〈원술랑〉(유치진 작)에 이어 제2회 공연작인 〈뇌우〉(조우 작)에서는 중진 배우 유계선과 더블 배역이었는데, "미모나 미성뿐 아니라 연기 면에서도 원로배우 유계선 씨를 능가했다"는 칭찬을 받고는 고무되기도 했다. 단번에 대스타로서의 가능성을 보여준 것이다.

그에게도 1950년 6·25전쟁은 고통 그 자체였다. 미처 피난을 못 갔던 그가 인민군이 점령한 직후 궁금해서 찾아간 국립극장 연습실의 풍경을 그녀는 다음과 같이 묘사한 바 있다.

그곳은 광란의 도가니였다. 성스러운 우리의 연습장은 이성을 잃은 사람들이 발광하는 아수라장이 되어 있었다. 잠시 뭔가 외치는 소리가 나더니 갑자기 활화산의 폭발 같은 '나가자, 의용군!'의 구호가 건물 안을 진동시켰다. 한구석에 서서 오열하고 있는 내 눈에 김모씨, 강모씨 등이 스쳤지만 내가 알던 얼굴빛이 아니었다. 그들이 떼 지어 짐승들의 포효 같은 소리를 내면서 와르르 방 밖으로 몰려나가는 속에 내가 떠밀렸다. 덥석 피켓 하나가 내 손에 쥐어졌다. 대기하고 있던 카메라맨들이 들이닥치면서 '웃어! 웃어!' 하고 핏발선 눈을 부릅뜨며 호령해댄다. 거기에 겹쳐지는 쉰 목소리들의 구호, 구호, 거리로 나서니 신선한 공기가 와 닿는다. 아냐, 이건 아냐! 인간에게서 이성을 빼면 고등동물이 아니잖아, 한 번도 본 적이 없는 이 많은 사람들이 다 연극인이라고? 아냐! 이념이, 주의가 뭐길래 인간을 이토록 훈련된 하등동물화 한단 말인가. …(중략)… 나는 카메라를 향해 웃었다. 그리고는 마음속으로 "안 해! 내 인생인 연극이 오늘로 종지부를 찍게 된다 해도 너희들과는 연극 안 해!" 하고는 이를 악물었다.[4]

이처럼 이념의 수렁에서 몸서리를 치고는 곧바로 부친의 연고지인 경기도 평택으로 숨어들어서 1·4후퇴 때까지 머무르고는 대구로 피난을 간다. 대구에 가서는 서항석이 제2대 극장장으로 있는 가운데 부득이하나마 유치진, 이해랑으로 연결되는 정통 노선에서 비켜서게 되었다. 그는 평소에 어떤 파벌이나 계보에 드는 것을 탐탁하게 생각하지 않았다. 따라서 대구로 피난 가서도 전처럼 국립극장 배우로서 활동한다는 생각으로 한 것일 뿐이었다. 그렇게 되니까 자연스럽게 국립극장에서 분리해간 이해랑의 신협과는 다른 노선을 걸은 것이다. 그것은 신협이 환도했을 때까지 지속되었다.

그러는 동안 그에게는 가정적 불행도 있었다. 6·25전쟁 기간에 남동생을 잃었고, 노심초사하던 부친조차 세상을 떠나, 평생 가장 불행한 경험을 하게 된 것이다. 그러나 그는 모든 것을 극복하고 연극에만 매진했다. 1953년 극단 신협이 환도한 것에 맞춰서 그녀는 3여 년 만에 이해랑의 신협에 정식으로 다시 가담할 수가 있었다. 그녀가 3년 만에 신협 배우로서 선을 보인 작품은 유

---

4 위의 책, 133쪽.

치진의 〈마의태자〉였다. 그런데 신협에서 가장 뛰어났던 여배우 김선영이 월북했기 때문에 신협 무대에는 자연스럽게 세대교체가 일어난 것이었고, 따라서 그녀와 황정순(黃貞順)이 쌍벽을 이루면서 국립극장 무대를 장식해갔다. 그리고 연극계 판도 변화와 여배우들의 영화, 방송 출연 등 분산과 함께 시간이 흐를수록 백성희는 돋보이는 존재로 부각되어갔다.

그러나 무엇보다도 연륜과 함께 그가 두각을 나타낼 수 있었던 것은 새뮤얼 셀던이 말하는 배우의 세 가지 조건을 완벽하게 구비한 데다가 성실하고 집념에 가득 찬 열정적 삶 방식에 연유한다. 천부적 자질, 연습, 실연(實演)이라는 즉 배우의 세 가지 조건을 그는 충분히 이행하고, 또 소화해낼 수 있었다. 그는 누구보다도 공부하는 배우였다. 연습에 관한 한 가히 광적이라 말할 수 있었다. 아무리 바빠도 연습시간에 늦는 일이 없고 웬만한 질병도 연습으로 극복했다. 그는 평소 '배우가 되기 전에 먼저 사람이 되라'는 선배의 경구(警句)를 언제나 마음속에 새겼다. 그는 자전적인 글에서 "고상하거나 지성 있는 인물도 평소에 보는 그 배우만큼밖에 무대에서 볼 수 없다는 말이 있다. 연기를 통해 그 배우의 인격마저도 볼 수 있다는 말에 수긍이 간다"고 쓴 바도 있을 만큼 엄격한 생활을 지켜간 것이다.

그런 것이 그대로 연극으로 연결된 것이 그의 연극인생이었던 것이다. 그에게 평생 단 한 번의 스캔들도 없었던 것이 그 단적인 예라 말할 수가 있다. 그렇기 때문에 그의 생활에서 연극이 그 어느 것보다도 우위에 놓이는 것은 너무나 당연하고, 그 바탕이랄 수 있는 연습에 소홀할 수가 없었다. 다른 배우들이 대본을 들고 어슬렁거릴 때 그는 이미 다 외운 상태에 있었다.[5] 그는 언제나 자신의 비중과 관계없이 가장 부지런하고 솔선수범하며 연습에 열성적이었다. 그에게서 연극을 빼면 남는 것은 아무 것도 없을 만큼 거기에 자신을 던지는 배우였다. 그는 평생 배역 타령을 해본 적이 없다. 대체로 배우들은 주연

---

5 오수연, 「연극인 백성희」, 『여성신문』 1990.12.21.

급에 속할수록 배역에 많은 신경을 쓴다. 자존심이라든가 자신의 몸값 때문이다. 그런데 그는 그렇지 않은 몇 명 안 되는 톱클래스 배우인 것이다. 평소 단역은 주역의 여건이고 여건이 잘 되어야 주인공이 돋보이며 그래야만 좋은 연극이 만들어지는 것이라는 신념을 가진 그녀는 배역과 관련하여 자전적인 책에서 다음과 같이 말한 바 있다.

> 나는 오늘까지 연극을 해오면서 작품은 가렸지만 단 한 번도 배역을 가려본 적이 없다. 주어지는 배역이면 무슨 역이든 기꺼이 받아들였다. 배우에게는 두 개의 유형이 있다. 하나는 작중인물을 자기(배우)화하는 형이고, 다른 하나는 자기를 작 중 인물화하는 형이다. 나는 후자 쪽에 속한다. 그러니 어차피 배우 자신이 아닌 딴 사람이 될 바에야 배역을 따져 뭐하겠느냐는 것이 내 소신이다. 사실 작중인물을 창조하는 과정이 예술이 아닌가. 그렇기에 나는 평범에서 벗어난 인물의 배역을 맡을 때 더욱 의욕적으로 작업에 임한다.[6]

이상과 같은 자세야말로 진정한 배우다운 것이고, 그 결과 그는 많은 작품들에 출연하면서 다양한 인물을 창조해낼 수가 있었다. 사실 국립극장 개관 이후 그 무대 위에서 백성희만큼 많이 서본 배우는 아직까지 없다고 해도 과언이 아니다. 그만큼 그는 실연의 경험이 풍부했고 그것을 연륜과 함께 그를 대배우의 자리에 앉혀 놓게 만들었다.

그가 연출가의 지시 없이 스스로 인물 창조를 하기 시작한 것은 연기 생활 10년이 지나고서였다. 즉 그녀는 연기 생활 10년이 되는 1953년 말 신협 공연 〈나도 인간이 되련다〉(유치진 작)에서 볼품없고 탐욕스럽기까지 한 주역인물이었던 '나타샤 김'을 연출자(이해랑)를 제치고 독자적으로 창조해냈던 이야기를 다음과 같이 회고한 바 있다.

---

6 백성희, 앞의 책, 71쪽.

　　그 여자는 한국의 피가 섞인 소련 2세이다. 치를 떨며 미워할 수만은 없지 않은가. 1. 미울 수밖에 없는 그 여자를 동정이 가는 여자로 만들어 보자. …(중략)… 그렇게 심리적(내면적)인 작업을 해놓고 그녀의 장기인 사투리, 춤, 노래 등 물리적인 체현(體現)을 극성으로 익혔다.[7]

　이처럼 그는 대단히 복합적인 그 인물을 치열한 노력 끝에 연출자도 탄복할 만큼 훌륭하게 창조해낸 것이다.

　한때 갈등도 없지 않았다. 1961년 드라마센터 개관과 그가 몸담았던 극단 신협의 사실상의 해체만큼 그녀로 하여금 좌표를 설정하는 데 어렵게 한 적도 없었다. 그러나 올곧은 성품과 한 우물만을 집요하게 파는 성격으로 인해서 그녀는 드라마센터로 올라가지 않고 국립극단의 기둥배우의 자리를 지켰다. 물론 그녀도 60년대의 동인제 극단 시대에 있어서는 여인극장(1965) 대표를 잠시 맡은 적도 있으며 타의에 의해서 극단 광장의 창립동인도 했었다. 이는 그만큼 연극계에서 그녀의 위치가 컸다는 것을 의미한다고 볼 수도 있다. 그런 그에게 일생의 가장 큰 시련이 닥쳐왔다. 그녀의 연기 생활의 충실한 외조자로서 뒷받침해주던 남편과 1968년에 사별한 것이다. 그녀 나이 겨우 41세 때였다. 그녀는 조금도 흔들리지 않고 무대를 지켰다.

　그래서 1960년대에는 그녀에게 세 가지 별칭이 따라다니기도 했었다. 즉 국립극장 무대지기에서부터 명배우, 그리고 미망인이 바로 그것이었다. 그런데 그가 워낙 연극에 빠져서 사느라고 남들처럼 결혼생활도 아기자기하게 해보지도 못했었다. 왜냐하면 부군이 부산극장을 중심으로 영화 사업을 하느라고 별거 아닌 별거를 하다가 사별했기 때문이다. 어떻게 보면 그는 연극과 결혼한 여성처럼 보이기도 했다. 그렇게 인기를 누리면서도 평생 스캔들 한 번 뿌리지 않은 것만 보더라도 그가 얼마나 연극에 빠지고, 또 자기 절제를 철저히

7　위의 책, 153~154쪽.

해왔는가를 능히 짐작하고도 남음이 있는 것이다. 그녀의 인품과 실력이 널리 알려지면서 그로 하여금 이따금 외도를 하지 않을 수 없게도 만들었다. 영화와 방송 출연이 바로 그것이다. 물론 그녀의 외도는 무대를 거의 떠나다시피 한 여타의 배우들과는 달리 무대를 굳건히 지키면서 간간이 출연한 점에서 차이가 났다.

그렇기 때문에 그녀는 대배우로서 더욱 빛을 발할 수 있었다. 그녀는 적막한 연극 풍토를 개탄했지만 그것은 어디까지나 사회 환경의 변화에 문화가 따라가지 못한 데서 비롯된 것이었으므로 그녀로서도 어쩔 수 없는 것이었다. 그녀의 연극에 대한 사랑과 집념은 국립극단원들의 전폭적 지지로 최초의 여단장(1972)이 된 데서 잘 나타나고 있다. 그녀는 국립극장사상 최초로 시행된 직선제에서 당당히 최연소 여성단장으로 선출된 것이다. 세계 국립극장사에 없는 이변을 그녀가 연출해낸 것이다. 그녀 나이 겨우 47세 때였다. 그녀는 이 시기에 명동국립극장이 팔리고 장충동의 새 극장으로 이전하는 대역사도 치러냈다.

이때부터 그녀는 연극계를 넘어 여성계 지도자의 한 사람으로 부상되기도 했다. 3년여 극단장을 무사히 끝내고 그녀는 다시 평단원으로서 연기에만 몰두했다. 이미 그녀는 국립극단의 정신적 지주였기 때문에 단장이니 뭐니 하는 것은 별 의미가 없었다. 그가 연기를 거의 운명처럼 여겼기 때문에 감투 같은 것은 아랑곳하지 않고 오로지 인물 창조에 열을 쏟았다. 가령 그가 김동리의 대표작 〈무녀도〉에서 경상도 무당 모화 역을 제대로 해내기 위해서 부산의 동래지방까지 찾아간 이야기는 유명하다. 그때의 사정에 대하여 그는 다음과 같이 회고했다.

동래에서 외떨어진 산언덕에 마련된 굿판은 유명한 남자무당이 주관을 했고, 그분의 직계들이 총망라되어 본보기 굿이 진행됐다. …(중략)… 녹음기를 들고 햇볕 아래 앉아 하루 종일 굿을 보았다. 그것도 그냥 구경을 한 것이 아니라 카메라를 들고 왔다갔다하는 사람들을 비켜가며 무당의 일거일동을 놓치지 않고 보랴, 크고 작은 소리를 담느라, 녹음기 조정하랴 신경을 곤두세우고 있었으니 저녁에는 피곤해져서 밥맛도 없었고 잠도 오질 않았다. 그렇게 사흘간 굿을 보고 돌아와서는 신영희 씨에게서 소리를 배웠고, 최희선 씨에게서 무당춤 안무를 받았는데, 소리의 본고장 진도 출신인 신영희 씨의 훈련된 소리에 기가 죽어 목소리는 기어들었다. …(중략)… 춤도 마찬가지였다. 무당춤의 훈장까지 받은 권위자 최희선 씨 앞에서는 할 짓이 아니었다. 그러나 그 두 분의 이해와 연극 사랑하는 정신이 존경스러웠다. 나는 그 두 분의 열의에 내 연극의 혼을 걸었다. 그런 경우를 놓고 필사적이라고 말할 수 있을 듯싶다.[8]

이상의 경우는 겨우 한 가지 예만을 든 것이지만 그의 치열한 배우수업 내지 연기 창조를 위한 눈물 어린 노력은 수없이 많다. 그러니까 명배우는 아무나 되는 것이 아님을 가르쳐주는 것이라고 말할 수가 있다. 그런 그였으므로 군사독재 시대에도 아랑곳하지 않고 연기에만 전념할 수가 있었다. 따라서 그는 문화예술계에서 주어지는 웬만한 상은 거의 다 받을 수가 있었다. 그러다가 1990년대에 들어서 또 한 번의 국립극단장에 오르게 된다. 그는 3년여 동안 극단장으로서 여러 편의 수작을 만들어내는 한편 생동하는 국립극단으로 탈바꿈시켜놓는 데 있어서도 큰 몫을 했다. 그러나 무엇보다도 극단장으로서의 가장 큰 업적은 역시 전속단원들의 대우 개선이었다. 즉 그는 노태우 대통령에게까지 호소하여 겨우 38만 원에 불과했던 월급을 84만 원으로 대폭 인상하도록 만든 것이다. 본봉이 배가 되었다는 것은 수당, 보너스, 퇴직금 등도 함께 인상되는 만큼 연간 예산이 6억 원이나 증가하는 것이다. 그녀는 그것을 발로 뛰어 해냈다.

50여 년의 무대생활을 하는 동안 헤아리기 힘들 만큼 수백 편의 작품에서 주연과 조연을 한 그녀는 연극사의 전환점을 만들 만한 명작과 역사적 작품들

---

8 위의 책, 93~94쪽.

의 주연 여배우로서 빛나는 존재였다. 그녀는 생활 그 자체가 연기였기 때문에 방송드라마와 영화에도 이따금 모습을 보였다. 영화의 경우 그녀가 주연을 맡았던 몇 작품을 꼽으면 〈육체는 슬프다〉(62년 이해랑 감독)를 비롯해서 〈유전의 애수〉(66년 유현목 감독) 등이었다. 이처럼 국립극단 더 나아가 한국연극의 간판 여배우로서 지적인 여인상, 현모양처 형 등 아름다운 역을 주로 창조해 오면서도 그것으로 만족 못하고 언제나 새로운 여인상을 만들어내 보려고 고투해온 것이 그의 연기 인생이었다. 그런 그녀의 연기관은 전술한 바 있지만 간혹 던지는 그의 연기에 대한 언사는 우리의 시선을 끌게 한다. 가령 여성신문 오수연 기자와의 인터뷰에서 "어떤 배역이라도 마다하지 않고 일단 맡으면 무섭게 파고든다."(1990년 12월 21일자)라든가 "단역은 주역의 여건이다. 여건 조성이 잘 돼야 주인공이 돋보이고 그래야 재미있고 좋은 연극이 만들어지는 것이다."[9]라는 등이 바로 그것이다.

그녀는 작중인물을 분석하고 그 인물을 창조하는 과정이 곧 예술이라고 믿기 때문에 평범에서 벗어난 인물의 배역을 맡을 때 더욱 의욕적으로 작업에 임하는 자세가 돋보이곤 했었다. 이러한 그녀의 연기관은 사실주의에 입각한 것으로서 19세기 후반 러시아에 리얼리즘 연기를 도입한 쉐프킨의 다음과 같은 연기관과 상통한다. '첫째 배우의 분명한 기능은 비극이나 희극에 관계없이 인물을 재현하는 것이며 그 인물을 실생활에서 모델을 발견함으로써 믿음성 있고 정직하게 재현하여야 하며, 둘째 역에는 작은 역이란 없으며 오직 작은 배우가 있을 뿐이다. 왜냐하면 한 역에서는 배역의 작품을 총체적으로 나타내기 위해 각 배우들은 각기 맡은 역을 서로 조화시켜 가며 표현하여야 하기 때문이다.[10] 이상과 같이 쉐프킨은 작중인물의 재현을 연기로 보았고 이것은 곧 스타니슬라프스키의 배우술로 이어지는 것이다. 쉐프킨은 일상생활의

---

9 백성희, 『무대 밖에서』, 1994, 71쪽.
10 이근삼, 『서양연극사』, 탐구당, 1980, 252쪽.

주변 인물들, 심지어 동물과 무생물에 대해서까지 세심한 관찰을 하도록 종용한 바도 있다. 사실주의 연기관을 확고한 신념으로 지닌 백성희는 실제 연기에서 그대로 적용했다.

가령 전술한 바 있듯이 그녀가 1954년에 뛰어난 역을 창조해냈던 〈나도 인간이 되련다〉의 나타샤 김을 제대로 해내기 위하여 노력한 것은 대단히 이상적이다. 희곡에서 나타샤 김은 좋지 않은 인물로 그려져 있었지만 그녀는 그것을 혐오스럽지 않고 정다운 인물로 바꿔놓기 위해 "샤갈의 그림 속에서 소를 들여다보면서 이 소를 예쁘게 보이게 하는 것은 무엇일까 생각했다. 너무나 골똘히 쳐다봐서 지금도 어느 귀퉁이의 색깔 이름을 댈 수 있을 정도로 마음에 새겨졌다"[11]고 회고한 바도 있다. 그만큼 그녀는 자기 생활 주변에서 모델을 찾아 치밀한 관찰을 거듭함으로써 자기가 맡은 역을 완벽하게 창조해내는 데 혼신의 노력을 기울인 것이다. 그녀는 대배우였지만 단역도 수없이 했다. 그녀는 일찍이 쉐프킨이 주장했던 것처럼 연극에서 작은 역은 없고 오직 작은 배우가 있을 뿐이라는 신념을 갖고 연기에 임했다. 이런 그녀의 신념은 스타니슬라프스키의 연극관과도 상통하는 것이다. 왜냐하면 스타니슬라프스키도 배우훈련 과정에서 언제나 앙상블을 최우선에 놓았기 때문이다.

그녀는 연기 창조 과정에서 자신을 철저하게 도구화한 배우이기도 하다. 그녀는 유진 오닐이나 테네시 윌리엄스가 창조해놓은 지적이며 개성 강한 역을 좋아하지만 〈만선〉의 구포댁이라든가 〈무녀도〉의 모화 같은 역도 탁월하게 해낸 배우다. 그뿐만 아니라 질기디질긴 전라도 할머니 역(간난노파, 〈달집〉)도 그 누구보다도 뛰어나게 형상화해낸 바 있다. 그녀가 간난노파를 창조해내는 과정에서 전라도 사투리를 터득키 위해 리시버를 끼고 다니면서 사투리를 익혔고 본래의 강한 음성을 가라앉히기 위하여 "목소리를 찍어 눌러서 음성을 변화시키는 훈련도 했다" 또 "목이 꽉 쉬면 약을 먹고 또 연습을 했으며 마

---

11 오수연, 「연극인 백성희」, 『여성신문』 1990.12.21.

침내 음색이 완전히 변하고 새로운 인물이 창조되었다"고 술회한 바 있다. 그녀는 일찍이 자신이 대배우로 발전해온 과정을 진술하면서도 겸허하게 이야기한 바 있다. 즉 오수연 기자와의 인터뷰에서 "처음 십 년간은 훈련기간이라고 생각해요. 그 다음 십 년은 배우 자신은 열심히 하는데 관객에게는 그 열의가 전달되지 않죠. 연극을 삼십 년쯤 하니까 연극이 뭔지를 알게 되더라구요(1990.12.7)"라고도 했다. 이 이야기를 그녀의 연기 생애에 놓고 볼 때 국립극장 초기, 그러니까 대구 피난 시절까지는 훈련기간이고, 60년대 초 즉 동인제 극단이 한창 뻗어나갈 무렵까지는 물불 안 가리고 연기를 할 때였다고 본다면 그녀의 전성기는 역시 70년대부터 80년대 중반까지로 잡을 수 있는 것 같다. 이 시기에 그녀는 연기가 무르익고 인생도 원숙한 경지에 접어들었다고 볼 수 있다. 그녀는 모래알만한 연기를 하기 위해서 우주만큼 사색할 정도로 연극배우로서의 원숙기에 들어와 있었다. 그녀가 배우로서뿐만 아니라 한 인간으로서도 원숙한 경지에 들어섰음을 보여주는 다음과 같은 이야기가 있다.

즉 그는 유근일 논설위원과 가진 한 잡지 인터뷰에서 "배우는 항상 액체 같은 존재가 돼야 하기 때문에요. 네모난 그릇 속에 들어가면 네모가 되고 세모꼴 속에 들어가면 세모가 되어야지 고체처럼 틀이 잡히면 진정한 배우가 되기 힘들어요. 그걸 좋게 말해서 개성이라고 표현할 수는 있지만 그 개성을 주장하다 보면 어느 희곡에나 임할 수 없지 않겠어요? 그래서 전 항상 머릿속에 빈 그릇을 준비해 둔 액체이고자 해요"(1985년 11월호)라고 술회한 바 있다. 이런 생각은 노자(老子)의 '물처럼 임하라'(上善若水)는 이야기와 그대로 상통한다. 그리고 그녀의 이런 이야기는 자신의 인생관에 바탕을 둔 것이라고 보아도 무방할 것 같다. 사실 무엇이든지 포용하고 관조하며 순응하는 자세는 연극은 물론이고 삶 자체를 매우 격조 높게 만드는 요인이기도 하다. 그러나 그녀는 그러한 연기관을 넘어서 연극 실제에서는 대단한 리얼리스트이다. 그녀가 사실주의극의 철저한 신봉자였음은 다음과 같은 이야기 속에 담겨 있다. "연극은 어쨌든 관객의 공감을 사야합니다. 사람의 사회를 바로 그대로 축소

     제6부 한국 현대연극의 거목들

해서 보여주고 구실을 약속하고 무대에서는 이상 현실 사회의 주인공인 관객에게 절실감을 주지 않는 연극이란 연극으로 성공할 수 없습니다"(『주간한국』 1966.9.25)라면서 이윤택 예술감독과의 연출 작업과 관련하여 다음과 같이 이야기한 바 있다.

> 연극은 관객, 시대와 함께 가야 하는 거야. 나는 지금 옛날의 리얼리즘을 바탕으로 등선을 긋고 있어. 그리고 배우들한테 절대로 이걸로 굳히지 말라고 당부했지. 나는 하나의 큰 틀을 만들어주는 역할이야. 그러면 큰 틀을 바탕으로 '발견'이 이루어지지. 그리고 이윤택 씨는 스타니슬라프스키를 실천하는 사람이야. 그것도 가장 정석으로 말이지. 나는 스타니슬라프스키를 일본 책으로 배웠는데 스타니슬라프스키는 외적인 체현(體現)과 내적인 체험(體驗)을 이야기했고, 두 가지 중에서 어떤 걸 먼저 해도 괜찮다고 했어. 국립극단의 작품 연습은 보통 앉아서 하는 리딩부터 시작하지. 이 감독이 새로 와서 대본을 받자마자 배우들을 일어서게 했더니 배우들이 이게 정석이냐며 의아해하기도 했어. 근데 스타니슬라프스키는 순서를 정하지 않았어.[12]

이상과 같은 몇 가지 이야기 속에는 그녀의 사실주의 연극관이 구체화되어 있다. 그리고 인터뷰에서 배우가 "여왕을 맡으면 그 공연에선 여왕이지만 여왕의 모습을 금세 떨쳐버려야 다음 공연에서 촌부를 맡았을 때 촌부의 모습을 제대로 표현할 수 있다"면서 "연기자가 무대에 올라가기 전까지는 넘칠 듯 충만해야 하고, 무대에 오르면 그 모든 것을 연소시켜야 하고, 그래서 무대를 내려올 땐 항상 비어 있는 상태가 되어야 한다"[13]고 말함으로써 그녀가 전형적인 리얼리스트임을 연기론과 관련시켜 설명한 바 있다. 따라서 그녀는 어쭙잖은 실험극이라는 것을 기휘한다. 가령 군사독재 시대인 1979, 80년대에 유행했던 마당극에 대해서도 "마당극의 전통이 있었지만 그것이 그대로 지금 우리

---

12 이주연, 「원로 배우 백성희」, 『미르』 2004.2.
13 위의 글.

의 정서를 대변할 수는 없잖아요… 우리 것을 찾자고 했더니 과연 뭐가 우리 것인지 발견할 수가 없었죠. 그 다음부터는 뒤죽박죽이에요… 정치극도 좋고 마당놀이도 좋지만 주의 주장이나 탈춤, 판소리 그 자체를 흙먼지도 털지 않은 채 갖다놓으면 연극은 안 되거든요”라고 비판한 바도 있다. 그녀는 오직 당시대 사회현실을 객관적으로 묘사하는 리얼리즘극만을 진정한 극예술로 보고 있다.

그녀가 연극에 본격 입문한 것이 유치진 주도의 현대극장이었고, 그 이후로는 이해랑 주도의 신협, 그리고 국립극단으로 이어지는 한국 현대극의 본류만을 지켰으므로 그녀가 자연스럽게 철두철미한 리얼리스트가 된 것이었는지도 모른다. 여하튼 그녀는 직업으로서 연극을 한 것이라기보다는 삶 그 자체가 온통 연극예술이었기 때문에 온몸으로 연기를 한 것이다. 따라서 그의 이승의 삶은 그녀 전 생애에 있어서 극히 부분적인 것에 불과했다. 그렇기 때문에 그녀는 항상 자기 가족이나 주변사람들에게 미안스럽게 생각하고 죄스러워했으며 감사하는 마음으로 살았다. 다행히 그런 그녀를 가족이 잘 뒷받침해주었다. 우선 유년 시절 그렇게 엄한 부모였지만 마지막 단계에서 연극입문을 허용해주었고 성년이 되어 협조자 배필을 만났으며 홀로 된 뒤, 유일한 아들도 그녀의 연기 생활을 이해해주었다. 그런데 그녀가 한 여배우로서 훌륭한 점은 탁월한 연기력을 넘어 자신의 연극인생을 특별하게 생각지 않고 있다는 데 있다. 반세기가 넘는 연기 생활이 화려하지만 때때로 홀대받기도 했던 그것을 훌륭한 직업으로 헤쳐오면서도 스캔들 하나 일으키지 않은 이가 바로 백성희이다. 그와 상대역을 많이 했던 원로 연극인 김동원은 그녀야말로 ‘연극을 예술로 지켜온 파수꾼’이라면서 “내가 보는 백성희는 철저한 프로연극인이다. 약 30년이라는 긴 세월을 국립극단의 간판급 여주인공으로 활약했으면서도 결코 오만함을 보이지 않는 대배우이다. 젊은 시절에는 안 해본 역이 없을 만큼 다양한 공연을 통해 무대 위에서 누구보다도 빛났던 그이지만 지금은 화려한 스포트라이트보다는 무대를 든든히 받쳐주는 극단 단장으로 묵묵히 무대를 지키고 있다. 작은 배역이면 작은 배역에 맞게 그것이 설령 스쳐가는 단역이라 할지라도 처음 서는 무대처럼 가슴을 설레며 온몸으로 연기해내는 배우이기에 내가 가장 아끼는 후배"[14]라 했고 동시대의 대표작가 차범석은 그녀가 1950년에 출연했던 〈뇌우〉의 주역(번기) 연기야말로 "신선하고 내면적이며 절제된 것으로 이를테면 단맛과 신맛이 알맞게 합쳐진 수밀도(水密桃)맛"이었다면서 "일제 말기, 조국해방, 6 · 25, 4 · 19, 5 · 16…, 그 험난한 시대의 파도를 넘고 넘어 오늘이 있기까지 인간 백성희는 한 여성이라기보다는 한 배우로서 그 궤도를 벗어나지 않았다. 한 예술가의 참된 삶이 우선 자기 세계를 지켜나온 데서 비롯된다면 배우 백성희는 누가 뭐라고 해도 우리 연극사에 영원히 기록될 배우"[15]라고 평가한 바 있다.

그러나 뭐니 뭐니 해도 그녀가 김동원, 장민호 등과 함께 우리 현대극사의 본류라 할 리얼리즘을 오늘에까지 이르게 한 것이야말로 그녀의 가장 큰 공로 중의 하나라 말할 수 있다. 만약 그녀가 없었던들 오늘의 우리 연극이 어떤 모습이었을까는 가히 짐작하고도 남음이 있다고 하겠다. 그녀는 최근 자신의 파란만장한 배우 일생을 회고하면서 다음과 같이 담담하게 술회한 적이 있다. 수백 편의 작품에 출연했다는 것은 곧 수백 명의 다양한 삶을 살았다는 이야기가 되는데 그런 와중에 "여왕도 되었다, 하녀도 되었다, 정부(情婦)도 되었다, 아내도 되었다… 얼마나 다양한 여자의 일생인가. 그 많은 극중의 연인들이 예외 없이 나를 행복하게 해준다. 나는 맹세코 어떤 여인을 연기하든지 그 여인을 사랑하지 않은 적이 없다. 그 여인들은 모두 나의 분신이었고 나는 그 여인들이었으니까. 내가 입었던 그 여인들의 의상, 장신구, 뱉어냈던 단어들, 창조해냈던 감정들, 표정들… 이 변화무쌍한 여인들의 삶은 내게 나이테를 허용치 않는다"고 했다. 그녀는 자기보다 수십 년 위의 중년 부인 역으로 첫 번

---

14 백성희, 앞의 책, 221쪽.
15 위의 책, 236쪽.

무대를 밟은 이래 수십 년 아래의 앳된 소녀 역도 했다. 이러한 다양한 역 바꿈은 그녀의 나이테를 정지시킬 수밖에 없었다. 그녀는 또 이렇게 이야기했다. "내가 창조한 그 많은 여인들은 나를 떠나는 일 없이 내 속에 살아 있다. 나는 그 여인들과 함께 살아가는 것이다. 일회성, 현장성 삶 속에 내가 하는 일, 연극을 통한 것이며 나를 행복하게 해준다."고 했다.

그녀는 연극이라는 허구 속의 삶을 유영(遊泳)한 것이 아니라 연극 속에서 주인공처럼 실제적 인생을 산 배우인 것이다. 그녀가 평생 연극에 투신해서 주인공의 삶을 자신의 삶처럼 담담히 받아들이면서 그렇게 산 것이다. 그녀가 무대에 천(千)의 얼굴로 보여준 것은 가면이 아니고 그 자신의 또 다른 얼굴들이었던 것이다. 그녀가 창조해낸 수백 편의 작품들이 관중에게 감동을 안겨주었던 것도 바로 이러한 그녀의 진솔한 연극적 삶 때문이었다. 그녀는 극작가들이 만들어놓은 주인공의 삶을 실제적으로 행복스럽게 느끼면서 살았다고 말할 수 있다. 이는 곧 그녀가 언제나 연극을 자신의 인생 그 자체로 인식하기 때문에 누구보다도 연극을 사랑하고 배우라는 직업에 자부심을 느낀 것이다. 그녀의 이러한 연극관 때문에 여배우 이전에 한 인간으로서 성숙할 수 있었다고 본다.

그녀는 분명히 한국의 사라 베르나르이다. 연기를 하다가 무대 위에서 장미꽃에 코를 박고 죽기를 갈망했던 프랑스 불후의 명여배우 사라 베르나르의 한국적 현신(現身)이 백성희가 아닐까. 그녀는 사라 베르나르의 연극 인생처럼 연극을 자신의 인생 그 자체로 인식하고 무대를 제단으로 여겼으며 종교로까지 승화시키고 있다. 그녀가 자주 입에 올리는 '연극은 나의 주상(主上), 나는 그의 노예'라는 말은 바로 그 점을 상징적으로 이르는 말이라고 볼 수가 있다. 그리고 그녀가 최근에는 김승현(AM7)과의 인터뷰에서 "배우란 중구난방의 희구(戲具)일 수도, 이성의 우상일 수도 있어. 하지만 나는 내 일에 대해 일찌감치 그러니까 나의 십대에 이미 인질로 잡힌 사람이야. 그 어떤 고통과 격정과 처절함이 있다 하더라도 나는 연극이라는 거대한 대상을 껴안고 생의 종지부

　　　　　　　　　　　　　제6부　한국 현대연극의 거목들

를 찍을 것이 틀림없는 사람"이라면서 다음과 같은 숙명론도 폈다.

> 나는 연극인에게 순교자라는 표현을 입버릇처럼 써, 그 어려운 시기에 연극을 지키는 자세, 그것은 순교자의 자세지, 50~60년대 연극인은 모두 순교자였다고 말할 수 있어, 지금은 고인이 되셨지만 그 순교자들 덕택에 이 땅 연극의 전통을 지켜지고 있다는 경이요, 축복이지, 따지고 보면 우리 연극은 아마 사주팔자를 잘못 타고난 모양이야, 우리네 연극은 하는 사람만 지켜왔거든.[16]

이상과 같은 그의 심중한 연극 이야기는 이 땅에서 연극이란 순교자 정신이 없으면 하기 어렵다는 것을 설명한 것이다. 그러면서 그는 연기 생활 60주년 때의 작품 대사로 자신의 마지막 연극인생을 노래한 바 있다. "나는 이 길을 왔어/다른 어떤 길도 아닌 배우의 길을/ 내게 주어진 유일한 이 길을/죽을 때까지 가는 거야/그것이 비극인지 희극인지/평생 모르는 채 말이야."[17]

---

16 김승현, 「백성희 인터뷰—쓰러지느냐, 막을 내리느냐, 둘 중 하나다」, 『연극포럼』, 한국예술종합학교 연극원, 2006.
17 위의 글.

리얼리즘 연기의 최고봉
장민호

모든 연극 종사자들 가운데서 관객에게 무대를 가장 가깝게 인격화하는 존재는 배우이다. 관객이 보는 것은 오로지 그뿐이기 때문이다. 배우는 자기의 몸과 음성을 등장인물에게 바쳐서 그로 하여금 살아 숨 쉬게 한다.[1] 그래서 연극을 배우의 예술이라고 부른다. 그럼에도 불구하고 이 땅에서는 배우가 홀대되어왔다. 배우가 홀대되는 분위기라 연극이 번창하기도, 고도로 세련되기도 어려웠다. 적어도 3·1운동 직후까지 그랬었다. 물론 그런 홀대의 잔재는 거의 산업화 시대로 접어들어서까지였던 바, 지적(知的)인 배우 이해랑이 연출가로 변신했던 것도 그러한 배우 천시 사상과 무관치 않았다. 따라서 배우에 대한 기록이 절대 부족함은 물론이고 최근까지 연극학 연구에 있어서도 배우 연구는 미미하다.

연극 사조가 아무리 바뀌어도 배우 없이는 연극이 성립될 수 없다. 배우의 중요성에 대해서는 췌언을 불허한다. 그럼에도 불구하고 해방 이후 등장한 배우로서 최고로 손꼽히는 장민호(張民虎)에 대한 연구논문은 한 편도 찾아볼 수가 없다.

---

1 오스카 G. 브로켓, 『연극개론』, 김윤철 역, 한신문화사, 1989, 663쪽.

한국 근대 배우사에 기라성 같은 인물이 많지만 해방 전에 등장한 배우로서는 황철(黃澈)과 김동원(金東園)을 대표적 인물로 꼽을 수 있다면 해방 이후 데뷔한 배우로서는 장민호를 능가할 인물이 아직 없다. 그만큼 그는 해방 이후에 남녀배우 통틀어서 최고의 배우라고 자타가 공인하고 있다. 특히 그는 전쟁의 상흔이 가라앉을 즈음인 1960년대 들어서 두각을 나

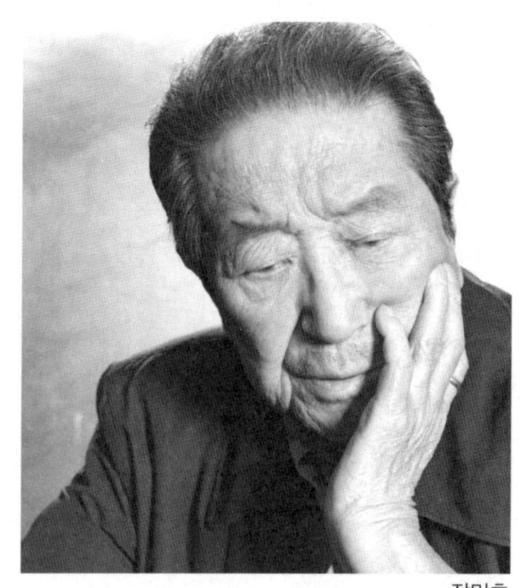

장민호

타내기 시작해서 2000년대까지 60여 년 동안 한국연극의 정통노선이라 할 국립극단 한 곳에서 기둥역할을 함으로써 정석 연기의 화신이라고 해도 과언이 아니다. 물론 기둥 하나로 집이 될 수 없듯이 그를 함께 떠받친 배우들이 많다. 그의 선배라 할 원로 김동원을 비롯해서 항상 작품 속의 부부로서 상대역을 해준 백성희 등 쟁쟁한 배우들이 그를 떠받쳐왔음은 두말할 나위 없다.

바로 그 점에서 장민호는 한국 현대배우사의 한 상징이 되는 것이고, 그에 대한 연구는 곧 한 인간 탐구를 넘어 현대연극사의 측면을 규명해보는 것도 된다고 말할 수 있다. 그렇기 때문에 필자는 여기서 한 시대를 풍미하면서 커다란 획을 그은 장민호의 인간적 측면과 연기세계, 더 나아가 인생관과 연극관을 구명해보려고 한다. 사실 배우는 극작가처럼 희곡작품을 남기는 것도 아니고, 연출가처럼 연출노트를 남기지도 않는다. 아무리 명연기라 하더라도 막이 내리면 담배연기처럼 사라지고 다만 관객의 뇌리에 아련한 기억으로 남을 뿐이다. 거기에 배우 연구의 한계점이 있는 것이다.

더욱이 장민호는 성격적으로 호방 소탈하고 낙관적이어서 자신에 관한 기

록에 별로 신경을 쓰지 않는다. 그는 자신을 꼼꼼하게 챙기는 편이 아닌 인물 같다. 따라서 그가 60여 년 동안 백수십 편의 작품에 주 · 조연으로 출연했었지만 그에 관한 기록은 극히 드물다. 더욱이 우리나라는 비평기반이 취약해서 그의 연기의 내밀(內密)한 면을 추적한 평론 한 편이 없는 실정이다. 그만큼 우리의 연극학계에는 배우의 연기를 치밀하게 분석해낼 만한 비평가 부재에 따른 선구적 업적이 희소하다. 그것이 바로 장민호라는 한 탁월한 배우의 연기 세계와 연기철학, 그리고 변신 과정을 제대로 쓰기가 어려운 이유이다.

특히 그는 해방 직후 북한에서 단신 월남해온 경우여서 배우의 싹을 찾을 수 있는 유년 시절의 생활과 수업 과정을 알아내기가 쉽지 않다. 그만큼 객관적 사료가 불충분하다는 이야기다. 다만 그가 그때그때 단편적으로 비친 증언을 토대로 하여 그의 유년 시대와 수업 과정을 알 수밖에 없고, 그것을 유추해서 그의 전모를 밝힐 수밖에 없다. 그나마도 그가 생존해 있기 때문에 가능하다.

우리 시대의 가장 출중한 배우 장민호는 1924년 9월 29일 황해도 신천군 기사면(재령과의 경계선)에서 장선열(張善烈)의 3남 2녀 중 둘째 아들로 태어났다. 대대로 부농이었던 가계는 일찍부터 독실한 기독교도로서 그의 부친이 마을에 교회를 세우기까지 할 정도였다. 따라서 그 교회에서 부친은 장로로 일을 도맡아 했고, 모친 역시 권사로서 교회의 안살림살이를 맡아 했다. 가정이 유복한 데다가 종교적 분위기여서 그는 올곧게 성장할 수 있었고, 학교와 교회를 오가면서 유년 시절을 보냈다. 고향에서 소학교를 마친 그는 재령의 명문 명신중학교 5년제를 순탄하게 다닐 수 있었다. 두뇌가 명석했던 그는 예체능에 남다른 재능을 보였는데, 그것은 교회의 크리스마스 행사 등에서 잘 나타났다.

이따금 스쳐 지나가는 유랑극단의 포장굿 형식의 연극을 몇 번 구경한 그는 남다른 흥미를 느꼈었고, 막연하게나마 훌륭한 연극인이 되어보겠다는 생각을 하기도 했다. 1956년 9월 17일자 경제신문과의 인터뷰에서 그는 "중학 시절부터 연극을 퍽 좋아했고 장래에 훌륭한 연극배우가 된다는 것이 유일한 희망이었다. 학교의 공부보다는 연극에 관한 책을 많이 읽었고, 선배들 즉 연극배우들의 뒤꽁무니를 항상 뒤따르기를 좋아했었다"고 말한 적이 있다. 그 뒤에도 그는 비슷한 고백을 한 적이 있는데 1975년 2월 9일자의 한 일간신문과의 인터뷰에서 "내 고향 재령에도 악극단이 들어왔었다. 트럼펫을 불며 동네를 누비고 지나가는 연극배우를 보고 나도 저런 배우가 되리라 생각했었다"고 회고한 바 있다.

그는 당시 우연히 눈에 들어온 일본의 연예잡지에서 유명한 신극배우 우에하라(上原)에 관한 기사를 읽고 대단한 호기심을 느꼈다고 한다.

그러니까 그는 그 당시 배우란 수입도 좋고 인기가 높은 직업이라는 내용에 관심을 가진 것 같다. 실제로 그는 초중등학교 시절에 보면 수리과목은 딱 질색이었고 국어라든가 사회 등과 같은 암기과목에서 두각을 나타냈었다.

그런 그에게 있어서 민족해방은 중대한 삶의 전기가 되었다. 소련군이 진주한 사회분위기가 어수선해서 중학교를 졸업한 그로서는 서울에 가야 자기가 원하는 대학에 진학할 수가 있다고 생각했다. 마침 서울에는 고모가 살고 있었기 때문에 그는 부모형제와 작별하고 1946년 봄에 혈혈단신 월남했다. 그와 관련해서 그는 다음과 같이 회고한 바 있다.

> 1946년은 해방 이듬해. 그해 어느 따스한 봄날 나는 조국의 허리를 졸라맨 철대(鐵帶) 삼팔선을 달리고 있었다. 고향 황해도 재령은 소련군과 그들이 풀어놓은 개 때문에 앞으로 다가올 탄압의 위협에 떨고 있었다. 나 역시 불안과 공포에 땀이 말랐다. 그래서 삼팔선을 가르고 서울로 달리고 있었던 것이다.[2]

이상에서 알 수 있는 것처럼 부농의 차남에다가 독실한 기독교 교육을 받은 그로서는 공산주의를 체질적으로 거부했고 결국 진학을 목표로 월남한 것이다. 그러나 월남 도중에 명신중학졸업장을 분실함으로써 대학진학의 꿈을 접

---

2 장민호, 「나의 데뷔 시절」, 『한국연극』 통권 제5호.

어야 했다. 그는 마땅한 일자리마저 얻을 수 없어서 가난한 고모 댁에 얹혀 무위도식으로 세월을 낚는 룸펜이 된 것이다. 해방 직후의 어수선한 사회분위기에서 그래도 사람들에게 위안을 준 것은 여기저기 극장에서의 연극공연이었다. 중학 시절부터 막연하게나마 연극에 동경심을 가졌던 그는 무료한 시간을 연극관람으로 보내게 되었다.

그와 관련해서 그는 "그 당시 서울은 무대공연 일색이었다. 일본어로 하던 정책연극이 판을 치다가 해방과 함께 우리말로 하는 연극이 성행하였다. 한마디로 감격으로 일관된 전환의 시대였다. 그 당시 내 또래의 젊은이들이 연극을 보고 감명을 받지 않으면 그것은 비정상이었다. 나도 예외일 수 없는 감격청년이었다. 연극은 무위도식하는 나에게 친밀감을 주는 유일한 것이었다. 그렇게 연극을 보고 다니는 동안 불현듯 배우들의 대사를 흉내 내고 있는 나를 발견했다. 배우가 되었으면 어떨까… 하는 생각이 치밀었다. 할 일이 없던 나에게 막연하면서도 구체적인 그 생각은 나로 하여금 생각할 겨를도 없이 다짜고짜 배우학원을 찾아갔다."[3]고 회고한 바 있다. 그러나 그것은 막연한 동경일 뿐 연극의 기본도 모르는 처지에 배우가 된다는 것은 어디까지나 공상의 차원을 넘는 것은 아니었다. 때마침 신문에 배우학교가 생겨나서 지망생을 뽑는다는 광고가 나온 것이 아닌가.

그는 무턱대고 그 광고를 따라 찾아갔던 바, 그것이 다름 아닌 당시 유일무이했던 현철(玄哲) 운영의 조선배우학교였다. 주지하다시피 신극 선구자 현철은 이미 1910년대에 도일하여 시마무라 호오게스(島村抱月) 밑에서 연극의 기본을 배웠고 후지나미 후요오에게서는 분장술과 화장품 제조기술까지 익힌 인물이다. 따라서 그는 현철 문하에서 반년 동안 연극사, 배우술, 연출, 심지어 분장술에 이르기까지 연극창조의 기본을 익힐 수가 있었다. 특히 그가 현철에게서 습득한 것은 극술을 넘어 치열한 연극정신이었다. 물론 거기서 〈호

---

3 위의 글.

                                    제6부 한국 현대연극의 거목들

랑이의 모험〉이라는 작품으로 첫 무대를 선보이기도 했다. 그러나 불행하게
도 조선배우학교는 1925년에 그랬던 것처럼 단기에 문을 닫고 말았다.

그런데 장민호의 연극인생은 우연하게도 기독교 계통의 한 소인극단과 인
연을 맺으면서 시작되었다. 당시 을지로 4가 국도극장 뒤에서 이보라(李保羅)
가 원예술좌(園藝術座)라는 극단을 운영하고 있었는데, 〈모세〉 공연으로 지방
순연의 길에 나서게 되었다. 마침 모세 역의 주인공이 지방공연에 나설 수가
없어서 장민호가 대타로 출연하게 된다. 기독교 집안 출신에다가 천부적 재능
까지 갖추고 있던 그가 모세 역을 훌륭하게 해낸 것은 어떻게 보면 자연스러
우면서도 운명적인 것이었는지도 모른다. 대외적으로 생애 첫 무대치고는 대
성공이었다. 그는 사실 배우로서는 흠잡을 데 없는 용모를 지니고 있다.

1955년 8월 23일자 중앙일보 기사에 보면 그의 외모와 관련하여 "기름한 얼
굴에 반듯한 콧날과 얌전히 다물어진 입모습하며 온화스런 눈들이 어딘가 영
국적 신사를 연상케 한다. 그러나 차디찬 예의적인 성격은 아닌 것 같다. 도리
어 구스타분하고 다정한 인간미를 지니고 있어 보인다"고 스케치한 바 있다.
비록 아마추어 극단이긴 했지만 원예술좌에서의 모세 역으로 자신감을 얻은
그는 생계를 위하여 KBS 라디오 성우 시험에 응시, 당당히 합격한다. 이는 그
가 오랜 방황과 불안정으로부터 벗어나는 계기가 되었다. 미침 박학(朴學) 등
좌익 계열 연극인들과도 함께 일하게 되면서 그는 자연스럽게 스타니슬라프
스키라든가 메이어홀드의 연기술도 간접적으로 익힐 수가 있었다. 그런데 여
기서 한 가지 짚고 넘어가야 할 것이 좌익 연극인들과의 관계인데, 그가 비록
박학이라든가 몇몇 좌익 연극인들에게서 연기의 기초를 배웠으면서도 그들에
게는 포섭되지 않은 사실이다. 그와 관련하여 그는 이렇게 쓴 바 있다.

KBS 전속배우(성우) 모집에 응시, 남자 6명 여자 6명 중에 낀 것이다. 월급을
받게 되자 나는 버젓이 하숙을 나가서 성공(?)을 과시했다. 나의 본격적인 연기
자생활은 이때부터 시작되었다. 곰비임비 출연작도 늘어났다. 그러나 그 무렵은

좌익들이 극성을 부리던 때이라 자칫 몸가짐을 헤프게 했다간 그들에게 매장당할 위험이 있었다. 좌익들은 나를 포섭하려고 갖은 수단과 방법을 삼가지 않았다. 그러나 나는 고향에서 좌익들의 돼먹지 않은 짓을 경험한 터이라 이리저리 그들을 피해 나갔다.[4]

이처럼 그는 좌익 연극인들에게 철저한 연습과 연습의 반복, 그리고 발성법 등을 배우면서도 사상적으로 포섭되지는 않았다. 그는 북한에서부터 자유민주주의자로서 입지를 굳혔기 때문에 부화뇌동하지 않은 것이다. 그리고 성우는 얼굴 없는 목소리만의 배우이기 때문에 정확한 발성법이 승패를 좌우하는 생명이나 마찬가지다. 그가 외모에 있어서나 발성법 등에 자신이 있었기 때문에 방송국과 극단을 오가면서 연기활동의 폭을 넓혀갔다. 즉 이광래 주도의 제3무대에 참여해서 〈젊은 그들〉(김동인 원작), 〈민족의 전야〉(이광래 작) 등에 주연급으로 출연했고, 1949년에는 한운사, 조남사, 최무룡 등과 직접 극단 청막극회를 조직하기도 했다. 거기서 그는 파뇰의 〈마리우스〉 제작에 참여하기도 했다.

그러나 역시 그의 주무대는 라디오 드라마였다. 2년여 만에 최고 출연횟수를 기록한 것만 보더라도 그가 얼마나 많은 라디오 드라마를 했는가를 미루어 짐작할 수 있다. 그가 정부 수립 10주년 기념 방송문화상의 연기부문 최초의 수상자가 될 수 있었던 것도 그러한 성우로서의 탁월성에 기인한 것이었다. 그런 그에게 생애 두 번째 시련이 닥쳐왔는데, 6·25전쟁이 바로 그것이었다. 갑자기 닥친 전쟁으로 그는 미처 피난 가지 못하고 몇 개월간 서울에서 숨어 지내야 했다. 9·28수복과 함께 그는 이광래, 박경주, 최무룡, 김경옥, 최창봉 등과 함께 신협 재건을 서두르기 시작했다.

그런 때에 도강파였던 이해랑이 부산에서 상경함으로써 본격적인 신협재건

---

4 위의 글.

　　　　　　　　　　　　　　제6부 한국 현대연극의 거목들

이 이루어질 수 있었다. 이때 그는 평소 존경하던 이해랑과 운명적 재회를 한다. 여기서 두 사람의 만남을 운명적 재회라고 한 것은 전쟁 전 이해랑이 KBS 라디오 드라마를 연출하면서 장민호의 재능을 눈여겨보아 두었다가 그를 극단으로 끌어들인 데 따른 것이다. 이때부터 두 사람은 공동운명체가 되어 평생 함께 연극을 하게 된다. 중공군의 참전으로 두 사람은 함께 대구로 내려가 총탄이 날아다니는 동부전선을 따라다니면서 위문공연도 수없이 했다. 그는 재건 신협의 핵심단원으로서 셰익스피어, 사르트르, 오데츠, 유치진 등의 작품에 계속 출연을 했는데, 그중에서도 〈목격자〉(M. 앤더슨 작)의 가스 역, 〈줄리어스 시저〉의 안토니오 역, 〈인수지간〉의 마(馬)노인 역 등에서 발군의 실력을 보여줌으로써 많은 사람들에게 깊은 인상을 남기기도 했다.

그러는 사이 종전을 맞았고, 그도 신협과 함께 상경했다. 그는 상경하자마자 스타가 되어 더욱 바쁜 나날을 보내게 되었다. 왜냐하면 방송국 성우와 신협의 주역, 그리고 영화의 주연까지 도맡아 했기 때문이다. 라디오 드라마만 하더라도 신인 성우 시절 〈똘똘이의 모험〉의 히트를 시발로 해서 〈청춘극장〉, 〈삼국지〉, 〈금삼의 피〉 등에서 독특한 음색과 유수(幽邃)한 음성으로 호평을 받았고, 영화의 경우 〈유전의 애수〉를 처녀작으로 하여 〈백치 아다다〉, 〈잃어버린 청춘〉, 〈그대와 영원히〉, 〈수정탑〉, 〈생명〉 등에서 주·조연을 맡아 정통 연기를 보여줌으로써 영화팬들에게 신선미를 안겨주기도 했다. 물론 영화매체는 동(動)사진이기 때문에 라디오에서의 호소력 있는 음성, 그리고 무대 위에서의 능수능란한 연기술 같은 것이 표출되지는 않는다. 이 말은 곧 그가 영화매체에서는 라디오나 연극무대에서처럼 돋보이지 않았다는 이야기도 된다.

물론 영화가 붐을 이룰 때, 그가 직접 〈저 하늘에도 슬픔이〉를 제작해서 큰 반향을 일으킨 적도 있지만 영화에서만은 그의 재능이 크게 드러나지 않은 것이 사실이었다. 그는 진지하면서도 쾌남형으로서 그의 음성은 저음에다가 유수(幽邃)하기 때문에 듣는 사람들에게 긴 여운을 남긴다. 라디오 드라마 〈삼국지〉에서도 관운장의 탁월한 성격창조를 해낸 바 있다. 따라서 당시 연예가 주변에서 그를 가리켜 '소리의 마술사'라고 한 것도 과장된 칭찬만은 아니었다. 특히 그가 북한에서 출생 성장한 데 따른 강한 악센트를 절제해 내는 능력은 대단했다.

그렇다고 그가 신협의 연극무대에 소홀한 것도 아니었다. 그는 언제나 연극무대를 중심으로 하여 영화나 방송극에 출연한 유일한 배우라고 해도 과언이 아니다. 그는 동아일보 장윤환 기자와의 인터뷰에서 일본의 경우를 예로 들면서 이렇게 말한 바 있다.

> 모든 영화배우나 TV 탤런트들은 각각 어느 극단에 속해 있어 연극 이외의 출연 교섭은 극단이 대행하고 출연료 가운데 얼마를 극단기금으로 떼어놓는다. 이렇게 되면 극단은 충분한 자금으로 좋은 극을 할 수 있고, 좋은 연극은 많은 연극 인구를 모을 수 있으며, 많은 연극 인구는 다시 좋은 연극을 위한 바탕이 된다.[5]

이상에서 알 수 있는 것처럼 그는 연기활동의 중심무대는 연극이고 영화나 방송국은 돈벌이 수단을 크게 넘어서지 않는 것으로 생각했다. 그런 성실한 자세를 갖고 항상 연극을 하고 있었기 때문에 까다롭기로 소문난 이해랑으로부터 '예도(禮道)에만 전 정력을 소모해버리는 성실파'로 평가받기도 했다.

그뿐만 아니라 예술계 전체로부터도 '대중에 아부하지 않는 진실한 연기와 스스로를 기만하지 않는 정직, 성실한 배우'라는 칭송을 듣기도 했다. 그가 특히 연예계로부터 평가를 받은 데는 연극을 대하는 올곧은 자세 때문이었다. 당시만 하더라도 많은 연극인들이 '해외엘 나가 보아야 좋은 예술을 창조해내지 않겠는가'고 한탄하는 경향이 있었음에도 그는 오직 음습한 콘크리트바닥에서 묵묵히 연습만 열심히 하는 노력파였다. 중학 시절에 유도와 레슬링으로 다져진 건강을 유지하기 위해서 그는 새벽 등산을 거르지 않았고, 공연이 없는 밤에는 독서삼매에 빠지는 노력파였다. 그만큼 그는 꾸준한 문예작품의 독

---

5 장윤환, 「개안—예술가의 생성 9」, 『동아일보』 1969.2.1.

                                          제6부   한국 현대연극의 거목들

서로서 감각이 무디지 않게 스스로를 연마하는 데 소홀하지 않았다. 그는 연극에 관한 한 대단히 겸손했다. 그가 처음부터 명배우도 아니었고 순전히 노력해서 큰 배우가 되어가는 중이었다.

그가 동아일보와의 인터뷰에서 "신협의 〈안네 프랑크의 일기〉에서 '오토 프랑크' 역을 맡았을 때 '관객의 호응에 이끌려 눈물을 흘렸다'면서 연극을 시작한 지 10여 년 만에야 연극의 진수를 느꼈다"고 술회한 바도 있다.

이처럼 그는 라디오, 무대, 스크린 등을 주름잡는 만능배우였지만 그의 주된 관심은 역시 연극이었다. 왜냐하면 그 자신이 영화배우와 성우로서 활약하면서도 그 핵심은 어디까지나 연기이므로 그것은 연극무대로부터 비롯된다고 믿었기 때문이다. 그는 철두철미 연기의 근본은 무대에 있다는 확고한 신념을 지니고 있었다. 그렇기 때문에 그는 시간이 흐를수록 연극무대에 무게를 두고 활동했다. 1956년에 행복한 결혼으로 생활안정도 찾았기 때문에 무대활동에 더욱 더 열정을 쏟았다.

그가 어느 신문과의 인터뷰에서 영화출연과 관련하여 "본시 영화에는 별 흥미가 없었다. 어쩌다가 우연히 출연할 것을 부탁받았으나 몇 번을 거절하였으나 간곡히 권하는 바람에 화면에 등장했고 앞으로는 연극을 주로 할 것이며 영화는 다만 경제적인 보탬을 위해서만 할 것"이라 했다. 다만 방송은 그의 고향이기 때문에 방송드라마에는 계속 출연하겠다고 했다. 그럴 수밖에 없는 것이 그가 월남해서 가장 어려웠던 시기에 KBS 라디오가 일자리를 주고 생활안정도 시켜주었으며, 거기서 연기술도 익혔기 때문이다.

그가 워낙 유능한 성우였기 때문에 50여 명으로 조직된 서울방송극회의 대표도 맡게 되었다. 그런데 어느 조직이든 대표는 여러 가지 책임을 져야 한다. 그가 대표가 되면서 KBS가 처음으로 이틀간 연예방송 중단사태가 빚어지는 불상사가 생겼다. 그것이 1961년 1월 초였는데 출연료 인상문제로 빚어진 사태였다. 결국 방송국이 성우들의 요구를 수용함으로써 사건이 마무리되었지만 그 사건은 장민호의 곧은 성품과 리더십이 드러나는 계기가 되었다.

그는 자부심이 강하고 올곧으며 불의를 보고 침묵하는 성격이 아니었다. 4·19 직후 제2공화국이 들어서면서 경향신문이 조사한 앙케트에서 그는 "폭리나 바라고 감투나 바라는 사이비 연예인을 몰아내고 진정한 연예계가 되어야 한다"고 단호하게 주장한 적도 있다. 그러면서 새 정부에 바라는 것이 무엇이냐는 질문에 그는 "제발 새 정부는 연예계의 육성 발전에 대한 방책은 고사하고 관심이나마 가지고 있다는 표시만 해주었으면 한다."(『경향신문』 1960.8.27)고 냉소적으로 말한 적도 있다. 그래서 그에게 붙여진 별명이 '극계의 정의파'였다. 물론 그가 연극계의 정의파라는 별칭은 다른 데서 얻은 것이다.

즉 그가 신협 공연의 〈갈매기떼〉(차범석 작)의 정의파 주인공(徐潤根扮)으로 등장하여 꿋꿋한 성격을 너무나 잘 표출함으로써 주인공의 성격이 바로 그의 성품이라 평가한 데 따른 것이었다. 당시의 어려운 상황에서 상당수 성우와 배우들이 돈벌이가 되는 영화계로 가버릴 때에도 그만이 끝내 연극계를 고수한 일과도 연관시켜서 붙인 애칭이기도 했다. 이는 곧 그가 신협과 국립극단을 저버리지 않고 연극무대를 지극 정성 사랑하고 고수한 것을 두고도 하는 말일 것이다.

의리의 사나이인 그는 이해랑 연출과 언제나 호흡을 같이했고, 1962년 1월 국립극단이 정식으로 출범할 때도 이해랑과 함께 단원으로 활동했다. 그리고 신협이 잠시 재건되었을 때는 다시 그 단체에 가담하여 주역을 맡기도 했다. 전술한 〈갈매기떼〉가 바로 그런 작품이었다. 그러나 그는 곧바로 국립극단에 복귀했고, 1967년 1월 국립극단장에 오르게 된다. 그의 나이 43세 때의 일이었다.

그동안 국립극단은 박진, 변기종 등 중진 원로들이 이끌어왔는데, 정부에서는 좀 더 의욕적이고 추진력 있는 중견연극인을 물색하는 과정에서 그가 발탁된 것이다. 당시 이해랑은 정치에 한 발을 걸쳐놓고 이동극장을 하고 있었기 때문에 장민호는 잠시 이해랑과 노선을 달리할 수밖에 없었다. 그는 단장에 임명되자마자 당시로서는 놀랄 만한 청사진을 펼치고 나왔다. 가령 전처럼 극장 측에서 일방적으로 밀어붙이던 것을 거부하고 레퍼토리 선정에서부터 연출가 초빙, 배역 선정 등을 반드시 극단 측과 협의하도록 규정까지 만들었다.

그러면서 그는 김창구 극장장에게 "무대를 청소해주시오! 무대에선 어느 누구도 흙 묻은 구두를 신을 수 없고 무대화를 신어야 하오. 무대를 거울처럼 닦아 우리가 혓바닥으로 핥아도 되도록 우선 이 일부터 실행합시다"(『경향신문』 1967.1.21)라는 주문도 서슴지 않았다. 그러니까 연극의 기본자세부터 제대로 갖추자는 것이고, 더 나아가 무대를 연극도장으로서, 또 교단(敎壇)으로서 신성시까지 했음을 알 수 있다. 그는 여기에 그치지 않았다. 표값을 받고 파는 연극인 만큼 제대로 작품을 만들어야 한다는 것이었다. 그러니까 그는 예산이 한정되어 있기 때문에 연 4회로 되어 있는 것을 3회로 줄여서라도 상품가치가 있는 작품을 만들어내겠다는 것이고, 프롬프터를 없애는 것은 물론이고 낮 공연을 없애고 10일로 정해진 공연일자를 20일로 배가시킴으로써 장기공연체제를 갖추겠다고 했다. 자신은 무보수라도 좋으니 연극을 제대로 하겠다는 것이었다.

이는 사실 그의 프로정신이 그대로 드러나는 포부였다. 그의 이러한 연극정신에 따라 국립극단은 단번에 에너지가 넘치고 새 기운이 돌았음은 두말할 나위 없었다. 그는 물론 국립극단 연극에만 열정을 쏟은 것은 아니었다. 그에게 맨 처음 생활안정을 시켜준 성우 역할도 소홀히 하지 않았다. TBC 라디오가 장기 프로로 만든 〈광복 20년〉이라는 다큐멘터리에는 그가 1967년 8월부터 해설자로서 이후 20년간을 한 번도 빠지지 않고 출연하는 기록에 도전하기도 했다.

경제관념이 철저한 그가 자신의 고향과도 같은 방송을 외면할 수는 없었던 것이다. 자신의 직업에 철저한 것처럼 가정 지키기에도 누구보다 철저했다. 그는 한 언론과의 인터뷰에서 "난 도무지 못마땅해요. 가정을 함부로 깨뜨리는 그 마음들이 말이에요. 내가 보기엔 굶다시피 해온 연기자들이 밥을 먹게 되고 돈이 남아돌아가니까 저지르는 허영인 것 같아요"라면서 "가정을 이룬 바에야 서로가 충실하기만 하면 그만일 텐데 왜 그렇게 야단들인지 알 수가 없어요. 평화로운 가정을 지탱하는 데 무슨 비결이 있겠습니까. 다만 서로가 충실하면 되는 것"이라고도 했다. 그가 느닷없이 가정 지키기에 대한 이야기를 꺼낸 것은 1960년대 이후 배우들의 상당수가 이혼 등 가정 문제를 많이 야기한 데 대한 경고였다.

그는 극단장을 맡고서도 여전히 무대 주역으로서 열정적인 연기활동을 펼쳐갔다. 가령 충무공을 극화한 〈한산섬 달 밝은 밤에〉(이은상 원작, 이해랑 연출)서는 이순신 역을 맡아하는 것과 같은 직분을 충실히 한 것이다. 올곧고 수려한 용모와 카랑카랑하면서도 심금에 파고드는 음성으로 인해서 이충무공 역에는 안성맞춤이었고, 장충동 신축 국립극장 개관축하공연 〈성웅 이순신〉(이재현 작)에서도 타이틀 롤을 맡은 것 역시 극히 자연스러운 것이었다. 그는 명배우답게 언제나 극장의 구조 시설 등에 과민하리만큼 신경을 쓴 것도 이색적이었다. 처음 극단장을 맡았을 때도 극장과 무대의 청소부터 한 것이라든가 불량배가 들어오지 못하도록 이중문 설치와 경비 강화를 했던 것도 바로 그였다. 그는 특히 명동의 국립극장에 특별한 애착을 가졌었고, 따라서 정부가 그것을 폐관 매각했을 때는 다음과 같은 아쉬움을 표명하기도 했다.

오랫동안 몸담아 왔던 명동 예술극장이 없어진다는 데 대해서 나는 나대로의 일말의 감회가 없을 수 없다. 그렇게 느끼는 것은 비단 나만이 아니요, 예술극장을 거쳐 간 모든 연예인이 느끼는 것이리라. 하지만 나의 경우 1957년 6월부터 전흔을 씻고 재정비되어온 국립극장(예술극장)에서 극단의 일익을 맡아온 인연으로 예술극장의 폐관소식은 상당한 미련이 남는 것이 또한 숨길 수 없는 솔직한 심정이라고 하겠다. …(중략)… 본가가 발전돼야 TV·영화 등 자매예술도 잘될 수 있지 않을까 하는 것 또한 나의 솔직한 느낌이다(『경향신문』 1975.11.18).

이상과 같은 그의 글에서도 역시 연극이 바로 서야 텔레비전드라마나 영화 등 자매예술도 발전한다고 걱정한 부분이 돋보인다. 그렇기 때문에 그가 북한

제6부 한국 현대연극의 거목들

의 대형극장을 의식해서 크게만 지은 신축 국립극장에 호감을 가질 리 만무했다. 그는 국립극단 50년을 회고하는 글에서 "휑하니 우주를 보는 듯한 커다란 무대는 가무를 위한 공연장 같다는 생각이 들어 근심과 걱정이 앞선다. 회전무대가 있는 최신식 설비, 동양 최대를 자랑하는 극장 설계에 의구심이 가지 않을 수 없다. 왜냐하면 공연예술을 위한 설계라기보다는 회의장이나 강연장을 연상시키기 때문이다. …(중략)… 배우를 능력 없는 연기자로, 공연물을 시시한 작품으로 만들어버리는 무대를 놔두고, 억지소리와 억지스런 연기를 하도록 강요하는 무대공간을 그대로 방치하고서 어떻게 명작과 훌륭한 배우가 배출되기를 기대할 수 있겠는가 하는 데 생각이 미치면 좀 가슴이 답답해진다."[6]고 실망의 감정을 그대로 표명했다.

이처럼 그는 단순한 배우로서만 탁월한 것이 아니라 연극 전체와 국가의 문화정책 등에까지 상당한 식견과 자기주장, 더 나아가 비전을 갖고 있는 연극인이었다. 그의 여러 분야에 걸친 눈부신 활약으로 그가 1960년대부터 여러 가지 상과 훈장도 받기 시작했다. 서울시문화상을 비롯하여 정부의 문화예술상, 국민훈장(목련장) 등이 그에게 주어졌는데, 그것이 대체로 1960년대 후반부터 1980년대 초에 걸쳐서였다.

그런데 그가 연극계 지도자로 확고하게 자리 잡았음에도 불구하고 연기에는 조금도 소홀하지 않았다. 가령 '파우스트' 역만 해도 그는 1974년 이래 네 번이나 맡을 만큼 대배우로서도 부동의 역할을 한 것이다. 그렇다고 그가 연극무대만 지키는 수문장만도 아니었다. 즉 그가 TBC 라디오 연속 다큐멘터리 〈해방 20년〉이라는 프로를 장기 출연하였다는 것은 전술한 바 있거니와 1983년도 말에는 우성영화사가 12개 나라를 돌면서 로케이션을 갖는 〈낮과 밤〉이라는 영화에 주연까지 맡아서 해외여행의 강행군도 마다하지 않은 철저한 프로페셔널리스트였던 것이다. 그것으로도 부족한 듯 그는 장기 해외여행에서

---

6 장민호, 『국립극단 50년사』, 태학사, 2000, 63~65쪽.

귀국하자마자 MBC 텔레비전 일일연속극 〈그리워〉에 주인공으로 나서는 저력을 보여주기도 했다. 물론 그는 1970년대 중반에도 MBC 텔레비전 연속극 〈행복〉에 장기 출연한 바 있지만 〈그리워〉의 주인공(박치복 노인)과는 전혀 이미지가 다른 것이었다.

그래서 그를 가리켜 '전천후 배우' 또는 '천의 얼굴을 가진 연기자'라 칭하는 것이다. 연극무대를 발판으로 하여 라디오, 텔레비전, 영화 등 모든 매체를 자유자재로 넘나들기 때문에 배역도 파우스트라든가 수양대군, 이순신 등과 같은 클래식에서부터 현대인의 여러 형을 소화해내었던 것이다.

그때까지 그의 연기를 지켜본 구히서는 "뛰고 달리고 몸부림치기보다 걷고 서성거리고 자제하는 분위기, 일그러진 얼굴에 광기 어린 외침보다는 차갑게 돌아서 무겁게 내뱉는 분노가 어울리는 얼굴이고 목소리"라면서 "그가 서면 그곳이 곧 무대의 중심이고 작품의 원줄기"(『일간스포츠』 1982.2.10)라고 호평한 바 있다. 그러나 뭐니 뭐니 해도 장민호의 장기(長技)는 배우예술의 본질에 가까이 다가가 있는 점이라 하겠다. 여기서 그를 가리켜서 배우예술의 본질에 다가갔다고 보는 것은 두 가지 점에 의한 것이다.

그 한 가지는 그가 어느 역을 맡던 언제나 도전정신을 갖고서 새로운 인물을 창조해내려는 집념을 지녔다는 점이고, 다른 한 가지는 끊임없는 변신(變身)을 꾀한다는 점이다. 사실 연기란 끊임없는 자기변신이 아닌가. 그가 장르를 넘나들면서 수많은 작품을 소화해내는 데는 그만한 지적(知的) 능력과 건강이 뒷받침되어야 한다. 그런데 그는 실제로 명석한 두뇌의 소유자이고 또 타고난 건강체질인 듯싶다. 70대까지도 20대의 체중을 유지할 수 있다는 것은 보통 건강한 것이 아니다.

그는 끊임없는 독서와 함께 건강을 유지하기 위한 골프, 등산 등 전신운동을 하고 있으며, 소식(小食)주의자이기도 하다. 그리고 그는 60대 중반 이후에는 라디오와 텔레비전, 영화 등에 거의 출연하지 않았다. 즉 1987년 〈광복 20년〉이라는 라디오 다큐멘터리 드라마도 20년 만에 끝내고 성우생활도 한 자락 접었으며 텔레비전의 일일연속극도 MBC의 〈그리워〉를 끝으로 자제하는 편이다. 다만 TV문학관과 같은 특집극에나 가끔 얼굴을 내미는 정도였다. 여기서 또 하나 그의 훌륭한 예술가의 자세는 그가 그렇게 많은 방송극에 출연했어도 맨 얼굴로는 단 한 번도 화면에 자신을 비치지 않았다는 점이다.

바꾸어 말하면 그는 어디까지나 연기자로서 어느 역을 맡아 드라마에 출연한 것이지, 연기 외에 어느 오락프로나 대담프로 같은 데는 일절 나가지 않았다는 이야기다. 이는 그가 진정한 예술가라는 점을 가장 극적으로 보여준 것이다. 미국의 명배우 캐서린 햅번이 세계적인 명 앵커 월터 크롱카이드의 인터뷰 요청까지 거절하면서 '나를 보려면 내가 출연한 영화나 연극을 보라'고 한 말을 연상시키는 장민호의 처신은 큰 예술가만이 지닐 수 있는 것이 아닐까.

그런 그가 1986년, 연기 생활 40여 년 만에 〈소〉 이후 두 번째 연출을 하게 된다. 그런데 연출은 그가 원해서 맡은 것은 아니었고 마땅한 사람을 찾지 못해서 부득이 극단장인 그에게 돌아간 것이었다. 실제로 그의 연출방식은 배우다운 것이었다. 왜냐하면 그가 배우들 위에 군림하거나 지배하려는 독선적 자세 아닌 연기자들과의 공동작업이라는 자세로 임했기 때문이다. 그가 연출에 임하는 자세와 관련해서 자기는 "극 중에서 '연출'이라는 배역을 맡았다는 생각으로 연출을 하고 있다"(『조선일보』 1986.11.5)고 말한 것도 거기에 연유한다. 따라서 그는 레퍼토리 선정과 배역 선택을 배우들에게 전적으로 일임하는 자세도 취했었다. 그 결과 공연은 무난했다. 그러나 그 후 그는 두 번 다시 연출은 하지 않았다. 위대한 배우로 남겠다는 평소의 소신 때문이었다. 다만 단체장으로서 국립극장이 제대로 가도록 조타수 역할을 충실히 해나갈 뿐이었다.

그가 1967년부터 1990년대 초까지 국립극단장을 맡아서 국립극장 자체를 크게 쇄신한 것은 잘 알려진 이야기이다. 극단에도 유능한 신인들을 끊임없이 수혈했고, 특히 장기공연체제 구축과 세계명작극장시리즈 공연은 순전히 그의 아이디어와 집념의 산물이었다. 그는 국립극단장을 넘어 연극계, 더 나아가 문화예술계의 지도자로서도 확고한 위치를 차지하고 있었음에도 불구하고, 배우로서의 활동은 왕성하기만 했다. 단체장을 은퇴한 뒤에는 지도위원으로 있으면서 국립극단과 외부의 사설극단 출연도 쉬지 않았다. 그러나 나이가 들어갈수록 그는 "대작의 화려한 외형적 연기보다는 작더라도 섬세하고 조용한 내면 연기를 하고 싶다"(『조선일보』 1985.7.27)고 했다.

그런 그가 대배우로서 우뚝 서기 시작한 것은 이미 1960년을 전후해서였다. 그 당시 주연으로 나섰던 두 작품, 즉 신협의 〈안네의 일기〉와 국립극단의 〈대수양〉에서 대표적인 두 연출가인 이해랑, 이진순으로부터 극찬을 받는 것에서부터 시작된다. 〈안네의 일기〉를 연출한 이해랑은 장민호의 명연기 장면 묘사와 관련해서 "그는 자기 딸이 사라진 방에 들어와서는 눈물이 핑 도는 것을 억제할 길이 없었다. 자기도 모르게 눈물을 닦고 있었다. 내면의 심층에 배었다가 우러나오는 그의 정서에는 무거운 열감이 담겨 있었다"고 회상한 바 있다. 같은 무렵 〈대수양〉을 관극한 이진순도 단도직입적으로 "이 작품 중에 군계일학이 있다. 그가 바로 장민호다"라고 찬탄한 바 있다.

그가 해방 이후에 등장한 최고의 배우로서 누린 모든 영예와 다복한 가정으로 주위의 부러움을 샀지만 70대에 접어들면서 잠시나마 건강에 이상이 온 데다가 아들의 사업관계로 경제적 고통도 겪었던 것으로 알려졌다. 물론 그는 강인한 의지로 모두 극복은 했지만 그것이 그로 하여금 인생을 차분하게 되돌아보게 한 계기도 만들어주었다. 그가 큰 시련을 겪지 않고 연극계 지도자의 한 사람으로 우뚝 서 있을 때의 모습에 대해서는 소설가 이세기(李世基)가 다음과 같이 묘사했었다.

그는 언제나 의욕적이다. 성격은 명쾌하고 성급하며 솔직하고 직선적이다. 항상 모범생과도 같은 이런 유의 성격이란 한 가지 일에 몰두하면 끝장을 봐야만 직성이 풀리게 마련이다. 또한 철두철미하고 다혈질적인 기질로 인해 곧잘 흥분하거나 저항하거나 마찰을 빚기 십상일 것이다. 그러나 '칼날처럼 날카롭고 정의감에 넘치건만' 막상 결단을 내려야 할 순간에는 정면으로 대결하기보다 우회적인 유연성을 지니는 것이 남과 색다르다.[7]

이상에서 알 수 있는 것처럼 장민호는 대체로 강직하고 직선적이며 도전적인 성격이다. 그러나 그는 70을 전후해서 겪은 시련과 인생황혼을 반추하면서 달관의 면모를 보여주곤 한다. 그는 일찍부터 '인생만사에 만능은 없다'는 좌우명을 마음속에 품고 있었지만 노년에 접어들면서 그 말을 자주 되새기는 편이다. 그가 좋아하는 시(詩) "주연이면 어떻고 조연이면 어떠하고 또 공(共)연이면 어떠하랴. 평생을 외곬으로 든 예술. 그 아니 좋으랴."[8]는 만년의 그의 심경을 응축시켜주는 내용이다.

주지하다시피 그는 타의 추종을 불허하는 불세출의 배우다. 까다롭고 예리하기로 이름난 그의 연극스승 이해랑도 장민호에 대해서 다음과 같이 묘사한 바 있다.

배우에게는 두 가지 종류가 있다. 교육을 받지 않고서는 제대로 연기자 구실을 할 수 없는 연기자와 그의 직관으로 곧잘 연기를 익혀나가는 배우가 있다. 전자가 창조 과정에서 많은 시간을 요하고 연출가의 손질이 가해지는 것을 기다리고 있는 데 반하여, 후자는 창조의 속도도 빠르거니와 성격의 파악이나 극적 흐름에 대한 인식에도 별로 오판을 하지 않고 오히려 세부적인 면에서 연출을 도우며 연출가의 일손을 덜어준다. 후자와 같이 연기자로서 연극을 리드해 나가는 배우를 흔히들 천성적 연기자라고들 하는데, 장민호가 바로 그런 연기자이다. 아무리 극중인물 속에 파묻혀서 살려고 해도 그의 강한 개성이 드러나 보인다. 군중 속에서도 그렇고, 고독에 잠겨 있을 때도 그의 개성은 도드라진다. 그의 강한 억양 때문만이 아니다. 극중인물과의 2인 3각행에서 그가 언제나 앞을 질러서 먼저 달리기 때문이다. …(중략)… 그의 연기자로서 세련된 예민한 조건반사

---

7 이세기, 「이세기의 인물탐구 (78)」, 『서울신문』 1995.7.15.
8 하예월, 「명사탐방 장민호」, 『월간 동화』 1990년 5월호.

로 언제나 선두에 서서 연극의 맥박을 재고, 연극 속에 잠재해 있는 난해한 문제를 손쉽게 파헤쳐나간다.[9]

이해랑은 배우로 출발해서 최고의 연출가가 된 인물이기 때문에 평소에 배우술에 대하여 탁월한 식견을 갖고 있다. 따라서 그의 이상과 같은 평가는 장민호를 능가하는 배우가 없다는 것을 알려주는 것이어서 주목된다. 일찍이 새뮤얼 셸던은 배우의 세 가지 조건으로서 천부적 소질, 훈련, 실연 등 세 가지를 꼽은 적이 있다(『무대예술론』). 그렇게 볼 때 장민호는 세 가지 조건을 완벽하게 구비한 배우라 명배우로서 우뚝 설 수밖에 없는 것이다.

그가 선천적 배우라는 것은 일찍이 이해랑에 의해 확인된 것이고, 두 번째 조건인 훈련만 하더라도 그만큼 철저하게 연습하는 배우가 없다. 그가 일찍이 동아일보 기자와 가진 인터뷰에서 "연극배우의 생명은 고된 리허설에 있으며 신고(辛苦)의 결과가 무대에서 성공적으로 형상화되었을 때 배우는 더없이 보람을 느낀다"[10]면서 "배우는 마땅히 기본 동작과 발성법 등 고된 수련 과정을 거쳐야 된다"고 했다. 그만큼 그는 배우의 훈련을 중시했고, 그 자신이 그런 고된 수련 과정을 거쳤음은 두말할 나위 없다. 그리고 그가 50여 년 동안 2백 편에 가까운 작품에 주·조연급으로 무대에 섰으니 실연에 있어서도 타인의 추종을 불허하는 것이다.

따라서 그는 매우 독특한 배우관을 갖고 있다. 그는 배우라는 직업을 상념으로 떠올릴 때마다 자주 되뇐다는 〈햄릿〉의 한 구절이 있다. "배우란 시대의 축도—간결한 연대기요. 죽어서 묘비명이야 어떻게 되던 생전에 구설을 듣지 않는 게 상책"이라는 구절이고, 또 하나 체호프의 〈갈매기〉 대사 중 "배우가 무대 위에서 스스로 졸렬한 연기를 한다고 느꼈을 때처럼 비참할 때가 없다."는 구절은 그가 언제나 타산지석으로 삼는 명구이다.

---

9 이해랑, 『또 하나의 커튼 뒤의 인생』, 보림사, 1985, 151쪽.
10 장윤환, 앞의 글.

이런 배경에서 그는 배우란 "비수처럼 날카로운 비판, 분석이 이루어져야 하고 표현에 있어서는 그야말로 신(神)의 경지까지도 넘나들 수 있어야 한다."[11]고 했다. 연극은 어디까지나 현장예술이라는 견해를 갖고 있는 그는 자신의 오랜 연기 생활을 되돌아보면서 "생각해보면 나도 60년 넘도록 무대에 서고 있지만 마냥 솜사탕이고 깨진 그릇이고 꿈의 반복이다. 수백 편의 작품을 했지만 공연 순간과 함께 사라져 버린 꿈의 파편들뿐이다. 작품이 남는 것도 아니요, 그만한 노력의 대가가 남는 것도 아니요, 사회의 인식이 자긍심을 갖게 해주는 것도 아니다. 그때그때의 소수 관객의 뇌리 속에서 나의 창조의 고통은 안개처럼 사라져버려 허망함만 남을 뿐이다."라고 허허로운 감회를 실토한 바 있다.

그런데 주목할 만한 사실은 그가 소멸(消滅)에서 오히려 배우로서의 매력을 느끼고 있는 점이라 하겠다. 그는 치열한 창조 작업 끝에 '없음의 미학'에서 희열을 느낀다는 이야기이다. 그는 연극이야말로 '순간의 예술'이라는 것을 너무나 잘 알고 있으며, 또 거기에서 참맛을 느끼는 배우이기도 하다.

그러니까 그는 극작가나 무대미술가처럼 어떤 실체를 전혀 남기지 않는 데서 오히려 멋이나 의미를 느낀다는 것이다. 그 점은 배우예술뿐만 아니라 연극 자체가 그렇지 않느냐고 했다. 그는 조선일보와 인터뷰에서도 "연극의 생명은 현장성입니다. 그날, 그 공연, 그 관객의 만남과 분위기는 다시는 재생할 수 없습니다. 남지 않는다는 게 매력이 아닐까요. 사람들은 무엇이든 남기려고 하지 않습니까. '장민호 연기 60주년 기념공연 괜찮았어'라는 평만 들으면 되는 거지요"(『조선일보』 1997.11.10)라고 술회한 바 있다. 이처럼 그는 연기와 연극에서 진정한 매력은 막이 내림과 동시에 연기처럼 사라지는 데에 있다고 믿고 있다. 그러니까 그는 역설적으로 무상과 허무에서 아름다움을 느끼는 것이다.

---

11 장민호, 「연극과 더불어 40년」, 『관세』 제22권 제231호.

그는 또 다른 신문과의 인터뷰에서는 "막이 오르면 처음에는 배우가 관객을 이끌어간다. 연극이 차츰 그 클라이맥스에 다다를 무렵부터는 배우가 오히려 관객들의 호흡에 이끌려 간다. 그리고 마침내 배우와 관객들의 호흡이 완전히 일치했을 때, 배우는 그 무엇과 바꿀 수 없는 희열을 느낀다. 그러나 관객들의 열광 속에 막이 내리고 배우가 분장을 짓고 나서 객석을 바라보면 관객들은 썰물처럼 빠져나갔고 객석은 거짓말같이 텅 비었다. 이때 배우는 고독을 느낀다. 이 희열과 고독이야말로 배우가 아니고서는 맛볼 수 없는 연극의 참맛"이라고 이야기한 바 있다.

이상과 같은 배우관(俳優觀)에서 알 수 있는 바와 같이 그는 대단히 정통적인 연극관을 갖고 있다. 여기서 정통적인 연극관이라고 한 것은 근대 리얼리즘에 굳건한 토대를 두고 있다는 이야기이다. 그럴 수밖에 없는 것이 그가 가장 감수성이 강한 청년기에 박학(朴學) 등과 같은 사회주의 리얼리스트에게서 발성법을 배웠고, 이해랑으로부터 무대연기 수업을 받았던 데 따른 것이다. 박학이나 이해랑의 연극세계는 결국 스타니슬라프스키나 메이어홀드에 닿고, 이들이야말로 근대 리얼리즘 연기술을 확립한 사람들이 아닌가.

그는 연극을 '어머니의 젖가슴'에 비유한 적이 있다. 모유(母乳)를 제대로 먹어야 아이가 튼튼하게 자랄 수 있듯이 연극 또는 연기도 기본이 튼튼해야 한다는 것이다. 그가 연극을 모든 예술의 근본이라고 본 것(한겨레, 1997.11.3.)도 그런 관점의 예술관에 바탕하고 있는 데 따른 것이다. 그는 월간『동화』의 르포라이터(하예월)와의 인터뷰에서 "예술이라는 것은 인간의 진실을 추구하고, 그것을 아름답게 형상화시킨다는 것이 전제되어야 합니다."라고 하여 자신의 정통적인 연극관이라 할까 미학관(美學觀)을 내비친 바 있다.

그는 연극을 통해서 무슨 주의주장이라든가 특별한 목적을 띠는 것을 좋아하지 않는다. 그가 생활에서나 연기에서 물 흐르듯이 자연스럽고 평범한 것이 최상이라고 믿는 것도 사실은 리얼리즘에 바탕하고 있음은 두말할 나위 없다. 그러니까 연극 속의 주인공을 창조할 때, 그 역 자체가 개성적이어야지 배우 자체가 개성적이면 그 인물을 정확하게 표현할 수 없다는 것이 그의 연기관이다. 따라서 좋은 배우란 말도 편안하게 구사하고 외양까지 편안한 배우이며 그런 배우가 실제로 연극 속에서 여러 가지 개성적 인물을 자연스럽게 표출해 낼 수 있다는 것이다. 그에 근거하여 자신의 연기 어프로치 자세와 관련하여 다음과 같이 술회한 적이 있다.

> 극적인 상황을 위해서 내 호흡은 제쳐놓고 남의 호흡, 남의 감정을 고려하면서 연기하기 때문에 상대 배우가 편안하게 느낄 거라고 생각해요. 나 자신은 빛이 좀 덜 나더라도 상대방을 빛나게 하고, 연극 전체가 빛나게 하는 그런 역할을 해왔지, 내 것에 대한 과욕이나 집착은 없어요. 어차피 연극은 조화를 위해서 희생하는 예술이에요. 자기가 아닌 괴테가 돼야 하고, 최명길이 돼야 하고, 대로는 세종대왕이 돼야 되는 것 아니에요?[12]

이상에서 알 수 있는 것처럼 그는 자연스럽고 범용함 속에 물 흐르듯이 조화를 이루어가는 연기가 좋은 것이고 요란하게 뭘 꾸미고 비틀고 하는 배우는 바람직하지 않다고 말함으로써 그의 리얼리즘에 바탕한 순수 정통 예술관을 내보였고, 그런 그가 이념성을 띠는 예술에 거부감을 갖는 것은 극히 자연스러운 일이다.

그는 북한 연극과 관련하여 "사상적인 부분을 선전 보급하려는 의도가 있다면 그것은 예술이 아니고 선전물이라 하겠지요. 지금 이북에서 공연되고 있는 것들이 예술작품일 수가 없어요. 주체사상을 주입, 보급시키려는 선전물일 뿐"이라고 폄하한 바 있다. 그런 맥락에서 1970, 80년대에 유행했던 마당극에 대해서도 그는 "작품을 민족성에서 나온 심성이나 멋으로 순수하게 형상화시킨 것은 좋으나 계도적이거나 이데올로기적인 해석은 인정할 수가 없다"고 분명한 선을 그었다.

---

12 이성남, 「국립극단 원로배우 장민호」, 『미르』 2004년 5월호.

그만큼 그는 순수 정통연극관을 갖고 있는 것이다. 이처럼 그가 리얼리즘 연극에 뿌리를 두고 있기 때문에 누구보다도 연극이 철저하게 '배우의 예술'임을 강조한다. 국립극단에서 안톤 체호프의 〈바아냐 아저씨〉에 출연하면서 당시 연극계의 흐름과 관련하여 "요즘 연극은 너무 연출가 위주로 흐르는 경향이 있어요. 연극이란 역시 배우의 예술이거든요. 게다가 정통극이랄까 리얼리즘적인 색채가 퇴조해가는 것도 안타깝고…"(『주간한국』 1986.11.16)라고 개탄도 했다.

1960년대 구미에서 유행한 연출가 중심의 동적(動的)연극이 우리 연극계에서 유행한 것은 1970년대 초였다. 실험극이라는 이름으로 드라마센터를 중심으로 넓게 퍼져나간 것이다. 수십 년 동안 리얼리즘 연극을 금과옥조로 삼아온 정통연극인들에게는 그런 실험이 백안시될 수밖에 없었다. 그러므로 장민호가 그런 유형의 작품에 출연도, 관극도 하지 않은 것은 극히 자연스럽다고 말할 수 있다. 이처럼 그가 철저한 리얼리스트로서 일관성을 띠어 왔고, 그것이 그가 연극을 하는 이유이기 때문에 연극을 언어의 예술로 규정짓는 것도 극히 자연스런 것이다.

따라서 그는 항상 연기훈련이 제대로 안 된 배우들이 TV나 영화판 등에서 요란하게 얼굴팔기와 몸짓만 한다고 개탄한다. 근자에는 그런 풍조가 극장 무대에도 만연하고 있다고 걱정한다. 이처럼 그는 우리 연극의 부진과 침체도 배우예술의 부재에서 찾고 있는 것이 특징이다. 그가 한 인터뷰에서 "한국연극이 다시 살아날 수 있는 오직 한 길은 배우예술이 극계(劇界)의 중심으로 개편되어야 한다."고 주장한 것도 그런 연유에서였다. 그가 항상 후배들에게 들려주는 경구가 있는데, 그것은 다름 아닌 '배우는 무대에 10년을 서야 발이 무대에 붙는다.'는 말이다.

그는 누구보다도 연기를 즐기면서 하는 배우이다. 남이 보면 너무 쉽게 하는 것으로 비칠 수도 있을 정도이다. 그래서 그를 최고의 배우로 평가한 바 있는 이해랑으로부터도 이따금 '좀 더 깊은 내면연기를 하라'는 충고를 받은 적도 없지 않았다. 그러나 그것은 보기에 따라 달라질 수 있다. 이 말은 곧 그가 내면의 깊은 연기를 못 해내서가 아니라 순리에 따라 '편안하게 연기를 한다'는 평소의 신조에 맞춘 것이 한 가지 이유이고, 또 다른 이유는 그가 연극뿐만 아니라 방송드라마, 영화 등을 동시에 넘나들면서 연기를 해야 하기 때문에 '자기 아낌'에 따른 것일 수도 있다. 이처럼 그는 연기건 삶이건 역리(逆理)를 거부하고 순리를 중요시한다. 그렇기 때문에 그의 삶과 연극은 물 흐르듯이 자연스럽고 조화롭다.

더욱이 그는 연기와 삶을 따로 떼어서 생각하지 않는다. 그는 한 신문과의 인터뷰에서 "내게 연기란 그냥 인생, 그 자체다"(『일간스포츠』 1997.11.8)라고 말한 바 있다. 그만큼 그는 연기를 자신의 삶의 한 부분으로 생각한다. 가령 그가 마지막 작품이라 할 〈3월의 눈〉(배삼식 작)에 임하는 자세로서 "연기 아닌 연기를 하겠다"고 한 것이야말로 "삶과 인생을 합일시킨 것"이라고 설명할 수가 있다. 따라서 그는 자신의 삶을 사랑하듯이 연극을 사랑할 수밖에 없는 것이다. 그가 이처럼 연기, 더 나아가 연극을 천직으로 여기는 것을 넘어 거의 신앙에 가까울 만큼 신성시까지 한다.

그 점은 그가 연기 이외의 일을 평생 하지 않은 점에서도 잘 나타난다. 근자에는 포스트모던, 디지털 사회여서 그런지는 몰라도 많은 사람들이 본업보다도 부업에 더 신경을 쓰는 예가 비일비재하다. 특히 매스컴을 타는 일이라면, 또는 인기를 끌 만한 일이라면 물불을 가리지 않는다. 그럼에도 불구하고 그는 고집스러우리만큼 연기세계를 지켰다. 그가 한 신문과의 인터뷰에서 '분장하지 않은 상태에서 대중들 앞에 서본 적이 없으며 그럴 의도도 갖지 않았다'면서 "60년이 넘는 배우 생활을 하면서 쇼는 물론 대담 프로그램 같은 교양물에도 일절 출연하지 않았다"(『한국일보』 1992.9.14)고 했다. 이런 그에게 연극인으로서는 최초로 호암상이 주어진 것은 극히 자연스런 것으로 인식되었다.

그는 연극인들의 대학 강단 진출에도 초연했다. 수십 년 동안 명성을 유지해 온 그에게 주변에서 갖가지 유혹이 있었을 것임에도 불구하고 그는 의연하게 배우로서만 살아갔다. 그가 이처럼 굳건하게 스스로를 지킬 수 있는 것은 연기를 신앙처럼 생각하는 데서 오는 절제력에 따른 것이 아닐까 싶다.

이상과 같이 그는 연기력만 탁월한 것이 아니라 정통적인 예술관과 확고한 신념을 지키며 살아온 인간 그 자체가 훌륭했다고 말할 수 있다. 특히 그는 제1세대 성우로서 오늘의 방송드라마가 있도록 기초를 다진 인물이기도 하다. 그러나 그의 진면목은 60여 년 동안 이 땅의 정통연극의 맥을 지켜온 배우로서의 기여에 있다. 극단 신협과 국립극단으로 이어지는 근대 리얼리즘 연극이라는 거대한 산맥에서 그는 언제나 봉우리에 서 있었다. 그와 함께 봉우리를 형성했던 대역(對役) 원로 김동원과 백성희가 있었기 때문에 그는 더욱 자신을 빛낼 수 있었지 않았을까.

그리고 그에게 언제나 자신의 기량을 마음껏 발휘할 수 있도록 캐릭터를 창조해준 유치진, 차범석, 하유상, 이근삼, 김의경, 오태석 등 국내의 극작가와 안네 프랑크, 괴테, 셰익스피어, 체호프, 입센 등 외국 작가들이 있었고, 이해랑이라는 걸출한 연출가가 있었다.

이런 그가 희수(喜壽)를 지나고 미수(米壽) 잔치를 치른 두 달 뒤 향년 88세로 가정과 무대를 벗어나 저 멀리 별자리 뒤 사랑하는 아버지가 계신 곳으로 홀연히 떠났다.

무대미술의 차원을 높인 예술가
이병복

한국에서 최소한 무대미술을 시도했다고 할 만한 공연을 시작한 것은 1923년 극단 토월회 때부터라고 말할 수가 있다. 천수백 년 동안 내려온 전통극은 야외에서 임시 가설무대나 아니면 산대(山臺) 같은 것을 만들어 공연을 했으므로 현대적 개념의 무대미술이라고 이름 붙이기 곤란하다. 연극이 있는데 어떻게 무대미술이 없었단 말인가라고 의문을 제기하면, 전통시대에는 자연배경 자체가 무대미술이었다고 답변할 수밖에 없는 것이다. 전통극은 자연스런 환경 속에서 생성 발전되었고 그것을 별로 채색하지 않고 연행해왔기 때문이다.

무대미술은 극적 행동을 촉진하고 이해를 도우며 작품의 특수한 예술적 특성들을 시각적으로 표현하는 것이 본래 목적인 만큼 우리의 전통극과는 아예 걸맞지 않았다. 왜냐하면 우리의 전통극은 야산 비탈이나 넓은 마당, 대청마루 아니면 궁중 뜰에서 하던 것이었으므로 푸른 하늘, 바다, 산, 주변 가옥 등이 모두 무대미술이었다. 그렇기 때문에 사건의 시간과 장소를 규정해주고 무대 바깥과 무대 위의 공간 사이의 관계를 분명히 해주며 작품의 성격까지 부여해주는 인공적인 무대미술이 존재할 수 없었던 것이다. 배우만 있고 극작가나 연출가 혹은 무대미술가가 따로 없었던 시대의 전통극의 수준이 적어도 예

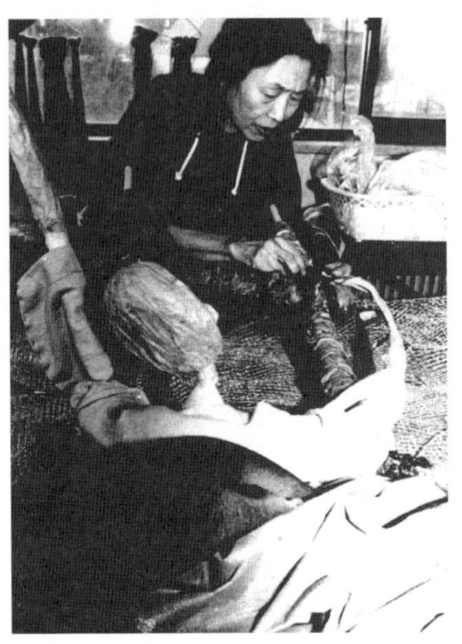

이병복

술적 차원에서 볼 때 어떨 것인가는 불문가지라고 하겠다. 그런데 개화기에 접어들어서도 옥내극장이 만들어져서 전통극이 실내로 들어왔음에도 불구하고 이렇다 할 무대미술은 없었다. 다만 원각사(園覺社) 등에서 창극을 할 때 백포장을 뒤에 치고 공연을 했으니 초보 단계의 무대미술이 시작되었다고 말할 수는 있을 것 같다. 그렇게 볼 때, 우리나라의 무대미술은 대략 100여 년 정도의 짧은 역사를 갖는다. 이는 서양의 천년이 넘는 무대미술 역사에 비하면 아직 유아 단계라고 해도 과언이 아니다. 그럼에도 불구하고 우리의 무대미술은 국제적인 공인을 받을 만큼 급성장한 것도 사실이다. 그것은 순전히 연극 발전에 발맞춰서 무대미술가들 역시 많은 노력을 해온 덕택임은 두말할 나위가 없다.

그런데 1960년대까지만 해도 우리나라의 무대미술을 주도해온 사람들은 거의가 대학 등에서 순수미술을 전공한 화가들이었다. 최초의 무대미술가라고 부를 수 있는 극단 토월회의 이승만(李承萬)을 비롯하여 원우전, 김정환, 이원경, 장종선, 최연호, 송관우 등 지난 시절의 대표적 무대미술가들이 대부분 처음에는 순수미술을 공부하고 나서 뒤에 무대미술을 한 사람들이다. 그럴 수밖에 없었던 것이 이들이 공부한 일본이나 한국에는 그 시절 무대미술을 제대로 가르치는 곳이 없었기 때문이다. 그렇기 때문에 초창기 토월회의 무대장치에서 볼 수 있는 것처럼 평면적 미술이 극장으로 이끌려 들어간 것이나 다름없는 무대미술이 통용되기도 했었다. 그런 것은 솔직히 진정한 무대미술이라고 부르기도 어려운 것이었다. 그러다가 1930년대의 동양극장 시절부터 조금

    제6부 한국 현대연극의 거목들

씩 나아지기 시작했고 해방 후 국립극장 때부터 본격적인 무대미술이 제자리를 잡아갔다고 말할 수가 있다. 이러한 무대미술의 발전 추세는 1970년대부터 본격화되었고 서양 무대미술의 모방을 벗어나는 진통을 거쳐서 1980년대부터는 가장 한국적인 무대미술이 대두된 것이다. 그 중심에 이병복(李秉福)이라는 매우 개성 강한 연극운동가 겸 무대미술가가 자리하고 있다. 그를 단순히 무대미술가라고만 부르지 않고 연극운동가 겸이라고 지칭한 것은 무대미술 작업을 운동 차원에서 접근하여 예술가로 절정에 섰다고 보기 때문이다. 즉 후술하겠거니와 그는 단순히 무대미술에 머물지 않고 우리 연극을 한 단계 업그레이드하겠다는 의지로 운동을 부단히 벌여나가면서 무대미술 작업을 하고 있다는 점에서 여타 무대미술가들 하고는 그 궤를 달리하고 있는 것이다. 그러니까 출발 배경부터 그는 종래의 무대 미술가들과 달랐다는 이야기다. 그것은 출신과 성향 등 여러 면에서 구별이 된다고 말할 수가 있다. 우선 그는 연극사상 최초의 여성 무대미술가라는 점이다.

그의 성장 배경을 살펴보자. 우선 우리 연극인들 중에 여러 명의 명문가 출신들이 있는바 그는 단연 앞줄에 놓일 만큼 좋은 집안에서 태어나 교육을 받은 경우에 속한다. 1920년대에 토월회를 이끈 박승희를 비롯하여 박진, 이해랑, 여석기, 차범석, 김정옥 등이 이른바 명문가 출신들인데, 그는 이들에 조금도 뒤지지 않을 정도로 훌륭한 가문을 배경으로 한다. 그는 1927년 1월 25일(음력 1926년 11월 9일, 호적상으로는 1927년 3월 25일)에 경북 영천에서 '이부자집'으로 소문나 있는 대지주집안에서 태어났다. 24대째 영천에서 살아온 조부 이인석(李璘錫)이 집안을 크게 부흥시켰고 그의 부인 손씨(孫氏)는 예능에 대단한 소질을 갖고 있었다고 한다. 이들 부부는 4형제를 두었고 차남인 부친 이홍(李泓)은 위로 활(活)과 아래로 담(澤) 및 호(澔) 두 동생을 두고 있었는데, 교도제국대학 경제학과를 졸업하고 해방 직후 이승만 정권 때 농림부양정국장 겸 식량공사 이사장을 역임한 엘리트 관리였다. 매우 강직했던 그의 부친은 6·25전쟁이 났음에도 불구하고 식량만은 끝까지 지켜내겠다고 버티고 있다가 납북

되고 말았다. 그의 형 활(活)은 경제인으로서 개발시대에 큰 역할을 한 인물이고, 셋째 담(潭)은 광주학생사건 때 주도적 역할을 한 것이 문제되어 중앙고보조차 퇴학당하고 해방 후에 사업을 했으며 막내 호(澔)는 도쿄제대 출신으로서 법무·내무 두 장관을 지낸 인물이다. 이처럼 그의 집안은 대지주였을 뿐만 아니라 수재집안으로서 보수적인 고장이었음에도 불구하고 개명도 대단히 빨랐었다. 자녀들을 모두 영국, 일본 등으로 유학시켰던 점에서 잘 나타나고 있다. 그의 부친은 영일만의 대지주집안 출신의 규수(이남두)와 결혼하여 슬하에 병복 등 4남 6녀를 두었는데, 병복은 둘째로서 장녀였다.[1] 네 살 때 서울로 이사 온 후 그는 경성유치원과 교동소학교를 다녔는데, 예능에 소질이 많았던 모친의 영향을 많이 받았으며 낭만적이었던 숙부(潭)를 따라 극장을 드나들었다고 한다. 그러니까 수재집안으로서 재계와 관계로 많이 진출했지만 숙부가 예술을 좋아했고, 모친 역시 예능에 소질을 갖고 있어서 그의 오라버니가 일본의 태양미술학교로 진학할 정도로 집안 분위기는 문예적이었다. 이 점이 바로 그가 뒷날 연극으로 눈을 돌리는 배경이 된 것이 아닐까 싶다.

사학 명문인 숙명고녀와 이화대학 영문과에 진학한 그는 시인 정지용 교수의 영시 강의와 박노경(朴魯慶) 교수 및 김갑순 교수의 영미 희곡 강의에 매료되면서 시적 감각을 터득하는 한편 장차 연극을 해보고 싶다는 생각을 은연중에 했다고 한다. 그러니까 유소녀 시절에 숙부를 따라 극장을 드나들었던 것이 그로 하여금 무대예술에 특별한 관심을 갖게 되는 하나의 작은 씨앗이 된 듯싶다. 그러나 막상 그가 연극 입문하는 데는 적잖은 진통이 있었다고 한다. 솔직히 부러울 것 없는 명문가 규수가 연극을 한다는 것은 쉬운 일일 수 없었다. 가령 그가 연극을 한다니까 늙으신 조모가 집안에 천한 광대가 나는가보다고 몸져누울 정도로 한판 홍역을 치른 것이 그 하나의 예이다. 그런 속에서 그는 1947년에 생전 처음 영문과 졸업 기념공연 〈윈더미아 부인의 부채〉(오스

---

1 「신 명가(名家) (1)」, 『조선일보』 1995.1.1.

타 와일드 작)라는 작품에 엉겁결에 무대를 밟은 것이 연극입문의 단초가 된다.

졸업하던 해(1948년 9월)에 그는 평소 따르던 박노경 교수가 주도한 극단 여인소극장이 탄생됨으로써 자연스럽게 단원이 되었고, 앞에 나서기 싫어하는 성격 때문에 그는 출연보다는 뒷일을 맡게 된다. 그러니까 그는 여인소극장의 창립공연작 〈고향〉(주더만 작)에서는 뒷광대 역할로서 만족했었다는 이야기다. 그러나 제2회 공연작인 〈인형의 집〉(입센 작)에서는 마지못해 헬머 역을 해낼 수밖에 없었다. 그가 처음이고 마지막의 기성연극 출연이었다.

그러니까 그 뒤로부터는 평생 뒷광대 역할만 했다는 이야기가 된다. 극단의 뒷일을 그는 6·25전쟁이 발발할 때까지 열심히 했다. 그러다가 전쟁을 맞아서 가족과 함께 부산으로 피난가게 된다. 피난생활 중 이병복은 그에게 중대한 인생의 변화의 계기를 만드는 한 화가를 만나게 된다. 서양화 전공의 권옥연 화백과 결혼한 것이다. 두 자녀를 둔 그는 1957년 권옥연 화백과 함께 프랑스로 건너가서 아카데미 드 페와 소르본대학 등에서 조각, 의상 등을 공부하게 되는데, 전공 외에 예술 분야를 폭넓게 섭렵하게 됨으로써 그가 평생의 작업을 하는데 기반을 다질 수가 있었다. 특히 화가를 반려자로 맞으면서 미(美)의 세계에 깊이 빠져 들어가는 바탕도 되었다고 말할 수가 있지 않을까 싶다. 도불 4년 만인 1961년에 귀국한 그는 잘 알고 지내는 주변 사람들의 맞춤옷을 해주게 되었고, 그것이 소문이 나서 단시간 안에 뛰어난 디자이너로서 명성을 얻게 되었으며 개인공방까지 차려서 생계를 꾸려가는 처지였는데, 마침 생겨난 덕성여자대학 의상학과의 주임교수까지 된 것이다.

이병복이 대학에서 학생들을 가르치던 시절에 드라마센터가 문을 열고 또 소위 동인제 극단 시대가 열렸던 만큼 일찍이 여인소극장을 했던 그가 학교에만 머무를 수는 없었던 것 같다. 결국 그는 학교를 떠나 다시 연극운동에 나서기로 한다. 즉 그는 파리 유학 시절 가깝게 지냈던 신예 연출가 김정옥(金正鈺)과 1966년 4월에 극단 자유극장을 창단케 된다. 그는 창단선언문에 잘 나타나 있는 것처럼 극단 운영방식에 새로움을 도입하려 했다. 가령 '극단의 뜨네

기적인 성격을 지양하기 위해 작업량에 따라 동인주를 배당한다.'[2]는 방식이
바로 그것이다. 그리고 극단의 목표로서 '희랍극에서 비롯된 서구연극을 계승
발전시켜 우리의 참된 신극을 창조하고 그곳에 새 입김을 불어넣음으로써 나
날이 잃어가는 관객을 되찾아보려는 것'이라고 함으로써 과거 신극단체들과
노선을 같이 하겠다는 것을 밝힌 바 있다.

그리고 자유극장이 김정옥과 그의 취향대로 프랑스와 이탈리아의 희극 계
열을 선호한 것이 특징이었다. 가령 자유극장의 초기 작품들만 보더라도 창
단공연 〈따라지의 향연〉(에두아르도 스칼페타 작)을 비롯하여 〈한꺼번에 두 주인
을〉(골도니 작), 〈우정〉(루스티코 디 필리포 작), 〈피크닉 작전〉(조르즈 드 테르봐뉴 작)
등등이 모두 그런 계열의 작품들이다. 그런데 여기서 주목되어야 할 것은 그
의 역할이었다. 우선 자유극장의 무대는 여타 극단들과 달랐다. 그것이 다름
아닌 무대의상이었다. 그가 프랑스에서 익힌 새로운 의상 기법에 의해 제작
된 무대의상은 적어도 그 분야에 있어서 새 장을 연 것이었다. 현란할 정도로
세련되고 화려한 의상은 관객을 압도하고도 남을 만한 것이었다. 이는 한국연
극사에서 무대의상을 한 단계 업그레이드한 것으로서 타인의 추종을 불허하
는 것이었다. 그러니까 자유극장 초기에는 그가 무대장치보다는 의상 쪽으로
심혈을 기울였다는 이야기가 된다. 그는 그것으로 만족하지 않고 프랑스 희
곡의 번역에까지 나선다. 즉 제4회 공연작인 〈한꺼번에 두 주인을〉과 〈피크닉
작전〉 등이 바로 그가 번역한 희곡이다. 이후에도 몇 편 더 번역에 참여했지
만 전문 번역가들이 나서면서 그는 의상과 무대미술에 전념하는 한편 극단의
자금 조달을 위해서 뛰어다녀야 했다. 그래서 생각해낸 것이 소위 회원제라는
것이었다. 그는 팬들을 중심으로 하여 '자유극장50인후원회'(회장 홍종인)라는
것을 조직하여 연간 50만 원을 목표로 삼고 뛰어다녔다.

그가 당초 연극이란 귀족 취미의 예술인 만큼 볼 사람만 보면 된다는 생각

---

2 〈따라지의 향연〉 프로그램.

　　　　　　　　　　　　　제6부 한국 현대연극의 거목들

으로 인텔리 중심으로 회원을 조직했던 것도 특징이라 할 수 있다. 여기서도 대지주 가문에 프랑스 유학 출신이라는 그의 고급스런 성향을 어느 정도 짚을 수가 있을 것 같다. 그런 그도 한계가 있었다. 특히 극장이 명동 국립극장 하나뿐이어서 마음대로 공연 활동을 펼칠 수가 없었던 것이다. 무대의상가로 번역가로 극단운영자로서 의욕이 넘쳐나던 그는 봄가을 두 번, 그것도 일주일 정도만 공연하는 것으로는 만족할 수가 없었다. 그는 소극장을 하나 꾸미는 방책을 궁리하기 시작했다. 그 결과물이 다름 아닌 1969년 봄의 까페 떼아뜨르 개설이었다. 그가 당시 그런 다방형 극장을 만든 것은 대단히 선구적인 것이었다. 그러나 시대가 그의 생각을 따라주지 못했기 때문에 웃지 못할 많은 고초를 겪어야 했다. 그는 까페 떼아뜨르와 관련해서 다음과 같이 회상했다.

나는 극단 대표로서 뭔가 공연할 수 있는 공간을 가져야만 되겠다는 생각을 했다. 그러나 정식의 극장을 지을 수 있는 형편은 아니었다. 그래서 작지만 지속적인 공연을 할 수가 있는 소극장 공간을 생각하게 되었고 연극인들과 관객이 친숙하게 만날 수 있는 까페 떼아뜨르를 구상하게 된 것이다. …(중략)… 우선 장소는 명동이어야 했다. 당시에는 명동 국립극장을 중심으로 연극 활동이 이뤄지던 때였기 때문이다. 충무로 큰 길에서 골목 안쪽으로 조금 들어간 곳에 맥주홀을 하다가 장사가 안 되어서 넘기겠다는 장소가 났다. …(중략)… 나는 천장을 뜯어낸 후 밤하늘의 별을 쳐다보며 뜯어낸 목재 쓰레기로 불을 피워가면서 추위를 견디며 앉아 있던 당시의 내 모습을 지금도 가끔씩 떠올리곤 한다. …(중략)… 1969년 까페 떼아뜨르를 시작할 때나 1966년 극단 자유를 만들 때나 나는 보건위생법이 뭔지 공연법이 뭔지 자세한 내용을 모르는 사람이다. 그래서 까페 떼아뜨르를 시작해서 문을 닫을 때까지 보건위생법과 공연법이라는 것을 어겼다고 해서 아주 톡톡히 쓴 경험을 했다. 나는 말하자면 노상 공연법 위반에 보건위생법 위반을 하는 사람으로 살았던 셈이다. 그 일로 해서 까페 떼아뜨르 개관 첫날부터 호되게 낯선 경험을 했고 문 닫는 날까지 그 고생은 계속됐다.[3]

---

3 이병복, 「까페 떼아뜨르를 이야기한다」, 『까페 떼아뜨르』, 한국무대미술가협회, 1998,

이상과 같은 이병복의 회고에서 알 수 있는 것처럼 허름한 맥주집을 개조해서 만든 까페 떼아뜨르는 당시에는 너무 앞서갔기 때문에 연극인들로서는 환호할 만한 것이었지만 일제시대의 공연법이 거의 그대로 살아 있던 시절의 다방극장은 정부 측에서는 허용되기 어려웠던 것이다. 따라서 선구적인 그가 평생 근처에도 가보지 않은 유치장이란 곳을 드나든 것이다. 대지주집에서 태어나 프랑스 유학까지 다녀온 그가 소극장운동을 하면서 유치장까지 드나들리라고는 아무도 상상 못한 일이었다. 그가 무엇이 부족해서 그런 곤욕을 치러야 했겠는가. 자존심 강한 그로서는 도저히 용납하기 어려운 것이었다. 이는 그만큼 그가 우리의 연극을 위해서 희생양을 자처한 것이나 마찬가지였다. 연약해 보이는 그가 그런 평생의 곤욕을 치르며 7년을 버틴 것도 보통의 일은 아니었다.

그러나 이 소극장은 현대 연극사에서 하나의 중요한 획을 그은 경우였다. 겨우 80석도 되지 않는 작은 극장이었지만 1969년 4월에 개관공연으로 부조리극인 〈대머리 여가수〉(이오네스코 작, 김정옥 연출)를 처음으로 무대에 올림으로써 한국 현대극의 새 장을 연 것이다. 그러니까 까페 떼아뜨르가 내세웠던 '내일의 연극을 모색하고 예언하겠다'는 사명을 완수했다는 이야기가 된다. 이 새로운 소극장에서는 매우 낯선 작품들이 무대에 올려졌다. 이를테면 이오네스코를 위시하여 핀터, 퀸테로스, 베케트, 아라발, 올비 등의 작품들이 공연되는가 하면 오태석이라든가 윤대성 등 새로운 기법을 들고 등장한 신예작가들도 선을 보였다. 이는 대단한 변환이었다. 그동안 리얼리즘 위주로 연극무대가 굳어지다시피 했었는데, 까페 떼아뜨르가 문을 열면서 연극계는 새로운 분위기로 급변해갔기 때문이다. 그만큼 그는 앞서가는 연극운동가로서도 대중에게 각인된 것이었다. 그러니까 그는 단순히 무대미술가가 아니라 연극운동가로서 더욱 그 빛을 발해간 것이다.

7~9쪽.

그럴 수밖에 없는 것이 우리의 새로운 연극운동이 그가 몸을 던져서 만든 까페 떼아뜨르로부터 서서히 기운이 일어났기 때문이다. 그렇다고 해서 그가 무대미술가로서 소홀했다는 이야기는 아니다. 그는 나름대로 무대의상가에서 무대미술가로 그 영역을 확대해가고 있었다. 그는 대극장에서부터 소극장에 이르기까지 자유극장의 의상과 무대미술을 도맡다시피 했다. 특히 그가 자기의 소극장에서 부조리극만이 아니라 〈놀부전〉, 〈색시공〉, 그리고 〈판소리의 밤〉 등과 같은 레퍼토리를 무대에 올리면서 초기의 프랑스, 이탈리아 작품을 했을 때의 세련되고 화려한 서양풍 의상에서 벗어나 토속적인 고유의 의상을 시도하기 시작한다. 이는 그가 대단한 변신을 하기 시작한 경우여서 주목받을 만한 것이라 말할 수가 있다. 이러한 실험도 실은 그가 어렵게 소극장을 마련했기 때문에 가능했다고 볼 수 있다. 그러나 불행하게도 말썽 많았던 까페 떼아뜨르가 결국 10년을 못 버티고 7년여 만인 1975년 11월에 문을 닫음으로써 역사 속으로 사라지고 말았다. 여기서 한 가지 분명한 것은 그가 만든 자유극장만은 당초의 목표대로 앞으로 나아가고 있었다는 점이다.

즉 처음에는 그리스극을 위시한 서양극을 소개하고 점차 '우리 극'을 창조해가겠다는 것을 실천해갔다는 이야기다. 이는 사실 동반자 김정옥의 구상과도 일치하는 것이다. 가령 1970년대 들어서자마자 국립극장 무대에 올린 〈어디서 무엇이 되어 만나랴〉(최인훈 작, 김정옥 연출)의 무대의상은 그가 그동안 해온 작품들과는 전혀 다른 '우리 옷'의 표현이었다. 그러니까 그가 그동안 유럽 작품들의 무대의상에서 볼 수 있는 현란하면서도 세련되고 우아한 비단옷이 아닌 무명을 많이 활용한 고풍스런 전통의상을 선보인 것이다. 그가 당초 자유극장을 창단하면서 제창했던 '우리 극'을 의상부터 만들어 간 것이라고 말할 수가 있다. 이 작품에서 보면 흰색과 검은색, 그리고 붉은색을 주로 썼음을 알 수 있다. 오방색 중심으로 의상을 만들었다는 것은 제의성(祭儀性)을 의미하는 것이기도 하다. 그의 무대의상의 특징과 관련하여 서연호는 다음과 같이 평가한 바 있다.

　　이병복의 옷들은 단순 강렬한 색상에 다양하고 품격이 있고, 깊이를 느끼게 해주는 것이 특징이다. 흑백의 대조에 주로 백색의 기조를 많이 쓰지만, 자세히 보면, 그 백색에도 변화를 주고 있다. 선과 모양은 같은 것이 하나도 없이 여러 가지 변화를 가미한다. 배우의 역할에 따라서 옷이 갖는 품위는 다르게 보이고, 어느 옷이든 홑감이 아니라 두세 가지 겹감으로 만들어져 인격의 무게와 깊이를 느끼게 해준다. 시대성과 지역성을 살리는 것도 특징이다. 몰리에르시대의 프랑스, 삼국시대의 고구려, 1930년대의 서울, 1940년대의 미국 등, 옷 가운데 시대와 지역이 함께 호흡하고 있는 것이다. 여러 가지 값싼 재료를 충분하게 활용하고, 무엇보다도 배우들이 입고서 연기를 하는데 편안함과 기능성을 살릴 수 있도록 만들어지는 것도 간과할 수 없는 특징이다.[4]

　　이상과 같은 서연호의 지적은 매우 정확한 것이다. 그의 의상은 항상 변해간 것이 특징이었는데 단 한 가지 변하지 않은 원칙은 가급적이면 돈을 적게 들여서 연극을 하는 데 효율성을 높이는 것이었다. 이러한 그의 의상철학은 아무래도 예술가 남편을 두고 가정을 꾸려온 데서 찾을 수 있지 않을까 싶다. 바꾸어 말하면 전쟁 중에 결혼하여 두 자녀를 키우면서 근검절약해 온 한국의 가정주부 철학이 그대로 연극의상 제작의 기본 원칙이 된 것 같다는 이야기다. 그런 그가 무대 장치까지 손을 대기 시작한 것은 부조리작가 아라발의 〈환도와 리스〉(이윤영 연출) 공연 때부터였다. 역시 어둡고 칙칙한 무대였고 의상뿐만 아니라 장치 또한 단순하고 극히 자연스런 것이었다. 그 무대장치에서 눈길을 끈 부분은 고정된 무대 아닌 움직이는 무대를 창조해 낸 것이라고 말할 수가 있으며 단순함의 극치로서 앙상한 나뭇가지들을 배경으로 깐 것이 아닌가 싶다. 그로부터 그는 자유극장의 의상은 말할 것도 없고 무대장치까지 자신의 연극미학 더 나아가 연극철학으로 엮어나갔다. 1978년 세실극장 무대에 올려진 〈무엇이 될고 하니〉(박우춘 작, 김정옥 연출)가

4　서연호, 「새로운 감각의 무대미학 개척자」, 『한국예술총집─연극·영화·무용편 3』, 대한민국예술원, 2000, 278쪽.

바로 그런 첫 번째 작품이라고 해도 과언이 아니다. 그러니까 자유극장 초반의 발랄하면서도 경쾌했던 그의 무대는 종적을 감추고 1970년대 들어서는 가장 한국적이면서도 비극적 톤으로 무겁게 가라앉기 시작한 것이다. 이 작품에서 보면 우리의 민속의례가 무대미술로 표출되었음을 확인할 수 있다. 물론 작품의 제재가 전래되어온 민화(民話)였던 데다가 소위 집단 창작이라는 연출 원칙에 따라 작가, 연출가, 배우, 무대미술가 등이 독자적으로 작품을 만들어서 시나위 가락처럼 하나의 화음을 이룬다는 것이긴 했었다. 어떻게 보면 이는 개성 강한 이병복이 그동안 간절히 기다려 온 작업이기도 했다. 이 말은 곧 그가 작품의 보조수단으로서의 무대미술 아닌 '독자적인 작품으로서의 무대미술'을 희망해왔던 것에 대한 소원풀이였다는 이야기다.

이 작품의 무대를 보면 주역(周易)이 바탕이 되고 한국인의 통과의례(通過儀禮)의 민속적 표현이 많이 등장한다. 가령 탄생의 상징적 표현이라 할 '금줄'이 무대의 한가운데를 가로지른다든가 죽음의식에서 사용되는 기구들(만장, 염 기구, 상복 등)이 등장하며 고풀이굿의 소도구도 사용되고 있다. 그리고 사자(死者)의 가면을 활용하여 초자연세계를 펼친 것 등이 돋보였다고 말할 수가 있다. 따라서 재료도 무명 헝겊, 종이, 지푸라기, 대나무 등이 사용되었다. 이렇게 해서 김정옥 연출이 그려내고자 했던 한국인의 죽음 문제를 이병복은 그 나름대로 독창적으로 무대의상과 무대미술로 창출해냈다는 이야기다. 이는 사실 그가 무대장치는 어디까지나 연극의 보조수단이라는 우리나라 무대미술의 관례를 혁파한 것이기도 하다. 이때부터 무대미술 그 자체가 곧 연극이라는 그의 신념이 펼쳐지는 것인데, 여기서 그의 무대미술 철학을 한번 살펴볼 필요가 있을 것 같다. 즉 그는 자신의 무대미술관에 대하여 다음과 같이 쓴 바 있다.

나의 무대 작업은 지극히 추상적이고 어설프다. 최소한의 압축된 상징물들로 조심조심 작품에 접근하면서, 무대를 꾸밀 뿐이다. 자연을 정복 혹은 지배하는 현대적, 과학적 사고나 스케일은 애당초 태어날 때부터 갖지 못했고, 또 가져보려고 감히 생각해본 적도 없다. 그저, 자연의 품안에서의 진솔한 삶을 동경하면서 내가 해보고 싶고 또 할 수 있는 내 몫의 일을 찾을 뿐이다. 나는 빈 공간을 퍽 좋아한다. 텅 빈 무대, 텅 빈 객석, 그 허허함 속에 담긴 극적 이미지, 연극적 이야기들이 바로 연극 그 자체라고까지 때로는 생각이 된다. 연극 공간, 신앙처럼 아니면 마약처럼 내가 혼신으로 동화될 수 있는 무대, 동시에 나를 고문하는 겁나는 공간이기도 하지만, 내가 향유할 수 있는 가장 정직한 일 터전이다. 이 속에서 종이와 헝겊, 흙, 지푸라기 등 자연의 소재들과 더불어 살고 있는 거다. 기계가 아니라 사람의 손으로 떠서 만든 전통적인 한지에는 혼이 배어 있고, 헝겊들은 마음을 지녔다. 흙, 지푸라기에는 넋이 있으며, 우리의 냄새를 맡을 수 있지 않은가. 의상, 소도구 역시 절제된 무색에서 연극적 색깔을 창출해보려고 애쓴다. 의상은 단지 옷이 아니고 연극 그 자체이다. 소도구 역시 연극에 필요한 물건이 아니라 바로 연극 그 자체이다.[5]

이상과 같은 이병복의 설명 가운데는 그의 무대미술 더 나아가서 연극철학과 인생관까지 담겨 있다. 대학에서 문학을 공부하고 프랑스에서 조각과 의상을 전공했으며 저명한 서양 화가를 생의 동반자로 삼은 그의 의식 속에는 대단히 폭넓은 미적 감수성이 서려 있다고 말할 수가 있다. 그러니까 그가 충분한 서구 문화의 호흡에서 오히려 반사적으로 동양 세계 특히 한국의 미적 세계로 회귀했음을 확인케 한다. 한국의 미를 흔히 '자연의 미'라고들 말한다. 그 진수를 그가 찾아가고 있었던 것이다. 그가 어떻게 농사도 지어보지 않고 흙과 지푸라기를 알며 도시생활만 한 그가 한지의 깊이를 알아낼 수가 있었겠는가. 그것은 오로지 한국미를 찾아내려고 끊임없이 탐구하고 사색한 데서 얻어진 것이라고 볼 수 있다. 특히 '여백의 미'를 발견하고 그것을 자신의 무대미술로 표출한 것은 탁월한 발상이라고 아니할 수 없다. 특히 그는 불교의 선(禪)사상 더 나아가 도교사상 같은 것에 다가서려 하고 있는 것 같기도 하다. 이는

---

5 이병복, 「서문」, 『이병복 무대미술 30년』, 도서출판 한국무대미술가협회, 1997.

아마도 그가 부조리극의 의상과 무대장치를 하면서 삶의 비관론에 빠지고 더 나아가 동양적 허무주의에 젖어 들어간 것이 아닌가 싶다. 그가 특히 빈 공간을 좋아해서 만들어내고 절제된 무색을 강조한 것만 보아도 그런 생각이 드는 것이 사실이다.

그의 독창적이면서도 가장 한국적인 무대는 번역극 로르카의 〈피의 결혼〉(1982년도 작)에서도 여실히 드러났다. 무명과 삼베를 주재료로 활용하여 비극세계를 창출해낸 그 무대미술은 서양 세계를 거의 완벽하리만치 한국화해 낸 것이라 말할 수가 있다. 이 작품에서 특히 주목을 끌 만한 부분은 인형이라든가 가면 등과 같은 오브제를 많이 이용한 것과 전통적인 상복에다가 만장에는 작품을 이해할 수 있도록 여러 가지 시를 적어넣음으로써 무대를 풍성케 한 점이다. 그러니까 남녀의 사랑과 결혼, 그리고 죽음을 혼례의식과 장례의식으로 대비시켜 펼쳐놓은 무대였다는 이야기다. 아울러 그가 서양의 비극을 동양적 허무와 한국적 미학으로 환치시키는 총체적 무대를 만들어낸 것이다.

그는 시간이 흐를수록 더욱더 한국화, 즉 토속적이면서도 이미지를 중시하는 몽환의 분위기를 만들어갔다. 그런 전형이 다름 아닌 〈바람부는 날에도 꽃은 피네〉(김정옥 작·연출)다. 민중의 수난과 삶 죽음 문제를 놀이로 풀어간 이 작품에서 이병복은 가면을 많이 활용하여 초자연세계를 창출하는 데 성공한 것이다. 주지하다시피 탈은 그 자체가 하나의 연극이다. 그는 그것을 십분 활용하여 무대 전체를 상징과 이미지로 가득하게 채웠다. 그는 한국연극이 해온 작품의 보조수단으로서의 사실적 무대미술을 완전히 거부하고 무대를 추상세계로 꾸며냈다. 다음 작품인 〈수탉이 안 울면 암탉이라도〉에서는 더욱 추상적이고 몽환적인 무대미술과 의상을 창출해냈다. 민중과 사대부의 관계를 의상으로 대비시켰던 이 작품에서도 그의 연극철학이 극명하게 나타났다. 그런 그가 다음 작품 〈그리고 그들은 죽어갔다〉(김정옥 작·연출)에서는 한국의 전래 매듭 예술을 활용함으로써 색다른 분위기를 만들어내기도 했다.

그런 그가 1991년도에 만든 〈왕자 호동〉(구히서 구성, 이병복·기국서 연출)에서는 또 다른 변신을 보여주었다. 우선 그가 직접 연출까지 했다는 것과 닫혀진 공간에서 열린 공간으로 무대미술을 확대했으며 연극 속에 전통 한국을 압축해서 표현했다는 점에서 획기적이었다고 말할 수가 있다. 다 알다시피 이 작품은 설화로 전해져오는 호동왕자와 낙랑공주 이야기이므로 가장 한국적인 소재이다. 따라서 그는 작품을 만드는 과정에서 전통적인 가옥들과 정원 연못, 그리고 조경을 위해 놓여진 옛 석물들과 목물(木物)들을 그대로 연극에 도입했고 관객들이 뺑 둘러앉아서 관극할 수 있도록 만든 환경극이었다. 가령 이 작품에서 외국인들은 전통적인 기와집의 아름다운 선을 발견할 수가 있었고, 어느 나라에서도 찾아볼 수 없는 장독대 같은 것도 목격케 된다. 그 작품이 프라하에서 열린 국제무대미술경연대회에서 당당히 의상상을 받은 것은 극히 자연스런 것이었다. 이런 작품의 배경은 그가 경기도 금곡에 거금을 들여 만들어놓은 민속박물관임은 두말할 나위 없는 것이다. 그런 그가 다음 작품 〈노을을 나르는 새들〉(김정옥 작·연출)에서는 오브제를 많이 활용하여 더욱 몽환적이면서도 환상적인 무대를 창출해내고 있다. 그것이 〈햄릿〉으로까지 이어져서 번역극의 완전한 한국화를 만들어 내고 있다. 그러니까 그가 이 작품에서 서양 번역극을 어떻게 우리화해야 할 것인가에 대한 하나의 대안을 보여주었다고 말할 수 있다. 그 극적인 부분의 하나가 다름 아닌 그로테스크한 우리의 가면을 사용해서 부왕(父王)의 이미지를 만들어낸 것이라고 본다. 그 점에서는 브레히트의 〈억척어멈〉(김정옥 구성·연출)도 예외가 아니다. 가령 전래의 매듭과 사다리는 물론이고 제웅을 연상시키는 예술화된 인형들은 독일의 서사극을 한국의 몽환극으로 훌륭히 환치시킨 것이다. 그가 1999년 6월에 체코에서 열린 국제무대미술경연대회에 두 번째로 참가하면서 내놓은 〈도라감〉에서는 한국인의 삶과 죽음을 테마로 삼으면서 자신의 무대의상 더 나아가 무대미술의 세계를 다음과 같이 설명한 바 있다.

　　우리나라에서는 동물을 이야기할 때와는 달리 사람의 죽음을 말할 때 죽었다고 직설적인 말을 하지 않는다. …(중략)… 한국 사람들은 언제부터인가 또 왜 그렇게 생각들을 하게 되었는지 모르지만 이 세상에 태어나는 새 목숨은 삼신이 주관하시고 삶을 마치고 저 세상으로 떠날 때의 길잡이는 저승사자의 몫이라고 한다. 어데서 무엇을 얻어왔으며 세상을 등지고 떠나서 가는 곳, 저 세상은 또 어데인지 그 누구도 모른다. 일종의 토속신앙이라고 할까. 다만 태어났음으로 살아야 하고, 짝을 짓고, 새 생명을 얻어 키우고, 그것들을 남긴 채 온 곳으로 되돌아갈 뿐이다. 제각기의 몫인 다양한 삶을 제각기의 모습으로 살아가는 것이다. …(중략)… 세계는 바야흐로 동물복제는 물론 인간복제를 운운하고 있다. 세기말적인 광기 속에서 우리는 숨이 막힌다. 이 엄청난 과학의 발전이 인류사회에 어느 만한 공헌을 할지를 묻기 전에 나는 우선 단정한다. '슬픈 세상'이라고. 과학 만능시대, 황금만능시대에 찌들고 멍든 사람들. 나의 P.Q 테마관에서 잠시나마 잃어가고 있는 우리의 아름답고 소박한 심성과 우리의 삶의 터전인 지구(어머니의 품), 자연을 다시 생각하는 여유로움을 가질 수 있다면 더 이상의 행복이 없겠다.[6]

이상에서 확인할 수 있는 것은 이병복이 한국인의 탄생, 혼례, 죽음, 즉 통과의례를 재현하면서 주거행태에서부터 닥종이 의상과 대소도구(이를테면 장승, 탈 등)를 전시한 것이다. 여기에는 몇 가지 그의 예술 철학이 배경으로 깔려 있었다. 그것이 다름 아닌 문명비판과 자연회귀이고 한국인의 독특한 삶의 방식의 현현(現顯)이라고 말할 수가 있다. 그가 비록 대학에서 영문학을 전공하고 프랑스 유학까지 했지만 가장 동양적인 사유(思推)를 끊임없이 하고 있음을 도처에서 읽을 수가 있다. 그가 무대미술을 창조하면서 언제나 읊조리는 '인간은 자연의 일부에 지나지 않는다'는 것이야말로 동양의 천인합일(天人合一) 조화일치 사상과 맞닿는 것이 아니고 무엇인가.

그의 프라하의 P.Q 전시는 서양인들에는 충격적이면서 매우 이국적인 판타지로 비쳤음은 두말할 나위 없다. 가령 배내옷에서부터 혼례복, 수의(壽衣), 한

---

6 이병복, 〈도라감. 99PQ'99〉, 팸플릿 서문.

국의 전통가옥, 장승, 가면 등은 대단히 유니크한 것이다. 따라서 그는 거기서 당당히 은상을 거머쥘 수가 있었다. 그가 프라하의 세계무대미술대회에서 은상을 받았다는 사실은 대단히 중요한 의미를 지닌다. 왜냐하면 우리나라가 무대미술을 시작한 지가 1920년대 초라고 보았을 때, 그 역사라는 것이 겨우 70여 년밖에 되지 않았는데 천수백 년의 전통을 가진 나라들과 겨뤄서 이긴 것이기 때문이다. 이런 그가 1999년 가을에는 이제껏 한국연극사에서 전무후무할 수 있는 〈이병복 옷굿 '살'〉이라는 일종의 퍼포먼스를 펼쳤다. 그는 항상 자신이 만든 의상이나 무대미술 그 자체를 하나의 연극작품이라는 인식하에 창조 작업을 해온 매우 특이한 무대미술가라고 볼 수가 있다. 그러므로 그가 만든 의상이나 무대장치는 곧 그의 분신일 수밖에 없다. 그만큼 그는 누구보다도 자신의 작품에 강한 애정을 넘어 집착하는 인물이다.

그가 소위 옷굿이라는 매우 특이한 퍼포먼스를 기획한 이유도 바로 거기에 있었다. 그가 이 작품을 만들게 된 배경과 관련하여 조선일보 김명환 기자와 가진 인터뷰에서 "내 연극에서 태어난 인물들은 내 새끼나 마찬가진데―. 그 애들을 만들 때의 산고(産苦)만큼, 그들이 죽음을 맞이할 때의 슬픔도 컸어요. 제대로 이별도 못하고 떠나보낼 때마다 죽은 애를 무덤도 없이 벌판에 던진 것 같아서 가슴 한쪽에 피멍이 들어 있었어"(『조선일보』 1999.9.30)라고 말함으로써 그가 그동안 만들어 썼던 무대의상들을 생명체처럼 생각하고 있었음을 나타낸 바 있다. 그가 옷굿이라는 퍼포먼스를 만들면서 자신의 소회를 밝힌 다음과 같은 글에는 그 이유가 더욱 구체적으로 나타나 있다.

주어진 무대 시공에서 배우의 몸과 더불어 연소되는 옷들. 공연막이 내리면 그저 벗어던지는―. 그것뿐인 슬픈 옷들, 그들의 서러움을 내 맘이 듣는다. 어느 것은 안타까워서, 어느 것은 빛도 보지 못해 한스러워서, 맘에 차지 않는 것은 다시 손질하고 싶어서, 이런 이유 저런 사연 때문에 차마 어쩔 수 없이 간수해온 옷들과 도구들. 연극 공간을 꾸미고, 옷과 도구들을 만들면서 무대 뒤에서 보내온 40년 가까운 내 시간들. 그 흔적들이 한 올 한 올에 담긴 옷들. 이 옷들은 연기자가 입고 무대에서 움직일 때 비로소 그 생명을 얻는 것이 아닌가. 공연이 끝나고 옷을 벗는 순간 마치 매미 허물처럼 껍데기에 불과한 슬픈 옷들, 하지만 그 옷들은 나의 분신이라고 나는 감히 말한다. 이 분신들의 수의를 만들어 몸을 빌려서 어디엔가 좋은 곳으로 천도하고자 하는 것이다.[7]

이상의 글은 그는 자신이 40여 년간 만들어 쓰고 버렸던 무대의상들에 대한 해원굿을 해주기 위해서 그런 공연을 만들었다고 고백한 내용이다. 그래서 그가 다시 무대 위에 불러낸 의상은 〈피의 결혼〉, 〈억척어멈〉, 〈왕자 호동〉, 〈햄릿〉 등 네 편이었지만 여섯 장면으로 꾸며서 그의 연극철학을 압축해서 표출한 것이 특징이었다. 이 작품의 주제는 두말할 것도 없이 죽음 문제였고, 컨셉은 사람을 화장한 '재'와 살아서 꿈틀대는 '몸', 그리고 '옷'이었다. 그의 연극관을 잘 이해할 수 있는 윤정섭 연출, 김벌래 음향을 적절히 활용한 것도 주목할 만한 것이다. 막이 열리면 적막한 어둠 속에 스산한 바람소리만 들려오고 몸들이 땅 끝에서 깨어나 다가온다. 재 위에 놓인 옷, 삶의 허상, 몸들이 흐느낀다. 지나온 시간을 생각하며 몸들이 무너져 굳어진다. 두 번째 무대는 '죽음을 앞지르다'라는 제목으로 〈피의 결혼〉의 처절한 장면을 아름답게 표현했고, 세번째 무대는 '죽음과 흥정을 시도하다'라는 제목으로 〈억척어멈〉을 다룬 것인데 주로 죽은 자들이 삶의 언저리에 어른거리는 내용이다. 네 번째 무대는 '죽을 운명에 놓인 자들'이라는 제목으로 〈왕자 호동〉을 다룬 것으로서 죽어가는 호동과 공주를 극적으로 묘사한 것이다. 다섯 번째 무대는 '피의 향연'이라는 제목으로 〈햄릿〉을 다룬 것인데 선왕까지를 합쳐서 8명의 죽은 자들이 등장한다. 이 퍼포먼스의 가장 극적인 장면이 바로 에필로그였던 바, 여기에는 바로 주인공인 이병복이 등장하는데 그것도 뒷모습만 보여주는 데서 그의 성향이 잘 나타나고 있다. 왜 그는 마지막 장면에서 뒷모습만 보여주었을까? 그는 언

---

7 이병복, 「옷굿을 만들면서」, 〈이병복의 옷굿 살〉 팸플릿.

제나 무대 위에 등장하는 스타들의 옷을 통해서 자신의 연극이념을 구현하면서 몸을 숨겼다. 그런 자신의 모습을 옷굿에서 극적으로 보여준 것이다. 그와 관련하여 이건수는 〈이병복론〉에서 다음과 같이 평한 바 있다.

> 자칭 '뒷광대' 이병복은 무대 뒤에서 30년이 넘게 서 있었다. 그는 별들이 빛날 수 있는 공간을 만들고, 그 별들이 더욱 빛나게 하기 위해 검은 여백의 공간 속으로 자기 몸을 숨겨 왔다. 모든 형상을 품어 안고 또한 오만 무색을 펼쳐놓는 듯한 그 깊은 검정빛의 공간이야말로 바로 이병복이 추구하는 공간이며, 그것은 빛과 조화의 세계를 잉태하는 죽엄과 혼돈의 공간, 어머니의 자궁과 같은 근원의 공간이기도 하다. 무대미술의 양식이라는 것이 작품의 성격에 따라 수없이 변할 수도 있는 것이겠지만, 이병복의 무대에 일관하는 바탕 빛은 삶과 죽음이 공존하는 공간, 현실과 초현실이 혼재하는 시간을 그 특징으로 한다. 때문에 이병복의 무대를 처음 대하는 사람은 소박한 인간 냄새가 주는 정겨움과 함께, 흑과 백의 색채대비가 주는 강렬한 인상, 무대공간 속에 감도는 짙은 허무감과 죽음의 기운을 섬뜩하게 느끼기도 한다.[8]

이상과 같은 이건수의 지적은 대단히 정확한 것이다. 이는 그가 옷굿의 마지막 장면의 묘사에 잘 나타나 있다. 바로 그 점에서 '옷을 벗다'라는 제목의 에필로그 장면을 그대로 소개하면 "몸들이 갈라서면 옷 짓는 여인이 수의를 짓고 있다. 끝없는 침묵의 바느질, 눈물처럼 흘러내리는 하얀 천, 하얀 수의, 언제인가 오래전, 여인이 차마 잡지 못해 땅에 묻은 아들을 위한, 눈부신 빛 속에서 배우들의 행렬이 시작된다. 아름다운 세상의 모든 기억과 허무의 그림자들. 숨소리, 바느질을 멈추고 고개를 돌리는 옷 짓는 여인, 바느질이 계속되고 슬픔은 커져만 가고 수의인 줄도 모르고 삶의 껍질, 옷을 훔쳐가는 손길은 늘어만 간다. 아무리 밤을 새워 옷을 지어도 날로 자라나는 거대한 형상. 맞지

8　이건수, 「무대미술가 이병복—무대 뒤의 억척어멈」, 『토착과 자생』 2002. 1.

　　　　　　　　　　제6부　한국 현대연극의 거목들

않는 수의를 입고 있는 형상. 옷 짓는 여인은 까마득히 먼 얼굴을 말없이 바라본다. 몸들 정적 속에서 옷을 벗는다. 흔적 속에 새겨진 열망을 벗고 시간을 번듯하게 갠다. 의식처럼, 정성을 다해. 몸들, 세상을 벗고 이제는 떠나간다. 옷만 남는다. 흩어진 재의 벌판 위에 남겨진 각각의 옷들. 침묵"으로 구성되어 있는 것이다.

이것이 마지막 장면의 모습인데, 바로 이 지점에서 곧 이병복의 인생관과 연극철학을 별다른 꾸밈없이 압축하고 추상화한 것임을 확인할 수가 있다. 그는 옷굿을 만들 때 애초부터 무엇을 꾸민다거나 설명하려고 들지도 않았다. 이 대자연의 원초적 빛과 소리, 그리고 인간의 삶과 예술 등 모든 것이 사라져버리는 것을 무대 위에 추상화했을 뿐이다. '허허한 벌판 위의 재'라는 것이 무엇인가. 그것은 바로 동양적 무(無)의 세계인 것이다. 따라서 그가 의상이나 무대 색조에서도 무색을 많이 쓰는 것도 이와 무관치 않다. 한편 삶과 죽음이 한데 얽혀 있다는 그의 죽음관도 가장 한국적임은 두말할 나위 없다.

그가 조선일보와 가진 인터뷰에서 "난 죽음도 일상의 하나라고 봐요. 그런데 우리는 다들 죽음을 너무 심각하게만 생각하죠. 어긋나버린 삶과 죽음의 관계를 조화로운 상태로 회복하려 하는 소망을 읽어주었으면 해요"(『조선일보』1999.9.30)라고 말한 것에는 그의 가장 동양적이면서도 한국적인 죽음관이 잘 나타나 있다. 그것은 곧 토속사상과 불교가 융합된 것으로 볼 수가 있다. 그 점은 그가 이건수와 가진 인터뷰에서 "윤회, 신토불이 사상은 나의 삶, 나의 모든 무대미술 작업의 기본입니다. 태어남, 삶, 죽음, 바꾸어 말하면 이 세상에 오고, 머물고, 다시 돌아간다는 것이 내 작품에 흐르는 일관된 주제입니다. 그리고 그것은 우리 모두의 영원한 테마이기도 합니다."[9]라고 설명함으로써 그가 토속신앙과 불교사상을 융합한 사상을 지녔음을 밝힌 바 있다. 그러나 그가 거기에 머물러 있지도 않다. 그의 무대미술이 시간이 흐를수록 점차

---

9 위의 글.

단순화되어간 것은 토속사상과 불교사상을 넘어 도교사상까지 포용하고 있는 것처럼 보인다. 그러니까 도교에서 흔히 말하는 대교약졸(大巧若拙)의 아름다움을 그가 무대미술에서 보여주고 있다.

대교약졸의 아름다움이란 정련된 소박미, 심오한 단순미, 속성된 평담미(平淡美, 고요하고 깨끗한 아름다움), 분산된 통일미, 배경과의 조화미 같은 것을 말한다. 궁극적으로 말해서 그는 결국 토속사상, 불교, 그리고 도교사상까지 혼효된 가장 동양적인 사유를 내포하고 있다고 말할 수가 있다. 그의 무대미술에서 또 하나 주목할 만한 것은 같은 작품이라도 항상 변화시켜서 새롭게 만든다는 점이다. 물론 대부분의 작가들이 리바이벌할 때는 새롭게 다듬어내는 것이 상례이긴 하다. 그러나 그는 그런 정도가 아닌 새 작품처럼 한다는 점에서 차이가 난다. 가령 그가 가장 선호하는 작품들 중의 하나라 할 〈피의 결혼〉만 하더라도 공연할 적마다 크게 변화된 무대의상을 보여준 바 있다.

즉 1982년 초연이었을 때는 "피가 흐르는 처연한 느낌으로 네 가지 색깔의 망사를 겹쳐서 정면에 매달고 한쪽에 휘영청한 달무리를 걸어놓았다. 무대는 단순했지만 조명의 변화만으로 비극의 분위기를 창출하려 했다. 배우들의 의상 역시 흑백의 두 가지로만 만들어 철저히 절제된 이미지를 연출했다. 88년 문예회관에서의 공연은 극장 전체를 잔칫집으로 설정했다. 객석 입구의 로비에 차일을 치고 멍석을 깔고 떡집을 차려서 들어오는 관객을 극중의 손님처럼 맞게 했다. 무대 가장자리 역시 차일의 개념에서 흰 광목으로 허리를 둘러쳤으며 무대의 배경인 코러스들은 양손에 인형을 들고 나와 웅성거리는 마을 사람들의 역할을 하게 했다. 흥겨운 잔칫집 분위기가 피바다로 변하고 새로운 탄생의 순간이 죽음의 장으로 변하는 극적인 무대, …(중략)… 95년 예술의 전당에서의 공연은 한국적인 이미지를 더욱 강조했다. 무대 배경으로 대형 상주 옷을 한 벌 내걸고 죽음의 이미지를 강하게 드러냈다. 혼례식 장면에서는 전통 삼베 조각보를 이용해 차일처럼 달아 올리고 내림으로써 극의 변화를 가져왔다. 두 사나이의 죽음 장면은 삼베옷으로 굴건제복한 코러스의 움직임으로 죽음의 이미지를 극도로 상승시켰던 것"[10]이다.

이처럼 같은 작품이라도 공연할 때마다 변형시킨 것과 관련하여 그는 이건수와의 인터뷰에서 "예술이란 끊임없이 변모해가는 과정의 연속입니다. 영원한 과정이어서 고정시킬 수 없는 것"[11]이라고 말했다. 그가 예술을 하나의 변화 과정으로 인식한 것은 옳다. 그래서 그는 〈피의 결혼〉뿐만 아니라 〈무엇이 될고 하니〉 등 그가 좋아하는 작품들을 리바이벌할 때는 언제나 새로 만든다는 자세로 무대미술을 창출해냈다. 그런 그가 자신의 무대미술의 전반적인 작업에 대하여는 다음과 같이 설명한 바 있다.

다른 극단보다 비교적 빠르게 70년대 후반부터 해외 공연 기회에 많은 외국 공연을 볼 수 있었고, 나의 무대미술 작업은 아마도 이때부터 적극적으로 덤벼들었다고 해야 할 것이다. 그네들의 무대에 경탄하고 선망을 체념으로 자리하면서 우리의 열악한 연극현실에서 저들과 맞설 수 있는 길을 찾아야만 했다. 그들이 갖고 있지 않은 우리만의 것. …(중략)… 색이 없어도 사람의 손길만큼 태를 낼 줄 아는 모시, 삼베들, 그 한 올 한 올들의 구김살이 보여주는 이야기. 제삿날, 작은 한지에 조상의 지방을 쓰는 정성, 해가 바뀌면 새로 쓰는 한지 부적에 담아보는 기대와 소망, 첫 아기 돌날 백설기 시루떡을 덮어 김을 올리는 백지, 그 백지 한 장에 모아보는 하늘 같은 꿈, 무속에서 쓰는 한지에 서린 요끼. 겨울 바람에 부스럭거리는 문풍지의 속삭임. 파지로 종이끈을 꼬시는 할아버지의 굽은 등, 그 뒷모습, 종이, 헝겊, 짚, 흙. 이런 원시적이고 소박한 소재들로 꾸며보는 나의 무대미술 작업 30년. 그러고 보니 산적해 있는 눈부신 소재들 사이를 누비고 돌아다녀도 결국 제자리로 돌아오고 말았다.[12]

이상은 그의 무대의상 및 미술 작업의 배경을 압축해서 간결하게 설명한 것

---

10 김윤덕, 「무대미술가 이병복—나의 젊음, 나의 사랑 8」, 『경향신문』 1998.3.19.
11 이건수, 앞의 글.
12 이병복, 「종이, 헝겊, 짚, 흙, 원시적이고 소박한 소재들과 꾸며보는 나의 무대미술 작업 30년」, 2004년 〈피의 결혼〉 팸플릿.

이다. 여기서 느껴지는 것은 그가 왜 가장 한국적인 무대미술을 고집하게 되었는지에 대한 것으로서 오랜 전통을 갖고 풍부한 자본을 갖고 만드는 화려 장대한 서양의 무대와 겨루려면 어쩔 수 없이 가장 한국적인 소재와 미학으로 회귀케 되었다는 것이다. 한국적인 소재라도 서구문명에 오염되지 않은 원초적인 삶에 맞닿아 있는 것을 그는 찾아내어 활용했다. 바꾸어 말하면 한국미의 특징이라고 일컬어지는 '자연미'라고 볼 수가 있을 것 같다. 위대한 작가는 언제나 가장 민족적인 미학을 창출한다. 그렇게 볼 때 이병복이 추구해가는 것은 옳은 방향이고 작가가 궁극적으로 귀착되어야 할 지점이 아닐까도 싶다.

이런 그의 작업에 회의를 갖는 무대미술가도 없지는 않다. 무대미술가 김중호가 바로 그런 경우다. 그는 이병복의 무대미술 작업 전반에 대하여는 높이 평가하면서도 2004년도의 〈피의 결혼〉 무대에 대해서만은 그 문제점을 조심스럽게 다음과 같이 지적했다.

객석에서 바라보는 〈피의 결혼〉의 무대는 구겨진 검정 배경과 바닥, 그리고 좌우에 새겨진 실제 사람 크기의 반면 회색 인형이 눈에 띈다. 흥겨운 결혼에서 점차 비극적인 죽음으로 전이되는 원작과는 달리 극단 자유의 〈피의 결혼〉은 장례식에서 출발하여 결혼식으로 이어진 뒤, 다시 장례식으로 마치는 순환적 구조를 밟고 있다. 따라서 결혼식을 상징하는 화려한 삼베 조각보는 검정 구김 막으로 가려지고, 배우들의 의상은 성격에 따라 흰색과 검정의 두 축으로 나눠진다. 삼베옷의 신랑 어머니(박정자)가 크기를 왜곡시킨 아들의 수의를 끌며 등장해 무대 우측 상단에서 비탄에 잠기는 모습은 압축적 이미지의 절정을 만들어낸다. 신랑 어머니의 등 뒤편에서 공허한 무대 중앙까지 그림자처럼 길게 늘어진 아들 수의는 어두운 모심(母心)을 대리한다. 대사가 필요 없는 그림이다. 이러한 장면들은 비극적 정서를 보여주긴 하지만, '꽃처럼 피어난 정열과 낭만의 시극'이라는 프로그램 표지의 문구처럼 공감을 불러일으키지 못한다. 함 파는 장면, 거지패의 세태풍자, 막간의 분장실에서 세계평화와 부조리에 대한 얘기들이 비극적 결말로 치닫는 비장미의 이미지를 쇠락시키기 때문이다. 순환적 작품구성과 연출 의도와의 괴리에서 생겨난 탓도 있겠지만, 〈피의 결혼〉에서 보여준 이병복의 회귀적 무대이미지는 요즘의 관객들에게 그리 주효하지 않다. 속도와 변화에 익숙해져가는 요즘의 관객들은 이병복 스타일의 무대에서 지구력을 감내하기가 어렵기 때문일 것이다. …(중략)… 이번 연극열전에서 보여주었던 무대는, 하지만 회고적 성향이 강해 그의 무대언어의 맛을 퇴감시켰을 뿐이라고 믿고 싶다. 무대공간에 도전하기보다 그 속에 조화하는 법을 터득하고 있는 그의 무대에 설득되지 못한 이유가 여기에 있다고 믿고 싶다. 그래도 무대는 살아 끊임없이 변하는 유기체라는 믿음을 버릴 수 없다. 이병복의 소박하고 한국적이며, 생략과 압축의 무대 또한 계속 진행되는 생물이라고 믿고 싶다.[13]

이상과 같은 김중효의 글에 부분적으로는 일리가 있다는 생각을 하면서도 오해도 적지 않다고 보는 부분은 세 가지가 있다. 첫 번째로는 무대미술을 접하는 자세랄까 미적 감수성에서도 세대 간의 간극이 있구나 하는 생각과 두 번째로는 김중효가 이병복의 무대미술 철학을 일부만 알고 있는 것 같다는 생각, 그리고 세 번째는 이병복의 무대미술은 김정옥의 연출세계와 결부시켜볼 부분이 많은데 그렇지 못한 데서 오는 오해 같은 것이다. 우선 이병복의 무대미술은 반서구적이고 반문명적인 데서부터 출발하며 그것을 그는 가장 원초적인 한국인의 생활방식에서 찾고 있다.

그것은 무대의상이나 미술의 재료에서부터 가장 한국적인 통과의례를 기본으로 하는 그의 무대미술이 서양의 것과는 현격한 차이가 날 수밖에 없다. 또한 김정옥의 연출세계도 마찬가지지만 이병복 역시 짜임새 있는 리얼리즘에서 벗어나 열려 있는 연극을 추구하는 데서 오는 자유분방함 같은 것이 시공을 초월하는 무대를 만들어낸다. 이러한 무대미술은 분명히 현대인들에게는 답답스럽고 회귀적으로 비칠 수도 있을 것 같다. 특히 변화무쌍하고 현란한 뮤지컬무대에 익숙한 사람들이 이병복의 무대미술을 접한다면 숨 막힐 것

---

13 김중효, 「무대는 살아 끊임없이 변하는 유기체―극단 자유 〈피의 결혼〉 무대미술가 이병복」, 『한국연극』 2005.2.

이다. 그리고 이병복은 앞에서도 조금 언급한 바 있듯이 일반적인 경우와는 달리 무대미술을 연출가가 만들어내는 연극의 보조수단이 아닌 독자적인 연극이라는 인식하에 창조 작업에 임하는 데서 오는 연출 의도와의 괴리가 종종 나타난 것도 사실이다. 그것이 곧 그의 개성이고 '이병복의 멋'이기도 하다. 따라서 이병복의 무대미술을 이해하려면 그의 강한 개성과 연극철학, 그리고 '멋스러움'의 파악을 전제로 해야 할 것이다.

결론적으로 말해서 그는 누가 뭐라고 하든 신극운동 이후 연극의 보조수단으로서의 무대미술을 독자적인 연극의 한 장르로 격상시켰으며 구상의 수준에 머물고 있던 무대미술을 추상의 세계로까지 끌어올린 뛰어난 장인(匠人)임은 아무도 부인하지 못할 것이다. 그가 특히 우리나라 무대미술 반세기 만에 '한국형 무대미술의 모델'을 만들어냈으며, 오랜 전통을 가진 서양 무대미술과 겨뤄서 조금도 뒤지지 않는 수준의 독창적인 예술세계를 창출한 것은 높이 평가받을 만하다. 그가 유럽의 무대미술 경연대회에서 두 번이나 은상을 받은 것은 곧 우리나라 무대미술이 세계와 어깨를 나란히하고 있음을 의미하는바, 그러느라 병환도 모른 척하다가 2017년 졸수(90세)에 그가 동경하던 저 먼 나라로 말없이 떠나버렸다. 이병복, 참으로 한국 무대미술사에 거대한 발자국을 남긴 전무후무한 장인이라 아니할 수가 없다.

현대희곡을 실험한 최초의 극작가
이근삼

개화기 이후 소위 근대적 희곡사는 창극이나 신파극이라는 매우 독특한 희곡 형태로 출발해서 1930년대 초부터 리얼리즘 희곡이 그 주류로 자리 잡는 상황으로 전개되어왔다. 따라서 모든 극작가들은 19세기 후반 서구의 리얼리즘 희곡이야말로 가장 이상적인 형태인 줄 알고 그것을 모방한 작품을 써왔다. 그런 가운데서도 매우 이색적인 형식의 희곡을 실험한 극작가 몇 명이 있었는데, 진우촌(秦雨村)과 오영진(吳泳鎭) 등이 바로 그런 경우이다.

그렇지만 이들이 리얼리즘 희곡을 극복한 것은 결코 아니다. 다만 여타 극작가들과는 달리 이들은 리얼리즘을 금과옥조처럼 여기지 않고 자기 나름의 독특한 희곡 형식을 모색했다. 진우촌은 몽환적이면서도 서정풍의 희곡으로 운명희롱적인 주제를 모색했고, 오영진은 전통적인 해학정신을 현대희곡의 중요 표현수단으로 삼았던 점에서 기존 극작가들과 상당한 차이점을 드러내었다. 그렇다고 해서 이들이 리얼리즘을 극복하고 현대성을 추구했다고 보기는 어렵다. 실제로 이들이 현대극을 실험할 수 있는 소양을 닦을 기회를 갖지 못한 것이 그 한계였었다. 따라서 리얼리즘을 극복하고 현대희곡을 실험한 최초의 극작가는 역시 이근삼(李根三)이라 보는 것이 타당할 것 같다.

사실 그는 여러 가지 면에서 현대극을 쓸 수 있는 조건을 갖추고 있었다. 우

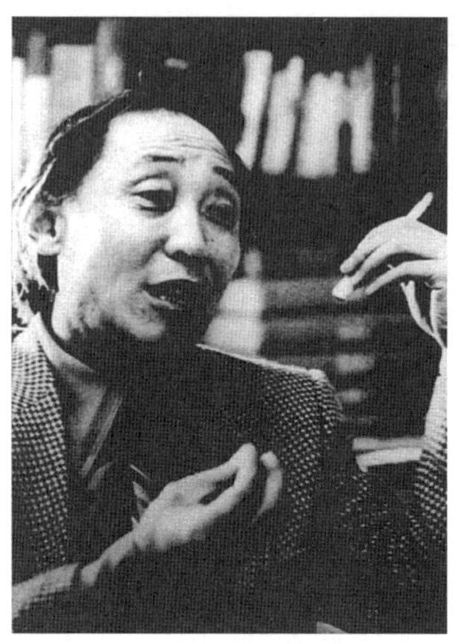

이근삼

선 그가 영문학을 전공하여 서구의 첨단적인 문예를 접할 수가 있었고, 게다가 미국 유학을 하는 동안 브로드웨이에서 세계의 첨단적 연극무대를 직접 관극했으며, 예일대학 출신의 극작가 토마스 패터슨과 같은 명교수 밑에서 현대극 이론과 극작술을 익힌 데 근거한다. 그는 이미 유학 시절에 영어로 희곡을 써서 그가 공부한 노스캐롤라이나대학 극장에서 〈끝없는 실마리〉(1958)와 〈다리 밑에서〉(1959) 등 두 작품을 무대에 올린 바 있었다. 이들 작품은 비록 습작기 수준에 머물렀다고 하더라도 일단 그 현대성에 있어서는 국내의 기성 작가들과는 궤를 달리했다는 점에서, 그가 귀국해서 새로운 희곡의 장을 열 수 있는 위치에 있었다고 보는 것이다.

그는 1929년 평북 평양시 대찰리에서 별로 넉넉지 못한 집안의 막내아들로 태어나, 부친이 너무 일찍 세상을 뜨는 바람에 얼굴도 모르고 편모 슬하에서 어렵게 유년 시절을 보냈다. 다행히 모친이 전형적인 북쪽 여성의 강인함을 지녔기 때문에 어린 삼형제는 밥걱정은 없이 자랄 수가 있었다. 그의 홀어머니가 무슨 일을 했는지는 몰라도 억센 평안도 여성답게 열심히 일을 해서 어린 세 아들을 양육했음을 다음과 같은 그의 회상으로 짐작할 수가 있다.

나의 어머니는 26세 때 남편과 사별하고 그 긴긴 세월 몸으로 세 아들을 먹이고 입혀야 했다. 어머니는 별들이 총총한 새벽에 집을 나서 밤늦게 직장서 돌아오셨고, 셋째로 태어난 나는 세상에 눈을 뜰 때까지 어머니의 모습을 거의 보지 못하고 자랐다. 어느 날 밤, 자고 있는 내 얼굴에 무슨 물기가 흐르는 것 같아 눈

     제6부   한국 현대연극의 거목들

을 뜨니 어머니의 얼굴이 내 얼굴과 맞닿아 있었다. 어머니가 울고 계셨다. 나는 눈을 꼭 감고 숨을 죽였다.[1]

그의 어린 시절은 말 그대로 가난과 고독 그 자체였다고 해도 과언이 아니다. 왜냐하면 그가 태어나고 성장한 때가 1930년대였으므로 식민지 시대에서도 경제적으로 가장 열악한 시절이었기 때문이다. 그런 속에서도 모친이 홀몸으로 세 아들을 배 곯리지 않고 학교교육까지 정상적으로 시킨 것을 보면 그녀가 얼마나 강인했었나를 미루어 짐작할 수가 있다.

"찢어지는 듯한 가난 속에서도 우리 삼형제는 꿀리지 않고 명랑하게 자랐다"고 회고한 것을 보면, 세 아들 모두가 명석하고 건강하며 명랑한 성품을 타고났음을 알 수 있다. 그리고 세 아들이 모두 평양 한가운데에 위치한 전통 깊은 종로국민학교에 다녔고, 문예에 뛰어났으며 학업성적도 남에 뒤지지 않았다고 한다. 명랑하고 건강하며 적극적이었던 그는 장난꾸러기여서 학교만 파하면 친구들과 어울려서 평양거리를 헤매며 놀러 다녔다고 한다.

그의 집이 대찰리에 있었는데 그 주변은 숭실전문에서부터 평양신학교, 광성중학, 정의여중, 서문여중, 숭의여상 등 학교 밀집지역이어서 그는 유년 시절부터 공부하는 분위기를 느꼈다고 말할 수가 있다. 모든 어린이들이 그렇듯이 그는 주변의 개울에서 개구리도 잡는 등 개구쟁이 노릇을 한 것이다. 그는 대동문 근처에 있던 권번 주변을 돌면서 기생들의 장구 소리에 귀 기울이는가 하면 모란봉에 벚꽃이 필 때는 야심할 때까지 장사치들의 벌이는 갖가지 진풍경에 혼을 빼앗기기도 했었다.

그들 형제는 일찍부터 문예에 소질이 있었으며, 책을 좋아하고 노래 역시 뛰어났다고 한다. 그는 이와 관련하여 "문학청년으로 성장한 큰형님(근철)은 창가도 잘해 학예회에 나가 독창도 자주했다. 작은형(근홍)도 '집시의 달밤'이

---

1 이근삼, 「어머니의 노래—'별 삼형제의 합창'」, 『조선일보』 2002.7.19.

니 하는 양곡을 비롯, 당시의 유행가를 제법 흉내 냈다. 큰형은 동생이 어머니를 찾을 기미가 보이면 자기도 노래를 하고 우리들을 합세시켰다. 큰형은 열다섯 살 때 스스로 작곡 작사를 해 우리는 심심하면 합창을 했다. 그때의 노래는 아직도 기억에 선명해 어떤 모임에서 노래를 강요당하면 나는 그 노래를 한다. "들국화 언덕에, 송아지 울음소리, 금물결 천릿길에 쫓기는 참새떼들, 아~ 아~ 서산에 해는 지고요. 마을에 연기나네." 어머니도 이 노래를 배웠다. 가난 속에서도 가족의 합창이 있었다"고 회상한다.

　여기서 특히 느껴지는 것은 삼형제의 예능 기질과 함께 가난한 가족의 끈끈했던 정, 그리고 열여섯 살밖에 안 된 장남의 눈물어린 가장역할 등이다. 어린 동생을 달래기 위해 노래를 직접 만들어서 부르는 등 고달파하는 홀어머니를 도와온 장남은 문학청년이기도 해서 책을 많이 읽었고, 그도 형을 따라 소년 시절부터 문학에 가까이 했음을 다음과 같이 회고했다.

> 나의 큰형은 어렸을 때부터 독서광에다 자칭 소설가였다. 나도 그 영향을 받아 중학에 들어가기 전에 신호사에서 나온 세계문학전집을 거의 다 훑어보았을 정도다. 무슨 뜻인지도 모르면서. 우리 세 형제는 돈만 생기면 일인들 거리인 미나카이백화점 근처의 서적상을 뒤졌다.[2]

　위와 같이 그는 조숙했던 장형의 영향을 받아서 십대부터 문학에 조금씩 다가가기 시작했으며 차츰 민족애에 눈떠갔던 것 같다. 왜냐하면 동네 아이가 일본 애들에게 매라도 맞을라치면 몽둥이를 들고 떼를 지어 몰려가는 데 앞장섰었기 때문이다. 이러한 기질은 결국 평양사범학교 시절 학생운동으로 발전하게 된다. 그는 성적은 뛰어났지만 가정형편이 어렵다 보니 사범학교에 진학할 수밖에 없었다. 생활이 어렵고 취직자리가 마땅치 않던 일제시대에 교사는 한국인이 할 수 있는 괜찮은 직업이었다. 따라서 이근삼도 교사라는 직업

2　이근삼, 「명사의 고향」, 『서울신문』 1992.12.8.

에 큰 매력을 갖지는 않았지만 학비 안 들고 장차 직업이 보장되는 사범학교를 가게 된 것이다. 거기서 그는 영어에 취미를 붙여서 열심히 공부했지만 그나마 2학년 때 영어과목이 없어져 순전히 독학으로 부족한 것을 보충할 수밖에 없었다. 그리고 5년제인 평양사범 4학년 때 해방을 맞게 된다.

해방 직후의 혼란 속에서 그의 반항적 기질이 나타났고 그것이 다름 아닌 신의주 학생사건이었다. 그 여파가 평양까지 번짐으로써 그 역시 반공의 입장에서 학생운동에 앞장섰다가 학교로부터 퇴학을 당하고 결국 도망자 신세가 된다. 그로 인해서 그의 모친과 장형이 대신 구금됨으로써 그는 어쩔 수 없이 자수하고 월남의 길을 찾게 된다. 저간의 사정에 대하여 그는 제자들과의 좌담회에서 다음과 같이 이야기한 바 있다.

> 우리 어머니하고 큰형님하고는 '일단 도망가야 되겠다'면서 '나중에 뒤따라 내려간다' 하셨지만 못 오셨지요. 나만 내려와서 고생도 많았어요. 서울역 벤치에서 자기도 했구요. 거지들 자는 데 가서 자는데, 거지들이 발로 차 잠자리를 뺏기기도 했고, 또 내가 그렇게 차지하기도 했고… 그러다가 신문에서 가정교사를 구한다는 기사를 보고 간신히 자리를 잡았죠.[3]

이상에서 알 수 있는 것처럼 그는 북한 공산체제에 적응하지 못하고 저항하다가 할 수 없이 월남의 길을 택함으로써 청년 시절을 매우 어렵게 보내기 시작했다. 사실 북한에서 살다가 월남한 대부분의 사람들이 겪은 것을 그는 더욱 혹독하게 겪은 셈이다. 그가 비록 편모슬하에서 청소년 시절을 어렵게 보내긴 했지만 거지들과 함께 자면서 잠자리 다툼까지 했을 줄이야 상상이나 했겠는가.

다행히 그는 평양사범 시절 영어를 익혀놓은 것이 자산이 되어 가정교사를 할 수가 있었고, 노숙자 신세도 면할 수가 있었다. 그가 1947년 가을에 월남했

---

3 이근삼과 제자들과의 좌담회, 『무대와 교실』, 한국컴퓨터산업, 1994.

기 때문에 비교적 손쉬운 혜화전문학교 문과에 편입해서 영어를 공부했다. 거기를 조금 다니고 있을 때, 갑자기 그 학교가 없어지고 대신 동국대학이 생겨난다. 그런데 혜화전문이 동국대학으로 발전한 것이므로 그는 자동적으로 동국대 영문과로 편입이 된 셈이나 학비 관계로 다니는 둥 마는 둥했다고 한다.

그러다가 6·25전쟁이 발발함으로써 그는 사병으로 군에 입대했다가 전쟁이 길어질 것 같다는 예감이 들어서 통역장교로 근무하게 된다. 다행히 그는 4년제 육사가 생기면서 교수요원으로 차출됨으로써 전쟁 중에도 별 고생 없이 생도들에게 영어를 가르치며 편한 군생활을 하게 되었다. 그는 그 시절부터 비교적 운이 트인 경우여서 1955년 그의 나이 26세에 동국대 영문과 교수가 되었다. 거기서 그는 미국 소설을 강의했다. 그러던 중 다음해(1956) 그는 스미스 만트 그랜트장학금을 얻어 미국 유학길에 오를 수가 있었다.

그는 캐롤라이나대학에서 현대연극의 권위자 토마스 패터슨 교수를 만났고, 그의 요청으로 연극이론 공부와 함께 희곡 창작도 하게 되었다고 한다. 국내에서는 접해보지 못한 새로운 연극세계를 알게 된 그의 유학 생활은 놀라움 그 자체였다. 그는 그리스 연극에서부터 셰익스피어, 버너드 쇼 등에 이르기까지 서구의 고전과 현대극을 섭렵했음은 물론이고 심지어 브레히트, 이오네스코에 이르는 부조리극까지 접한다. 그러니까 그는 대학에만 묻혀 있지 않고 틈나는 대로 브로드웨이에 가서 다양한 공연을 관극한 것이다.

그가 특히 유학 중에 집중적으로 강의를 듣고 또 교수들의 세뇌를 받은 것은 서사극과 부조리극 이론이었다. 그와 관련하여 그는 연전에 회고기 비슷하게 쓴 글에서 "필자는 연극을 공부한다고 57년에 미국 대학에 들어갔다. 유럽쪽도 그랬으리라 짐작되지만 당시 미국 연극계는 부조리연극(不條理演劇)과 브레히트의 서사극(敍事劇)이 판을 치고 있었다. 이 연극의 이론을 모르면 사람 취급을 받지 못했다. 신파연극의 탈을 겨우 벗어날 정도의 공연밖에 보지 못한 나로서는 이 새로운 연극이론이 여간 고통스러운 것이 아니었다. 읽으라는 책을 다 읽고 남에게 질세라 수많은 논문도 읽었다. 어느덧 내 머리는 부조리연극과 서사극으로 꽉 찼으며, 이것들만이 현대의 또는 미래의 연극이라는 확신도 생겼다"[4]고 말한 바 있다.

이는 사실 귀국 후 그가 극작가로서 걷게 되는 행로를 어느 정도 알려주는 것이기도 하다. 한편 패터슨 교수가 그에게 "네가 한국 돌아가서 희곡문학 강의도 하겠지만 먼저 극작가가 되어야 한다"고 충고함으로써 전혀 생각지도 아니한 극작가가 된다. 물론 그에게 있어서 연극이 전혀 생소한 것만은 아니었다. 그가 태어나서 성장한 곳이 다름 아닌 초기 기독교가 성했던 평양이었고, 그중에서도 교회와 교회계통 학교가 몰려 있는 대찰리였다. 그곳에서는 1년에 몇 번씩 어린이들을 위한 성극(聖劇)을 했기 때문에 그도 자연스럽게 그에 매료된 것이다. 따라서 유학 중 지도교수의 충고가 쉽게 받아들여진 것이라 볼 수가 있다.

특히 미국 교육은 대단히 실질적이어서 교수가 수강생들에게 극작을 요구했고, 그 역시 학점을 이수하려면 습작을 하지 않을 수 없었다. 그때 쓴 것이 〈끝없는 실마리〉와 〈다리 밑에서〉인데, 전자가 민족분단 이야기라고 한다면 후자는 고단한 피난생활 이야기였다. 이처럼 그는 미국에서 극작가로 등단한 한국 최초의 인물이 된 셈이다.

1959년 석사학위를 마치고 귀국한 그는 동국대에 복직했고 연극학과도 창설하는 등 열정을 쏟았으나 학교와의 조그만 마찰로 인해서 사직하고 1962년에 중앙대학 연극영화학과로 옮겼다. 그리고 다시 7년 뒤 서강대학으로 가서 정년을 맞았다. 그는 일찍이 그의 딸이 증언한 바 있는 것처럼 '읽고 쓰고 술마시고 여행하는 것'[5]이 생활의 전부이리만큼 전혀 잡기를 모르고 읽고 쓰는 것과 학생들 가르치는 것이 전부였다. 그는 다작의 작가에 속하지만, 그 이상으로 다독의 학자형 극작가라는 것이 정확한 표현일 듯싶다.

---

4 이근삼, 「연극과 이론: 경험과 회고」, 『예술원논문집』 제39집.
5 이은주, 「아버지의 경로우대증」, 위의 책, 275쪽.

그는 학창 시절 아마추어 배구선수로 활동할 만큼 건강해서 주량이 대단했고 줄담배였다. 성격 역시 전형적인 평안도 사람답게 괄괄하고 급한 편이었다. 그러나 정이 많아서 주변에는 언제나 사람이 들끓었다. 사범학교 출신답게 제자사랑이 남달랐던 것도 그의 한 측면이었다. 그러나 비타협적이고 곧은 성격 때문에 적도 많았다. 그의 동료는 그와 관련하여 "선생님의 성격은 한마디로 말해서 희극작가 바로 그것이었다. 그래서 책 읽고 글 쓰시는 것 이외에는 무엇이든 지루한 것을 견디지 못하셨다. 그래서 상대편이 심각하게 말을 해도, 그것에 대해 몇 마디로 응답을 하고 지나쳐버려 상대편을 무색하게 해버리는 경우가 많았다. 그리고 선생님은 일생을 한 번도 비굴하게 처신하고 살지 않았기 때문에—물론 희극작가적인 기질 때문에—다른 사람의 비열한 짓이나 실수를 참아 넘기시지 못하고 항상 비판적이셨고 때문에 적(敵) 또한 많았다."[6]고 했다. 그의 술과 담배는 아마도 그의 열정을 식히는 한 수단이었던 듯싶고 빈번한 여행은 소재를 찾아 헤매는 하나의 현장답사였던 것이 아닌가 싶다.

그는 귀국하자마자 쓰고 번역하고 가르치는 일에 파묻힌다. 그는 신춘문예 같은 것을 무시하고 귀국 즉시 월간『사상계』에 단편「원고지」를 게재함으로써 문단에 데뷔했다. 이 작품은 특히 형식 면에서 우리 희곡사의 흐름과는 동떨어지는 것이었다. 왜냐하면 그는 처음부터 우리 연극이 그동안 금과옥조처럼 지켜온 리얼리즘을 거부하고 서구의 새로운 연극사조에 맞는 희곡 형식을 취했기 때문이다. 즉 그가 이 작품에서 시도한 것은 브레히트의 서사극 방식이라든가 부조리극적 수법 및 표현주의 기법을 혼용한 것이기 때문에 당시 연극계에서는 하나의 충격으로 받아들일 수밖에 없었다.

그렇다고 해서 주제가 난해하거나 심원한 것도 아니었다. 한때 원대한 이상과 희망을 품었던 젊은 교수가 여유롭지 못한 현실 속에서 원고지 칸이나 메

---

6 이태동,「극작가의 안과 밖」, 위의 책, 283~284쪽.

　　　　　　　　　제6부　한국 현대연극의 거목들

꿔야 하는 초라한 처지를 일상적으로 묘사한 것이 다름 아닌 이 작품이었다. 실제로 그 당시 교수 급료만 가지고는 가족을 먹여살리기 어려워서 그 자신이 번역을 많이 했었다. 따라서 이 작품도 그 자신의 처지를 극히 일상적으로 극화한 것에 불과한 것이기도 하다. 그러니까 전통적인 희곡에서 강조하는 갈등이라든가 플롯 같은 것을 배재하고 후진적인 거대한 사회와 견고한 가족 구조 속에서 한 지식인의 무기력을 소극 형식으로 그려낸 것이다. 특히 간결하면서도 냉소적인 대사는 종래의 희곡에서는 찾아볼 수 없는 것이었다. 사실 우리 전통극은 거의 모두가 희극이라고 해도 과언이 아닐 만큼 무거운 비극과는 거리가 멀었다. 아예 비극이 없었다고 해도 과언이 아니다.

그 원인에 대해서는 여러 가지 해석이 있을 수 있겠으나 대체로 동양에는 대립정신이 없어서 비극이 성립되기 어렵다고들 말한다. 어쨌든 전통극의 희극정신이 우리의 공연현장을 지켜오다가 개화기 이후 시대변화에 따라 어두운 그림자가 극장 무대를 드리워 왔었다. 물론 신파를 중심으로 한 신극무대에도 희극이 없었던 것은 아니다. 신불출과 같은 타고난 희극인도 있었고 이종철 등과 같은 전문적 희극배우도 없지 않았다. 그러나 이상스러우리 만치 전통시대와 달리 희극은 대중에게 어필하지 못했었다. 그것이 바로 비극이나 멜로드라마가 신극의 바탕이 된 요인이었다고 하겠다.

그러다가 해방을 맞아서 시대는 또 변했고, 전통적 희극정신을 이어받은 오영진(吳泳鎭)과 같은 극작가도 등장케 된다. 그로부터 십수 년 뒤에 등장한 희극작가가 바로 이근삼인데, 그는 오영진과는 전혀 다른 매우 서구적인 희극의 틀을 제시하고 나온다. 그는 우선 매우 완만했던 우리 연극의 템포를 빠르게 만드는 일을 해냈다. 따라서 그는 국내 무대에 모습을 드러내자마자 젊은 관객들을 열광시키기 시작했다. 그럴 수밖에 없는 것이 냉소적이면서도 시원시원한 그의 현실풍자가 답답증을 느끼고 있던 젊은이들의 마음을 어느 정도 풀어주었기 때문이다. 특히 희극작가 오영진이 과작인 데다가 영화 쪽에 기울어져 있었기 때문에 그가 거의 독보적으로 희극무대를 펼쳐갈 수가 있었다. 더구나 그는 단단한 영어실력과 열정까지 갖추고 있어서 창작과 함께 번역, 그리고 실제적인 연극운동에 앞장서기도 했다.

그는 유진 오닐의 단막극들을 소개한다든가 심지어 이오네스코의 〈대머리 여가수〉 같은 부조리극까지 번역해냈다. 그런데 한 가지 짚고 넘어가야 할 것이 그의 연극관이다. 그가 왜 서사극 형식을 선호하고 또 부조리극이라든가 서사극이론을 부지런히 소개했는가 하는 것은 순전히 그의 연극관과 무관치 않다. 그는 1971년 4월 독일문화원에서 열렸던 한 심포지엄에서 "연극이란 아폴로적인 요소(주제와 사상)와 디오니소스적인 요소(오락)로 이루어져 있으며, 이 두 가지 기능 중 어느 것도 경시되어서는 안 된다. 브레히트의 예에서 보면 연극은 대중을 이끌어 사회개혁에 참여시키는 한 방편으로 되어 있다. 사회주의나 공산주의의 경우는 연극이란 생산을 고취시키는 경우에만 그 가치가 인정된다.

혼탁한 사회 가치전도의 사회에선 희극과 풍자가 유행하며 안정된 사회에서는 비극이 우세를 보이기 마련인데 한국의 현실은 전자 즉 풍자극의 창조가 더 우세하다. 따라서 앞으로 우리의 연극은 관객에게 수동적인 자기 인식을 부여하는 데 그치지 말고 집단으로서의 관객을 보다 큰 경험과 결심으로 행동에 이르도록 해야 할 것"(『한국일보』, 1971.4.22)이라고 주장함으로써 사회개혁적인 기능에 무게를 실어준 바 있다.

그렇다고 해서 그가 연극의 기능을 순전히 사회개혁에만 고정시켜서 작품을 썼던 것은 결코 아니었다. 그는 항상 연극은 우선 재미가 있어야 한다는 생각을 갖고 작품을 썼다. 그만큼 그의 사고나 감각은 항상 열려 있었다는 이야기도 되는 것이다. 이는 사실 그가 당시 얼마만큼 앞서갔는가를 단적으로 보여주는 것이기도 했다. 매사에 적극적이었던 그가 드라마센터 건립에도 깊숙이 간여하다가 유치진과의 사이가 벌어지면서 1960년대 소위 동인제 극단 시대의 한 주역으로 새로운 연극운동에 앞장섰던 것도 그의 연극에 대한 애정과 열정을 잘 보여주는 것이기도 하다.

그가 현직 교수로서 민중극장 대표를 2년이나 맡았던 것도 그의 연극에 대한 열정을 잘 보여준다고 하겠다. 그러나 그는 어디까지나 극작가였고, 실제로 창작에 전념하는 편이었다. 그의 또 하나 장기라고 한다면 그가 희곡을 문학작품으로서가 아닌 공연대본으로 인식하고 썼다는 점이라 하겠다. 그렇기 때문에 그의 희곡은 잡지 게재 아닌 무대 공연되는 것이 하나의 특징이기도 하다. 극단들마다 그의 희곡을 무대에 올리기를 바랄 정도였다. 템포 빠르고 재미있으며 왜곡된 현실을 신랄하게 꼬집는 그의 작품이 연극인들의 선호품이 된 것은 극히 자연스런 일이었다.

더욱이 당시 연극계를 주도한 세력이 해방 후 또는 6 · 25 후에 대학을 다닌 젊은 층이어서 그의 새롭고 템포 빠른 희곡이 마음에 들었음은 말할 것도 없다. 그러니까 그가 전쟁 직후에 작품을 쓰기 시작하여 이승만 독재를 거치고 군사독재 시대에 혜성처럼 나타났다는 점에서 독설로 가득 찬 그의 희곡이 대중에게 잘 먹힐 수밖에 없었다. 솔직히 비정상적 사회에서는 희극이 승하게 마련인데, 이근삼이야말로 매우 적절한 시대에 바람을 탄 경우였다.

그는 젊음과 건강을 무기로 거침없이 작품을 썼다. 그는 1960년대 초에만 해도 〈대왕은 죽기를 거부했다〉, 〈거룩한 직업〉, 〈위대한 실종〉, 〈인생개정안 부결〉, 〈데모스테스의 재판〉 등을 잇달아 발표했다. 거의 1년에 한두 편씩 장 · 단편을 발표한 그는 계속해서 〈제18공화국〉, 〈국물 있사옵니다〉, 〈몽땅 털어놉시다〉, 〈실과 바늘의 악장〉, 〈광대들의 축제〉, 〈유실물〉 등을 발표하면서 70년대로 넘어가게 된다.

그렇다면 그가 어려웠던 초기 군사독재 시대에 쓴 작품의 주제는 무엇이었을까. 사실 그는 어떤 주제를 줄기차게 물고 늘어지는 작가는 아니다. 그의 눈앞에서 전개되고 있는 모든 부조리하고 왜곡된 현실이라고 생각되면 가차없이 매도하는 작품을 썼다. 분단과 난민 문제를 들고 나온 그가 귀국해서부터는 지식인의 무기력과 허위의식, 그리고 정치풍자 쪽으로 방향을 잡았었다. 그가 특히 혐오했던 것은 별 힘도 없는 소위 인텔리겐치아들의 허욕, 위선, 자만, 허례허식 등과 같은 것이었고, 그런 것들을 작품화했다. 그가 위선적인 지식인 못지않게 혐오한 계층은 정치인들이었다.

유학 시절에 써서 국립극장 무대에 올렸던 〈욕망〉에서부터 장막극으로 쓴 〈제18공화국〉 등 1960년대 중 후반기에 발표한 작품들이 대부분 정치풍자극이다. 그러니까 해방 직후 노혁명가를 중심으로 벌어지는 추악한 정치세계를 묘사한 작품인데, 당초 그는 유학 시절 인상 깊게 공부했던 그리스 비극작가 에스키러스의 3부작을 염두에 두고 쓴 작품으로 보인다. 이는 그가 초기에 쓴 유일한 비극이기도 하다. 그가 권력의 본질을 악(惡)으로 인식하고 있기 때문에 정치인들의 모습은 추악하기 이를 데 없는 것이다. 솔직히 그런 작품을 독재 시대에 쓰다 보니 조지 오웰처럼 우화적 수법을 많이 활용한 것도 한 특징이라 말할 수 있다.

그러나 그가 초기에 보여준 모습은 풍습희극 작가라는 점이라 하겠다. 주지하다시피 풍습희극이란 일찍이 할텐이 말했던 것처럼 결함투성이의 세태라든가 사회적 악습 그리고 졸부, 벼락출세자, 속물 등과 같은 타입을 묘사할 때 생겨난다. 바로 그 점에서 풍습희극은 고정관념에 사로잡힌 자들이나 근엄한 퓨리턴 등을 비판의 대상으로 심는 정통희극과 차이가 있는 것이다.[7] 사실 베르그송 같은 철학자도 말했던 것처럼 희극에서의 웃음이란 어디까지나 교정(敎正)에 그 목적이 있다. 그러니까 그릇된 인간, 잘못된 사회를 바로잡는 데 그 궁극적 목적이 있는 것이다.

오영진이 해방을 전후한 혼란기를 그 배경으로 해서 풍자극을 쓴 것이나 이근삼이 6·25 이후의 왜곡된 현실을 줄기차게 물고 늘어졌던 것도 우연의 일은 아니다. 사실 4·19 직후 민주당정권의 짧은 기간을 제외하면 1970년대까지 독재정치의 억압 속에 살아온 것이 바로 우리였다. 그래서 이근삼은 〈욕망〉에서부터 〈제18공화국〉에 이르기까지 정치풍자극을 여러 편 썼다. 특히

---

7 Theodore W. Halten, *Orientation to the Theatre*, Englewood Cliffs, 1972, p.111.

〈대왕은 죽기를 거부한다〉에서 볼 수 있는 것처럼 그는 인간이 권세욕, 명예욕, 재물욕을 좇아 헤매다가 파멸하는 과정으로 보고 있어 흥미롭다. 그가 정치풍자 다음으로 관심을 보인 것이 다름 아닌 인간의 속물근성 풍자이다. 예를 들어서 〈인생개정안 부결〉이라든가 〈국물 있사옵니다〉 등이 60년대에 쓴 것이 그런 유형의 대표작이다.

그는 사실 어느 한 분야를 풍자하는 것으로 그치지 않고 우리 사회를 둘러싸고 있는 모든 현상을 비판의 대상으로 삼은 것이 특징이다. 그러니까 정치, 경제, 사회, 교육은 말할 것도 없고 문명 전체를 풍자의 대상으로 삼았다. 특히 제3공화국의 화두가 모두 잘 살아보자는 것이어서 정권이 우선순위로 추진한 경제개발 정책과 맞물림에 따른 배금사상이 팽배해졌던 것도 이근삼이 비판의 타깃으로 삼은 것 중 하나였다. 앞에 예시한 두 작품이야말로 황금만능시대의 허욕을 좇는 무리들을 매도한 것이다.

그러나 무엇보다도 이 시기 그의 작품에서 관심을 끄는 것은 재판극 형식을 빌려서 비틀린 정치행태와 인간성의 타락을 고발한 것이었다. 가령 1965년 〈데모스테스의 재판〉으로부터 시작해서 〈도깨비 재판〉, 〈아벨만의 재판〉에 이르기까지 10여 년에 걸쳐서 세 편의 재판극을 쓴 것도 주목할 만한 일이다. 왜냐하면 우리 희곡사에서 재판극 형태를 찾기도 힘들지만 세 편씩이나 연달아 써서 무대에 올린 극작가는 이근삼이 처음이기 때문이다. 그렇다면 그가 왜 재판극을 세 편이나 썼을까. 그것은 두말할 것도 없이 당시의 어두웠던 정치상황에서 찾을 수 있는 것이지만, 그의 생각으로는 우화극만으로는 분노로 가득 찼던 자신의 마음을 달랠 길이 없었다고 해서였던 것 같다.

그 자신도 작품 후기에서 〈도깨비 재판〉을 쓸 때, 이유 없이 모든 것에 화가 잔뜩 나 있었다고 실토한 바가 있다. 그의 재판극의 주제는 조금씩 달라도 궁극적으로는 작가 자신도 밝히고 있는 것처럼 '선한 사람이 하루아침에 악인으로 전락하고 악인이 선인으로 돌변하는 세태'에 대한 고발이라 말할 수 있다.

그런데 흥미로운 사실은 그가 1960년대 후반부터 서구의 저명작가, 이를테면 F. 뒤렌마트 등과 같이 한국에도 잘 알려진 극작가들이 창조해놓은 인물과 유사한 인물들을 내세운 점이다. 물론 그렇다고 해서 모방했다고는 볼 수만은 없다. 다만 서구 작가들이 현대를 대단히 불안한 눈으로 응시하고 있었다는 점에서, 그도 그들이 창조해놓은 인물들과 유사한 인물을 만들어냈다는 것은 결국 그의 예리한 통찰력과 감각을 잘 보여주는 것이다. 솔직히 군사독재 시대에는 악화가 양화를 구축하는 그레셤 법칙이 통하던 때였으므로 그러한 희곡이 생산될 만도 했다.

따라서 그의 재판극에는 그가 다른 작품들에서 보여준 웃음은 사라지고 어처구니없음과 분노까지 유발시킬 만한 멜랑콜리가 가득할 뿐이었다. 그러니까 유신 치하의 정치상황은 냉소적 웃음만으로는 치유가 불가능하다고 본 것 같다. 이 시기의 그의 재판극은 그가 유학 시절 영향을 많이 받은 이오네스코나 베케트의 부정적인 세계관이 가장 노골적으로 표출된 것이었다고 보아도 크게 어긋나지 않을 듯싶다. 주인공들이 대부분 불행하게 끝난다는 점에서도 어느 정도 일치한다. 그러나 이처럼 우울한 코미디가 그의 본질적 성향은 아니다. 그가 비록 사회비판적인 희극을 주로 써온 작가이긴 해도 긍정적인 인생관을 지니고 있었기 때문에 작품세계는 언제나 밝고 웃음으로 가득 찬 무대를 창조해놓는 장기를 발휘하곤 했다.

그 점은 그가 1970년대 들어서 밝고 건강한 창작뮤지컬을 시도한 것과 전통을 현대에서 재창조한 작업을 진행한 사실에서 잘 나타나고 있다. 이 두 가지를 합성해놓은 듯한 작품이 다름 아닌 〈유랑극단〉(1971)이다. 그렇다면 그가 이런 작품을 쓰게 된 배경부터 들어보아야 할 것 같다. 그는 그와 관련하여 이 작품에는 주인공이 따로 없다면서 다음과 같이 설명했다.

극단 가교의 단원들의 수와 성격을 의식하고 쓴 작품이에요. 당시 극단 구성원의 수와 연극의 인물 수가 일치해요. 이 작품에는 주인공은 오래 나오고 다른 사람들은 잠깐 나왔다가 사라지는 게 아니라 처음부터 끝까지 다 나와요. 배우들 사이에 선의의 경쟁도 되고 좋아요. 돌아가신 전광용 씨가 이 작품 보고 이 선생이 늙어가는가 했다는데, 40대 접어들면서 되풀이되는 인생에 대해 생각해보고 싶었어요. 인생의 신진대사, 역경을 뚫고 나가는 것 같은 거요.

전 뮤지컬도 좋아해서 노스캐롤라이나서 뮤지컬 〈오클라호마〉 공연할 때 직접 조명까지 했었는데, 그 작품의 요소도 조금 집어넣고 해서 만든 작품이에요.[8]

이상과 같은 그의 설명 가운데는 대단히 중요한 내용이 몇 가지가 함축되어 있다. 그 한 가지가 그의 배우에 대한 사랑, 더 나아가 인간에 대한 깊은 신뢰와 애정이다. 왜 작품에서 어떤 배우는 내내 나오는데 어떤 배우는 잠시 얼굴만 보이고 사라지느냐 하는 것이다. 물론 이 세상에서도 큰일 하는 사람과 하잘것없는 일을 하다가 사라지는 사람이 있는데, 하물며 연극에서야 더 말할 게 있겠는가. 하지만 그는 그렇게 생각지 않고 인간은 공평해야 한다고 믿었던 것이다. 그 점에서 그가 철저한 인문주의자라는 것을 알 수가 있다. 그리고 그는 여느 극작가들과 달리 문학작품으로 희곡을 쓰는 것이 아니라 언제나 극단과 무대를 염두에 두고 희곡을 쓴다. 그가 평소 특별히 아끼는 극단들이라 할 가교라든가 민중극장, 실험극장들에 대해서는 인원 구성 등을 소상히 파악하고 있었기 때문에 그들이 할 만한 작품을 쓰면서 누가 무슨 역을 맡을 것인가까지 염두에 두고 희곡을 썼기 때문에 공연하기가 편했고, 흥행 성과도 올리곤 했다.

두 번째로는 그가 뮤지컬을 좋아했고, 유학 시절에 대학극장에서의 뮤지컬 공연 때 조명까지 맡은 일이 있었다. 솔직히 1970년대 초까지만 해도 뮤지컬은 대중에게 있어서 생소한 연극양식이었다. 1962년 드라마센터에서 처음 시작하고, 1968년 예그린악단이 창작뮤지컬 〈살짜기 옵서예〉를 무대에 올리는 등 간헐적인 공연이 없지는 않았지만 그것이 보편적 형태는 아니었다. 그리고

8　서연호, 「극작가 이근삼의 창작 활동과 작품세계」, 『연극문화 그리고… 사회』, 서강대학교 언론문화연구소, 1993, 75쪽.

예그린의 창작 뮤지컬도 고전인 〈배비장전〉을 재구성한 작품이므로 순수창작
은 아니었다. 그 점에서 그가 우리나라 창작뮤지컬 극본을 본격적으로 쓴 최
초의 극작가가 되는 셈이다. 그가 특히 마지못해 쓴 것이 아니라 뮤지컬을 좋
아해서 극본을 썼다는 점에서 감각적으로도 매우 앞서갔음을 알 수가 있다.

그로부터 그는 여러 편의 뮤지컬 대본을 썼다. 〈이 화창한 아침에〉를 비롯
하여 〈이런 사람〉, 〈나 어딨소〉, 〈꿈 먹고 물 마시고〉 등 여러 편의 본격 뮤
지컬 극본을 써서 무대 재미를 본 바 있다. 그가 뮤지컬을 중요한 연극 형식
으로 본 것은 단순한 유행 차원이 아니라 미래 연극의 방향을 파악하고 있
었다는 점에서 주목된다. 그가 한 대담에서 "뮤지컬은 유쾌한 장르잖아요.
뮤지컬이 다른 연극에 비해 격이 떨어지고 대중적이고 연기를 잘못한다는
말은 거짓말 같아요. 서구연극의 출발인 그리스극 자체가 제의(ritual) 의식에
서 나왔는데 의식은 춤과 노래잖아요. 뮤지컬이 사람들을 웃기기만 하는 오
락이라는 말도 믿지 않아요. 뮤지컬은 철학이기도 하죠. 연극의 출발 자체
가 이 3자의 결합이고 대사가 가장 늦게 발달한 거죠"[9]라고 말함으로써 뮤지
컬의 중요성과 그 가치를 명확히 알고 있었음을 잘 보여준다.

그러면서도 그는 우리나라 뮤지컬의 문제점이나 한계 같은 것도 잘 파악하
고 있었다. 가령 뮤지컬 극본을 쓰는 작가는 음악을 알아야 하는데, 그렇지 못
하다든가 하나의 작품을 만드는 데 있어서의 공동작업의 부재 등 여러 가지
미비점을 너무 많이 안고 있다는 것이다. 그러나 무엇보다도 주목되는 것은
그가 뮤지컬의 가능성을 매우 일찍부터 간파하고 있었다는 점이다. 솔직히 70
년대 초까지만 해도 우리의 극장가에서 뮤지컬은 이단처럼 되어 있던 연극 형
태였다. 따라서 뮤지컬을 중요시한 연극 지도자는 거의 없었다. 그럼에도 불
구하고 그가 뮤지컬을 중요한 연극 형태로 인식하고 극본을 여러 편 썼다는
것은 그의 연극에 대한 폭넓은 안목과 선진성을 잘 나타내주는 것이다.

---

9 위의 글, 위의 책, 76쪽.

〈유랑극단〉에서 또 하나 짚고 넘어가야 할 것은 전통의 현대적 재창조 문제이다. 사실 1970년대 문화예술계의 주요 화두랄까 이슈는 전통의 계승 문제였다. 오영진은 이미 1940년대 초부터 독자적으로 시도했었지만 1960년대부터는 정부와 문화계가 합심하여 맹목적 서양 추수(追隨)에 대한 반성으로서 우리 나름의 문화정체성을 찾아보자는 운동이 활발했었다. 그런 시기에 이 작품이 발표되었기 때문에 많은 이들은 그것을 이근삼 작가의 응답으로 인식했었다. 더구나 이 작품에는 신파극에서부터 그에게는 생소할 수 있는 탈춤, 심지어 농악까지 등장시킴으로써 전통의 현대적 수용에 앞장선다는 평가를 듣게 된 것이다. 아마도 풍물패를 현대극의 한 요소로 작품 속에 자연스럽게 삽입한 것은 이 작품이 처음이 아닐까 싶다. 그리고 이 작품에서 또 하나 간과할 수 없는 것이 다름 아닌 마당극방식의 도입이라 하겠다. 솔직히 그때까지만 해도 대학가나 산업현장에서 마당극이라는 것이 아직 유행되지 않았던 시절이었다.

바로 그 점에서 이근삼의 예견력이 대단히 탁월했음을 보여주는 한편 1970년대 중반 이후 마당극의 유행도 어쩌면 〈유랑극단〉이 크게 자극을 준 것이라고 보아도 크게 어긋나지 않을 성싶다. 그런데 그 작품과 관련한 대담에서 그는 전혀 엉뚱한 답변을 한다. "당시엔 민속극의 수용이란 생각은 전혀 못했구요, 처음에 작품 쓸 때는 항상 증오의 대상이 있어서 거기에 집중시켜 썼고, 검열의 문제 때문에 힘들었는데, 〈유랑극단〉 쓸 때쯤 되면서부터는 증오의 대상이 희미해지고, 글 쓰는 데 겁이 없어졌어요. 뭐든지 쓴다는 자신감이, 만용이 있었죠. 그러다가 TV가 나오게 됐어요. 텔레비전이 연극이 보여주던 모든 걸 보여주기 시작했죠. 내 작품은 다들 불안정하고 언밸런스한 게 좋다고들 했는데, 오히려 이때부터 무대는 안정돼야겠다는 생각을 하게 됐어요. 이제는 만용만 갖고는 안 되겠다 느끼기 시작한 거죠."[10]

---

10 위의 글, 위의 책, 76쪽.

사실 이 작품은 한 떠돌이극단을 통해서 신극운동사를 압축한 내용이고, 이제 새로운 연극을 하자는 주제로서 1970년대를 전후해서 일기 시작한 전통의 재발견과 거기에서 창조의 요소 같은 것을 찾아내자는 운동과 궤를 같이하는 것이다. 그러나 그는 그 점을 부인하고 다만 TV 드라마와 다른 연극을 한다는 의미로 그것을 썼다고 한 것이어서 흥미롭다. 그러니까 그가 텔레비전이라는 문명의 매체를 거부한 것이라는 의미도 된다고 볼 수 있다. 실제로 그는 이 작품 뒤에도 전통의 재창조라는 의미의 희곡은 거의 쓰지 않고 차분하게 현실과 인생을 응시하는 희비극을 쓰거나 뮤지컬 대본을 즐겨 쓴 것이 특징이다.

그가 그 시기에 매우 중요한 의견도 제시했는데, 그것이 다름 아닌 극작가 양성을 통한 연극진흥책이었다. 그는 한국연극의 진로 문제를 논의하는 자리에서 17세기 영국에서 흥행만을 생각해서 불확실한 자국 내 작가들의 작품보다는 안전한 외국 작품을 선호한 데다가 후견인의 취향에 영합하는 한편 극단들 간의 지나친 경쟁으로 연극 전체가 후퇴했었다는 예를 들면서 다섯 가지 방안을 제시했다. 그 다섯 가지는 각 극단의 창작극 발굴을 위한 장기계획의 필요, 각 극단의 과다한 경쟁 지양(관객 동원을 위해 명작이나 대중적 작품만 각색 공연하는 것), 극단 사이의 파벌 해소, 소극장운동의 확대, 비평 분야의 성장 등이었다(『조선일보』 1971.12.14).

그는 평소 탁월한 극작가가 나와야 연극이 발전한다는 소신을 갖고 있었고, 아무런 대책 없이 혜성처럼 등장하는 극작가를 마냥 기다리고 앉아 있을 수는 없다는 것이었다. 이처럼 그는 1970년대 들어서는 연극계의 한 지도자로서의 역할을 적극적으로 펼쳐나가기 시작한다. 그것은 두말할 것도 없이 정부나 정책당국을 향한 직언을 서슴없이 내던지는 것으로 대신한 것이었다. 그렇다고 해서 그가 창작 활동을 등한했다는 이야기가 아니다. 그는 장년기에 들어서도 신체적인 건강과 마찬가지로 젊은 시절 못지않게 작품을 발표했고, 적어도 1년에 한 편씩은 반드시 쓸 정도로 열정적이었다.

그가 1970년대 중반 이후에 발표한 작품만 보더라도 〈왜 그러세요?〉(1976)

를 비롯해서 〈이런 사람〉, 〈이상무의 횡재〉, 〈마네킹의 축제〉, 〈요지경〉, 〈꿈 먹고 물 마시고〉, 〈나 어딨소〉, 〈게사니〉, 〈내일 그리고 또 내일〉 등 십여 편을 매년 한 편 꼴로 쓴 것이다. 그런데 그가 〈유랑극단〉을 발표하고 나서 설명했던 대로 이들 작품들 중 상당수가 뮤지컬이나 서사극 형태였다는 점에서 그의 작품 성향에 실제적 변화가 있었음을 확인할 수가 있다. 그리고 또 하나 주목할 만한 것은 모방작으로 오해받은 〈게사니〉의 발표다. 그는 평생 몇 번의 오해를 받은 사실이 있는데, 서양 희곡의 모방작에 관해서이다. 즉 그가 1974년에 발표해서 인기를 모았던 〈30일간의 야유회〉에 대해서는 영국 작가 제임스 배리의 희곡과 비슷하다고 비판받은 바 있고, 〈게사니〉는 브레히트의 〈억척어멈과 그 자식들〉과 흡사하다고 오해를 받기도 했다. 그는 그런 연극계의 비판에 아랑곳하지 않고 작품 배경에 대해서 다음과 같이 설명한 바 있다.

> 평양에서 어렸을 때 들은 얘기예요. 임진왜란 때 피난 온 왕이 평양사람들 앞에서 나가 싸우자고 했는데, 백성들은 하나도 협조를 안 했대요. 사람들은 도대체 왕이 왜 저러나 그러고 말았다는 이야기를 어려서부터 들었는데, 실제로 자료를 찾아보니 그렇더라구요. 이 이야기를 가지고 가공의 인물과 집안을 만들어서 전쟁 속에 휘말리는 가정의 이야기를 써보았습니다.[11]

이상과 같은 그의 창작의 변에서 알 수 있는 것처럼 그는 어떤 특정작품을 모작한 것이 아니라 조선시대의 역사적 사실을 바탕으로 해서 썼다고 했다. 실제로 어느 시대 어느 민족에게도 전쟁은 있었고, 전쟁 중에 가장 피해를 입는 것이 무고한 양민 특히 아녀자들이라 볼 때 유사한 일은 얼마든지 있다. 다만 그가 오해를 받을 수 있었던 것은 이들 두 작품 모두가 강인한 어머니를 주인공으로 하고 있다는 점과 서사극 형태라는 점에서가 아니었을까 싶다. 그리고 작가가 훌륭한 작품에서 모티브를 가져오는 것은 흔한 일이기 때문에 색

---

11 위의 글, 위의 책, 78쪽.

안경을 쓰고 보아서는 안 될 것이다. 그러나 그의 변화는 그런 것에 있는 것이 아니고 정치에 대한 무관심으로 바뀐 점이라 말할 수 있다.

솔직히 그가 1960, 70년대 초반까지 보여준 신랄한 정치풍자가 80년대에서는 강하게 표출되지 않는다. 그가 장년기에 접어들어서는 젊은 시절처럼 정치풍자극을 거의 내놓지 않았다. 이제 그도 늙어서일까. 아니면 아무리 외쳐봐도 자신만 피곤할 뿐 허공의 메아리라는 것일까. 오히려 5공 정부에 이런저런 요구를 하고 있어 흥미롭다. 박정희의 군사독재를 누구보다도 증오했던 그가 그보다도 더욱 심했던 5공 정부에 대해서 거의 발언하지 않은 사실은 흥미로운 일이다. 그가 혹여 젊은 시절에 잠시나마 육군사관학교에서 교편 생활을 했던 것이 그로 하여금 침묵을 하게끔 한 것이나 아닌지 모르겠다. 실제로 그는 1970년대 후반 이후 정치에 대한 발언을 삼가는 편이었다. 오로지 작가로서만 충실했다. 5공 정부 들어서면서 그는 연극이야말로 한 시대를 특징짓게 하고 사회에 안정된 정신의 뿌리를 내리도록 하는데 절대적인 기여를 하는 문화양태라면서 다음과 같이 말했다.

오늘날 이 나라에 아직도 연극인들이 살고 있고 극단이 존재한다는 자체가 기적처럼 느껴진다. 가난도 참기 힘든데 왜정 때 감시를 목적으로 만든 공연법을 그대로 지켜야 하며, 작품허가, 건축법, 소방법, 위생법 등 그 많은 규제를 어떻게 감수하며 여태까지 정열을 불태워왔는지 모르겠다. …(중략)… 지금쯤 당국은 극단의 공연비를 도와줄 '연극금고' 같은 기구설립을 지원할 만도 하다. 저리로 돈을 꾸어주는 기구를 말한다. 소극장은 더 있어야 하겠지만 그나마 갖가지 법에 걸려 폐쇄의 위험 속에 있는 현존 극장을 구할 수 있는 아량도 보여주어야 한다. 무엇보다도 중요한 것은 정책 수립이나 창달 방안을 세우는 데 있어, 연극 주변의 인사보다는 연극에 일생을 건 일선 연극인들의 말에 귀를 기울여야 한다는 것이다.[12]

---

12 이근삼, 「문화계의 목소리—새 정부에 직언한다」, 『조선일보』 1980.9.7.

이상에서 확인할 수 있는 것처럼 그는 연극이야말로 어느 시대에나 절대적으로 존재해야 하는 문화양태임에도 우리의 경우는 육성은커녕 일제시대의 규제악법이 여전히 살아서 극장의 존재마저 위협하고 있다고 개탄했다. 그 말은 정확한 것이었다. 왜냐하면 일제 말엽에 총독부가 만든 '조선흥행취체규칙'이라는 공연법이 해방 직후 조금 손질되어 그때까지 살아 있었기 때문이다. 물론 그것은 곧바로 개정되어 1981년부터는 많은 소극장들이 생겨날 수가 있었다. 그러나 그의 제안 중에 눈에 띄는 것은 연극금고를 만들자는 것이었다. 물론 그의 선진적인 제안은 성취되지 않았지만 우리 연극의 장래를 제대로 내다본 것이었음을 알 수 있다.

그는 사실 셰익스피어처럼 철저한 극장주의자였다. 희곡도 언제나 공연을 염두에 두고 쓰기도 했지만 극장을 갖지 못한 극단은 아마추어를 넘어설 수 없고 결국 소멸할 것이라는 신념을 갖고 있었다. 이러한 그의 신념은 서구연극을 잘 아는 입장에서 바라본 것이지만 대단히 정확한 생각이라고 아니할 수 없다.

1980년대 들어서도 여전히 정력적으로 창작에 몰두했던 그는 작품 형식에서나 주제 등의 면에서 많은 변화를 보여주기 시작했다. 그리고 그의 진정한 연극관도 보여주기 시작했다. 그것은 여러 곳에서 나타나지만 〈내일, 그리고 또 내일〉(1985)에서부터는 현실풍자라는 차원을 넘어 인생론적으로 흐르고 있음을 알 수가 있다. 이때 그는 손톤 와일더의 〈우리 읍내〉를 거론하면서 삶과 죽음을 넘나드는 연극을 하겠다는 이야기를 은근히 비친다. 그러니까 그가 이때에 한 대담에서 "연극이라는 게 인간사회의 관계만을 그리는 게 아니라 무대에 우주를 담는 거라고 생각해요. 과거, 현재, 미래를 모두 무대에 담을 수 있는 거 아닙니까?"[13]라고 설명한바 있다.

그로부터 그는 작품에서 젊은이들보다는 연로한 인물들을 많이 등장시키는

---

13 서연호, 앞의 글, 앞의 책, 78~79쪽.

등 새로운 면모를 보여주는 한편 연극 형식도 리얼리즘 쪽으로 기울어졌다. 가령 〈막차 탄 동기동창〉 같은 작품이 그 전형적인 예가 될 수 있지 않을까 싶다. 이런 그의 변화에 대하여 일부 평론가는 그가 엉뚱하게 그동안 혐오하던 리얼리즘으로 가고 있다고 못마땅해하기도 했다. 그는 그에 대하여 "나는 나의 주제와 내용을 표현하는 데 사실주의 형식이 적합하기에 그 형식을 취했을 뿐인데, 그 사람은 마치 내가 무식에서 눈을 떴다는 식으로 나의 작품을 평했다. 필자는 작품을 쓰면서 표현 형식을 먼저 생각해본 적은 없다. 내용을 정하고 나서 어떻게 표현할까를 생각할 뿐이다"[14]라고 해명했다.

그는 어느 형식에 꼭 매이는 것을 싫어했다. 작가는 다루는 제재에 따라 형식은 얼마든지 자유자재로 바뀔 수 있다는 것이 그의 작품관이다. 이는 평소 그의 자유분방한 성품과도 일맥상통하는 것이기도 하다. 그는 또 형식의 변화와 관련하여 대단히 중요한 발언을 했다. "내가 처음 작품 쓸 당시의 연극을 보면 참 답답했어요. 왜 좁은 무대를 자꾸만 스스로 닫아놓을까, 치워야겠다고 생각했어요. 무대는 우주를 담는다는데 어떻게 우리 무대는 농촌의 집 한 채, 안방 하나 갖다놓고 합니까? 어떻게 인생이 그런가요? 형식 그 자체보다도 내가 과거에 이렇게 썼으니까 그 수법을 고수해야겠다는 생각도 없었고, 당시 무대가 너무 답답하고 편협하니까 의식의 확대 같은 것을 생각하고 공간을 틔웠습니다."라고 해명도 했다.

이는 사실 이근삼의 연극관 중에서 가장 중요한 부분이기도 하다. 왜냐하면 그가 등장하기 전까지만 해도 우리 작가들이 솔직히 형식의 틀에 얽매여 있었다고 해도 과언이 아니기 때문이다. 희곡 창작에서의 형식의 혁파를 통해서 무대공간을 무한으로 확대해놓은 것은 이근삼의 가장 큰 공로라고 해도 지나친 말이 아니다. 그러한 그의 작업이 1970년대 이후 마당극이 번창할 수 있는 한 요인도 되었다고 한다면 지나친 비약일까. 그러나 그보다도 더욱 주목을

---

14 이근삼, 앞의 글, 237~238쪽.

끄는 것은 그가 1960대에 접어들면서 주로 노인세대를 다루면서 삶의 허망을 노래하기 시작했다는 점이라 하겠다.

그가 62세에 쓴 〈막차 탄 동기동창〉만 하더라도 초등학교 동창생들이 수 십 년만에 만나서 벌이는 인생의 덧없음의 노래라고 말할 수 있다. 삶의 허상을 마치 진실인 양 좇아 덧없이 방황하는 인생의 쓸쓸한 모습을 그려나간 그는 〈이성계의 부동산〉에서 한 획을 긋는다. 그는 이 작품의 창작 배경에 대하여 "주제는 현실과 상상을 왔다 갔다 하는 것을 역사를 빌려 표현한 것이지요. 아마 내가 늙었다는 게 아닌가 싶습니다. 국립극장의 김동원 선생님께 건방지게 이런 얘기를 했어요. '선생님은 다시 태어나도 연극을 할 것인가, 어찌 보면 이 인생은 환상을 살아가고 있는 게 아닌가, 예를 들어 나는 이북에서 배구선수로 내려와 체육선생 노릇을 했더라면 그게 제일로 맞는 현실적 생활이었을 텐데, 괜히 대학교수 한답시고 번역이다 논문이다 해서 나도 고생하고, 집안도 고생시키고, 시간도 빼앗기면서 환상 속에서 살아온 것이 아닌가'라고요. 예전엔 다방 같은 데 가면, 이상한 모자 하나씩들 쓰고 돈이 없어서 커피 한 잔 달랑 시켜놓고, 자꾸 엽차랑 메모지만 시키면서 자신을 작가라고 생각하는 사람들이 많았는데, 우리가 보면 그들은 작가가 아닙니다. 백 년을 고생해도 작가가 안 되는데 그 환상에서 깨야 해요. 본인은 그것을 착각하고 있는 것입니다. 그러나 중요한 건 환상 속에서 사는 그 사람이 다른 사람을 해치거나 괴롭히지 않는 한 그냥 내버려두어야지, 현실로 내보내면 그들은 죽는다는 것입니다"[15]라고 설명한 바 있다.

그러니까 그는 어찌 보면 인생의 회의론자라고 해도 과언이 아니다. 왜냐하면 그는 가짜가 진짜인 양, 거짓이 사실인 양, 허위가 진실인 양 횡행하는 현실에 대단한 혐오감을 느꼈기 때문이다. 이는 그가 진정으로 희극작가답다는 생각마저 들게 만드는 것이기도 하다. 평생을 비정상적인 후진사회에서 부조

---

15 서연호, 앞의 글, 앞의 책, 80~81쪽.

리한 현실과 정면으로 맞닥뜨려 싸워온 그가 노년기에 접어들면서 인생에 깊은 회의를 느끼기 시작한 것이 아닌가 싶다. 그것은 그가 정치풍자극을 멀리하면서 작품상에 나타난 한 현상이기도 하다.

이 시기 그의 특징적인 현상 중 또 한 가지는 자전적인 경향을 조금씩 내보이기 시작했다는 사실이라 하겠다. 그동안 자신으로부터 멀리 떨어져 있는 사람들을 그려왔던 그가 1990년대 후반부터는 가까이에서 인물들을 찾았다는 이야기이다. 가령 〈어떤 노배우의 마지막 연기〉라든가 〈공룡의 발자국을 찾아서〉, 〈그래도 세상은 살만하기에〉, 그리고 〈화려한 가출〉 등이 바로 그러한 계열의 작품이라 말할 수 있을 것 같다. 왜냐하면 이들 작품의 주인공들은 하나같이 자기와 가깝게 지내는 배우들이나 아니면 자기 자신을 추상한 인물이기 때문이다. 즉 〈어떤 노배우의 마지막 연기〉가 그의 주변에 널려 있는 무명 배우들에 대한 안타까움과 사랑을 그리려 했다면, 〈그래도 세상은 살만하기에〉는 원로 대배우 장민호(張民虎)의 연기 생활 일대기를 묘사했으며, 〈화려한 가출〉은 청년 시절 배구선수였던 자신을 모델로 하고 있고, 〈공룡의 발자국을 찾아서〉는 노년기의 자신을 추상한 것이라 볼 수 있다.

〈공룡의 발자국을 찾아서〉는 다분히 문명비판적인 주제지만 그가 그동안 쓴 작품들 중에서는 가장 자전적인 작품으로 보인다. 이 작품은 자신의 삶에 대한 깊은 회의가 넘친다. 그는 물론 성공적인 삶을 살았다. 교수로서, 그보다도 우리 현대극을 열어간 선구적 극작가로서 일가를 이룬 것이 사실이다. 그러나 그는 늙어가면서 삶에 깊은 회의를 느꼈던 것 같다. 이 작품에서 공룡은 하나의 상징이다. 쥐라기시대에 살았던 원시동물인 공룡을 맹목적으로 찾아 헤매는 노인은 바로 자신이라 생각한 것 같다. 사회와 인생을 크게 변화시키지도 못하고 연극이 전부인 양 열심히 작품에 매달려온 자신이야말로 허상을 좇아 헤매는 그 노인이 아니고 무엇이냐는 것이었다.

주인공 노인(허거집)이 모두 모인 가족들 앞에서 "공룡의 발자국을 찾아다니는 나를 미쳤다고 했어. 좋다 미칠 바에야 철저히 미쳐보자. 그래야 나를 잊고 너희도 잊을 수 있어. 그런데… 너 미친 척하고 산다는 게 얼마나 힘든지 아니? …(중략)… 그렇다고 해서 너희들한테 사랑이니 뭐니 하는 유행가도 부를 수 없고… 결국 따져보면 다 내 잘못인데… 난 공룡처럼 오래 전에 없어져야 했어. 일생 한 번 큰 소리로… 아냐, 혼잣말도 좋아.… 나 너희들 보고싶었고… 사랑했어라는 말을 할 수 있었으면 한이 없겠지만 말짱 거짓말이야, 왜? 난 그런 자격이 없어"라고 자탄한다.

공룡이라는 허상을 찾아서 평생 헤매온 주인공 허가집은 바로 연극이라는 허상을 쫓으며 살아온 자신의 상징화라고 해도 비약은 아니다. 그러니까 허가집이 가족을 모아놓고 참회의 눈물을 흘리는 것은 곧 이근삼 자신이 자기 가족에게 보내는 미안함과 사랑의 메시지라고 보아도 무방하며 더 나아가 사라져가는 노인들의 만가(挽歌)라고 말할 수 있다. 그리고 또 하나 이 시기에 그의 중요한 변화는 죽은 자를 자주 등장시킨다는 점이다. 물론 그가 과거에도 망령을 등장시킨 일이 없지는 않다. 그것은 〈도깨비 재판〉 등에서도 확인되는 것이긴 하다. 그러나 그가 노년기에 접어들어서 등장시키는 죽은 자들과는 상당한 차이가 있다.

이는 아무래도 그가 60대 후반에 접어들면서 죽음을 많이 의식하기 시작한 것이 아닌가 싶다. 가령 〈어떤 노배우의 마지막 연기〉만 보더라도 주인공(서일)이 공연을 마치고 귀가하다가 교통사고로 죽고 나서 망령으로 무대에 등장하여 관객들에게 하직을 고하는 것으로 막이 내린다. 그 죽은 자(서일)의 고별사(?) 일부를 여기에 소개해보면 다음과 같다.

나의 시체는 인근 병원으로 옮겨지고, 다음날 아침 신문귀퉁이에 조그마하게 사망부음이 실렸습니다. 아들이 신문을 보고 올라와 이리 뛰고 저리 뛰며 장례식을 마련했습니다. 10명의 조객이 모였습니다. 판실이 죽었을 때 조사를 읽은 그 이동선이 또 나타나 내 앞에서 서일 선생, 서형 하며 슬프게 조사를 읽었습니다. 이동선은 근 20년 동안 예술하고는 관계가 없는 사람인데 여전히 사회명사요 예술계의 원로로 떠받쳐지고 있습니다. 세상엔 그런 사람도 있어야 하는 모양입니다. …(중략)… 옆에 있던 초등학교 여선생도 울었습니다. 내 가슴이 찡해졌습니다. 이 세상에 나를 위해 눈물을 흘릴 사람이 있었다는 걸 꿈에도 생각 못했습니다. 이것이 내가 평생 갈망하던 사랑이 아니고 무엇이겠습니까 …(중략)… 내 묘지까지 따라온 소주잔을 들며 말했습니다. 고통 없이 아차 하는 순간에 죽었으니 서일이는 행복하게 죽었다는 겁니다. 서일이의 연기는 누구에게 인정을 못 받아 울분과 좌절 속에서 살아왔는데 막판에 멋진 연기를 했다구요. 나의 죽음은 그야말로 수상감 연기요, 잊지 못할 명연기라고 했습니다. 자, 나는 이제 정말 쉽습니다. 나의 지금 기분은 마치 공연이 끝나면 늘 느끼는 그런 기분입니다. 막이 내리고 관객이 나가고 우리는 분장실에서 분장을 지우고 옷 갈아입고 밖에 나가면 마음이 썰렁했습니다. 어찌 보면 인간이란 태어나서 죽을 때까지 늘 이런 썰렁한 느낌 속에서 이를 달래며 걸어가는 긴 여정인지도 모릅니다. 자! 나는 모든 걸 잊고 영원히 망각의 공간을 향해 발을 옮기겠습니다. 나를 사랑한 사람들, 나를 외면한 사람들 그리고 관객 여러분 모두 안녕히 계십시오. ―막―

이상과 같은 긴 대사를 여기에 인용한 것은 두 가지 이유 때문이다. 그 한 가지는 그가 소외된 인간들에 대한 남다른 애정이 나타나는 점에서이고, 다른 한 가지는 그의 죽음에 대한 깊은 명상 때문이다. 그가 젊은 시절에는 왜곡된 현실과 정면으로 맞서서 싸우느라 미처 인간에 대한 특별한 배려나 사랑 같은 것을 묘사해내지 못했었다. 그러다가 60대의 노년기에 와서야 인간에 대한 연민의 정을 표출하기 시작했다. 그것도 스타성 있는 사람들이 아닌 그늘의 사람들에 대한 연민의 정을 그려내고 있었다. 이 작품만 하더라도 무명배우 이야기이고 그나마 교통사고로 허망하게 죽는 것으로 끝맺음한다.

그래서 그의 학교동료 이상우는 이근삼 연극의 특징과 관련하여 작품 속에서 '사람'을 만날 수 있다면서 "어두운 시대 주눅이 들어 어깨를 떨구고 걸어다니던 사람들에게 이근삼 선생의 연극은 하나의 구원이었다. 슬픔을 함께 나누고 어둠 속의 촛불과 같은 따뜻한 마음도 나누어주는 그런 연극이기 때문이다. 이근삼 선생의 세상은 어마어마한 낙원도 아니고 천상의 유토피아도 아니지만 멋있게 살 만한 것이라고 일러주는 그런 작품을 썼다. 이근삼 선생의 작

　　　　　　　　　　　　제6부　한국 현대연극의 거목들

품들은 멋을 나누어주려는 그의 마음이 배어 있어 보고 나면 '따뜻함'을 느끼게 된다."[16]고 쓴 바 있다.

이러한 그의 지적은 정확한 것이다. 그의 후기 작품에서 특별히 인간에 대한 연민의 정을 가득히 담아가고 있었다고 말할 수 있다. 이런 그의 인간에 대한 연민이 결국 그로 하여금 죽음을 명상하게 한 것이 아닌지 모르겠다. 그가 죽음을 명상하기 시작한 것은 아마도 타계하기 5년여 전부터 어떤 죽음 같은 것을 무의식에서나마 느끼고 있었던 것 같다. 여기에 노배우의 마지막 대사를 길게 인용한 것도 실은 그의 그런 징조가 조금이나마 나타났다고 보았기 때문이다. 그러니까 이때부터 그가 삶의 허망을 짙게 느끼면서 이승과 헤어지는 연습을 한 것 같다. 그가 50여 년 가까이 작품을 써오면서 주인공의 입을 통해서 이렇게까지 절절한 이승과의 고별사를 한 적이 없었기 때문이다. '나는 모든 걸 잊고 영원히 망각의 공간을 향해 발을 옮기겠습니다'라고 한 것은 마치 자신의 깊은 생각을 주인공의 입을 통해서 말한 것 같다는 생각이다.

그가 평양에서 태어나서 여러 가지 역경을 이겨내고 훌륭한 교수와 작가가 될 수 있었던 것도 실은 그의 건강한 신체와 낙천적이면서도 긍정적인 성격에서 비롯되었다고 말할 수 있다. 그런데 결정적으로 그가 죽음 문제를 작품 속에 끌어들이고 또 망자(亡者)를 자주 등장시키게 된 동기는 아무래도 유일한 아들을 비명에 보낸 데다가(1986) 평양에서 홀로 아들을 기다리고 있던 모친마저 별세했다는 소식을 들은 데서부터 비롯되었다고 보여진다.

그처럼 남에게 약한 면을 보이려 하지 않고 자존심 강했던 그가 이처럼 절망적 모습을 보여준 것은 대단히 이례적인 것으로서 은연중에 죽음 같은 것을 준비하고 있었던 것 같기도 하다. 그가 이 작품 이후에도 장민호 일대기를 쓰면서 또다시 죽은 자를 등장시켜 그의 이야기를 들려준다. 그런데 이 작품에서 보면 저승사자(망령)가 노배우(황포)를 자꾸 데리러 온다. 빨리 저승으

---

16 이상우, 「멋을 아는 연극인의 작품같은 삶」, 『무대와 교실』, 235쪽.

로 가자는 것이다. 즉 그 저승사자는 노배우에게 "…아, 그 시절, 아름다운 그 시절… 나의 영광, 나의 기쁨, 나는 그때 만인이 우러러보는 영웅이었다. 그런 세월이 날개를 달고 날아가니, 이제 길거리에서 나를 알아보는 사람은 하나도 없다. 한 시절에 있었던 좋은 일은 그저 그때 잠깐 있었을 뿐, 그것은 어차피 잊혀지는 것, 이제와 사라진 영광 쫓은들 뭣하랴. 그들이 없다 하면 없는 것이요. 그들이 싫다 하면 싫어지는 존재. 이제 더 살면 뭣하랴. 강 건너 산 넘어 발걸음을 재촉하자"고 조른다. 노배우가 망설이자 망령은 또다시 함께 지낼 짝이 없어 외롭다면서 "이 세상에서… 그 나이에 이제 무엇을 바라나? 자네 앞에는 이제 외로움과 불안과 후회, 그리고 노여움, 수많은 사람들의 연민밖에 남은 것이 없어. 자네는 본래 남의 신세지기를 싫어했고 앓는 소리를 한 적이 없이 묵묵히 살아온 친구가 아닌가. 그런 자네가 이제 인생 말년에 무릇 사람들의 동정을 구걸하지 않으면 안 된다니, 내가 슬퍼지네. 어쩌자고 대쪽 같은 자네가 주위 사람들의 발목을 붙들고 신세를 한탄하나? 자네는 누구도 누리지 못하는 명예와 찬사를 한 몸에 지니고 정상에 도달했네. 더 이상 높이 올라갈 목표도 없네. 이제 뭘 바란다고 고장이 나 삐걱삐걱 잡음이 나는 노구를 이끌고 매일 매일을 불안과 불만을 안고 살라고? 쉬어야지. 평화스럽게. 나를 따라오면 자네가 좋아하는 옛 친구들이 기다리고 있는데. 그 옛날 우리는 한 가족처럼 울고 웃으며 살지 않았나"라고 설득한다.

그런데 사실 망령의 이야기는 이근삼 자신의 이야기이기도 하다. 가령 남의 신세지기를 싫어한다든가 앓는 소리 하지 않는 대쪽 같은 성격이야말로 바로 이근삼 자신인 것이다. 물론 작품을 쓰면서 자신의 이야기라고 밝힌 적은 한 번도 없었다. 이 작품만 하더라도 그는 한 인터뷰에서 동료로서 함께 늙어가는 원로배우 장민호에게 바치는 헌사(獻詞)라면서 "우리 연극사에 이렇게 큰 족적을 남긴 배우의 오늘이 어떻습니까. 국립극단 무대에 잠깐씩 얼굴이나 비추고 있어요. 이러다 어느 날 사라져버리도록 해야 합니까. 그럴 순 없어요. 이 대배우의 체력이 소진하기 전에 화려한 마지막 불꽃을 사르게 해야죠"(『조

　　　　　　　　　　　　　　　　　　제6부　한국 현대연극의 거목들

선일보』 2001.5.24)라고 분명히 밝혔지만 실제로는 한 노배우의 삶에 자신을 투영했다고 보는 것이 옳을 것이다. 그리고 그것은 이 시대에서 거의 대우받지 못하고 자꾸만 소외되어가는 노인세대에 대한 헌사이며 부박한 세태에의 한 탄이기도 하다.

망령의 이야기 중에 또 하나 주목되는 부분은 "산다는 게 뭔데? 현세의 질곡으로부터 해방되어 영원히 사는 것이 참된 삶이다"라고 한 말이다. 이는 곧 기독교의 내세관이고 기독교철학의 근간을 이루는 것이다. 실제로 그는 병석에 누우면서 가톨릭으로 귀의했지만 그 이전부터 그의 사상적 바탕은 기독교적이었던 것이 아니었나 싶다. 왜냐하면 이 작품을 쓸 당시는 그가 대단히 건강했었고, 누구도 그의 장수를 의심하지 않았었기 때문이다. 그렇다면 망령의 집요한 부름을 받은 노배우는 어떻게 대응했을까.

그는 연극의 말미에서 이렇게 말한다. "인생을 말하라고? 인생을 알면 내가 하느님이게? 내가 아는 인생은 태어났다, 고생했다, 그리고 죽었다. 요 세 마디가 전부야. …(중략)… 나의 인생은 나의 의지와는 관계가 없는 것 같아. 그저 인간은 거대한 운명에 순응하고 체념하며 살 수밖에. 우리가 할 수 있는 건 욕심부리지 말고 엄살부리지 말고, 매일매일 사는 순간순간, 그 되풀이되는 일에 싫증을 느끼지 말고… 열심히 이를 닦고, 열심히 밥을 먹고, 열심히 공부하고, 열심히 사람 사귀고, 술을 마실 때는 열심히 마시고, 열심히 사랑하고, 잠자는 일에 성실히 대하는 것이 삶의 최선의 방법이 아닐까 생각해. 그러다가 피곤하면 가끔 훌쩍 여행이나 떠나 재충전하고"라고 말한다.

이상에서 어느 정도 알 수 있는 것처럼 그가 젊은 시절에 매료되어 실험했던 부조리극이니 서사극이니 표현파극이니 하는 것은 희곡 형태에서나 나타날 뿐 노년기에 접어들어서는 오히려 그리스극이라든가 괴테, 그리고 손튼 와일더 등과 같은 작가와 작품 경향에서 영향을 받고 실제로 그런 인생론적 작품을 썼다. 특히 괄괄했던 성격의 그가 운명론자가된 것이야말로 그의 원숙성을 잘 보여주는 것이라 볼 수 있다.

그가 정년을 맞아서 가진 한 신문과의 인터뷰에서도 "생과 사는 우리의 소관이 아니다. 우리가 제아무리 발버둥쳐도 운명은 거역할 수 없는 것이다"(『동아일보』 1994.3.6)라고 분명하게 밝힌 바 있다. 젊은 시절 팔팔했던 성격의 그로서는 좀처럼 하기 어려운 운명론 피력인 것이다. 실제로 그가 원숙기에 접어들어서는 연극관에도 변화가 왔다고 말할 수 있다. 그가 당초 서사극이라는 새로운 연극 형식을 들고 혜성처럼 등장했을 때만 하더라도 연극을 사회개혁의 수단으로 확신했었고, 그런 방향에서 정치풍자극을 많이 썼었다. 그런 그가 1970년대 들어서는 연극을 놀이로 인식하고 있었으며 작가 생활 20여 년이 지난 1980년대 들어서는 마치 가브리엘 마르시엘처럼 유신론적 운명론자로서 인생의 덧없음을 묘사했다.

이렇게 변화해가던 그가 의외로 2003년 향년 74세로 이승과 작별한다. 그는 세월이 흐름에 따라 그의 작품관을 변모시켜 갔다고 말할 수 있다. 이러한 이근삼의 연극관과 작품세계를 다섯 가지 전략으로 요약한 김용호의 분석이 흥미롭다. 즉 그는 이근삼이 자신의 작품에서 그려가고 있는 것은 첫째 직설적인 언어로 대결하지 않는다는 것, 둘째 허구 뒤에 진실이 있다는 환상을 버린다는 것, 셋째 현실을 연극으로 끌어들인다는 것, 넷째 연기를 즐긴다는 것, 다섯째 안의 힘을 끌어올린다는 것 등이라면서 다음과 같이 결론지었다.

그는 연극으로 현실의 껍데기를 벗기면서, 그 속에는 아무 것도 없다는 것, 다만 우리는 '절대적 현실과 진실이 있어야 한다'는 강박관념에 쫓겨 껍데기로 자신을 감춰왔을 뿐이라는 것, 그 허구를 얼핏 눈치 챌 때마다 두려워하며 또 다른 껍데기를 찾아 끊임없이 방랑하면서 목말라 했다는 것을 밝히고 있다. 가상의 껍데기를 가상이라고 선언했다는 단순한 사실에서 이근삼의 탁월성이 있다. 나아가 가상을 폭력으로 없애려 하지 않고, 멋진 연극적 가상으로 휘감으며 괴로워하는 존재들을 위무하려 했다는 점에 그의 인간애가 있다. 이제 그는 '인생이 연극'이라는 선언에서 암시된 '비어 있는 현실'에 도달했다. 비어 있는 데서 생기는 힘이야말로 삶을 연극적으로 재창조하는 에너지라는 걸 간파한 데서 이근

삼은 서구의 탈근대 철학자들보다도 훨씬 돋보인다.[17]

이상과 같은 김용호의 지적은 비교적 정확하다. 특히 그가 이근삼의 연극세계를 현대 철학적 관점에서 관찰한 점이 돋보인다. 실제로 이근삼은 평생 동안 인간의 위선과 싸워왔다고 말할 수 있다. 그러려면 작가가 상당한 지성으로 무장되어야 한다. 이근삼은 독서광일 정도로 다독의 작가로서 또 영문학자로서 적잖은 연구업적도 남겼다. 그의 첫 저서『연극의 정론』은 연극을 공부하려는 젊은이들의 필독입문서였고, 『서양연극사』는 최초로 서구연극을 정리한 역저이다. 이처럼 그는 극작가로 그치지 않고 서구연극의 탐구자로서도 기록될 만하다.

물론 그의 희곡에 비판적인 연극인들도 없지 않았다. 자유분방할 정도로 그의 열린 연극 방식이 무대의 진실과 연극의 고귀성을 훼손한다는 비판도 없지 않았다. 그러나 분명한 것은 그가 바로 그러한 우리 연극의 고루성을 혁파하겠다는 것이었고, 근대성에서 벗어나지 못하고 있는 우리 무대에 현대성을 불어넣겠다는 것이었다. 그가 만년에 와서는 그의 장기라 할 풍자성 짙은 희극보다는 비희극 쪽으로 기울기는 했지만 전체적으로 보았을 때, 그가 경직되어 있던 우리의 극장 무대에 희극의 창을 활짝 열어젖힌 최초의 현대적 극작가였다는 것을 아무도 부인하지 못할 것이다. 1960년대에 그가 등장함으로써 한국 현대극의 지평을 크게 확대시키면서 세계 연극과 맞닿도록 한 공로가 있는 것이다.

---

17 김용호, 「이근삼의 다섯 가지 연극 전략」, 『시민연극(무크지)』 제6호, 1999, 13~19쪽.

제3세계형 실험극의 선구자
김정옥

개화기 이후 신극운동이 벌어지면서 연극인들은 궁극적으로 서구적인 근대극의 이식 정착을 추구했다. 그 표본적인 운동이 1930년대 초 유학생들이 주도한 극예술연구회 활동이었다. 물론 그보다 10여 년 앞선 3·1운동 직후 젊은 학생과 청년들의 아마추어 연극운동도 정신만은 서구 근대극운동에 닿아 있었지만 실천 면에서만은 한참 뒤진 것이었다. 따라서 적어도 이 땅에서 서구 근대극에 다가가려 했던 것은 역시 극예술연구회부터라고 말할 수가 있다.

그러한 근대극 정신은 단체의 이념에서뿐만 아니라 레퍼토리 선정과 유치진의 희곡, 홍해성의 연출, 그리고 무대미술이나 연기 등에서 비슷하게 나타났다. 특히 희곡과 연출이야말로 근대극 추구의 가장 좋은 표현 형태였다. 그로부터 연극 희망자들은 유치진의 희곡을 표본으로 삼았고 홍해성의 연출 방법을 전범으로 삼아 연극을 했다. 그러니까 홍해성으로부터 연출을 배운 사람들이 각 극단들에서 연출을 하고 연기 지도도 했으며 그것이 시간 경과와 함께 한국연극의 본류로 굳어져간 것이다.

물론 연출과 연기를 홍해성으로부터 배우지 않고 그가 훈련받은 일본의 쓰키지(築地)소극장 등으로부터 직접 배워온 연극인들도 없지는 않았다. 그러나 한 가지 분명한 것은 이들이 모두 서구의 근대극을 최상의 연극 형태로 알고 실천해왔다는 것이다. 대표적 인물들로서 희곡 분야의 유치진으로부터 이광래, 김영수, 함세덕 등이 있고, 연출분야의 홍해성으로부터 유치진, 안형일, 이서향, 이해랑 등, 그리고 연기 분야에서도 모두가 사실적 연기를 금과옥조로 삼아왔다. 무대미술 분야 역시원우전으로부터 시작하여 김정환, 장종선 등이 모두 사실적인 것을 추구했음은 두말할 나위 없다.

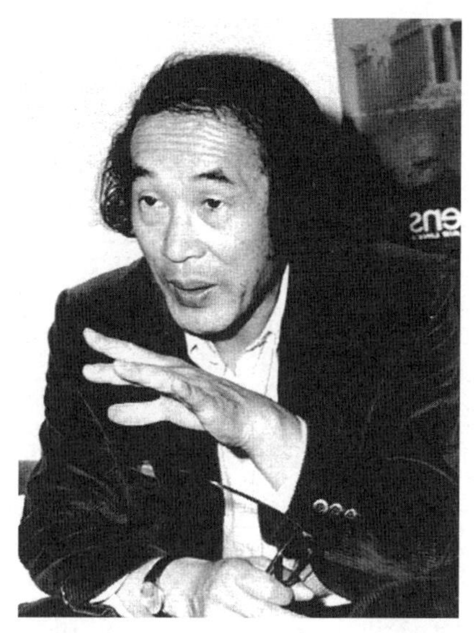

김정옥

이러한 우리나라 근대극의 흐름이오늘날까지 이어지고 있음도 부인할수 없다. 그런데 이러한 근대극의 흐름에 반역의 싹이 튼 것은 1950년 전쟁을 겪고서부터였다. 젊은이들의 일본 유학 일변도가 서양으로 넓혀지면서 미국이라든가 프랑스, 독일 등지에서 연극을 공부하고 들어오는 청년들이 하나둘씩 생겨난 것이 대체로 1960년대 초였고, 마침 드라마센터가 문을 열면서 이들이 자연스럽게 연극운동에 뛰어들게 된다. 가령 희곡의 이근삼(李根三)이라든가 연출의 김정옥(金正鈺), 유덕형(柳德馨), 연기의 양광남(梁廣南), 그리고 무대미술의 이병복(李秉福) 등과 같은 경우가 바로 여기에 속할 듯싶다. 그런 중에서도 연극계에 적잖은 바람을 일으킨 사람은 역시 희곡의 이근삼과 연출의 김정옥, 그리고 무대미술의 이병복이었다.

가령 이근삼과 김정옥이 리얼리즘극에 반기를 들고 실험성 짙은 작품을 만들어낸 것이라든가 이병복이 가장 한국적인 무대미술을 창조해낸 것 등은 확실히 1960년대 이후 한국연극의 내적 확충이었다.

특히 김정옥은 연출가로서 또는 작가로서 우리 연극의 고정관념을 혁파해보려는 노력을 수십 년간 줄기차게 하고 있다는 점에서 주목의 대상이 되고도 남음이 있다. 그렇다면 그는 어떤 인물일까. 그는 전남 광주의 매우 유복한 가정의 3형제 중 둘째 아들로 태어났다. 부친 김규호(金圭鎬)는 일본에서 의학을 공부하고 광주도립병원의 공의로 있었고 모친 최영수(崔暎秀) 역시 숙명고녀를 나온 신여성이었다. 김규호는 내과 전문의였지만 동양 의학과 수의학까지 두루 공부할 정도로 앞서간 의사였으며 모친은 소설가 최정희와 동기생으로서 문예에 소질이 많았고 영화를 좋아한 신여성이었다. 그가 그런 가정의 둘째 아들이었으므로 성장기부터 여유롭고 자유로울 수밖에 없었을 것 같다. 그런데 그의 부친이 당시는 의사가 대단히 귀했던 데다가 총독부로부터 자유로울 수 없었기 때문에 어느 한 곳에서 개업하고 있을 수 없었다. 따라서 총독부의 지시에 따라 공의(公醫)로서의 임무를 다하기 위하여 여기저기 지방을 전전해야 했다. 가령 그가 영암을 비롯하여 해남, 강진, 나주 등지로 옮겨가며 살았던 이유도 바로 거기에 있었다. 김정옥 역시 임지를 따라 시골 소학교를 여럿 전전할 수밖에 없었다. 명석한 두뇌의 그가 산만하고 장난이 심했으며 싸움을 잘했던 이유도 자주 전학을 다닌 것과 무관하지 않을 것 같다. 그와 관련하여 그는 자전적인 책에서 다음과 같이 회고했다.

소학교 3학년 때, 그때는 일제시대였지만 나는 한반도 최남단의 해남 송지소학교를 다녔다. 나는 공부엔 열심이 아니었으나 노는 데는 열심이었다. 마을의 개구쟁이들과 어울려서 전쟁놀이를 하고 싸움을 꽤 많이 했다. 수업시간에도 선생님 말을 듣지 않고 딴 생각을 하거나 먼 산을 바라보고 있다가 곧잘 주의를 받기도 했다.[1]

이상에서 알 수 있는 바와 같이 그는 대단히 산만했는데, 그 원인은 아무래도 그가 유년 시절부터 조숙하고 공상을 많이 하는 특이한 기질 때문이 아니었던가 싶다. 그가 학교 근처의 어느 요(窯)에서 어느 날 피어오르는 하얀 연기

1　김정옥, 『예술가의 삶 16』, 혜화당, 1994, 35쪽.

를 무심결에 발견하고 수업 중 탄성을 질러 교실을 소란케 했던 일화는 소년 김정옥의 성향을 극적으로 보여준 사건이랄 수 있다. 그에 대하여 그도 다음과 같이 의미를 부여한 바 있다.

> 그 푸른 하늘의 한 줄기 연기는 나의 인생, 나의 길에 중요한 의미를 갖는다. 푸른 하늘로 사라져가는 한 줄기 연기에서 뭔가 아득한 동경과 꿈을 키웠던 소년은 자라나면서도 현실적인 세계보다 상상의 세계, 꿈의 세계, 사라져가는 세계, 멀리 떠나가는 세계, 영상의 세계, 연극의 세계에 끌리게 된 것이다.[2]

이상과 같은 그의 소년 시절 회고는 그가 뒷날 문학과 연극을 하게 되는 중요한 배경이 되었음을 확인케 한다. 그가 명문 광주서중에 입학해서 영화에 빠지는 것도 그런 그의 성품과 깊은 관련이 있을 것 같다. 그가 얼마나 영화가 보고 싶으면 여장을 하고 영화관을 다녔겠는가. 이런 그가 해방 후에는 유랑극단의 연극에 흥미를 갖게 된다. 특히 유랑극단들 중에서도 노래와 춤이 있는 악극단의 애조 어린 신파에 매료되어 중학생이었던 그가 학교를 1주일씩 빠지면서 극단을 따라다닌 적도 있을 정도이다. 이는 사실 그가 뒷날 자신의 연극에 가무를 많이 도입하는 작업에 몰두하는 것과 무관치 않을 것 같다. 그는 부유한 가정에서 어려움 모르고 성장해서 그런지는 몰라도 매우 명랑하고 긍정적 사고를 지니고 있다. 소년 시절 내성적이었다고는 하지만 그것은 학교를 자주 옮겨다닌 데다가 시골학교에서 광주의 명문 서중을 다닌 데 따른 것이었다. 그러면서도 친구를 잘 사귀고 또 주변에는 늘 친구들이 모여들었다. 두뇌가 워낙 명석해서 학교 공부를 열심히 하지 않았어도 남에게 뒤떨어지지는 않았다.

그는 공부보다는 연극을 좋아해서 학교를 빠져가면서 서울에 올라와 단성사, 수도극장, 국도극장 등을 찾아다니면서 악극, 쇼, 연극 등을 구경하는 괴

---

2 위의 책, 36쪽.

팍한 중학생이었다. 그리고 문학소년 소녀들 아홉 명이 모여 소위 구맥회(九麥會)를 조직하여 필사본이긴 하지만 동인지까지 만들 정도로 문학에 심취한다. 그는 하루라도 빨리 문학을 공부하고 싶어서 중학교 5학년 때 졸업도 않고 중앙대학 국문과에 입학할 정도였다. 결국 그는 대학에서도 재능을 인정해주어서 정식 학생으로 1학년을 마치면서 6 · 25전쟁을 맞게 된다. 다시 고향으로 내려간 그는 문학을 제대로 공부하기 위하여 전쟁 중에 서울대학 불문과에 다시 입학한다. 피난지 연합 대학에서 1년간 공부하고 서울에 올라와 동숭동에서 3년여 불문학을 공부하면서 참여한 동인회만도 두 개나 되었다. 즉 고향 친구들의 모임인 영도(零度)와 문리대생들의 구도(構圖)가 바로 그런 문학동인 모임이었다. 이는 그만큼 그가 열심히 문학을 해보겠다는 의지를 불태웠다는 이야기가 되는 것이기도 하다.

이들 모임에는 뒷날 우리 문화계에서 한몫씩 자리를 할 만한 재사들이 있었기 때문에 자극을 많이 받은 것도 사실이었다. 그 역시 시를 쓰면서 장차 희곡도 써보려는 생각을 한 바도 있었다. 마침 동기생 중에 희곡으로 데뷔한 오상원(吳尙源)이 끼어 있었기 때문에 더욱 그를 자극했다. 그러나 희곡은 아무래도 공력이 많이 들었기 때문에 진지한 노력을 별로 좋아하지 않는 그로서는 선뜻 덤벼들기 어려웠던 것이 아닌가 싶다. 그는 강의 듣기보다는 영화관을 드나드는 것을 더 좋아했고 문학청년들과 어울려 술을 마시는 것에 흠뻑 빠져 있기도 했다. 당시에는 쥘리앙 뒤비비에 감독이나 장 콕토 감독의 〈비련〉이라든가 〈무도회의 수첩〉, 〈인생유전〉 등과 같은 서정적이면서도 멜랑콜리한 영화가 들어와 우리나라 영화팬들을 사로잡던 시절이었으므로 그 역시 거기서 헤어나기 어려웠다. 그런 분위기에서 불문학 강의까지 들었으므로 프랑스에 대한 무한한 동경심을 갖게 되는 것은 극히 자연스런 것이었다. 여하튼 그는 대학 시절을 낭만적인 분위기에서 시를 습작하면서 방황했던 것이 사실이었다. 특히 전후의 퇴폐적인 분위기가 그를 더욱 방황케 한 것이 아닌가 싶다.

그런 그가 유학을 결심한 것은 아무래도 그러한 서울생활에 종지부를 찍고 싶은 생각과 그가 어린 시절부터 매료된 영화를 공부해야 되겠다는 생각에서 였다. 당시까지만 해도 영화는 역시 프랑스였기 때문에 그가 파리를 택한다. 1956년 대학 졸업 이듬해 봄에 프랑스로 간 그는 세계적인 영화학교 이데끄에 입학한다. 그러나 그 대학에서는 너무나 철저하게 기초교육을 시켰기 때문에 자유분방한 것을 좋아하는 그에게 맞을 리 없었다. 따라서 그는 보다 자유로운 소르본대학으로 옮겨 불문학 강의를 들으면서 영화관과 시네마테크를 찾아다니면서 마음껏 영화를 구경할 수가 있었다. 그는 필름라이브러리에서 미국, 영국, 독일 등 세계영화를 주도하는 나라들의 명작들을 모두 훑어볼 수가 있었다. 귀국할 무렵이 바로 소위 누벨바그 바람이 일어나던 때여서 그는 그런 영화사조도 충분히 호흡하는 행운을 누릴 수가 있었다. 그는 단순히 영화만 구경한 것이 아니라 서적과 토론 등을 통하여 산 공부도 했다. 그리고 그가 영화만 공부한 것도 아니었다. 코메디 프랑세즈에서 그리스 비극이라든가 프랑스 희극 등과 같은 고전극도 많이 관극함으로써 영화와 연극지식을 상당히 쌓았다. 그만큼 그는 프랑스 유학 시절에는 대학 때처럼 문학이 아닌 영화와 연극 공부에 열정을 쏟은 것이다. 물론 시 같은 것은 취미삼아 썼지만 본격적으로 문학을 연구하지는 않았다. 그는 유랑극단을 좋아했던 것처럼 여행을 좋아해서 유럽을 돌아다녔고 파리에서의 생활도 자유분방하게 즐겼었다.

　그의 파리에서의 유학생활은 3년 만에 끝났고 일찍부터 학자를 꿈꾸기보다는 예술가를 지망했던 터라서 박사학위 같은 것은 염두에 두지도 않았다. 그러나 그가 1959년에 귀국하자 그해 마침 창설된 중앙대학 연극영화과에서 강의 요청이 온다. 그가 외국에서 영화를 제대로 공부하고 온 첫 번째 인물이었기 때문이다. 물론 영화계에서 그에게 조감독 같은 것을 해달라는 요청이 없었던 것은 아니었다. 그러나 그는 시시한 감독의 조감독이나 하려고 프랑스까지 유학 간 것은 아니었던 만큼 그런 요청에는 코웃음을 쳤었다. 그리고 그는 귀국하여 문인 친구들과 어울리면서 간간이 시를 습작하기도 했다. 그것을 잘 알고 있던 학교 후배 박성룡이 재직하고 있는 월간『사상계』에「오후」등 시 3

편을 실어준다. 그가 평소 추천제도를 부정하고 있던 터라서 그런 관문을 거치지 않고 『사상계』를 통해 얼떨결에 시인으로 입문하게 된 것이다. 그의 데뷔 시 「오후」를 여기에 소개해보면 "회색의 하늘 위에 퇴색된 낙엽이 쓸리는/그러한 어느 무렵/어쩌다 유리창을 닦으러 온/자크린느의 하얀 손은/은화식물처럼 자라나고/부서진 타자기 모양 활자들을 허트리는/마침내/신은 나의 수녀/차라리 하늘의 보도를 질주하는 나/사화산과 같은 유방 속에/밀림의 화재처럼 요란한 것들…/나의 뇌세포 속에선 하늘의 변모를 믿지 않는/참새들이 그것들을 쫓고 있었다/창을 닦는 자크린느와/가슴에 손을 얹은 나는/유성이 가져온 유행성 감기처럼/이름 모를 질병을 앓고 있었다"로 되어 있다. 프랑스 유학 시절 쓴 듯한 이 작품은 그가 대학 때 심취했던 보들레르 시의 분위기가 풍기는 퇴폐성 서정시다. 이는 사실 전후의 데카당의 시적 반응이라고도 볼 수가 있을 것 같다.

그는 그런 유형의 시를 여러 편 썼는데, 가령 파리 유학 시절 쓴 것으로 보이는 「파리 통신 1 ―회색의 계절」을 보면 "회색의 하늘과/회색의 지붕과/회색의 보도를 가며/문득 생각나는 진달래꽃/회색의 온도와/회색의 기류 속에 자라나는 수목은/이미 성층권에 이르렀을진대/나는 왜 회색의 빗방울에 젖어야 하는가/회색의 바람이 불면/회색의 계절이 오고 /회색의 열매를 줍기 위하여 헤매는 나는/어쩌다 자주빛 열매를 본다/(눈섭까지 젖어드는 자주빛을 껴안고 마침내 나는 잠이 들었다)/푸른 하늘을 누더기처럼 덮고/진땀을 흘리는 황토 등성이에/사그라지는 진달래꽃은 더웠다"로 되어 있다. 온통 회색빛으로 장식한 듯한 이 시는 20대 시절 보들레르와 랭보에 심취했던 김정옥의 정서상태 그 자체였다고 보아도 무방할 것이다. 그가 랭보를 얼마나 좋아했었는지는 그의 짤막한 에세이 「영원한 감동 랭보의 시」라는 글에서 "정말 어느 지평선을 향해서 떠나건 간에 꼭 한 권 가지고 가고 싶은 책이 있다. 랭보의 시집이 그것이다"[3]

---

3 김정옥, 『시인이 되고 싶은 광대』, 혜화당, 1993, 122쪽.

쓸 정도다. 물론 그는 그 글에서 랭보의 진면목을 모르지만 무조건 그의 시와 산문이 자신을 매료시킨다고 했다.

이렇던 그가 유학 후 서울에서의 예술 활동은 전혀 다른 방향으로 흘러가기 시작한다. 이 말은 곧 그가 좋아했던 시 작업을 거의 완전하다 싶을 만큼 접고 연극 연출로 방향을 잡았다는 이야기가 된다. 그가 젊은 시절 시를 좋아했고 또 친구들과 어울려 다니는 것을 즐겼기 때문에 문학청년 냄새를 풍겼지만 시 전문가가 되기보다는 연극을 하면서 시인을 꿈꾸기를 더욱 좋아했던 것 같다. 한편 그가 유학 동안 고생스럽게 공부한 영화 역시 앞에서 조금 언급한 대로 대학에서의 강의로 만족하고 연극 작업에 심혈을 기울이기 시작한다. 그것도 대학에서의 아마추어 연극 작업이었는데, 그가 젊은 학생들을 좋아하고 또 기 성극단에서 불러주는 일이 없었던 데 따른 것이었다고 보여진다. 그는 자전적 인 글에서 연극을 하게 된 배경과 관련하여 다음과 같이 쓴 바 있다.

> 나는 사람 만나기를 좋아해서, 그래서 연극을 하는 것이라 생각했고, 나의 인 생은 허구한 만남으로 점철되며 이어져가는 것이라고 생각한 것이다. 많은 사람 을 만나면 결국 헤어지게 되고 때로는 사별(死別)을 하게 된다. 그래서 나의 연 극은 만남의 미학(美學)을 얘기하고 죽음의 의미를 응시하려고 했는지 모른다.[4]

이상과 같은 그의 생각은 평생 지켜지는데, 그의 첫 연출 작업은 1961년 5 월 이화여대 연극반의 학생극 〈리시스트라타〉였다. 아리스토파네스의 이 그 리스 희극은 한국 초연으로서 형식 면에서 상당한 주목을 끌었고, 연출가로서 의 그의 가능성을 잘 보여준 것이기도 했다. 그로부터 그에게는 여기저기 그 것도 여자대학들로부터 연출 요청이 왔고, 따라서 그는 이화대학의 외국어 연 극과 성심여대 등에서 스무 편에 가까운 연극을 연출했다. 그는 마치 대학극 전문 연출가처럼 보일 정도로 바쁘게 불려 다닌 것이다. 그런 그가 기성 연극

---

4 위의 책, 75~76쪽.

에 발을 들여놓은 것은 1962년 드라마센터가 문을 열면서부터였다. 유치진이 드라마센터를 개관하면서 범연극인들로 한국연극연구소와 공연단원을 구성했는데, 김정옥은 이근삼과 함께 해외파로서 일단 상임위원으로서 한국연극연구소 일을 맡게 되었다. 그리고 그가 개관공연 작품인 〈햄릿〉의 조연출로 지명 받는다. 연출은 유치진이 맡고 그는 이해랑과 함께 조연출을 맡아 실제적으로 캐스팅과 연습에 깊숙이 참여했다.

그는 개관공연 작품에 출연할 신인 여배우들, 가령 오현주라든가 권영주, 김보애 등을 직접 섭외해서 오필리아 역을 맡기기도 했다. 그러면서 그는 연극계의 신구세대를 두루 접촉하는 기회를 만들기도 했다. 이는 그가 사람을 사귀고 친화하는 데 있어서 격의 없음을 잘 보여주는 예이고, 평생 주변 사람들과 인간관계를 잘 유지하고 있음을 보여주는 것이기도 하다. 그러나 그는 드라마센터가 1년도 못 버티고 문을 닫음으로써 그곳을 떠날 수밖에 없었다. 그것이 1963년 초였고, 함께 드라마센터를 떠난 이근삼, 양광남 등과 동인제 시대에 걸맞은 극단을 조직하고 나선다. 그것이 다름 아닌 극단 민중극장으로서 1963년 1월이었다. 극작가 이근삼(李根三)을 대표로 드라마센터에서 함께 일했던 양광남, 오현주, 권영주 등이 창립멤버로 참여한 민중극장은 선언문 세 항목을 발표했는데, 그 내용을 보면 민중 속으로 뛰어들어가 민중과 함께 호흡하는 연극을 하겠다는 것과 새로운 미래 연극을 추구한다는 것, 그리고 기성극계의 고식적인 자세를 거부하고 진정한 무대예술인의 주장을 옹호한다는 것이었다(『한국일보』 1963.1.30). 이런 선언문 속에는 그와 이근삼이 새로운 연극을 추구하겠다는 철학이 그대로 담겨 있다. 그리고 그는 1963년 5월 초에 극단 민중극장의 창립공연작인 〈달걀〉(페르시암 마르소 작)을 연출함으로써 생애의 첫 번째 기성극 연출이라는 기치를 들게 된다. 그렇다면 그의 첫 번째 기성연극의 연출은 어떤 평가를 받았을까. 여석기(呂石基)는 공연 평에서 "… 이 극의 진미는 그 달걀의 '철학'(한국의 관객에게 얼마나 전달될 수 있을는지 적이 의심스럽지만)과 경쾌한 코미디 제조에 있다. 그 에스프리를 살리는 데 주력한 듯한 연출(김정옥)의 노력은 무엇보다도 무대를 무겁게 하지 않으려는 데 나타나 있다. 우리는 지금 따분한 연극에 식상하고 있으니까 이런 치료법이 아무래도 필요한 것 같다"[5]고 씀으로써 당초 김정옥이 연출 의도가 충분히 무대에 표출되었음을 확인케 했다.

그는 이어서 가을에 유진 이오네스코의 부조리극 〈대머리 여가수〉를 연출함으로써 처음으로 전위적인 작품을 소개하게 되는데, 그런 전위적인 레퍼토리를 선택한 배경과 관련하여 그는 "사실 〈대머리 여가수〉가 우리의 레퍼토리로 결정되었을 때 주위의 벗들이 그 한국 상연의 성과를 걱정해주었으며 우리들도 지극히 회의적이었다. 그러나 우리는 상업극이 부닥친 막다른 골목에서 탈출구를 찾기 위해 이러한 실험이 불가피하며 진실한 대중극에의 가능성을 모색하기 위해서도 전위적인 노력은 있어야 한다고 다짐하면서 월여(月餘)의 리허설을 강행하였다"[6]고 설명함으로써 고루한 리얼리즘극 일변도로부터 탈피해보려는 자신의 의도를 확실하게 한 바 있다. 그는 리얼리즘극의 여러 가지 한계 중에 지나치리만큼 어두운 현실 접근과 느린 템포에 있다고 판단하고 희극성 회복과 그에 따른 자연스런 속도문제를 해결하고자 했다. 가령 그가 이상의 두 작품을 연출한 뒤 다음해 가을에는 장 아누이의 〈도적들의 무도회〉를, 그리고 1965년 가을 들어서 처음으로 창작극 〈토끼와 포수〉를 연출했는데 3년 동안 연출한 네 작품 모두가 희극이었다. 그가 처음으로 박조열(朴祚烈)의 데뷔작을 연출하는 연출의 변에서도 그 점을 분명히 했는데, 이 글에서 "…그리고 마침내 웃음의 대화가 관객과 무대 사이에 이루어질 수 있다면 지금 이 순간 우리들 주변에 도사리고 있는 편집(偏執) 극한(極限)이 빚어내는 비극을 조금이라도 중화시킬 수 있는 것이 아닐까? 사회의 밑바닥에 깔려 있는 웃음의 광맥을 찾는 우리들의 작업이 보다 소중한 것이 되어가고 있다고 감히

---

5 여석기, 「민중극장의 「달걀」 공연」, 『한국일보』 1963.5.3.
6 민중극장 팸플릿, 1963.11.19

믿어보는 연유인 것"[7]이라고 하여 희극을 통해서 우리 사회를 밝게 변화시켜 보려는 원대한 희망까지 밝힌 바 있다.

그렇다. 분명히 희극은 어두운 사회를 더 나은 사회로 바꾸어가려는 데 그 궁극적 목적이 있는 것이 아니겠는가. 그가 연출가로 데뷔해서 희극만을 연출한 것은 그 자신의 긍정적이면서도 명랑한 성격 탓도 있지만 그와 함께 민중극장 대표 이근삼의 연극철학과도 관계가 있다고 말할 수가 있다. 왜냐하면 후술하겠거니와 그가 그 뒤에는 비극도 적잖게 연출했기 때문이다. 어떻게 보면 그는 집단지도체제의 민중극장에서는 자신의 연극철학을 마음껏 발휘하기 힘들 것으로 생각했던 것 같다. 따라서 그가 희극 전문(?)의 민중극장을 떠나 자신이 직접 극단을 조직하고 나선 것이 1966년 봄이었다. 극단 자유극장이 바로 그것이다. 그가 파리 유학 시절 가까이 지냈던 저명한 의상디자이너 이병복(李秉福)과 극단 조직을 한 과정에 대하여 다음과 같이 쓴 바 있다.

극단 자유(自由)는 어떻게 해서 이 세상에 태어났는가? 65년 봄부터 이병복과 김정옥은 자주 만났다. 50년대를 전후해서 여인소극장의 동인으로 참여해서 연극을 했던 이병복이 여인소극장의 재건을 꿈꾸고 당시 민중극장의 동인으로 연출을 하던 김정옥에게 자문을 구했던 것이다. 여인소극장의 재건은 쉬운 일이 아니었다. 6·25동란으로 단원들이 흩어졌고 어제의 동인들에게 10여 년 전의 정열이 그대로 남아 있다고 볼 수 없었다. 이병복은 여인소극장의 재건을 단념하고 김정옥에게 새로운 극단의 창단을 제의했다. 당시 창단 3주년을 맞이한 민중극장은 이른바 집단지도체제였다고 할 수 있는데 이러한 집단지도체제에 회의를 느꼈던 김정옥, 이병복의 제의에 따라 새로운 극단의 창단에 참여하게 된 것이다. 이렇게 해서 극단 자유가 창단된 것이다.[8]

이상에서 알 수 있는 것처럼 극단 자유는 감각적으로 뛰어난 파리유학파 두

---

7 민중극장 팸플릿, 1965.9.
8 김정옥, 앞의 책, 68~69쪽.

사람이 새로운 스타일의 연극 문법을 만들어내자고 해서 조직된 단체였다. 그는 민중극장에서 호흡을 맞췄던 몇 명의 배우와 신인들을 영입하여 단체를 구성했고 '희랍극에서 비롯된 서구연극을 계승 발전시켜 오늘의 참된 우리 신극을 창조하고 그곳에 새로운 입김을 불어넣음으로써 나날이 잃어가는 관객을 되찾아보려는 것이 첫 과제'[9]라고 선언함으로써 한국 현대극을 진일보시키겠다고 했다. 그러면서 그는 곧바로 창단공연 준비에 들어가 에두아르도 스칼페타의 〈따라지의 향연〉을 첫 작품으로 국립극장 무대에 올린 것이 1966년 6월이었다. 그는 이 작품을 창단공연으로 선택하고 연출에 임하는 자세와 관련하여 "코메디아 델 아르테의 전통과 라비쉬나 훼이도의 보드빌의 영향을 받은 이 작품은 연극적 재미를 위주로 한 작품이라 하겠으며 그만큼 비속성이 없지 않다. 나는 이러한 위험과 맞서기 위해 연기자들에게 오히려 고전적인 절제를 요구했다. …(중략)… 연출자의 작업이란 예술적인 배려에 못지않게 흘러가는 시간의 공포를 이겨내는 데 있다"(『주간한국』 1966.6.12)고 말했다. 우리가 여기서 읽을 수 있는 것은 그가 연극적 재미를 매우 중요시한다는 점이라 하겠다. 이어서 그는 비희극 두 편, 즉 나치시대 교황의 침묵을 비판한 호크후트의 〈신의 대리인〉과 오영진의 〈해녀 물에 오르다〉를 연출하고 다시 경쾌한 희극 〈한꺼번에 두 주인을〉(골도니 작)을 무대에 올린다. 그런데 여기서 한 가지 짚고 넘어갈 것이 다름 아닌 연출가의 생명 중 한 가지라 할 상상력의 중요성을 강조한 점이다.

즉 그는 오영진의 작품을 연출하면서 "연출자의 일이 한낱 극작가가 쓴 희곡을 해석해서 무대에 올리는 데 그친다면 그렇게 보람 있는 일이라고 할 수 없을 것이다. …(중략)… 무대는 단순히 희곡의 재현이 아니라 그 연장이요, 희곡이라는 문학적 단계에서는 잠재되어 있었던 허구한 연극적 진실을 노출해주어야 한다. …(중략)… 그러나 작품에 따라서는 처음부터 우리의 가능성을

---

9 〈따라지의 향연〉 팸플릿.

가로막는 작품이 없지 않다. 소박한 자연주의적 리얼리즘을 바탕으로 한 비슷비슷한 작품들… 이러한 대부분의 우리 창작극들이 처음부터 연기자들과 연출자의 가능성을 빼앗고 관객들에게 식상증을 일으킨 것이 아닐까? 관객과 연기자에게 여지(餘地)를 주지 않는 작품들, 이러한 작품들이 리얼리즘의 미명 아래 오늘도 관객과 무대의 대화를 단절시키고 있는 것"[10]이라고 하여 종래의 리얼리즘극 일변도에 냉엄할 정도로 비판을 가했다. 그가 특히 여기서 강조한 고루함에서의 탈피야말로 결국 상상력에 달렸다는 것이다. 그리고 코메디아 델아르테 계통의 두 작품을 연출한 것과 관련해서는 다음과 같이 설명했다.

> 내면적 갈등과 심리적 번뇌를 파고드는 것도 좋고 전위적 시도나 형이상학적 추구도 좋지만 어쩐지 선병질의 느낌이 없지 않은 우리의 연극계에 서민적 일상성을 소재로 한 연극적 재미를 위한 건강한 무대도 때로는 마련되어야겠다고 믿어본 것이다.[11]

이처럼 그는 격식에 얽매이고 고루한 당시 우리 연극에 식상한 나머지 일단 연극의 재미를 무대 위에 펼쳐 보이겠다는 의지를 갖고 연출에 임했음을 알 수가 있다. 따라서 그는 초기에는 그런 흐름으로 연극을 이끌어간 것이다. 그가 다음해(1967) 벽두에 한 신문과의 인터뷰에서는 그런 자신의 연극철학을 보다 더 구체적으로 설명했다. 즉 그는 기자와의 인터뷰에서 "우리나라의 신극은 유럽의 연극을 받아들이면서 이것을 직수입하지 못하고 일본을 거쳐 소개되었지요. 이로 인해 자연주의적인 사실극만이 연극의 모두인 것처럼 알려져 있어요"(『한국일보』 1967.1.25)라면서 우리 연극이 연극성과 시를 너무 배제해버렸다고 비판했다. 따라서 그가 당장 추구해갈 것은 연극에서의 연극성 회복이라고 했다. 그러니까 그는 작품을 우선 재미있게 만들 것이며 시적인 서정성

---

10 자유극장 팸플릿, 1967.4.
11 〈한꺼번에 두 주인을〉 프로그램.

도 확대해나가겠다고 했다. 그러려면 스페인의 시극작가인 가르시아 로르카도 한국에 소개해야 되고 자신이 장차 그의 대표작들을 제대로 소개하겠다는 의지도 표명했다.

그의 연극철학이라 할 재미와 시적 상상력의 확대, 그리고 열린 형식 추구 등은 결국 그동안 우리 신극이 견지해온 경직된 사실극의 타파로부터 시작되었다고 볼 수 있다. 가령 그가 초기에 연출한 작품들인 〈대머리 여가수〉, 〈타이피스트〉, 〈승부의 종말〉, 〈환도와 리스〉 등 부조리극 계열들만 하더라도 그런 자신의 연극관을 설파하겠다는 의지의 표명이었다. 그도 그와 관련하여 자전적인 글에서 "빠른 템포와 연극적 재미를 살린 무대, 또는 시적인 상징과 압축이 있는 무대를 꿈꾼 것이다. 리얼리즘을 구실로 해서 연극이 연극성을 상실하고 따분해진 것을 반대한 것"[12]이었다고 분명하게 밝혀놓은 바 있다. 한편 그는 연출가의 지나친 무대노출만은 경계했다. 즉 그는 〈흑인창녀를 위한 고백〉의 연출 변에서 "어떠한 공연에서 연출자의 존재를 관객이 지나치게 인식한다면 그것은 하나의 실험이 될 수는 있으나 좋은 창조가 될 수는 없다는 것이 내 의견인 것이다. 쉽게 말해서 연출이 기교로서 무대에 노출되어서는 안되겠다는 생각"이라 했다.

이는 연출가의 지나친 장난을 우려한 것으로 보인다. 그가 1960년대 말엽부터 수년 동안 자신의 새로운 연극철학을 시도할 수 있었던 것은 역시 평생의 동지 이병복(李秉福)이 명동에 다방형 까페 떼아뜨르를 열었기 때문이다. 불행하게도 그 다방극장이 오래가지 못했던 것이 안쓰러운 것이었다. 그가 1970년대 들어서 소극장을 벗어나 연출한 소설가 최인훈의 장막희곡 〈어디서 무엇이 되어 만나랴〉 역시 사실주의극에서 벗어난다는 자세로 임한 작품이었다. 중견소설가인 최인훈(崔仁勳)이 김광섭(金珖燮)이 만년에 쓴 「저녁에」라는 시 구절에서 따다가 처음으로 써본 희곡이다. 그가 이 작품을 선택한 이유는

---

12 김정옥, 앞의 책, 69쪽.

두 가지에 있었다. 그 하나는 대사가 시적 품위를 지닌 점과 다른 하나는 반사극적 구조와 만남에 포커스를 맞춰서 시극적 차원으로 끌어올린 점에 있었다고 했다.[13] 그런데 이 작품연출에서 주목되는 부분은 단순히 고루한 사실주의극에서 벗어나 소위 반사실극을 시도하는 것으로 그치지 않고 자신의 인생을 작품에 짙게 투영하기 시작한 연출작이라는 데 더 큰 의미가 있다고 본다. 그는 이 작품 연출과 관련해서 "새삼 만남이 나의 인생과 연극에서 얼마나 큰 의미를 갖는가를 생각했다. 나는 사람 만나기를 좋아해서, 그래서 연극을 하는 것이라 생각했고, 나의 인생은 허구한 만남으로 점철되며 이어져가는 것이라고 생각한 것이다. 많은 사람을 만나면 결국 많은 사람과 헤어지게 되고 때로는 사별(死別)을 하게 된다. 그래서 나의 연극은 만남의 미학을 얘기하고 죽음의 의미를 응시하려고 했는지 모른다."[14]고 설명하면서 중학교 시절 함께 문학 서클을 했던 몇 친구의 죽음을 떠올리기도 했다. 물론 일찍이 그로토프스키도 연극을 만남이라고 말한 바는 있다.

그러나 김정옥이 말하는 만남은 그로토프스키가 말했던 만남과는 거리가 있는 것이다. 여기서 그가 말하려는 만남은 인생에 있어서 만남과 헤어짐, 그리고 죽음으로 가는 철학적 사유를 담은 것이다. 이때부터 그는 연출을 시작한 이후 초반기 10년을 정리하고 그의 연극 생애의 두 번째 단계로 접어들면서 조금씩 변화되어가는 모습을 보여주기 시작했다. 그것은 다름 아닌 희곡원작의 충실로부터 벗어나 자신의 연극철학 내지 인생관을 조금씩 투영해가기 시작했음을 의미한다. 대체로 연출가는 두 가지 유형이 있는바, 첫째는 희곡원작에 충실한 연출가이고 또 한 유형은 연출가의 철학에 맞춰서 자의적으로 변경해서 형상화하는 연출가이다. 그렇게 볼 때, 김정옥은 초반기 10년은 원작에 충실한 연출가였다가 다음 단계로 접어들어서는 조금씩 변화의 조

---

13 자유극장 팸플릿, 1970.11.
14 김정옥, 앞의 책, 75~76쪽.

짐을 보여주기 시작했다는 이야기가 된다. 그리고 자신의 연극관도 피력하기 시작했다. 가령 그가 조르주 페이도의 〈주머니 속에서 탱고를〉을 연출하면서 "연극이란 예술장르임에 틀림없겠으나 실제 인생이나 생활의 연장이라는 점에서 다른 예술과는 성격을 달리 한다고 할까? …(중략)… 연극이란 결국 가정(假定)과 상상의 세계라면, 우리의 인생도 하나의 가정이라고 말할 수 있다면 연극이 인생의 연장이 아니라 인생의 연장일는지도 모른다."[15]고 설명함으로써 연극과 실생활과의 소통을 지적한 바 있다. 이런 그가 바로 그때 대단히 감각적인 신진 작가 이현화(李鉉和)의 신작 〈쉬 쉬 쉬 잇〉을 만나면서 쾌재를 부르게 된다.

그는 이 작품의 연출의 변에서 "우리 작품들이 무엇보다도 형식에 대한 감각이 없다고 말할 수 있다면 〈쉬 쉬 쉬 잇〉은 무엇보다도 형식에 대한 감각이 뛰어나며 미묘한 흐름 감각을 갖고 있는 작품이다. 그런 의미에서 탈 한국적(脫韓國的)인 작품이며 세계적인 작품이라고 감히 말할 수 있지 않을까? …(중략)… 나는 예술작품에 있어서의 구체적인 메시지라는 것을 싫어한다. '무엇을 얘기하려고 한 것인지 뚜렷하지 않은 데 이 작품의 매력이 있다'라고 말하면 내 말을 곧이곧대로 믿으려 하지 않는다. …(중략)… 〈쉬 쉬 쉬 잇〉은 그러한 구체적 메시지와 해답을 거부하고 있는지 모른다. 그러나 거기에 현대인의 자기상실의 과정과 아픔을 엿볼 수도 있을 것이고 또 그 밖에 허구한 것을 느끼고 생각할 수 있을 것이다. 그 허구한 가능성으로 해서, 그 애매성으로 해서 이 작품은 무한한 매력을 갖는다."[16]고 설명함으로써 고루한 리얼리즘극 형식에 대한 반대를 분명히 했다. 이러한 그의 연극관은 당시 신문에 쓴 다음과 같은 신연극론(新演劇論)에 명료하게 나타나 있다.

---

15 자유극장 팸플릿, 1976.6.
16 자유극장 팸플릿, 1976.9.

이른바 신문화 또는 신연극은 새로운 문화와 새로운 연극을 의미하는 것일까? 남의 것을 모방하고 흉내 낸다는 것이 과연 새로울 수 있는 것일까? 불행히도 그렇지 못하다. 적어도 금세기 전반기의 신문화란 정치적 상황이 그러했듯이 식민지 문화의 대명사에 지나지 않았고, 일본을 통한 서구 문화의 도입이라는 점에서 왜곡된 서구 문화의 아류에 지나지 않는다. 우리의 오늘의 진통은 바로 이 하나도 새로울 것 없는 신문화, 새롭지 못한 신연극, 식민지적 연극에서 탈피하려는 몸부림이라고 말할 수 있는 것이다. 결국 우리는 신연극이라는 허울 좋은 이름 아래 서구연극의 어제에 집착했고, 그럼으로써 우리는 얻은 것보다 잃은 것이 더 많은 것이다. 이를테면 우리는 신연극의 그늘 아래서 우리의 소중한 연극적 유산, 창(唱), 탈춤, 꼭두각시놀이 등의 계승을 중단하였고 공연양식을 서구적 극장양식에 맞추어 일률화하는 어리석음을 저지른 것이다. 서구의 이른바 리얼리즘 연극의 전횡(專橫)에 굴복해서 우리는 우리의 전통을 상실하고 오늘과 내일의 비전을 찾지 못하고 있는 것이다. 비록 '신(新)'을 머리에 썼지만 우리의 신연극은 어제의 낡은 연극이요, 이를테면 과거파 연극이라고 말할 수 있다. 한국의 연극은 이제 그 사이비 '신'자를 떼어버리고 과감한 미래주의 선언을 할 때가 온 것이다. …(중략)… 우리의 신연극이란 식민지적 연극의 성격을 탈피 못하고 있는 동시에 아마추어리즘으로 포장되어 있다.[17]

이상과 같은 그의 글에서는 과격하리만큼 우리의 신극 전통이 부정되고 있음을 확인할 수가 있다. 그는 우리 신극을 연극 식민지라고까지 비판하고 우리의 소중한 전통극 유산이라 할 가면극이라든가 판소리, 민속인형극 등을 계승해야 한다고 주장하고 있다. 그 이전에도 극작가 유치진이 1930년대 후반에 전통극의 유산 계승에 대하여 쓴 바 있었고, 1940년대에는 오영진(吳泳鎭)이 전통극을 재창조하는 희곡을 여러 편 발표한 바도 있다. 그리고 1970년대 초반부터 연출가 허규(許圭) 등이 주동이 되어 서구연극 답습 탈피와 우리 연극 찾기 운동이 벌어지긴 했어도 김정옥만큼 우리 연극을 식민지 유산으로까

---

17 김정옥, 「신문화론─한국 문화 정립을 위한 진단 〈연극〉」, 『조선일보』 1977.10.29.

    제6부   한국 현대연극의 거목들

지 매도하지는 않았었다. 이 말은 곧 그가 자신이 해왔던 연극 방식을 스스로 극복하고 또다시 주체적으로 새로운 연극 방식을 추구해나가겠다는 메시지도 은근히 내비친 것으로 해석되기도 한다. 그런 시도는 1년 뒤에 곧바로 나타났다. 즉 1978년 가을 세실극장에서 선보인 〈무엇이 될고 하니〉(박우춘 작)가 바로 그런 작품이다.

그는 한 무명작가의 희곡을 연출하면서 "우리는 극장의 형식이 주는 구속을 거부하고 희곡이 주는 구속마저도 거부하려 했던 것이다. 자유로운 우리들이 모여서 일종의 워크숍을 시작하고 거기에서 우리들의 작품이, 우리들의 연극이 싹터오리라고 생각한 것"[18]이라고 설명함으로써 그가 과거에 해왔던 방식에서 대변신을 꾀했음을 알 수가 있다. 여기서 특히 주목되는 것은 그가 일반적인 희곡을 해체해서 자기 나름대로 재구성하는 방식을 구사한 점이라 하겠다. 그렇다면 그가 어떤 자세로 이 작품에 임했었는지부터 검토해보아야 할 것 같다. 그는 그와 관련하여 "종래의 틀과 형식을 깨고 자유로워지자, 극장의 형식이 주는 구속을 거부하고 희곡이 주는 구속마저도 거부하자"면서 여섯 가지 방향을 내걸고 작업에 임했다. 첫째 이번 작품은 워크숍 형식으로 연습한다. 둘째 연습 과정에서 제기되는 발언들을 기록해둔다. 셋째 가장 연극적인 연극을 만들도록 연구한다. 넷째 이 작품은 작가, 연기자와 연출, 스태프들이 합동으로 만드는 집단창조이다. 다섯째 반 사극(反史劇)(실험적이며 미래적인)이다. 여섯째 연기자들은 관객과의 새로운 공간, 시간 접근을 통해 연극적 체험을 한다.[19]

그는 이상과 같은 방향 설정으로부터 두 가지를 노린다고 했다. 한 가지는 창조 과정에 배우를 적극적으로 참여시킨다는 것과 다른 한 가지는 연극을 따분한 문학으로부터 해방시켜서 재미를 극대화시킨다는 것이었으며, 끝으로

---

18 자유극장 팸플릿, 1978.11.
19 김정옥, 「제3의 연극을 위한 방법론 서설」, 앞의 책, 181쪽.

공간과 시간, 무대표현 방식 등 과거의 고루한 역사극의 틀을 깨보겠다는 것이었다.

〈무엇이 될고 하니〉는 포학한 양반에 의해서 억울하게 죽임을 당한 꺽쇠와 달래가 사후에 장승이 되었다는 민담에서 소재를 가져와 이승으로부터 저승으로 이어지는 저항의 내용을 담고 있는 작품이다. 그런데 작가는 그러한 내용을 포기와 체념으로서가 아닌 저항으로 표현한 것이 특징이다. 이런 작품을 그는 집단창조방식으로 하여 민중의 끈질긴 저항시로 표출한 것이다. 이 공연은 대단한 반향을 불러일으켰다. 왜냐하면 이 작품은 기존 연극 방식의 틀을 완전히 혁파하고 놀라울 정도로 새로운 방식을 보여준 것이었기 때문이다. 자연주의적인 무대 형식에서부터 의상, 연기방식, 음악 등 모든 것이 새로웠다. 특히 집단창조방식이라든가 총체극, 그리고 줄거리에 얽매이지 않는 몽타주적 수법 등은 기존 연극 방식을 완전히 뒤집는 것이었다. 게다가 현장성과 즉흥성의 활용이라든가 시공간의 파괴, 장례의식의 극화, 판소리꾼(朴倫初)을 직접 무대 위에 세운 것 등도 새로운 것이었다. 이러한 그의 연극수법은 종래의 전통극 수용방식과도 큰 차이가 나기는 마찬가지였다. 가령 유치진이라든가 오영진, 허규 등이 추구했던 것보다 진일보한 것임은 두말할 나위 없는 것이다. 그가 과거 선배 연극인들보다 진일보할 수 있었던 것은 아무래도 과거 영화공부를 한 데다가 외국 여행을 많이 한 결과가 아닐까 싶다. 즉 그가 1970년대 후반부터 I.T.I. 관계로 외국 여행을 자주했고 제3세계 연극 극동분과위원장을 맡으면서 아시아는 말할 것도 없고 남미, 아프리카 등의 연극을 접할기회가 많았다. 그러면서 제3세계 나라들이 식민지에서 벗어나 자신들의 연극정체성 찾기 운동을 목격하고 함께 고민도 한 것이다. 그는 이 작품의 성공으로 자신감을 얻었는데, 그것은 곧 이제는 한국적인 연극을 창조해낼 수 있겠다는 것이었다. 그런데 이러한 자신감은 쉽게 얻어진 것이 아니었다. 그가 1960년대 초에 연출가로 데뷔하여 처음에는 유럽의 번역극 그중에서도 희극, 시적인 연극, 부조리극 등을 많이 연출하면서 서구연극을 탈피하여 우리 나름의 연극 문법을 만들어내야겠다는 오랜 고뇌로부터 터득한 것이었다.

그가 주도하여 1980년에 우리나라에서 개최한 제3세계 연극제는 바로 자신의 시험을 세계 연극인들에게 직접 보여줄 수 있는 장(場)이 되었고, 그의 작품은 정상급 연극인들로부터 공감을 얻기에 이르렀다. 세계적인 실험극 연출가 마이클 커비는 동아일보에 기고한 글에서 작품에 대하여 "이 연극은 이미지 중심의 초연하며 진지한 회화적 양식으로 시작이 되었으며 끝이 났다. 그러나 그 극의 중심부에서 연기자들은 관객들과 격식 없이 직접적으로 그리고 해학적으로 대화를 나누어 즉석 반응을 일으키곤 했다. …(중략)… 한 공연물의 비언어적 그리고 비문학적 측면에 관심을 갖고 있는 사람은 관객에게 특별한 주의를 기울인다."[20]고 평가한 것이다. 김정옥은 이러한 연극 형식 추구를 제3세계 연극이 나아갈 방향이라고 확신했다. 그는 그동안 자신이 추구해온 연출방식과 관련하여 〈제3연극론〉이라는 글에서 다음과 같이 설명한 바 있다.

내가 연극을 하게 된 60년대 초에 나는 리얼리즘에 바탕을 둔 연극보다는 연극적 재미에 바탕을 둔 연극, 희극적인 것과 리얼리즘이 조화된 연극들을 연출했다고 말할 수 있는데 그런 연극이 민중극장 창립공연으로 연출한 페르시앙 마르소의 〈달걀〉 그리고 부조리연극인 이오네스코의 〈대머리 여가수〉, 자유극장의 창립공연인 〈따라지의 향연〉과 같은 작품들이다. 이 작품들은 리얼리즘을 회피한다기보다는 리얼리즘의 미명 아래 따분해진 한국연극의 풍토 속에서 무언가 연극적인 재미를 회복하려는 시도였다고 말할 수 있다. 그러니까 나는 리얼리즘과 연극적 재미, 리얼리즘과 시적인 연극성, 이런 것들의 만남을 통해서 어떤 의미에서는 '제3의 연극'을 추구했다고 말할 수 있는데 70년대에 들어서면서 내가 생각하는 '제3의 연극'은 또 다른 양상이랄까 또 다른 의미를 갖기 시작했다. 브러스틴이 말한 리얼리즘과 연극적 재미의 만남이나 조화가 아니라 '동양과 서양의 연극의 만남' '동양연극과 서양연극의 충돌'에서 이루어지는 '제3의

---

20 김정옥 외, 『연극적 창조의 길』, 시각과언어, 1997, 219쪽.

연극'을 생각하기 시작한 것이다.[21]

    이상에서 확인할 수 있는 바와 같이 그는 자신의 변화 과정을 소상하게 밝혔다. 그러면서 그는 분명하게 선배 연극인들과 다른 점도 말했다. 그 차이점이란 서구연극의 모방이나 조화가 아닌 충돌을 통해서 새로운 미래 연극을 창조해간다는 것이다. 그러면서 그가 예로 든 것은 창극 형태로서 판소리와 서구연극을 합쳐놓은 연극으로서가 아니라 새로운 창조로서의 연극을 제3의 연극이라 했으며 그런 첫 번째 시도가 다름 아닌 〈무엇이 될고 하니〉라고 했다. 그로부터 그는 제3기 연출시대를 열어가게 된다. 그의 제3기 연출세계는 자신의 연극관의 변화와 함께 한국연극의 새로운 조류를 만든 것이고, 더 나아가서 한국연극이 세계연극과 나란히 하는 단초를 만들었다는 점에서 중요한 분기점도 되는 것이다. 왜냐하면 그의 이번 작품으로 세계 연극인들이 한국연극을 새롭게 인식해갔기 때문이다. 그리고 그가 이 작품을 만들면서 특히 주목한 것은 서구적 리얼리즘이 왜 따분한가였다. 그는 그것을 문학적 연극이 빚은 결과로 보았고 배우를 로봇으로 만듦으로써 연극이 역동성을 잃게 되고 그로 인하여 연극이 따분할 수밖에 없다고 본 것이다.

    그가 대단히 실험적인 연출가임에도 연극은 분명히 배우의 예술이라는 확고한 신념을 갖고 있었기 때문에 자신의 작품에서 현장성과 즉흥성을 강조하기에 이른다. 이는 곧 배우들이 창조의 중심에 설 수 있게 하는 결과를 낳게 만들었다는 이야기가 된다. 바로 거기서 소위 집단창조가 가능케 되는 것이기도 하다. 혹자는 집단창조라니까 북한의 연극 방식을 연상할 수도 있을지 모른다. 그러나 김정옥의 집단창조는 북한에서 개개 작가의 개성을 죽이는 집단창작방식과는 궤를 달리 하는 것이다. 적어도 김정옥의 경우는 작가, 연출가, 배우, 무대, 미술가까지 창조 현장에 모이게 한다는 점에서 작가의 개성을 죽

---

21 위의 책, 15쪽.

이는 북한과는 정반대라고 말할 수가 있다.

그러나 결과적으로 남북한 연극이 한때나마 집단창조라는 연극 방식을 택했던 것은 흥미로운 사실이다. 그런데 이 작업이 단순히 창조주체들만 참여시키는 데 그치지 않고 관중과의 벽까지 허물었다는 데 주목할 필요가 있다. 그러니까 작품 속에서 시간과 공간의 벽을 허물고 배우들 자신들도 연극 속의 인물과 현실적 자신으로 돌아오게도 하는 등 자유분방한 상태로 이끌었기 때문에 관객들도 자연스럽게 작품 안으로 들어올 수가 있었다. 앞서 언급한 대로 그는 이 작품이 큰 반향을 불러일으키자 해외 초청공연에 나섰고, 동남아와 유럽까지 순연을 하여 주목을 받았으며 이 작품이야말로 제3세계 연극의 예범이 될 만하다는 칭찬을 듣기도 했다. 이에 자신을 얻은 그는 소위 죽음의 3부작이라는 〈달맞이꽃〉과 〈피의 결혼〉(로르카 작)을 연달아 무대에 올려 주목을 받게 된다. 여기서 우리의 시선을 끄는 부분은 그의 해체주의(解體主義)가 더욱 심화되고 전래의 굿놀이방식이 연극 전체를 이끌도록 했다는 점이다. 주지하다시피 〈피의 결혼〉은 신부와 신랑, 그리고 신부의 옛 애인과의 삼각관계에서 출발하고 첫날밤 신부와 옛 애인이 도망치자 신랑이 쫓아와서 결투를 벌여 두 사람이 모두 죽음으로써 신랑의 모친 등 여인들의 울부짖음으로 이야기가 끝나는 내용이다. 이런 희곡을 그가 과감하게 해체하고 남도 씻김굿의 넋풀이를 도입하여 희곡의 결말로부터 시작하는 것으로 만들었다.

그러니까 연극이 죽음으로부터 시작됨으로써 관중은 줄거리를 좇는 재미를 포기하게 되고 죽음의 의미를 생각하게 함으로써 줄거리를 좇는 방관자가 아니라 넋풀이굿판에 직접 참여할 수 있도록 유도한 것이다. 그가 이런 구상을 할 수 있었던 것은 역시 유년 시절 가족을 따라 남도의 여러 시골에서 살면서 굿을 자연스럽게 접했던 것이 그 배경이 되었다고 말할 수가 있지 않을까 싶다. 그가 살았던 전라남도의 해남 등지는 씻김굿으로 유명한 곳이었고, 굿도 수시로 했었기 때문에 그는 자연스럽게 거기에 끌렸었고, 그것이 나이 들면서 자신의 예술 작업에 자산이 된 것으로 볼 수가 있다. 이 작품이 원작자의 고향인 스페인의 마라가에서조차 주목을 끌었다는 것은 그가 추구해가는 소위 제3의 연극이 성공을 거두었다는 이야기가 된다. 그는 다음 작품 〈햄릿〉을 무대에 올렸을 때도 거의 같은 자세로 접근했다. 주지하다시피 이 작품은 선왕의 유령 출현으로부터 이야기가 시작되는 것이지만 그는 플롯을 해체하고 오필리어의 죽음으로부터 이야기를 시작했다. 그는 이 작품의 연출 과정과 관련해서 "원래 셰익스피어의 〈햄릿〉은 선왕의 유령의 출현과 햄릿의 고민으로부터 시작한다. 이것을 한국의 무속적 사고로 풀이한다면 억울하게 죽음을 당한 선왕의 넋이 원혼이 되어 이승을 떠나지 못하고 배회하고 그 원혼이 햄릿에게 내려서 햄릿이 고민하고 미친 사람처럼 행동하게 되는 것이라고 볼 수 있다"[22] 면서 완전히 우리의 씻김굿 구조로 파악한 것이어서 흥미롭다. 그러니까 그는 서양 연극과 한국 무속과의 만남이라는 차원에서 제3세계의 연극을 창조해간 것이다. 그 자신도 제3세계의 연극은 두 개의 이질적인 만남과 충돌에서 창조되며 시간과 공간의 고정관념과 틀을 부수는 자유로운 발상에서 비롯되는 것이라고 누누이 설파한 바 있다.

그러면서 그는 이러한 작업이 결국 서양의 일방통행에 제동을 걸고 동양과 서양의 만남을 추구하는 것이고, 연극은 인간의 가슴 사이에 다리를 놓고 국경을 초월하고 언어의 장벽을 넘어서며 대륙과 대륙 사이의 교각을 건설하는 일이라고 했다. 이처럼 그는 국수적이거나 배타적인 것이 아니라 범세계적인 미래 연극을 창조해간다는 자부심으로 연극을 해나간다고 생각했다. 그는 계속해서 그런 자세로 작업을 시도해갔다. 점차 남의 희곡이 아닌 자신이 직접 희곡을 써서 무대에 올리는 방향으로 나아감으로써 자신의 제3기 연출세계를 수놓아간 것이다. 〈바람 부는 날에도 꽃은 피네〉, 〈이름 없는 꽃은 바람에 지고〉, 〈수탉이 안 울면 암탉이라도〉 등이 바로 그런 유형의 작품들이다.

---

22 위의 책, 20쪽.

특히 이 시기부터는 그가 완전히 자기 스타일로 나아가는데, 우선 극본 자체가 스스로 구성한 것이라는 점에서부터 색다르다. 그뿐만 아니라 그가 평소에 생각해두었던 여러 가지 전통예능이 다양하게 동원되었고, 우리가 그동안 희곡이라고 믿어온 형태를 완전히 부정하고 출발했다는 점에서 더욱 흥미롭다. 즉 당시 작품을 되돌아보면 그는 우선 시간부터 해체하고 출발한다. 배우들이 극장 로비에서 장기도 두고 윷놀이를 하면서 개막시간을 기다린다. 이어서 무대에 조명이 들어오자마자 누군가가 처형된다. 곧바로 넋풀이굿이 진행되고 패거리들은 잡혀간 동료를 풀어줄 것을 권세가에게 요구하고 그의 딸을 유괴한다. 이에 권세가는 종들과 사당패 점쟁이들을 족친다. 결국 유괴된 딸이 한 사내에 의해서 풀려나지만 권세가는 그 사내를 죽이는 대신 광대나 되라고 추방하고 만다. 정신적인 죽음에 처한 것이었다. 이처럼 그 광대는 죽음을 통해 다시 살아난 것이다. 여기서 서사적인 것을 찾는 것은 의미가 별로 없고 다만 민중, 그중에서도 광대들의 고단한 삶이 부각될 뿐이다.

그가 여기서 은연중에 노린 것은 군부독재 시대의 민중의 고단한 삶을 은유적으로 표현해보고 싶었던 것이 아닌가 싶다. 이 작품에서 더욱 흥미로운 것은 배우들이 때때로 가면을 착용한 점이며 발탈, 이야기, 시합, 각설이타령, 엿장수, 대중가요 등을 모두 동원시킨 점이다. 의상 또한 전 시대의 천민복장이었음은 두말할 나위 없다. 그만큼 그는 이 작품을 통해서 민중의 사랑과 저항, 웃음과 생명, 죽음과 진혼 등을 집단창조로 그려냈다. 그러니까 이 작품에서는 더더욱 한국적으로 다가간 것이다. 그는 그와 관련하여 구히서 기자와의 인터뷰에서 "나는 한국적이라는 이미지를 고향의 이미지와 동일시합니다. 내 고향 전라도의 말, 사람, 그림, 풍경, 물건들이 내게는 한국적이라는 생각을 이루는 중요한 요소들이지요"(『한국일보』 1985.8.4)라고 설명함으로써 그가 유소년 시절 겪었던 고향에서 작품의 원자재를 가져왔음을 고백한 바 있다. 특히 이 작품에서 보면 상여(喪輿)를 메고 등장해서 다시 상여를 메고 퇴장하는 비극적인 구조임에도 즐거운 놀이들이 질펀하게 펼쳐지는 것은 한국인의 죽음관을 극적으로 표현하는 것으로서 진도의 유명한 장례의식인 〈다시라기〉를 연상시키기도 한다. 그리고 서양의 전통적인 희곡구조를 벗어난 것과 관련해서도 그는 "우리의 산수화나 탈춤, 굿, 판소리, 사고의 흐름 등은 하나의 얘기를 집중적으로 끌고 클라이맥스로 치닫기보다는 여러 개의 얘기를 반복하면서 되풀이되는 몽타주적 성격이 강하지 않느냐"는 것이다. 이는 정확한 지적이고 그가 작품을 만들어가는 데 있어서 하나의 방법을 우리의 전통예능에서 찾았음을 분명히 밝힌 것이다. 따라서 이 작품도 일본 등지에서 큰 반향을 일으켰음은 두말할 나위 없다. 동양적인 총체극이 어떻게 가야 할 것인가를 생각하게 한 작품이었다. 아마도 일본인들은 광대들의 놀이 속에서 민중들의 아우성을 들었던 것 같다. 이 작품은 국내에서보다도 외국에서 더욱 큰 반향을 불러 일으켰다. 『세제스트』라는 잡지에 실린 글을 보면 다음과 같았다.

피부로 느껴지는 북소리의 리듬과 함께 공간을 뒤덮는 가면들의 출현, 이 충격적인 마지막 장면은 너무나도 감동적인 연극적 순간이었다. 조형적으로 대단히 아름다우면서도 불안이 감도는 위대한 구성이다. 아시아인 고야에 의해 재구성된 '코메디아 델 아르테'라고 할까! 그러나 이 공연을 경탄의 눈으로 바라보는 것은 단지 미학적인 구성 때문만은 아니다. 연극적 잠언인 〈바람 부는 날에도 꽃은 피네〉의 드라마 구성은 전통적인 한국 문화에 뿌리를 내리고 있으므로 우리들의 문화적 습관에는 다소 낯설다. 그런데 유쾌한 막간극들과 구술적 전통의 오래된 형식을 빌린 극적인 시퀀스들의 노련한 배합은 우리에게도 퍽 유용한 방법론이다. 그들이 어떠한 방법을 사용하든지 간에 배우, 가수, 무용수들인 그들은 쉽사리 제스처극에서 노래로 혹은 집단적인 낭송으로 변화를 줄 수가 있다. 그들은 완벽하고 생동하는 배우들이며 순수한 보드빌의 희극에서 신랄한 풍자가 가미된 종합 음악극에 이르기까지 모든 것을 다 표현해낼 수 있는 배우들이다. 거지들의 장면은 그 천연덕스러움, 도붓장수 스타일, 직접적인 의사소통 때문에 우리를 매료했다. 마치 골도니의 소 걸작품 같았다.[23]

---

23 김정옥, 『예술가의 삶 16』, 154~155쪽.

이상과 같은 평에는 김정옥의 연출세계가 상당히 들어 있다. 그가 초기에 코메디아 델 아르테의 영향 받은 현대 이탈리아극을 여러 편 연출한 데 따른 연출 기법이 한국 전통극을 현대화하는 데 적잖게 응용되었음을 지적한 것은 대단히 정확한 관찰이다. 사실 우리나라의 전통예능 특히 탈춤이라든가 여러 가지 민속놀이에는 코메디아 델 아르테와 유사한 것이 적지 않다. 그 점에서 김정옥이 초기에 이탈리아 작품을 여러 편 연출한 것은 전통예능을 현대극에 끌어들이는 데 적잖은 참고가 되었음은 확실하다. 그 점을 외국 평론가가 적절히 지적한 것이다. 그러면서 그 외국 평론가는 잘 훈련된. 배우들의 기량 및 연출과 무대미술의 조화를 극찬했는데, 그 평론가는 이어지는 글에서 "남자가수들의 풍부한 성량, 여자가수들의 보기 드문 음역. 리드미컬한 음악의 극적 가치, 시각적인 섬세함, 교묘하게 무리들을 배치하는 연출의 노련함, 표의문자들이 그려진 흰 천들과 함께 상(相)의 변화를 나타내는 무대장치의 아름다움, 특히 프로시니엄에서의 놀이에 의해 무대를 확장하고 객석에서의 행진, 극장의 복도까지 활용한 무대공간의 철저한 사용 등"[24]이 주목되었다고 썼다. 이 작품에서 우리나라 배우들의 기량이 높게 평가된 것은 김정옥이 그동안 지난날 광대들이 했던 훈련을 자유극장 배우들에게 적용한 결과였다고 말할 수 있다. 즉 그는 배우훈련에 대하여 매우 주목되는 생각을 갖고 있었다. 그러니까 조선시대까지만 해도 무당은 세습적으로 가무 등을 도제식으로 익혔고 기생은 교습소에서, 그리고 사당패 등의 광대들은 호신용으로 전통무술은 물론이고 악기 다루기 등을 종합적으로 익혔다는 것이다. 따라서 그는 자유극장 배우들에게 무술서부터 배우도록 했었고 무가라든가 판소리 심지어 대중가요까지 익혔다. 이런 것이 외국인들 눈에는 새로우면서도 경이롭게 비쳤던 것이 아닌가 싶다. 그가 이 작품을 연출할 때 '주제에 맞는 노래를 선택해서 불러라, 분위기에 맞는 시를 찾아내라, 각기 놀이를 만들어라' 등을 지침으로 했음도

---

24 위의 책, 155~156쪽.

밝힌 바 있는데, 이런 발상의 작품이 서구연극에 익숙해 있던 연극인이나 관객들에게 이상하게 비쳤던 것도 사실이었다.

그렇다면 궁극적으로 김정옥이 그런 형식의 연극 방식으로 표현해내고자 했던 것은 무엇일까. 그것은 물론 한국인의 죽음 문제였다. 그에 관해서는 김방옥이 김정옥론에서 다음과 같이 적절하게 설명한 바 있다.

> 김정옥이 〈무엇이 될고 하니〉 이후 자신들의 연극언어를 통해서 표현하고 싶었던 것은 죽음의 문제, 한국인의 죽음의 문제였다. 그가 그리는 한국인의 죽음은 억울한 죽음이다. 그것은 〈무엇이 될고 하니〉에서처럼 남녀의 사랑을 갈라놓는 죽음, 한의 죽음일 수도 있고, 〈이름 없는 꽃은 바람에 지고〉, 〈바람 부는 날에도 꽃은 피네〉처럼 소외되고 설움 받는 광대의 서글픈 죽음일 수도 있으며, 〈수탉이 안 울면 암탉이라도〉에서처럼 역사적 인물들의 치욕스런 죽음일 수도 있다. 그가 각색 연출한 다른 작품들인 〈피의 결혼〉, 〈달맞이꽃〉, 〈옛날 옛적에 휘어이 휘어이〉, 〈그리고 그들은 죽어갔다〉 역시 인간의 힘으로 어쩔 수 없었거나 피치 못할 상황에 의해 몰린 억울한 죽음들이 다뤄진다.[25]

이상과 같이 김정옥은 한국인의 죽음 문제를 자신이 창조하는 연극의 궁극적 목표로 삼은 것이다. 이는 사실 예술가들이 보편성을 추구하는 목표로 삼는 것이기도 하다. 이 말은 김정옥이야말로 다른 연출가들과 달리 상황 묘사라는 차원을 넘어 접근한 것으로서 원숙기에 접어들었음을 의미하는 것이기도 하다. 김방옥은 그의 죽음 표현 방식이 수동적이지 않고 적극적이라고 했다. 그러니까 그가 죽음 자체를 희화화한다는 것이다. 맞는 말이다. 여기서 그의 죽음관을 먼저 살펴볼 필요가 있다. 그는 〈무엇이될고 하니〉의 연출의 변에서 "이승과 저승의 갈림길에서 흔히 저승이라고 합니다만, 이승과 저승이 그렇게 분명히 갈라진 것도 아닙니다. …(중략)… 삶과 죽음은 서로 피부를 비

---

25 김방옥, 「열린 연극의 미학」, 문예마당, 1997, 289~290쪽.

 제6부 한국 현대연극의 거목들

비고 공존하고 있다고나 할까요"라고 씀으로써 그 자신의 죽음관이 가장 한국
적임을 극적으로 표현하고 있다.

　주지하다시피 한국인의 죽음관은 굿에 잘 나타나 있듯이 경계선이 모호할
정도로 서로 얽혀 있다고 말할 수 있다. 꼭두각시극의 대사에도 나와 있듯이
죽음이란 '문 밖이 곧 북망산'인 것이다. 그러니까 삶과 죽음의 경계는 곧 문지
방이라고 본 것이다. 따라서 그는 해원굿으로 죽음을 풀이하는 방식으로 나아
갔던 것이다. 그가 후기에 들수록 진도의 씻김굿을 적극적으로 자신의 작품에
끌어들인 이유도 바로 거기에 있었다고 말할 수 있다. 그의 후기 작품인 〈화
수 목 나루〉(2002년 작)야말로 바로 그런 전형이다. 이 작품의 줄거리는 먼 옛
날을 무대로 한 망한 나라의 공주가 탈출하지 않고 남아 죽은 민중을 진혼한
다는 이야기로서 그가 늘 해왔던 것처럼 집단창조의 총체극이다. 연극 방식은
제1부가 굿이고 제2부가 창작물이었다. 여기서 보여준 굿은 물론 진도지방의
씻김굿이었고 그것을 연극의 주제에 맞게 현대적으로 변용하여 역동적으로
만든 것이었다. 그가 다음 작품으로 무엇을 어떻게 만들어낼지는 아직 알 수
없지만 지금까지 추구해온 방식에서 벗어날 것 같지는 않다.

　그는 앞에서도 조금 언급한 바 있듯이 당초 영화를 공부했었다. 우리 연극
인들 중에서 영화를 제대로 공부한 인물은 해방을 전후한 오영진과 김정옥뿐
이다. 오영진은 시나리오를 쓰기 위해 일본의 영화사에서 실기 위주로 공부한
반면에 김정옥은 프랑스에서 이론과 실제를 본격적으로 연구한 유일한 인물
이다. 그렇기 때문에 영화이론에 대단히 밝다. 그가 대학에서 수십 년간 강의
한 것도 바로 영화이론이었다. 따라서 그는 적어도 논문에 있어서는 연극보다
영화에 관한 글이 더 많다. 이는 참으로 이색적인 경우라고 볼 수밖에 없는데,
그 이유는 그가 평생 연극창조에 매달렸음에도 불구하고 한 편의 영화감독 외
에는 별로 참여하지 않은 영화 분야의 논문을 연극 분야보다 많이 썼다는 점
에서 그 유례를 찾기 힘들 것 같다.

　그런데 그의 영화론은 대체로 일반영화론과 영화사 연구로 구분할 수가 있

다. 그가 대략 발표한 영화론을 보면 영화미학에서부터 서구의 영화이론 소
개, 그리고 한국 영화사 연구 서설 및 세계의 현대영화를 개관한 글 등이 통틀
어 여덟 편 정도가 된다. 그러니까 한 권의 책으로 묶을 만한 양의 글이다. 우
선 여덟 편의 영화론 중에서 그가 초기에 쓴 것으로 보이는 「영화미론 서설」
을 보면 최초의 영화미학 선구자 콘라트 랑케의 저술 『현재와 미래의 영화』 소
개를 시작으로 하여 후고 뮌스터베르크의 『영화, 그 심리학적 연구』 그리고 최
초의 본격적 영화이론가라는 리치오토 카뉘도의 『제7예술선언』을 다각적으로
소개한 글이다. 그는 이어서 델뤽의 『영화사회』와 레옹 무시나크의 저서 『영화
의 탄생』과 몽타주 이론가인 레프 쿨레쇼프와 푸도프킨, 그리고 러시아의 예
이젠시테인까지를 포괄적으로 설명해주고 있다.

다음에 쓴 논문 「시각문화로서의 영화」는 영화를 학문적으로 접근했던 벨라
발라즈의 명저로 꼽히는 두 권의 책, 즉 『시각적 인간』과 『영화의 정신』을 집중
적으로 소개한 것이다. 그가 계속해서 소개한 글은 제2차 세계대전 이후의 영
화이론가들, 이를테면 코앙, 세아와, 에드가, 모렐의 저술을 바탕으로 하여 영
화의 사회학 내지 영화의 인간학, 더 나아가 철학적으로 영화를 접근해간 것
을 설명한 것이다. 그는 순수영화만이 아니라 기록영화 이론도 소개했는데,
그 개척자라고 볼 수 있는 그리어슨과 로자가 분석 대상이다.

이처럼 서구의 영화이론 발전 과정을 소상하게 설명한 이후 그는 한국 영화
에 대한 연구로 옮겨서 영화사 연구 방법론을 제시하고 한국 영화의 생래적
취약점으로서 다섯 가지, 즉 ①일본의 식민정책 밑에서 서러움을 받아야 했
다, ②민족자본에 의지하지 못했다, ③개화기에 처해서 외래사상 이른바 '하
꾸라이' 숭상의 경향이 있다는 것, ④기계 및 기술 전반을 외국에 의존하는 것,
⑤예능인을 천시하는 뿌리 깊은 봉건사상 등이 문제라고 결론지은 것이다.[26]

이어서 서양의 영화기원으로부터 우리나라의 영화 발달 과정을 1903년으

---

26 김정옥 외, 『영화론의 전개와 제3의 영화』, 시각과언어, 1997, 144~145쪽.

                              제6부 한국 현대연극의 거목들

로 잡고 개화기에 영화가 어떻게 시작했는지를 설명하고 있다. 그리고 그가 가장 최근에 쓴 영화론으로서는 「남북연극영화의 특성과 문제점」이 아닌가 싶다. 여기서 그는 북한 영화의 특성으로 세 가지를 꼽았는데, 첫째 북한 영화는 사회주의적 리얼리즘을 추구한다는 것, 둘째 당의 정책과 김일성 교시를 홍보하는 수단이라는 것, 셋째 새로운 주체적 민족예술을 추구한다는 것이라고 했다.[27]

이상에서와 같이 김정옥이야말로 한국 최초의 영화이론가였음을 알 수가 있다. 이론에 밝은 사람이 영화감독을 하지 않은 것이 이상스럽기도 하지만 그의 성격이나 우리 실정이 그를 이론가로 머물게 했다고 해도 과언이 아니다. 실제로 그가 워낙 연극연출가로서 탁월했기 때문에 영화에까지 눈길을 돌릴 수 없게도 했다.

이런 그가 만년에 접어들어서는 이름도 생소한 얼굴박물관을 만들었다. 그가 아주 오래 전부터 나무인형이라든가 도자인형, 얼굴 모양의 와당(瓦當) 등 골동품 수집가로서 소문나 있었고, 특히 전국에 산재한 석상을 모으고 있었음은 이미 알려져 있는 사항이었다. 그러나 그가 막상 경기도 광주에 얼굴박물관을 지었다고 했을 때 많은 사람들이 놀란 것도 사실이었다. 그는 연출가가 어떻게 얼굴박물관을 세우게 되었는가라는 기자의 질문에 "제가 물건 모으기를 좋아해요. 프랑스 유학을 다녀온 후 한국적인 것에 애착이 가고 한국적인 것을 지켜야 한다는 사명감까지 갖게 됐지요. 1960년대 중반부터 우리 것을 모았어요. 우리나라 돌조각은 돌을 다듬고 깎아 조각을 내는 게 아니고 돌이 생긴 형상에 맞춰 조각을 만들었어요. 참으로 푸근하고 여유 넘치는 한국인의 정서지요. 당시 산업화의 물결이 일어 댐이나 고속도로를 만들었고 그 와중에 돌조각들은 갈 곳을 잃고 버려졌어요. 제가 처음 돌조각을 구입한 것은 서울 홍대 근처였어요. 문관석이 버려져 있는데, 누구 것인가 궁금하더군요. 임

---

27 위의 책, 156~158쪽.

자가 있나 싶어 눈여겨보았는데, 택시들이 그 돌 때문에 돌아간다고 불평하는 거예요. 주인이 없으니 누구 하나 내버리지도 않는다면서 짜증을 내더군요. 가져가도 되냐고 근처에 물으니 가져가라는 거예요. 속으로 어찌나 기쁘던지, 얼른 리어카를 불러 화곡동 집으로 끌고 갔지요."[28]

이상은 김정옥의 간단한 설명인 바, 그가 돌을 모으기 시작한 경위가 거기에 나와 있다. 그가 특히 석상에 매력을 느낀 이유는 그것이 사람의 모습을 절묘하게 표현해주면서도 투박하고 원초적이며 자유분방하기 때문이란다. 그러면서 거기에는 시간이 압축되어 있으며 지난 시절 민중예술가들의 상상력과 손길이 묻어 있어 좋다고 했다(『조선일보』 2003.12.26). 그는 연극인들 중에서 세계여행을 가장 많이 한 인물이다. 워낙 여행 체질인데다가 I.T.I.세계본부위원장을 무려 7년간이나 했던 관계로 전 세계를 수없이 누빈 바 있다. 뛰어난 심미안의 소유자인 그가 외국을 다니면서 각 나라들의 전통예술을 두루 접해보면서 한국의 석상이야말로 최고의 예술품이라는 것을 깨달았던 것 같다.

이는 사실 그가 연출 생활 후반기에 접어들어 살아 있는 인간들과의 만남과 충돌이라는 연출로부터 서서히 벗어나 '지난 시간 속의 사람들'과 소통하고 싶었던 것도 같다. 그가 박물관 안에 조그만 무대를 꾸민 것도 그런 자신의 만년소일(晚年消日)을 염두에 둔 것으로 볼 수가 있다. 이러한 그의 얼굴박물관 사업(?)은 그의 연출 생활 제4기에 해당될 것 같다. 그리고 그의 연극생활의 대미를 장식하는 것으로 볼 수도 있다. 물론 그는 건강이 허락하는 한 연출 활동을 계속할 것이다. 그의 연출세계도 크게 변하지는 않을 것이고 남도 굿놀이를 바탕으로 한 죽음의 문제를 계속해서 파고들 것이다. 그런 그의 연출 작업에 대하여 김방옥은 완곡하게 문제점을 지적한 바 있다.

김방옥은 「김정옥론」에서 "가장 큰 문제는 그의 극의 대사 및 사색적 깊이의 문제다. 그의 대사는 많은 경우 설명적이거나 주제 전달식이어서 공연 자체의

---

28 인터뷰, 얼굴박물관 관장 김정옥, 『댄스포럼』 2005.6(『경향신문』 유인화 기자).

감각성을 중시하는 총체 연극적 분위기와는 걸맞지 않는다. 광대의 삶과 죽음, 인간의 삶과 죽음, 역사적 인물들의 삶과 죽음들을 보는 그의 철학적 사색 역시 피상적이거나 감상적이라는 느낌을 준다."[29]면서 그의 연극이 유희성, 구성의 해체, 연기에 있어서의 우연성이나 과정을 중시하는 점, 자기성찰의 삽입 등 몇 가지 포스트모더니즘 연극예술의 특징을 보이고 있긴 하지만 김정옥 연극 자체의 미학적 체계가 충분하지 않다고 비판했다. 일리 있는 지적이다. 그러나 그의 연출은 아직 실험 과정이며 한국의 전통예능, 이를테면 굿놀이라든가 탈춤, 판소리 등의 연극 문법을 따르는 데서 오는 흐트러짐이 서구적 연극개념으로 보면 엉성하게 비칠 수도 있을 것이다. 사실 우리의 전통예능은 심각한 문제를 자유분방하면서도 경쾌한 놀이로 푼 것이 특징이다. 그렇기 때문에 서구적 논리로 보면 유치하게까지 보이기도 한다. 바로 거기에 한국미가 숨어 있다고 보아야 한다. 김정옥의 작업도 그런 시각에서 접근할 때 비로소 제대로 보일지도 모른다. 아무튼 김정옥은 시인이고 영화이론가지만 그가 목표한 것은 연출가로서 한국연극의 올바른 정립을 꾀하는 것인 듯싶다. 그러기 위해서 그는 우리의 전통예능을 끊임없이 탐구하고 거기에서 연극 문법을 찾아내어 서양연극 흉내 내기가 아닌 우리 나름의 연극을 창조해내는 어렵고 기나긴 여정에 오른 것이다. 얼굴박물관도 그런 과정에서 탄생된 것이고 그가 만년에 과거와 대화하기 위하여 만들어낸 창조물이라고 볼 수가 있을 것 같다.

---

29 김방옥, 앞의 책, 294~295쪽.

분단의 아픔을 지적으로 풀어낸 극작가
박조열

자의식 강하고 냉철하며 지적인 극작가 박조열(朴祚烈)은 언제나 상대방을 긴장시키고, 이런 성향은 작품에서는 관중을 끌어당기는 요인도 되는 것 같다. 그의 작품이 오락이 아닌 정신세계의 현란한 광장으로서의 한 판을 제시하기 때문에 관중은 일단 그 광장에서 벌어지는 지적 토론에 주목하지 않을 수 없게 된다는 이야기다. 그런데 그 진실의 가공화(架空化)의 광장에서 벌어지는 일들은 그가 자서에서 밝힌 바 있듯이 "생사조차 알 길 없는 북쪽 땅의 나의 혈육과 고향산천을 향한 정념의 소산"에 관한 것이고 또한 우리의 억압된 정치상황에 대한 성찰과 비판적 고발이다. 관중 모두가 그러한 굴절된 역사의 자락에 발을 대고 살았기 때문에 그의 고독하고 슬픈 독백은 때때로 관객의 영혼의 뒷면까지 울려준다. 파란만장한 삶이라고는 할 수 없지만 그의 곤비(困憊)에 찬 생애는 분단사가 엮어낸 순전히 타의적 삶이었다고 말해도 과언이 아닐 것 같다.

그는 1930년에 함경남도 함주군 하조양면에서 소지주였던 박승훈(朴升勳)과 충주 최씨 사이에서 장남으로 태어났다. 밑으로는 여동생만 넷이었다. 밀양 박씨 한성공파에 속하는 그의 선대는 그야말로 선비 집안이었다. 그의 조부 박운순(朴震淳)은 구한말에 중추원 의관을 지낸 바 있고, 백부 박승근(朴升根)

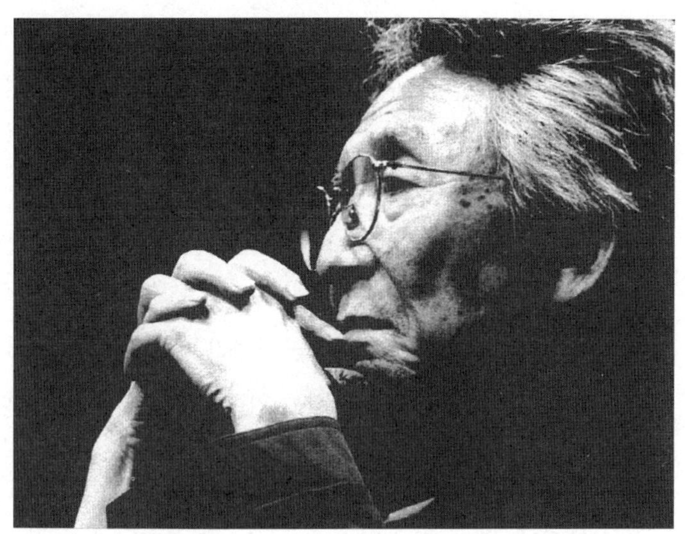

박조열

또한 충청도 관찰부 주사를 지내다가 1903년 제1차 하와이 이민에 참여하여 하와이 땅에서 독립운동에 나섰을 정도로 관직과 인연이 깊고 애국심이 강한 집안이었다. 이런 집안 전통은 아무래도 성리학을 바탕으로 한 선비적인 가풍을 이룰 수밖에 없었고, 따라서 집안 남성들의 성품은 대부분 꼿꼿했던 것이 특징이었다. 가령 낭만적 기질도 있었던 그의 숙부 박승오(朴升悟) 역시 일찍이 러시아로 망명했다가 1921년에 일본군이 시베리아로 출병했을 때 항전하다가 전사한 것도 그런 집안 내력과 무관치 않을 것 같다.

그 또한 유년 시절부터 명석하고 남달리 감수성이 강했기 때문에 〈부덴브로크가의 사람들〉(토마스 만 작)의 2세처럼 선병질적인 음악가도 될 만했지만 혹독한 이 땅의 상황은 그를 치열한 작가정신의 소유자로 만들었다고 말할 수가 있다. 이미 소년 시절에 근대문학 작가들을 섭렵할 정도로 독서광이었던 그는 함흥고급중학을 졸업하자마자 중학교 문학교원이 될 만큼 우수했다. 그것은 마치 춘원 이광수가 오산학교를 마치고 그 학교 교원이 되었던 것과 비교될 수 있을지 모르겠다. 약관 20세의 리버럴한 중학교원으로서 경직된 북한 체제에서는 그의 일거수일투족은 눈에 거슬릴 수밖에 없었고, 결국 사상불순

(?)으로 좌천의 쓴맛을 본 그는 전쟁발발 직후 흥남철수 때 단신으로 월남 피난선을 타게 된다. 이때부터 그는 그의 역작 〈오장군의 발톱〉의 주인공처럼 거대한 역사의 격랑에 떠밀리면서 삶과 죽음의 경계선을 넘나들게 된다. 천성적으로 유약한 지주의 장남이었던 그가 가족과 헤어져서 가족이 있는 북쪽을 향해 총구를 겨누는 졸병으로 전선을 넘나들지 않을 수 없었던 기구한 운명은 이 땅의 비극적 상황을 극적으로 보여준다. 스물한 살의 그가 전쟁 중 남쪽 땅에서 택할 수밖에 없었던 것은 국군이었기 때문에 졸병으로 전선을 넘나든다. 그때의 상황을 그는 「감상적 통일론」이라는 한 에세이에서 이렇게 설명했다.

> 1951년 초부터 수개월간을 중동부전선(中東部戰線)에서 소총병(小銃兵)으로 복무했었는데, 접적상황(接敵狀況)이 매우 유동적이어서인지 거의 매일같이 진퇴 이동을 되풀이했다. 험준한 산악지대를 매일같이 행군하고 참호를 파는 일이 얼마나 고된가는 그야말로 경험자만이 안다. 원체 허약한 나는 기진맥진해서 자살을 결심했다. 어느 날 용변(用便)을 보는 척하며 행군대열에서 벗어난 나는 숲 속에 들어가 앉아서 M1소총의 총구를 턱 밑에 대고 방아쇠를 당기려 했다. 바로 그때 어디선가 어머니께서 다급하게 부르는 소리가 들렸다. 놀라서 머리를 드니 어머니께서 바로 눈앞에 서 계시잖는가. 어머니께서는 아무 말 없이 눈물이 글썽한 얼굴로 나를 똑바로 보고 계셨다. 나도 아무 말도 못하고 그저 어머니를 쳐다보기만 했다. 이내 솟구치는 눈물에 가려서 아무 것도 보이지 않았다. 한참 울고 났을 때는 이미 어머니의 모습은 보이지 않았다.[1]

이상에서 알 수 있는 것처럼 그가 자결을 결심했던 것은 신체적 고통 때문이었지만 그 이상으로 정신적 낭패감도 더해졌던 데 따른 것이었다. 그리고 장남으로서 헤어진 모친에 대한 그리움이 얼마나 절절했었던가는 현몽(現夢)이 잘 나타내준다고 하겠다. 그는 그런 자살 유혹에서 좀처럼 벗어나지 못하고 몇 번을 더 생각하다 모친을 생각하고 다시 거두곤 했었다고 한다. 그런 그

---

1 박조열, 「감상적 통일론」, 『사랑의 새 옷으로 변신하라』, 행림출판, 1985, 139쪽.

가 경상만을 입고 군대 생활을 12년간이나 하게 되는데 그것은 물론 장교로서였다. 그는 생사의 고비를 수없이 넘겼기 때문에 자신과 같이 소총병으로 죽어간 이름 없는 병사들에 대한 자괴감을 언제나 지니고 산다. 그가 이따금 국립묘지를 찾는 이유도 다름 아닌 그런 무명용사들에 대한 정신적 보상에 따른 것으로 볼 수 있다. 그가 「국립묘지」라는 한 수필에서 다음과 같이 쓴 바 있다.

> 나는 가끔 국립묘지를 찾는다. 국립묘지는 넓다. 내가 찾아가는 곳은 병사들의 묘역(墓域)이다. 나는 거기 묻혀 있는 '나'를 만나러 가는 것이다. 육이오 때 최일선 소총병으로 근무한 적이 있다. 그 수개월간을 늘 죽음과 마주하며 살았다. …(중략)… 십여 년 전, 우연히 권유를 받고 국립묘지를 찾아가게 되었다. 그 첫날, 이제는 기억도 희미한 전우들의 이름을 찾으며 병사들의 묘역을 헤매는 동안 나는 어느새 '나' 자신의 무덤을 찾고 있는 듯한 심경이 되어 있었다. 그 후부턴 괴로울 적마다 국립묘지에 묻혀 있는 '나'를 만나러 병사들의 묘역을 찾아간다. 그러면 마음이 맑아지고 비록 짧은 기간이나마 '정신 있는 사람'이 되는 힘을 받는다.[2]

이상에서 알 수 있는 것처럼 그는 생사고비를 수없이 넘겼던 6·25전쟁 중의 체험이 언제나 무겁게 그를 짓누르는 짐이 되고 있으며 함께 싸우다가 산화한 전우들의 영혼의 빚을 지고 사는 듯한 생각까지 하며 사는 작가다. 자유분방한 성격에다가 허약한 체질인 그가 10여 년의 군대 생활로 인해 심신이 피폐했던 것 또한 너무 당연했던 것으로 여겨진다. 그가 오랜 군생활을 청산하고 극작가가 되어보겠다고 드라마센터의 문을 두드렸던 것도 실은 오랜 병영 생활로 황폐해진 정신의 충전과 정서의 윤택을 회복시키려는 노력의 일환이었다고 볼 수 있다. 그뿐이 아니다. 그는 자신의 고통스런 삶도 기록해놓아야겠다는 생각도 했음 직하다. 그가 한때 분단 문제를 소재로 한 대하소설을

2　위의 책, 132~133쪽.

구상했던 것만 보더라도 해방으로부터 분단, 전쟁, 혁명으로 점철된 현대사의 한 끝자락에서 처절하게 목숨을 부지해 온 자신의 삶의 의미를 작품화해보고 싶은 강력한 욕구도 없지 않았을 것이다.

사실 이러한 우리의 굴절된 현대사는 많은 작가를 탄생시켰다. 역설적으로 만약 6·25전쟁이 없었으면 시인, 소설가, 극작가 등의 숫자는 훨씬 적었을지도 모른다. 그만큼 분단과 동족상잔은 민족 전체에 대단한 충격을 주었고 감수성이 예민한 청년들을 작가로 만들었다. 그 결과 북한 출신 작가들 또한 적지 않았다. 그런데 북한 출신 극작가들 중에서 박조열은 오영진(吳泳鎭)과 여러 면에서 통하는 데가 있다. 두 사람 모두 부르주아 출신인 데다가 지적이고 희극적 기법을 주조로 한 점에서 그렇다.

이들 두 사람은 또한 너무 강직한 나머지 불의에 굴하지 않고 타협하지도 않으며 차가울 정도로 이지적인 면에서도 통한다. 두 사람의 작품세계가 대체로 우리 현대사의 무대화라는 점과 신화학에서 이야기하는 희극적 비전에 닿아 있다는 점에서도 공통성을 지닌다. 다만 오영진이 전통예술의 해학성을 계승한 데 비해서 박조열은 서구 현대극 특히 부조리극의 우리적 표현이라는 점에서 차이가 난다. 그는 베케트의 분위기에 이오네스코적 표현을 조화시킨 극작가처럼 보인다. 이는 그가 부조리극의 영향을 받았다는 이야기가 아니라 표현상의 현대성을 지녔다는 말이다. 그는 실제로 과작의 작가가 아니다. 왜냐하면 그는 20여 년 동안 많은 방송극본을 썼기 때문이다. 그는 살기 위해 쓴 방송극에 대해 자괴감을 갖고 있지만『그리고 아무도 없었다』등의 소설로 노벨문학상을 받은 독일 작가 하인리히 뵐도 두 권의 방송극집을 낼 만큼 라디오 드라마를 많이 썼다. 그리고 희곡에 관한 한 과작이지만 그것 역시 조금도 문제가 되는 것이 아니다. 오히려 그것은 장점이 될 수도 있다. 그의 유일한 연극 스승이라 할 여석기(呂石基)도 박조열이 펴낸 희곡집 서문에서 "그는 남달리 깐깐하고 결벽성이 강한 사람이다. 그 깡마른 체구는 30년 전 그를 처음 만났을 때나 지금이나 조금도 변함이 없지만 그것이 작품을 대하는 그의 태도에 고스란히 나타나고 있다는 사실은 특기할 만하다. 사실 깡마른 것은 체구 뿐 아니다. 얼마나 과작(寡作)의 작가인가를 알 때 우리는 그가 평생을 일관되게 감량 작업에 몰두해온 사람임을 충분히 이해한다. 그에게 있어 췌육(贅肉)은 최대의 금기다. 그렇기 때문에 그가 쓴 작품은 양에 있어서뿐 아니라 내용이 극도로 절제되어 있고 군살이라고는 좀체 찾아보기 어렵다. …(중략)… 그의 깡마름이 말해주듯 박조열 씨는 세속적인 것에 대한 일체의 거부와 쉽사리 타협에 응하지 않는 정신의 '오만함'을 지니고 있다"[3]고 설명함으로써 그의 과작을 품성과 연결한 바 있다.

현대 언어학의 이정표를 세운 제네바학파의 거두 소쉬르도 생전에 단 한 권의 저서도 남긴 바 없다. 구조주의 언어학의 교본이 된 『일반언어학강의』라는 저술도 실은 그의 몇 편의 논문과 강의노트를 제자들이 매만져 출판해낸 것에 불과하다. 그만큼 학자나 예술가가 생전에 남기는 작품의 양보다는 질이 중요하다고 말할 수가 있다.

그는 40여 년에 걸쳐서 10편의 희곡(1편은 미발표)을 남겼지만 그것이 대체로 1960년대 중반에서부터 1970년대 후반까지 15년간에 걸쳐서 쓴 작품들이다. 이 시기는 군사정권이 강력한 억압정치를 펴던 때였다. 따라서 그의 작품은 스스로 밝혔듯이 분단 문제와 억압 상황을 오버랩시킨 것이라 볼 수 있다. 더구나 그가 북쪽 기질에다가 중학 시절부터 사회주의 계열 서적을 탐독했던 탓으로 예술지상주의 미학에 대해서는 생리적으로 거부감을 가졌을 것 같다. 그가 청년 시절에 헤어진 부모형제와 고향에의 그리움을 작품 밑에 깔면서도 센티멘털리즘을 철저하게 배격함으로써 그의 작품은 때때로 건조할 정도로 지적이고 시니컬한데, 그 이유는 전술한 바 있듯이 성장, 교육배경과 살벌한 전쟁터에서 청년 시절을 보낸 결과로 볼 수가 있다. 적어도 그러한 젊은 날의 처절한 삶이 그에게서 감상성을 빼앗아 갔다고 말할 수 있다. 그는 문학을

---

3 여석기, 「머리말」, 『박조열 장막극집 오장군의 발톱』, 공간미디어, 1994.

사회변혁의 수단 비슷하게 생각해왔기 때문에 오락적 기능에 대해서는 은연중 거부감을 갖고 있는 듯이 보인다. 그가 자신의 글에 에드워드 올비가 말한 "이 세계를 우리가 인식한 대로 변화시키자"를 인용한 것은 주목된다. 왜냐하면 그것은 마르크스 미학에 근접해 있는 것이기 때문이다. 그는 그 글에서 "연극은 우리가 세상을 인식하려고 하는 한 세상을 우리가 인식한 대로 변화시킬 수 있다는 사실을 상기합시다"라고 주장했고, 이어서 연극은 "즉시성 즉 현재 벌어지고 있는 사건"이라고도 했다.

그는 중진 작가로서 누구보다도 1970, 80년대에 풍미했던 마당극운동에 주목했던 인물이다. 그가 마당극에 주목한 것은 두 가지 이유 때문이 아닐까 싶다. 그 자신이 모더니즘에 은연중 반발심을 갖고서 고루한 연극 형식을 혁파하고 싶은 충동이 그 첫 번째 원인이 있었을 것 같고, 다음으로는 마당극의 사회 변혁적 명제와 현장성에 공감한 것이 또 하나의 원인이 아니었을까 싶다. 물론 그가 언제까지나 마르크시즘에 붙들려 있을 만큼 어리석은 인물이 아니다. 그러나 그의 연극관에는 어딘가 젊은 날 탐독했다는 사회주의 계열 서적의 흔적이 남아 있는 것도 부인할 수는 없다.

그렇다면 그의 작품에 그의 연극관이 구체적으로 어떻게 투영되었는가 하는 점이다. 그런데 흥미로운 사실은 그가 연극의 사회적 기능 특히 변혁론보다는 즉시성에 기울어져 있다는 점이다. 이는 아무래도 우리 사회의 냉전 구조 하에서의 창작 생활과 무관하지 않을 것이다. 그는 여타 작가들보다 유별나리만큼 치열한 작가정신을 견지하면서도 스스로 밝혔듯이 개인사 차원의 자전적인 작품을 쓴 것이 특징이다. 그러나 그는 워낙 절제력이 있는 작가이기 때문에 자기 자신을 구체적으로 드러내는 작품은 쓰지 않는다. 그것은 아마도 앞으로 나올 작품에서나 볼 수 있을 것 같다. 누구보다도 자존이 강한 그도 이제 달관의 경지에 들어서고 있기 때문에 자신을 노출하는 것을 두려워하지는 않을 것이다. 그가 비록 육체적으로는 쇠잔했을지 몰라도 자신을 정리하는 관조적 작품을 쓰고 싶은 욕망만은 저버리지 못했을 것 같다. 그는 질곡 속에 살아오면서 분노하고 갈망하면서 유토피아를 찾아 방황하는 자신을 관념화시키고 추상화시키는 데 온 힘을 쏟아왔다.

가령 그의 처녀작인 〈관광지대〉만 하더라도 박조열의 작품 성향을 짐작할 수 있게 한다. 1963년 4월 1일 판문점에 있는 휴전회의실에서 벌어진 우스꽝스런 풍경을 스케치한 이 작품은 주인공 이름부터 한남북(韓南北)으로 되어 있다. 분단의 압축으로 주인공 이름을 정한 것이다. 그리고 판문점 일대가 분단 전에는 주인공의 땅이었고 회의실이 있는 지점은 그의 집이 서 있던 자리다. 전쟁으로 인해서 행복했던 한남북의 가정은 산산조각이 났고, 그 주인공이 국군병사로서 보초를 서고 있다. 한남북의 아버지는 인민군에 총살당하고 어머니는 미군기에 폭사했다. 정전위원회의 의제는 남파간첩문제였고 월북 황소의 우스꽝스런 훈장사건이 포함됨으로써 북한에 대한 조롱과 함께 신랄한 비판이 가해진다. 이 작품에서 보이는 박조열의 작품 성향은 첫째 풍부한 상상력이고, 둘째는 소극적(笑劇的) 경향이며, 세 번째로는 동물의 의인화(擬人化) 등 메타포와 알레고리의 활용능력이다. 사실 민족분단, 동족상잔, 이데올로기의 허위성 등을 한 가정에 응축시켜 표현해낸다는 것은 쉬운 일이 아니다. 그럼에도 불구하고 그는 단막극으로 그것을 가볍게 처리해낸 것이다. 그러나 더 하나 주목되는 것은 작품형식의 개방성이다. 그의 작품 무대를 보면 종래 우리 신극이 추구해온 견고한 리얼리즘의 철저한 부정으로부터 출발하고 있다. 그는 적어도 1960년대 초에 등장한 극작가로서는 돌연변이와 같은 존재였다. 이러한 성향은 시간이 흐를수록 농도를 더해갔다. 가령 민족분단을 시니컬하게 묘사한 〈관광지대〉에서도 보면 그는 냉전적 사고를 이미 벗어나서 인간의 어리석음을 조소하고 있다.

남북 전장의 양안(兩岸)을 떠돌면서 이데올로기의 도구로 전락한 인간군상을 수없이 목도한 그는 냉소와 비감만이 마음속에 자리 잡을 수밖에 없었을 것 같다. 그는 본능만이 넘실거리는 처절한 삶의 현장에서 인간의 우매함을 쉽게 간취할 수 있었기 때문에 무모한 권력에 대해서는 알레르기 반응을 일으킬 수밖에 없었던 것 같다. 결국 그가 터득한 것은 절대 권력으로부터의 자유였고, 역사를 이끌어가는 것은 궁극적으로 카알 포퍼가 말한 대로 자유로운 개인이란 것이었다. 여기서 그는 자연스럽게 휴머니스트가 되어간 것이다. 그가 〈관광지대〉에서 남북 양쪽 특히 북한 공산당과 미군을 동시에 회의적으로 바라보면서 양비론적 자세를 취한 것은 어디까지나 휴머니즘에 입각한 때문이다. 인간을 억압하는 그 어떤 이데올로기나 제도도 그에게 있어서는 거추장스런 허위의 껍데기에 불과한 것이다. 그는 인간의 존엄성에 최고의 가치를 둔 극작가이다. 그는 이러한 관점에서 분단과 전쟁을 바라보고 또 악으로 가득 찬 권력의 속성을 투시했으며 사회병리도 간파한 것이다.

이러한 그가 차갑게 얼어붙고 상호불신과 증오로 가득 찬 냉전 구도 속에서 이단으로서 겉돈 것은 극히 자연스런 것이었다. 그가 겨우 습작 정도의 단막극 한 편을 가지고도 '사상적으로 악질'이라는 의심을 받으며 공안당국에 시달림을 받은 것도 우연의 일이 아니다.

공안당국의 일갈에 겁먹은 심약한 그는 창작의 방향을 돌리게 된다. 풍속희극에 속하는 〈토끼와 포수〉를 두 번째 작품으로 쓴 것이다. 괴팍스런 중견 화가와 미망인의 미묘한 사랑을 소극적으로 다룬 이 작품은 신선한 감각과 간결하면서도 의표를 찌르는 대사 및 탄탄한 구성 등으로 단번에 희극의 새 경지를 연 작품으로 평가받았다. 즉 전통적 해학정신을 계승한 오영진이나 미국풍의 배배꼬인 희극 기법을 활용한 이근삼(李根三)과 달리 그의 언어는 누구도 따를 수 없는 함축과 절제미를 지니고 있다. 그러나 더욱 주목되는 부분은 이 작품의 메타포와 알레고리라 하겠다. 즉 이 작품이 중년 남녀의 특이한 사랑을 주제로 하고 있지만 모티브를 경계선에서 가져온 것과 인간의 위선과 진실을 냉엄하게 묘사하고 있는 점에 유의할 필요가 있다. 그러니까 홍당무라는 선의의 한 소년의 가정생활을 통하여 프랑스의 비틀린 정치 행태를 풍자한 르나르처럼 그는 〈토끼와 포수〉라는 코미디를 통해서 꼬일 대로 꼬인 분단현실을 상징적으로 표출해냈다. 이처럼 그는 마음속 저 깊숙한 곳에 자리 잡고 있

                                    제6부 한국 현대연극의 거목들

는 경계선 의식을 좀처럼 떨쳐버릴 수는 없었다고 말할 수가 있다. 가령 그가 〈토끼와 포수〉로 무대에 신풍을 일으켰어도 그의 마음을 무겁게 짓누르고 있는 이데올로기 분단과 동족상잔이라는 대명제의 주위를 계속 맴돌고 있었다.

다음 작품 〈행진하는 나의 분신들〉과 〈목이 긴 두 사람의 대화〉가 바로 그의 운명적 굴레를 또다시 확인하는 작품이다. 그가 암흑시대에 곧잘 활용한 우의(寓意)방식이 세 번째 작품인 〈행진하는 나의 분신들〉에서 잘 드러내고 있다. 우선 무대를 저승세계로 삼은 것부터 그가 얼마나 어렵게 현실을 이야기하려 했는가를 짐작할 수 있다. 조선시대의 전제군주 사회를 풍자하기 위해서 민중이 용궁세계를 설정했던 판소리 〈수궁가〉는 그런 표본적인 작품이 아닌가. 그는 정치 사회의 구조적 부조리를 지옥이라는 알레고리를 설정해서 맹렬하게 공격하고 있다. 그는 이 작품을 통해서 권력자와 기업인, 그리고 고위 장교 등 당 시대 상층부를 형성하고 있는 세도가들의 비리와 횡포를 신랄하게 고발 풍자한다. 그가 이 작품을 쓴 수년 뒤에 시인 김지하(金芝河)가 풍자시 오적(五賊) 사건으로 고초를 겪은 것을 염두에 둘 때, 박조열의 치열한 작가 정신을 짐작할 수 있게 한다. 바로 여기서 연극의 즉시성과 현장성을 강조하는 그가 알레고리 기법을 원용하지 않을 수 없는 시대상황을 유추할 필요가 있다.

그런데 이 작품에서 또 하나 주목을 끄는 것은 열린 형식이라 하겠다. 비록 무대는 저승세계지만 희곡형식은 대단히 개방적이다. 아마도 풍자극 형태로서는 그러한 방식이 어울렸을 것같이 보이는데, 이는 아무래도 그가 은연중 전통적인 야외놀이에 어느 정도 영향을 받지 않았나 싶다.

그가 군에서 제대를 하고 드라마센터 연극아카데미에서 공부를 할 때는 동랑 유치진(柳致眞)이 가면극, 꼭두각시극 등 전통예술의 복원 전승운동을 벌인 시기였으므로, 그가 그러한 낯선 형식에 주목했을 가능성이 없지 않다. 그리고 이러한 그의 열린 형식은 그 뒤에 쓴 작품에서도 나타나고 있다.

운명적 멍에의 또 다른 작품 〈목이 긴 두 사람의 대화〉 역시 열린 형식임은 두말할 나위 없다. 그러나 이 작품에서는 형태보다는 그의 비극적 비전을 보여주는 첫 번째 희곡이라는 점에서 주목되고 통일에의 갈망이라는 이념의 고개를 넘어 그의 잠재적 회향의식(懷鄕意識)을 추상화시킨 작품으로 평가될 수 있다. 작품 제목이 상징해주듯이 두 사람은 목이 빠질 정도로 누군가를 기다린다는 내용이다. 특별한 사건이나 줄거리가 없는 이 작품은 기다림의 관념화에 불과하다. 베케트의 〈고도를 기다리며〉를 연상시키는 이 작품에 대해서 작가 스스로는 다음과 같이 해명한 바 있다.

첫째 이 작품의 내용과 형식은 통일문제가 터부시되었던 시기에 그 벽을 뚫은 방법을 모색한 결과였다는 것, 둘째 이 작품을 쓰기 시작하자마자 자기 회의 때문에 멎었다. 그런 때에 결정적인 구원의 기회를 가졌다. 우연하게 베케트의 〈고도를 기다리며〉를 읽게 되었던 것이다. 그것은 계시며 자기 확인이었다. 〈고도를 기다리며〉의 처량한 수작들과 기다림이야말로 내가 등장한 인물들에게 부여코자 했던 바와 흡사했다는 것, 셋째 나는 내 속의 구체적인 것을 현실의 벽을 뚫기 위해 추상화하고 그것이 무대 위에서 다시 구체적으로 나타날 것을 기대하는 방법을 썼다는 것 등이었다.[4]

그런데 여기서 주목할 만한 사실은 그가 베케트의 작품을 모방했는가 아닌가를 넘어 그의 작가의식이 현대적이라는 점이다. 마치 사실주의극도 제대로 모르던 1920년대의 김우진이 표현주의극을 실험했듯이 박조열은 이미 1960년대 중반에 부조리극 기법을 썼다는 사실이다. 더욱 놀라운 사실은 그가 베케트를 읽기 전에 이미 베케트처럼 현대성 짙은 연극적 사유를 했다는 점이다. 물론 베케트와 박조열이 기다림이라는 인간의 실존을 작품화했다는 점에서는 공통성을 지니지만 본질에 있어서만은 크게 차이가 난다. 가령 베케트의 기다림의 대상이 막연한 데 비해서 박조열의 기다림은 통일과 같은 보다 구체적 사안이라는 점이다. 그러니까 박조열은 통일과 함께 유토피아에 도달하게 되는 것이지만 베케트는 영원히 도달할 수 없는 절대 존재를 기다릴 뿐이다.

---

4 박조열, 작가노트.

　　　　　　　　　　　　제6부　한국 현대연극의 거목들

바꾸어 말하면 베케트가 우주와 세계를 사유한 데 반해서 박조열은 한반도의 현실을 사유한 것이라 말할 수 있다. 또 한 가지 베케트가 20세기 세계를 비관한 데 비해서 박조열은 통일을 비원(悲願)한 것이다. 이는 보다 근원적인 것과 상황적인 것이라는 점에서 차이가 나는 것이기도 하다.

그는 〈목이 긴 두 사람의 대화〉에 이어 〈행진하는 나의 분신들〉과 형식상 연결될 만한 작품 〈불임증 부부〉를 썼다. 이 작품은 물론 〈행진하는 나의 분신들〉과는 너무나 판이하다. 다만 열린 형식과 알레고리, 그리고 표현파적인 인물설정 등이 유사할 뿐이다. 그리고 풍자놀이라는 점에서도 공통점을 지닌다. 부부간의 사랑의 부재를 극화한 이 작품은 그에게서 드물게 보이는 사적 희곡이라 말할 수 있다. 그러나 이 작품에서 그의 무신론적 성향이 나타난다는 사실은 주목되는 부분이다. 그뿐만 아니라 인간의 양심 문제를 건드리기 시작한 것도 이 작품에서부터였다. 그러니까 그가 이 작품에서는 허위로 가득 찬 이 세상에서 인간 진실은 어디서 찾아야 하는 가를 개탄했다는 이야기다. 이러한 그의 사유(思惟)는 다음 작품 〈소식〉에서 좀 더 구체화되어 나타난다. 왜냐하면 한 도둑을 통해 양심과 의리 회복을 말하고 있기 때문이다. 이 작품을 통해서 알 수 있는 것은 그의 긍정적 인간관이다. 그가 사상적으로는 무신론적 실존주의자에 가깝지 않나 싶다.

필자가 서두에서도 강조했던 것처럼 그는 작품을 통해서 줄기차게 휴머니즘을 추구하고 있다. 그의 너무나 인간적인 품성은 〈대갈씨와 관상노인〉이라는 수필에서도 잘 나타나 있다. 물론 그 수필은 그의 향수병(鄕愁病)과 연결되는 것이긴 하지만 여하튼 그는 작품 곳곳에서 인간주의적 색채를 강하게 드러내곤 한다. 이 수필 내용은 남산 길가의 관상노인 이야기이고 그 노인이 월북한 고향 근처의 사람이라는 것을 말씨를 통해서 알고는 돈 300원을 몽땅 털어주었다는 이야기다. 그런데 또 하나 흥미로운 것은 그의 작품 대부분에서 그가 젊음을 보냈던 군생활과 연관된 것이 나온다는 점이다. 장군을 기다린다든가 총성이 들린다든가 또는 월남전이 등장하는 등 다양하다. 그뿐만 아니라 동물의 의인화도 재미있는 표현 기법인데 이는 그의 풍부한 상상력에 기인한다고 볼 수 있다. 동물의 의인화는 대체로 1970년대, 즉 유신시대의 작품에서 나타나기 시작한다.

1971년에 쓴 라디오 드라마인 〈휴전선과 비둘기〉에서 동물을 활용하기 시작한 그는 희곡 〈흰둥이의 방문〉(1970)에서는 본격 의인화에 나선다. 공산주의를 통렬하게 풍자한 러시아의 신진 극작가 불가고프의 〈개의 심장〉을 연상시킬 만큼 개의 의인화 발상이 돋보인다. 그러니까 불가고프가 개를 통해서 사회주의를 풍자 비판했듯이 박조열은 흰둥이 개를 통해서 군사독재의 수단으로 전락한 폭력적 공권력을 비판하고 있다. 알레고리와 메타포의 활용에 능숙한 그는 개에게 말을 시키기까지 한다. 그런데 그는 단순히 무모한 권력만을 고발하는 데 그치지 않는다. 그의 극작가로서의 우수성은 권력을 넘어 인간의 우매성까지를 통렬히 비판한 데 있다. 그가 군사독재 시대에 체감한 분위기는 짐승들마저 침묵할 정도로 엄청나리만큼 비틀린 정치현실이었다. 그러한 왜곡된 현실을 그는 비관만 한 것이 아니라 적극적으로 대항코자 한 데 그의 작가정신의 치열성이 있다. 그 점은 〈흰둥이의 방문〉에서 데모를 정면으로 다룬 사실에서 잘 나타난다. 그의 작품에서 군대와 관련된 것이 자주 등장한다는 이야기를 했지만 실제로 군대생활을 정면으로 다룬 희곡은 그의 대표작으로 꼽히는 〈오장군의 발톱〉(1974)이다.

이 작품 역시 그의 무의식 세계로부터 언제나 솟구쳐 오르는 모티브라 할 경계선 의식을 바탕에 깔면서 거대한 조직사회에서의 개인의 무기력을 다각적으로 묘사한 것이 바로 역작 〈오장군의 발톱〉이다. 소총수로서 전장의 극한 상황을 체험한 그는 이 작품에 자신의 전쟁관, 인간관을 응축시켜놓고 있다. 왜 형제 간, 동족 간에 서로 총부리를 겨눠야 하는지도 모르고 전쟁터에서 무모하게 죽어가는 순진무구한 젊은이들을 목도한 그는 〈오장군의 발톱〉으로 해원(解寃)굿을 치러냈다고 말할 수 있다. 우리의 많은 극작가들이 초기에 수작을 내놓고 난 후 연륜이 더해갈수록 감각이 무디어가는 것에 비해서 그는 장년기에 들어서 더욱 심화된 작품을 내놓았다는 점에서 주목된다고 말할 수가 있다.

이 작품은 주제의 깊이나 형식의 개방성, 알레고리와 메타포의 활용 등에서 돋보이지만 그보다도 작가의 세계 인식의 현대성에서 동시대 작가들과 구별 지어진다. 주인공인 시골청년 오장군은 루마니아 작가 게오르규의 소설『25시』의 주인공 요한 모리츠라든가 중국 작가 루쉰(魯迅)의 소설「아Q정전」의 주인공 아Q를 연상시키기도 하는데, 이 순박한 시골청년이 전장에서 마치 사격장의 허수아비 표적처럼 수많은 총탄을 맞고 무참하게 죽어간다. 그런데 이 작품에서 관심을 끄는 부분은 남북 동족 간의 무모한 전쟁과 그에 따른 젊은 이들이 죽음 이상으로 이 땅에서의 삶에 대한 깊은 성찰과 함께 짙은 모성애와 이성 간의 사랑 등을 시적으로 묘사한 점이라 하겠다. 그가 이 작품에 대해서 극히 개인적인 작품이란 말로 함축했듯이 이 작품에서는 그동안에 쓴 희곡에서 좀처럼 찾아보기 힘든 인간적 사랑, 특히 모자간의 운명적이면서도 절절한 사랑을 표현한 것이다. 지주의 장남으로서 유달리 어머니의 사랑을 받고 자란 그가 나이 겨우 스무 살에 기약 없이 헤어져 남쪽에 살고 있다 보니 세월이 흐를수록 북에 두고 온 가족에 대한 그리움이 시름으로 바뀔 수밖에 없었던 것 같다. 이러한 극히 개인사적인 정한(情恨)이 작품에 절절히 드러나 있다. 그러나 그는 좀처럼 감상으로 빠지지는 않는다. 그는 이 작품에서 상상력을 더욱 확대해서 동화적인 기법에까지 이른다. 그가 평소 꿈꾸고 있는 것을 동화로까지 나아가게 한 것이다. 따라서 무대 형식도 매우 가변적이고 자유롭게 열어놓을 수밖에 없었다.

이러한 여러 가지 형식상의 현대성 이상으로 이 작품을 돋보이게 하는 것은 거대한 조직의 야만성을 고발한 점에 있고, 더 나아가서 20세기 문명에 대한 짙은 회의를 표출한 데 있다. '별을 보며 밭에 나가고 달을 보며 집에 돌아오는 삶'이 전쟁이라는 반문명적인 전쟁에 끌려들어 무참하게 유린당하는 것은 결국 무엇인가? 이는 인간으로서의 최소한의 존재마저 부정하는 야만성을 고발하는 것이다. 이 작품을 쓸 무렵 그는 소위 '7·4남북공동성명'을 접하게 된다. 월남한 작가로서 통일에의 갈망이 누구보다도 절실했던 그는 그 문제를 작품화해보려는 시도를 하기 시작한다. 그러나 그럴듯한 '7·4공동성명'이 나온 뒤 남한에서는 유신정책이 탄생하는 등 남북한 정권은 통일을 국민 억압수단으로 악용하고 있었다. 양쪽 정권의 속성을 누구보다도 꿰뚫어 보고 있던 그는 그 허위성에 메스를 가하는 기록극을 쓰게 된다. 이른바 〈가면과 진실〉(1976)이라는 토론식 희곡이 바로 그것이다. 이 작품에는 그가 밝혀놓았듯이 분단과 통일에 직간접으로 관련이 있던 실제 인물들(딘 러스크 전 미국무장관, 이후락 중앙정보부장, 허담 북한외상 등)이 다수 등장하고 역사적인 기록문건 등이 윤색되어 토론으로 재현되기도 한다. 그가 기록극의 형식을 택한 것은 처음이지만 그보다도 이 작품에 그의 통일관이 은연중에 배어 있다는 점에서 주목을 끈다. 이 작품에 나타난 그의 통일관은 대체로 보수 성향인데, 이는 아무래도 북한에서의 고통스런 체험이 그 배경이 된 것이 아닌가 싶다. 자칫 냉전적 사고로 오해받을 수도 있을 만큼 그는 보수적 입장을 견지하고 있다. 이는 그만큼 그가 북한의 현실을 누구보다도 깊숙이 들여다보고 있기 때문에 낭만적인 통일관을 지닐 수는 없을 것이다.

같은 해에 그는 역시 기록극에 가까운 〈조만식은 살아 있는가?〉(1976)를 발표한 바 있다. 민족지도자 조만식(曺晩植)을 위시하여 김일성, 치스챠코프 로마넹코, 최용건, 김책 등 해방 직후 북한 공산정권 수립 시기의 요인들이 주인공인 이 작품이야말로 전형적인 정치 기록극이라 말할 수 있다. 그는 그때의 정황을 매우 객관적 입장에서 재구성하고 있다. 그중에 주목되는 등장인물이 다름 아닌 '작가'이다. 물론 이 작품의 등장인물 중 '작가'를 자기 자신이라고 밝히지는 않았지만 서사극 방식도 겸해서 당시 정황을 객관화시킴과 동시에 박조열 자신의 입장이랄까 역사관도 피력하고 있다고 보여서 흥미롭다. 물론 그는 조만식의 민족주의적 자세에 동조한다는 것도 간접적으로 내비치고 있다. 조만식의 대사 중에 "이제 와서 난 우리가 일치단결했더라도 분단이 불가

피했으리라 생각이 드오. 하지만 우리는 단결해보지도 않았다는 것을 기억해야 하오. 우리는 민족끼리 손잡는 걸 거절하고 외세와 손잡았소. 그 순간부터 한반도 분단은 결정된 거요"라는 구절이 있다. 그가 이러한 자기의 민족정체성 획득 의지를 이야기하고 싶어서 해방공간의 조만식의 고투 과정을 소삽하게 재구성했는지도 모른다. 이처럼 그는 7·4남북공동성명 발표 이후에는 통일문제에만 집착해서 문학적으로 사유하는 데 몰두한 것이 아닌가 싶다. 왜냐하면 다음 작품이 나오지 않았기 때문이다.

그는 앞에서도 말한 바 있듯이 진지하면서도 치열한 작가정신의 소유자지만 작품구조는 희극적 비전에 다다르고 있다. 물론 극적 분위기랄까, 우울한 정조가 언제나 그의 작품 저변에 깔려 있는 것도 부인할 수는 없다. 따라서 그의 작품 색조는 비희극이라고 규정지을 수 있지만 앞서 말한 전체적 골조는 희극임이 분명하다. 그래서 그의 작품을 접할 때 언제나 독자나 청중은 웃음을 터뜨리게 마련이다. 이런 웃음은 갑자기 울음으로 반전되기도 한다. 그는 웃음과 울음에 대한 나름대로의 확고한 철학을 갖고 작품에 임한 작가이다. 그는 한 칼럼에서 "함부로 노출시키는 노여움이 추태인 것처럼 함부로 노출시키는 울음 역시 추태이다. 오히려 슬픔의 본질은 그것을 참을 때 그것이 지닌 참모습이 드러난다"(『서울신문』 1979.11.9)고 쓴 바 있다. 한편 그는 「웃음과 진실」이라는 에세이에서 소년 시절에 들었다는 우화, 즉 '웃음신하'가 빠진 참모회의에서 결정된 문서에는 진실성이 없다고 서명을 거부한 하느님 이야기를 소개하면서 "웃음은 그것 자체가 비평행위일 때가 대부분이고, 또한 그것은 본질적으로 솔직함과 여유를 낳는 힘을 지니고 있다"[5]고 했다.

이러한 그의 생각은 대체로 일반론을 뛰어넘는 것으로서 웃음을 희극의 본질과 연결시켜 허위를 벗겨내고 진실을 들여앉히는 비수로 보고 있다는 데 주목할 필요가 있다. 그는 결론적으로 '웃음은 실컷, 슬픔은 몰래'라는 말로 압

---

5 박조열, 앞의 책, 129쪽.

축해내고 있다. 그의 웃음관을 좀 더 심층적으로 파고들면 베르그송이나 보들레르의 웃음관과 통하는 데가 있다. 베르그송이『웃음』이란 책에서 "웃음 속에서 우리는 항상 우리들의 이웃에게 창피를 주어 결과적으로 그들을 바르게 고치려는 숨어 있는 의지를 발견한다"고 말한 것은 웃음이 허위와 위선을 치료하는 좋은 약임을 설명한 것이다. 그런데 보들레르는 한 걸음 더 나아가 웃음은 비애(悲哀)의 세계에 그 뿌리를 둔 것이라 말한다. 이는 박조열 작품에 드리워져 있는 웃음의 본질을 명징하게 설명해주는 말이라 볼 수 있다. 보들레르는 한 발짝 더 나아가 웃음과 울음을 같은 뿌리로 보기도 한다. 다 같이 비애의 자식들이라는 것이다. 왜냐하면 적어도 어른들의 웃음이나 울음은 낙원 상실에서 오는 것이기 때문이다.

지주의 장남으로서 귀염 받고 자란 그가 나이 스무 살에 순전히 가족의 성분 때문으로 해서 벽지 교사로 좌천당하고 다시 전쟁을 만나 사랑하는 부모와 헤어져 전쟁터에서 수없이 사선을 넘나들다가 구사일생으로 생환하여 정착한 삶 앞에는 무서운 군사독재가 가로놓여 있었던 것이다. 가족과의 별거와 억압 상황에서의 좌절된 삶은 어처구니없었고 그것은 여러 편의 희극으로 형상화되어 나왔다. 그것이 바로 박조열 희극의 배경이므로 그가 내뱉는 웃음은 다름 아닌 낙원상실(樂園喪失)의 변형된 표현이라 볼 수가 있다. 그뿐이 아니다. 그의 작품에서 이따금 들려오는 총성은 실존적 허무의 느낌 속에 드리워진 막연한 공포라 볼 수 있는데, 그런 공포가 웃음과 조화됨으로써 매우 독특한 분위기를 자아낸다. 이는 그만이 갖는 독특한 작품 분위기이다.

그렇다면 그의 생계를 떠받쳐준 방송극은 대체로 어떤 주제였을까. 그에 대해서는 먼저 그의 설명을 들어볼 필요가 있다. 그의 생업은 뭐니 뭐니 해도 방송극이었으므로 당사자의 이야기야말로 그의 작품에 접근하는 데 가장 긴요한 열쇠가 될 것 같다. 그는 생계를 위하여 20여 년 동안 쉼 없이 많은 작품을 썼지만 남아 있는 작품은 얼마 되지 않는다. 그 남아 있는 작품집을 그가 1991년도에 펴냈는데, 그 서문에서 그는 다음과 같이 썼다.

나의 본령인 '희곡'으로는 먹고 살 수가 없어서 생계수단으로 쓰기 시작한 것이 '방송극'이었다. 방송극 덕분에 의식(衣食)뿐만 아니라 주(住)까지도 마련할 수 있었으나 그 대신 작가로서의 나의 정력의 대부분을 방송극에 빼앗기기도 했다. 20수년간에 걸쳐서 쓴 방송극을 원고지로 환산한다면 수만 매가 되는 데도 '활자화해서 펴내어도 무방한 수준'이라고 자평할 수 있을 만한 작품을 쓴 기억은 극히 드물다는 것은 놀랍도록(?) 부끄러운 일이다. 방송극이 지니는 소모품성(?)과 예외 없이 마감시간에 쫓기면서 마구 졸속으로 써댄 데 대한 자격지심이 겹쳐서, 나는 의도적으로 방송극본을 거의 보관하지 않았다. 부끄러운 일에 대한 은폐심리가 작용했던 것이다. 한 해 동안에 일만 매를 훨씬 넘게 써댄 파렴치한 '메뚜기 철'도 있기는 하였으나, 방송극 분야에서도 나는 과작이었는데, 이것은 나 스스로가 단막극을 특히 선호한 성향과 상관된다고 여기고 있다. …(중략)… 같은 '드라마'이면서도 희곡과 방송극본은 그 발상과 표현방법에 있어서 서로 자주, 다르기를 요구한다. 그런 의미에서 나의 '방송극본'은 나의 '희곡'과는 다른 얼굴을 지니고 있으며, 이 점은 희곡집에 뒤이어 방송극본집을 펴내게 된 연유를 설명해주기도 한다.[6]

위의 글에서 보면 그가 방송극을 쓴 것은 순전히 먹고살기 위한 부득이 한 수단으로서였고, 20여 년 동안 많이 썼으며 그가 방송극에서는 희곡에서 보여준 얼굴과는 다른 모습을 보여주었다는 것이다. 그는 특히 부끄러운 얼굴을 드러내기 싫어서 극본들을 대부분 폐기했다고 말했지만 방송 전문 연출가들에 의하면 그의 방송극 수준은 높은 것이었다. 그가 펴낸 방송극집에는 라디오 단막극 4편과 TV 단막극 3편이 실려 있다. 그런데 흥미로운 사실은 그가 서문에서 밝힌 바대로 그가 그동안 쓴 희곡들과는 전혀 다른 얼굴을 지니고 있었다. 이는 그럴 수밖에 없었을 것이다. 그러니까 순수 희곡은 극히 선택된 소수의 관계들을 대상으로 한 것이지만 방송극은 그럴 수가 없다. 방송극

---

6 박조열, 「머리말」, 『총독 돌아오다—박조열 TV · 라디오 단막극선』, 도서출판 학고방, 1991.

은 불특정 다수의 얼굴 없는 대중을 상대로 한 것인 만큼 작가의 이념이나 주
장만을 내세울 수가 없다. 특히 방송은 곧바로 시청률과 직결되는 만큼 방송
국의 요구를 따를 수밖에 없다. 방송극이 대중적이어야 하는 이유도 바로 거
기에 있다. 따라서 누구보다도 개성이 강한 박조열이었지만 대중성 짙은 작품
을 쓰지 않을 수 없었다. 그러나 방송극에서도 그의 색깔이 어느 정도 나타나
는 것도 부인할 수가 없다. 그것은 다름 아닌 그의 민족주의적 성향이고 식민
지 세대로서 어쩔 수 없는 반일(反日)사상이다. 〈핀란디아의 아들〉이 그런 전
형적인 작품이라 말할 수가 있다.

　일제 말엽 독립운동을 하다가 수감된 약혼자를 위하여 악덕 일인 검사에게
몸을 빼앗기고 그것이 임신된 채 곧 해방을 맞아 결혼하여 아들을 낳았는데
남편은 그것을 모르고 살고 있다. 그 아들은 장성하여 국군장교가 되어 있는
바 그것을 인지한 일인 검사가 한국에 온다는 이야기다. 일찍부터 음악을 좋
아한 그가 시베리우스의 애국적인 음악 핀란디아 곡을 배경으로 깖으로써 애
국심을 강조한 것도 눈에 띄는 대목이다. 그와 유사한 주제의 작품이 다름 아
닌 〈총독 돌아오다〉인데, 이 작품은 일본인이 〈핀란디아의 아들〉처럼 아들이
라는 씨앗 대신 벚나무와 고려자기를 땅에 묻어두고 떠난 점에서 차이가 나며
주인공도 검사가 아닌 학교의 역사교사였다는 점에서 다르다. 그런데 두 작품
에서 그는 일본을 용서하고 있다. 그의 작품 〈총독 돌아오다〉의 한 구절을 여
기에 소개하면 다음과 같다.

　　한빈, 니시다 선생께선 절 만나자마자 용서해달라고 하셨습니다. 그러면서 한
　국에 도착하면 모든 제자들에게 이 말을 먼저 하려 했다고 말씀하셨습니다. 전
　이렇게 대답했습니다. 선생님, 그때로부터 34년이란 세월이 흘렀습니다. 개인적
　으로 용설 바라고 용서하기에는 너무 긴 세월이어서 역사라는 큰 강물에 뒤섞여
　흘러가 버린 지가 오랩니다. 그러나 니시다 선생께선 아직 살아계시고, 또 굳이
　용설 바라신다면 저 또한 아직 살아 있으니, 용서해 드린다고 말하겠습니다.

이상의 대사는 과거 열성적으로 군국주의를 찬양했던 옛 일본 스승과 한국 제자가 34년 만에 재회하여 나눈 대화 중의 한 대목이다. 박조열은 〈핀란디아 의 아들〉에서도 거의 같은 용서를 종결로 내세웠다. 이 점은 분명히 그와 여러 면에서 성향이 비슷했던 오영진(吳泳鎭)과 구별 지어지는 것이다. 왜냐하면 오 영진은 박조열과 달리 끝끝내 일본을 용서하지 않고 타계했기 때문이다. 박조 열이 물론 이런 유형의 방송극만 쓴 것이 아니다. 앞에서도 조금 설명한 바 있 지만 그는 어쩔 수 없이 오락성이 짙은 작품을 주로 썼다. 가령 정신병원을 무 대로 여성의 허영기를 다룬 〈외출〉이라든가 무취미한 중년 작가의 순간적인 바람기를 다룬 〈목석〉 같은 작품이 바로 그런 유형이다. 이런 그에 대하여 라 디오 드라마를 많이 연출했던 임영웅은 다음과 같이 매우 긍정적으로 평가한 바 있다.

> 박 선생의 작품은 주제의식이 뚜렷하다는 점이다. 그러면서도 그것이 유연하 게 작품 속에 용해되어 있어서 설득력이 있다. 이 점이 이 작가의 힘이다. 다음 으로는 착상이나 사물을 보는 시각이 신선하고 대담하다. 그래서 그의 작품은 생동감이 있다. 그리고 또한 탄탄한 구성이 작품에 안정감을 주어 작품마다 희 곡작가로서의 면목이 뚜렷이 나타난다. 그러나 무엇보다도 그의 작품에서 소중 한 것은 어떤 소재를 다루더라도 항상 작품의 높은 격조가 유지된다는 점이다.[7]

이상에서 볼 수 있는 것처럼 박조열은 자신의 겸양과 달리 방송작가로서도 높은 수준을 항상 유지했다. 그의 TV드라마를 주로 연출했던 김수동도 임영 웅과 비슷한 견해를 다음과 같이 설명한 바 있다.

> 박조열 극본의 특색은 희곡 특유의 공간구성의 묘를 텔레비전드라마의 공간 으로 이식해온 데 있으며 유려한 영상이라든가 장면전환의 기교 같은 것에는 아

---

7 임영웅, 「라디오 드라마 연출자의 시각」, 위의 책, 207쪽.

예 흥미가 없고, 한정된 공간 속에 인간을 가두어놓고 거기서 빚어지는 갈등을 섬세한 그물로 걸러내는 데에 있다 하겠다. …(중략)… 작품에 임하는 작가의 자세는 어디까지나 진지하고 오서독스한 방법으로 드라마를 전개시키지 기(奇)를 노려서 잔재주를 쓰거나 재미를 추구하려고 시청자에게 아부하는 따위의 짓은 절대로 하지 않는다. 목청을 높여서 테마를 부르짖는 행위를 수치로 알고 시청자로 하여금 드라마 속의 인물에 감정이입 되도록 꾀하는 것을 매춘행위로까지 생각할 정도로 질색한다. …(중략)… 인간이 다른 사람들에게 보여주기 위해서 또는 자기합리화를 꾀하여 나타내는 겉모양과 때로는 추악하기도 하고 때로는 가련하기도 한 본심과의 괴리현상을 응시하는 작가의 날카로운 눈초리에서 씁쓸한 웃음이 떠오르게 되고, 드라마를 다 보고 나서도 이성적으로나 정서적으로나 시원스럽게 매듭이 지어지지 않은 채, 인간에 대한 연민이나 삶의 비애 같은 여운이 수도꼭지에서 떨어지는 물방울 한 개처럼 우리들 가슴에 퍼지게 만드는 것이 박조열 극본의 진수인 것이다.[8]

이상과 같은 연출가의 말과 같이 그가 비록 생계를 위해서 방송극을 쓰긴 했지만 절대로 극작가로서의 기본자세를 저버리지 않고 그 매체에 맞는 탄탄한 형식에서 벗어나지 않았다. 그는 우리 시대에 있어서 매우 유니크한 극작가이다. 북한에서 문학 공부를 했지만 오랜 군대생활만이 전부였던 그가 느닷없이 연극계에 뛰어들어서 동시대 작가들과는 사뭇 다른 희곡을 발표함으로써 사람들을 어리둥절케 했다. 드물게 과작의 작가지만 시간이 흐를수록 수작을 내놓았고 치열한 작가정신은 좀처럼 수그러들 줄 모른다. 그는 자유주의자로서 또 휴머니스트로서 끈질기리만큼 분단문제에 집착하면서도 권력의 속성에 굴하지 않고 저항해온 작가이기도 하다. 그러나 무엇보다도 그의 장기는 앞서 말한 우수에 찬 희극세계를 열어놓은 것이고, 끊임없이 새로운 형식을 실험해오면서 보수와 진보정신의 조화를 꾀한 극작가라는 점이다. 그의 언어는 탁마와 절제의 용광로를 거쳐 나온 것이어서 간결하고 함축적이며 속도감

---

8 김수동, 「TV 드라마 연출자의 시각」, 위의 책, 209~210쪽.

　　　　　　　　　　　　　　　　　　제6부　한국 현대연극의 거목들

이 있다. 이는 역시 그가 연륜과 관계없이 감각과 정신이 노쇠하지 않는 현대성에 있다. 우리 희곡사에서 보면 그가 상당수의 작가들이 초기에 수작을 내놓고는 조로증에 빠짐으로써 추하게 퇴장하는 것과 좋은 대조를 이룬다. 그의 이런 성향은 곧은 성격과 자신을 끊임없이 채찍질하는 치열한 장인정신, 그리고 꾸준한 독서와 사색에서 비롯된다고 보아야 할 것 같다.

그러나 분단 반세기, 전쟁이 끝난 지 50여 년이 지났으며 질서도 많이 바뀐 오늘날 그는 여전히 이데올로기 문제와 회향의식에만 사로잡혀 있을 것인가? 그는 이제 털어버릴 것은 훌훌 털어버리고 분단의 희생자로서의 분노와 회한의 멍에에서도 풀려나야 하지 않을까 싶다. 그래야만이 광대무변한 우주 속에서 인생의 의미는 무엇인가 하는 본질적 사유, 그러니까 인문학적 고뇌에 입각한 작품을 쓸 수 있으리라 본다. 그가 이미 팔순에 다가서는 원숙기의 작가로서 단순히 개인사(個人史)로서의 작품보다는 성년(成年)의 한국 연극에 새 지평을 열어줄 만한 작품을 남길 의무가 있는 것은 아닐까?

그런 과제를 안고 있던 그가 항상 병약한 상태에서 고생하더니 결국 2016년 겨울에 향년 86세로 이승과 작별함으로써 남은 과제는 후배들이 떠안게 되었다.

임영웅

　이 땅에 연극이라는 예술이 생겨나서 문화의 중요 부분으로 역할하면서 수많은 연극인들이 부침했다. 그중 어느 시대에는 큰 배우가 등장해서 연극의 격을 높였고, 또 다른 시대에는 작가가 나타나서 그런 역할을 했으며 연출가도 한 시대의 전환점을 만들었다. 20세기 후반의 임영웅(林英雄) 역시 한 시대에 걸쳐서 중요한 역할을 한 연출가로서 지금도 계속 활동하고 있는 인물들 중 한 사람이다. 일찍이 미국의 저명한 연극학자 오스카 브로켓은 연출가의 정의 및 기능과 관련하여 "제작자가 연극 제작의 재정적인 측면에 가장 큰 책임을 지는 사람인 것처럼 연출자는 예술적인 요소들에 대해서 가장 큰 책임을 지는 사람이다. 그는 대본을 어떻게 해석해야 할 것인지를 결정해야 하며 또한 다른 모든 연극 예술가들의 노력들을 하나의 통일된 공연으로 통합시켜야 한다. 그러므로 유능한 연출자는 모든 연극의 성공에 있어 가장 중요한 인물인 것이다"[1]라 규정지은 바 있다. 연출가에 대한 이런 정의는 오스카 브로켓이 내린 것이지만 연출이 연극창조의 중요 분야로 분리되면서 연극인이라면 누구나 느껴온 것이다.

1　오스카 G. 브로켓, 『연극개론』, 김윤철 역, 한신문화사, 1989, 621쪽.

그런데 연극이 생겨나면서부터 연출이라는 분야가 있었던 것은 아니다. 당초 연극은 배우만 있으면 창조가 가능했었지만 19세기 후반 이후 연극이 점차 고도로 예술화되면서 연출이 필요했고 그것이 연극의 중요 분야로 자리 잡은 것이다. 연출이 연극창조의 중요 분야로 자리 잡은 것은 아무래도 20세기 이후 영화가 발달하면서부터였다고 말할 수 있다. 왜냐하면 영화는 연극과 달리 감독이 없어서는 단 한 걸음도 나아갈 수 없는

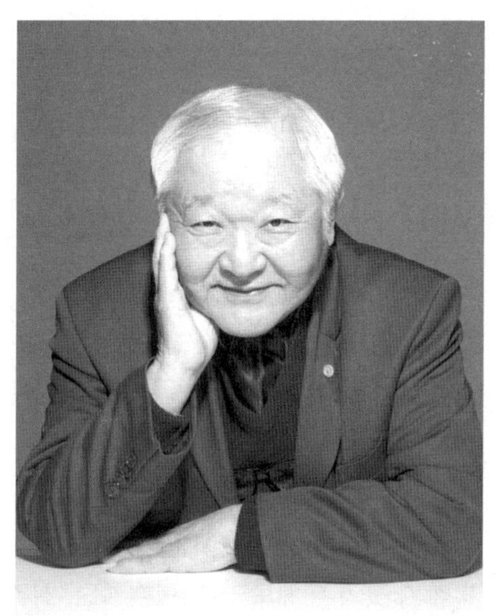

임영웅

예술양식이기 때문이다. 사실 연극과 영화는 형제 예술이라 할 만큼 상호 영향을 주고받으면서 발전해왔다. 그렇기 때문에 영화의 발전을 지켜보면서 연극 쪽에서 연출의 중요성을 인식했다고 말할 수 있지 않을까 싶다.

주지하다시피 연출자에 대해서는 두 가지 성격의 기본 개념이 있어 왔다. 첫 번째 경우는 희곡을 충실하게 해석하여 무대 위에 형상화시키는 해석적인 연출가가 있는가 하면, 두 번째 경우는 희곡을 뼈대로 삼으면서도 거기에 구애받지 않고 다른 연극적인 장치라 할 무대 미술이라든가 조명, 의상, 음향, 마임 등을 적절히 활용해 연출자의 철학에 맞게 작품을 만들어내는 창조적인 연출가가 있다. 그렇다면 중진 연출가 임영웅은 어느 경우에 속할까? 아마도 후자를 조금 가미한 전자에 속하리라 본다. 가령 그가 연출을 정의할 때 항상 인용하는 어느 저명한 서양 연출가의 "희곡을 배우가 무대 위에 실현하면 연극이 된다. 이것을 희곡의 무대적 실현이라고 한다. 희곡의 무대적 실현의 과정, 즉 희곡을 연극으로 만드는 것을 연출이라고 한다"고 한 말에서 그의 입장

을 짐작할 수 있다. 그 점에서 그는 소위 정통파 연출가라고 보아도 크게 어긋나지 않는다. 그렇다고 해서 그가 고루한 연출가란 의미는 더더욱 아니다. 그의 출세작 〈고도를 기다리며〉에서 볼 수 있듯이 그는 누구보다도 열려 있는 연출가이고, 또 정석에 머물지 않고 그것을 뛰어넘으려는 의지를 항상 가지고 있는 연출가이기도 하다.

그런데 당초 우리나라에는 연출이라는 개념이 없었다. 굿이나 가면극, 판소리, 꼭두각시극, 광대소학지희 등에서 볼 수 있듯이 우리 조상들은 배우가 모든 것을 다 해왔고, 그런 전통은 개화기 신파극을 수입했을 때도 예외가 아니었다. 그러다가 청년들이 도쿄 유학을 하고 일본에서 서구 근대극을 접하면서 연출 분야도 어깨 너머로 공부했고 그것을 천한수(千漢洙) 등이 조금씩 시도해본 것이 대체로 1920년대지만, 본격적인 것은 아무래도 1930년 11월 극단 신흥극장 창립공연 〈모란등기〉를 연출했던 홍해성이 첫 번째였다. 그로부터 유치진, 박진, 이서향, 안영일, 이해랑, 이원경, 임영웅, 김정옥, 허규, 이기하, 유덕형, 손진책 등으로 연출의 맥이 흘러왔다. 그러나 무엇보다도 큰 줄기는 아무래도 홍해성으로부터 시작하여 유치진, 이해랑, 임영웅 등으로 맥맥히 이어져 온 소위 정통 리얼리즘 연출 계열이다. 그렇게 본다면 그는 정통 연출의 제3대쯤 속한다고 볼 수 있다. 바로 그 점에서 그에 대한 탐구는 곧 1960년대 후반 이후 우리 정통 현대극의 연출 흐름의 큰 줄기를 짚어 보는 것이 된다고 말할 수 있다.

그는 1934년 음악가였던 부친 임태식(예명 정박)과 모친 변영자 사이에서 서울 현저동에서 태어났다. 그는 유년 시절 가족을 따라 자신도 전혀 의식하지 못하는 사이 일본과 중국 등지를 떠돌아다녀야 했다. 그것은 아무래도 그 당시 거의 혼자이다시피 한 재즈 연주가였던 부친이 자신의 활동 근거지를 찾아 다녔기 때문인 듯싶다. 가령 그가 세살 때 만주 봉천으로 이주하고 3년여를 살다가 6세 때 고향인 서울로 되돌아온 것만 보아도 부친의 삶의 궤적을 어느 정도 유추해낼 수가 있다.

그러던 중 그는 유년 시절에 모친을 여읜다. 어려서 어머니를 잃는 것은 생애에서 가장 불행한 일이라는데, 그것도 그의 경우 중국과 일본을 오가던 세 살 때의 일이었다. 이때부터 그는 독실한 기독교 장로였던 조부(임상하)와 권사인 조모(장경하)의 손에서 두 가지 분위기 속에서 성장하게 되는데, 그것이 종교와 음악이었다. 거기에 한 가지를 덧붙인다면 영화를 끼워 넣을 수 있지 않을까 싶다. 왜냐하면 그를 손자 아닌 아들처럼 키워온 조모가 연극 영화의 광팬이었기 때문이다. 그래서 그가 학교에 가기 전에 다닌 곳은 교회와 극장이었고, 음악은 그것이 성가든 클래식이든 또는 부친이 전공한 재즈이든 간에 언제나 귓가에 맴돈 울림이었다. 그가 아버지의 5형제가 모두 음악을 전공한 보기 드문 집안에서 자랐는데, 여기서 굳이 클래식을 이야기하는 것은 그의 숙부가 소년 시절부터 음악 전공을 위해 열심이었던 명지휘자 임원식(林元植)이기 때문이다. 그러니까 그는 성장기에 그것이 뭔지도 모르면서 베토벤이나 차이콥스키, 그리고 재즈 음악을 들으면서 자고 깼던 것이다. 그리고 그의 조모가 연극 영화 팬이었기 때문에 예닐곱 살 때부터 동양극장이라든가 평화극장 같은 공연장을 드나들게 되는 특수한 분위기에 젖어들 수밖에 없었고, 그 본질에 대한 이해 없이 연극이나 영화가 자연스럽게 체화되어가고 있었다.

게다가 재즈 연주자였던 부친의 음악활동도 그에게 상당한 자극을 주었던 것 같다. 가령 네 살 즈음에 그의 부친이 부민관에서 클라리넷을 연주하는데 그가 아버지를 만나려 무대 포켓에서 무대를 향해 뚜벅뚜벅 걸어 나감으로써 관객을 놀라게 했다는 일화는 잘 알려져 있다.[2] 이처럼 그에게 공연예술은 마치 서커스단의 자녀나 유랑 예인들의 자녀가 자연스럽게 부모의 예능을 받아들이듯이 부지불식간에 호흡하는 처지가 된 것이다. 그만큼 그에게서는 유년 시절부터 예술의 싹이 움터서, 자라고 있었던 것이다.

그러나 열두 살 때 부친과도 사별한 후 임영웅에 대한 조부모의 보호와 교

---

2 이상락, 「소설가 이상락의 이 사람의 삶—산울림 대표 임영웅」, 『신동아』 1999.3.

육이 강화되면서 그의 장래에 대해서도 여러 가지 이야기가 오갔고, 결국 예술 분야로의 진로만은 막았다고 한다. 그 이유는 재즈 음악을 하다가 요절한 아들(임영웅의 부친 태식)의 삶이 조부모를 아프게 했기 때문에 손자까지 예술을 시키고 싶지 않았던 데 따른 것이다. 그런 집안 분위기에서 임영웅은 집 주변에 있던 안산국민학교를 우수한 성적으로 졸업하고 전통 있는 휘문중학에 진학한다. 그는 중학교에 진학해서도 역시 문예에 뛰어난 소질을 보이는데, 이는 그의 내면에 흐르는 예술인의 피에 따른 것이었다. 그러나 그의 귀에 맴도는 것은 역시 조부모의 '예술가만은 곤란하다'는 환청이었다. 그런 그에게 운명의 여신이 손짓을 하기 시작했는데, 그것이 다름 아닌 1946년 겨우 중학교 1학년 때 아마추어 무대에 서는 기회를 얻은 일이었다. 즉, 당시 국어교사였던 조흔파가 개교 50주년 기념으로 명동의 시공관(뒤에 국립극장)에서 공연하게 된 〈마의 태자〉(유치진 작)에 그를 반강제로 출연시키면서부터였다. 이때 그의 잠재적 재능이 나타났는데, 이는 그 자신도 놀랄 정도였다고 한다.

그러는 동안 6·25전쟁을 만나 학교와 함께 그 역시 부산으로 피난을 가게 된다. 겨우 고등학교 2학년인 그의 나이 열일곱 살이었지만 예술적 담대함이 나타나기 시작했다. 그것은 먼저 학교 예술제를 주도한 일에서부터 나타났다. 일을 꾸미기 좋아한 그는 휘문고교만의 예술제를 하기로 마음먹고 혼자서 교장을 찾아가 당돌한 면담을 했다. 이와 관련해서 그는 "도대체 무슨 배짱이었는지 지금도 이해가 안 가는데, 학예부장이던 제가 다짜고짜 교장선생님께 찾아가서 그랬어요. 비록 피난지에 와서 고생하는 형편이지만 위축될 필요가 없지 않습니까, 학교 명예도 빛낼 겸 예술제를 한바탕 엽시다. 그랬더니 교장선생님이 이 전쟁 통에 예술제를 개최할 재정이 어디 있느냐, 더군다나 판자 교실에서 예술제가 가당키나한 얘기냐, 하시면서 어이없어 하더라고요."[3]라고

---

3 위의 글에서 재인용.

                                        제6부 한국 현대연극의 거목들

회고했다. 이는 그의 추진력과 뚝심, 그리고 무슨 일이든 일단 작정하면 끝장을 보아야 속이 풀리는 성격의 한 단면을 잘 보여주는 사건이다.

마침내 학교가 그의 주장을 받아들이면서 예술제가 화려하게 실시되었는데, 동문 모금운동도 그가 앞장섰다. 그는 당시 휘문학교 선배였던 재무부장관 백두진을 비롯해서 서울신문사 사장 박종화 등 거물급 인사들을 찾아가 모금했으며, 그 결과 모금액을 초과달성하기도 했다. 충분한 자금을 확보한 그는 남도극장을 이틀간 빌려서 세리프의 〈여로의 끝〉(전근영 연출)을 공연했는데, 이때 열일곱 살의 소년이었던 그가 주연과 제작을 동시에 해냈다.

이 일로 해서 학교의 명물로 떠오르긴 했어도 장차 연극인이 되겠다는 생각은 하지 않았다고 한다. 그렇다고 좋아하는 연극을 멀리한 것은 더더욱 아니었다. 그런 그에게 동랑 유치진과의 우연한 만남은 중요한 의미를 지닌다. 즉 유치진이 주도한 어느 학생 좌담회장에서 "장차 연극을 공부해보는 것이 어떠냐"는 유치진의 한마디 말이 그를 자극한 것이다. 유치진이 던진 말이 조부모의 장래 걱정을 능가한 것은 아니었지만 그를 자극한 것만은 사실이었다.

그런 그가 연극으로 방향을 튼 데는 서울대학교 상과대학 낙방이 촉진제가 되었다. 그러니까 그는 자신의 소질이 딱딱한 경제학 같은 것보다는 예능이란 것을 스스로 깨달은 것이다. 그는 연극을 공부하기로 결심하고 서라벌예술대학으로 진로 방향을 틀었다. 거기서 그는 첫 번째 스승인 신진 연출가 김규대(金圭大)를 만나게 된다. 당시 김규대는 유치진, 이해랑 등 정통 연출가들로부터 연출을 제대로 배운 전도유망한 청년이었다. 그가 김규대에게 가까이 다가간 것은 어디까지나 연출을 공부해보겠다는 결심에 따른 것이었다. 물론 그가 고교 시절 어느 스승에게서 장차 영화감독을 해보라는 충고도 듣긴 했었지만 영화에는 별 관심이 없었던 데다가 배우로서의 소질도 없는 것 같아 연출 쪽으로 방향을 잡은 것이다.

그런 그에게 생각보다 기회가 빨리 왔다. 1955년 대학에서 연출공부를 시작한 해에 모교로부터 제1회 전국 중·고등학교 연극경연대회에 〈사육신〉(유치진 작)을 가지고 출전할 예정인데 연출을 해주어야겠다는 연락이 온다. 전부터 그를 유심히 지켜보았던 민효기 교장의 특청이므로 피할 수가 없었다. 그가 워낙 뚝심이 있던 터라서 일단 열심히 했고, 의외로 작품이 괜찮았는지 대회에서 상위권의 입상권에 든다. 당시 고 3년이었던 이진수가 주연상을 탔으며, 그 연극에는 박근형도 출연했었다.

그의 연극에 대한 재능과 열정을 지켜본 스승 김규대는 가능성을 인정하고 자신의 데뷔작이기도 한 극단 신협에서의 첫 연출작 〈꽃잎을 먹고 사는 기관차〉(임희제 작)에서 조연출, 무대감독으로 일하도록 해주었다. 그것이 1956년이었으므로 그의 나이 겨우 스물두 살 때였다. 이어서 이듬해에는 김규대의 대표작이 된 〈세일즈맨의 죽음〉에서도 그는 조연출 겸 무대감독으로 나설 수가 있었다. 신협의 두 작품에서 비록 무대감독과 조연출을 했지만 그를 발탁한 김규대뿐 아니라 대선배들인 유치진이나 이해랑 등도 그의 진지함에 주목을 했다.

그는 두 편의 연극 제작에 참여하면서 연극인들의 생활을 깊이 들여다보는 기회도 가질 수가 있었다. 전쟁 직후의 연극 풍토는 보지 않아도 얼마나 곤궁했을지는 명약관화했다. 거기서 그는 연극만으로는 생활하기 어렵다는 결론을 내렸다. 어떻게 보면 약삭빠르다고도 말할 수 있을지 모르나 노조부모 밑에서 넉넉지 못하게 살아온 그로서는 장래를 생각하지 않을 수 없었다. 그러니까 그는 스스로 독립해야 하는 생존적인 처지를 남들보다 조금 먼저 자각한 것이다. 이때 그가 비록 연극을 완전히 저버리지는 않겠지만 뭔가 다른 생활방편을 마련해야겠다는 생각을 하기에 이른다.

당시 그는 대학생활을 지루하게 여기고 있었다. 웬만한 연극 서적은 이미 다 읽었는데, 신통한 강의도 없었기 때문에 그는 일자리를 찾기 시작하였다. 그런 때 마침 전후에 복간되거나 새로 창간되는 신문사에서 기자를 모집하고 있었다. 그는 서슴지 않고 신문기자가 되기 위해서 세계일보에 지원했고 당당히 문화부 기자로 일할 수 있게 되었다. 그의 나이 겨우 스물세 살 때의 일이었다. 그는 모든 면에서 항상 조숙함을 보여주었는데, 이는 아마도 그가 조실 부모한 데서도 영향을 받은 것이 아닌가 싶다. 물론 태어날 때부터 명석한 두뇌를 지닌 때문으로도 볼 수 있기는 하다.

여하튼 그는 최연소 문화부 기자로서 여러 분야의 문화 예술계 인사들을 접촉하는 기회를 가질 수 있었다. 당시는 전쟁 직후로서 모든 것이 불안정한 때였음으로 사람들의 직장 이동도 잦았다. 그 역시 세계일보에 입사한 지 1년도 되지 않아 전통 있는 조선일보사로 자리를 옮겼고 거기서 4년여 동안 민완기자로 일을 했다. 그 후 대한일보에서 그를 스카우트하기도 했다. 신문기자로 일하면서 그는 평소 가장 자신 있는 분야라 할 음악과 영화는 물론이고 연극, 미술 등 공연 예술과 조형 예술 전반을 두루 알게 되었으며, 연극과 영화는 직접 평을 쓰기도 했다. 이 말은 그가 적어도 공연 예술에 대해서는 전문가 못지않은 실력을 쌓게 되었다는 것을 의미한다. 이처럼 그는 이미 20대 중반에 언론계의 문화 관련 민완기자로서 필명을 날리는 청년이 된다. 그런 때에 그는 유망한 불문학도 오증자(吳澄子)를 만나 결혼함으로써 장래를 더욱 밝게 했다.

그리고 이 시기에 그는 인생의 전환점을 맞게 되는데, 그것은 다름 아닌 연극 쪽으로의 방향 전환이었다. 이 말은 그가 당장 연극인이 되었다는 것이 아니라 장차 연극으로 갈 수밖에 없는 길로 접어들었다는 이야기이다. 즉 그가 동아일보에 방송국이 생기면서 개국 업무의 책임자 최창봉의 권유로 신문기자에서 프로듀서로 전직한다. 그는 거기서 라디오 드라마 연출가로 자리 잡게 되었을 뿐만 아니라 극작가들과 성우를 비롯한 많은 연기자를 만날 수가 있었다. 가령 전속 성우였던 박정자, 김무생, 박웅, 사미자, 전원주 등은 그 시절부터 가까이 사귀어온 사람들이다. 이러한 그의 활동은 장차 연출가로 활약하는 데에 훌륭한 자원이 되었다.

그는 동아방송에 있으면서 뮤지컬과도 만나게 된다. 예그린악단이 재창단되면서 〈살짜기 옵서예〉를 준비하는데 연습 초기에 연출자가 갑자기 중도하차하자, 박용구 단장이 음악을 아는 그를 대타로 지목하고 최창봉 부장에게 부탁한 것이다. 그렇게 맡게 된 〈살짜기 옵서예〉 연출에 대해서는 오케스트라와 함께 전 단원이 며칠 동안 밤샘 연습을 했다는 전설적인 일화가 전해지기도 한다. 세종문화회관에서의 공연은 대체로 성공적이었다는 평을 들었다. 좀 더 구체적으로 당시의 평가를 검토해보면, 당시 열린 공연합평회에서 그의 연출에 대해 "그의 스케일을 파악하게 했다. 무대를 휘어잡을 수 있겠다"(이상만)에서부터 "원래 스케일이 큰 물건이기 때문에 기타 연출부 각자의 팀워크가 문제였는데, 막상 만족하지는 못했던 것 같으나 그만하면 합격점이었다"(서경술)는 긍정적인 평가가 나왔다. 전체적으로는 "진부하고 지리한 것을 없애고 화려한 춤과 노래로 즐거움을 주고 민족 흥취를 느끼게 해주었다"(곽복록)에서부터 "처음에는 불안했었다. 그러나 야금야금 들어가면서 2장서부터는 뮤지컬의 무드가 무르익었다. 고급 오페라였다"(이진섭)는 평과 함께 "대중예술로서 종합적인 시도가 약간 적었으나 분위기가 높은 수준에 있었다. 협조 분위기를 만들었다는 것은 큰 공이었다. 오케스트라와 무용, 연기가 모두 그랬다"(이상만)[4] 등 다양했지만 대체로 그만하면 수준작이었다는 평가를 받았다. 그가 대외적인 본격 작품 연출에서 일단 합격점을 받은 셈이었다.

공연합평회에서 특히 눈길을 끄는 대목은 스케일이 크고 전체를 휘어잡는 힘이 있다는 평이었다. 그런 평가는 상당히 정곡을 찌른 것이었다. 이는 곧 그가 뮤지컬을 연출할 만한 능력을 지녔다는 평가이기 때문에 그로서는 상당히 고무 될 수밖에 없었고, 거기서 자신감도 얻을 수 있었다. 물론 그 작품의 성공에는 음악을 담당한 최창권(崔彰權)이라든가 주연 여가수 패티김 등 조력자들도 한몫한 것이 사실이었다. 그러나 그가 본격 연출가로 데뷔하는 무대치고는 너무 큰 것이었고, 뮤지컬이 아직 정착되지 않은 풍토에서 임영웅의 도전은 하나의 용감한 모험이었다고 해도 과언이 아니다. 그것을 그가 무난히 치

---

4 「예그린악단의 뮤지컬플레이 합평회」, 『주간한국』 1966.10.30.

러낸 것이다. 그가 연출에 자신감을 가질 수 있었던 것도 바로 그런 모험이 성공을 거둔 데 따른 것이다.

고전 〈배비장전〉을 약간 현대적으로 재구성한 〈살짜기 옵서예〉가 성공을 거두자 이듬해 그는 신작 뮤지컬인 〈꽃님이 꽃님이〉를 연출함으로써 유일한 뮤지컬 연출가로 인정받게 되었다. 그러자 그는 방송국에 매여 있기보다는 자유롭게 연출 활동을 하기 위해서 동아일보를 떠나 예그린악단의 연출실장을 맡게 된다. 그것이 1967년이었으므로 그가 방송국에 발을 들여놓은 지 꼭 4년여 만의 일이었다. 거기서 그는 연출만 하려고 작정했고, 곧바로 〈대춘향전〉을 연출하여 호평을 받았다. 그러나 예그린악단이 정치의 영향을 받는 단체였으므로 박용구 단장이 곧바로 교체되는 일이 생겼고, 임영웅 역시 그와의 약속이 이행될 것 같지 않아서 곧 그곳을 떠난다. 그는 한동안 프리랜서로 연출만 하게 되었는데 그 시기에 국립극단에 데뷔 연출을 하였다. 즉, 1968년 초 오태석의 처녀장막극 〈환절기〉 연출이 바로 그것이다. 이 작품을 연출함으로써 그는 연출가로서 어느 정도 장래를 보장받은 것이나 다름없었다. 그 이유는 희곡으로서는 어딘가 엉성한 작품을 명료하게 형상화했다는 것과 당시 최고의 배우가 모여 있는 국립극단을 제압(?)했다는 의미도 있었기 때문이다.

그 공연에 대해서 여석기는 희곡을 중점으로 하여 "신인 작가의 대거 진출은 근년에 없었던 일이었다. 그러나 그중에서 작품 가지고 흠을 잡을 데가 없다고 생각하는 것은 〈환절기〉뿐이다. 다른 작품들은 모두 어딘가 구성이 허약하거나 주제의 추가 희미한 데 비해 이 작품은 젊은 부부 사이의 애정의 위기를 심리의 좌표 위에 설정하는 데 매우 정확하게 계산해놓고 있다. 그리고 대사가 싱싱하고 함축적이어서 어느 기성의 아류 같은 인상도 주지 않는다"[5]면서 1968년도의 최고 작품으로 평가한 바 있다. 실제로 그는 전위성이 강하고 감각적이며 논리성이 부족한 오태석의 희곡을 오서독스하면서도 치밀한 분석

---

5 여석기, 『한국연극의 현실』, 동화출판공사, 1974, 204~205쪽.

을 통하여 무대 위에 형상화함으로써 신인 작가로 하여금 가능성 있는 인물로 발돋움할 수 있게 했다.

국립극단에서 인정을 받은 직후 그는 〈환상살인〉(정하연 작)과 〈인종자의 손〉(전지호 작) 등 신인 작가의 작품 두 편을 연달아서 연출했다. 이들 작품은 모두가 구성력이 떨어지는 것이었지만 그가 연출로서 충분히 보완해낸 것이다. 그 시기에 때마침 명동에다가 이병복이 까페 떼아뜨르를 만들자 그는 답답한 창작극에서 잠시 벗어나 전위극을 한번 연출해보고 싶다는 생각에 따라 헤럴드 핀터의 〈덤 웨이터〉를 무대에 올리게 된다. 이는 그가 소위 부조리극을 처음 만난 것이었고, 이 작품을 무대에 올리는 과정에서 자신만의 극단이 필요하다는 생각을 하기에 이른다. 왜냐하면 극단 없는 연출가가 독자적으로 작품을 제작하는 데는 여러 가지 제약이 따랐기 때문이다. 그리고 프리랜서라는 것은 어딘가 무소속 같다는 생각도 했던 것 같다. 그렇다고 당장 극단을 만들기는 쉽지 않고 해서 당시에는 생소한 것이었지만 소위 프로듀서 시스템이란 임시방편으로 작품을 만들었고, 그런 방식은 그의 생애를 업그레이드시킨 〈고도를 기다리며〉 연출까지 이어지게 된다. 그렇다면 이 유명한 작품이 어떤 경로로 해서 무대에 올려졌는가 하는 의문이다. 그에 대하여 그는 언론계 동료 김성우와의 관계 속에서 이루어졌음을 다음과 같이 회고했다.

> 69년에 한국일보 사옥이 신축됐는데, 당시 김성우 주간한국 국장이 점심을 함께하면서 사옥 12층에 극장이 하나 생겼는데 연극을 한번 해보지 않겠느냐고 물어요. 공연장이 없어서 쩔쩔매던 상황이라 좋다고 했지요. 무슨 작품을 했으면 좋겠느냐고 했더니 김 국장 얘기가 등장인물도 많지 않고 무대도 복잡하지 않은 〈고도를 기다리며〉를 해보라는 거예요. 읽고난 소감은 한마디로 "난공사에 부딪혔구나"였어요. 그러나 결국 정면으로 부딪힐 수밖에 없다고 생각하고 덤벼들었지요. 그 작품이 제 생애에 결정적인 작품이 될 줄을 까맣게 몰랐어요.[6]

---

6 이상락, 앞의 글에서 재인용.

   제6부 한국 현대연극의 거목들

이상과 같이 이 작품은 한국일보 사옥 건축과 그리고 문화 감각이 뛰어난 김성우 기자의 제안이 없었으면 태어나기 어려웠었다. 그 당시 베케트라는 부조리 작가는 우리 일반 대중에게 생소하기 이를 데 없는 인물이었고 〈고도를 기다리며〉도 불문학도나 희곡을 전공하는 일부 영문학자 정도만 알고 있었다. 문화계에서조차도 앞서가는 연극인들이 좀 알고 있었을 뿐 친숙한 작품은 아니었다. 그럴 수밖에 없었던 것이 작품 자체가 현학적이고 난삽하기 이를 데 없어서 좀처럼 잘 읽히지 않았기 때문이다. 그가 그 희곡을 읽는 데만 3일이 걸렸다는 고백이 과장만은 아닌 것이다. 뚜렷한 줄거리가 있는 것도 아니고 그렇다고 해서 클라이맥스가 있는 것도 아닌 이런 작품을 연출한다는 것은 그에게 있어서 정말로 모험이 아닐 수 없었다. 그의 회고에 의하면 악전고투 그 자체였다고 한다.

그래서 그 공연에 관객이 과연 올 것인가 하는 우려도 없지 않았다고 한다. 그런데 막도 올리기 전부터 이상한 조짐이 나타났다. 즉 흥행을 가늠할 수 있는 것이 예매 상황인데, 당시 연극계에서는 상상할 수 없을 만큼 전 회 전 공연 매진이라는 초유의 사태가 벌어진 것이다. 그것은 하나의 사건이랄 수도 있었다. 더욱이 당시 연극계가 깊은 침체에 빠져 있을 때였으므로 더욱 그랬다. 그렇다면 어째서 그런 사건이 벌어졌을까? 거기에는 두 가지 이유가 있었다고 보아야 한다. 첫 번째는 역시 한국일보의 대대적인 홍보가 효과를 발휘한 것이고, 두 번째로는 운이 좋으려고 마침 그 시기에 베케트가 노벨문학상 수상자로 발표됨으로써 시너지 효과를 나타낸 데 따른 것이다.

실제로 막이 올랐을 때 객석은 잔잔한 웃음으로 넘쳐났다. 이해하기 어려울 것이라 짐작하고 잔뜩 긴장하고 앉아 있던 관객들은 속으로부터 터져 나오는 웃음을 자연스럽게 토해내고 있었다. 이는 후술하겠거니와 그가 작품을 쉽게 풀어갔고, 실제로 음악을 사용하지는 않았지만 대단히 리드미컬했던 배우들의 움직임이 관객의 웃음을 더욱 유발시킨 것이었다. 이 말은 곧 그가 음악의 내재율을 배우들의 움직임에 활용했다는 이야기가 된다. 따라서 〈고도를 기다리며〉는 공전의 히트를 기록했고, 전후의 기나긴 연극의 불황을 떨쳐버리는, 열띤 관객의 반응을 불러일으킨 작품이 된 것이다. 당시 관객의 주류는 대학생과 인텔리였다. 그 작품이 열띤 반응을 불러일으킨 데에는 노련한 배우 김성옥과 신예 함현진의 열연도 한몫했다. 이 작품을 연출한 임영웅은 연출의 변에서 다음과 같이 썼다.

> 10년 전 처음 베케트를 대했을 때는 그는 먼 곳에 있는 사람이었다. 그러나 〈고도를 기다리며〉를 연출하고 있는 지금, 그는 아주 가까운 곳에서 많은 것을 나에게 이야기해주고 있다. 처음 그를 대했을 때의 놀라움이나 당황은 지금의 나에게는 없다. 오직 나를 웃기고 즐겁게 하고 한숨짓게 하고 울린, 그의 감동적인 이야기를 어떻게 하면 충실하게 전할 수 있을까 하는 생각뿐이다. '고도'의 말을 전하는 소년처럼 나는 '베케트'의 말을 전하는 사람이다. '고도'가 누구며, 또 무엇이냐 하는 문제는, 많은 사람들이 제 나름대로의 의견을 말하고 있다. 그런데 베케트는 '고도'가 누구이며 무엇인지는 자기도 모른다고 했다. 나는 굳이 '고도'가 누구며 무엇인지를 밝히려 하지 않았다. '고도'를 기다리는 블라디미르와 에스트라공을, 나를, 우리들을, 조용히 바라보는 일을 했을 뿐이다.[7]

이상과 같은 그의 연출의 변에서 작품이 성공할 수 있었던 요인을 찾을 수 있다. 그 첫 번째가 다름 아닌 작가의 창작 의도를 그가 충분히 숙지하고 있었던 점이다. 즉 그는 이 작품을 어떤 선입관을 갖지 않고 하나의 철학놀이로 풀어간 것이다. 만약에 이 작품을 어떤 선입관을 가지고 어렵게 접근했다면 공연은 실패할 수밖에 없었을 것이다. 그것을 알아차린 그가 순전히 즐거운 놀이로 풀어간 것이 성공을 거둔 요인이 된 것 같다. 베케트 자신이 사실 제2차 세계대전을 치를 때 지루하게 세월을 낚았던 경험을 권태로운 철학놀이로 형

---

7 임영웅, 「연출자의 말」, 〈고도를 기다리며〉 팸플릿, 1969.2.17~23.

　　　　　　　　　　　　　　제6부　한국 현대연극의 거목들

상화한 것이 바로 이 작품이었다. 그것을 그가 간파하고 연출에 임한 것이다. 그 당시 관객들이 어딘가 낯설고 또 어처구니없는 웃음 속에 비애가 깔려 있는 이 부조리극을 부담 없이 즐긴 이유가 바로 거기에 있었다.

여기에 한 가지 반드시 첨가해야 할 것이 있는데, 그것은 바로 배우들의 오랜 연습이었다. 밥 먹고 자는 시간 이외에는 몽땅 연습에 쏟아부었으니 배우들 또한 견디기 어려울 정도였으며, 하루에 19시간을 훈련할 때도 있었다. 그러한 노력이 성공적인 공연의 바탕이 된 것이다. 게다가 군사독재 시대에 이 작품은 젊은 인텔리 관객들에게 은연중에 자유를 기다린다는 은유적 메시지를 전해주고 있었다고 말해도 크게 어긋나지는 않을 듯싶다. 그 공연은 당시로서는 드물게 앙코르 공연도 가졌는데 그것도 순전히 관객들의 열화와 같은 요청에 의해서였다.

이 작품은 임영웅에게 여러 가지 변화를 가져다주었다. 그는 〈고도를 기다리며〉 연출 이전에 최초의 창작 뮤지컬 〈살짜기 옵서예〉를 연출하여 뮤지컬의 가능성을 제시했고, 〈환절기〉로 국립극단에서도 인정을 받음으로써 대표적인 신예 연출가로 발돋움한 것이다. 그를 특히 전도유망한 연출가로 자타가 인정케 한 것은 역시 중요한 포상이 주어진 데 따른 것이기도 했다. 즉 그가 〈고도를 기다리며〉의 연출로 1970년도 한국일보 연극영화예술상에서 대상과 작품상을 거머쥐었고, 잇달아서 서울신문 문화대상에서 연출상과 대상까지 받은 것이다. 그는 한국방송공사(KBS)에도 입사하여 직장 또한 안정을 얻었기 때문에 연극계에서는 자신 있게 나아갈 수 있는 입장이 되었다.

따라서 그는 자신이 직접 극단을 조직하기에 이른다. 그가 극단을 하나 만드는 일은 누구보다도 쉬운 일이었다. 왜냐하면 언론계에 오랫동안 몸담아 온 데다가 동아방송에서 많은 성우를 관리했고 국립극단이라든가 예그린악단 등에서 연출을 했었기 때문에 주변에 좋은 배우들이 많았다.

그는 한국일보 공연이 끝나고 난 몇 달 뒤인 1970년 여름에 극단 산울림을 창단했다. 그는 평소 연극을 같이했거나 뜻을 같이하겠다는 김성옥, 함현진,

김인태, 김무생, 김용림, 사미자, 윤소정, 윤여정, 손숙, 최선자 등 10여 명으로 극단을 조직하면서 기존 단체들과는 성격을 달리 가져갔다. 솔직히 그때까지 유행한 동인제 시스템은 힘을 합친다는 좋은 의미도 있지만 다른 측면에서 본다면 누구도 전적인 책임을 지지 않는다는 점과 그때그때 좋은 배우들을 마음대로 선택해서 작품을 만들 수 없는 부정적 요인도 없지 않았다. 따라서 그는 동인제 시스템을 보완하면서 직업 극단으로서의 면모를 갖춘 프로듀서 시스템을 도입했다. 그런 제도는 그 자신이 모든 책임을 지겠다는 의미도 내포한 것이었다. 이들은 특별한 창단 선언문도 없이 오직 '좋은 연극을 열심히 하겠다'는 것이 캐치프레이즈였고, '우수한 창작극으로 연극운동을 하고 우수한 번역극으로 연극 연구를 해 나간다'는 것이 궁극적 목표라고 했다. 이런 간단 명료하고 담박하기까지 한 캐치프레이즈야말로 직선적이면서도 진솔, 우직스러운 임영웅의 성격을 잘 보여주고 있다.

그들은 일단 한국일보의 요청으로 올렸던 창단공연작 〈고도를 기다리며〉를 그 멤버 그대로 같은 장소에서 했고, 진정한 창단기념공연은 이듬해 2월에 국립극장의 큰 무대에서 아서 밀러의 〈비쉬에서 일어난 일〉로 치러냈다. 〈비쉬에서 일어난 일〉은 1940년대 초 독일군 점령하에서 비쉬 정부 때를 시대 배경으로 나치의 유대인 박해사건을 다룬 점에서 극단 산울림의 어떤 숨은 의도를 읽게 했다. 작품은 대체로 무난했다는 평가를 받았다. 동시에 배우들의 작품 소화 능력에 문제가 있었다는 지적도 받았으나 연출만은 칭찬을 받았다. 가령 여석기는 그에 대하여 "이 모든 아쉬움에도 불구하고 지나치리만큼 정통적인 (때문에 요즘 연극계에서 경원당하기 알맞은) 작품을 속임수를 일체 섞지 않은 우직하리만큼 정통적인 입장에서 다룬 그 자체와 끈기에 대해 평자는 단순한 인사가 아닌 경의를 표하는 바"[8]라고 썼다.

여석기의 평에서 눈길을 끄는 부분은 임영웅이 속임수를 일체 쓰지 않았다

---

8 여석기, 앞의 책, 258쪽.

　　　　　　　　　　　제6부　한국 현대연극의 거목들

고 지적한 부분이다. 이는 사실 그의 연출 자세뿐만 아니라 그의 성격이기도 하다. 그는 아주 직선적이어서 잔재주를 부리지 않는다. 따라서 그는 무슨 작품이든 자기 자신이 완전히 소화를 해야만 배우에게 연결을 시킨다. 그렇기 때문에 그가 연출한 작품은 성공과 실패를 떠나서 적어도 불투명한 것은 없다. 그가 난해하기로 정평이 난 〈고도를 기다리며〉를 성공시킨 것도 그러한 정공법 덕분에 가능했던 것이다.

그의 융통성이 없을 정도로 우직한 측면은 곧 아카데미즘으로 연결된다고 볼 수 있다. 그가 비록 번뜩이는 직관력이나 재치는 부족할지는 모르나 문제성에 접근하여 깊숙이 파고드는 끈기와 저력, 냉철한 분석력, 연구성만은 대단히 강하다. 그것은 학구적이라고도 말할 수 있고 프로 정신이라고도 볼 수 있다. 그 점은 두 가지 측면에서 표출되는데, 그 하나가 레퍼토리 선정에서 보인다고 한다면 다른 하나는 실제적인 작업에서 잘 나타난다. 가령 산울림 초기 작품을 보더라도 〈비쉬에서 일어난 일〉을 비롯하여 로버트 볼트의 〈꽃피는 체리〉, 이오네스코의 〈코뿔소〉, 유진 오닐의 〈밤으로의 긴 여로〉, J. 르나르의 〈홍당무〉 등 사회 문제적 성격의 번역극들이 주류를 이루었고 창작극도 대체로 신인들의 것이긴 해도 현대인의 정신 병폐를 묘사한 〈부정병동〉(김용락 작)이라든가 〈가위 바위 보〉(최인호 작), 〈건강진단〉(조해일 작) 등을 선호했다. 그가 때때로 연극의 전문화와 직업화를 이야기하지만 상업주의만은 탐탁치 않아 하는 편이다. 그러니까 그가 연극을 순전히 밥벌이 수단으로 삼는 것은 거부하는 편이라는 이야기이다. 그의 이러한 면은 산울림 창단기념공연 팸플릿에 쓴 다음과 같은 연출의 변에 어느 정도 나타나 있다.

> 〈비쉬에서 일어난 일〉을 공연한다니까 어떤 분은 흥행성이 없다고 걱정을 해 주었다. 그러나 지금 우리가 생각해야 할 일은 관객의 수가 아니라 우리들이 만드는 연극이어야 한다. 연극은 무성의하게, 적당히 만들면서 관객의 수를 생각한다는 것은 주객의 전도이다. 우선 우리가 할 일은 관객을 생각하는 시간에 연

극을 생각하는 것이라고 나는 믿는다.[9]

이상에서 우리가 확인할 수 있는 것은 그의 연극에 대한 진지한 접근 자세이다. 그는 연극을 순전히 영리의 수단으로 생각하는 것을 꺼린다. 그 점에서 대단히 보수적인 연극관을 지니고 있다. 그뿐만 아니라 연극을 오락으로 생각하지 않으려 애쓴다. 유년 시절에 그가 교회의 성극에서 개안을 해서 그런지는 모르겠으나, 그는 연극을 인간 구원의 정서매체로 생각하는 것이 아닌가 싶다. 그는 언제나 구도하는 자세로 연극에 임하고, 또 자신의 연극 인생을 구도 과정으로 알고 있는 것도 같다. 그가 항상 반복해서 주창하는 '인간을 그려야 한다'는 것이 바로 그런 명제가 아니고 무엇이겠는가.

우람한 체구의 극히 범용한 외모와는 달리 그의 연극에 대한 자세는 너무나 진지하다. 애주가지만 사람에 대한 호불호는 물론이고 연극에 대한 호불호도 마찬가지다. 술을 많이 마셔도 흐트러짐이 없고 연출에 일단 임하면 명품을 만들어내기 위해서 원칙에서 조금도 벗어나지 않고 자신을 불사른다. 그래서 원로극작가 차범석도 그에 대하여 "원칙에서 벗어날 수 없다는 그의 지론과 흑과 백을 분명히 딛고 일어서려는 의지와 지성을 설혹 차가운 얼음 조각이자 매서운 칼날이 되었을지언정 '진정한 연극'이 아닌 것을 철저히 배격하고 거부하는 저력에는 그 누구도 부인할 사람은 없다."[10]고 평한 바 있다. 그가 일단 작업에 임하면 마치 학자가 연구를 하고 논문 준비나 책을 쓰듯이 연출을 한다. 그렇기 때문에 산울림의 연습실은 대학원 강의실이나 학술 세미나실과 비슷하다. 작품 분석에 따른 토론이 너무나 진지해서 다른 무엇이 끼어들 여지가 없다. 토론이 끝나고 일단 연습에 들어가면 배우의 동선 하나, 조명의 밝기, 음향의 정확성에 주도면밀하게 주의를 기울이고 자로 잰 듯 확실하고 투

---

9 극단 산울림 창단공연 팸플릿, 1972.2.

10 차범석, 「연출가 임영웅의 세 가지 매력」, 『임영웅의 삶과 연극』, 파라다이스문화재단, 2005, 90쪽.

명해야만 다음 장면으로 넘어간다.[11] 그래서 그의 연출을 가리켜 독특하다고 하는 것 같다. 그에게서 연출을 배운 심재찬이 임영웅의 연출에 대하여 다음과 같이 설명 한 바 있다.

> 그의 연출 스타일을 소위 '자로 잰 듯한 연출'이라고들 한다. 이는 대본을 구체적으로 분석하여 대사 하나하나의 의미를 되살리고 이를 확실하게 표현하기 위한 방법일 것이다. 선생님과 작업을 해본 배우들이라면 누구나 아는 사실이지만, 확실한 동선과 동작의 지시는 인물 하나하나를 완벽하게 분석하여 만들어낸 표현이었다. 이러한 연출 스타일이 짐짓 배우들을 숨 못 쉬게 한다고도 한다.[12]

임영웅이 배우들을 숨 못 쉴 정도로 닦달하는 것은 잘 알려져 있다. 그와 30여 년 동안 연극을 같이 해온 손숙도「나의 스승 임영웅 선생님!」이라는 글에서 "보통 오후 2, 3시에 모이면 저녁 10시까지 발바닥에 불이 날 지경이었다. 대본을 놓고 무대에 서면 이 대사에 시선은 정면, 오른쪽, 왼쪽 해서 시선 외우는 것만으로도 머리에 쥐가 날 지경이었다. 조그만 실수, 한 치의 오차도 용서 없이 자로 잰 듯한 연기를 원하셨고 그런 연기는 지독한 연습 없이는 불가능했다."[13]고 술회한 적이 있다.

이처럼 정치(精緻)하면서도 끊임없이 이어지는 반복연습으로 작품은 좋아질 수밖에 없지만 배우들은 죽어나게 마련이다. 그는「체험적 연출론」이라는 어느 강연에서 이렇게 이야기한 적이 있다.

> 연출은 배우를 매개로 표현되는 작업이라는 점입니다. 이 너무도 당연한 사실을 가끔 잊어버리는 수가 있습니다. 너무도 당연하기 때문에 잊어버리는 것일까요. 연출가는 작품에서 얻은 공감을 배우에게 전하여 연기자들도 연출가와 같은

---

11 이세기, 「이세기의 인물탐구—연극 연출가 임영웅」, 『서울신문』 1995.3.25.
12 심재찬, 「엄격한 선생님의 칼날 같은 가르침」, 『임영웅의 삶과 연극』, 110쪽.
13 손숙, 「한국연극의 모더니티를 제시한 연출가」, 위의 책, 105쪽.

공감을 갖게 해야 합니다. 물론 그 작업은 그리 쉬운 일이 아닙니다. 그러나 꾸준히 끈기를 갖고 그 일을 계속해야 합니다. 그러기 위해서는 막이 오를 때까지 연출가는 연기자들에게 애정을 갖고 그들을 돌보면서, 그러나 예술적으로는 가혹할 정도로 철저하게 그들의 재능을 최대한도로 끌어내 혹사해야 한다는 것이 내 생각입니다.[14]

이상에서 확인할 수 있듯이 그는 배우를 존중하되 혹사도 불사할 정도로 철두철미하게 연습을 시키고 훈련시킴으로써 순도 높은 작품을 만들어낸다. 〈고도를 기다리며〉 공연 때 하루에 19시간을 강행군했다는 것은 세계 연극사에서도 기록될 만한 전설이 되어 있지 않은가. 그러면서 좋은 연극이란 어떤 것인가에 대하여 나름대로 정의를 한 바 있다. 물론 최대한 정성을 들여서 잘 만든 것이 예술성도 높고 바람직한 작품이지만 그는 다른 측면에서 접근한다. 즉 훌륭한 작품과 관련하여 "수준 높은 지적인 연극은 식자들을 즐겁게 하지만 또 감정적인 연극은 대중을 즐겁게 한다. 이 두 가지 요소가 일치될 때 비로소 좋은 연극이 탄생된다."고 말했다. 그러니까 임영웅은 좋은 연극이란 지적 깊이와 세련된 감성이 씨줄과 날줄로 직조되어 있는 것이라 본 것이다. 여하튼 그는 이러한 신조 위에서 치열하게 연출에 임한다.

일반적으로 연극을 사회의 반영이라고도 하고 인생의 재현이라고도 이야기한다. 그런데 임영웅은 이 두 가지를 조화시키는 연극이 가장 바람직한 것이라고 생각한다. 그러면서도 그는 언제나 삶의 재현에 무게를 두는 편이다. 현실적으로 인생의 여러 모습을 무대 위에 재현하려면 실제적 삶 이상으로 그 본질에 접근해야 하기 때문에 섣불리 장난치듯 할 수가 없다. 그의 수도승 같은 연극 연출 자세도 바로 그런 인식하에 나올 수 있는 것이다. 임영웅은 연극을 인생 그 자체, 또는 그 이상의 어떤 것으로 생각하기 때문에 그의 작품에는 곧잘 배우 부부가 출연하기도 한다. 심지어 〈부정병동〉에서는 세 쌍의 배우

---

14 극단 산울림 창단공연 팸플릿, 1971.2.

부부를 출연시킨 일까지 있었다.

그는 한국 사람 특유의 낙관적인 인생관을 지니고 있는 듯이 보인다. 그가 〈고도를 기다리며〉라든가 〈밤으로의 긴 여로〉 같은 비관적 톤의 작품을 선호하지만, 그런 작품들 속에서 따뜻함을 찾고 희미하게나마 희망을 발견하려 애쓴다. 그리고 그가 창작에서도 정신질환 문제를 다룬 작품을 여러 번 채택한 것도 어쩌면 하나의 패러독스일 수가 있는 것이다. 그가 창작극들 중에서 유독 안수길의 〈북간도〉를 좋아하는 이유도 그 작품 속에 내포되어 있는 미래로 연결되는 끈질긴 생명력 때문임은 두말할 나위 없다.

여기에 또 한 가지 부연해야 될 것은 그의 정치 성향이다. 이는 그가 정치에 관심을 가졌다는 이야기가 아니라 정치적 분위기를 많이 탄다는 이야기다. 그가 힘 있게 연출 생활을 전개했던 시기는 군사독재 시대였다. 그런 어두웠던 시대에 그 나름의 독특한 레퍼토리 선택을 통해 그에 대해 반응한 것이라고 보아도 크게 어긋나지 않을 듯싶다. 그가 연출가로 데뷔해서 1970년대까지 연출한 작품 대부분은 어두운 그림자가 드리운 비극류였다. 물론 이런 현상은 그뿐 아니라 연극계 전반의 현상일 수도 있기는 하다. 그러면서도 그는 특유의 긍정적 인생관에 입각하여 어둠 속에서 빛을 찾아내려 노력했다.

그러는 동안 그는 1979년 10월 박정희 대통령 시해사건이라는 정치변혁을 맞게 된다. 사회가 요동치면서 민주화가 될 듯싶다가 유신보다도 더욱 경직된 정치 상황이 전개되었다. 모든 것이 얼어붙었으나 단 한 가지 긍정적이었던 것은 1980년대 초에 예술인들의 요청으로 공연법이 개정되면서 누구나 쉽게 극장을 가질 수 있게 된 것이었다. 여기저기 소극장이 늘어났고 그에 따라 극단도 우후죽순 증가하였다. 그 결과 웬만해서는 극장 얻기도 어려워졌다. 관객은 달아났어도 극단은 팽창했기 때문에 너도나도 공연을 하려고 했으니 극장 빌리기가 쉽지 않았다. 임영웅으로서도 자기 극장을 갖지 않으면 연극을 하기 어려울 지경에 이른 것이다. 그런 때에 마침 그는 대한민국 연극제 연출상 수상의 부상으로 구미 연극 여행을 처음 해보게 된다. 이때 그는 유럽 사람들도 우리와 비슷한 부분이 있고 순수 정통연극은 서양도 어렵다는 것을 목도할 수 있었다. 이에 용기를 얻어서 황소 힘줄같이 질기고 뚝심 있는 그가 소극장을 하나 만들어야겠다는 결심을 하기 시작한다. 그와 관련하여 그는 이렇게 회고한 바 있다.

> 사실 연극하는 사람치고 소극장을 갖고 싶지 않은 사람이 없지요. 그러나 부모로부터 물려받은 재산도 없고, 월급생활만 해온 처지에 모아놓은 돈도 없으니 저로서는 엄두가 안 나는 일이었는데, 아내가 살고 있던 조그만 집이라도 팔자고 먼저 제안을 해왔습니다. 그런데 소극장 그거 차려놔봤자 돈이 벌리는 것도 아닐 것 같아 겁을 낸 사람은 오히려 제 쪽이었습니다.[15]

그는 결국 아내의 적극적인 도움에 용기를 얻어서 소극장 건립에 나서게 된다. 그런데 여기서 그의 아내 오증자를 이야기하지 않을 수 없다. 왜냐하면 그녀가 없었으면 산울림소극장의 탄생도 어려웠지만 그 유지도 쉽지 않았을 것이기 때문이다. 그녀는 저명한 불문학자로서 사회적 지명도가 높고 문학과 연극에 대한 애정 또한 대단한 여성이다. 그렇기 때문에 가정을 지켜야 하는 여성으로서 살던 집을 선뜻 내다 팔 수 있는 용기를 낸 것이라고 말할 수 있다. 임영웅이 소극장을 마련하겠다고 했을 때 주변에서 여러 사람이 말렸지만 그의 아내가 솔선해 나섬으로써 극장 짓기에 일단 손을 댄 것이다. 그렇다면 그가 어떻게 그 어렵다는 소극장 건립에 나섰을까. 그와 관련하여 그는 한 인터뷰에서 "레퍼토리 시스템을 갖춰서 롱런할 수 있는 환경을 만들어야 연극으로 관객을 제대로 만날 수 있다는 생각"(『객석』 2005.12) 때문이었다고 술회한 바 있다.

그러나 역시 소극장 건립은 예상대로 쉬운 일이 아니었다. 집을 팔고 빚을 내어서도 겨우 외형만 세울 수밖에 없었다. 다행히 그의 어려움을 알고 나

---

15 이상락, 앞의 글에서 재인용.

제6부   한국 현대연극의 거목들

선 독지가들이 일단 후원회를 만들었고 서울신문의 신우식 기자를 위시하여 한국일보의 장명수, 조경희 등 언론, 문화 예술계의 인사들과 익명의 독지가들이 십시일반해 줌으로써 내부 시설을 갖출 수 있었다. 이는 1962년 동랑 유치진이 드라마센터를 건립할 때 독지가들이 나섰던 것에 비교될 수 있을 것 같다.

산울림소극장의 탄생은 대단히 중요한 의미를 지닌다. 왜냐하면 여태까지 우리 연극사에서 그런 형태의 소극장은 처음 등장한 것이었기 때문이다. 물론 소극장은 1958년 을지로 입구에 공보부에서 개설했던 원각사에서부터 1969년 명동의 살롱극장 까페 떼아뜨르, 그리고 창고극장, 공간사랑 등이 생겨나면서 1980년대까지 10여 개가 부침했었지만 개인이 순전히 연극을 위해서 사재를 털어 세운 소극장은 처음이었다. 그렇기 때문에 그가 어떤 구애도 받을 필요 없이 마음껏 연극운동을 펼쳐나갈 수 있었다.

대체로 소극장은 그 규모가 300석 미만을 가리키는 것이고, 대극장에서 해내기 힘든 실험적 작업을 하는 것이 원칙이다. 그러나 우리나라 소극장은 그런 원래 소임을 할 수 없는 형편이었다. 중형극장이나 대극장이 절대 부족한 상황에서 실험적 작업만을 할 수가 없었던 것이다. 이 말은 곧 소극장들이 대극장의 축소판 역할을 해야 한다는 이야기였다. 1980년대 이후의 상당수 소극장들이 타락했던 이유도 바로 거기에 있었다. 즉 소극장에서 상업성을 충족하기 위해 여러 가지 병폐를 낳았던 것이다. 다행히 산울림소극장은 그러한 여타 소극장들의 병폐를 인지하고 소극장의 전형을 만들어 보겠다는 자세를 굳건히 한 것이다. 가령 소극장 운영이 아무리 어려워도 대관하지 않고 작품으로 승부한다는 경영원칙을 지켜나간다는 것이 바로 그런 것이다.

전통예술과 무용, 음악 등으로 개관 공연을 가진 산울림은 임영웅의 대표작 〈고도를 기다리며〉를 달포 동안 공연하고 관객 확대를 위하여 고심한다. 어렵게 문을 연 소극장이 의외로 관객이 몰려들지 않았기 때문이다. 솔직히 그는 개관공연이나 다름없었던 〈고도를 기다리며〉가 그동안의 평판으로 해서 폭발적인 반향을 일으킬 것으로 예상했었던 것도 사실이었으나, 별다른 반응을 보이지 않은 점에서 충격을 받았다. 그 이유를 그는 우리 연극계가 너무 오랫동안 타성에 빠져 있었던 데 따른 것으로 보고 뭔가 돌파구를 찾지 않으면 소극장 유지가 쉽지 않다고 보았다. 산울림소극장은 그와 아내가 기획과 창조, 경영이라는 쌍두체제로 운영하고 있었기 때문에 레퍼토리 선정 때는 두 사람이 숙의를 거듭하곤 했다. 그들은 수개월에 걸쳐서 관객 개발에 대하여 장고를 거듭했고 결국 연극장을 떠나간 과거의 여대생들을 불러들일 만한 레퍼토리를 찾아보자는데 의견 일치를 보았다. 이제 중년의 주부가 되어 있을 지난 시대의 여대생들을 생각해낸 것이다. 그와 관련하여 그는 월간『신동아』와의 인터뷰에서 다음과 같이 설명하고 있다.

> 우선 우리나라 연극 관객의 정체가 무엇인지 분석하기 시작했어요. 예전이나 지금이나 대다수가 여대생입니다. 86년 당시 이화여대가 개교 100주년을 맞았습니다. 그렇다면 신여성 교육이 도입된 지도 한 세기가 되었다는 얘긴데, 60~70년대에 극장을 메웠던 그 여대생들은 지금 어디 갔나? 중년 부인들이다. 그들을 다시 불러 모으는 방법을 찾아야겠다는 결론에 도달한 것입니다.[16]

이상에서 우리가 주목해야 할 것은 임영웅 부부가 기업의 경영방식을 은연중에 도입한 점이다. 환언하면 그들이 기업에서 하고 있는 시장 조사를 했다는 이야기다. 이는 대단히 중요한 의미를 지닌다. 왜냐하면 극단들이 그동안 그런 시장 조사를 생각해본 일도, 또 연구해본 적도 없었기 때문이다. 그동안 우리의 극단들은 대표의 취향이나 단원들의 요청에 따라서 주먹구구식으로 레퍼토리를 선정해왔기 때문에 흥행에 실패하는 경우가 많았다. 그렇게 볼 때 그의 시장 조사는 연극사에서 매우 중요한 의미를 지닌다. 이는 연극계에서도 기업의 경영방식을 부분적이나마 도입한 것이기 때문에 직업 연극으로 나아

---

16 위의 글에서 재인용.

　　　　　　　　　　제6부　한국 현대연극의 거목들

가는 방편으로서 큰 진전을 보여주는 것이기도 하다.

이런 그의 시도는 크게 적중했다. 즉 그는 공동대표인 오증자가 번역해서 히트를 친 시몬 드 보부아르의 소설을 극화한 〈위기의 여자〉를 두 번째 작품으로 무대에 올림으로써 대단한 반향을 불러일으킨다. 폭발적이라고 할 정도로 관객이 몰려들어서 장장 7개월 동안이나 막을 열어야 했다. 이는 1970년대 중반 실험극장의 〈에쿠우스〉 공연을 능가하는 것으로서 100여 석의 소극장에서 무려 5만여 명의 관객을 동원하는 기록을 세웠던 것이다. 물론 그러한 성공에는 시장 조사가 전제된 것이긴 해도 몇 가지 또 다른 요인도 작용했다. 가령 박정자(朴正子)라는 여배우가 열연을 한 것에서부터 당시 사회적으로도 이혼이 유행하기 시작했으며 페미니즘이 문화의 중요한 아젠다로 떠오르고 있었던 것도 하나의 요인이 되었다고 볼 수 있다.

그는 작품을 선택해서 연출을 할 때마다 자신의 연극이 관객들의 삶에 뭔가 도움이 되어야 한다는 생각을 한다. 좀 더 구체적으로 말해서 그는 자신이 만든 작품을 보고 관객들이 '각자의 삶을 생각하면서 자기 인생을 되새겨보는 계기로 삼아야 한다.'고 믿는다. 혼탁한 시대에 중년 여성들이 겪고 있는 내면적 갈등을 그는 보부아르의 〈위기의 여자〉를 통해서 하나의 해법으로 제시한다는 확신을 갖고 임했다고 말할 수 있다. 그런 그의 생각이 적중한 것이 바로 공연 성공이었다. 〈위기의 여자〉는 2년여에 걸쳐서 주연 여배우를 교체하면서 여러 번 무대에 올려짐으로써 위기에 직면해 있던 산울림소극장을 재정적으로 구해주었다. 그렇다고 해서 그가 흥행만 염두에 둔 공연을 한 것은 아니었다. 그는 소극장의 책무를 염두에 두고 창작극들, 예를 들면 〈숲속의 방〉(강석경 소설 원작)이라든가 〈유토피아를 먹고 잠들다〉(이강백 작), 〈술〉(이석영 작), 〈웬일이세요 당신〉(정복근 작), 〈덫에 걸린 집〉(정복근 작) 등을 연달아 무대에 올렸다. 그가 소극장이 가야 하는 정도를 항상 염두에 두고 있었음을 레퍼토리로 말해준 것이다. 그가 그나마 그런 일을 할 수 있었던 것도 실은 〈위기의 여자〉가 흥행적으로 성공을 거뒀기 때문에 가능했다.

　1988년 서울에서 국제올림픽이 열리면서 그의 평생의 대표작인 〈고도를 기다리며〉가 국제적 평가를 받게 되기에 이른다. 즉 올림픽 행사에 참석했던 세계적 부조리극 연구학자인 미국 스탠포드대학 교수 마틴 에슬린으로부터 높은 평가를 받은 것이다. 그는 문예회관에서 공연된 그 작품을 관극하고 강연을 했는데, 조선일보 정중헌 기자가 요약해서 다음과 같았다고 기사화한 바 있다.

　산울림의 무대는 부드러움과 무용적인 움직임, 그리고 고도로 양식화된 동작으로 베케트가 갖가지 상징을 얼마나 효과적으로 이용했는지를 깨닫게 해주었다. 이러한 연출방식은 혹시 한국의 전통공연예술이 지닌 추상적 표현에서 유래한 것이 아닌가 생각된다. 매우 아름다운 이미지로 승화시킨 마지막 장면은 이 작품에 새로운 차원을 부여한 것이다. 그러나 작품 해석에서는 서양과 몇 가지 차이점을 보였다. 어쩌면 주제에서 베케트의 비관론은 극동 관객에게는 너무나 서양적인 것이었을지도 모른다. 서양의 기술적 발전을 추구하는 파우스트적 사고와 동양의 체념적 철학의 차이점일 수도 있다. 베케트는 그 어느 편도 들지 않는다. 그저 상황을 제시할 뿐이다. 그의 철학은 '유쾌한 허무주의'라고 할 수 있다. 마지막 장면의 처리도 동서의 차이를 보여준다. 미국과 영국의 무대에서 종교적 구원의 의미를 찾으려 한 게 많았다. 어떤 미국 공연에서는 무대 위의 나무 한 그루를 그리스도가 못 박힌 십자가처럼 표현한 것도 있다. 한국 무대에서 이 장면은 어떤 종결성을 배제하려 했다. 왜냐하면 '끝없음'에 대한 개념을 중시했기 때문이다(강연 후 연출가 임씨는 마지막의 메시지가 연민의 정이나 사랑일 수 있다고 설명했다). 배우들의 연기도 대조적이었다. 서양에서는 두 주인공의 어릿광대짓이 잔혹하고 요란하게 그려졌다. 포조와 럭키가 넘어져 있는 장면 등도 아주 격렬하게 묘사됐고, 럭키의 대사 역시 광적일 정도로 난폭하게 끌어가는 경우가 대부분이었다. 이에 비해 한국 무대는 두 주인공이 부드럽고 무용적인 광대로 그려졌고, 럭키의 대사도 단조롭고 기계적으로 처리, 효과를 살렸다. 연출과 연기에서 산울림 공연은 베케트 극을 한층 진전시킨 훌륭한 무대였다(『조선일보』 1988.9.9).

이상에서 확인할 수 있는 것처럼 마틴 에슬린은 산울림 공연을 대단히 성공한 작품으로 평가했다. 이는 근대 연극사상 우리나라 연출가가 만든 서양의 번역극을 제대로 평가한 최초의 경우였다고 해도 과언이 아니어서 거의 전문을 그대로 인용함으로써 역사적 자료로 남기려 한 것이다. 그런데 이 작품은 마틴 에슬린의 호평으로 끝나지 않고 베케트의 본고장으로까지 초빙받기에 이른다. 〈고도를 기다리며〉는 1989년 프랑스의 아비뇽 연극제에 초청되는데, 거기서 더블린 연극제 관계자가 우연히 이 작품을 관극하고 더블린 연극제에 참가해줄 것을 요청한 것이다. 필자도 아비뇽 연극제 현장에서 외국인들의 반응을 살필 수 있었는데, 매우 액소틱하다는 것이 공통된 평가였다.

결국 산울림은 1990년 10월 베케트의 본고장에서 우리가 만든 〈고도를 기다리며〉를 선보였다. 그것은 의외로 대 호평을 받았는데 임영웅 자신도 놀라지 않을 수 없었다. 즉 아일랜드의 권위지들마다 호평이었고 『아이리쉬 인디펜던트』 같은 신문들도 큰 제목으로 '한국의 고도는 기다릴 만한 가치가 있었다'고 대서특필하면서 찬사를 아끼지 않았다. 이러한 호평으로 연극 수준이 높기로 이름난 폴란드에서까지 초청이 옴으로써 그단스크에서도 공연을 하였다. 혹자는 이러한 산울림의 해외 공연에 대하여 번역극이 아닌 창작극이었으면 하는 의견을 내기도 한다. 그에 대해서 그는 나름대로의 확고한 신념을 가지고 있었다.

자주성 운운하면서 외국에 작품을 들고 나가는 것을 비판하는 시각도 있겠지요. 그러나 그건 이해력이 부족한 사람 얘깁니다. 정경화나 김영욱이 우리 작곡가 작품으로 연주를 시작했나요? 교류 첫 단계는 그들도 하는 것을 들고 나가서 당당하게 겨뤄보는 것입니다. 셰익스피어나 브레히트를 들고 나가서 우리 역량을 내보인 다음에, 우리만의 것을 내밀어야 정당한 평가를 받는다고 생각합니다. 그렇지 않으면 그들에게 그저 민속적 호기심 이상을 줄 수가 없지요.[17]

---

17 위의 글에서 재인용.

이상과 같은 그의 설명은 사실 맞는 이야기다. 왜냐하면 그동안 우리나라 극단들이 몇 번 창작극을 갖고 해외에 나갔었지만 별반 반응을 못 얻은 적이 있기 때문이다. 그가 이 작품을 갖고 베케트의 본고장에 가서 당당히 그들과 맞서서 인정받은 것은 한국연극사상 최초라고 말할 수 있다. 그가 부조리극을 가지고 서양의 본고장에서까지 연출실력을 인정받으니까 매우 진보적인 연출가로 보는 이도 없지 않았다. 그러나 그는 가장 정통적이고 또 보수적인 연출가임은 다 아는 사실이다. 물론 그가 1969년부터 몇 편의 부조리극 계열의 희곡을 연출해서 성공을 거둔 것이 사실이고, 〈고도를 기다리며〉 같은 작품은 창작극처럼 보일 정도로 거의 완벽에 가깝도록 작품 해석을 해놓았기 때문에 앞으로도 상당기간 적어도 베케트 해석에 있어서는 그를 능가하기는 어려울 것 같다.

임영웅이 누구보다도 보수적인 연극관을 지니고 있음은 북한 작품을 평가한 데서도 잘 나타나고 있다. 88서울올림픽을 전후하여 정부가 개방정책을 쓰면서 평양의 공연 단체가 우리의 국립극장에서 작품을 선보인 적이 있었다. 그는 관극 소감에서 "무용은 '신명'이, 음악은 '느낌'이 우러나야 하는 것 아닙니까? 이번 무대에는 이런 것이 없어서 보는 관객의 입장에서도 아주 지리했습니다. 제 기억으로는 18개 정도의 공연을 한 것 같은데 처음 〈금강선녀춤〉부터 마지막인 〈쟁강춤〉까지 멜로디 춤의 형태, 의상, 출연자가 가끔 바뀌었을 뿐 거의 같은 느낌이었습니다. 현대예술의 경우 다양한 것이 특징이고 그것이 예술의 생명력인데 그것이 없기 때문입니다. 그들은 낮은 차원의 예술감각에서 만들어놓은 '오늘의 북한 예술'을 주체성이라고 착각, 그 단조로움이 더 획일화 된 것 같습니다"(『한국일보』 1985.9.25)라고 혹평함으로써 그의 보수적이면서도 자유주의적인 예술관의 일단을 내비친 바 있다.

그가 그러한 고전적 예술관을 지니고 있기 때문에 여성들을 향한 레퍼토리 개발도 가능했던 것이고 〈위기의 여자〉와 같은 작품으로 성공을 거둘 수도 있었다고 본다. 〈위기의 여자〉 등 몇 번의 히트작으로 성공을 거둔데다가 〈고도를 기다리며〉로 국제적 명성을 얻은 그는 소극장 운영에서도 안정을 찾을 수 있었다. 그러면서 그는 차제에 여성들을 고정 관객으로 묶어두어야 한다는 생각을 은근히 한 것 같다. 그것은 산울림의 여성주의적인 레퍼토리에서 잘 나타나고 있다. 가령 박완서의 〈그대 아직도 꿈꾸고 있는가〉와 같은 창작극도 그렇지만 번역극에서 보면 톰 캐핀스키의 〈하나를 위한 이중주〉와 장 콕토의 〈목소리〉, 그리고 드니즈 샬렘의 〈엄마는 오십에 바다를 발견했다〉와 아놀드 웨스커의 〈딸에게 보내는 편지〉 등이 바로 그런 유형의 레퍼토리 아닌가. 그가 드니즈 샬렘의 작품을 선택한 것과 관련하여 "첫 번째 기념공연 작품 박완서 원작 〈그대 아직도 꿈꾸고 있는가〉에 이은 작품도 프랑스 작품이긴 해도 역시 여성의 삶을 주제로 한 것이어서 올 기념 공연은 86년 〈위기의 여자〉 공연 이후 극단 산울림의 기본 방향의 하나가 된 여성연극을 여러모로 착실하게 다루게 되었다.

〈엄마는 오십에 바다를 발견했다〉는 인생의 영원한 주제의 하나인 사모곡, 어머니를 그리워하는 이야기다. 살아 있을 때는 미처 깨닫지 못했던 어머니의 살뜰한 정과 깊은 사랑, 그것은 마치 공기 같은 것이어서 그 고맙고 소중함을 몰랐는데, 어느 날 어머니가 죽자 딸은 비로소 눈물로 어머니의 반생을 소설로 쓴다. 특히 이 작품에 등장하는 어머니가 너무도 인간적이다. 잔소리만 하고, 적은 돈에도 벌벌 떨며, 화장실에 앉아서 얘기하기를 즐기는 그런 어머니지만 그래서 더 생생하고 친근감이 든다. 평생 고생만 하다가 번듯하게 한 번 살아보지도 못하고 죽어가는 우리들의 어머니 모습 같다. 나는 이 작품을 그런 어머니들을 생각하며 연출했다."[18]고 씀으로서 자신의 연출 속내를 드러낸 바 있다. 이는 그의 베케트 작품 연출 의도와는 먼 것이지만 극단 산울림의 여성주의 성향만은 분명히 밝힌 것이어서 주목된다고 하겠다.

그가 산울림소극장 개관 1주년 때 〈위기의 여자〉를 택한 이후 창작과 번역

---

18 임영웅, 「모든 어머니를 위한 진혼곡」, 산울림 개관 6주년 기념공연 팸플릿.

모두에서 페미니즘 일변도로 흐르게 의도적으로 방향타를 잡은 것이었음을
다음과 같은 연출 변에서도 확인할 수 있다.

> 이렇게 지난 개관 기념작품을 살펴보면 그 큰 맥이 여성의 삶을 주제로 한 작
> 품들임을 알 수 있습니다. 그렇습니다. 산울림은 앞으로도 계속해서 여성의 삶
> 을 여러 각도에서 다루어 나갈 생각입니다. 이번 개관 7주년 기념공연의 〈딸에
> 게 보내는 편지〉는 영국의 대표적인 극작가 아놀드 웨스커의 최신작입니다. 서
> 른다섯 살의 엄마가 사춘기에 접어드는 딸에게 쓰는 편지는 설교조의 충고이기
> 보다는 한 여인의 숨김없는 자기 고백입니다. 그 고백이 솔직하고 진실되어 우
> 리에게 공감을 줍니다.[19]

이상에서 알 수 있는 것처럼 산울림의 방향은 여성주의로 일단 잡혀 있었
다. 물론 그렇다고 해서 산울림의 연극이 모두 페미니즘 연극만은 아니다. 채
윤일이라든가 심재찬, 채승훈, 이성열 등 그의 제자들이 연출을 맡을 때는 색
깔이 다른 작품을 많이 하도록 권장한 것도 특징이랄 수 있다. 그리고 그는 항
상 소극장의 기능과 역할, 그리고 사명을 염두에 두고 소극장을 운영하려 애
썼다. 이는 곧 그가 직업 연극인이라기보다는 아직까지는 연극운동가로서 이
나라 연극 발전에 이바지해보겠다는 의지가 강함을 알려주는 것이기도 하다.
1990년대 중반부터 시작한 '오늘의 한국연극—새 작품 새 무대' 시리즈는 바
로 그런 그의 연극운동 의지를 분명하게 나타내주는 것이다. 더구나 1980년
대는 우리 연극사에 상당한 변화가 나타나기 시작한 시기였다. 우선 소극장
도 많이 늘어났지만 그보다도 연극 주도 세대가 크게 바뀌었으며 관객 취향도
1970년대와는 비교도 안 될 만큼 변했다. 그런 변화를 읽고 있었던 그가 연극
이 지나치게 상업적으로 흐르는 것만은 어느 정도 막아보겠다는 생각을 한 것
이 아닌가 싶다. 가령 그가 '오늘의 한국연극—새 작품, 새 무대'를 시작한 배

---

19 산울림 개관 7주년 기념공연 팸플릿.

경과 관련하여 "변모하는 오늘의 한국연극을 점검하고 그 속에서 우리의 작가와 연출가들은 무엇을 생각하고 어떤 구실을 하고 있는가에 대해서 관객과 함께 깊이 생각해서 새로운 도약을 위한 발판을 마련하기 위한 의도로 시작한 것"(산울림 팸플릿)이라고 분명히 밝힌 점에서 그런 의지가 보인다. 그는 또한 창작극 개발 외에도 1991년부터 '산울림 실험무대'라고 하여 번역극과 새로운 창작극을 번갈아서 무대에 올리기도 했다. 이는 곧 그가 연극계의 저질 번역극 위주의 상업주의 바람에 맞서서 소극장의 본분을 지키도록 여타 극단들과 소극장들에게 우회적으로 메시지를 보내겠다는 의도도 깔려 있는 듯싶다. 가령 그가 「창작극에 대한 갈망」이란 글에서 자신의 소신을 이렇게 피력했다.

1969년 극단 산울림을 창단하면서 우리는 천명한 바 있습니다. '좋은 번역극으로 연극 연구를! 좋은 창작극으로 연극운동을!' 창작극과 번역극의 공연이 균형을 이룰 때 이상적인 극단 활동이 이루어진다는 소신이었습니다. 그런데 현실적으로 좋은 번역 작품을 구하기는 어렵지 않지만 좋은 창작극을 얻기란 여간 힘 드는 일이 아니었습니다. 소극장 산울림을 개관한 1985년 3월에도 그 현실은 변하지 않았습니다. 1993년 봄 산울림은 새로운 각오와 결의로써 '오늘의 한국연극—새 작품 새 무대'를 기획, 네 편의 창작극을 집중적으로 공연했습니다. 민간극단으로서 더욱이 소극장 운영이란 이중의 어려움을 극복해야 하는 우리로서는 많은 위험이 뒤따르는 모험이었습니다. 그러나 산울림은 주저하지 않고 이 새로운 연극운동에 나섰습니다.

이상에서 확인할 수 있는 것처럼 그는 시대가 아무리 변했어도 소극장의 사명은 달라질 수 없다는 생각과 한국 신극운동의 좌표랄까 발전목표가 언제나 번역극과 창작극의 공연이 균형을 이루어가야 한다는 신념을 지켜가려 했다. 그러나 세상은 그의 뜻대로 움직여주지 않았다. 이 말은 곧 창작극은 언제나 적자였고 극장 유지가 쉽지 않았다는 이야기다.

그러는 동안에 어언 극단 창단 30주년을 맞이했다. 그는 다시 여성연극으로 전기를 맞아야겠다는 결심을 한 것 같다. 그래서 고안해낸 것이 다름 아닌 여성연극의 재점화였다. 그는 과거 화제를 불러일으켰던 페미니즘 연극을 다시 연속적으로 무대에 올렸다. 평소에 그는 여성연극이란 말을 별로 쓰려 하지 않는다. 그가 항상 연출의 목표로 삼는 '인생을 담는 연극이 좋은 연극'을 만들다 보니 우연히 여성의 절실한 삶을 묘사한 작품들이 자주 무대에 올려지게 된 것일 뿐이라는 것이다. 아무래도 남성중심사회에서 여성들의 부대끼는 삶은 여러 가지 이야기를 파생시킬 수밖에 없고, 그러다 보니 자연스럽게 여성이 주인공이 되는 작품을 선택하게 된다는 것이다. 그것이야말로 진정한 '인생을 이야기하는 연극'이 된 것이고 동시에 극단 산울림의 전략이 되었다는 이야기다.

산울림은 20주년 기념으로 과거의 히트작인 〈엄마는 오십에 바다를 발견했다〉와 〈목소리〉, 그리고 〈위기의 여자〉를 연속적으로 공연했는데, 여배우 빅3라고 지칭되는 박정자, 윤석화, 손숙이 각각 세 작품의 주인공을 맡음으로써 상당한 화제를 불러왔다. 그 결과 산울림소극장은 극장 개설 20년 만에 '여성연극의 메카'로 우뚝 설 수가 있었다. 이는 산울림소극장의 특징으로서만 끝나는 것이 아니고 한국 현대여성사에 하나의 큰 의미를 던진 문화사적 사건이라고 말할 수 있다. 왜냐하면 그가 만든 작품들이 모두 여성이 자아를 찾아가는 과정을 묘사한 것이기 때문이다. 이는 대단히 중요한 의미를 갖는다. 아직까지 한국연극사에서 한 사람의 연출가가 자신이 만든 소극장에서 독특한 색깔을 만들어내고, 특히 여성의 각성된 삶을 일깨우는 노력을 해냈다는 점에서 대단히 큰 연극사적 의미를 지닌다.

이런 그가 1997년 우리나라가 경제 파국을 맞으면서 연출 방향을 가족 문제로 돌린 바 있었다. 그럴 수밖에 없었던 것이 IMF로 말미암아 가정해체라는 사회 문제가 심각하게 대두되었기 때문이다. 그런 작품이 다름 아닌 마샤 노먼의 〈엄마, 안녕…〉이었다. 물론 이 작품은 경제적 고통으로 인한 가족 해체 이야기는 아니고 모녀간의 대화 소통 부재를 다룬 내용이지만 전통적인 가족

개념이 흔들리는 시대에 여러 가지로 해석될 수 있도록 만들었다는 점에서 함축적 의미가 있었다. 그 자신이 대단히 가족적이어서인지는 몰라도 가족 문제를 주제로 한 작품을 선호하는 편이다. 그가 이 작품 말고도 창작극 분야에서도 조창인 소설 원작의 〈가시고기〉라든가 김형경 소설 원작의 〈사랑을 선택하는 특별한 기준〉 등도 실제로는 가족 문제를 깊이 생각하게 하는 공연들이었다고 말할 수 있다. 그는 건강한 가정이야말로 건강한 사회를 만들기 때문에 연극으로도 그런 문제를 수시로 짚어야 한다고 생각하는 듯싶다. 솔직히 그런 선택이야말로 정통연극인이 추구해야 할 올바른 방향이 아닐까도 싶다.

그는 부부 문제에서부터 시작해 모녀간의 문제, 그리고 다시 오늘에 이어서 아버지는 무엇인가에 이르기까지 가족 문제의 영역을 확대해 갔다. 결국 그가 가족 구성원의 문제를 여러 측면에서 짚어나간 것이었다고 말할 수 있다. 그가 궁극적으로 추구하는 것 가운데 한 가지가 곧 가정의 행복을 통한 인간의 행복이다. 그는 문화일보의 김승현 기자와 가진 인터뷰에서도 자신이 무대 위에 펼쳐 보이는 인생을 통해서 관객들이 각자 자신을 되돌아봄으로써 뭔가를 얻어가기를 바란다면서 "이들이 연극의 감동을 가정으로 가져가 가정이 화목해지고, 이웃에 전파해 사회가 활력이 넘쳤으면 좋겠다"(2002.8.6)고 술회한 바도 있다. 그런 목적으로 그가 연극을 하는 것이고 연극하는 그 자체가 자기의 삶의 전부라고 믿고 있다.

그는 자신이 연극을 택한 것을 하나의 운명이라고 생각하고 있는 듯하다. 소극장 운영이 어려움에 봉착해도 그는 문 닫을 생각을 하지 않는다. 자기의 존재 이유가 바로 연극운동일진대 어떻게 극장 문을 닫을 수가 있겠는가. 그는 이제 고희를 넘겼지만 여전히 정력적으로 연출을 하고 있다. 그는 가장 정통적인 연출가이지만 근자에는 뮤지컬에도 많은 관심을 기울이고 있다. 그 또한 시대의 흐름을 외면할 수는 없다고 판단했고, 특히 창작 뮤지컬을 처음 연출한 선구자이기도 해서 뮤지컬에 상당한 애착을 갖고 있는 듯이 보인다.

그는 연극 연출 50여 년 동안 수많은 스타를 배출한 연출가이기도 하다. 그는 원칙주의자이고 아카데믹해서 희곡을 중요시하고 극작가를 존중한다. 서두에서도 조금 언급했지만 그는 자신의 철학이 확고한 데에도 불구하고 원작을 훼손하지 않는 정통파 연출가다. 그래서 그의 밑에서 스타가 탄생한다고 말할 수도 있는 것이다. 그가 대표작 〈고도를 기다리며〉 연출에 관하여 그 많은 대사를 한마디도 빼지 않고 배우들에게 외우도록 했다면서 다음과 같이 설명한 바 있다.

> 제 연출의 기본은 원작에 충실해야 한다는 것입니다. 저는 30년 동안 〈고도를 기다리며〉를 열 번이나 연출했지만 원작에서 단 한 글자도 고치지 않았습니다. 그것이 임영웅식 〈고도를 기다리며〉입니다. 공연 시간이 2시간이 넘어서 좀 잘라낼까 생각한 적도 있었지만 자를 데가 없어요. 또한 황량한 벌판이 배경으로 등장하는 대목을 연출할 때에도 다른 사람들은 거기다 바람소리나 새소리 이런 걸 넣는 모양인데, 저는 원작에 효과 표시가 없었기 때문에 그대로 갔습니다. 바람소리 내서 황량함을 나타내는 것보다 배우가 관객에게 마음속으로 허허벌판의 황량함을 느끼게 해주어야 그게 진짜 연기예요.[20]

이처럼 그는 두 가지 연출가형 중에서 자기 마음대로 작품을 뜯어고치는 형이 아닌 원작에 충실한 연출가형에 속하는 정통파이다. 그는 뜯어고치는 형을 실력 없는 연출가로 폄하하기도 한다. 물론 원작에 충실한 연출가도 전혀 문제가 없는 것은 아니다. 왜냐하면 배우 나름의 창조 영역을 조금도 허락지 않기 때문이다. 그것이 바로 완벽주의 연출가의 조그만 약점인지도 모른다.

여하튼 그는 혼신의 연출 활동으로 건강도 적잖게 상했다. 디스크로 허리

---

20 이상락, 앞의 글에서 재인용.

가 휘었지만 그는 조금도 개의치 않고 연출을 계속했다. 긍정적 세계관을 지닌 낙관주의자인 그는 연출가로서도 비극에서까지 항상 조그만 빛을 찾아보려 애썼다. 바로 그 점에서 그는 연출가이기 이전에 전형적인 한국 남성상을 나타내준다고 말할 수 있다. 물론 그는 대가도 충분히 받았다. 서울시문화상을 비롯하여 예술원상, 동랑연극상, 이해랑연극상, 그리고 파라다이스상 등 웬만한 문화예술상은 모두 받았다. 그는 연출 생활 50년 동안 수많은 명작들을 만들어냈고, 스타의 산실이라는 별명까지 들을 만큼 명배우도 많이 배출해냄으로써 한국연극을 한 단계 업그레이드시킨 공로가 있다. 특히 그가 1980년대 이후 실험이다 상업주의다 해서 연극계가 극도의 혼란에 빠져 있을 때에도 흔들리지 않고 홍해성, 유치진, 이해랑 등으로 이어진 정통 연출의 맥을 굳건히 지켜온 것이야말로 그의 최대의 공로가 아닐까 싶다. 그렇다고 해서 그가 고루하게 리얼리즘만 지키고 있는 것은 아니다. 세계 연극이 뮤지컬로 흐르고 우리 연극도 급속하게 그런 방향으로 가고 있는 이때 앞장서서 뮤지컬 발전에 이바지할 만큼 그의 연극창조 범위는 대단히 넓었다. 정통연극의 지킴이에 그치지 않고 우리 시대에서 선호되는 뮤지컬의 전도자 역할까지도 계속한 것이다.

2010년대 들어 알츠하이머 병을 얻은 그는 병마와 싸우다가 2024년 더운 여름에 향년 89세로 이승과 하직했다.

전방위 연극인
김의경

　김의경은 한국 현대극사상 가장 젊은 나이에 연극계의 리더로 부상된 몇 안 되는 인물 중의 한 사람이다. 이미 24세에 실험극장(實驗劇場)이라는 동인제 극단을 만들어서 단 몇 년 만에 연극계의 가장 촉망받는 극단으로 키워놓았기 때문이다. 물론 그에 앞서서 근대극 초창기에 임성구(林聖九, 1887~1921)라는 인물이 같은 나이에 이 땅에 신파극이라는 새로운 연극 장르를 이식시킨 일도 없지는 않았다. 그리고 3·1운동 직후 박승희(朴勝喜, 1901~1964)가 22세에 극단 토월회를 창립하여 이 땅에서 과도기적인 근대극 운동을 펼친 경우가 있었다. 이들 세 사람은 다 같이 20대 초반에 연극운동의 새 전기를 마련했다는 점에서 공통점을 지니지만 임성구와 박승희는 김의경만큼 장기적으로 연극계를 주도하지도 못했을 뿐만 아니라 연극의 한 분야에서 확고한 자기 위치를 확보하지 못한 점에서 김의경에 뒤진다고 말할 수 있다.

　임성구는 1911년부터 1921년 사망할 때까지 겨우 10년 동안 연극 활동을 했고 박승희는 토월회 창립(1923) 때부터 태양극장 해산(1939) 때까지 활동했으므로 중간 휴식을 감안하지 않더라도 16년 동안 연극운동을 주도했을 뿐이다. 그러나 김의경만은 1960년 가을부터 타계한 2016년까지 장장 55년 동안을 연극계의 맨 앞에서 왕성한 활동을 했다. 그뿐만이 아니다. 임성구가 배우 겸 극단 운영자였고 박승희가 극작가 겸 극단 경영자였다면 김의경은 극작가로 확고한 자기 위치를 확보한 상태에서 연극 기획자와 극단 경영자로서도 일가를 이룬 것이다.

그는 또 국내 연극 활동에 만족하지 않고 김정옥(金正鈺)과 함께 국제연극인으로서도 돋보이는 활동을 했던 점에서 전술한 두 사람의 선구자와 구별된다. 어떻게 보면 전방위(全方位) 연극인이면서도 대단히 앞서가는 연극인이기도 한 그는

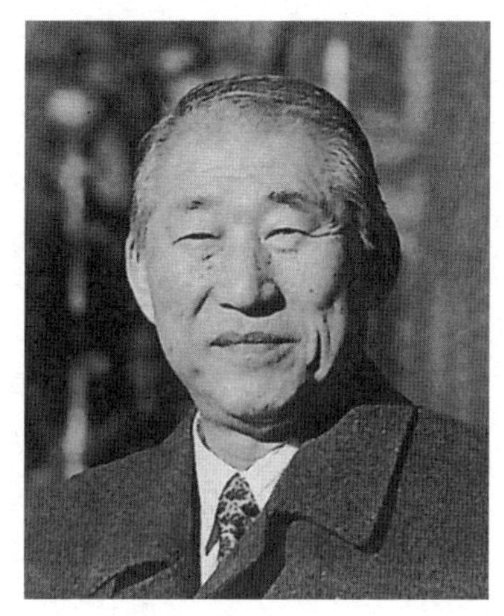

김의경

1936년에 평안남도 순안에서 교육자 김연묵(金連黙)의 9남매 중 막내로 태어났다. 그곳에서 소학교를 다니다가 해방과 함께 가족이 모두 서울로 이주해서 정착한다. 그의 나이 10세 때였으므로 서울은 그의 고향이나 마찬가지이다. 명석한 두뇌의 소유자인 그는 학교 성적이 언제나 우수했지만 특히 아이들을 모아 집단놀이하는 것을 좋아했다고 한다. 가령 종이놀이 같은 것을 좋아했는데, 이때부터 그는 이미 공동 제작 같은 것에 흥미를 가졌음을 알 수 있다.

서울사대부속중학에 진학해서도 교지를 만드는 등 매사에 적극적이었고, 고교에 진학해서는 시와 소설을 쓰면서 타교생들과 문예서클을 조직하기도 했다. 이처럼 그는 일찍부터 문재(文才)를 보이면서 같은 생각을 가진 사람들과 어울려서 어떤 조직체를 만드는 것을 좋아했다. 그러니까 그는 개개인이 아이디어를 내서 그것을 바탕으로 어떤 문화적 조직체를 만들어내고, 그런 문화적 조직체에 많은 사람들을 참여시키고 또 문화적 혜택을 줄 수도 있다는 생각을 갖기에 이르렀다. 이런 생각을 가진 그가 대학 진학을 앞에 놓고 여러 가지를 구상하는데, 결국 재능을 인정받은 소설가로서의 입신을 위해 철학을 공부하기로 했다. 철학을 공부하면 깊이 있는 소설을 쓸 수 있고 문화운동을

펼쳐나가는 데 있어서도 큰 도움이 되리라 확신했기 때문이다.

물론 그가 문리대 철학과에 진학한 데는 평소 논리적인 사고의 습성과 독일 철학에 대한 막연한 동경 같은 것도 작용했던 것이 아닌가 싶다. 그런데 막상 철학과에 입학해서 소설을 써보려고 했을 때, 그것이 여의치 않았다. 그 원인은 전후(戰後)의 불안정한 사회와 차분히 앉아서 글만 쓰고 있을 수 없는 성격 때문이었다. 실제로 그의 호기심을 자극한 것은 역사와 연극이었다.

일찍부터 조직에 흥미를 느껴왔던 그는 뜻을 같이하는 선후배 동료들과 연극회를 조직해서 공연 활동을 벌여나갔다. 대학시절 그에게 연극운동은 철학 공부 못지않게 중요한 것이었다. 이때 그는 평생 연극운동에 정진키로 결심을 굳힌다. 따라서 대학을 졸업하자마자 새로운 극단 조직에 나서게 된다. 전후 신협(新協)이 독주하던 시대에 그는 신협 시대를 마감하고 새로운 연극문화를 열어 나가야겠다는 생각을 한 것이다. 그는 대학 시절 주변 대학 연극반 학생들과 폭넓은 교류를 가져왔기 때문에 동지를 모으는 데는 어렵지 않았다.

1960년 가을 그는 극단 실험극장을 창단했다. 그런데 실험극장의 탄생은 도쿄 유학생들이 3·1운동 직후 극예술협회나 토월회를 창립한 배경과 매우 흡사하여 흥미롭다고 아니할 수 없다. 왜냐하면 친구들이 모여 밤이나 술을 마시면서 잡담하던 것으로부터 시작되었기 때문이다. 가령 극단 창립의 주동자였던 김의경이 1960년 봄 친구 최진하와 만나서 다음과 같이 극단 창립의 운을 뗀 것이다.

최형, 우리 매일 아세아에 몰려 잡담이나 하고 앉았느니 차라리 자그만 모임을 하나 만듭시다. 다방에 모여 자기가 읽은 책을 소개하고 토론도 하고 또 공연을 보고 합평회 같은 것도 해보고… 하고 한날 모여앉아 쓸데없는 소릴 지껄이기엔 시간이 아깝잖소.[1]

---

1 김의경, 「창립동지를 규합하던 때—첫해의 기억」, 『실험극장10년지』, 극단실험극장, 1970, 99쪽.

    제6부   한국 현대연극의 거목들

이상과 같은 두 사람 간의 대화가 발단이 되어 동지 규합에 나섰으며 자연히 두 사람의 고교 동창들이 이끌려 들어오게 되고 결국 10월 2일 단체의 인적 조직이 구성되기에 이른다. 즉 11인의 동인으로서 고천산, 김의경, 배병권, 서동철, 양태조, 유달훈, 이기하, 이순재, 최진하, 한경환, 황운철 등이었다. 그는 막 시작하는 실험극장에서 그가 맡은 첫 직책이 섭외였던 점에서 그의 역할과 위상을 잘 보여주고 있다고 하겠다. 그러나 그런 직책보다도 실험극장이 내건 목표가 주목을 끌 만하다. 우선 그들이 내건 공약을 보면 6조 10항으로 되어 있는데, "우리는 능력 있고 열성 있는 연극인의 실험도구가 될 것을 약속하며 이에 실험극장을 결성한다"고 선언한 점에서 철저한 동인제(同人制)라는 것과, 함께 대단히 아카데믹한 점이 과거의 극단들과 구별된다.

그리고 극단을 '연극을 위해서 자기 희생 조차 감수할 동인들'로 구성한다든가, '이념에 찬 연극을 이땅에 수립'한다든가 '연극의 모든 부분에 일반이론을 지양하며 실험적인 작품을 창조한다'는 등 당시로서는 놀랄 만큼 선진적인 목표를 내걸었다. 특히 실험극장이 창립공연으로 당시 연극계나 일반 대중에는 대단히 생소했던 부조리극 작가 이오네스코의 〈수업〉을 선택한 것은 그의 한 발 앞서가는 감각과 시대의식을 보여주는 예이다. 그뿐만 아니라 극단 운영면에서도 기성 연극계와는 전혀 달랐다.

실험극장이 당초 연구와 실험을 내걸었던 대로 그들은 작품 선정에서부터 공연에 이르기까지 치밀한 연구와 분석을 전제로 한 것이었다. 그 과정에서 끊임없는 회의와 토론, 그리고 외부 전문가들까지 초빙하여 자문을 받았다. 그는 공연만을 능사로 삼지 않고 항상 연구하는 자세로 극단 주최의 연구발표회와 세미나를 가졌다. 끊임없이 새것을 추구해야 직성이 풀리는 그는 '새 연극의 탐구, 새 연극의 발견'이라는 명제를 내걸고 KBS홀에서 매주 토요살롱이라는 것도 시도했다. 그는 생활을 위해서 MBC 방송국의 창설멤버로 참여하여 PD로도 일했지만 극단 운영에 더 열정을 쏟아부었다. 그는 근대극 사상 최초로 극단 후원회라는 것도 조직하여 부족한 재원을 메꾸기도 했다.

그러니까 그가 서양 연극사를 공부하면서 근대극 초창기에 서구 연극인들이 시도했던 방식을 실험극장을 통해서 실천해본 것이다. 지난 시대의 연극 인습을 타파하고 극계에 새로운 바람을 일으키기 위해 끊임없이 노력해온 그가 1966년 들어서는 극단 경영의 합리화와 과학경영(科學經營)이라는 것을 내걸기도 했다. 당시 연극계로서는 전혀 생소한 용어들이었다.

그는 거기서 한 발 더 나아가 '연극계 있어서의 가치기준의 통일'을 제창하면서 연극운동의 조직화를 부르짖었다. 즉 그는 특별한 이념이나 비전도 가져본 적 없는 하루살이 극단들의 부침을 경계한 것이다. 그는 1967년도의 실험극장 활동 계획과 관련하여 "연극적인 현실과 사회적인 현실이 너무 멀어지고 있다. 연극에서 이야기하고 있는 것은 많은 사람들이 하고 싶던 이야기여야 하고 또 그것이 우리의 근본 문제이어야 한다"(『한국일보』 1967.1.24)고 했다. 이는 곧 사회현실과 동떨어져가고 있는 연극의 각성을 촉구하면서 사회적 기능도 확대하고 싶은 그의 야심의 일단을 피력한 것이었다. 그러면서 그는 실험극장에서 리 스트라스버그의 액터즈 스튜디오 같은 것을 만들어 인재 양성을 하고 싶다고도 했다. 이 역시 당시로서는 아무도 생각 못 한 선진적인 것이었다. 그는 돋보이는 활동으로 국제극예술협회(ITI) 한국본부 사무국장에 임명됐고, 제12차 ITI 총회에 한국대표의 한 사람으로 참석하기도 했다.

그는 극단 운영자로서만 그치지 않고 자신의 정체성을 세우기 위하여 우선 희곡을 쓰기로 작정하고 단막희곡 〈갈대의 노래〉와 〈신병후보생〉을 써서 월간 『문학춘추』를 통해 정식 극작가로 서게 된다. 그리고 해외에 한두 번 다녀보면서 공부를 더 해야겠다는 생각도 했고, 결국 1968년 미국 유학길에 오른다. 브랜다이스 대학원에 진학한 그는 대학 시절에 못 했던 연극 공부를 체계적으로 할 수가 있었다. 이에 10여 년에 가까운 현장경험이 있었기 때문에 그의 연극 수학은 새에 날개를 달아주는 것과 같았다. 그는 단 2년 만에 우수한 성적으로 연극학 석사학위를 받고 귀국할 수 있었다. 체계적인 연극 지식을 갖추고 귀국한 그는 2년여 만에 실험극장 대표로 복귀하여 또 한 번 도약의 날

개를 펼친다. 마침 실험극장이 10주년을 맞이하면서 그의 새로운 구상이 연극계에 신선한 충격을 던지게 된다. 그는 한 인터뷰에서 "우리 연극인이 지금까지의 고식적인 연극 의식을 180도 전환해야 할 시기에 왔다"고 전제하고 연극에 대한 보다 "명확한 존재이유를 가지고 전문직으로서의 성격을 부각해나가야 할 것"(『조선일보』 1970.10.15)이라 했다.

이러한 그의 주장은 당시 연극계로서는 받아들이기 쉽지 않았다. 왜냐하면 프로와 아마추어가 구별도 되지 않는 당시의 열악한 연극계 상황에서 연극을 전문직으로 굳혀 나가겠다는 것은 보통 앞서 가는 주장이 아니었기 때문이다. 그러나 그보다 더욱 놀라운 것은 그가 실험극장 10주년 기념으로 내놓은 몇 가지 새로운 기획이었다. 즉 그는 창단 10주년을 맞아서 기념공연으로부터 시작해서 전시회,『실험극장 10년지』와 기관지『우리무대』발간, 연극연구반 및 직장연극인 서클 결성, 회보『돌보기』간행, 그리고 연극가족 1만 명 확보 운동 펼치기 등을 발표한 것이다.

특히 주목되는 발상은 '연극가족 1만 명 확보 운동'이었다. 고정 관객이라야 대학생(그것도 여대생) 기천 명이 고작이었을 당시에 1만 명 연극가족 확보 운동은 우선 신선한 계획이었다. 왜냐하면 우리 근대연극사의 고질을 혁파해보겠다는 의지였기 때문이다. 그는 관객 확대를 위해서 특별회원권, 동반회원권, 학생회원권으로 구분된 시즌 티켓을 발매하고, 구입한 회원들에게 여러 가지 특전을 주기도 했다. 가령 회원들에게 극단의 스타 단원들과 촬영회를 가질 수 있게 한다든가 함께 야유회를 간다든가 하는 것이다. 대단히 새로운 경영 기법임을 알 수 있다. 이처럼 그는 당시 연극계에서 아무나 착안하지 못한 새로운 아이디어를 내어놓음으로써 연극인들을 놀라게 했다.

그는 거기에 그치지 않았다. 그가 당시 내건 것을 보면 우선 극단의 기업화와 함께 '우리 극 정립'을 위해서 창작금고의 설치, 전문화를 위한 연극도서의 계발, 비전을 가진 공연장 운영, 그리고 연극인의 국제 교류 등 대단히 폭넓은 것이었다. 그가 이런 생각을 하고 주장을 편 배경에는 한국연극에 대한 그의 절망적 상황 판단이 있었다. 유학에서 돌아와 쓴 글에서 그는 "오늘의 한국의 연극인은 꿈도 없고 포부도 없다. 막연히 연극이 좋아서 한다느니 안 하고는 배길 수 없어서 주머닛돈을 털어서 한다는 거다. 한국의 연극은 우선 이 유치한 짝사랑에서부터 깨어나야 한다. 각 극단은 그들 나름의 명분과 구실을 가지고 이 사회가 필요로 하는 일을 하지 않으면 안 된다. 바람직한 연극을 만들기 위해서 젊은 연기자들을 전문적으로, 조직적으로 훈련시키고 극단을 합리적으로 운영할 수 있는 과학적 연구가 필요하다. (중략) 부강한 국가가 되기 위해서는 부강한 정신이 앞서야 하는 법이다. 온 국민에게 감명을 주는 것은 경제적 성장 도표보다 인간이 인간답게 사는 모습을 절실하게 보여주는 한편의 드라마"(『조선일보』 1970.12.13)라고 갈파한 바 있다. 그가 우선 호사 취미 정도의 연극 행위 타파는 물론이고 국가로부터 보호받지 못하고 있는 고급문화에 대한 옹호 발언이기도 한 것이었다.

그런데 마침 그 시기에 정부에서는 문예진흥법을 구상하면서 장충동에 새 국립극장을 짓고 있었다. 그런 흐름을 감지한 그는 긴급동의로서 새 국립극장 운영의 획기적 방안 마련과 극장 중심의 연극 구조 전환, 그리고 극단의 동인 체제로부터 기업 체제로의 전환 등을 제시했다. 여기서 특히 주목되는 것은 그 자신의 변화이다. 그가 10여 년 전 실험극장의 창단 주역으로서 동인제를 제창했지만 10년 동안의 활동으로 그 한계를 절감한 것이다. 적어도 전문연극을 하려면 그런 체제로는 불가능하다는 것을 깨달았던 것이다. 이 시기에 그는 대학(서라벌예대)에 몸을 담으면서 그가 애지중지하던 실험극장도 떠난다. 그때의 사정에 대하여 그는 다음과 같이 술회한 바 있다.

이로써 햇수로 12년 반, 미국에 있었던 2년을 빼면 10년 하고 6개월간 내 청춘을 불살랐던 실험과의 애증의 생활은 종지부를 찍었다. 떠나는 방식이 좋지 않았다고 나는 뒤에 생각하였지만, 실험을 떠난 것이 잘못한 일인지는 판단이 서지 않는다. 왜냐하면 실험은 뒤에 실험의 역사가 나름대로 계속되었고 나는 나대로 새로운 Venture를 도모했기 때문이었다. 실험에 그대로 있었다면 극단 현대의 출범은 없었을 지도 모르는 것이고, 어쩌면 실험은 뮤지컬을 시도하였을는지 모른다. 실험의 오리지널 멤버들은 음악이나 춤에 큰 소질이 없었으므로 결국 그들과는 헤어질 수밖에 없는 운명을 지니고 있었다고나 할까?

내가 떠난 후 대표는 일시 이낙훈이 맡았다가 종내 김동훈 대표가 되었고, 이후 실험의 오리지널 멤버들은 모두 실험을 떠났다. 그리고 나는 새로운 도전을 생각하였다.[2]

이상의 글에서 느낄 수 있는 것은 그의 도전정신이라 말할 수가 있을 성싶다. 그가 한곳에 머물러 있기에는 우리 연극계의 변화무쌍이 워낙 심했기 때문이다. 한동안 그는 교수로서 또 극작가로서만 홀가분하게 일할 수 있었다. 그러나 연극계가 그를 가만히 놔두지 않았다. 새로 개관한 신축 국립극장에서 그를 픽업해 간 것이다. 이는 사실 그의 연극 인생에 중요한 전기를 마련한 것이었다. 왜냐하면 연극계의 젊은 지도자가 중급 관리(공연과장)로 탈바꿈한 것이기 때문이다. 그로서는 하나밖에 없는 국립극장을 제대로 키워서 한국연극을 중흥시켜보겠다는 포부를 가졌었는지 모르지만 관리로서의 역할의 한계를 미처 깨닫지 못했던 것이 아닌가 싶다. 따라서 그는 자의 반 타의 반 국립극장을 떠나 삭막한 연극계로 다시 나오게 된다. 이때가 그에게 있어서는 여러 가지 면에서 가장 시련기가 아니었던가 싶다.

그러나 그가 그렇게 쉽게 좌절할 사람은 아니었다. 그는 오히려 위기를 기회로 전환할 수 있는 지혜와 능력을 갖고 있었다. 그는 이 기회에 시대를 앞지르는 본격 전문 극단을 만들기로 결심케 된다. 그는 유학 후부터 전문 연극을 주창해왔던 만큼 그 꿈을 당장 이루고 싶었던 것이다. 그는 교분이 평소 두터웠던 표재순, 김준길, 이반 등의 동지와 배우 김성원, 이치우, 오지명, 함현진,

---

2 김의경, 「실험극장, 나의 마지막 3년」, 『실험극장40년사(1960~2000)』, 극단 실험극장, 2001, 59쪽.

박주아 등을 모아 1976년 9월 극단 현대극장을 창단했다. 그의 연극 생애에 있어서 두 번째 극단 조직이었다.

그는 현대극장을 출범시킴에 앞서서 "예술적으로 완성된 연극을 위해 과감히 투신(投身)한다"고 대단히 비장한 각오를 내비쳤다. 그럴 수밖에 없는 것이 나이 40대에서 접어들어서 동료들은 이미 각 분야에서 중견으로 자리 잡고 있는 터에 자신만은 또다시 장래가 불투명한 극단을 만들어 운영해야 하는 절박함이 있었기 때문이다. 그는 현대극단 창단을 연극 생활의 마지막 도전이라는 각오로 혼신의 열정을 쏟아부었다. 그는 연극의 전문화, 과학화, 직업화를 기업적 차원에서 한다는 각오를 내세워 우리의 기술적 낙후를 영국 연극의 후원으로 메꿔 나간다는 방침까지 세웠다. 따라서 그는 영국문화원과 교섭하여 로열 셰익스피어 극단과 제휴하는 길을 모색하기도 했다.

현대극장은 1967년 10월에 이오네스코의 〈막베트〉로 창립공연을 가졌으나 관객의 반응은 기대에 못 미쳤다. 그가 다음 해에는 영국과 제휴하여 셰익스피어의 4대 비극을 공연한다는 야심찬 목표를 세웠다. '예술적으로 세계 수준에 도달한 한국연극의 창조'가 궁극적 목표라는 현대극장이 뭔가를 보여주어야 했기 때문에 조급할 수밖에 없었다. 그는 현대극장이 여타 극단들과 다르다는 걸 보여주려고 애를 썼는데, 그 하나의 예가 장기적 관객의 저변 확대를 위한 어린이 청년극장 개발 계획이었다. 이를 위해서 그는 극단 조직의 일부를 청소년연극개발부로 돌리고, 장차 공연할 레퍼토리 〈보물섬〉, 〈벌거벗은 임금님〉, 〈왕자와 거지〉, 〈피터팬〉 등을 예시하기도 했다. 그러나 그는 재정난이라는 최대 문제에 봉착했다.

그는 관중과 약속한 것도 있고 해서 봄에 청소년을 위한 〈햄릿〉 공연을 했고, 곧이어 본격 뮤지컬 공연을 준비했다. 그는 미국에서도 공부하면서 브로드웨이를 드나들었으며 유럽에도 다니면서 뮤지컬이 세계연극의 주류가 될 것이라는 사실을 마음속에 품고 있었다. 가령 그가 실험극장을 떠나면서 쓴 글에서도 비쳤듯이 뮤지컬에 대한 확고한 신념을 지니고 있었던 것이다. 다만 우리 연극계에 뮤지컬을 소화할 만한 배우들이 전무한 상태여서 엄두를 못 내고 있었을 뿐이다.

그렇다고 해서 마냥 기다리고만 있을 수는 없다고 생각한 끝에 그는 단안을 내리게 된다. 일단 저질러보겠다는 결심을 했고 그러려면 안전판이 필요했다. 인기 있는 인물을 주제로 삼으면 가능하리라 본 것이다. 그리하여 전후 세계를 휩쓴 바 있는 프랑스의 샹송 가수 에디트 피아프를 소재로 작품화하면 히트할 수 있다고 확신한 것이다. 왜냐하면 전 세계인들이 그녀를 사랑하고 있었기 때문이다. 그리하여 무명작가에게 의뢰하여 그녀의 노래와 사랑을 뮤지컬화한 〈빠담 빠담 빠담〉을 유관순기념관에서 막을 올리자 관객이 대거 몰려와 단번에 흥행적 성공을 거둘 수가 있었다. 5일간 8회 공연에 총 1만 2천 3백여 명이라는 관객을 끌어모은 것이다. 역시 그의 뛰어난 기획력과 현실을 꿰뚫어 보는 통찰력의 승리였다.

그러나 현대극장의 〈빠담…〉 공연에 대한 비평계의 반응은 의외로 차가웠다. 그것은 그가 그동안 쌓아온 이미지와는 너무나 다른 얍삽한 상업극을 선보인 데 따른 우정 어린 질책으로 볼 수도 있었다. 그러나 분명한 것은 그가 1970년대 중반에 상업극, 특히 뮤지컬의 가능성을 제시했다는 점에서 그의 앞서가는 연극의식이랄까, 감각의 일단을 보여주었다는 사실이라 하겠다.

그는 그 작품이 저속했다는 비판에 대하여 "〈빠담…〉은 앞으로의 뮤지컬을 가늠하는 실험적이고도 모험적인 시도였다. 여기엔 극작가를 비롯한 많은 연극인과 작곡가, 가수, 연주가, 안무가와 무용수가 동원된 창작극이었다. 뮤지컬의 시작(試作)에서 가수가 노래를 부르지 말아야 했을까? 우리 연극의 주도니 관객—젊은 대학생들에게 친숙하지 않은 에디트 피아프라는 소재가 유행과 시류란 말인가? 또는 프랑스의 대중가수 피아프 자체가 저속하다는 뜻인가? 아마도 그는 이 공연이 너무나 의외의 관객이 찾아온 것 자체를 상업근성의 발로로서 파악한 것인지도 모른다. 그것은 대단한 오류이다. (중략) 소위 지식인 집단으로 자처하는 극단이 대중을 위하여 즐거움을 제공하겠다는 의도가 나쁘기만 할 이유가 없다고 나는 믿는다"(『일간스포츠』1977.7.31)고 반박했다. 이러한 그의 반박은 어느 정도 설득력을 지닌 것이었다. 연극도 오락이기 때문이다. 당시 논쟁의 본질은 세계 연극계의 흐름과 뮤지컬을 잘 아는 그와 순수 연극만을 선호하는 평단과의 시각차 외에 다름 아니었다.

그는 연극에 있어서 예술성이 깊어지면 자연히 대중성도 넓어진다고 믿고 있었기 때문에 연극의 대중화가 곧 흥행화나 통속화는 아니라고 본 것이다. 이러한 신념에 따라 그는 〈백설공주〉, 〈피터 팬〉, 〈올리버〉, 〈오즈의 마법사〉 등과 같은 어린이 청소년 취향의 대형 뮤지컬을 만들어갔고, 〈지저스 크라이스트 수퍼스타〉로 2백만 관객을 동원하기도 했다. 물론 그가 대형 뮤지컬을 만들 수 있었던 것은 세종문화회관이라는 공연 공간이 생겨난 데 따른 것이기도 했다. 그는 그 공간을 유효적절하게 활용하여 연극의 대형화, 형태의 다양화, 관중의 광역화를 꾀해 나갔다. 그는 정통연극만 가지고는 거의 한정되다시피 한 관객층을 확대할 수 없다고 보고 어린이 청소년층으로의 관객 확대를 통해서 장기적으로 연극의 저변을 넓힐 수 있다고 본 것이다.

그는 일찍부터 연극의 사회적 기능과 함께 교육적 기능에도 관심이 많았다. 그는 국제연극회의에 자주 다니면서 선진국 연극인들로부터 연극을 보는 안목을 넓힐 수 있었다. 특히 1975년 ITI 총회 때 미국 연출가 헤럴드 클러먼으로부터 "한국연극의 영세성과 낙후성을 타개하려면 먼저 어린이 연극을 시작하라"는 충고를 받고 나서 그런 분야에 눈을 돌리게 되었다고 한다.[3] 그 후 그는 관극이 학교 수업의 한 부분, 또는 연장이라는 캠페인을 벌여나가면서 공연장을 아예 어린이회관의 무지개극장이나 이화여고 강당인 유관순기념관 등으로 옮겨 갔다. 연극을 어린이와 청소년들의 최근접 거리에 갖다놓기 위해서였다. 이런 그의 어린이 청소년 연극운동은 국제아동청소년 연극협회 한국지부 창설(1986)로 연결되고 한국청소년공연예술진흥회 조직으로 이어졌다. 그

---

3 이세기, 「이세기의 인물탐구 (64) ─ 김의경」, 『서울신문』 1998.3.20.

는 조직의 명수답게 끊임없이 사람들을 모아서 뭔가를 만들어갔다. 한국연극협회 이사장을 하면서 대학로의 문화 환경을 관찰하고 그 문제점이 심각하다고 판단한 그는 대학로지역 극장연합회(1990)라는 것을 조직하기도 했다.

극장이 몰려 있는 대학로가 문화와 예술의 가로가 아닌, 먹고 마시고 즐기는 본능 분출의 거리로서 피폐화되어가는 것에 충격을 받은 그는 그곳에 윤리적 바탕을 깔아놓아야겠다는 생각을 했다. 극장연합회라는 것을 조직하여 대학로에서 정기적으로 축제(시화전, 거리굿, 재즈댄스 등)를 벌임으로써 황폐화를 막고 개성 있는 문화의 거리로 만들어가겠다는 것이 그의 계획이었다. 이처럼 그는 언제나 연극의 좁은 틀을 벗어나 문화 전반을 고민하곤 했다.

이후 중국, 일본 연극과의 관계로까지 시야를 넓혀서 베세토라는 연극협희 기구를 만들기도 했고, 시립극단 초대 단장으로서 새로운 연극 인생을 펼쳤다. 그로서는 세 번째로 극단을 만들어서 책임을 맡게 된 것이었다. 그런데 세 극단의 성격이 조금씩 다른 것도 이색적이다. 가령 실험극장이 소위 본격 동인제 시스템의 횃불을 든 것이라고 한다면 현대극장은 이 땅에 뮤지컬 시대를 열게 한 것이지만 서울시립극단을 만들어서는 우리나라 관립극단이 가야 할 길이라는 생각으로 전통연극 정립을 염두에 두고 배우 훈련과 레퍼토리 선정을 세계 현대극의 흐름에 맞췄다고 말할 수가 있다.

일찍이 극작가 장소현은 그에 대하여 "역사의 중요한 구비마다 땅 갈고 씨 뿌리고 나무 심는 이가 있다. 그런 이들의 힘으로 역사는 도약한다. 연극판도 마찬가지다. 극단 현대극장을 창단하고 이끌어온 김의경 대표는 땅 갈고 씨 부리고 나무 심는 외롭고 힘든 일을 묵묵히 해온 귀한 존재다. (중략) 많은 인재들이 그 그늘에서 컸다. 지금 우리 연극과 뮤지컬계에서 주도적인 활동을 하는 배우, 기획자, 연출가 등 많은 인재들이 현대극장에서 뚝심을 키웠다. 그것만으로도 참 큰 성과다"[4]라고 썼는데 정곡을 찌른 지적이다.

4 　장소현, 「나무를 심는 사람」, 김의경, 『현대극장30년사』, 연극과인간, 2008, 106쪽.

그가 평소 좌우명 비슷하게 좋아하는 경구가 "다른 사람보다 한 걸음 더 걸어라"이다. 이 경구를 항상 염두에 두고 있다는데, 그가 걸어온 삶을 보면 그 경구를 잘 실천했던 것 같다. 왜냐하면 그는 항상 남보다 한 발 앞서 나가는 연극 인생을 살아갔기 때문이다. 끊임없이 새로운 아이디어를 개발하여 연극계에서 새바람을 일으키곤 했지만 그가 주변으로부터 원하는 만큼의 존중을 받는 것 같지는 않다. 그 이유의 첫 번째는 우리의 연극 풍토에서는 그의 장기(長技)라 할 기획이라는 것이 창작이나 연출, 연기 등과 같은 창조 행위만큼 존중받지 못하기 때문이다.

오히려 그것의 중요성에도 불구하고 그는 약삭빠른 사람으로 폄하되기도 했다. 그렇기 때문에 그는 때때로 자신이 주위로부터 한 사람의 극작가로 대우받기를 원하는 것처럼 보인다. 그의 가만있지 못하는 행동성은 2001년 가을에 공연문화연구소라는 사단법인을 출범시킨 사실에서도 다시 한번 드러난다. 그리고 측근만을 신뢰하는 평소 성향대로 간부진도 모두가 친하게 지내던 인물들로만 구성한 것이 특징이다. 자신이 이사장을 맡고 부이사장으로는 현대극장에서 같이 일하던 김청일과 이춘연, 구자흥을 앉히고 이사진으로 김창화 등 9명을 둔 것이다. 그러나 그것이 중요한 것이 아니고 그가 연구소를 내세워서 한 일의 양태이다. 『공연문화저널』이라는 쿼털리 기관지까지 내면서 벌인 일은 주로 한일 연극 교류와 청소년들의 음악극 워크숍 같은 것이었다. 누가 하든 반드시 해야 할 일을 그가 앞장서 한 것이었다.

그렇지만 그가 소중하게 생각하고 있는 것은 극작가로서의 입지가 아니었나 싶다. 초창기 실험극장을 운영하면서 희곡을 쓰기 시작하여 25편이라는 적지 않은 희곡을 발표했음에도 그를 작가로서보다는 기획자나 제작자로 보려는 사람들이 많은 것은 그가 연극운동가로서 돋보이는 일을 많이 해놓았기 때문에 전방위 연극인으로서의 명성이 작가로서의 업적을 덮는 면도 없지 않다. 다른 한편으로 비평가들 중에는 그가 희곡사에 남을 만한 작품을 몇 편이나 썼는가라고 묻는 이도 없지 않다. 그러나 그런 의문은 아무래도 그가 주로 역사극을 써온 것에 따른 것이 아닌가 싶다.

이러한 일부 부정적 시각에도 불구하고 그는 우리 시대의 중요한 극작가 중의 한 사람임에 틀림없다. 그것은 그가 쓴 희곡의 양과 질, 양면에서 나름의 뚜렷한 족적을 남겼다고 보기 때문이다.

그가 쓴 25편 중 대부분이 장막 역사극이다. 초기에는 현실 소재의 희곡을 쓰다가 1974년 〈남한산성〉(5막)을 발표하면서 역사극을 써나가기 시작했다. 그가 철학을 전공했으면서도 역사학에 더욱 흥미를 느낀 것은 아무래도 미국 유학 시절 그 자신뿐만 아니라 조국의 정체성에 대한 깊은 성찰을 하면서부터였던 것 같다. 식민지 시대에 태어나 해방, 분단, 전쟁, 혁명의 소용돌이 속을 살아오면서 한 젊은 지성인이 우리 역사에 대해서 성찰하는 것은 어떻게 보면 자연스런 것인지도 모른다. 더구나 그가 연극인이라는 처지에서 무대를 역사를 반추해보는 장으로 활용하고 싶은 것 역시 자연스러운 것으로 보인다.

그가 한 인터뷰에서 "우리나라의 외침의 역사가 너무 길고 또 그 내용을 보면 우리가 정신 차리고 살지 못했던 것에서 오는 것도 지정학적 요소 못지않게 주요한 요인이었다. 그렇다면 어떻게 이런 것들을 교훈으로 삼아서 후회 없는 미래를 맞을 수 있을까에 대한 생각을 많이 했다"고 술회한 바 있다. 그는 희곡을 쓰는 행위나, 연극을 만드는 일을 민족에 기여하는 것으로 확신하고 있었기 때문에 오늘을 반성하고 미래를 준비하는 행위로서 역사극을 쓰게 된 것으로 보아야 할 것 같다. 따라서 그는 스스로 밝힌 바 있듯이 역사극을 쓰는 것이 "혹독한 수난의 운명을 긍정하고 수락하기 위한 부정"이라 생각한 것이다.

비슷한 말이지만 그는 "나에게 있어 희곡이나 연극은 민족적 운명과 역사에 대한 관심"이라면서 "현실도피가 아니라 탐구와 도전이며 혹독한 수난의 운명을 긍정하고 수락하기 위한 부정"이라고도 했다.

이런 그의 역사극관은 역사적 사건 선택이나 사극 창작 방법에서도 잘 나타나고 있다. 가령 초기에 쓴 작품들로서 〈남한산성〉, 〈함성〉, 〈북벌〉 등이 있는

데, 이들은 모두가 외침의 시련기를 냉철하게 되돌아 본 작품이다. 즉 병자호란의 치욕으로부터 그것을 극복해보려는 북벌계획, 그리고 의병운동으로 이어진다. 그는 일찍부터 우리 연극에서 부족한 아카데미즘을 자신의 창작으로 극복해보려는 듯이 사학자 못지않은 치밀한 사실 추적과 고증을 바탕으로 역사를 재구(再構)하는 방법을 쓴 것이 특징이다.

그는 브레히트의 영향을 받은 데다가 기록극에 흥미를 느꼈기 때문에 예술성보다도 사실성에 기울 수밖에 없었다. 이는 감성적이기보다 이성적인 그의 성향과도 맞아 떨어진다. 주지하다시피 기록극이란 정치적인 협상 기록문 등 기록 증빙 서류를 통해 실제 일어난 사실 무대에다 옮겨놓기 위한 드라마가 아닌가. 김의경은 바로 그런 성향의 역사극 작가인 것이다. 그런 그가 〈남한산성〉과 〈함성〉을 쓴 뒤 〈북벌〉에서는 종래의 자세를 벗어나 픽션 사극으로 나아갔다. 왜 그랬을까? 그 이유는 간단하다. 인조(仁組)의 수모를 극복하고 효종(孝宗)의 대륙웅비 의지를 환상적으로나마 구현하고 싶었기 때문이었으리라. 이는 곧 그 자신의 애국심의 발로이고 역사의지이기도 하다. 그는 아마도 인조에서부터 효종, 소현세자에 이르는 역사의 굴곡과 비상의지를 3부작으로 쓰고 싶었는지 모른다. 그러나 소현세자 이야기는 나오지 않았다.

이어서 그는 〈삭풍의 계절〉을 씀으로써 일제침략기의 강인한 민족의지를 그려냈다. 이것은 〈함성〉과 연결되는 것이고 멀리 북벌의지와도 정신적으로 맥락이 닿을 수 있다고 보아야 할 것 같다. 그는 역사극을 쓰면서 때때로 우리가 역사에서 가지고 있는 자괴감과 한을 어떻게 풀 것인가를 고뇌한다고 했다. 그래서 그는 근세사와 현대사에서 응어리가 될 만한 부분을 작품으로 엮어냈고 또 철저하게 객관화시키려고 애쓴 것이다. 1980년대 들어서 발표한 〈식민지에서 온 아나키스트〉와 〈잃어버린 역사를 찾아서〉만 하더라도 1923년 관동대지진 사건과 무정부주의자들의 항일투쟁을 묘사한 작품이다. 김의경의 역사극을 잘 정리한 정지창은 다음과 같이 설명했다.

김의경은 연극을 통해 미흡했던 국사교육을 한번 제대로 해보려는 의욕을 숨기지 않는다. 그런데 그가 지금까지의 국사교육 가운데 특히 미흡하다고 느끼는 대목은 특히 외적의 침략을 받아 우리의 민족적 자존심이 처참하게 짓밟혔던 이른바 역사의 시련기다. 흔히 우리의 제도교육은 민족사의 자주성을 강조하면서도 그러한 자주성이 뿌리째 흔들리거나 말살되었던 치욕의 역사는 애써 외면해왔다. 그러나 오늘날까지 우리역사가 참된 의미의 자주성과 주체성을 확립하지 못하고 있는 것은, 이러한 부끄러운 과거를 직시하고 거기서 뼈저린 교훈을 얻어내지 못했기 때문이라고 작가는 생각한다.

이런 점에서 작가는 우리 역사상 가장 치욕적인 대목들인 병자호란과 일제침략기 및 일제강점기의 '외면해왔던 역사'와 '잃어버린 역사'를 무대 위에서 재현된다. 〈남한산성〉과 〈북벌〉은 병자호란의 치욕과 북벌의 좌절을 다룬 것이며, 〈함성〉과 〈어머니〉는 한말의 의병활동과 무장독립투쟁을 그리고 있다. 또한 〈식민지에서 온 아나키스트〉와 〈잃어버린 역사를 찾아서〉는 관동대지진 시기의 조선인 대량학살과 무정부주의자들의 투쟁에 초점을 맞추고 있다.[5]

이상과 같은 그의 역사 인식과 작품화야말로 우리 희곡사에서 역사극의 진전을 극명하게 보여주는 것이라고 말할 수가 있는 것이다. 그런데 이들 작품 이전에 3·1운동을 다룬 작품을 쓰지 않은 것은 이상하지만 여하튼 그는 일제강점기의 비극적 현실과 그속에서 민족적 자존을 지키기 위해 일어서는 투사들의 강인성을 묘사해내고 있는 것은 돋보인다고 하겠다. 그는 조선 중기 인조로부터 시작해서 효종 그리고 일제침략기의 면암 최익현 등 의병들, 이어서 3·1운동 직후의 무정부주의자, 해방을 전후한 화가 이중섭(〈길떠나는 가족〉)을 차례로 써냈다.

일제강점기와 해방공간의 공산치하에서 곤욕을 치르고 결국 전쟁 중에 불우하게 사망한 이중섭을 통하여 우리나라 예술가들의 불행을 묘사한 다음, 그

---

5 정지창, 「극작을 통한 역사에 대한 끈진길 관심」, 『길떠나는 가족—김의경희곡선 2』, 현대미학사, 1998, 387쪽.

는 동시대의 잊혀진 영웅이라 할 〈반도와 영웅〉을 냈고, 다시 일제 침략 초기로 되돌아가서 〈대한국인 안중근〉을 발표했다. 이처럼 그의 전작은 조선 후기로부터 해방 때까지의 거대한 대하 사극이라 말할 수 있다. 냉철하게 역사들 객관화시키는 데 있어서 그는 문장까지 딱딱 끊어지는 단문을 활용했기 때문에 대단히 드라이하다. 그가 중등학교 때부터 주어와 동사만 쓰는 문장 훈련을 쌓은 탓에 서사극과 기록극 문체로서는 안성맞춤이다. 서사극과 기록극은 다 같이 재판극의 성격을 띠므로 주관이나 정서를 배제한 간결문체가 적격일 수밖에 없다.

희곡사적으로 볼 때, 그는 유치진의 사실주의극 노선 위에 놓이고, 역사를 복원하여 교훈의 수단 또는 반성의 자료로 삼은 점에서도 유치진의 애국주의적 계몽사극 선상에 놓인다. 두 작가 간의 차이점이라고 한다면 유치진이 국사 교육의 부재하의 식민치하에서 비분강개와 감상주의로 역사에 접근한데 비해서 김의경은 서사극과 같은 현대적 기법을 동원하여 보다 지적(地積)이고 냉철하게 역사를 분석한 점이라 보겠다.

그러나 평생 분주하게만 살았던 그도 70대 후반에 접어들면서 병마와 싸워야 했고, 결국 2016년 봄 병마를 이기지 못하고 향년 80세로 생을 마감해야 했다.

자신만의 연출세계를 이론화한
안민수

우리 시대의 개성 강한 연출가들 중 한 사람인 안민수를 필자가 처음 만난 것은 1965년 봄쯤으로 기억된다. 필자가 동랑 유치진에 관한 대학원 논문을 쓰기 위해 드라마센터를 드나들 무렵, 그는 부설 서울연극학교 학생이었다. 크지도 작지도 않은 평균치의 균형 잡힌 그의 체구가 배우로서는 제격이겠구나 하는 생각을 불러일으키게 한 기억이 남아 있다. 게다가 해맑은 얼굴에 웃음기가 있어 보이는 표정이 누구에게나 친근하게 느껴지게 만들었던 것 같다. 그는 성품 역시 모나지 않고 순수하고 담백해서 격렬한 갈등을 유발해야 하는, 배우로서는 어딘가 잘 맞지 않을 것 같은 느낌을 받은 것도 사실이었다. 그러한 필자의 느낌은 어느 정도 적중했다. 왜냐하면 그가 주연급으로 출연한 몇몇 작품에서 성실성은 보였지만 배우로서는 특별한 개성이 드러나지 않았기 때문이다. 그는 다만 배우가 되고 싶은 강한 욕망과 성취를 위한 진지하고 끈질긴 노력만을 보여주었던 것이다. 그는 중부 사람 특유의 온화한 성품과 지적 바탕, 그리고 표준어 구사로 인해서 무슨 작품, 무슨 역을 주어도 충분히 소화해내긴 했지만 강렬한 이미지를 내뿜는 성격배우는 될 수가 없었다.

이러한 그가 개성 있는 연출가로 새롭게 태어난 것은 1970년대 들어서였고

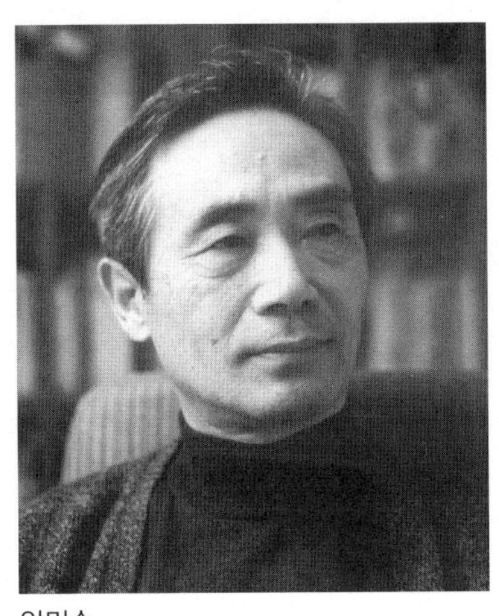

안민수

결혼과 미국 유학이라는 통과의례를 거쳐서였다.

오늘의 중진 연출가 안민수는 1939년 12월 경기도 광주에서 사법서사 안종뢰와 박재희의 장남으로 태어났다. 고향에서 초등학교를 마치고 상경하여 덕수중학교에 입학했다. 소년 시절부터 예능에 소질이 있었던 그는 6·25전쟁 후의 폐허 위에서 사춘기의 방황기를 맞았고, 정신적 갈등을 연극과 영화 감상으로 해소해보려 했다. 따라서 그는 이미 중학교 때 명동의 시공관을 찾았고 거기서 극단 신협의 대표작 〈햄릿〉도 관극하게 된다. 명배우 김동원이 햄릿 역으로 최고의 기량을 발휘하는 무대를 접한 그는 깊은 감동을 받았고, 막연하나마 장차 김동원과 같은 배우가 되겠다는 생각을 마음속에 품게 되었다. 그러나 중학생이었던 그가 당장 어떻게 할 수 있는 것은 아니었기 때문에 학업에만 열중했다. 고등학교는 상업을 특색으로 하는 실업학교여서 별 흥미를 느끼지 못하고 외국어 공부에 심혈을 기울였다. 영어와 불어 과목에 재미를 붙인 그는 고교를 졸업하자마자 곧바로 한국외국어대학교 불어과로 진학했다.

장차 연극배우가 되겠다는 꿈을 버리지 못했기 때문에 우선 문학 공부를 택한 것이다. 물론 당시에 서라벌예대나 한양대 등 두세 곳 대학에 연극과가 갓 생겨났지만 마음에 드는 학교가 아니었던 데다가 당시에는 실존주의 문학 유입과 함께 프랑스 문학이 한국 젊은이들에게 어필하고 있었기 때문에 외국어대학의 불문학과를 택하게 된 것이다. 대학 시절 학도병으로 군복무를 마친 그는 복학하여 주로 프랑스 희곡을 공부하면서 희곡 습작도 했다. 대학을 졸업하자마자 그는 취업을 포기하고 곧바로 드라마센터 부설 연극학교에 입학하는 용단을 내렸다. 솔직히 1964년이면 전쟁 전후여서 모두가 넉넉지 못했기 때문에 안씨 가문의 장남으로서는 당연히 취업을 했어야 했다. 다행히 사법서사를 하는 부친의 이해와 경제적 안정으로 인해서 서울연극학교에 입학할 수 있었다. 서울연극학교는 각종학교로서 동랑 유치진이 공연장으로서의 드라마센터 문을 닫은 직후 인재 양성 기관으로 방향을 튼 것이었다.

그는 거기서 배우술과 극작 등 연극 전반에 걸쳐 이론과 실기를 배울 수가 있었다. 그가 흠모하던 대가 유치진의 강의를 직접 듣는 것은 대단한 즐거움이었다. 2년여 공부한 그는 1966년에 졸업하고 극단 드라마센터에 가입함과 동시에 강사로 위촉받는 영광을 누리게 되었다. 그만큼 그가 성실하게 학교생활을 했다는 이야기가 된다. 당초 배우가 되는 것이 꿈이었기 때문에 그는 드라마센터 공연에는 단 한 번도 빠지지 않았다. 1965년 유치진 회갑 기념 공연 때 〈나도 인간이 되련다〉(유치진 작, 오사량 연출)에 처음 출연한 그는 이듬해에 〈이름 없는 꽃들〉(이원경 작), 〈소매치기〉(김길호 작) 등에 연속으로 출연했다.

때마침 신예 여류 연출가 유인형(柳仁馨)이 미국 유학 후 돌아와서부터는 그녀와 함께 작업을 하기 시작했다. 최초의 브로드웨이풍 뮤지컬인 〈포기와 베스〉(유인형 연출)에서 스포팅 라이프 역으로도 출연했고, 〈인간적인 진실로 인간적인〉(오혜령 작)에서는 주인공 신부 역으로 출연하여 좋은 인상을 남기기도 했다. 그는 드라마센터의 공연에서는 반드시 주연급으로 무대에 서면서 간판 배우로 이미지를 굳혀갔다. 그러는 동안 연출가 유인형과 사랑에 빠지게 되었고 1969년 초 만 30세의 나이로 결혼한다.

그가 4년 동안 드라마센터의 간판배우로 활약은 했지만 연기자로서는 별 특징이 없었다. 그는 지적이고 분석적인 성향이라 배우로서보다는 오히려 연출가나 작가적인 면이 강했다. 그의 대부라 할 유치진도 그의 배우로서의 가능성에는 회의를 갖고 있었다. 그것을 잘 알고 있었던 아내 유인형은 결혼하자마자 곧바로 함께 유학길에 나섰다. 아내가 그의 재능을 알고 그것을 계발해 주기 위해서 하와이대학으로 간 것이다. 그는 부족한 영어를 배우면서 대학 강의를 열심히 청강했고, 부설 케네디극장의 기술조교로서 실기도 익혔다. 그의 치열한 탐구정신은 제임스 브랜든과 같은 교수들의 인정을 받는 계기를 만들었고 유학 2년여 만에 에드워드 올비의 〈Sand Box〉와 같은 작품을 연출하게끔 해주었으며, 케네디극장 공연의 〈맥베드〉에 출연도 하게 해주었던 것이다. 그가 하와이대학에서 공부하는 동안 한국에서 배우지 못한 서구의 첨단적인 연극이론을 습득할 수 있었고, 특히 미국 실험극의 선봉장들이라 할 롬 오하간, 로버트 윌슨, 리처드 셰크너, 줄리안 멕 등으로부터 절대적인 영향을 받게 된다. 그런데 그가 실험극의 영향만을 받은 것이 아니었다. 하와이대학은 동서 연극의 집합 장소였고 동시에 교류지이기도 했다. 따라서 그는 인도, 중국, 일본, 인도네시아 등 동양의 여러 형태 고전극도 처음 접하면서 경탄과 함께 거기서 뭔가를 만들어낼 수가 있지 않을까라는 막연한 생각도 했었다.

고국에서 겨우 탈춤과 판소리, 꼭두각시극을 공부한 그가 양식화된 가부키나 노(能), 경극, 카타칼리 등과 같은 아시아 고전극을 접할 수 있었던 것은 하나의 감동이었고 동시에 경이였다. 그는 그때부터 아시아의 전통극 양식과 사실적인 극을 어떻게 접목시킬 수 있을까에 대한 생각을 하기 시작했다. 그러나 그보다도 더욱 심각하게 생각한 것은 자신의 정체성(正體性)에 대한 것이었다. 그러니까 그는 자신은 누구인가에 대한 생각을 깊이 하기 시작했다는 이야기이다.

극동의 조그마한 나라에서 태어나 성장기부터 갖가지 고난을 겪고 동서 문물의 혼란 속에서 가치관을 형성해온 그로서는 연극의 본질에 접근하면서 자꾸만 자신의 내면세계를 되돌아보지 않을 수 없었던 것이다. 그가 태어난 해(1939)는 일제 식민지 치하였고 대동아전쟁이 전개되던 때였다. 그는 유년 시절 교회당에서 들려오는 찬송가 소리를 들었고, 수염을 기른 구식 선비인 조부로부터는 한문을 익혔으며 앞산의 암자에서 들려오는 목탁 소리도 들었다. 해방의 감격과 6·25 동족상잔의 살육 장면도 목격했고 군대 목무 중에는 전선(戰線)의 보초도 서보았다. 학생혁명과 군사혁명도 옆에서 지켜보면서 프랑스 문학, 특히 실존주의 철학에 심취한 것도 바로 그 시기였다. 따라서 그는

　　　　　　　　　　　제6부　한국 현대연극의 거목들

젊은 날 쓴 한 에세이에서 "내 세대의 의식세계는 단순하지가 않다. 그 속에는 상투머리도, 히피도, 전쟁과 평화도, 저항과 좌절도 맹자, 공자, 부처님도, 그리고 예수 그리스도도 모두가 구분할 수 없게 혼재(混在)해 들어 있다. 그 어느 한 부분에다 기대어 이것이 바로 너다라고 들이대면 얼른 수긍하기 어렵게 아리송하다. 그런데도 나는 뚜렷한 한국인이고 물론 내 속에는 분명한 한국적 전통이 들어 있다. 이것이 바로 내일의 전통을 이어갈 오늘의 주체가 아닐까"(『조선일보』 1974.7.14)라고 술회한 바 있는 것이다.

이와 같이 복잡한 의식 구조를 지닌 그는 동양의 원초적인 공연예술에서 뭔가 찾아보려고 서양의 첨단적 연극이론을 공부하면서 많은 생각을 하지 않을 수 없었다. 도대체 뭐가 뭔지 모르는 혼돈 속에서 자신의 의식 저변을 더듬지 않을 수 없었다는 이야기가 된다. 이런 혼란 속에서 그는 한국에서 해온 배우생활을 돌이켜볼 때마다 한숨짓는 경우가 적지 않았다. 잘 짜여진 희곡을 분석하여 연출가가 지시하는 대로 로봇처럼 움직였던 지난 5년여 자신의 배우생활이 우스꽝스럽게 느껴진 것은 너무나 당연한 것이었다. 실재로 그때까지의 한국연극은 바로 그런 것이 아니었던가.

그가 케네디극장의 기술조교를 하면서 무대의 구석구석을 익히고 연극이 어떻게 탄생되는지도 알게 된 것은 무엇보다도 크나큰 소득이었다. 일본, 중국, 인도 등의 고전극의 양식도 면밀하게 들여다볼 수가 있었다. 동양과 서양의 만남을 어떻게 변증법적으로 결합시킬 수 있을까 하는 것이 그의 최대의 난제였다. 그는 단역으로 케네디극장 무대에 서면서 동양 배우의 독특하면서도 신비스러운 분위기를 보여주어 서양인들을 놀라게도 했다.

또한 그는 하와이대학에서 연극이론과 실재에 접하면서 연기만 가지고서는 자신의 연극철학을 마음껏 펼칠 수 없다는 것을 절감했다. 특히 첨단적인 연극 공부와 극장 기술조교의 경험을 통해서 연극의 건축가는 궁극적으로 연출가라는 것도 확신하게 되었다. 그가 배우로서는 이미 5년여 동안 여러 작품에 출연해보았던 만큼 연출에 대한 갈망이 내면으로부터 솟구치기 시작했던 것이다. 그런 기미를 알아차린 것은 그의 아내와 지도교수였다.

따라서 그는 케네디극장 공연의 〈마스터 피에르 패들린〉이라는 작품 연출을 맡게 되었고 에드워드 올비의 〈샌드 박스〉도 연출했다. 그것이 1970년도 중반이므로 그가 유학길에 오른 1년 반 만의 일이었다. 그는 전형적인 미국 현대극을 동양, 특히 한국 전통극의 양식을 부분적으로 대입시켜서 색다른 작품으로 창조해보기도 했다. 이런 그의 독특한 작업이 미국 교수들과 학생들의 주목을 끌었음은 두말할 나위 없었다.

그는 3년여 유학 생활 동안 혼란스러울 정도로 많은 것을 보고 배웠으며 또 체험으로 느꼈다. 그가 유럽을 여행하면서 동양인으로서 서양 문명의 본체도 보았다. 동양과 너무나 다른 서양 문화를 접하면서 과연 동서 문화를 조화시켜서 세계성을 띤 하나의 보편적인 예술을 창조해낼 수 있을 것인가에 대한 생각도 했다. 여하튼 그가 미국 유학 중 대단히 현대적인 연출관, 더 나아가 연극관을 갖추었음을 다음 글에서 확인할 수 있다.

> 희곡은 물론 내게도 제일의 재료임이 틀림없다. 그러나 절대의 재료일 수는 없는 것이 나의 의식과 감격에 정확히 내어주는 것이 쉽게 찾아지지 않기 때문이다. (중략) 말이란 어차피 논리와 이성의 산물이므로 그것이 인간의 근저적 감정 표현 자체가 되지는 못한다. 여기에 새로운 공간언어의 필요성을 나는 느끼게 된다. 화술을 포함해서 무엇이건 근저적 감정의 표현을 가능케 하는 소리, 빛 등을 통틀어 하는 말이다. (중략) 내게 있어서 무대는 완전히 주어진 하나의 조형시의 창조장이다. 그것은 이차원(二次元)의 세계가 아니다. 이곳에서 새로운 공간언어의 필요성을 더욱 절감하며 아무래도 시각화의 경향은 전통적 화술 중심의 연극을 보는 눈으로는 역시 시비를 낳게 하기도 한다.(『한국연극』 1976년 2월호)

그의 연출노트에 나타나 있는 글을 보면 그가 고든 크레이그로부터 아르토에 이르는 현대극의 큰 줄기에 얹혀 있음을 알 수가 있다. 이 글의 문맥은 마치 고든 크레이그의 저서 『연극예술』의 핵심 부분 같기도 하고 아르토의 저서

『연극과 그 환영』의 내용과 부합되기도 하다. 그러니까 그가 3년여 하와이대학에서 공부하고 실습한 것은 대단히 현대적인 연출 중심, 즉 움직임 중심의 극술이었다는 이야기가 된다. 이는 분명히 화술 중심, 심리극, 또는 리얼리즘 연극 사조에 대한 반역이고 더 나아가 초극(超克)이라고 말할 수도 있다. 이런 경향은 아르토 이후 그로토프스키 등에서 잘 나타나지 않았던가. 첨단적인 현대극술로 무장한 그는 배움이 좀 부족함에도 불구하고 어쩔 수 없이 경제적인 문제 등 여러 가지로 인해서 귀국 결심을 한다. 그는 유학길에 오른 지 3년 반 만인 1972년 8월에 귀국하여 드라마센터의 서울예전 전임강사로 강단에 서게 되었다.

그가 귀국했음에도 그의 엄한 스승이면서 장인이기도 했던 유치진은 좀처럼 그에게 작품 제작 기회를 주지 않았다. 때마침 유덕형이 신예 연출가로서 각광을 받고 있던 때였던 터라서 그의 재능을 제대로 알고 있지 못하던 유치진이 그에게 연출 기회를 줄 리가 없었다. 그는 내면 깊숙이에서 끓어오르는 창작에의 열정을 억누르면서 후진 양성에만 진력하고 있었다. 그러던 어느 날 유치진은 독일의 요절한 천재작가 뷔흐너의 〈보이체크〉를 연출해보라는 지시를 한다. 〈보이체크〉는 미완성 작품이라고까지 평가되는 난해한 희곡이다. 그는 드라마센터팀을 데리고 〈보이체크〉를 새롭게 해석해내는 연출을 했다. 그러니까 칼을 던지며 바다로 들어가는 마지막 장면을 원작 못잖을 만큼 역동적으로 해석하는 연출 솜씨를 보여준 것이다.

그의 재능에 의구심을 갖고 있던 유치진이 드디어 그를 조금씩 인정하기 시작했다. 그의 가까운 장인이면서도 공포의 대상이었던 유치진이 10년 만에 처음 그를 인정했다는 것은 그에게 있어서는 생애 최대의 기쁨일 수도 있었다. 귀국 1년 만에 그를 테스트한 유치진은 그에게 〈리어왕〉 연출을 맡겼다. 〈리어왕〉 연출은 그가 그동안 갈고 닦은 연출로, 더 나아가 새로운 연극관을 보여줄 호기였다. 그는 우리 신극이 그동안 금과옥조와 같이 지켜온 리얼리즘 연극술을 뒤집은 새 형식의 연출 솜씨를 보여주려 했다. 그러기 위해서 그는 셰익스피어의 원작부터 대폭 손질했다. 손질했다기보다는 오히려 한 발 더 나아가 번안했다는 표현이 적합할 듯싶다.

우선 무대부터 화려한 궁전이 아닌 도시 변두리의 서커스단 가설무대처럼 꾸몄고 리어왕을 철저하게 바보로 만든 해석부터 관중을 당혹케 했다. 그러니까 셰익스피어 비극이 갖는 숭고미는 말할 것도 없고 질서의 세계를 철저하게 파괴하고 바보 어릿광대극의 그로테스크 미학으로 가져간 것이다. 전쟁 장면의 슬라이드 활용과 전자기타 음악 반주에다 철판을 두드리는 시끄러운 효과음도 특이할 수밖에 없었다. 그가 〈리어왕〉을 그렇게 가져간 것은 이 세상을 부조리의 세계로 바라본 데 따른 것이다. 이는 그가 프로그램에서 인간세상은 "존엄성도 사랑의 위대함도 아닌 그로테스크의 세계이며 무리한 얘기의 전개와 과정으로서만 얘기 전개가 가능한 성격 등은 곧바로 부조리극의 세계"가 아니겠는가고 쓴 데 잘 나타나 있다. 그만큼 그는 〈리어왕〉에서 충격적일 만큼 기존의 가치관을 뒤집어놓았던 것이다. 결론적으로 말하면 그의 작업은 기존 질서의 세계에 대한 철저한 파괴로부터 출발한 것이었다. 따라서 그 표현은 격렬하고 충격적이며 잔혹성으로 나타날 수밖에 없었다.

그는 일찍이 연출하는 자세를 두 가지로 나누어 말한 적이 있다. 즉 해석자적 위치에서 지휘자의 역할만을 하는 연출가와 완전한 창조자로서의 연출 자세이다. 그런 측면에서 보았을 때 그는 후자, 즉 완전한 창조자로서의 연출가이기를 바랐다. 그렇기 때문에 그는 무슨 작품이든지 일단 연출을 하게 되면 대본부터 손대기 시작한다. 그는 희곡을 연극 창조의 필요악으로 파악하고 자기의 세계관에 입각해서 재구성했다. 그것은 첫번 연출 작품인 〈보이체크〉에서부터 시도했었다.

그런데 흥미로운 사실은 우리가 막연하게 생각하는 파괴가 그에게 있어서는 반대로 창조 행위의 한 표현방법이라는 점이다. 그가 파괴한다는 것은 위선과 거짓으로 가득 찬 세계의 배면절개(背面切開)에 다름 아니다. 그와 관련하여 그는 "배면(背面)에의 침투와 투시는 우주질서의 신장 가운데 서려 있는 부조리를 응시하며 그 부조리를 이루는 힘의 원천은 내게 있어 자연 질서에 대한 끊임없는 파괴력으로 나타난다고 파악한다. 여기에서 나의 연극은 어쩔 수 없이 재현된 의미의 잔학성을 노출하게 마련"이라고 실토한 바 있다. 그가 특히 부조리한 세계 인식과 그로테스크 미학을 강조한 것에 대해서 당시 평단에서는 셰익스피어 학자 얀코트의 이론과 피터 브로크의 연출 기법의 영향을 받은 것으로 파악하면서도 대단히 주목할 만한 신진 연출가의 등장이라는 데는 아무도 이의를 제기하지 않았다. 물론 보수적인 연극인들 중에는 그의 기존의 연극문법 파괴를 부정적으로 보는 이도 없지 않았다. 그럴 수밖에 없는 것이 수백 년 동안 지켜온 셰익스피어극을 송두리째 뒤엎어 놓았기 때문이다. 솔직히 그는 당시로서는 대단히 앞서가는 실험극을 시작한 것이었다.

사실 그가 바라보는 현대는 그동안 견지해온 연극 방식으로서는 도저히 표현할 길이 없다고 생각했다. 우선 그는 전통을 조상들의 지혜의 축적이라는 단순 논리로 인식하지 않는다. 그는 한 에세이에서 "전통은 옛것을 말할 수는 없다. 전통이란 고정되어 있는 관념으로 나는 믿지 않는다"면서 그것은 변화 발전하는 과정으로 파악해야 한다고 했다. 그러면서 "내가 분명 한국인이고 내 속에 전통이 있을 텐데 내 자신에게 충실하면 전통의 파괴처럼 보이던 그것이 종국은 전통 확립의 과정이 될 것"이라는 역설적 해명도 했다.

이러한 시각에서 작품을 창조해가는 그의 자세는 고루한 관객에게는 충격이었고 지적 관객에게는 눈이 번쩍 뜨일 만큼의 신선감으로 다가올 수밖에 없었다. 그가 한 신문과의 인터뷰에서 "우주의 구심점에 서 있는 인간의 숙명적인 존재"라고 한 것은 그의 실존주의적 세계관의 일단을 보여준 것으로서 "그런 존재 밑바닥에 깔려 있는 어떤 파괴력 같은 것을 취급한 작품을 좋아한다."(『일간스포츠』, 1974.4.20)고 한 것은 부조리한 세계의 이면(裏面) 노출을 연극 미학으로 삼겠다는 것을 표명한 것이다.

그는 〈리어왕〉 연출에 이어서 오태석의 화제작 〈태(胎)〉를 연출했다. 〈태〉는 우선 희곡부터 새로웠다. 재래의 사극처럼 역사의 재구(再構)나 사실(史實)의 재평가가 아닌 역사의 이면에 조사(照射)된 어떤 영감이나 이미지를 극화한 희곡이었다. 여기서 영감이라는 것은 선대와 후대를 이어주는 생명의 끈, 모든 종족의 멸종을 거부하는 생명의 끈으로서의 태(胎)에 대한 신앙이며 인과(因果)의 고리로서의 태에 대한 외경 같은 것이었다. 이 희곡을 접한 안민수도 〈태〉가 비록 "역사에서 소재를 빌려왔다고는 해도 결코 통념상의 역사극은 아니다. 왜냐하면 이 작품에는 사실의 저 뒤쪽에 생명의 근원을 찾아 방황하는 존재 파악의 처절한 궤적이 그려져 있기 때문"이라 보았던 것이다.

솔직히 이런 역사극은 그가 연출하기 좋은 희곡이었다. 그는 〈리어왕〉의 경험을 바탕으로 한 단계 더 나아가는 작업을 했는데 그것은 우리의 전통극을 좀 더 과감하게 활용한 점에서 그렇다. 그 단적인 예가 판소리의 활용이었다. 가령 도창(導唱)에서 부터 장면과 장면 사이를 판소리로 연결고리를 만든 경우 등… 또한 그리스 비극의 코러스를 연상시키는 사육신의 배치, 사육신의 고문과 학살 장면의 처리, 그리고 해산 장면에서의 태의 상징화는 압권이었다. 그가 이 작품에서는 〈리어왕〉 이상으로 잔혹극적 기법을 드러냈는데, 사육신의 처형 장면을 마치 도살장 같은 음산 괴기 장면으로 만든 것이라든가 단종의 죽음 장면에 기관총 소리를 냄으로써의 관객을 놀래킨 것 등에서 그 점이 잘 드러나 있었다.

이와 같은 그의 사극 연출은 신극사에 있어서 역사극의 새 지평을 연 것이었다. 그렇게 보는 이유는 두 가지에 있다. 첫째로는 선배 연극인들이 해왔던 역사 교육의 일환으로서의 역사 재현을 극복한 점이고, 두 번째로는 역사를 사실로서가 아니라 그 이면에 도사리고 있는 진실 천착이라는 차원에서, 그것도 아방가르드적인 실험적 표현 기법으로 접근했다는 점이다. 그는 귀국 세 번째 작품으로 새로움을 추구하는 신예 연출가로서 확고한 위치를 정립할 수 있었다. 그동안 그의 연출 작업을 지켜본 연극 전문 기자 겸 연극평론가 구히서는 논평에서 "그는 기존의 연극 방법에서 또는 기존의 모든 것에서 벗어나

                                     제6부 한국 현대연극의 거목들

려는 의식으로 연극을 만들었다. 그러나 그는 스스로를 우상 파괴자나 전통의 파괴자라는 공격적인 단어로 설명되는 것은 원치 않는다. 오히려 그는 전통적인 것들 위에 새로운 전통을 '구축하는 자'가 되기를 원했다"[1]고 쓴 바 있다. 이러한 활동으로 그는 한국연극협회가 주는 한국연극상을 받았고 중앙일보의 문화대상도 받았다.

1975년에는 그가 전에 연출했던 〈보이체크〉와 〈태〉를 재공연하고 유치진의 대표작 〈소〉를 아내(유인형)와 함께 공동 연출했다. 그는 소에 대한 독특한 이미지를 갖고 있었다. 마치 화가 이중섭(李重燮)처럼 그는 〈소〉의 연출노트에서 "소는 민족의 젖줄기, 이 소를 잃으면 우리는 고향을 잃는다."라고 씀으로써 소를 원초적 고향의 이미지로 파악했다. 그의 아내가 절제를 요구했기 때문에 〈소〉에서의 안민수의 배면절개는 두드러지지 않았다.

〈소〉 연출을 끝내면서 그는 다시 셰익스피어 작품으로 눈을 돌렸다. 그가 진정으로 연출하고 싶어 했던 〈햄릿〉을 새롭게 형상화하는 작업에 착수한 것이다. 안민수는 대학 시절 극작 실습을 해보았기 때문에 번안에는 어느 정도 자신감을 갖고 있었다.

그는 우선 〈햄릿〉을 〈하멸태자〉라는 제목으로 번안하기로 하고 시대와 장소도 대체로 삼국시대쯤으로 잡았다. 등장인물들의 이름부터 하멸(햄릿), 미휼(클로디어스), 가희왕비(거트루드), 파로(플로니어스), 호려소(호레시오), 오필녀(오필리어), 대야손(레어티즈), 지달왕(선왕) 등으로 한국화시켰고 로젠크렌츠와 길든스턴은 제외시키고 그 역할을 플로니어스가 하도록 했다. 그 외에도 주제가 바뀌지 않는 범위 내에서 잔가지를 쳐내고 바꾸기도 했다. 가령 원작에서 햄릿이 포틴브라스에게 왕권을 넘기지만 〈하멸태자〉에서는 아무 말 없이 죽는 다든가 오필리어와 거트루드를 한국적 여인상으로 바꾸어놓은 것이 그런 예에 속한다. 장소만 하더라도 덴마크는 아사라, 영국은 타사도로 표현하며 수

---

1 구히서, 「안민수론」, 『우리극연구 5』, 공간미디어, 1995, 171쪽.

녀원은 사찰, 천당은 열반 등으로 바꿈으로써 기독교가 아닌 불교적 관점으로 전환시켰다. 안민수 자신도 한 신문(중앙일보)과의 인터뷰에서 "서양적 상황, 전통, 감각 속에서 나타나는 햄릿의 고뇌와 갈등이 한국의 문화적 전통, 의식, 감각 속에서 어떻게 용해돼야 하는가를 형상화시켜보려 한다"고 실토한 바 있다. 결국 1976년 10월에 드라마센터 무대에 올려지면서 찬반 양론 속에 화제가 폭발했다. 가령 "동양 여러 나라의 연극 형태와 우리 전통 형식을 시도하고 있다"(『동아일보』 1976.10.19)는 긍정적 평가와 대단히 일본적이라는 부정적 평가가 동시에 나온 것이다. 이 작품이 일본적이라고 본 이유는 우선 무대에서부터 사무라이와 같은 결투 장면, 노의 분장 같은 진한 백색 얼굴, 의상 등에서 잘 나타난다고 했다. 이런 비판에 대해서 안민수는 침묵했지만 여하튼 화제를 불러일으킨 것만은 분명하다. 솔직히 그가 이 작품에 가면극의 춤사위라든가 승무 형태, 그리고 아악의 가락을 삽입한 것이 사실이지만 하와이 대학 시절 깊은 인상을 받은 일본 고전극의 영향도 무시할 수는 없는 것이다. 이 말은 곧 그가 한국뿐만 아니라 동양 전통극 전체를 염두에 두고 〈햄릿〉을 새롭게 만들어본 것이라 말할 수 있다. 그렇기 때문에 구미 순회공연에서 〈하멸태자〉가 그들에게 대단히 이국적으로 비치고 주목을 끌었다고 보여지는 것이다.

〈하멸태자〉 공연에 대해서 구미 관객들은 대부분 호평하는 가운데 뉴욕의 한 신문은 "안민수는 이 서양의 고전극을 시간과 공간의 동양적인 개념과 혼합하여 관객이 언어의 장벽 없이 그것을 감상할 수 있다고 느꼈다. 그리고 그들은 관객들로부터 열광적으로 10분 동안의 기립박수를 받았다. 전통적인 한국 춤과 음악에서 사용했던 차원의 개념은 깜짝 놀랄 정도의 극적인 효과를 창조하는데 전념했다. 그를 통하여 배우들의 뛰어난 절제와 집중력은 고도의 에너지를 뿜어냈고, 그날 저녁은 하나의 완전한 연극적인 경험이었다"(『더뉴스월드 뉴욕』, 1977.4.1)고 극찬한 바 있다. 특히 화려한 궁중의상과 역동적인 움직임, 독특한 효과음과 동양음악 등이 서양인들을 매료시킨 것 같다. 이처럼 〈하멸태자〉는 국내에서보다 구미에서 절찬을 받았다.

그로부터 그는 3년여 침묵했다. 더욱이 부친의 타계로 심적인 충격도 컸다. 우연이긴 했지만 10·26정변마저 일어남으로써 광주에서는 숱한 죽음이 있었다. 그는 한 예술가로서 이러한 삶의 질곡을 어떻게 그려낼 수 있을까를 골똘히 생각하기 시작했다. 그는 자기의 깊은 심중을 그려줄 만한 극작가를 찾기가 쉽지 않다고 판단했다. 따라서 그는 자신의 내면에서 솟구치는 고통을 직접 희곡으로 써서 공연하기로 한다. 그리하여 그는 〈초혼(招魂)〉이라는 200자 원고지 80매 분량의 첫 희곡을 썼다.

그는 소년 시절 한때 시인을 꿈꾼 적이 있었고, 대학시절에는 극작가가 될 수 있을까 하는 생각에 습작도 한 적이 있었기 때문에 희곡 창작에 대한 두려움을 갖지는 않았었다. 그런데 여기서 주목할 만한 사실은 일반적으로 희곡의 양식을 파괴한 작품을 낸 점이었다. 희곡은 14명의 등장인물이 처음부터 끝까지 "어이고 어이고 애고 애고 어이고"라는 대사를 반복하는 것으로 구성되었다. 아리스토텔레스의 희곡론으로는 도저히 풀 수가 없고 서사극이나 부조리극 이론으로도 풀기 어려운 이색적 희곡이었다. 이 희곡을 읽으면 그가 일찍이 자신의 연출관에서 밝혔던 "말은 일종의 필요악"이라고 한 주장이 떠오른다. 이런 연극관에 입각해서 그는 그동안 선보인 작품에서 심리갈등의 언어극이 아닌 움직임, 소리, 빛깔 등으로 혼합된 일종의 스펙터클한 공간 언어극을 창출했던 것이다.

그동안 과잉 표현도 서슴지 않던 그가 처음 발표한 이 간결한 희곡이 색다를 수밖에 없었다. 따라서 많은 연극인들이 그의 희곡을 읽어보고 고개를 갸우뚱한 것은 극히 자연스런 것이었다. 무대에 올린 작품을 보고는 사람들은 당혹했다. 왜냐하면 상복 차림의 배우 14명이 처음서부터 끝까지 2시간여 뛰면서 "어이고 애고…"의 호곡(號哭)을 반복하면서 뛰기 때문이었다. 배우들은 땀과 눈물로 온몸을 적셨다. 솔직히 이 작품은 일종의 제의극(祭儀劇)이다. 여기서 호곡은 우리나라의 전통적 장례의식의 한 부분이며 혼(魂)을 부르기도 하고 떠나보내기도 하는 의미를 지닌 산 자의 정서적 표현이다. 예부터 전해 오는 이야기로는 부모의 혼은 자식의 슬픈 호곡소리를 타고 저승에 간다고 했다. 그렇기 때문에 우리나라에서는 장례의식에서 유독 호곡을 권장하고 강조해왔다. 그만큼 호곡은 주술적(呪術的) 기능도 지닌 것이다. 그런데 안민수에게 있어서 1980년도는 광주에서 수많은 억울한 죽음과 부친의 슬픈 죽음을 위한 진혼(鎭魂)굿도 필요하다는 생각을 했을 법하다.

물론 소년 시절에 겪었던 동족상잔 과정에서의 죽음, 4·19혁명 과정에서의 억울한 죽음도 끊임없이 그의 뇌리에서 맴돌았을 것임은 두말할 나위 없다. 그러나 그는 훨씬 뛰어넘어서 보다 원초적인 명상을 한 듯싶다. 그러니까 그는 당초부터 연극의 사회적 기능에 대해서는 별로 관심이 없어 보였다는 이야기이다. 그는 자신의 철학적 고뇌의 세 가지로서 인간성의 상실, 자신의 복합적 의식구조, 그리고 연극언어의 자유분방함이라 말한 바 있다. 여기서 드러나는 것은 실존주의자로서의 비관적 세계관과 전통과 현대 사이에 끼어 있는 동양인으로서의 복잡한 의식구조, 그리고 전위적인 공간언어 창조자로서의 자세라 하겠다. 〈초혼〉을 그런 맥락에서 본다면 그로서는 더 한 발짝 전진하고 있는 것이라 말할 수 있다.

왜냐하면 표현을 단순화시키고 보다 본질적인 데로 다가가려 한 점에서 그렇다. 가령 대사는 "어이고 어이고 애고 애고 어이고"로 압축시켰고 소위 그가 강조한 공간 언어라는 고정된 조명 불빛 속에 울면서 뛰는 것밖에 없었기 때문이다. 그 자신도 이 작품의 연출노트에서 "내게 있어서 예술은 궁극적으로 본질을 규명하려는 데 있다. 지난 여러 해 나는 현상을 헤집고 실존에 보다 가까이 접근하려고 애쓰면서 내 삶의 움직임에서 눈을 떼지 않았다. 그러면 그럴수록 모든 형체는 부서져 내 뒷전으로 빠져버리고 그러던 중 하나의 소리를 볼 수 있었다. 시공(時空)이 끊겨져 있는 고요의 자리로부터 천지간에 홀로 떨어져 나오던 태초의 순간, 눈도 귀도 뜨지 않은 채 울던 소리가 그것이며 그리고는 끝없는 변주(變奏)가 있을 뿐이었다. 이 모든 것에 하나의 농경(農耕)스러운 체험이 있으며 내 연극은 바로 그것"(〈초혼〉 프로그램)이라 했다. 그러면서 그는 호곡성과 관련하여 "이 세상에 아이가 태어나는 순간 우는 소리는 무의미한 소리가 아니라 최초의 의식이 담긴 소리라고 생각해요. '어이고'는 인간이 잃어버리고 있는 원초적인 의식을 확인시켜 주는 소리"(『서울신문』, 1980.10.2)라고 했다.

말을 절약하고 구질구질한 형식과 언어를 걷어내어 본질만 내보인다는 점에서는 베케트를 닮아갔지만 그는 현상에 머물지 않고 보다 본질에 다가가려 한 점에서는 실존주의 사상을 지닌 인문주의자의 모습을 보여주기도 한다. 그는 『일간스포츠』(1974.4.20)와의 인터뷰에서 "우주의 구심점에 서 있는 인간의 숙명적인 존재와 그 존재 밑바닥에 깔려 있는 어떤 파괴력 같은 것을 취급한 작품을 좋아한다"고 말한 바 있다. 여기서 '인간이 우주의 구심점에 서 있다'고 본 것이야말로 '현상이 본질에 앞선다'는 실존주의 사상의 한 면을 보여준 것이라 말할 수 있다.

이런 그는 1년 뒤에 다시 모노드라마 극본 〈제24시〉를 써서 무대에 올렸다. 〈초혼〉 이후 그에 쏠렸던 대중의 관심이 줄어들어서였는지는 알 수 없으나 〈제24시〉 공연은 조용히 지나갔다. 한 사나이의 자기 구원을 찾는 이 작품은 나중에 〈거울이 있는 방〉으로 개제되어 공연되었지만 역시 관객의 반응은 그저 그랬다. 그런 그가 1981년 2학기부터 동국대학교 연극과로 직장을 옮겨 가르치는 일에 많은 시간을 할애했다. 그러면서 과거 그에게 명성을 안겨주었던 〈리어왕〉과 〈보이체크〉를 다시 무대에 올리고 세 번째 희곡 〈길〉을 써서 학생들을 데리고 공연을 했다.

네 개의 에피소드로 구성되어 있는 이 작품에는 등장인물이 여러 명이다. 그중에서도 길에서 놀다가 지쳐서 흥얼흥얼대며 부모를 찾는 아이들, 아이들을 업어가는 덩치 큰 한 여인, 편지 한 장을 놓고 문맹자와 전장에 아들을 보낸 아버지 등이 등장해서 전쟁의 참혹함과 공포 등으로 인해 울다가 한바탕 웃음으로 끝난다. 결국 어처구니없는 "허허…"로 끝나는 이 작품의 배경과 관련하여 그는 평론가 구희서와의 대담에서 "법당에서 다시 찾아낸 어린 시절의 체험 같은 길 연극으로 만들자는 욕심에서 생겨나온 작품"(구히서, 「연출가 안 민수V」)이라고 실토한 바 있다. 그러니까 그가 40대 중반까지도 내면 깊숙이 에서 솟구치는 어떤 열정(그것도 고통스런)같은 것을 가라앉혀보려고 절을 드나 들었고 그 과정에서 고향의 유년 시절의 아득한 체험과 자연스럽게 만난 듯싶 다. 이 지점에서 다시 프랑스의 부조리극 작가 이오네스코의 이야기가 떠오른 다. 이오네스코는 일찍이 유년 시절의 공포 등과 같은 체험이 작품의 바탕이 된다는 이야기를 한 적이 있다. 안민수도 자신의 내면의 소리를 유년 시절의 체험에서 끄집어내보려 한 것 같다. 그가 2001년에 펴낸 책『연극적 상상 창조 적 망상』의 머리말에서도 보면 "요지경을 만드는 일은 모두 내 어린 시절 자연 과 인간으로부터 얻은 체험의 환기 이상이 아니었다"고 하여 연극 창조의 바 탕은 유년 시절의 놀라운 경험치였음을 실토한 바 있는 것이다.

그런 그는 자신의 작품에서 여전히 실제, 승화되지 않고 솟구치는 열정에 실망했다고 한다. 따라서 그가 초기에는 존재의 근원을 탐색하는 과정에서 관 객에게 파괴로 비칠 정도의 과잉 표현을 했지만 그다음에는 마치 다이모니온 (daimonion)을 발견한 듯 "어이고"라는 소리로 압축해 표현했다. 그는 불교의 선(禪)에서 느낄 수 있는 울음 뒤의 한바탕 허탈한 웃음으로도 표현했다. "어 이고 어이고"에서 "히히…"로 끝냈고 표현 방법도 과잉으로부터 과소로 진전 되어갔지 않았는가. 그가 마치 손튼 와일더나 베케트처럼 변주(變奏)와 반복 을 자주 구사한 것도 실은 〈초혼〉을 썼을 때부터였다. 이는 분명히 부조리극 의 영향으로 볼 수 있다. 그러나 그는 표현의 절제, 언어의 제거에서 어떤 한 계에 부닥친 것 같다. 왜냐하면 그가 곧바로 언어를 가장 잘 구사했다는 안톤 체호프에 빠져들기 시작했기 때문이다. 즉 그는 1985년부터 학생들을 데리고 체호프의 비극을 연출하기 시작한 것이다. 이처럼 그는 과잉 표현으로부터 거 의 무(無)에 가까울 정도의 절제로, 그리고 다시 인문학적 깊이를 세련되게 표 현하는 언어극으로 나아간 것이다. 그 자신도 안톤 체호프를 만나게 된 동기 와 관련하여 "나는 과거 연극에서 말을 없애는 문제를 많이 생각하고 실험했었다. 그러나 학생들과 체호프의 작품들을 만들면서 나는 말의 중요성, 힘, 그 형태의 아름다움을 발견했다.”(구희서, 「연출가 안민수 V」에서 재인용)고 실토한 바 있다. 사실 이것은 그가 드라마센터에 입교해서 연극을 했던 처음, 즉 원점(原點)으로 회귀한 것이다. 이는 곧 평생 그를 정신적으로 지배하고 있었던 절대적 스승 동랑 유치진에게로 회귀한 것이다.

그러니까 그가 전통적인 언어극, 사실주의극으로부터 시작해서 과잉 표현이랄 수 있는 스펙터클한 움직임극, 그리고 언어를 거의 제거할 정도의 절제와 단순화한 변주극, 거기서 다시 원점으로 돌아가는 순환과 반복의 과정을 겪은 것이 바로 안민수의 연출 세계라 말할 수가 있다. 문예사조도 그렇지만 패션이라는 것도 앞으로 끝없이 나아가기만 하는 것은 아니다. 낭만주의 다음에 신낭만주의 사조가 닥치듯이 문예사조나 우주원리라는 것도 순환과 반복, 변주의 연속이라 말할 수 있다. 안민수야말로 이러한 원리에 운명적으로 순응한 연출가로 보인다. 그가 이제부터 만드는 작품은 정통과 실험, 리얼리즘극과 부조리극을 종합 승화시킨 것이기 때문에 대단히 색다르리라 예상된다.

그는 자신의 연출연기 교육 실험을 세 권의 책으로 묶었는데,『연극연출—원리와 기술』(1998)과『연극적 상상 창조적 망상』(2001), 그리고『배우훈련』등이 바로 그것이다.

전문적 연극비평을 개척한 평론가
여석기

　예술비평이란 작품의 좋고 나쁨, 혹은 잘 만들어지고 잘못 만들어진 것을 판별해내는 지적 행위이다. 연극의 경우 무대 위에 형상화된 공연물이 잘된 것이냐 그렇지 않으냐를 가려내서 관객들이 올바른 대응을 하도록 돕는 일이 바로 연극평론 행위이다. 따라서 연극비평은 반드시 공연을 전제로 할 수밖에 없다. 희곡에 대해서 평가하는 건 문학비평이지 연극평론은 아니다.

　훌륭한 평론은 훌륭한 작품이 있어야 가능하다고들 말한다. 그것은 당연지사이다. 왜냐하면 천박한 작품에는 깊이 있는 분석 잣대가 불필요하기 때문이다. 이러한 관점을 우리나라 근대 연극사에 놓고 이야기해볼 경우 일찍이 좋은 연극비평이 존재하기 어려웠을 것이라는 것은 명약관화하다. 적어도 해방 전까지는 훌륭한 공연이 많지 않았기 때문이다. 그러나 그런대로 공연은 있어 왔고 연극평론이라는 것도 있어 온 것이 사실이다.

　해방 직후까지만 해도 그 연극평론이라는 것을 담당해온 사람들이 비평 전문가라고 지칭하기는 어려웠다. 그 이유는 첫째 평론을 담당해온 사람들이 학부 등에서 연극을 전공한 경우가 드물고 대개가 외국문학 전공자가 아니면 창작을 주업으로 한 희곡 작가나 연출가들이었기 때문이다. 실제로 그 당시까지만 해도 대학에 연극학과라는 것이 있지도 않았다. 두 번째로는 당시의 관객

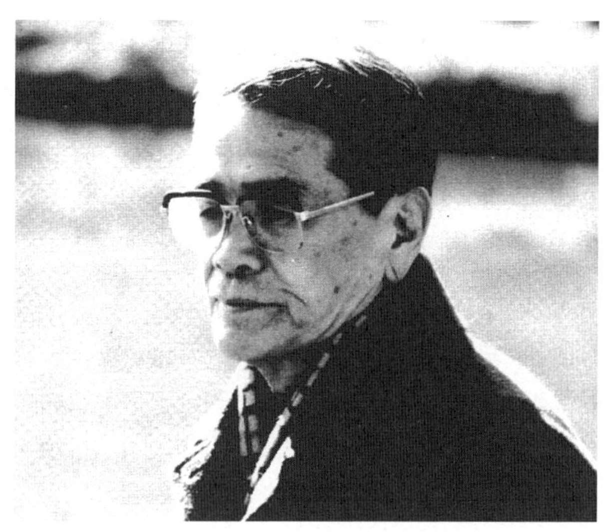

여석기

들이 특별히 연극비평의 필요성을 느끼지도 않았고, 따라서 평론을 쓰는 사람들도 대중과의 소통을 크게 염두에 두지 않고 글을 썼다고 보기 때문이다. 그 결과 1950년대 이전까지만 해도 광의의 연극비평에 포함시킬 수 있는 글들을 보면 공연평보다는 해외연극론, 연극원론, 작가 작품론, 그리고 연극사론 등이 주조를 이루고 있는 것이 특징이다. 그러니까 연극이 운동적 성격을 띠었듯이 비평 역시 계몽적 성격의 글이 많았다는 이야기다. 우선 연극비평이란 것이 생겨난 1920년대 초부터 담당했던 사람들을 대강 일별해볼 때 초창기의 현철(玄哲)과 김우진(金祐鎭)을 비롯하여 1920년대는 해외문학파 출신의 극예술연구회 멤버들, 이를테면 서항석, 유치진, 정인섭, 김광섭, 이헌구, 함대훈, 홍해성, 김진섭 등이 있었고 좌파 성향의 송영, 박영호, 임화, 안영일, 허집, 김태진, 나웅, 신고송, 이운곡, 박향민, 주영섭 등이 여러 종류의 글을 썼다. 이외에도 극작가들인 김영수라든가 김진수, 함세덕 등도 희곡 못지않게 평론도 썼다.

이러한 흐름이 1960년대 이후에도 크게 달라지지는 않았으나, 그 이전보다는 문제가 될 만한 공연이 많았고, 해외 교류 역시 증가했을 뿐만 아니라 연극을 본격적으로 전공한 학자들이 늘어났기 때문에 공연 비평이 확대되었다. 가령 전문 잡지가 생겨났다든가 언론사의 요구 등도 있어서 과거와는 상황이 달라진 것이다. 그런 중심에 기촌(蓍村) 여석기(呂石基)가 자리하고 있다고 보아도 크게 어긋나지 않을 듯싶다. 왜냐하면 당초 영문학을 전공한 그가 작심하고 연극평론에 전념하면서 전문 잡지까지 발간하면서 비평의 확충에 발벗고 나섰기 때문이다. 바로 여기서 그의 인생행로와 연극비평 활동을 살펴볼 필요성이 생겨나는 것이다.

그는 1922년 3월 6일 경북 금릉군 구성면 광명동에서 여환옥(呂換玉, 1896~1963)과 유하우(柳河佑) 사이에서 5남 3녀 중 셋째로 태어났다. 순수 우리말로 기뤌이라고 지칭되는 그 마을에 그의 조상이 5백여 년 동안 살았었다니 그야말로 토박이 중 토박이였고 10대 지주로 꼽힐 만큼 부자였다. 대대로 내려온 지주에다가 여씨 집성촌이었으므로 그 고장에서의 세도가 대단했음은 불문가지라 하겠다. 그가 고향에 대한 기억을 더듬는 글에서 "내 고향 기뤌(蓍洞)은 뒤로 그리 높지 않은 산이 둘러싸고 앞에 강이 흐르는 아름다운 고장이다. 강 이름이 감천이라고 하며 낙동강 지류의 하나이다"[1]라고 한 것을 보면 기뤌은 한국의 아름다운 농촌의 전형 같은 곳인 듯싶다. 여기서 굳이 그의 고향 이야기를 조금 비친 것은 그가 문학을 택하는 데 있어서 그런 자연환경 속에서 성장한 것도 한몫을 한 듯싶어서였다.

선대부터 주변에 소문날 정도로 머리 좋은 집안의 자제였던 여석기의 선친은 마을 서당에서『주역』까지 읽을 정도로 한학에 조예가 깊었다. 그러나 당시엔 신식 교육을 받을 기회가 없었기 때문에 그는 독일로 유학을 갈 생각으로 일단 고향을 떠나 중국 상해로 갔으나 여의치 않았고 또 양자였던 그는 부친의 귀국 종용을 받고 꿈을 접은 채 돌아와야 했다. 귀국 후 그는 지주로서 재산 관리에 힘을 쏟았고 암암리에 독립자금을 중국에 보내기도 했다고 한다.

---

1 여석기, 「명사의 고향」, 『서울신문』 1991.8.20.

그만큼 그는 독립심이 강하고 식민지 사회와는 담을 쌓고 살았다. 절제와 비타협의 선비였다고나 할까. 그러니까 부친은 대단히 명석한 두뇌를 갖고도 시대를 잘못 만남으로써 제대로 뭔가를 남기지 못한 선비였다는 이야기다. 반면에 모친은 풍산 유씨 반가의 규수로서 외유내강의 전형적 한국의 모상 그 자체였다고 한다. 여석기는「나의 어머니」라는 에세이에서 "나의 어머니는 독한 성품의 사람이 아니었고 하물며 돌발적인 추위를 몰고 오는 맹렬여성과는 전혀 거리가 멀었다. 순종자, 그렇다. 가문에 충실하게 따르고 남편에게 싫은 소리 한마디 못하고 8남매나 낳아서 키웠지만 그 누구에게도 따끔한 훈계를 주지 못하는 약한 여성이었다. 여기서 약하다는 표현을 썼지만 그것은 어디까지나 피상적인 관찰이다. 왜냐하면 봉건적 대가족 집안의 맏며느리 노릇을 하면서 한마디 불평 없이 남편 섬기고 자녀 키웠으니 어찌 약하다고 할 수 있겠는가. 돌이켜볼 때 그처럼 강인한 내면을 지닌 분도 드물다는 생각"[2]이라면서 부잣집 며느리였으면서도 내핍과 도리에서 한 치도 어긋나는 생활을 해본 적이 없는 분이었다고 회고했다. 그리고 부모의 공통점은 자녀교육에 남다른 열성을 지녔다는 점이었다. 8남매 모두가 명문학교에서 고등교육을 받은 사실이 이를 증명한다. 여기서 굳이 여석기의 부모를 조금 소개한 것은 일생 꼿꼿한 선비로 살아온 배경에 부모의 생활 태도가 서려 있다고 보기 때문이다.

여석기가 소년 시절을 보낸 곳은 태어난 기뤌이 아니고 김천(金泉) 읍내였다. 그의 회고에 의하면 자녀들의 교육을 위해서 시골을 떠나 학교가 있는 읍내로 이사했다고 한다. 따라서 그는 열세 살 때 김천고보에 입학했고 5년 동안 거기서 공부했다. 그보다 몇 살씩 많은 학생들과 공부하느라고 우등은 못했지만 뛰어난 두뇌 덕분에 모의고사에서는 수석을 놓치지 않았다고 한다. 특히 수학을 잘했기 때문에 이공계에 취미가 있었고 장차 그쪽 분야에서 일하겠다는 생각을 했다고 다음과 같이 회고한 바 있다.

---

2 여석기, 「나의 어머니」, 『서울경제신문』 1991.6.26.

나는 중학 3년 때 이미 자신의 진학 방향을 결정해버렸다. 대학은 공과, 전공은 전기공학, 그것도 약전(弱電), 즉 전자 또는 통신공학이라고 혼자서 단정해버린 것이다. 누가 곁에서 조언해주었던 것도 아니고 그런 내용을 알 만한 주위 환경이 존재했던 것도 아니다. 그러나 아무튼 나는 그 길을 택했으며 그렇게 하기 위해 상급학교를 가리라고 마음먹었던 것이다. 그리고 기왕이면 일본으로 건너가 공부해야겠다고 생각했다. 전문학교가 아니라 대학을, 그것도 당시의 관학인 제국대학에 가야겠다고 생각했다.[3]

이상에서 알 수 있는 것은 그가 연령에 비해서 대단히 조숙했었다는 점인데, 그 당시 어린 시골 학생이 전자공학을 공부해보겠다는 결심을 한 것이 바로 그런 경우라고 말할 수가 있다. 한편 그가 자연과학에 매력을 갖다 보니 인문학도들이 겪는 과정, 이를테면 문학서적 남독 시기가 빠져 있다는 사실이 눈길을 끈다. 다행히 그가 인문 교양교육에 철저했던 김천고보의 분위기에서 출세지향적인 야심을 키우지는 않았던 것 같다. 그는 제국대학에 들어가기 위해서 열일곱 살에 도일하여 마쓰에(松江)고등학교 이과 갑류에 적을 두게 된다. 장차 전자공학이나 통신공학을 전공하려면 거기서 공부해야 했기 때문이었다. 그러나 2학년을 마치고 3학년으로 진급하면서 그는 문과로 이적한다. 수학을 워낙 좋아하고 잘했기 때문에 이과를 택했었지만 어딘가 답답하다는 생각을 하기 시작했고, 좀 더 지적으로 자유로워지고 싶은 생각이 들어서 문과로 옮긴 것이었다.

그러니까 그의 내면에 문예에 대한 잠재적 욕구가 있었던 것이다. 그는 당시의 젊은이들처럼 도스토옙스키라든가 톨스토이의 소설을 읽으며 흥분했고, 체호프의 근대희곡을 읽으면서 하나의 삶 즉, 리얼리티의 재창조에 이르는 그 독특한 방식에 매료되기 시작했다. 따라서 그는 1942년도에 법학이나 경제학 같은 사회과학 진학을 은근히 바라는 주변을 뒤로하고 대망의 도쿄제국대학

---

3 여석기, 『에세이 셰익스피어 명작선』, 시사영어사, 1991, 252쪽.

영문과로 진학한다. 영문과에 진학해서도 특별한 흥미를 느낀 것은 아니었으나 한 젊은 교수의 〈리어왕〉 강의를 들으면서 셰익스피어에 개안을 했고 막연히 셰익스피어를 공부해보겠다는 생각을 한 것 같다. 그러나 그는 여전히 파고드는 학생은 아니었다. 그러니까 그때까지만 해도 학자적 기질보다는 여기저기 한눈파는 딜레탕티스트였다고 다음과 같이 회고한 바 있다.

> 그때 대학 시절 나는 약간 딜레탕티즘에 빠져 있었던 것 같다. 미학미술사학과 연구실에 가서 그림책을 들여다본다든가, '동양음악사'라는 강의를 들으러 다녔다든가, 하숙집에서 영화평론지를 모아놓고 거기에 열중했다든가, *Theatre arts monthly*라는 1920년대에 미국에서 발행된 연극잡지 6년치를 헌책집에서 발견하자 1년치 수업료에 해당하는 액수를 쓸어넣어 그것을 몽땅 샀다든가 하는 등의 일이 그것이다. 물론 미술도 음악도 영화도 나를 '전문적'이게 만들어주지는 않았다. 일종의 호사가적 기질이다. 매사에 심히 몰두하는 성격이 아니기 때문에 이 모든 호사적 취향을 반전문화(?)시키는 데는 실패했다.[4]

이상에서 확인할 수 있는 것은 대체로 수재형의 젊은이들이 어느 한 것에 집중하기보다는 이것저것에 호기심을 갖듯이 그 역시 대학 시절에는 예술의 여러 분야에 관심을 가졌던 것 같다. 물론 이러한 그의 대학시절의 정신적 지적 편력이 뒷날 오히려 종합예술인 연극을 연구하는 데 도움이 되었을 것도 같다.

그가 대학 생활을 보내던 1940년대 초반의 시대적 상황에서 그 역시 태평양전쟁의 피해에서 벗어날 수는 없었다. 3학년 졸업반이 되자마자 그는 학병 징집을 받은 것을 거부하고 대신 징용으로 끌려간다. 그는 즉시 황해도 사리원 근처에 있는 시멘트공장에 배치되어 해방될 때까지 1년 8개월 동안을 중노동으로 보내야 했다. 그가 겨우 2학년으로 학업을 중단한 것이다. 해방이 되

---

4 위의 책, 257쪽.

자 곧바로 귀향한 그는 몇 달 동안 고향에서 머물다가 중단된 학업을 잇기 위해서 1946년 봄 경성대학교(현 서울대학교) 영문과에 편입하여 반년 만에 졸업논문 「로미오와 줄리엣」을 써서 속성으로 졸업하고, 그해 가을부터 청량리에 있는 문리대 예과에서 교양영어를 가르치게 되었다. 그런데 당시 서울대학교는 좌익 학생들의 국대안 반대로 소란이 그치지 않았던 관계로 시끄러웠기 때문에 그는 그것을 피해서 한 학기를 채우고 겨울방학을 맞자마자 고향으로 내려가버린다. 그가 고향으로 돌아온 것을 안 대구사범대학에 재직 중이던 학교 친구의 소개로 이듬해(1947. 4) 그 역시 같은 대학의 영문과에 전임강사로 취임하게 되었는데, 그때 나이 겨우 스물다섯 살이었다.

해방 직후이고 또한 현대 학문의 시발기라고 할 수 있는 시기에 대학을 마치자마자 스물다섯 살의 젊은 나이에 대학교수가 된 것인데, 이에 대하여 그는 "지금 같으면 상상도 할 수 없는 25세짜리 대학 전임교원의 위상을 두고 나는 이렇게 표현해본 적이 있다. 나는 속된 비유로 '첫차'를 탄 느낌과 '막차'에 올라탄 듯한 느낌을 아울러 가진 착잡한 심정이었다. 첫차라는 뜻은 학문으로 말하자면 해방 제1세대에 속한다는 이야기이고 막차라는 의미는 공부를 더 하거나 아니면 얼마간이라도 인생의 방향을 소중한 경험의 질로 전환시킬 겨를도 없이 기성의 꼴찌 대열에 강제 편입되었다는 뜻"[5]이라고 했다. 이는 대단히 정확한 위치설정으로 보인다.

왜냐하면 해방 후 대학 첫 졸업 세대인 그는 곧바로 교수가 된 경우이므로 일제시대에 대학을 나와서 그 시대에 주로 전문학교급에서 학문을 했던 근대학문 세대와는 차이가 나는 것이 사실이기 때문이다. 그러니까 해방 전의 세대를 근대학문 세대라고 한다면 후의 세대를 현대학문 첫 세대라고 부를 수도 있지 않을까 싶다. 그러나 다른 한편으로는 여석기도 자인한 것처럼 학자로서는 준비가 부족했던 것도 사실이었다. 전쟁 말기와 해방의 어수선한 분위기에

---

5 여석기, 「어느 해방 제1세대의 학문 편력기」, 『철학과현실』 1992년 봄호.

     제6부 한국 현대연극의 거목들

서는 차분히 앉아서 학문을 하기에는 부적합할 수밖에 없었던 것이다. 이처럼 한쪽에 뭔가 비어 있던 제1세대 학자들을 또다시 혼란스럽게 한 것이 종전 후의 새 학문 물결이었다. 그에 대해서도 그는 다음과 같이 실토한 바 있다.

> 또 한 가지는 나 자신에게 일차적으로 해당되거니와 학문의 해방 1세대에 공통된 것이 아닌가 생각되는 것으로서 바깥에서 벌어지는 학문의 새로운 전개에 대해 어렴풋이나마 깨닫게 되며 거기 따라가는 데 급급하였다는 사실이다. 2차 세계대전이 끝나고서 학계는 새로운 연구 동향이나 방법론이 걷잡을 수 없이 밀어붙일 때였다. 아무리 손이 닿지 않아도 그 편린이나마 접해야겠다는 생각은 단순한 지적 호기심, 시대적 유행에 대한 피상적 추종을 훨씬 뛰어넘는 것이었다고 생각한다. 이를테면 학문의 지평(地平)이 일시에 확대되는 데서 오는 현기증 같은 것이라고 해도 좋다. 그 경이로움과 생동감은 지적 굶주림이 심했던 그만큼 우리들에게는 충격적이다.[6]

이상에서 알 수 있듯이 그의 세대 학자들은 서양문화가 한꺼번에 몰려들어오면서 그동안 일본으로부터 얻어온 학적 정보가 얼마나 제한되었던 것인지 깨달았다. 더구나 종전 후에 밀려들어오는 새로운 학풍은 호기심에 가득 찬 젊은 학자들에게는 충격적이었던 것 같다. 그런 그에게 본고장(영국)에서 제대로 공부하고 돌아온 이인수(李仁秀) 교수의 영시 특강 청강도 충격이었을 것임은 명약관화한 것이었다. 이 말은 그가 공부를 제대로 해야겠다는 생각을 은연중 했을 것 같다는 이야기다. 그가 평범한 젊은 교수로서 지방대학에서 7년여 있다가 고려대학교로 옮기자마자 유학을 생각했던 것이 바로 그런 이유라고 본다. 즉 그는 1954년 초 고려대로 옮겨 2년 가까이 근무한 후 1955년 가을에 미국 유학길에 오른다. 그가 간 곳은 미주리주립대학이었고 거기서 비로소 학문다운 학문을 할 수 있는 개안을 했다고 한다. 그리고 전공도 막연히 영문학이 아닌 셰익스피어와 현대 영미 희곡 연구로 한정한다.

---

6 위의 글.

사실 그는 10여 년 동안 강의해오면서 당시 여타 대학의 영문학과들에서처럼 그도 겨우 텍스트 강독 정도로 그쳤었는데, 미주리주립대학에서 연구하는 동안 체계화된 연구방법을 터득한 것이다. 특히 그는 유학 중에도 무난한 원로 학자들의 강의보다는 신진 기예의 도전적인 강의를 선호했다. 왜냐하면 젊은 학자들의 연구방법이 그를 지적으로 자극했기 때문이었다.

또한 그는 거기서 연극과 희곡문학에 새롭게 접근한 신간들을 접함으로써 연극 연구에의 지평을 넓혀갈 수가 있었다. 가령 그가 항상 높게 평가하고 한국에 처음 소개도 했던 에릭 벤트리의 명저『사색하는 극작가(*The Playwright as Thinker*)』(1946)를 위시하여 전후 미국 평단을 휩쓴 소위 신비평주의도 그에게는 시야를 넓혀준 것이다. 여하튼 그의 미국 유학이 긴 것은 아니었지만 그로 하여금 영문학자로서 또 연극연구가로서 탄탄한 바탕을 마련해준 것만은 분명했다. 사실상 그의 진정한 학문연구는 미국 유학 시절부터 시작되었다고 해도 과언이 아니다. 그렇기 때문에 유학기간은 짧았어도 소득은 대단한 것이었다.

그가 귀국 후에도 대외활동과 함께 미국에서처럼 공부했기 때문이다. 그러니까 학문에 탄력이 붙었었다는 이야기다. 가령 그가 유학 중에는 출간되지 않아서 읽지 못했던『드라마의 삶(*The Life of the Drama*)』(1965)이라든가 얀코트의 『우리의 이웃 셰익스피어(*Shakespeare Our Contemporary*)』(1964) 등의 저술이 그에게 절대적인 영향을 미친 점에서 그런 것이다. 여하튼 이러한 저술들은 그에게 희곡을 보는 눈에서부터 그가 진정으로 좋아했던 셰익스피어를 보는 안목을 확충시켜준 것만은 사실이었다. 그가 유학 중 다양한 강의와 독서를 통해서 작품 텍스트를 접근하는 포괄적 눈을 갖게 되었는데, 그에 대하여 그는 자전적인 글에서 다음과 같이 설명한 바 있다.

희곡 텍스트의 경우 씌어진 언어만을 아무리 읽어 내려가도 그것으로 끝날 수는 없다. 예컨대 *Understanding Drama* 같은 교과서가 출발점은 된다 하더라도 희곡작품은 필경 연극적 문맥을 중시하지 않을 수 없고 일부의 학자 비평가가 강조하는 세부 텍스트를 행간에서 찾지 않으면 안 된다. 문학 작품에서 주제를 형식과 분리시켜 논한다는 것이 얼마나 어리석은가를 알고 난 뒤에 특히 희곡에 있어서 형식을 언어 및 비언어적 요소와의 다양한 관계에서 살펴보는 작업은 필수적인 것이 되어버렸다. 이렇게 쓰고 보니까 아무래도 나에게는 지적 흥미의 두 줄기 큰 흐름이 작용하고 있는 것 같다. 그 하나는 작가의 창조적 소산을, 크게 말해서 시대적 문화적 현상으로서 이해 파악하고자 하는 경향이고, 다른 하나는 개개의 작품을 독립된 유기체로서 세밀하게 읽어나가는 (가급적 연극의 문맥에서) 노력이다. 편의상 한쪽을 마크로적이라고 한다면 또 한쪽은 마이크로적 속성을 지니고 있지 않을까. 그 두 가지 측면을 흥미를 다 같이 느꼈기 때문에 양자의 관계를 상호보완적이라고 보았고 두 가지 요청을 다 같이 만족시키는 데 큰 모순을 느낀 적도 별반 없다. 그것이 나의 지적 호기심을 충족시켜주는 지렛대 노릇을 해주었다 해도 과언이 아니다.

이상에서와 같이 그는 희곡 텍스트를 문학적인 눈과 극장주의적 눈으로 읽어낼 수 있는 대단히 넓은 눈을 지니게 되었다. 이는 그로서는 대단한 진전이고 장차 연극이론가로 활동하는 데 있어서 견고한 지적 바탕을 마련한 것도 되는 것이며 더 나아가 한국연극 발전에도 보탬이 되는 것임은 두말할 나위가 없는 것이다. 그가 귀국한 것은 1957년이었는데, 그가 다시 대학으로 돌아왔을 때 학문 분위기는 예나 다름없었다. 당시 우리나라의 학문 수준이 그것밖에 되지 않았기 때문에 그가 미국 대학에서 받은 것과 같은 자극이 있을 리 만무했다. 그 역시 지적 자극 없는 대학에서 타성에 빠졌으나 게으르지는 않았다. 마침 당시는 외국문학을 소개하고 또 독자 역시 많았기 때문에 그 역시 외국 희곡, 특히 그가 좋아한 셰익스피어 번역에 매달리게 되었다. 그것이 바로 1960년대 초였다. 그때의 정황에 대하여 그는 다음과 같이 회고했다.

우리들 외국문학에 종사한 사람들은 한때 문학 번역에 매우 열중한 적이 있었다. 1960년을 전후한 때다. 세계문학전집이 붐을 일으켜 엄청난 외국문학 독자가 생기고 그들의 지적 수요에 응하기 위해 많은 사람들이 쥐꼬리만 한 원고료로 주야를 가리지 않고 번역에 열중했던 것이다. 서투른 번역 솜씨에 때로는 오역도 있었을 것이고 좀 더 갈고 다듬어야 할 터에 시간에 쫓기거나 능력에 한계가 있어 졸속을 초래한 점도 지적되지만 그때의 그 열기는 우리 문화발전에 대한 큰 공헌이라고 평가받아 마땅할 줄 안다.[7]

이상과 같은 그의 자찬(?)은 사실 맞는 이야기다. 왜냐하면 1960년대 이후 외국문학에 대한 독서열풍이 상당했기 때문이다. 그러니까 국내 작가들의 문학작품들로는 독자들을 휘어잡을 수 없었고, 수준 높은 외국작품들만이 대중의 지적 갈증을 축여줄 수 있었다. 특히 셰익스피어의 독자가 많아져서 1964년을 전후해서 전집이 두 곳에서 나왔으며 그 역시 주요 필진으로 참여하여 「햄릿」, 「리처드 3세」, 「십이야」 등을 번역했었다. 그 당시에는 김주현 등 셰익스피어 학자들이 모두 동원되다시피 할 정도였다. 그는 귀국하자마자 번역에 심혈을 기울였다. 서양의 문학작품과 서양 연극이론서 번역에 열중했다. 그가 셰익스피어 이전에 번역한 것만 보더라도 서머싯 몸의 「달과 6펜스」를 비롯하여 카더의 「개척자」, 그리고 A. 듀크스의 「연극입문(*Drama*)」과 A. 다우너의 「미국의 현대극(*Fifty Years of American Drama*)」 등이다. 그런데 전자의 두 문학작품은 상업적인 냄새가 나는 것이지만 후자는 다분히 계몽적인 뜻이 담겨 있다고 말할 수가 있다.

가령 「연극입문」 번역 후기에서 그는 "연극 책은 참고서목란에서도 언급했지만 분량이 많은 것엔 인간적으로도 좋은 것이 꽤 많으나 또 그런 것과 비교해볼 때 이 책은 어쩐지 불충분한 것 같지만 이만한 분량으로서는 사실 더 요령 좋은 책을 구하기는 힘들 것 같다. 서구연극의 기원인 그리스극에서 시작하여 서구 극장, 극작의 역사적 고찰이 요령을 얻었고 또 반면에 막다른 골목에 도달한 듯한 근대 이후의 연극의 갈 길을 모색하는 노력을 아끼지 않고 있

---

7 여석기, 『에세이 셰익스피어 명작선』, 264쪽.

다. 그런데 이 책의 진가가 있다고 생각한다. 연극을 종적인 것과 동시에 횡적으로 배우, 연출자, 장치, 극장, 관중 등으로 갈라 생각해본 것도 또한 요령 좋은 노릇이다. 이 책의 특색은 이런 곳에 있다"고 함으로써 읽을거리가 거의 없었던 당시 연극인들에게 충분한 계몽서가 될 것이라고 본 것이다.

그가 이어서 번역한「미국의 현대극」도 해방 후 미국 영향권 내에 있던 현실을 감안하여 소개하는 의미로 펴낸 것이었다고 말할 수가 있다. 그런데 이 시기에 있어서 주목되는 것은 그가 셰익스피어 작품을 번역하면서 쓴 작품 해설이다. 즉 그가 작품 해설을 하는 과정에 강한 자신의 견해를 펴나간 점이다. 이는 그의 셰익스피어 연구 성과와 비평가적 면모를 보여주는 것이어서 주목되는 것이다. 그러니까 햄릿의 성격 분석을 과거 학자들과는 달리 색다르게 해야 한다고 다음과 같이 썼다.

> 주인공에 대한 고정관념이라고 위에 말했는데, 일반에게 널리 퍼지고 또 오랫동안 뿌리박아온 견해는, 덴마크의 왕자 햄릿을 매우 내성적이고 유약하고 행동성이 결여되고, 그리고 우울증에 걸려 있는 인물로서 고정시켜버렸다. 사실이지 세계 문학을 통틀어 이 햄릿만큼 유명한 성격도 없을 것이고 또 그만큼 곡해당한 인물도 없을 것이다. 위에 말한 그런 인물상은 무척 매력적이긴 하지만, 주인공을 그렇게만 보고 이 작품을 읽는다면, 옳게 파악하는 길이 되지 못한다. 그에게는 내성적, 사변적 면이 틀림없이 있긴 하지만, 반대로 매우 행동적이고, 경우에 따라서는 거의 잔인하다고 해야 할 일면도 있는 것이다.[8]

이상에서 확인할 수 있는 것처럼 그는 햄릿의 면모 속에는 낭만주의 시대의 베르테르적 성격과 르네상스적 인간의 전형까지 내포되어 있을 정도로 다면적인 마스크의 인물로 보아야 한다고 주장했다.

이처럼 그는 연극이론가로서 어느 정도 자신에 차있었고, 또 선구의식까지

---

8 여석기,「작품해설」,『셰익스피어전집 1』, 정음사, 1964.

강하게 작용하여 번역에서부터 연극론 전개에 이르기까지 폭넓은 관심을 갖고 연극 전반에 접근해 갔다. 솔직히 1950년대까지만 해도 영문학에 능통하고 서양 연극이론에 그만큼 밝은 사람이 드물었다. 와세다대학 출신의 영문학자 오화섭(吳華燮)이 있었지만 그는 미국 희곡 번역 정도로 그쳤고 극단 산하(山河)에 잠시 간여했을 뿐 계속적인 활동은 하지 않았다. 그리고 극작가 이근삼이 미국 유학을 하여 서양연극에 일가견을 갖고 활동했으나 희곡 창작에 더 열정을 쏟음으로써 이론 활동은 비교적 등한히 했었다. 따라서 1950년대 말엽부터 1960년대까지는 여석기와 오학섭이 영미 연극 번역과 이론가로서 쌍벽을 이룬 적도 있었다. 따라서 그가 연극이론가로 활동을 하기 시작하면서 번역에 그치지 않고 연극현장에 손길을 뻗친 것은 극히 자연스런 것이다. 당대의 젊은 지성인의 한 사람으로서 월간 『사상계』의 편집위원으로 참여했고 연극현실에 대하여 나름대로의 견해를 쓰기 시작했다. 그가 1960년도 연극계 전반에 대해서 쓴 글을 보면 시야가 넓었다는 것을 알 수 있다. 왜냐하면 1년간의 연극계 전반을 소상하게 점검하고 나름대로의 방향까지를 제시했기 때문이다. 가령 4·19학생혁명이 휩쓸고 지나간 후의 연극계 변화에서부터 극단들의 공연 활동, 극장들의 움직임, 그리고 대학의 연극학과 설치에 이르기까지 폭넓게 다루고 있는 점에서 그렇다. 즉 그는 1960년도 연극계 전반에 대하여 다음과 같이 서베이를 했다.

4월이 거의 휩쓸어 지나가다시피 한 1960년의 한국은 그 역사에다 영광스런 한 페이지를 기여할 수 있었지만 극단은 여전히, 그리고 그게 마치 당연한 것이기나 한 것처럼 보람 없는 한 해를 보냈다. 거기 약간의 흥분이 표면적이긴 하나 일고 간 자취를 구태여 찾기로 한다면 4·19가 마련해준 '연극협의회'의 결성(6월)을 들 수 있고 그것을 한 걸음 밀고 나간 전국무대예술협의기구에 위촉된 '무대윤리위원회'의 발족(11월)을 지적할 수 있을 것이다. …(중략)… 그러나 단체가 몇 개 더 생겨났다고 해서 좋은 작품이, 그리고 많은 작품이 나오리라는 기대는 가질 수 없다. 금년 한 해 동안의 성과는 사실이지 한심하기 짝이 없다. 아쉬운

    제6부   한국 현대연극의 거목들

대로 예산이 마련된 유일한 연극단체인 국립극장은 그 산하의 두 전속 극단 '신협'과 '민극'을 동원하여 돈대로의 여섯 번 공연을 가졌지만 번역극「안네 프랑크의 일기」(신협, 4월)의 기억할 만한 공연을 제외하고는 저조에 그치고 말았다.「죄와 벌」(신협, 11월)은 서구 명작의 한국적 번안이라는 기획 자체가 규탄 받아야 할 것이며 우리나라의 신극운동이 그런 방향으로 흐른다는 사실은 매우 유감스럽다.[9]

이상은 그가 쓴 글의 몇 부분을 발췌한 것이지만 이 글에서 그는 당년의 민간극단들의 창작극 공연이라든가 드라마센터 착공이라든가 소극장 원각사의 소실, 그리고 동국대학에 연극학과가 생겨난 것 등을 소상히 언급하고 있다. 이처럼 그가 연극계 전반을 넓은 시각으로 조명하는 글을 계속해서 썼다. 가령 1962년도 연극계 상반기를 정리하는 글에서도 그는 국립극장의 재발족과 드라마센터의 개관에 따른 희망적 관측 등을 다루면서도 관객 부족을 걱정하는 가운데 "금년 상반기가 극단에 강요한 바 반성은 여기에 그치지 않는다. 한국연극의 그 얕은 연륜이 빚어내는 여러 가지 미흡한 점을 여느 때보다도 한층 심각하게 인식시켜준 것도 바로 금년이다. 작품의 우심한 고갈과 시급한 연기자의 양성과 유능한 뒷 스태프의 결여 등 주문을 내면 끝이 없는 일들이 내일의 연극발전의 전체 요건으로서 모두 숙제로 남아 있다."[10]고 쓴 바 있다.

물론 그렇다고 해서 그가 두루뭉실히 글만 쓴 것이 아니다. 같은 시기에 그는 구체적으로 공연평을 썼다. 즉 그는 1960년대 이후 명공연으로 자타가 인정하는 드라마센터의 개관프로 중 오닐의「밤으로의 긴 여로」에 대하여 다음과 같이 평가했다.

연출(이해랑)은 여유가 조금 아쉬웠으나 해석의 무리를 범하지 않게 정공법을

---

9 여석기,「1960년의 연극」,『한국연극의 현실』, 동화출판공사, 1974, 185~186쪽.
10 위의 글, 191쪽.

썼고 오랜만에 출연한 이해랑은 발성에 약간의 혼탁이 있었다손 치더라도 그가 발산하는 극적 분위기는 당대 무류(無類)라 할 것이며, 황정순의 열연은 이 극 안의 가장 어려운 역을 소화시키는 데 별반 흠잡을 곳이 없다. 장민호는 그가 근년 중 최적역이라 할 수 있어 스스로 즐기고 있는 듯이 보이고 최상현은 대사의 지나친 직선성이 불만이나 그를 여기 적역으로 보지 않을 사람은 드물 것이다. 하녀로 등장한 신인 여운계는 비록 단역이나 이번 것으로써 그의 앞날을 약속받았다 해도 과언이 아니다.[11]

이상과 같은 그의 공연평을 보면 단순한 주제 중심의 리뷰 정도가 아님을 확인할 수가 있다. 그러니까 번역 텍스트에서부터 연출, 연기, 심지어 무대미술까지를 세세하게 짚고 있다. 여기서 한 가지 떠올려지는 것이 다름 아닌 그의 연극, 더 나아가 학문을 대하는 자세인데, 그가 학문 방랑기에서 말한 미크로적과 마이크로적이라는 것이 연극비평에서도 그대로 나타난다는 점이다. 그리고 1960년대까지만 해도 평단이 형성되어 있지 않아서 연극평은 주로 현역에서 활동하고 있는 극작가, 연출가 등이 간간이 쓰거나 일간지 문화부 기자가 쓰는 소개 정도에 그쳤었다. 그렇게 볼 때, 여석기야말로 최초의 전문 연극평론가라고 부를 수 있게 되는 것이다. 특히 그가 등장하자마자 인상비평 아닌 분석비평으로 나아갔다는 것이 중요한 의미를 지닌다고 말할 수가 있다. 이는 아무래도 그가 셰익스피어에서부터 현대 영미 연극을 그것도 본고장에서 제대로 공부하고 왔던 터라서 글 자체가 탄탄한 이론 무장에 의한 것이어서 누구도 이의를 제기하기 어려웠다. 더욱이 1960년대는 국립극장이 자리를 잡아가고 드라마센터가 문을 열었으며 소위 동인제 시스템에 의한 극단들의 활동이 괄목할 때였으므로 그가 평론가로서 역량을 발휘하기에는 안성맞춤이었다. 그 단적인 예가 다름 아닌 1964년도의 '셰익스피어 4백 주년 기념축제'였다. 그가 직접 그 축전의 핵심 책임을 맡고서 학술강연회를 비롯하여 심포

---

11 위의 글, 247쪽.

　　　　　　　　　　　　　　　제6부　한국 현대연극의 거목들

지엄, 전시회, 출판 등을 주도한다. 그리고 당시 대표적인 극단들 여섯 개 단체가 공연에 참여하여 한 달 동안 모처럼 많은 관객을 동원하기도 했는데, 그가 쓴 총평은 전체의 의미와 함께 핵심을 지적하였다는 데 그 특징이 있다. 즉 그는 이 글에서 "〈리어왕〉은 일반적인 인상인 앙상블도 짜였고 모두가 열연이라는 것이었지만 작품의 거창함에 눌려 허덕거리는 듯한 감을 금할 수 없었고, 〈안토니와 클레오파트라〉는 셰익스피어의 시적 수사가 우리말로 어느 만큼이라도 옮겨지지 못하는 동안은 무대 위에 형상화시켜 그 전운(全韻)을 전달시키기 매우 힘 드는 작품이다.

거기 비한다면 〈오셀로〉는 성격의 매력이나 극적 리듬이 그 스토리의 흥미와 더불어 훨씬 포퓰러한 요소를 지니고 있다고는 하지마는 과거의 상연을 재현시키려고 든 기획은 그 자체가 안이했을 뿐만 아니라 연습의 불충분, 유형적인 해석 등의 부작용을 초래하여 거의 갈등이 없는 무대로 만들어버렸다. 한편 희극은 〈베니스의 상인〉이 그 타이틀의 대중적 인기로 해서 관객 동원에는 비교적 자신을 갖게 하였지만 그만큼 기획이 낡았다고 할 수 있으며, 〈마음대로 하세요〉는 셰익스피어의 낭만희극으로서 그의 정통에 속하나 그만큼 다채로운 연기진이 뒷받침되어야 하고 즐거운 무대를 만들어야 한다는 전제 조건이 갖추어져야 한다. 차라리 기획으로서는 〈말괄량이 길들이기〉가 가장 무난했다고 볼 수 있는데, 그 이유는 인물의 출입은 많으면서도 단순한 이야기와 누구나 잘 알 수 있는 뚜렷한 주제가 비교적 과장된 연기를 허용하는 그 연극 스타일과 아울러 인적 요소를 크게 갖추지 않은 극단으로서도 해낼 수 있게끔 해주는 데 있다."[12] 면서 궁극적으로 셰익스피어 연극은 유능한 연출가와 잘 훈련된 배우들이 있어야 성공할 수 있는데, 우리는 아직 멀었다는 것이 그의 결론이었다. 셰익스피어 학자다운 지적이었고 전문 평론가다운 글이었다. 이 글은 그 당시 그가 쓴 비평의 백미였다고 해도 과언이 아니다.

---

12 위의 글, 195~196쪽.

그가 연극 전문 학자로서 또 평론가로서 필명을 날리자 갓 문을 연 드라마센터는 그를 아카데미 원장으로 영입했고 재직 중이던 고려대학교에서는 핵심 부서라 할 교무처장이라는 보직을 맡겼다. 그에게는 학 내외로 평생 가장 바쁜 시절이 온 것이다. 명석한 두뇌와 건강을 자신했던 그는 학 내외의 일을 거침없이 해냈다. 드라마센터가 1년 만에 문을 닫았어도 극작 워크숍은 그대로 진행되었기 때문에 그는 부족한 신진 극작가 키우기에 매진한다. 박조열, 노경식, 윤대성 등 유능한 극작가들도 그 시절에 등장했음은 다 아는 사실이다. 그런데 그 자신으로서도 드라마센터에 관여한 것은 서양연극 학자로서 우리 고유의 전통연극을 깊이 체험하는 데 있어서 적잖은 도움을 받았다고 말할 수가 있다. 왜냐하면 유치진이 그 시기에 드라마센터에서 가면극, 인형극, 판소리 등 전통연극을 복원 재현하면서 현대적 계승까지를 염두에 두고 여러 가지 작업을 하고 있었기 때문이다. 따라서 여석기도 직·간접으로 거기에 관여했다고 볼 수가 있다. 그가 1970년대 들어서 가면극이라든가 창극 등에 대해서 전문적인 글을 쓰고 그 현대적 계승 문제에 대해서까지 자신의 견해를 표했던 것이 그 단적인 예라고 말할 수가 있다. 그가 전통연극에 대하여 서양연극 잣대를 가지고 나름대로의 견해를 표현하고 싶었던 동기는 유치진의 일련의 작업과 함께 이두현(李杜鉉)이 역작 『한국가면극』(1969)을 펴낸 데서도 어떤 자극을 받지 않았을까 하는 생각이다.

여하튼 그는 1970년대 들어서 그동안 써왔던 글들과는 사뭇 다른 논문 수 편을 쓰게 된다. 그것이 다름 아닌 가면극과 판소리 창극에 대한 글들이다. 그 자신은 그런 유형의 글들이 한국연극의 체질을 살펴보고자 쓴 것이라고 겸손해했지만 민속학자들이 거기에 빠져서 제대로 보지 못한 것을 예리하게 짚어주었다는 점에서 중요한 의미를 지닌다고 말할 수가 있다. 가령 그의 첫 번째 글인 「산대가면극의 파르스적 특성」(1970)의 경우 폭넓은 서양연극 학자다운 탁견이 보이기도 한다. 그가 우리나라 가면극을 저명한 동양연극 학자인 D. B. 쉬머가 쓴 글 "Asian Drama via Aristotle"(*Western Humanities Review*, 1967)에 의 거하여 아시아의 전통극의 보편적 특성인 비극의 여섯 가지 요소의 중요성이 순서상 정반대라는 점과 플롯이 에피소드적이며 내용에 관계없이 유목적적이고 필연적인 플롯의 전개가 없다고 지적한 것은 올바로 본 것이다. 그는 한국 가면극이 이탈리아의 코메디아 델 아르테와 같이 연행 형태가 문학적이기보다 공연적이며 파르스적 요소가 강하다고 지적했다. 그것이 바로 우리 가면극의 본질적 강점이라고 본 것이다. 이는 대단히 정확한 관점인데, 이 글에서 그의 탁견을 발견할 수 있는 부분은 바로 결론이다. 그는 이 글의 결론 부분에서 다음과 같이 지적하고 있다.

> 한국의 전통연극을 해석하는 일부의 견해가 주제 자체에 열중하여 민중의 지배계급에 대한 반항의식 및 거기서 생겨난 풍자적 요소만을 강조하고자 하는데, 이 점에 대해서 필자는 오히려 그 이전에 그들이 가지고 있는 연희적 감각, '놀이'의 정신 그 자체를 더 강조하고 싶어한다. 그들이 희화화한 승려나 양반의 대상이기에 너무나도 무력한 존재이다. 적어도 작품 속에서는 말이다. 따라서 한국 가면극에서 먼저 찾아야 할 점은 오히려 대륙적인 해학과 익살의 거침없는 웃음소리가 아니겠는가 한다.[13]

이상에서 확인할 수 있는 것처럼 그는 가면극의 소극적(笑劇的) 장점에 초점을 맞춰서 당시 우리 학계 일부에서 북한 학자들의 견해를 은연중 차용한 계급의식적인 접근을 경계한 것이다. 솔직히 한때는 가면극을 소위 민중론에 입각하여 계층의 첨예한 대립의 목적극처럼 해석하는 경향이 유행했었다. 그런 시기에 그가 용감하게 가면극의 진면목을 카니발적인 드라마로 보아야 한다고 주장한 것은 대가다운 자세였다. 왜냐하면 그가 민속극 전문 학자도 아니면서도 가면극에 대한 이념 일변도의 해석을 극복하면서 연구의 지평을 넓혀주는 단초를 마련해주었기 때문이다.

---

13 여석기, 「산대가면극의 파르스적 성격」, 장덕순, 『한국문학의 해학 1』, 국제문화재단, 1970, 28쪽.

그는 이어서 판소리와 창극의 일본 신파 오염을 지적하고 희극정신의 발견을 강조한 「전통극의 양식성과 희극정신」이라는 논문을 발표했다. 이 글 역시 앞의 논문과 같은 맥락에서 판소리를 서양의 낭만희극에 비유하면서 일본 신파가 유입됨으로써 우리 전통극에 내재된 건강한 희극정신 대신 센티멘털리즘이 덮어 씌워진 것을 개탄했다. 그는 거기에 그치지 않았다. 당시 문화계 일각에서 '우리 것 찾기' 운동이 조금씩 일어나면서 전통예술의 현대 계승 문제가 관심 사항으로 부각되었었는데, 그가 연극 분야에 관해서 두 편의 중요한 글을 쓴 것이다. 그 하나가 「전통연극의 현대적 계승」이라고 한다면 다른 하나는 오태석과 유덕형의 실험을 다룬 「한국연극의 실험」이라는 글이다. 이들 중에서도 전자의 경우는 전통극의 현대적 계승에 대하여 여섯 가지로 나누어 그의 견해를 이야기한 것이다. 그 개략은 첫째 전통연극을 신극처럼 함께 병존시키기는 불가능하고, 둘째 전통극의 원형은 보존되어야 하며, 셋째 전통적 양식의 현대화는 정통적 계승의 방향과 별도로 새로운 연극의 리얼리티를 추구하는 현대연극의 전위적 작업을 통해 대담하고도 실험적으로 추구되어야 하며, 넷째 현대화 작업에서 가장 경계해야 할 것은 전통양식의 일부를 빌려 와서 피상적으로 현대극에다가 가미하는 것이라고 했다. 그리고 다섯 번째로는 전통극이 현대에 와서는 어쩔 수 없이 화석화될 수밖에 없음으로 그 자체에서 자가 능력을 키워주도록 하는 수밖에 없다는 것이며, 끝으로 한국적인 것을 강조한답시고 전통연희를 아리랑드레스식(한복을 상상할 수 있는 최악의 형태로 뜯어고친 것)으로 '현대화'하여 코리아를 파는 행위라고 했다. 이러한 그의 견해는 오늘날까지도 생명력을 지닐 만큼 정확한 것이다.

그는 이와 연장선상에서 몰리에르의 희극을 산대극에 접목한 오태석의 〈세뚝이 놀이〉와 전통시대의 남도 장례습속을 현대적 기법으로 형상화했던 유덕형의 〈초분〉을 평가한 바 있다. 전자에 대해서는 그 작품이 몰리에르도 아니고 전통적인 탈춤도 아닌 오태석 자신의 연출적 시도로서 한국연극의 실험에 기여한 것으로 일찍이 평가했고, 유덕형의 실험도 긍정적인 측면에서 한국적인 몸짓이나 소리에 대한 적극적인 탐구가 돋보인다는 점에서 우리 연극이 매우 의미 있는 방향으로 나아가는 조짐을 보여주었다고 평가했다. 이처럼 그는 평론가로서 그때그때 주요 이슈가 되는 문제나 공연에 대하여 객관적이면서 냉철한 시각을 갖고 재단한 바 있다.

그러나 무엇보다도 그 시기에 그가 한 일 중에 높게 인정받아야 할 것은 역시 한국연극사상 최초의 비평 전문지라 할 『연극평론』을 발간한 것이고, 그 자신 미국 유학 이후 처음으로 구미 연극현장을 두루 섭렵한 일이라 말할 수가 있지 않을까 싶다. 즉 그가 순전히 혼자 힘으로 자비를 들여서 1970년 봄에 『연극평론』이라는 전문 잡지를 펴낸 것이다. 그는 편집 책임자로서 다음과 같은 창간사를 썼었다.

아카데믹한 성격을 굳이 부정할 생각은 없다. 그렇다고 해서 우리의 현실적 연극 상황에 대하여 눈을 감으려는 생각은 추호도 없다. 비평 또는 검토 없이 즉흥적으로 자연발생적인 연극 행위를 계속해 나간다는 것은 자멸을 뜻하는 이외에 아무 것도 아님을 믿기 때문에 우리의 연극지도 비평적 기능을 포기할 수 없다.[14]

이상과 같은 그의 창간사 속에는 매우 함축적인 내용이 담겨 있다. 우리 연극도 이제는 과거와 같은 딴따라식 연극 행위에 머물러서는 안 되고 좀 더 아카데믹해져야 한다는 것이고, 그러기 위해서는 반드시 비평 전문지가 필요하다는 것이다. 그러니까 그 자신이 앞장서서 우리 연극이 사도로 흐르지 않도록 감시하고 냉철하게 비판해주는 선봉에 서기 위하여 전문 잡지를 펴내게 된 것이라고 했다. 사실 사회의 어느 분야나 비평적 기능이 없으면 발전이 더디거나 왜곡될 수가 있는 것이다. 왜냐하면 창조자는 나르시시즘에 빠지기 쉽기 때문이다. 따라서 비평가가 객관적인 입장에서 잘잘못을 평가해주고 또 바로

---

14 여석기, 「10년 버틴 아마추어의 겁 없는 잡지 제작」, 『잡지예찬』, 한국잡지협회, 1996.

잡아주는 일을 하는 것이 아니겠는가. 이런 비평기능이 없는 사회가 정체되고 부패하게 마련인 것은 모든 역사가 가르쳐주고 있다. 근본주의 사회라든가 사회주의 국가들이 몰락하는 이유 중에 바로 올바른 비평기능의 부재가 반드시 들어 있음을 우리는 알고 있다. 하물며 가장 예민한 예술 분야야말로 더 말할 필요가 없는 것이다.

그가 10여 년 동안 연극 현장에 한 발을 들여놓고 지켜보면서 절실히 느낀 것 중의 하나가 바로 우리 연극의 비평적 기능의 부재였고 그 극복을 위해서는 전문 잡지가 있어야겠다는 것이었다. 물론 1960년대 중반에 연출가 이진순이 『연극』이라는 전문지를 두 번 펴낸 바 있긴 했지만 별 특색도 없었는 데다가 단명함으로써 이렇다 할 기능을 못한 적이 있었다. 그 점에서는 그가 두 번째로 전문지를 내는 셈이지만 비평지로서는 최초다. 그런데 그가 혼자서 만들어내는 잡지였던 만큼 규모는 보잘것없었지만 내용은 매우 튼실했다. 가령 제3호에서 보면 당시 대두되기 시작한 우리의 전통극에 대한 관심사항을 특집으로 다룬 것이 주목되며 해외 연극의 동향을 소상하게 취급함으로써 균형감각을 유지하려 한 것이다. 그리고 적은 지면임에도 불구하고 신작 희곡을 게재함으로써 창작극 육성까지를 목표하고 있음을 가르쳐주고 있다. 이는 사실 당시 여석기 자신의 연극운동 방향이기도 했었다.

『연극평론』 발간이 10년 동안 지속되면서 겨우 20호로 잡지 생명을 다 했지만 연극계에 미친 효과는 계량하기 어렵다. 우선 한 가지 눈에 띌 만한 성과라고 한다면 그 잡지 이후에 연극사상 처음으로 소위 연극평단(演劇評壇)이 어렴풋이나마 형성되었다는 점이다. 그러니까 1960년대까지만 하더라도 전문 평론가라고 한다면 거의 그가 독주하다시피 하면서 오화섭이 간간이 거들 정도였고 차범석, 김정옥, 이근삼 등 극작가 연출가들이 비평 기능까지를 함께 맡아왔었는데, 1970년대 들어서는 이상일, 이태주, 한상철, 유민영, 양혜숙, 서연호, 김문환 등 전문 평론가들이 등장하여 일간지와 월간지 등에 리뷰를 하기 시작한다. 이는 아무래도 전문지 『연극평론』이 장(場)을 마련해준 것이 한 요인이 되지 않았을까 싶다.

또 하나 주목해야 할 것이 다름 아닌 그의 첫 번째 구미 연극 기행이다. 물론 그가 이미 1950년대 중반에 미국 유학을 했었지만 그때는 영문학을 공부하러 간 것이었고, 구미 연극을 학문적으로 한 것이었지만 이번에는 관극 여행이었다고 해도 과언이 아니다. 특히 그가 우리의 현실연극에 깊숙이 간여하고 있는 전문 평론가의 입장에서 구미 연극을 돌아본 것이기 때문에 공연 행위에 주안점을 두고 우리의 연극 현실과 객관적으로 비교하면서 남다른 감회에 젖었던 것 같다. 그가 3개월 반가량 세계 연극의 양대 본고장이라 할 영국 런던의 웨스트엔드와 뉴욕의 브로드웨이를 두루 훑어보고 귀국하자마자 흥분된(?) 감정으로 장문의 구미 연극 견문기를 일간지에 발표했다. 그는 연재의 마지막 항에서 '우리 연극에 바란다'는 제목을 따로 붙여서 "석 달 반의 여행을 마치고 돌아와서 우리 공연을 보았을 때 가장 먼저, 그리고 가장 뚜렷하게 느껴지는 인상은 어쩌면 이렇게도 움직임이 없는 연극을 하고 있는가 하는 것이었다. 한마디로 해서 연출 부재의 현상이라고 할 수 있다. 거기다 연기는 거칠고 서투르고 대사는 아마추어의 낭독보다 못하게 발성되는 버릇이 이제는 고질이 되어버렸다. 그것은 틀림없이 TV드라마에 물든 결과"[15]일 것이라고 개탄하면서 우리가 '왜 연극을 하는가'라는 근원적 질문을 스스로 던져야 할 것이라고 했다.

사실 1970년대를 전후한 시기는 우리 연극이 가장 어려움에 처한 때이기도 했었다. 물론 1960년대에 동인제 극단 시대가 열리긴 했지만 드라마센터가 문을 닫았고, 공연장이 없어서 7, 8개의 극단들이 생명을 연장하느라고 국립극장을 빌려서 연간 봄·가을에 1주일 정도 무대를 여는 정도였었다. 그러므로 배우들은 생활을 위해서 방송극이나 영화를 하지 않으면 안 되었다. 그런 처지여서 좋은 연출이나 연기를 기대한다는 것은 연목구어나 다름없었다. 그

---

15 여석기, 「구미연극기행 (하)」, 『조선일보』 1971.9.30.

가 그런 점을 매섭게 지적한 것이다.

그러면서 그는 몇 가지 해답을 제시했다. 그 하나가 다름 아닌 단기공연 체제를 깨는 것이고, 두 번째는 TV와의 겹치기 출연까지도 극단 유지의 방편으로 삼으려는 제작 태도 혁파이며, 세 번째로는 신인까지를 포함해서라도 좀더 진지하고 신선하면서도 자기 확신 내지 주장이 서는 연기를 해보자는 것이고, 끝으로 작가와 연출가, 배우 그리고 드라마투르거(일종의 비평가적 존재) 등이 함께 워크숍적인 연극을 만들어보자고 했다. 그것이 진부하면서도 타성적인 연극 행위를 극복하는 하나의 방편일 수 있다는 것이다. 이런 그가 후배 평론가들이 등장하면서 서서히 이선으로 물러나 그가 당초 하고 싶었던 셰익스피어 연구로 방향을 돌리기 시작한다. 최일선에서의 연극비평 활동은 이제 연부역강한 후배들이 맡아 할 때가 되었다고 생각한 것 같다. 여기서 그의 말을 한 번 들어볼 필요가 있을 것 같다. 그는 자전적인 학문 편력기에서 그에 대하여 다음과 같이 설명했다.

원래 나는 전공 분야의 관심을 셰익스피어와 현대 영미 희곡으로 균분해왔다. 그런데 나이를 먹으면서 전자에 흥미가 더 쏠리게 된 것은 어찌된 까닭인가? 나름대로의 설명을 해보자면 대략 아래와 같은 것이 되지 않을까 싶다. 현대극을 영미 쪽으로만 국한해서 보자면 별로 재미가 없다. 뾰족하게 이야기하자면 나의 지적 호기심을 유발시키는 데 약하다. 오닐이고 윌리엄스고 밀러고 하는 극작가에 대해 젊을 때는 꽤나 감동하고 흥분했지만 이제 나에게는 '떠나버린' 사람들이다. 한때 그렇게도 심취했던 영국 극작가 핀터만 하더라도 전과 같지 못하다. 현대연극을 말할 때 이들보다 나의 관심을 끄는 작가들은 틀림없이 영미가 아닌 대륙 쪽 사람들이다. 체호프가 있고, 피란델로가 있고, 브레히트가 있고, 베케트가 있다. 그들이야말로 'Playwright as thinker'가 아닌가. 그들은 텍스트로서의 연극적 깊이와 다양성을 지녔을 뿐 아니라 가장 적절한 의미에서의 '시대의 증인' 또는 선지자이다.

반면에 셰익스피어는 고전이다. 그러나 나의 경우 단순한 고전 회귀가 아니라는 데서 셰익스피어는 진실로 살아 있는 존재로 남아 있다. …(중략)… 사실 그는 작품을 통해서 많은 이야기를 하고 있고 그 숱한 이야기들 가운데는 우리가 꺼내올 수 있는 삶과 역사에 대한, 가면과 진실 그리고 운명의 허망함에 대한, 인간의 위대함과 왜소함에 대한 수많은 내용이 담겨 있다. 그리고 더욱 중요한 것은 이 시대의 소용돌이 속에 우리는 그런 것들을 셰익스피어를 통해 더욱 첨예하게 부각할 수 있다는 데 있다. 그래서 나의 셰익스피어 이해는 더욱 중요한 흥미로워질 수 있는 요인을 내포하고 있는 것이다.[16]

이상과 같은 그의 고백 속에는 매우 중요한 것이 함축되어 있다. 그의 연륜과 인문주의자로서의 자세가 나타나 있다는 이야기다. 그는 동시대의 많은 연극인들과는 달리 연극관에 있어서 사회성보다는 보편성에 비중을 두고 있었던 것이 특징이다. 그 점은 그의 우리 가면극 해석에서도 나타난 바 있지만 서구연극 수용에 있어서도 마찬가지다. 위에 인용한 자전적인 글에서도 보이는 바, 그는 아서 밀러 같은 사회성 강한 미국 극작가들보다는 안톤 체호프나 피란델로, 베케트 등과 같이 다분히 인문주의적이고 철학적인 극작가를 선호한다. 이런 그의 성향이 셰익스피어로 옮겨가는 것은 극히 자연스런 일이라고 말할 수가 있다. 이는 그가 젊은 시절 영문학도임에도 불구하고 러시아 문학에 심취했던 것과도 상통한다고 볼 수가 있다. 그리고 그가 연륜을 더해가면서 변화무쌍한 현대극작들보다는 시공간을 초월하는 고전에 매력을 느껴간 것 또한 자연스런 현상이었다고 보아야 할 것 같다. 그가 셰익스피어에 관심을 갖고 연구를 한 것이 반드시 장년기에 들어서만은 아니다. 그가 2, 30대에 현대극을 흥분된 눈으로 보고 현장에 깊이 관여는 했지만 간간이 셰익스피어 번역과 함께 논문도 썼었다. 그의 셰익스피어에 관한 본격적인 학술논문이라 할 「셰익스피어극의 다원적 통일」이라든가 「리어의 최후」 등도 실은 1960년대에 쓴 글이다. 그가 이런 유형의 논문을 간간이 쓰면서 다른 한편으로는 대중에 다가가는 에세이풍의 셰익스피어론을 함께 써갔다. 그것이 대체로 1980년

---

16 여석기, 『에세이 셰익스피어 명작선』, 310~311쪽.

대 들어서였는데, 가령 1987년부터 1988년까지 18개월 동안 월간『시사영어연구』에 연재했던「에세이 셰익스피어 명작선」이 바로 그런 유형의 글이다.

그가 1991년에 단행본으로 펴낸 동명의 책 서문에서 "셰익스피어는 나에게 평생을 두고 관심의 대상이었던 작가이다. 그러나 지금까지 한 권의 책으로 묶어서 내놓을 만큼 집중적으로 다룬 일은 없었고 약간의 작품 번역, 주석서 또는 연구논문이 있을 따름이다. 주로 대학 강의와 연관되거나 그의 번역 전집 출판 또는 공연을 위한 필요성 그리고 학회지 게재 등 그때그때의 필요에 의해 이뤄진 것들"이라고 스스로 밝히고 있는 것처럼 2부로 된 책에는「에세이 셰익스피어 명작선」과 자전적인 글「강단 40년」이 들어 있다. 그가 제1부에서 다룬 것이 다름 아닌 극작가로서의 셰익스피어에 관한 입문적인 글과「로미오와 줄리엣」에서부터「태풍」에 이르기까지의 대표작 13편에 대한 간단한 해설이다. 물론 간단한 해설이라고는 했지만 그 글 속에는 핵심적인 내용이 거의 들어 있다고 말할 수가 있다.

그러나 분명한 것은 그가 스스로도 밝힌 바 있듯이 선배 학자 최재서(崔載瑞)가「셰익스피어 예술론」을 쓴 것 같은 본격서는 내지 못했다. 물론 그가 일선 평단에서 한 발 뒤로 물러선 뒤에 주옥 같은 셰익스피어론 여러 편을 여기저기 학술지에 발표한 것은 사실이다. 그것이 대체로 60대 노년기에 들어서였는데, 그의 대표적 셰익스피어론으로 꼽힐 만한「환각과 현실—셰익스피어극에서의 '거울'의 역할」을 비롯한 여섯 편의 논문이 바로 그런 것이다.

2001년도에『햄릿과의 여행 리어와의 만남』이란 제목으로 펴낸 이 책 속에는 그가 60년대부터 써온 셰익스피어 관련 논문 9편이 들어 있다. 그런데 희곡 〈햄릿〉 중 제3막 2장에 나오는 대사 "~the purpose of playing~ is, to hold, as't were, the mirror up to nature"를 갖고 셰익스피어가 생각한 연극의 본질을 규명한 이 '환각과 현실'은 연극학도들에게는 많은 것을 시사해준다. 왜냐하면 그것이 단순히 셰익스피어만이 아닌 보편적인 연극 본질론이기 때문이다. 여석기 자신도 그 점을 염두에 두고 이 논문을 쓴 것이었다고 말할 수가 있다.

　　　　　　　　　제6부　한국 현대연극의 거목들

연극이란 것도 모든 예술이 그렇듯이 거울에 비쳐진 한갓 허상에 지나지 않는다는 것을 거울을 갖고 이야기한 〈햄릿〉의 한 부분을 규명한 것이 바로 이 논문이다. 즉 그는 이 논문의 결론 부분에서 "셰익스피어는 이 '거울'이 마련해준 패턴을 갖고서 인간 드라마의 정교하기 짝이 없는 융단을 짜놓았던 것이다. 이러한 무대와 관객 사이의 상호작용을 통해서 우리는 현실의 세계가 어쩌면 연극에 못지않게 환각에 차 있고, 현실이라 일컬어지는 것이 또 하나의 '연극'에 지나지 않는다는 느낌을 갖게 된다. 연극이 인생을 모방하는 것에 못지않게 인생 또한 연극을 모방한다. 거기에는 겹겹이 세워진 무수한 '거울'의 반영이 있을 뿐"[17]이라고 했다.

다음 논문 「셰익스피어극의 연극적 수용」은 그가 현장에도 밝은 연극학자답게 그동안 서양의 무대예술계에서 셰익스피어를 어떻게 연출해왔는가를 추적한 글이다. 그가 이 논문에서는 버너드 베커맨이 분류한 세 가지 틀 즉 역사적 연출, 장식적 연출, 그리고 상징 또는 추상적 연출을 구체적으로 규명해간 것이 핵심이다. 무대 현장에서 연출가들의 셰익스피어 해석에 대해서는 다음 논문 「고전의 현대화에 대해서」에서도 다시 한번 이야기를 전개시켰다. 그만큼 그는 영문학자로서가 아닌 연극학자로서 셰익스피어에 접근해가려는 노력을 많이 했다.

한편 그는 후술하겠거니와 영화에도 취미를 넘어 전문가 못지않을 만큼 관심을 가져왔는데, 셰익스피어의 4대비극 중 두 편, 즉 〈리어왕〉과 〈햄릿〉을 어떻게 영화화해왔는가를 규명한 논문으로서 「두 편의 리어왕 영화」와 「여러 개의 햄릿 영화」를 남기기도 했다. 그런데 이 저술 가운데서 가장 흥미를 끌 만한 논문은 역시 최근에 쓴 「햄릿과의 긴 여행」이 아닐까 싶다. 왜냐하면 이 논문은 그가 평생 셰익스피어를 연구해온 영문학자로서 마지막이라 생각하고 쓴 것 같이 보이기 때문이다. 따라서 이 글은 학술논문의 성격을 지니면서도

---

17 여석기, 『햄릿과의 여행 리어와의 만남』, 생각의나무, 2001, 63쪽.

감회 어린 서두로부터 시작된다. 즉 그는 이 논문을 열어가는 서두에서 "내가 셰익스피어의 텍스트를 처음 읽은 것은 1942년의 일이다. 대학 영문과 강의에서 교재로 배운 것은 〈리어왕〉과 〈맥베드〉가 처음이었으나, 주석서와 번역의 도움으로 혼자서 읽은 것은 〈햄릿〉이 처음이었다. 60여 년 가까운 과거의 이야기니까 오랜 인연이라고 하지 않을 수 없다. 그동안 내 자신 강단에서 학생들을 상대로 이 작품을 수없이 읽었고 제일 먼저 셰익스피어 번역에 손댄 것도 〈햄릿〉이었다. 그러나 몇 번인가 쓴 짧은 글과 「셰익스피어 명작선」(1991)의 일부로 이야기한 것 외로 나는 이 작품에 대해 쓸 기회를 갖지 못했다. 그래서 셰익스피어 특히 〈햄릿〉에게 진 빚을 갚는 기분으로, 다시 말해서 누군가의 청탁에 의해서가 아닌 나 스스로 쓴 것이 이 글"[18]이라고 말함으로써 셰익스피어의 작품들 중 유독 깊은 인연을 가진 「햄릿」을 테마로 하여 논문을 쓰게 된 배경을 다분히 사적 감정으로 이야기한 것이다.

그러나 논문 전개는 세계적인 셰익스피어 학자들의 광범위한 연구성과를 바탕으로 하여 비교적 객관적으로 풀어나갔고, 사이사이 작품의 '길이' 등 자신의 의문점을 질문하는 형식으로 이야기를 전개했다. 그러면서 그는 이 논문의 결론을 대단히 흥미롭다고 말할 수 있을 정도로 자신의 햄릿 연구, 더 나아가 자신의 인생행로와 연결시켜서 다음과 같이 내린다.

나는 이 글을 길이를 묻는 데서 시작했다. 왜 이 작품은 그렇게도 길어야 하는가 하고, 그러면서 주인공의 심리나 행동의 지연 같은 것과는 되도록 거리를 두고서 '햄릿의 세계'를 들여다보려고 시도했다. 그렇게 해서 찾아낸 것은 주인공 햄릿이 걸어온 굴곡에 찬 긴 여정이었고 또한 내가 이 작품과 사귄 긴 세월의 궤적이었다. 변변치 않지만 그것은 내게도 굴곡이 없었다고는 할 수 없는 시간이다.[19]

---

18 위의 책, 192쪽.
19 위의 책, 217쪽.

     제6부 한국 현대연극의 거목들

필자가 이상과 같은 그의 결론을 흥미롭다고 표현한 것은 그가 이 글에서 학문 연구와 자신의 삶을 오버랩시켜보려고 한 때문이다. 그러니까 그가 노년기에 접어들어서 셰익스피어와 자신의 운명적 만남을 감회 어린 회상으로 매듭지어보려고 쓴 논문이 바로「햄릿과의 긴 여행」이라고 말할 수가 있다. 바로 그 점에서 그는 다시는 셰익스피어에 관한 논문은 쓰지 않을 것 같다.

그리고 그 역시 만년에 접어들어서는 고국 더 나아가 동양으로 회귀하는 모습을 보여주기 시작했다. 물론 그는 이미 1970년대 초부터 우리 연극의 서양 연극 수용에 관하여 몇 편의 논문을 씀으로써 동양 회귀의 모습을 조금 비친 바는 있었다. 그러나 동서연극을 비교해본다는 자세를 가다듬은 것은 아무래도 1980년대 중반에 들어서였다. 여기서 일단 그의 이야기를 들어보자.

> 서구연극에 대한 동경에서 시작된 연극에 대한 관심은 서구연극의 다양성과 풍부함, 때로는 그 위대성에도 불구하고 나를 식상케 하는 데가 없지 않았다. 그럴 때 그것과 전혀 이질적인 아시아 전통연극에 대한 매력은 적지 않은 것이었다. 그것이 나에게 연극의 지평(地平)에 대한 확대감을 불어넣어준 것은 물론, '연극이라는 개념에 대한 새로운 인식을 촉발시켜 주는 계기가 되기도 했다. 그리고 이 모든 것이 역설적으로 서구연극을 통과함으로써 이루어졌다는 데 나는 더욱 흥미를 느꼈던 것이다. 또 하나는 연극 행위를 문화 행위의 한 표현으로 파악하고 보다 넓은 맥락에서 연극을 보고자 하는 생각이 들게 되었다는 점이다. 그럴 때 연극의 동서를 어떤 방식으로거나 비교해본다는 것은 매우 중요한 일이라고 생각되었다.[20]

이상은 그가 1987년 여름 대학 정년 기념으로 펴낸 역저『동서연극의 비교연구』의 서문을 일부 인용한 것인데, 거기에는 매우 함축적인 의미가 담겨 있다. 영미 연극의 연구로부터 시작된 그의 연구 방향이 우리 것, 더 나아가서

---

20 여석기,「머리말」,『동서연극의 비교연구』, 고려대학교 출판부, 1987.

아시아 연극의 연구로 회귀했다는 이야기인데, 그는 이미 1970년대 초부터 우리의 전통극의 본질에 관한 글과 함께 서양연극 수용에 관한 글을 쓴 바 있는 것이다. 특히 그가 서문에서 밝힌 바대로 처음 연극을 인식하게 된 것이 순전히 서양연극을 통해서였고 역설적으로 우리의 전통극, 더 나아가 동양연극의 본질을 깨닫게 해준 것도 결국은 서양연극이었다는 사실이다. 그러니까 서양연극의 본질을 알면서 오히려 동양연극의 문제점과 동시에 그 진정한 가치도 인식했다는 이야기가 되는 것이다.

『햄릿과의 여행 리어와의 만남』(2001)과 함께 그의 대표작으로 꼽히는『동서연극의 비교연구』는 연극의 일반론을 서설로 하여 3부로 편성되어 있다. 즉 3편으로 구성된 제1부는「아시아 연극론」이고, 4편으로 구성된 제2부는「서구극에 끼친 아시아 연극의 영향」이며, 5편으로 구성된 제3부는「한국 신극의 영미극 수용」이다. 그런데 제3부에 들어 있는 5편 중 2편은 그가 1974년에 펴낸 바 있는『한국연극의 현실』에 수록되어 있으므로 새로 쓴 논문은 전체 12편 중 10편이다. 문제는 편 수가 중요한 것이 아니라 내용인 바 논문 하나하나가 40여 년에 걸친 그의 학문 연찬의 무게를 그대로 싣고 있다는 사실에 주목할 필요가 있다. 그가 이 땅에서 태어나 청년 시절 일본과 미국에서 영문학과 연극학을 공부했기 때문에 우선 일본어와 영어에 능통하다. 그리고 일본 연극과 서양연극 체험을 현장에서 누구 못지않게 많이 했다. 그리고 전술한 바도 있듯이 젊은 시절 드라마센터의 아카데미 원장을 맡아 하면서 가면극과 남사당패 등과 같은 전통연희를 상당기간 접하기도 했었다. 따라서 그는 서양극을 전공하는 영문학자지만 자연스럽게 동서연극을 광범위하게 호기심을 갖고 섭렵할 수가 있었다. 그 결과에서 쓰인 논문이 탁월할 수밖에 없다.

제1부의 첫 번째 논문인「아시아 연극의 서사성과 양식성」은 이 저술의 총론 격이라고 말할 수가 있다. 왜냐하면 제1부와 제2부의 여러 논문들이 이 논문의 각론에 해당된다고 볼 수가 있기 때문이다. 그런데 흥미로운 사실은 그가 Leonard Pronko, James Brandon, Donald Keene 등 대표적인 서구의 동양

연극학자들의 연구 성과를 바탕으로 하면서도 동양 사람답게 아시아 연극을 대단히 긍정적으로 바라보고 있다는 사실이다. 그 점은 첫 번째 논문의 저변에 그대로 깔려 있지만 아일랜드의 예이츠라든가 독일의 브레히트, 그리고 프랑스의 아르토 등 아시아 연극에서 절대적인 영감을 얻어서 새로운 연극을 실험했던 사람들을 집중 분석한 점에서도 잘 드러난다고 볼 수가 있다.

그가 「아시아 연극의 서사성과 양식성」이라는 첫 번째 논문에서는 서구 학자들이 바라본 동양연극의 문제점과 가능성을 짚어낸 뒤 아시아 연극이 서양 연극에 충격을 던져주는 이유가 두 가지라고 다음과 같이 설명했다.

> 그 하나는 연극의 미학적 양식적 측면에 대한 관심이며, 동양연극이 아직도 분화시키지 않고 있는 노래, 춤, 몸짓, 마임, 음악, 대사 등의 종합적 연극 형태인 이른바 '표현적(presentational)' 양식에 대한 흥미가 바로 그것이다. 특히 서구 근대극이 그들의 합리주의적 근대의식의 전형적 소산인 리얼리즘의 폐쇄성에서 해방되고자 할 때 그 대극(對極)에 위치한 아시아 연극의 표현양식은 하나의 적절한 돌파구의 구실을 할 수 있다고 보는 것이다. …(중략)… 서구연극의 또 하나의 관심은 좀 더 깊이 들어가 동양연극의 원초적 에너지를 찾아서 제의적 참여적 연극의 요소를 추출해보고자 하는 태도이다.[21]

이상에서 알 수 있는 것처럼 그는 아시아 연극이 갖는 무한한 가능성을 제시하면서 일본의 노(能)라든가 가부키(歌舞伎) 분라쿠(文楽), 그리고 중국의 경극(京劇)을 다각적으로 분석한 뒤 다음과 같은 이야기를 하고 있다. 즉 그는 결론 비슷하게 이야기를 마무리 하면서 "현대 서구의 반사실적 시도 가운데 특히 총체 연극적 지향을 강조하는 인사들은 아시아 연극 가운데서 그 단서를 잡으려고 노력하고, 또 그 대가를 후하게 보상받는 경우도 적지 않았다. 그러나 특정한 문화전통 속에서, 특히 아시아 문화권의 경우처럼 오랜 정체 속에

---

21 위의 책, 16~17쪽.

서 변화의 계기를 잡지 못한 듯이 보이는 곳에서 특정 연극 형태가 양식을 형
성해 나가는 과정에는 많은 우여곡절이 있었을 것임은 당연하다. 그 점을 간
과하고서 지적 각도에서만 사물을 분석 파악하는 데 익숙해온 서구연극이 아
시아 연극을 올바르게 이해하기란 필경 용이한 일은 아닐 것이다. 예이츠와
같이, 아니면 아르토 같이 어떤 특정한 방법이나 기교가 아니라 아시아 연극
속에서 영감의 원천을 찾으려고 노력했던 경우에도 그들이 추구한 결과가 지
극히 지적인 것으로 남아 있을 수밖에 없었다는 사실을 나는 여기서 지적해
두고 싶다."[22]고 말한 것이다. 그가 바로 이러한 자세와 각도에서 아시아 연극
에서 영향을 많이 받아서 새로운 연극의 경지를 열었다는 서양의 뛰어난 세
작가들, 이를테면 예이츠, 브레히트, 아르토의 동양연극 수용을 분석한 논문
을 내놓았는데 그것이 다름 아닌 「예이츠와 일본의 '노오'」, 「브레히트와 동양
연극」, 「아르토와 발리 연극」이다.

「예이츠와 일본의 '노오'」에서는 그가 예이츠가 일본 연극에서 영향받았다는
세 작품, 즉 〈매의 우물에서(At the Hawk's Well)〉와 〈이머의 유일한 질투(The Only
Jealousy of Emer)〉, 그리고 〈꿈꾸는 뼈(The Dreaming of the Bones)〉를 '노'와 연관시
켜 분석하고 다음과 같은 결론을 내리고 있다.

> 분명히 예이츠는 노오에서 영향을 받았고 또 우리는 그것을 여러 가지로 증명
> 할 수 있다. 그러나 그와 동시에 필경 노오는 노오이고 예이츠는 예이츠일 뿐이
> 라는 점 또한 강조하지 않을 수 없다. 그 거리가 바로 문화의 모든 면에서 그렇
> 듯 연극에 있어서도 동(東)과 서(西)의 거리가 되는 것이다.[23]

이상과 같은 시각에서 그는 브레히트의 아시아 연극 수용을 분석해낸 논문
을 썼는데, 그것이 바로 「브레히트와 동양연극」이다. 이 논문에서도 그는 비슷

---

22 위의 책, 53쪽.
23 위의 책, 130쪽.

한 결론을 도출해냈는데, 마틴 에슬린의 견해를 바탕으로 하여 브레히트가 동양의 이질적인 연극의 영향을 받긴 했지만 그렇다고 해서 유럽 연극의 본류를 망각한 것은 아니라고 했다. 그가 가리키는 유럽 연극의 본류란 그리스 고전극과 엘리자베스시대 연극이고, 더 가까이는 니체, 마르크스, 랭보, 비용, 키플링, 뷔흐너, 베데킨트, 피란델로, 클로델 등 표현주의는 물론이고 라인하르트와 피스카터 같은 연출가 및 스타니슬라프스키의 연기론까지도 수용한 것이라면서 "브레히트는 그 누구의 아류도 아닌, 그 어느 것의 부활도 아닌, 새로운 자기 것의 체계화에 성공하였던 사람이다. 따라서 그와 아시아 연극과의 관계도 그런 맥락에서 이해되어야 한다."[24]고 썼다.

이러한 관점은 다음 논문 「아르토와 발리 연극」에서도 유사하다. 주지하다시피 아르토는 시와 연극론을 통하여 현대예술에 혁명을 일으킨 천재적 작가였다. 그가 파리에서 열린 식민지 나라들의 민속품, 이를테면 인도네시아 발리 섬의 토속적 가면묵극을 보고 신성연극의 진수를 찾아냈으며 소위 잔혹연극론까지를 창안해냈다는 것은 잘 알려져 있다. 그것을 본격적으로 분석한 논문이 바로 이것인데, 여기서 그는 P. 클랜시의 견해, 즉 "아르토는 '발리연극에 대해' 해석의 과오를 저질렀고 그 무용극 속에 자기가 보고자 한 것만을 읽었으나 전체적으로 볼 때 그의 반응과 분석은 발리연극의 진수와 기원에 놀랄 만큼 접근해 있었다."[25]는 말을 결론으로 삼았다. 그가 이러한 생각으로 동양 연극에서 영감을 얻은 세 작가를 비교연극학적 방법으로 분석한 후 전체적 결론으로 「동서연극의 교류—차용과 융합」을 마지막으로 썼는데, 이 논문에는 다음과 같은 내용이 담겨 있다.

예이츠가 일본의 '노오'를 통해서 찾으려 든 것은 상징주의가 갖는 시적 상상력의 영역에서 어떻게 아일랜드 연극을 수립하느냐 하는 방법론을 얻으려는 데

---

24 위의 책, 155쪽.
25 Patricia Clancy, *Artaud and Balinese Theatre*, 1985, p.399.

있었고, 브레히트는 서사극에 관한 그의 주장을 뒷받침해주는 요소를 중국 연극, 즉 비아리스토텔레스적 전통의 연극 속에서 찾아내는 데 성공했다. 이 두 사람과는 또 달리 아르토는 유럽 연극의 종언에 관한 그의 '묵시록적' 예언을 정당화시키는 영감의 원천을 발리연극 속에서 발견했던 것이다. …(중략)… 아이러니컬한 사실은 아시아인이 자신의 과거로, 전통으로 되돌아가 그것을 새로운 눈으로, 실체 있는 것으로 보게 되는 것이 그 훨씬 뒤의 일이고, 더욱 아이러니컬한 것은 그 계기를 마련해준 것이 바로 이들을 포함한 유럽의 여러 아시아 전통극 '차용자'들이라는 사실이다.[26]

이상에서 확인할 수 있는 것처럼 그는 아시아 연극에서 새로운 연극의 영감을 얻은 세 작가의 세계를 비교연극학적 방법으로 분석한 뒤 제3부에서는 한국연극은 어떻게 영미 연극을 받아들였는가를 추적했다. 이 제3부는 다섯 편의 논문으로 구성되어 있는데, 주로 셰익스피어와 현대영미극에 국한되어 있는 것이 특징이다. 이 다섯 편의 논문을 관통하는 그의 생각은 대체로 부정적인데, 다음과 같은 '미국극의 수용 과정과 영향'의 결론 부분에 모두 함축되어 있다.

훨씬 근원적인 문제는 한국 연극계가 외국극을 양적으로만 받아들였지 자체의 연극적 토양을 살찌우기 위한 영양소로서 주체적으로 '계산된' 도입을 하는 데 큰 관심을 두지 않아왔다는 데 있다. 상연에 관련된 여러가지 요소 또는 문제점의 면밀한 검토를 전제로 연극의 질을 높이려는 데는 무관심한 채 창작극의 빈곤 내지 부재를 메우기 위한 방편으로서, 아니면 외국극의 유명도에 소박하게 의존하면서 자연발생적으로 그것을 도입해왔다는 데 있다. 이러한 태도 및 반응의 표시는 일반적으로 우리의 서구 문화의 도입 과정에서 볼 수 있는 현상이며, 연극도 예외일 수 없었다.[27]

---

26 여석기,『동서연극의 비교연구』, 182~183쪽.
27 위의 책, 287쪽.

　　　　　　　　　　　　제6부　한국 현대연극의 거목들

이상과 같은 그의 우리 연극 더 나아가 근대문화 진단에 대하여 필자가 전적으로 동의할 수는 없지만 한국연극의 서양연극 수용행태의 문제점을 매우 예리하게 지적한 것만은 아무도 부인 못할 것 같다. 그만큼 그는 서양연극을 잘 아는 만큼 우리 연극도 잘 알고 있다.

그런데 그가 연극만을 잘 아는 것이 아니다. 그는 영화에도 일가를 이루었다고 말할 수 있을 정도로 1996년도에 『씨네마니아』라는 영화책을 펴낸 바 있다. 영문학자로서 외도라고 볼 수도 있으나 연극평론가로서는 충분히 펴낼 만한 저술이라고 말할 수가 있을 것 같다. 대단히 환상적인 속성의 영화를 싫어할 사람은 없겠지만 그가 단순한 호사가로서가 아닌 전문가답게 글을 썼다는 점에서 주목받을 만하다.

그가 이 책의 서문에서 밝힌 것을 보면 1939년부터 영화를 보기 시작했고 일본 유학 중에 특히 많이 구경한 것으로 되어 있다. 그가 서문에서도 밝힌 바 대로 '이성과의 교제나 넓은 세계로의 트인 전망이 전혀 없었던 시절' 독서와 영화 보기로 시간여행을 했기 때문에 웬만한 명화는 놓치지 않았고 못 본 것은 외국의 비디오 전문 상점에 주문해볼 정도로 마니아인 그는 1930년에 조셉 폰 스턴버그가 감독한 〈모로코〉부터 1994년 로버트 저메키스가 감독한 〈포레스트 검프〉에 이르기까지 33편의 명화들에 대하여 뒷이야기까지 곁들여 설명하고 있다. 그런데 단순한 설명이 아닌 것은 책 뒤에 참고문헌으로 붙인 수십 편의 영화 전문 서적을 보면 알 수가 있다. 이는 곧 이 책자가 단순한 호사취미로 쓴 것이 아니라는 증거다.

그렇다면 원로 영문학자로서 또 연극평론가로서 50여 년 동안 연극현장을 지켜본 그가 우리 연극을 어떻게 바라보고 있을까? 별로 흥분하지 않고 비교적 차가운 눈으로 바라보고 있는 것처럼 보인다. 그것은 앞에 기술한 번역극 회의론과 닿아 있는 것 같기도 하다. 그 점은 가령 그가 최근(2001)에 도쿄에서 열렸던 제8회 베세토 연극제 세미나에서 발표한 논문 「한국연극의 현재」에 어느 정도 나타나 있다. 그 논문은 해방 60여년 동안 한국연극이 걸어온 과정을 냉철하게 되돌아본 것인데, 연극사학자 이상으로 객관성을 띠고 있음을 확인할 수 있다. 특히 여기서 주목할 만한 대목은 그가 한국 현대극의 시점을 1970년을 전후한 시기로 잡은 점이다. 그의 이야기는 이렇다.

> 이제 1970년대에 대해서 이야기할 차례가 되었는데 나의 결론을 먼저 말하자면 한국연극의 '현재'는 이 시기에 비로소 이룩했다는 것이다. 50년대가 한국 근/현대극을 마무리하는 시기였다면 60년대는 새로운 연극을 준비하기 위한 과도기라고 평가해도 무리가 없을 듯하다. 그렇다면 70년대 한국연극의 성격은 어떻게 규정해야 할 것인가. 이 시기 연극의 흐름을 총괄하는 키워드로서 나는 '자기 정체성 찾기'란 말을 쓰고자 한다. 왜냐하면 그 이전 즉, 1960년대의 연극 활동이 상대적으로 '연극하기를 위한 연극'에 몰두했던 데 반해 70년대는 연극행동의 당위성과 거기 수반되는 방법론에 대해 연극인 스스로가 질문을 던지고 그 해답을 얻어내려는 적극적 자세를 취하기 시작한 시기였기 때문이다. 그와 같은 상황은 80년대에 이어진다고 보기 때문에 한국연극의 '현재'는 이때부터 진행된 것이라고 할 수 있을 것이다.[28]

이상에서 그가 현대연극의 기점으로 가리키는 '자기 정체성 찾기'란 다름 아닌 유덕형의 「연출작품 발표회」를 비롯한 오태석, 안민수 등의 일련의 움직임 중심의 우리 것 찾기 작업을 지칭하며 더 나아가 허규(許圭)의 민예극장활동 및 마당극운동, 그리고 김정옥의 제3세계의 열린 연극추구 등을 포괄적으로 가리키는 것이다. 이러한 그의 견해가 일리 없는 것은 아니나 다른 한편으로는 해방 직후부터 시작된 아서 밀러 등 미국 작품의 공연과 박조열, 오태석 등의 실험적 희곡 발표 및 임영웅의 〈고도를 기다리며〉 연출 등을 단순한 '과도기의 연극'으로 처리하기가 어려워진다고 보여진다. 이는 특히 번역극도 우리 연극이라는 관점에서 보면 더욱 그렇다. 그러나 세계 연극을 두루 꿰뚫어 보는 그의 안목에 많은 연극인들이 공감할 것 같다.

---

28 여석기, 「한국연극의 현재」, 『공연과 리뷰』 2001년 9월호.

그가 평생 공부만 해온 석학답게 별다른 취미생활을 하는 것 같지는 않고 종교도 갖고 있지 않아 보인다. 정·재계 사람들처럼 골프를 치러 다닌 것도 아니고 그렇다고 장기·바둑 같은 것을 가까이 한다는 이야기도 들어보지 못했다. 그는 건강을 위하여 틈틈이 산책하고 제자가 마련해준 사무실에 가끔 나가서 소일하고 있다고 한다. 그렇다고 그냥 소일하는 것은 결코 아니다. 그는 일찍이 쓴「균형 있는 삶의 영위」라는 에세이에서 "우리가 일상생활을 영위하면서 자신의 내면을 어떤 식으로든 채워나가는 일, 기왕이면 양질의 것으로 그 내면을 채워나가는 일이 중요하지 않을까 하는 것이다. 이를테면 한 권의 책을 읽고 거기서 일상과는 조금 떨어진 세계를 발견하여 현실의 공허를 얼마간 채워나간다든가, 좋은 친구들과 같이 이야기를 주고받으면서 서로가 깨닫지 못했던 새로움을 발견한다든가, 문화서클활동 같은 것이라도 어울리면서 창조의 즐거움을 맛본다든가, 좋은 음악이나 연극, 영화 같은 것을 구경할 기회를 될 수 있는 대로 만들어 그 속에서 내가 아닌 남의 삶을 추경험(追經驗)해 보는 일은 아주 좋은 것"[29]이라고 했는데, 이는 바로 자신의 생활 일단을 열어 보인 것으로 보아도 무방할 것 같다. 이처럼 그는 원숙한 인문학자답게 노년에 들어서도 끊임없이 내공을 쌓고 있는 것처럼 보였다.

안민수가 생존해 있던 시절 옆 동네에 살았던 필자는 양재천을 걷다가 자주 그를 만났다. 졸수(卒壽)를 한참 넘기고도 여전히 정정한 모습으로 양재천변을 산책하고 있는 모습이 좋아 보였었다. 그런데 뜻밖에 그것이 그의 생명을 단축하는 화근이 될 줄을 누구도 꿈에도 생각 못 했다. 2014년 초여름(6월 12일) 새벽에 양재천변을 걷기 위해 대로를 건너다가 교통사고를 당한 것이다. 결국 그는 향년 93세를 일기로 이승과 작별했다.

---

29 여석기,『세상을 넓게 볼 줄 아는 도량』, 도서출판 둥지, 1991, 146쪽.

연극학과 민속학을 섭렵한 국학의 거두
이두현

 연극학이란 연극을 형성하는 여러 가지 요소들의 원리를 연구하는 학문이다. 희곡을 비롯하여 연출, 연기, 무대미술 등을 학술적 입장에서 연구하는 학문인 것이다. 연극학의 기본은 무엇보다도 연극사 연구일 것이다. 그렇게 볼 때 세계 연극학은 아무래도 독일에서 출발한다고 보아야 한다. 연극을 학문적으로 연구하기 시작한 것은 독일이었고, 1766년에 J.F. 뢰벤스가 저술한『독일연극사』네 권이 그 출발점이었기 때문이다. 뢰벤스는 1775년에『연극의 연대학』을 쓴 H. 슈미트와 함께 초창기 연극학의 장을 여는데, 이들은 주로 연극의 연대기를 작성하는 데 그친다. 그러다가 레싱, 슁크 등에 이어지면서 드라마투르기, 연극비평 등에까지 연구의 지평을 확대해갔다. 즉 이들에 의하여 연극이론이란 것이 추구되기 시작한 것이다.

 한편 독일의 각 도시에서는 쉬체 같은 지방 학자들에 의해서 지역 연극사가 정리되어 나오면서 19세기를 맞이하게 된다. 그리하여 19세기에 와서는 R.E. 프루츠, E. 데브리엔트, H.T. 뢰처 등이 연극학을 이끌게 되는데, 프루츠가 정통적으로 연극사를 추구한 데 비하여 데브리엔트는 윤리적 측면에서 연극사를 정리하면서 배우술 등에 초점을 맞춘 것이 특징이다. 반면에 동시대의 뢰처는 연극에 대한 심리적, 철학적 접근을 시도했었다. 그러나 대체로 19세기

까지의 연극학은 연극에 대한 일반
사 정리에 그친 감이 없지 않다. 따
라서 그때까지의 연극학은 독립학문
으로 취급되지 못하고 단지 문예사
의 일부로서 다루어진 정도였다. 그
러다가 20세기 들어서 본대학의 B.
리츠만이『연극사연구』35책을 총서
로 내놓음으로써 연극학이 대중화
될 수가 있었다. 그를 이어받아 베를
린대학의 M. 헤르만이 연극학을 독
립 학문으로 제창했고, 1900년 여름
학기에 최초로 '독일에 있어서의 연
극사'라는 강의를 시작한다. 그 강의

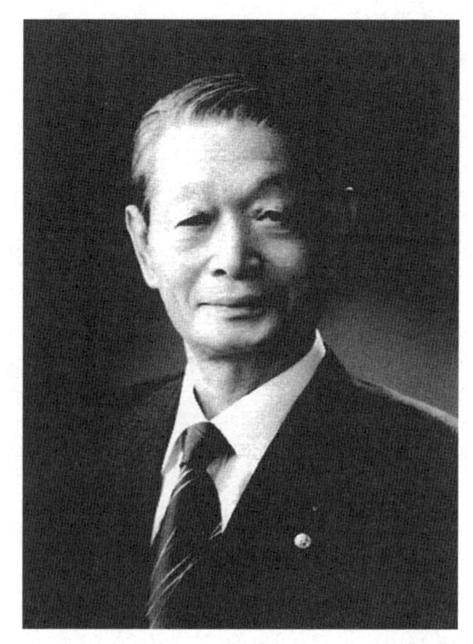

이두현

는 큰 반향을 일으켰고 연극학이 보편화되는 데 밑받침도 되었다. 그 얼마 뒤
인 1910년도에 현대 연극학의 개척자라 할 뮌헨대학의 A. 쿠처와 C. 니이센
이 연극학을 상설 학과목으로 설치했고, 1923년에는 베를린대학에 연극학과
가 생기게 된다. 이어서 뮌헨대학, 쾰른대학, 킬대학, 프랑크푸르트대학 등 독
일 내 4개 대학과 프랑스의 파리대학, 마일란드대학, 그리고 오스트리아의 빈
대학 등 전 유럽으로 퍼져나가게 된다.

　연극학의 단초를 연 독일의 경우도 처음에는 연극사 연구로 출발해서 20세
기에 와서는 쿠처, 바프 등에 의하여 연극 본질론으로 연구 영역이 넓혀졌고,
니이센, H. 크누드센 등에 의해서는 인식론으로서의 연극학이 정립되어간다.
그런데 서양 학자들은 연극학의 체계 수립에 있어서 다른 학문 방법론을 원용
했다. 즉 그들은 연극사의 경우 일반 사학의 방법을, 연극 본질 규명에 있어서
는 철학, 희곡 연구와 그 분석에 있어서는 문학방법론을 취했다. 그러나 오늘
날에 와서는 연극을 오로지 연극학적 방법으로 연구하여 다른 학문에 못지않

은 진척을 보여주고 있다. 그러니까 연극 연구도 매우 세분화되어 오늘날에는 한 배우 연구로 박사학위까지 취득하는 수준에 와 있는 것이다.

그렇다면 한국 연극학은 어떤 경로를 밟아온 것일까? 물론 한국 연극학이란 것도 서구의 근대 학문방법이 도입된 이후에 시작되었다. 즉 1929년대에 와서 한국 연극학의 첫 문을 연 인물이 있었는데, 그가 다름 아닌 석남 송석하(宋錫夏)다. 그가 비록 일본에서 경제학을 공부하다가 민속학 연구로 방향을 돌리긴 했지만 우리나라 민속학과 연극학의 단초를 연 선구자임은 부인할 수가 없다. 그가 1929년에 발표한 논문「조선의 인형지거」와「박첨지극에 대한 수삼고찰」이 바로 민속학의 과학적 연구의 시발일 뿐만 아니라 연극학의 시작을 알리는 글이기도 했다. 이어서 경성대학에서 국문학을 전공한 노정 김재철(金在喆)이 졸업논문으로「조선연극사」(1939)를 펴냈고, 정노식(鄭魯湜)이「조선창극사」(1940)를 내놓음으로써 소위 한국 연극학의 남상기(濫觴期)를 이루게 되는 것이다. 그런데 이들 중에서 정노식은 근대적 학문 훈련이 덜 된 인물로서 더 이상 연구를 지속하지 않았고, 김재철은 요절하여 송석하만 남게 된 것이다.

그런데 우리 연극학의 제1세대에 속하는 송석하와 김재철이 각각 일본과 경성대학에서 공부를 했기 때문에 저들의 학문 방법을 따른 것은 자연스런 것이었고, 이들이 영향 받은 일본 학자는 민속학을 전문으로 한 다카기(高木)라든가 난에 지로(南江二郎) 같은 인물이었다. 그 결과 송석하나 김재철은 자연히 연극 연구를 민속학적 방법으로 접근하는 자세를 취할 수밖에 없었다. 석남이나 노정이 즐겨 인용한 서양 학자들의 경우만 보더라도 독일의 R. 피셸이나 영국의 리지웨이 등이 모두 연극학자 아닌 인류학자들인 점에서도 그런 사실이 잘 나타난다. 이런 전통은 제2세대 학자들이라 할 최상수, 이두현, 김동욱 등에게 거의 그대로 전수되었다고 볼 수가 있다. 다만 이들 중에서도 선두 주자라 할 의민 이두현(李杜鉉)의 경우는 선구자들의 방법을 일부만 수용하고 연극을 민속학적 방법 아닌 연극학적 방법을 택하려 노력했으며 자신의 학문 영역을 다시 민속학과 문화인류학으로까지 분화, 확대해간 것이 특징이다. 그 결과 그는 한국 연극학의 기반을 다지는 선구자에 그치지 않고 민속학을 한 단계 업그레이드시킬 수가 있었으며 문화인류학의 개척자로도 자리 잡을 수가 있었다.

이두현이 이처럼 연극학과 민속학 더 나아가 문화인류학까지 학문의 영역을 넓힐 수 있었던 것은 우리 연극학이 발생사 연구에 치중하다 보니 상호 연계될 수밖에 없었고, 동시에 한국이란 특수상황과 그의 출생 및 성장 배경과도 무관치 않다는 점에서 흥미롭다. 그는 전주 이씨 완창대군의 16대손으로서 뼈대 있는 가문의 후손이다. 함경북도 회령에서 음력 1923년 11월 11일에 이윤섭(李倫燮)과 한학선(韓學善)의 사이에서 외아들로 태어났으며, 관향은 영흥이었다. 선대는 영흥에서 지주로 풍족하게 살아왔는데, 농사를 짓기에는 몸이 약하다고 생각한 그의 부친이 새로운 직업을 가져보려 고향을·떠났다고 한다. 그와 관련하여 그는 「나의 학문 방랑기」라는 글에서 다음과 같이 회고한다.

> 우리 관향은 함남 영흥 읍내에서 서쪽 20여 리 떨어진 상태리란 곳인데 그곳 지주의 다섯째 아들 중 막내로 태어난 부친은 몸이 약해 농사일에는 뜻이 없고 글 읽기를 좋아하고 의원(醫員)이 될 생각으로 영흥읍내의 한약방에 5년째 나와 있었다. 그러다 1919년 기미년 만세운동에 가담하여 몸을 피하게 되고, 그때 갓 스무 살을 넘긴 나이에 아라사로 망명하려고 무작정 북행하였다고 한다. …(중략)… 그러나 회령까지 왔을 때 심한 설사병에 걸려 더 이상 강을 건너지 못하고 찾아든 교회의 목사의 권유로 일인 서점에 점원으로 주저앉아 그때부터 소시민의 생활이 시작되었다고 한다.[1]

이상의 회고기에서 눈길을 끄는 부분은 그의 부친의 삶의 방식이다. 지주의 막내아들로서 농사보다는 글 읽기를 좋아하여 다른 길을 택했고, 나이 겨우 스무 살에 만세운동에 가담하여 망명까지 기도할 정도로 강골의 깨어 있는 청

---

1 이두현, 「나의 학문 방랑기」, 『한국무속과 연희』, 서울대학교 출판부, 1996, 425쪽.

년이었다는 점이다. 그런 영향을 가장 많이 받은 인물이 바로 역시 막내아들인 이두현이었던 것 같다. 그가 「아버지 대와 아들의 대」라는 에세이에서 "바깥나들이를 하시는 아버지가 부럼까지를 마련해서인지 대보름에는 어머니보다도 아버지가 더 생각난다"[2]고 쓴 걸 보면 올곧고 자상했던 부친의 사랑과 영향을 많이 받은 것이 아닌가 싶다. 이처럼 강인하면서도 탐구욕이 강한 부모를 가진 그가 농촌에서 멀리 떨어진 읍내에서 태어나다 보니 유년 시절을 여타 농민의 아들들과는 다르게 보내게 된다. 특히 그가 묘하게도 초창기 영화의 선구자인 나운규(羅雲奎) 본가의 사랑채에서 태어났다는 것은 그의 장래와 연결지어 볼 때 뭔가 시사하는 바가 없지 않다. 그는 그와 관련하여 다음과 같이 회고했다.

> 고향에 남겨둔 모친을 불러올려 처음 세든 집이 풍운아 나운규 본가의 사랑채였고 거기서 내가 태어났다. 내가 어려서부터 자주 앓게 되어 모친이 푸닥거리를 하는 것을 보고, 그 집에 드나들던 윤봉춘 선생의 어머니가 교회에 다니면 아이도 잘 자란다고 하여 그때부터 모친은 회령교회에 나가게 되고, 나도 주일학교 때부터 오늘날까지 장로교회와 연을 끊지 못하고 있다.[3]

이상의 글에서 알 수 있는 것은 그의 기독교 입교라고 하겠다. 여기서 그의 종교 입문을 주목하는 이유는 유년 시절의 교회 출입이 그로 하여금 일찍부터 의식세계를 넓혀주는 바탕을 마련해주었다고 보기 때문이다. 그러니까 그가 회령교회에서 운영하는 유치원에 다니면서 성경을 배우게 되고 거기서 일단 서양을 접하게 되었을 것이다. 그리고 소학교와 중학교로 학년을 높여가면서도 그의 정신세계의 끈은 여전히 교회에 연결되어 있었던 것이다. 가령 그가 「고향」이라는 에세이에서 "바이블 크라스를 통하여 바울의 신학과 크리스챠니

---

2 이두현, 「아버지 대와 아들의 대」, 『한국일보』 1982.2.7.
3 이두현, 앞의 책, 425쪽.

티를 가르쳐주었고 톨스토이보다는 도스토옙스키가 더 깊고 종교적인 작가였다고 말하던 M 목사, 헬레니즘의 분위기를 동경케 하던 T 교장, 플라토닉 러브라고 고집하던 H 양에의 사모, 그이가 남기고 간 '러스킨 전'을 읽던 감촉을 지금도 잊을 수 없다"고 한 것을 보면 유소년 시절에 교회가 그에게 미친 영향이 절대적이었다고 말할 수가 있을 것 같다. 특히 그가 물질세계보다는 정신세계에 더 경도되는 계기를 만들어준 곳이 바로 교회로서 훌륭한 목회자를 만난 것도 그에게는 행운이었다고 볼 수가 있을 것 같다. 왜냐하면 그에게 독서에 빠져들게 하고 또 문학의 가치나 매력을 처음 일깨워준 사람이 다름 아닌 목사였기 때문이다.

물론 그로 하여금 어려서부터 책을 가까이 하도록 만든 것은 글 읽기를 좋아한 부친의 영향도 없지 않을 것이다. 게다가 그가 자란 곳은 한반도 최북단으로서 겨울이 길고 춥다. 그 긴긴 겨울밤을 보내기는 독서처럼 좋은 것은 없었을 것이다. 그 자신도 「고향」이라는 에세이에서 "짧은 해가 지면 동짓달 밤을 훈훈한 방안에서 마음 놓고 읽고 싶은 책들을 읽어갈 수가 있었다. 동굴 속에서 동면을 하는 한 마리 곰처럼 자기의 발바닥을 핥아가면서 깊은 우울과 내향을 배워가지 않을 수 없었다"고 회고한 적이 있다. 성인들이야 노름을 한다든가 술을 마시지만 소년이야 독서만큼 시간 보내기가 좋은 수단도 없었으리라. 어렸을 때부터 교회에서 바르게 사는 법을 배우고 절대자를 인식하며, 특히 춥고 메마른 고향 풍토와 지사형 부친 밑에서 그는 올곧고 비타협적이며 강인한 성격을 형성하게 된다. 그가 즐겨 인용하는 브륀티에르의 작가 평가 기준이 되는 세 가지, 즉 인종, 시대, 환경 특히 기후, 풍토의 영향을 많이 받았다고 볼 수가 있을 것 같다.

그런데 총기 넘치고 조숙하며 풍부한 감성의 소년이었던 그가 입학한 중등학교는 그 고장에 하나밖에 없는 회령공립상업학교였다. 소학교 담임선생이 그의 명민함과 문예적인 소양을 아까워해서 그를 인문중학으로 보낼 것을 부모에게 권유했지만 가정형편도 어려운 데다가 외아들이었던 그를 외지로 보내지 않았다. 사실 그 당시 식민지 조선의 가난한 수재들이 갈 수 있는 학교는 대체로 사범학교 아니면 상업학교로서 장차 소학교 교원이나 은행원이 되는 것이 출세 코스였다. 그러나 불행 중 다행이라고 그가 입학한 회령상업학교에는 그에게 절대적인 영향을 준 좋은 스승들이 있었다. 즉 도쿄상대 출신의 사회학자이며 철학자였던 도노우에(渡植彦太郎) 교장을 비롯한 유능한 교사들이 바로 그들이었다. 그가 상업학교 시절의 도노우에 선생을 회고하는 글에서 "방과 후에 소제 당번을 맡을 때는 교장실 소제를 지원하여 이와나미 전서를 비롯하여 영어, 독어 등으로 된 어려운 여러 책들이 꽉 차 있는 서가에서 몰래 책들을 펴보면서 느끼던 그때의 전율과도 같았던 흥분을 잊을 수가 없다. 인생에서 가장 다감했던 10대에 이분을 만난 것이 일생 은행원으로 지내지 않고 다난한 학문의 길을 택하게 된 계기가 아닌가 생각한다."[4]고 씀으로써 도노우에 선생에게서 절대적인 영향을 받았음을 고백한 바 있다.

그러니까 일본 학자이면서도 군국주의의 주구 노릇을 하지 않고 자유분방하면서도 치열한 학문 탐구 자세를 보여준 도노우에가 그를 매료시켰던 것 같다. 그가 이미 중학교 시절에 학자에 대한 막연한 동경 같은 것을 한 이유도 바로 거기에 있었지 않나 싶다. 물론 그가 중학 시절에 막연하게나마 문학가가 되어보겠다는 생각을 한 것도 있었다. 그것은 대체로 독서를 많이 하는 젊은이들일수록 그런 생각을 하는 것이 상례이긴 하다. 그 역시 어린 시절부터 책을 가까이하는 버릇이 있었기 때문에 그런 생각을 한 것은 극히 자연스런 것일 수가 있다. 즉 그가『독서신문』과 가진 한 인터뷰 기사에 보면 "중학 때부터 문학가가 되려고 생각했기에 남독을 할 정도로 많이 읽었다고 하는 이 교수는 지도해주는 사람이 없어서 아무 책이나 닥치는 대로 읽었다면서 요즘 자라는 아이들에게는 양서를 선정해 읽도록 하는 것이 중요하다고 강조한다."[5]

---

4 위의 책, 430쪽.
5 이두현,「나의 독서편력」,『독서신문』1980.2.24.

　　　　　　　제6부　한국 현대연극의 거목들

고 나와 있다. 이는 그가 어릴 때부터 지금까지 평소 책을 많이 읽는 습관과 무관하지 않은데, 이런 습관이 그로 하여금 자연스럽게 문사나 학자의 길로 들어서게 만든 것으로 보아도 크게 어긋나지 않을 성싶다. 그는 자신의 소년 시절 독서와 관련하여 다음과 같이 술회한 바 있다.

> 중2 때부터는 본격적으로 단행본류를 많이 읽었어요. 이런 책들은 일본어로 번역된 책이었어요. 『바이런 전기』나 『나폴레옹 전』 등도 문고판으로 읽었는데, 지금도 일본에서 출판되고 있는 『암파 문고』를 그때도 구할 수 없어 많이 사서 읽곤 했지요. 그 외에 처음엔 톨스토이의 작품이 좋아 모조리 읽었었는데 나중에 싫증이 나고 도스토옙스키 작품이 더욱 끌리더군요. 물론 로망 롤랑의 작품이나 헤세의 전집 중 『데미안』, 『싯달타』 같은 작품은 지금에 와서 우리 아들도 읽는 것을 보니 두 세대 간에 읽는 격이 되어 재미있게 생각되는군요.[6]

이상에서 알 수 있는 것처럼 그는 자신이 구할 수 있는 책들 중 영웅전이나 문학서들, 그중에서도 러시아 문학과 프랑스, 독일 작가들의 소설류를 좋아했음을 알 수 있다. 러시아 작가들 중에서도 진지한 리얼리즘 소설을 쓴 도스토옙스키에 대단히 심취해서 『죄와 벌』을 읽고는 며칠 동안 앓아 누웠을 정도였다고 한다. 그만큼 그는 감수성이 예민한 소년이었다. 그런 그가 한때는 극작가가 되어보고 싶은 생각도 한 것 같다. 그는 이어지는 인터뷰에서 "한 번은 내심으로 희곡을 쓰고 싶어지더군요. 그래서 체호프라든가 로맹 롤랑의 희곡집을 안 읽은 것 없을 정도로 섭렵을 했었어요. 난 한 작가의 책을 대하면 소설이면 소설, 시면 시 등, 그의 전집을 훑을 정도입니다"라고 열정적인 독서 습관을 피력하기도 했다. 그가 소년 시절 남독한 만큼이나 방황과 고민도 많이 했던 것 같다. 다행히 유년 시절부터 교회에 다니면서 성서를 읽고 훌륭한 목사를 만났기 때문에 중심은 잡혀 있었지만 사춘기 들어서는 삶

---

6 위의 글.

의 본질에 대한 끊임없는 의문 때문에 고뇌했다. 그는「나의 학문 방랑기」에서 이렇게 쓴 바 있다.

> 일본이 천황을 살아 있는 신(現人神)이라고 우기던 당시에 기독교가 나에게 가르쳐준 것은 피조물인 인간은 결코 신일 수 없다는 것과 모든 사람은 신 앞에서 평등하다는 믿음이었다. 중학 시절 내내 나를 괴롭혔던 것은 인간이란 무엇인가? 그것을 탐구하고 싶다는 것이었다. 때로는 눈앞에 있는 모든 것이 신기루 같이 느껴지고, 영원히 풀지 못할 수수께끼에 고민했다. 이 선생 저 선생에게 이런 질문을 던져 괴롭혔다. 그리하여 성좌나 천문학에 관한 책이며, 여러 종교서적도 찾아 읽었다. 물론 우리 인간의 존재와 우주의 존재라는 영원한 수수께끼는 지금껏 풀지 못한 채 끝나는 것이겠지만……[7]

이상에서 알 수 있는 것처럼 그는 범용한 소년이 아니었다. 니체의『차라투스트라는 이렇게 말했다』와 같은 책을 좋아한 그에게 상업학교 교과목이 눈에 들어올 리 만무했다. 그러니까 상업과목들과 수학에 취미가 없었던 그는 영어 과목에만 매달리면서 학창 시절을 재미없게 보내게 된다. 그는 태평양전쟁이 일어난 이듬해(1942) 말에 회령상업학교를 조기졸업하고 식산은행 청진지점에 입행했다. 그러니까 은행원으로 일생을 보낸다는 생각은 전혀 않고 거기서 다른 길을 모색할 수 있다고 믿었기 때문이었다. 그의 부모는 안정된 직장이어서 좋아했지만 그로서는 다른 생각을 가졌었고, 결국 적성이 맞지 않아서 6개월 만에 은행을 떠나 상삼봉이라는 시골 소학교 촉탁교원으로 근무하게 된다. 그러나 시국이 종전 때여서 그 역시 한 학기 만에 조선인 동원 제1기생으로 강제 징집되어 회령보병대에 입대한다. 그는 병영 생활이 너무 고통스러워서 자살까지 생각할 정도였다고 한다. 다행히 그는 다른 부대원들과는 달리 죽음을 모면하고 해방을 맞을 수가 있었다.

---

7 이두현,『한국무속과 연희』, 432~433쪽.

광복 후 그는 회령의 남초등학교 교사 생활을 하면서 월남할 기회만 엿보고 있었다. 서울에 가면 당초 꿈꾸었던 문학 공부를 할 수 있겠다고 믿었기 때문이었다. 그러나 소련군이 점령하고 있는 곳에서 빠져나오기란 쉬운 일이 아니었다. 그는 소련군 군용열차의 꼭대기에 앉아 일단 회령을 떠날 수가 있었다.

청진까지 오는 동안 화차 꼭대기에서 동사할 지경이었고, 겨우 원산에 와서 어선을 얻어 타고 겨울 바다를 거쳐서 서울에 도착할 수 있었다. 그런 탈출 과정을 그는 「나의 학문 방랑기」에서 "청진까지 화차 꼭대기에서 밤을 새우며 거의 동사 직전이었다. …(중략)… 청진에서 원산까지 간신히 10톤급의 어선에 만주에서 밀려오는 피난민과 함께 짐짝처럼 선창에 처박혀 옴쭉달싹을 못하면서 밤새 겨울 바다의 풍랑에 시달렸다. 누구나가 그랬던 것처럼 천신만고 끝에 38선을 넘어 어두운 밤 한탄강을 건너 대안에 도착했을 땐 사지에서 벗어난 안도감이 들었다"고 썼다. 이처럼 그는 식민지 치하에서 일본군에 징집되어 구사일생으로 살아남았고 극한 상황에서 월남도 꾀한 것이다. 그는 사실 이런 고생을 하지 않고도 편안하게 살아갈 수도 있었다. 식민지 시절의 일본군 강제 징집이야 피할 수 없는 것이었다고 하더라도 향리의 은행원으로서, 또는 소학교 교원으로 한평생 편안하게 보낼 수가 있었다. 그러나 그는 그런 삶을 거부하고 오직 문학 공부에의 막연한 동경 때문에 언제나 험난한 모험의 길을 마다하지 않았다. 그가 걸어온 길을 되짚어보면 뛰어난 학자의 젊은 시절이었다기보다는 마치 후진국의 혁명가나 정치지도자의 고행 과정 같다. 이는 물론 우리나라의 특수한 시대 상황에 따른 것이긴 하다.

이런 과정을 거쳐 월남한 그는 서울대 사대에 입학하여 국문학을 전공하게 된다. 해방 후의 경제난 속에서 단신 월남한 그의 고생은 말이 아니었다. 어려운 시절이었지만 그래도 밥 걱정은 하지 않고 외동아들로서 귀엽게 자란 그가 인척도 없는 외지에서의 학업도 고행이기는 마찬가지였다. 그런 환경 속에서도 두각을 나타낸 그는 여전히 러시아 소설 및 니체 철학 탐독과 몇몇 유명 교수의 강의에 흥미를 느끼게 되었다. 그는 그 시절을 다음과 같이 회고했다.

국문과 4년 동안 이른바 고학생으로 출석률은 나빴고, 자주 결석한 때의 강의 노트는 여학생에게서 빌려서 베꼈다. …(중략)… 나에게 특히 영향을 준 것은 정학모 선생의 조선 연극사 강의와 고정옥 선생의 조선민요연구, 정형용 선생의 국문학고전강독 등이었고 간접적으로는 임석재 선생의 영향을 받았다. 졸업논문 제목은 '난숙기의 이조문학'으로 이조 문예상에 나타난 양반문학과 서민문학의 2대 조류를 살피고 서민문학의 특질로서 권선징악, 해학, 애정 사실 등에 역점을 두어 논했다. 이때 벌써 서민문학 쪽에 더 많이 내 취향이 기울어졌던 것이 아닌가 생각된다.[8]

이상과 같은 그의 대학 시절 수업 과정에서 주목되는 것은 그가 연극사와 민요, 그리고 임석재 교수의 민속학에 특별히 흥미를 느낀 점이었다. "김재철이 쓴 『조선연극사』 책의 강의를 한 학기 듣고부터는 지금까지의 생각을 집어치우고, 나의 길은 연극의 길로 돌려야겠다고 생각했어요. 한국 관계 연극을 쓰자고 굳게 다짐했어요. 내가 진정으로 할 일이 무엇인가, 연극의 길을 어떻게 이끌어나갈 것인가 생각하던 끝에 강단에 서게 된 것이죠. 그 후 우리나라 고전을 보고 민속을 조사하다 보니까 요샌 나를 민속학자라는 칭호를 붙여놓더군요. 난 시작은 연극이었는데 말이지요"라는 『독서신문』과의 인터뷰는 그가 대학 시절 정학모 교수의 조선연극사 강의에 매료되어 소년 시절부터 막연히 꿈꾸어오던 문학가의 길을 청산하고 한국 연극학 연구로 방향을 잡은 것을 설명해준다. 그리고 그가 초기에 고전극 쪽으로 연구 방향을 돌리다 보니 자연스럽게 민속학과도 만나게 되었다는 이야기가 되는 것이다. 그 역시 초창기의 송석하나 김재철 등과도 유사한 도정을 밟아 나간 것이다. 그렇다고 해서 그가 오랜 꿈이었던 문학을 완전히 저버린 것은 아니었으며, 어떤 학문을 하든 젊은 시절에는 문학서적을 섭렵해야 한다는 것이 그의 확고한 신념이었다.

연극사 연구로 방향을 잡은 뒤에는 연관이 있는 인접학문이라 할 고고인류

8　위의 책, 436쪽.

학이라든가 일반사, 그리고 미술 등에도 관심을 가지고 국립박물관의 김재원 박사나 정대위 교수의 토인비 역사 강의는 물론이고 미술 관련 행사에는 빠지지 않고 쫓아다녔다고 한다. 이는 학문의 폭을 넓히기 위한 일종의 수순 밟기라고도 말할 수가 있다.

1950년 봄에 대학을 졸업한 그는 서울의 한성고교에 국어교사로 취직한다. 그가 은행원과 소학교 교원을 거쳐 세 번째로 잡은 직업이었다. 그러나 단 몇 달 만에 6·25전쟁이 발발함으로써 그에게 또 한 번의 시련을 안겨주게 된다. 그때 그는 27세로서 전시에는 매우 위험한 나이였다. 그는 3개월간 피신해 있다가 9·28 서울 수복 직전에 후퇴하는 인민군에게 잡혀서 그의 일생에서 가장 위험한 처지에 놓이게 된다. 왜냐하면 그때는 전시 중이어서 피아가 눈이 뒤집혀서 서로 닥치는 대로 죽이던 시절이었기 때문이다. 그가 죽음에까지 몰렸던 순간을 다음과 같이 회고했다.

총살 직전! 1초의 몇십 분의 1초의 찰나다. 움직임이다. 지금 저놈이 잘가닥거리며 탄환을 잠근다. 인제 방아쇠를 당기면 내가 쓰러진다. 아니 총소리가 나는 그 몇십 분의 1초 전에 나는 미리 뒤로 나자빠지자. 탄환이 혹시나 명중되지 않은 경우가 있을 것이다. 아니 그것보다 이제! 이때에 뛰자, 두 손을 뒤로 돌려 묶었지만 새끼로 묶은 것이어서 아까부터 애쓴 덕에 퍽 늦추어졌다. 손이 자유로울 수 있다. 그러나 안 된다! 지금 이 10명 중 단 한 사람이라도 그런 행동을 한다면 그때에는 그야말로 파살이다. …(중략)… 가끔 우리 주위에도 수류탄, 예광탄이 날아오기도 한다. 인제 숨을 돌렸다. 뒤에 손을 묶이우고 연행되어는 가지만 아까의 즉결처분이라는 위기는 면했다. 새삼스러이 총부리로 눈앞이 캄캄하도록 이마에 얻어맞은 자리가 아프다. 몹시 부었고 피도 좀 나오는 모양이다. 그러나 손을 대어볼 수도 없다. 인제 좀 숨이 놓이니까 미칠 것 같은 여러 생각이 일시에 떠올라 착종하여 머리가 터질 것처럼 아프고 나를 괴롭힌다. …(중략)… 그때의 그 귀엽던 소년, 하늘의 별보다도 더 높게 초연한 꿈을 품었던 너, 주여— 이건 참 너무나 억울합니다. 차라리 미리 죽여주시지요. 차라리 전란의 초기에 죽여주시지요. 석 달을 쫓겨 다니며 인제 와서는 달포나 만성설사로 기진맥진하고 거리의 어느 막다른 골목길 하수도 밑에 빠진 쥐새끼 모양 더할 길 없던 나. 그건 이미 하나의 인간이라기보다는 모진 생명의 마지막 실오라기만한 한 줄 본능의 반사작용으로서만 존명해오던 한 뭉치…. 그러나 이 연옥도 끝나고 내일 아침이면 해방되고 구출되리라고 기다리던 나, 이 야심에 잠깐 잠든 사이에 눈앞에 대인 총부리에 잠을 깨게 될 줄이야. 이건 정말 너무나 억울하외다.[9]

그의 수기 일부를 여기에 길게 소개한 이유는 그가 1950년 9·28수복 직전에 퇴각하는 인민군에게 잡혀 총살 직전에 극적으로 죽음을 모면한 이야기를 너무나 생생하게 묘사해놓았기 때문이다. 앞에서도 조금 언급한 바 있지만 그는 향리에서 은행원이나 소학교 교원으로 편안하게 살 수도 있었지만 오로지 문학을 하고 싶어 그런 삶을 떠나 몇 번이나 생사의 고비를 넘기면서 새로운 삶을 찾아온 것이다. 신화학자 조지프 캠벨은 『신화의 힘』이라는 저서에서 영웅은 무엇인가를 찾으려고 생사의 고비를 여러 번 넘기면서 자신이 속하던 세계를 떠나 보다 깊은 세계, 혹은 먼 세계, 혹은 보다 높은 세계로 나아간다고 했다.[10]

이두현이야말로 마치 영웅의 성장 행로와 같은 고된 도정을 밟아왔다는 점에서 주목된다고 하겠다. 그의 성격이 강직하고 비타협적이며 항상 새로움을 모색한다는 점에서 보면 결국은 천부적인 것도 있겠지만 그에 못지않게 이북 기질에다가 청년 시절의 시련이 보태진 때문이 아니었을까 싶다. 그런 그가 생활에 안정을 찾기 시작한 것은 부산 피난 시절 마산상고에 다시 취직하고 회령에 두고 왔던 가족과 재회함과 동시에 1953년 결혼을 하면서부터였다. 즉 그가 부산에 머무는 동안 흥남철수 때 단신 월남한 여동생은 물론이고 3개월에 걸쳐서 동해안을 따라 도보로 월남한 부모를 5년 만에 재회하게 된다.

동향의 재원(서울약대 출신의 황계봉)과 결혼도 함으로써 경제적 안정을 찾을

---

9 이두현, 「총살 직전—내가 겪은 6·25」, 『의민당수기』, 한샘, 1989, 16~18쪽.
10 조지프 캠벨·빌 모이어스, 『신화의 힘』, 이윤기 역, 고려원, 1992, 246쪽.

　　　　　　　　　　제6부 한국 현대연극의 거목들

수 있었다. 아내가 약방을 열어서 그가 학문을 할 수 있도록 충분히 뒷받침을 해주었기 때문이다. 이후 그는 4남매를 훌륭하게 키워내면서 그가 하고 싶었던 학문의 길로 비교적 순탄하게 질주해가게 된다. 1953년 종전과 함께 마산을 떠나 환도했고, 1년여 정도 문교부 장학관실에 근무하다가 1954년 그의 나이 서른 살 때 근화여자대학(명지대학교 전신) 국문과 교수가 된다. 그로부터 4년 뒤인 1958년도에 그는 모교인 서울대 사대 국어과 전임이 되어 정년 때까지 봉직했다.

그의 기나긴 학문 여정은 그가 대학에 발을 들여놓은 이후부터 시작된다. 앞에서도 조금 언급한 대로 그는 이미 학부 시절에 한국 연극사 연구에 뜻을 두고 작가에의 꿈을 접었으며, 연구는 고전극에서부터 시작했다. 근화여대에 재직하던 1957년도에『국어국문학』(제18호)지에「산대도감극의 성립에 대하여」라는 논문을 낸 것이 그가 학계에 공식으로 신고식을 한 것이다. 이 논문은 그 자신도 밝혔듯이 조선시대 산대도감극의 성립 과정에 대한 연구였다. 선구 학자들인 송석하나 김재철이 그랬듯 그도 고전극의 발생사 탐구에서부터 학문 연구를 시작한 것이다. 그런데 이 논문에서 주목할 만한 점은 그가 선학들과는 조금 다른 입장에서 접근한 것인바 비교연극학적 방법을 꾀해보려는 자세가 보인다는 사실이다. 그는 대단한 열정으로 현장 답사와 서책 섭렵을 병행하는 현대 학문 방법을 취택함으로써 학계의 신예학자로 서서히 두각을 나타내기 시작한다. 매년 주목할 만한 논문을 한 편 이상씩 써내며 부지런한 학자로 인정받을 수가 있었다. 1958년에 월간『사조』에「한국의 가면」을 쓰고 이듬해에는『서울대학논문집』제9집에「신라오기고」를 발표하여 가면극 발전에 있어서의 독자적 견해를 제시한 것이다. 이 논문은 3국 시대 가면극의 현상 천착을 시도한 것으로서 가면극 발전 과정을 규명해가는 데 있어서 매우 중요한 의미를 지닌다고 말할 수가 있다. 그리고 이는 그가 처음 쓴「산대도감극의 성립에 대하여」와 연결되는 것이기도 하다. 사실 신라 오기(五技)에 대하여는 최남선이라든가 양주동 등이 서역악과 연결하여 조금씩 언급한 바 있었지만 이두현처럼 비교연극학적 입장에서 구체적으로 규명해 들어간 것은 아니었다. 그리고 그가 논문을 발표한 이후인 1960년대 초반 들어서 고전문학 전공의 양재연이나 중문학자 김학주 등이 오기에 관한 연극논문들을 발표했었다. 그만큼 그의 신라 오기 연구는 대단히 빠른 것이다.

이 논문에 대한 그 자신의 설명을 그대로 따라가 보면 "먼저 3국악을 살피고, 최치원(崔致遠)의 「향악잡영」에서 읊은 신라의 오기는 그 내용에 있어 금환이나 대면은 중국 산악백희의 영향에서, 월전 속독 산예는 서역 전래의 무악을 받아들여 향악화하였음을 밝히고자 한 것이다. 특히 월전은 중앙아시아에 있던 나라 우전국(지금의 화전, Khotan)과 대응되며, 속독은 속특(Soghd) 제국에서 전래한 건무의 일종일 것이라고 하여 종래와 다른 필자의 의견을 피력하였다"면서 스스로 최초의 회심작이라고 자부한 바 있다. 이러한 그의 주장은 옳은 것이다. 왜냐하면 그 이전까지 어느 학자도 비교연극학적 방법으로 신라오기를 천착한 바 없었기 때문이다. 물론 전술한 것처럼 육당(六堂)이나 무애(无涯) 등과 같은 국학자들이 단편적으로 서술한 것은 있었다. 바로 그 점에서 그는 적어도 연극사 연구의 선두 주자로 주목을 끌 수가 있었다. 그때 그의 나이 겨우 30대 중반밖에 되지 않았었다.

그런데 그가 학술논문만 열심히 쓴 것은 아니었다. 그는 국학의 기반을 다지려면 학회가 생겨나야 한다는 생각으로 우선 국어국문학회에 민속 분과를 두도록 하는 것을 시발로 하여 민속학자 임석재와 극작가 유치진과 더불어 한국가면극연구회를 출범시켰으며, 1958년에는 임석재, 임동권, 김동욱, 장주근 등 국학자들과 한국문화인류학회를 창립했다. 거기에 그치지 않고 그는 1960년에는 시인 이하윤이 중심이 되어 만든 한국비교문학회 창립에도 깊숙이 관여했다. 국어국문학회의 민속 분과가 뒷날 민속학회의 단초가 되었다고 본다면 그가 30대의 젊은 나이에 앞장서서 만든 학회가 무려 4개나 되는 셈이다. 이는 우리나라 학계에서는 찾아보기 어려운 경우이다. 민속학회라든가 가면극연구회 비교문학회 등은 그의 학문 분야와 직결되는 만큼 당연히 조직할 만한 것이라고 볼 수가 있지만 문화인류학회까지를 구상했다는 것은 그가 얼마나 사유의 폭이 넓고 앞서 나갔던가를 짐작하게 한다. 왜냐하면 문화인류학은 민속학이나 국문학보다는 상위 개념이라고 말할 수가 있기 때문이다. 그러니까 그가 일찍이 연극사를 연구하려면 어차피 문화인류학과 만나게 될 수밖에 없다는 것을 깨달았던 것 같다.

그러면서 그는 직접 서양 학문을 접해야겠다는 생각을 할 수밖에 없었던 것 같다. 따라서 그는 1960년 가을에 미국 유학길에 오르게 된다. 테네시주의 내슈빌에 있는 피보디대학에서 국어과 교수로서 화술과 연극제작 강의를 듣는 한편 그의 중요 관심사항이었던 문화인류학 강의도 청강할 수가 있었다. 그렇다고 대학에 묻혀서 강의만 들은 것이 아니고 스미소니언박물관이나 국회도서관 등에 드나들면서 민속학, 인류학 등에 관한 광범위한 자료를 수집하면서 시야를 넓혔다. 미국에 1년여 동안 머물면서 그는 연극학과 민속학, 그리고 문화인류학 등에 대한 막연했던 관점도 명약화하는 소득을 얻은 셈이다. 그가 특히 대학에서의 화술교육의 중요성을 인식하고 귀국 직후 한국 최초로 국어과에 화술 강좌를 개설한 것도 선구적인 일이었다. 이런 그의 활동은 후배인 전영우 아나운서가 화술관련 저술을 하는 데 자극제가 되지 않았나 싶다.

그러나 그의 미국 유학은 문화인류학 관련 세계적 학자들과 교유 폭을 넓히는 한편 연극사 기술의 방법을 얻은 경우이기도 했다. 왜냐하면 그가 귀국하자마자 신극사 저술에 착수했기 때문이다. 즉 그는 귀국 즉시 국내 각급 도서관을 드나들면서 신극사 관련 자료 수집에 나섰고 4년여 작업 끝에 그의 첫 저술인 『한국신극사연구』(서울대학교 출판부, 1966)를 펴내며 여러 가지 상을 받게 된다. 이 저술로 인하여 연극사학자로서의 위치를 확고하게 굳힌 그는 서문을 다음과 같이 썼다.

하나의 이정표로서 여기 『한국신극사연구』를 내놓는다. 이제 십 리만큼 왔다는 표지이다. …(중략)… 누구는 말하기를 '연극이란 마력 지닌 요부'라고 하였지

만 나에게 있어서도 연극은 '구원의 여성'이었다. 아름다운 여인처럼 순간 예술
인 연극의 미도 덧없는 것이지만 그 아름다움 속에 우리는 영원을 보는 것이다.
모든 아름다운 것은 유한하지만 동시에 그것은 영원한 것이다. 이 패러독스 속
에 유한한 우리들은 영원한 것과 만나게 되는 것인지 모르겠다. 이 뮤우즈의 여
신에 이끌려 그동안 신극에서 고전극으로 다시 가면과 가면극, 그리고 민족학의
세계에까지 인도되었다. …(중략)… 재래에 있어온 '하등의 정확한 고증적 근거
에 의하지 않은 회상적 촌감 같은 것도 후학에게는 하나의 정사적인 사실로 확
인되어 부지부식 간에 오류가 정당화되어 인용되기 쉬운 우려가' 허다하였음으
로 본 연구에서는 최대한의 고증적 정확을 기하기 위하여 노력하였으며 심지어
번거로움을 무릅쓰고 인용문에 연월일까지 밝혔다. 이렇게 한 또 하나의 이유는
참고문헌과 자료의 수집 작업에 있어 너무나 많은 고생을 내 스스로가 겪었으므
로 나중 사람들에게는 다소나마 그 고생을 덜게 하려고 생각하였기 때문이다.

　이 연구에서 종래의 한국 문학사에서 홀대되어 오던 희곡문학을 위하여 좀 더
많은 비중을 두고 싶었으나 이번은 한국 연극학 수립을 위한 첫 단계로 연극단
체들의 활동을 중심으로 신극사를 거의 자료집에 가까운 체제로 요약하였다. 희
곡사 연구는 다음 기회에 따로 다루고자 한다. 원래 본 연구는 한국연극사 연구
의 제2부 현대 편으로 착수된 것이므로 한국 가면 및 가면극 연구가 끝나는 대
로 제1부 고전 편을 완성하고 이어 한국연극전사를 상재코자 한다.

　이상과 같은 그의 첫 노작의 서문에는 여러 가지 함축적 의미가 담겨 있다.
첫째로 그가 연극의 매력에 이끌려서 신극사 연구를 했다는 것이고 두 번째로
는 종래의 비과학적인 연구방법을 지양하고 실증적 방법을 구사했다는 것, 그
리고 세 번째로는 한국연극사 전사의 일부로서 먼저 신극사 편을 썼다는 것
등이다. 이러한 그의 술회는 연극학 입문의 배경에서부터 연구방법 및 앞으로
의 구상까지 모두를 솔직히 밝혀놓은 것이다. 그가 서문에서 연극사 연구에
있어서 이제 겨우 십 리만큼밖에 오지 못한 것이라고 겸손해했지만 이 책은
우리나라 근대연극사 연구의 새로운 이정표가 될 만큼 대단한 업적이다. 최초
의 연극사라 할 김재철의『조선연극사』의 제2장 신극 편을 확대하여 단독 저

술로 엮어낸 이 책은 철두철미한 실증적 연구로서 김재철이 1932년까지 엉성하게 정리한 신극사를 바로잡은 것이다. 가령 김재철이 원각사 개설을 1909년이라고 기술한 것을 정확한 고증을 통하여 1908년으로 바로잡은 것을 비롯하여 우리나라 신극운동의 흐름을 토월회와 극예술연구회로 이어졌다고 본 것이라든가 동양극장의 설립과 신파 대중극의 정착 등을 소상하게 기술해놓은 점에서 그러하다.

사실 그의 첫 저술은 단순한 신극사 정리를 넘어서 한국 인문학 연구의 한 영역을 개척한 것이다. 전술한 김재철이 『조선연극사』를 펴낸 이후 그 분야를 제대로 연구한 학자가 없었는데, 그가 27년 뒤에 현대적인 학문방법을 응용하여 새로운 연극사 현대 편을 내놓은 것이다. 공연예술의 3대 장르라 할 음악, 연극, 무용 중에서 연극사가 처음으로 저술되었다는 것도 주목되는 것이다. 그리고 이는 곧 한국근대문예사의 한 부분이 성립된 것이기도 하다. 그러나 무엇보다도 그가 역사주의적이면서 실증주의적인 학문방법을 구사했다는 점에서 인문학계의 주목을 받을 만한 것이다. 이는 당시로서는 대단히 선진적인 학문 방법으로서 문학이라든가 미술학 분야 등에서도 놀랄 수 있었다. 그가 1960년도에 미국에서 선진학문 방법을 터득한 결과물로 내놓은 이 저술이 한국 인문학 연구를 한 단계 업그레이드시킨 획기적 업적이었음은 두말할 나위 없다.

신극사를 펴낸 직후 그는 국제 학술회의에 부지런히 참석하면서 민속학 내지 인류학 쪽으로 시야를 넓힌다. 이는 일종의 다음 작업을 위한 숨고르기라고 볼 수도 있다. 가령 그가 미국과 유럽을 여행하면서 주로 역사박물관을 관람케 되는데, 이는 그의 다음 작업 가면극 연구와 무관치 않은 것이다. 그가 유럽 여행을 하는 동안 "대영박물관, 루브르박물관, 바티칸박물관, 뉴델리국립박물관, 그리고 아그라의 타지마할, 대북의 고궁박물관과 역사박물관 등에서 깊은 감명을 받았"고 쓴 것은 곧 민족학에 대한 연구에 적잖은 자극을 받았음을 고백한 것이라고 말할 수 있다.

그는 국제학회에서 초분(草墳) 등 한국 민속을 소개하기도 했다. 한국 학자로서 세계 인류학회에서 민속을 소개한 것은 그가 처음이었다. 그만큼 그가 국제적인 학자로서 인정받고 있었다는 이야기도 되는 것이다. 이는 그가 당시로서는 일본어와 영어를 구사할 수 있는 거의 유일한 국학자였다는 것도 의미한다고 말할 수 있다. 워낙 부지런한 학자였기 때문에 그는 국내에 있을 때도 현장답사에 많은 시간을 할애했었다.

그 결과 그는 첫 저술 3년 뒤인 1969년에 또 하나의 역작이라 할 『한국가면극』(문공부 문화재관리국)을 펴낸다. 그가 신극사를 펴내면서 약속한 것을 단 3년 만에 지킨 것이다. 소위 역사민속학적 방법으로 삼국시대 이래 한국 가면극의 사적 고찰과 가면 및 가면극의 민속지적 자료로 엮은 이 책에 대하여 그의 설명을 따라가 보겠다. 그는 이 책이 우리나라 전통극인 가면극과 꼭두각시놀음의 자료도 수집한 결과물이라면서 "전통극이라고 했지만 무대 상연의 극본을 갖춘 고전극이 아니고, 구전으로 전해온 마당놀이로서 민속극의 범주에 드는 것이었으므로 자연 민속학적 조사가 되고 현지답사를 해야 하고 연희자의 구술본을 녹음 채록하고 그 역사적 유래 등을 역사민속학적 방법으로 정리하였다. 현장에 나가는 데서부터 학문이 시작되고 야첩(field note)의 축적에서 학문의 골격을 갖추게 되는 실증주의 방법에서 나의 민속학 연구의 방향을 찾게 되고, 아울러 역사적 문헌과 고고학적 성과 등 학제적 연구를 꾀하였다. 민속학의 여러 분야 중에 내가 연구 분야로 삼은 민속공연예술 분야였으므로 민속극의 배경이 되는 세시풍속과 무속의 현지답사로 연구가 자연히 기울어져 갔다. 여기서 나의 연극학 연구와 민속학 연구의 접점이 이룩되었다."[11]고 썼다.

이두현 자신의 설명에서도 알 수 있는 것처럼 이 책은 그가 첫 저술에서처럼 실증주의적 입장에서 우리 가면극의 발생, 성립, 발전 과정을 정리한 것인바, 우선 선학들의 학문 방법을 극복했다는 평가를 받을 수 있을 것이다. 바꾸

---

11 위의 책, 442쪽.

어 말하면 선학들의 문헌 중심의 연구와 현장 위주의 연구를 지양하고 문헌과 현장을 조화시킨 문자 그대로 현대적인 학문방법을 응용하여 우리나라 가면극을 규명했다는 이야기다. 이 책이 더욱 돋보이는 것은 그 동안 가면극이 몇몇 학자들에 의하여 기악(技樂)기원설과 제의기원설로 양분되어 막연히 논의되어 왔었는데, 그가 두 가지 기원설을 수용하고 더 나아가 서역지방의 가면희와 비교연극학적 방법으로 연결시킨 점이었다고 말할 수가 있다. 그가 이 책의 서문에서 앞으로의 과제로서 우리나라 가면극과 영향관계를 가졌다고 볼 수 있는 "중국 일본과의 비교 연구, 또 나아가 유라시아 대륙을 하나의 단위로 한 보다 확대된 연구 등 더욱 심화된 작업이 될 것"이라고 썼는데 이미이 저술에는 그러한 관점이 깔려 있다. 그가 6 · 25전쟁 직후부터 십 수 년 동안 광범위한 문헌 섭렵과 전국을 누비면서 수집한 자료를 총망라해서 집대성한『한국가면극』은 우선 그 호한(浩瀚) 방대한 스케일에 질린다. 전 5장 13절로 나누어진 이 책은 가면극지와 인형극지로 꾸며져 있는데, 그의 땀이 배어 있는 이 민속지는 자신이 직접 찍은 사진들과 함께 꼼꼼하기 이를 데 없다. 그가 학문이란 이렇게 하는 것이라고 무언으로 가르치려는 듯하다. 그리고 가면극 연구서에 전통극의 한 장르라 할 인형극을 포함시킨 것은 아무래도 그가 가면극 답사를 하면서 얻은 자료를 따로 묶기도 그렇거니와 또 한국연극전사를 펴내기 위한 선행 작업으로서 보여주려 한 것이 아닌가 싶다.

　실제로 그는 가면극 연구서를 펴낸 뒤 4년 만인 1973년에 그가 대학 시절부터 꿈꾸어 왔던 대망의『한국연극사』(민중서관)를 내놓게 된다. 이는 김재철이『조선연극사』를 발간한 지 꼭 34년 만이었다. 이는 일단 그로서는 한국연극사 연구의 대미를 장식한 것이지만 한국 인문학 연구의 측면에서 보면 적어도 공연예술학의 한 지평을 훤하게 뚫어놓은 것이 된다. 그가 첫 저서인『한국신극사연구』를 펴내면서 이제 겨우 십 리만큼 왔다고 겸손해했지만 적어도 그가『한국연극사』를 낸 것은 거의 목표지점에 다다를 만큼 수백 리 길을 달려온 셈이고 후학이 그를 극복하려면 또다시 수십 년을 기다려야 할지도 모른다.

몇 번의 개정판을 거친 이 책은 전 6장으로서 한국연극의 기원에서부터 최근, 즉 1980년까지를 일반사처럼 통사적으로 서술했는데, 제1장이 「서론」이고, 제2장은 「고대의 연극」, 제3장 「중세의 연극」, 제4장 「근세의 연극」, 제5장 「가면극과 꼭두(인형)극의 전승」, 그리고 제6장이 「현대의 연극」으로서 고전극에 큰 비중을 두고 쓴 점에서는 김재철의 『조선연극사』를 연상케 한다. 이 책 역시 그의 장기(長技)라 할 실증 객관적인 기술이 돋보이는 것으로서 그 정확성이 놀랍다. 다만 전체적으로 시대 구분을 초창기 도남 조윤제 등이 국문학사를 쓸 때 한 것처럼 일반사와 같이 했고 가면극 부분이 지나칠 정도로 큰 비중을 차지한다든가 판소리와 광대소학지희가 왜소하게 다루어진 점, 그리고 한국연극의 종류 중에 그림자극이 빠진 것 등은 많은 이야깃거리가 될 것 같다. 그런데 언뜻 보면 이 책자가 단순히 『한국신극사연구』와 『한국가면극』을 연결시킨 것처럼 보이지만 자세히 들여다보면 앞서의 저술보다 훨씬 보완된 것임을 알 수 있다. 그러니까 그가 『한국가면극』을 펴내면서 중국, 일본 더 나아가 유라시아 대륙을 하나의 단위로 한 비교연구를 좀 더 심화시키겠다고 한 약속을 어느 정도 지킨 것이 바로 이 『한국연극사』라고 말할 수가 있다. 이 책자가 돋보이는 이유도 바로 거기에 있는 것이다.

그런데 그가 학문만 열심히 한 것이 아니었다. 그가 평소 연구한 것을 현실에 접목시키는 일도 선두에 서서 실천했다. 우선 그는 외국, 특히 서양에 우리의 전통문화가 거의 알려지지 않은 것에 대하여 언제나 아쉬움을 느끼고 있었던 터라 기회만 되면 서양의 여러 대학이라든가 연구소, 박물관 등에서 슬라이드 강의를 해왔다. 그 일은 1971년도부터였는데, 그가 다닌 나라는 일본으로부터 시작하여 미국, 영국, 네덜란드, 프랑스, 스위스, 독일, 스웨덴, 덴마크, 아일랜드, 오스트리아 등 십여 개 나라 수십 개 대학에 이른다. 그가 그들 나라에서 강의한 것은 대체로 한국의 가면극과 민속, 그중에서도 서양 학자들이 호기심을 가지고 있는 무속이나 장례습속 등과 같은 것이다. 따라서 그는 서양의 저명한 인류학자들 이를테면 레비스트로스라든가 연극사학자인 킨

더만 등과 같은 세계적 석학들과 교유 폭을 넓힐 수 있었다. 그처럼 그가 세계적 명성을 얻자 외국 대학에서 초청강의도 잇달아서 도쿄대학과 독일의 보쿰 대학에서 각각 1년씩 초빙교수로 한국학을 강의한 바도 있다. 그의 20여 년에 걸친 한국 민속 소개는 국위선양에도 적잖은 기여를 했다. 그는 또한 1978년부터 〈봉산탈춤〉을 직접 인솔하여 미국의 여러 대학과 유럽의 주요 도시에서 공연도 가짐으로써 중국이나 인도, 그리고 일본 고전극만 알고 있던 서양인들에게 우리의 전통극도 소개한 것이다. 이러한 해외 활동과 함께 전통극 연구에서 그가 찾아내고 복원한 작품이나 연희자들을 문화재로 지정토록 하는 일과 주요 공연물들에 대한 관극평 쓰기, 그리고 직접 대본까지 쓰는 등 그의 활동 폭은 대단히 넓었다. 그의 이러한 활동을 정부가 인정하여 문화훈장을 수여한 바 있다. 그러나 그 정도로 그의 눈부신 활약이 보상된 것은 아니었다.

여하튼 그가 당초 문학을 하려 했었고 그중에서도 극작가가 되어보려고 서양의 근대 희곡을 집중적으로 읽은 적이 있었는데, 학문으로 방향을 돌리면서 그런 꿈을 연극운동 참여와 공연평 쓰는 것으로 이룬 느낌을 준다. 즉 그는 차범석, 박현숙 등 해방 직후의 대학극 출신들이 1956년에 새로운 연극운동의 기치를 들고 극단 제작극회를 출범시켰을 때 창립동인으로 참여한 바 있다. 동인 모두가 극작가나 연출가, 배우인 데 비하여 노희엽과 그만이 학자로서 참여하여 이채로웠다. 물론 그가 그 이후에 단원으로서 적극적인 활동을 한 것은 아니었지만 극단의 동인으로 발을 들여놓았었다는 것은 중요한 의미를 지닌다고 볼 수가 있다. 그가 단체활동을 하지 않는 대신 무용대본 쓰기와 공연평으로써 자신의 관심을 드러내기도 했다. 그의 공연평은 본격적인 것이 아니어서 많지는 않지만 대체로 세 부류로 나누어 볼 수가 있다. 즉 그는 그의 학문 분야인 민속공연과 무용 및 연극 분야에 걸쳐서 몇 편씩 썼다.

전국민속경연대회가 처음 열린 것이 1958년도였는데, 그가 심사위원으로 참여하면서 공연평도 여러 번 썼다. 그런데 민속경연대회에 대한 평가를 그는 단순히 국외자에서가 아니라 민속 마니아답게 대단한 애정을 갖고 썼다는 사

실이다. 그는 두 번째 열린 민속경연대회에 대하여 그 소회를 다음과 같이 쓴
바 있다.

연례적인 전국민속예술 경연대회의 개최를 통하여 지방 민속예술단체들을 계
속 보조하여 그 계승발전을 꾀하고 한편 고령의 숙련자들을 무형문화재 보호의
대상으로 지정하여 교사로 초빙하고 국립국악원이나 국립극장에 전속하는 민속
예술단을 조직하여 선발된 젊은 학도들에게 전문적으로 계승시켜야 한다고 생
각한다. 바야흐로 각 나라 각 민족이 제각기 자기 고유의 문화를 보호 육성하고
그 국제적 교류를 꾀하고 있는 이 마당에 우리도 우리의 민족적 긍지를 높이 치
켜들어야 하겠다.[12]

이상과 같은 그의 글에서 우선 느껴지는 것은 선구적인 안목과 민족주의적
성향이라고 볼 수 있다. 가령 고령의 예능인들을 문화재로 지정해야 된다든가
젊은 후계자 육성을 주창한 것이 주목되며 이러한 전통예술 보호 육성이야말
로 진정으로 나라를 위하는 길이라는 것이다. 그의 이러한 생각은 다른 글에
서 변형되어 나타난다.

그가 비슷한 시기에 원로 무용가 김천흥(金千興)의 발표회를 본 소회와 관련
하여 "오늘날 예술세계에 있어 국적 불명의 작품은 영속되지 못하며 도리어 명
확한 주장을 갖는 작품만이 세계의 모든 사람들에게서 사랑을 받으며 국제성을
갖는 작품이 될 수 있다는 것은 우리가 너무나 잘 아는 일이다. 그러나 민족 발
레 창조를 위하여 먼저 우리의 발레음악이 창작되어야 함은 물론이고 무용에서
도 댄스 클래식의 기본 기술과 함께 우리의 댄스 캐릭터가 구성되어야 하겠다.
댄스 캐릭터가 각국의 토양에서 자라난 토속적 무용과 함께 아크로바틱 댄스나
익센트릭 그로테스크 댄스 등의 종합 구성에서 이루어지는 것이라면 우리의 정

---

12 이두현, 「제2회 전국민속예술 경연대회에 부쳐」, 『한국일보』 1961.9.26.

재, 가면무, 무속무, 농악 등에서도 그 풍부한 소재를 찾아낼 수 있다."[13]고 함으로써 전통을 바탕으로 한 현대적 재구성 내지 재창조의 문제를 제기하고 있다. 그러니까 그는 무조건적인 서양 예술 수입은 민족예술이 못 되므로 우리 고유의 전통예술을 바탕으로 하여 동시대의 감각에 맞는 예술을 창조할 때가 되었다고 했다. 이는 당시로서는 대단히 앞선 생각이었다.

그의 이런 생각은 창극에 대해서도 마찬가지였다. 가령 그가 국립국극단 공연의 창작 국극 〈백운랑〉을 보고는 창극이야말로 우리의 민족오페라로 발전되기를 갈망한다면서 그러려면 우선 창극을 고전극으로 정립시켜야 한다고 했다. 그렇다고 해서 지금처럼 해서는 안 되고 현대감각에 맞도록 변용시킬 필요가 있다는 것이다. 특히 그가 연기뿐만 아니라 무용, 독창, 중창, 합창 등의 앙상블도 중요하다고 보았다. 다만 판소리가 갖고 있는 내재적 요인에 주목할 필요가 있다는 것이다. 정곡을 찌른 관점이었다. 그는 거기에 그치지 않고 〈봉산탈춤〉 등 가면극도 민족극으로 정립시켜야 한다고 했다. 즉 그는 1970년대 초 해서가면극 발표회에 부치는 글에서 "오늘날 가면극에서 사회적 기능을 기대할 수는 없게 되었지만 매스컴 예술이 새로운 민중문화로 단장하려면 메커니즘 속에 그 알맹이로 민족문화재를 재생시켜야 할 것이다. 그러므로 가면극을 우리의 고전극의 하나로 정립시키고 이를 계승 보존하는 일은 문화재 보존사업으로 그치는 것이 아니고 이와 같은 현대적 의의가 있는 것"[14]이라면서 탈춤이야말로 우리 민중의 호방한 희극정신을 보여주는 민족극이라고 주장한 바 있다. 그는 우리의 전통극이 중국의 경극이나 일본의 노 및 가부키 등에 비해서 조금도 손색없는 민족극이라 보았다.

그가 한때 극작가가 되어보려던 꿈을 지녀서였는지는 몰라도 현대극에 대한 관심도 평생 지니고 있다. 그는 국내외의 좋은 공연은 빼놓지 않고 관람하

---

13 이두현, 「민족발레의 몇 과제」, 『한국일보』 1963.1.8.
14 이두현, 「민속극의 '민족극'화 계기되길—「강령·봉산탈춤」 발표회를 맞아」, 『동아일보』 1971.7.8.

며 공연평도 몇 번 쓴 적이 있다. 가령 1964년 셰익스피어 탄생 4백 주년 기념 공연평을 보면 그가 현대극에 대해서도 전문가 못지않은 식견을 갖고 있음을 알 수 있다. 특히 공연평에서 주목할 만한 사실은 그가 국립극단 등 일곱 단체의 문제점을 정확하게 지적했으며 배우들의 연기 하나하나의 문제점을 꼬집기도 했다. 가령 극단 신협의 공연에 대하여 그는 "신협의 〈오셀로〉는 10년 전에 하던 레퍼토리를 재상연하는 것이어서 그런지 어딘가 김빠진 것으로 보였다. 고음부만 있고 도무지 하모니가 없는 합창과 같은 연극이었다고나 할까. 의욕도 저조하다. 이대로 가다가는 관객에 대하여 불성실한 직업극단이라는 말조차 들을 것 같다. '오셀로'의 김동원은 '데스데모나'의 오현주와 더불어 연극하는 것이 아니라 독주하고 있다. '이아고'의 이해랑과 '이미리어'의 김정옥은 너무나 동떨어져 있다. 그 밖의 배역들이 주역들과 이처럼 앙상블을 이루지 못할 수가 있을까?"[15]라고 개탄하면서 우리의 극계 현실에서 셰익스피어를 소화하기에는 역부족이라고 본 것이다. 어느 나라나 셰익스피어를 제대로 소화하느냐 못하느냐에 따라 연극 수준을 판가름 받는다는 것은 다 아는 사실이다. 한편 그가 오랫동안 가면극을 연구하면서 전통무용 전반에 대해서도 폭넓은 식견을 갖고 있었기 때문에 한영숙의 명무 공연에 대하여 큰 공감을 표한 글도 남겼다. 즉 그는 그 공연을 보고 "이번 한영숙 씨 무용발표회 프로그램 제2부 〈법열곡〉(승무접속곡)을 보면서 우리는 오래간만에 형언할 수 없는 감동에 휩싸였다. 그것은 궁중 정재의 아정의 세계와도 다르고, 또 무무의 엑스터시와도 다른 그야말로 법열의 세계라고 밖엔 할 수 없는 것이었다. 〈귀의불(歸依佛)〉에 이어 바라춤 정(鉦)에 화려한 태평소까지 곁들인 반주음악에 맞춰 추어지는 나비춤과, 그리고 타주무에 이르기까지 이것은 분명 남무인 상좌춤의 전통이며, 다시 염불에서 타령 굿거리로 고조되어간 승무도 가락이 점고됨에 따라 혼신의 힘으로 북을 향해 몸을 던지는 듯한 다이내믹한 춤사위는 귀의불

---

15 이두현, 「셰익스피어 축전공연을 보고」, 『대학신문』 1965.5.21.

정진과 법열의 표현이 아닐 수 없었다."[16]고 씀으로써 그의 무용 미학에 대한 대단한 심미안을 보여준 바도 있다.

또 하나 흥미로운 사실은 그가 극작가의 꿈은 접었지만 무용극본만은 세 편이나 썼다는 사실이다.(물론 그는 극작가 오영진과 함께 봉산탈춤, 양주별산대놀이, 오광대 등의 파계승과장과 양반과장만을 갖고 2부 10장의 극본을 구성한 바도 있다.) 즉 그는 1964년 국립무용단의 〈허도령〉(4막 2경)을 비롯하여 1974년에 국립발레단의 〈지귀의 꿈〉(3막 6장), 그리고 1987년에 박정자 한국 무용단의 〈초라니〉(전 2경)까지 거의 10년 주기로 세 편을 쓴 바 있다.

그런데 세 편 모두 그가 평생 탐구해온 고전문학과 전통연희를 소재 원천으로 삼은 것이 공통점이고 대단히 환상적인 스타일을 지닌 점이 특징이다. 우선 그의 첫 작품 〈허도령〉은 하회별신굿놀이 가면제작에 얽힌 설화를 바탕으로 한 무용극본이다. 플롯은 설화의 내용과 대동소이하지만 그가 이 작품에서 드러내고자 한 것은 역시 허도령과 분이라는 두 청춘 남녀의 이룰 수 없는 비련이다. 이 작품에는 고려시대의 대표적 국가 축제라 할 팔관회와 연등회를 배경으로 삼았기 때문에 그 시대의 다양한 예능이 펼쳐지고 그 사이에서 신분이 다른 두 젊은이의 비극적 사랑이 전개되는 것이다. 거기에 동시대의 대표적 가요라 할 〈동동(冬冬)〉이라든가 〈만전춘별사〉, 그리고 〈가시리〉와 〈청산별곡〉까지를 적절히 가미함으로써 고려 중엽 사람들의 삶과 문화를 입체적으로 표출하면서도 하회가면극의 생성 과정까지를 자연스럽게 보여주고 있다.

다음 작품인 〈지귀의 꿈〉은 신라를 배경으로 한 것이다. 이 작품 역시 설화가 바탕이 되고 있음은 두말할 나위 없다. 즉 이 극본은 삼국유사에 전하는 '선덕왕지기삼사'(善德王知幾三事)와 수이전(殊異傳) 권2에 실려 있는 '심화요탑'의 지귀전설을 바탕으로 해서 재구성한 것이다. 그런데 그는 선덕여왕을 사랑하는 남성을 지귀에 한정하지 않고 또 한 명인 양지법사라는 캐릭터를 추가함으

---

16 이두현, 「한영숙 무용발표회 「법열곡」을 보고」, 『중앙일보』 1971.6.12.

로써 설화의 단조로움을 극복하면서 동시에 사랑의 두 형태를 제시하고 있다. 그러니까 그가 작품 속에서 구현하려던 것은 지문에도 써넣었듯이 "차원은 다르나 두 사나이의 지상에서 가장 고귀한 이에 대한 똑같은 사랑, 하나는 불승으로 보다 고차의 불법과 예술에 의한 승화를 가져오려고 고민하고 하나는 평민의 직정으로 광란과 실성에 이르는", 어찌 보면 상반된 사랑의 형태라고 말할 수가 있을 것 같다. 그렇지만 그가 이 작품에서 비중을 둔 것은 아무래도 지귀의 인간적 사랑으로 보인다. 가령 지귀가 여왕을 기다리다가 잠이 들어 만나지 못함으로써 그의 마음의 불이 탑까지 태웠다는 이야기를 그는 마지막에 다음과 같이 매우 리얼하게 묘사해놓았다.

30) 그때에 그의 가슴 속에서는 뜨거운 불덩이가, 사랑의, 환희의 불덩이가 이글이글 일었다.
31) 가슴이 타고 머리가 타고 손발이 탔다. 그리고 지귀가 탑을 붙잡고 쓰러질 때 그 불은 탑에까지 붙어 올랐다. 어두워가는 초여름 하늘에 그 불은 저녁노을과도 같이 붉다.(「지귀의 꿈」)

이상과 같이 그는 전설을 바탕으로 하여 사랑을 주제로 한 무용극본 두 편을 쓴 다음에 무당춤과 탈춤을 바탕으로 해서 소위 민족무용극이라는 〈초라니〉를 마지막으로 썼다. 즉 그가 산대가면극과 하회가면극, 그리고 오광대가면극의 주요 인물들을 등장시켜서 17장면으로 구성한 무용극이 바로 이 작품이다. 그런데 그가 쓴 세 편의 무용극본의 공통점이라고 한다면 아무래도 몽환성을 꼽을 수 있지 않을까 싶다. 세 작품 모두 꿈이 주요 골격이 되어 있다는 사실이다. 이는 그가 몽환적인 한국인의 정서를 정확히 파악하고 있음을 보여주는 것이어서 주목된다. 그가 평생에 걸쳐 고전문학과 민속, 그리고 연극을 탐구하면서 한국인의 정서와 미학을 체득한 결과라고 말할 수가 있다.

일찍이 네덜란드의 역사인류학자 하위징아는 자신의 저서『중세의 가을』에서 각 민족들은 대체로 세 가지 길을 걸었다고 했다. 즉 현실 부정의 민족은 종교에 빠지고 현실 변혁의 민족은 혁명에 유혹되었으며 '꿈의 길'을 걸은 민족은 자연에 심취했다고 했는데, 중세의 우리 민족이 바로 그런 꿈의 길을 택한 경우였다고 볼 수가 있다. 이런 한국인의 정서를 간파한 이두현이 몽환적인 무용극본 세 편을 남겼다고 말할 수가 있겠다.

그가 1973년도에 『한국연극사』를 내놓은 이후에는 주로 민속학과 문화인류학 쪽으로 방향을 전환한 느낌을 준다. 물론 그가 1990년대 들어서도 가면극 주석본을 내는 등 연극 연구에 등한한 것은 아니지만 6, 70년대처럼 연극연구에 매달리지는 않았던 것이다. 따라서 그가 1980년대에 내놓은 주요 업적은 단연 민속학과 인류학 분야이다. 그 두 저서가 다름 아닌 『한국민속학논고』(1984)와 『한국무속과 연희』(1996)이다. 물론 이 두 저술도 그가 1950년대부터 전통극 답사를 하면서 함께 탐구해온 것임은 두말할 나위 없다. 학술원상을 받기도 한 『한국민속학논고』는 서론과 각론 2편으로 구성되어 있는 바, 서론은 「한국의 민속학연구」이고, 21편으로 된 각론의 제1편은 당제와 무속을 중심으로 한 11편의 논문으로 짜여졌으며 제2편에는 세시풍속에 관한 논문 10편이 주내용이다. 그런데 소론에서 다룬 한국 민속학의 발전 과정을 보면 매우 흥미로운 점이 나타난다. 그것이 다름 아닌 10년 주기 발전론인데, 가령 그가 1920년대 민속학의 형성기부터 1970년대까지의 발전 과정을 10년 주기로 나눈 점이라 하겠다. 우연의 일치인지는 모르나 그가 첫 저서 『한국신극사연구』에서의 시대구분도 10년 주기로 한 점에서 일치한다는 사실이다. 그리고 또 하나는 그가 『한국가면극』에서 보여준 비교연극학적 방법이 민속학 연구에서 비교민속학으로 나타난다는 점이다. 그만큼 그는 가면극뿐만 아니라 민속학 역시 유라시아를 하나의 단위로 하여 비교연구를 시도했다는 이야기가 되는 것이다. 구체적으로 예를 들어본다면 장승이라든가 복장제(複葬制)까지도 유라시아 일대에 분포된 선사시대의 복합문화로 접근한 점이다. 이는 그만큼 그가 민속연구를 비교민속학적 방법과 문화인류학의 넓은 시야를 갖고 접근했다는 이야기가 되는 것이다.

'현지발굴을 통한 탐구의 정신'이란 제목으로 '이두현론'을 쓴 최인학은 이두현이 방법론에 있어서 민속학이 걸어온 문헌중심주의에 입각한 서지적 연구를 탈피하여 문헌과 현지답사를 동시에 구사하면서 민속학이 실증과학임을 입증해준 공로가 크고, 민속학이 국문학의 보조과학으로만 존재하던 시대에 현장의 중요성을 인정하여 몸소 현장으로 뛰어들어 좋은 자료들을 발굴했을 뿐만 아니라 더러는 문화재로서 보존 계승해야 할 필요성이 있는 것들은 정부 차원에서 보존하도록 추진한 인물이라면서 『한국민속학논고』에 대하여 다음과 같이 결론지은 바 있다.

> 여기에서 우리는 이 종합된 논문들이 민속학계에 미친 영향에 대해서 냉철히 평가하지 않으면 안 될 것이다. 장승과 솟대, 그리고 초분과 같은 기층문화가 거석문화 요소와의 복합문화 형태임을 지적한 점은 분명히 하나의 새로운 가설이며, 우리는 이 학설에 깊이 감동하면서 계속 노력하여 실증해나가지 않으면 안 될 줄로 안다. 그리고 세시풍속 연구에 있어서도 민속사회의 구조적인 변동과 함께 문화변용의 차원에서 보다 넓은 시야에서 연구되어져야 한다는 주장에 대해 우리는 숙연히 반성해야 하리라 생각한다.[17]

이상에서 확인할 수 있는 것은 이두현이 연극사 연구에서뿐만 아니라 민속학 연구에서도 대단히 폭넓은 시야를 갖고 우리나라 민속학을 한 단계 진척시킨 인물임을 알 수가 있다. 그가 비교민속학 더 나아가 인류학적인 자세로 연구의 지평을 넓혀간 것은 「나의 학문 방랑기」에서 밝힌 바 있듯이 유소년 시절 두만강 접경지역인 회령에서 기독교와 연관된 서양인과 서양 문화를 접했던 것이 바탕이 되었던 것 같다. 그는 방랑기에서 "나의 유년 시절을 돌아볼 때 국경의 거리에서 자라면서 여러 민족과 여러 문화에 접했다고 생각한다. …(중

---

17 최인학, 「현지 발굴을 통한 탐구의 정신—이두현」, 『문학사상』 1985.12.

략)… 인간형성에 있어서 어린 시절의 환경이 의외로 뿌리 깊음을 느끼지 않을 수 없다. 내가 인간과 문화, 그것도 자국의 문화와 타국의 문화를 비교하여 그 본질을 파악하려는 민속학과 문화인류학이란 학문에 이끌리게 된 데에는 이처럼 내가 자란 어린 시절의 환경이 많이 작용했다”고 회고한 바 있는 것이다.

그의 그러한 연구 태도는 다음 작업에서 더욱 심화되어 나타난다. 즉 그가 정년 후에 가면극본 주석서를 낼 무렵에 펴낸 『한국무속과 연희』가 바로 그런 저술이다. 그가 1989년에 정년을 하면서 그동안의 직업으로서의 학문에서 벗어나 도락으로서의 학문을 하겠다고 다짐했지만 달라진 것은 조금도 없어 보인다. 그러니까 그가 그동안 해오던 학문 방식 그대로 문헌과 현장의 적절한 조화라든가 부지런한 현장답사 등에서 달라진 것이 없었다는 이야기다. 오히려 그가 가면극 연구서를 내면서 약속했던 보다 폭넓고 심화된 연구의 자세를 보여주었다. 여기서 폭넓은 시야라는 것은 유라시아를 하나의 단위로 하여 우리나라의 고전극과 민속을 천착했다는 이야기다. 물론 이 책자도 그가 그동안 쓴 논문 10여 편을 묶은 것이다.

이 책의 대체적 내용에 대해서는 그가 서문에서 언급한 대로 그의 주된 관심 분야인 “무속과 연희 관계 논문들인데 무속 편에 실린 내림무(강신무)와 단골무(세습무)에 관한 두 편의 논문은 민속 조사에서 얻은 자료를 역사민속학적 접근으로 인접 지역의 무속과 비교한 내용이다. 나머지 두 편은 호남의 단골무와 내림무의 굿의 참여기록인 무속지이다. 연희편에서는 장례에서 놀던 연희와, 상여에 명기로 부착했던 목우에 대한 고찰, 그리고 도당굿과 농악에서 놀던 연희적 측면을 살폈다. 끝으로 중국 화남지방의 나희답사기를 실었다”고 했다. 이처럼 그가 서문에서 밝힌 대로 이 책은 제1편 무속과 제2편 연희로 나누어 전체 12장으로 구성되어 있다. 그런데 이 책의 핵심부분은 아무래도 그가 E.T. 커비(Kirby)처럼 연극의 기원을 샤머니즘에서 찾아보려는 의지와 함께 진도의 ‘다시래기’ 등과 같은 장례의식에서도 흔적을 찾고 있는 점이라 하겠다. 한 가지 예로서 경기도당굿의 연희적 면을 다룬 논문에서 그는 "우리는 경기도당굿에서의 화랭이들의 소리와 재담과 연기에서 지난날의 그들 세습무가의 사니들의 창우희(倡優戱)의 모습을 엿볼 수 있다."18고 했다. 이러한 시각은 여러 논문에서 그대로 나타나며 호남농악의 잡색놀이에서 가면극의 흔적을 찾아내려고 한 것도 같은 맥락이라고 볼 수가 있다. 이 책의 또 하나 색다른 점은 먼저 펴냈던 저술과 달리 현대문화에 대하여도 지면을 많이 할애한 사실이다. 그것은 제2편의 제10장 연극의 한일교류와 제12장 한국 축제의 향방이 바로 그것이다. 가령 한일연극 교류는 백제의 기악에서부터 다루긴 했지만 최근의 교환방문 공연에 상당한 관심을 갖고 썼으며 지방자치제가 실시된 이후 난립하는 지방 축제를 염두에 두고 쓴 듯한 '한국 축제의 향방'은 축제의 본질과 외국의 예를 들어서 우리의 축제 형태의 올바른 행로를 제시한 것으로 볼 수가 있을 것 같다.

이상과 같이 그는 한국연극사 연구와 민속학 연구로 평생을 보냈다. 그가 40여 년 가까이 대학에서 봉직했지만 그 흔한 보직 한 번 한 적이 없으며 밖에서도 아무런 관직을 맡아본 본 적이 없다. 한때 국립박물관장 물망에 올랐었지만 반대파의 모략으로 무산된 적은 있었다. 그가 이따금 농담조로 '실력은 있는데 덕이 없다'는 것이 원인이었다고 했다. 그는 차가울 정도로 냉철하며 불의를 보고 참지 못하는 동양적 선비형 학자다. 골프 등 잡기를 전혀 않고 매사에 무리를 하지 않으며 절제를 잘 하는 그는 클래식 음악을 듣고 이따금 등산하는 것이 취미인 것 같다. 그가 만년에『한국경제신문』과 가진 대담에서 "인생 60을 살고 보니 사마천의『사기』의 세계 이래로 중국에서 하나의 이상형이 돼왔던 선비(士大夫)라는 동양적인 교양에 깊은 공감을 느끼게 됐고 또 뿌리 내리게 된 것 같아요. 지금 우리가 시인이라 해도 존경하는 시인은 속물이 아닌 선비적인 지조가 있는 사람을 말하지 않아요? 윤동주, 이육사 등 모두가 순수한 선비로서의 시인이었지요. 앞으로의 소망은 지금까지 교수(학자)로

---

18 이두현,『한국무속과 연희』, 서울대학교 출판부, 1996, 254쪽.

있으면서 현대판 선비로 살아온 만큼 계속 내 고집대로 속물이 안 되고 살다가 유종의 미를 거두고 죽고 싶어요"(『한국경제신문』 1985.12.15)라고 말함으로써 끝까지 초지일관 꼿꼿한 선비로 살 것임을 분명히 밝히고 있다. 한국연극학과 민속학의 기반을 다진 석학답게 그는 80대 중반에 들어서도 여전히 쉬지 않고 연구를 하고 있다. 2001년도 학술원 논문집에 낸「한국무속연희연구」는 그동안 그가 여기저기 발표했던 것을 종합한 논문이다. 이처럼 그는 시종일관 고전적인 선비형 학자란 어떠해야 하는가를 실천적으로 보여주다가 2013년 한여름에 갑자기 이승과 작별했다. 음력으로 치면 만 90세로서 큰 병 없이 장수한 편이었다.

간행물

『경향신문』『대한매일신보』『독립신문』『동아일보』『로동신문』『매일신보』『서울경제신문』
『서울신문』『스포츠조선』『여성신문』『예술통신』『일간스포츠』『조선일보』『조선중앙일보』
『중앙일보』『중외일보』『평화일보』『한국경제신문』『한국일보』『황성신문』

『개벽』『건설기의 조선문학』『공연과리뷰』『국어교육』『국민문학』『극예술』『대조』『댄스포럼』
『동광』『동리연구』『드라마』『레이디경향』『막』『문예』『문예영화』『문장』『문학사상』『문화』
『문화예술』『미르』『백민』『법륜』『별건곤』『비판』『사조』『사상계』『삼천리』『시나리오문예』
『시민연극』『신동아』『신민』『신사조』『신생』『신세기』『신여성』『신천지』『신태양』『역사평론』
『연극포럼』『영화시대』『영화연극』『예술원보』『예술논문집』『예술조선』『오피니언』
『월간동화』『월간문학』『잡지예찬』『전선문학』『조광』『조선문단』『조선영화』『조선예술』
『조선지광』『주간여성』『주간조선』『주간한국』『춘추』『춤』『충남문학』『통일문학』
『판소리연구』『한국극예술연구』『한국연극』『한국연극학』『현대드라마』『현대문학』『혜성』
『호서문학』

저술

강성희, 『강성희 희곡전집』 1~5, 1996.
———, 『염원』, 2003.
강성희 · 조현례, 『너와 나와 만나는 곳』, 2005.
강한영, 『신재효 판소리 사설집』, 민중서관, 1971,
광산문화원, 『용아 박용철의 예술과 삶』, 2002.
권영민, 『월북문인연구』, 문학사상사, 1989.
고설봉, 『이야기 근대연극사』, 1993.
———, 『빙하시대의 연극마당 배우세상』, 1996.

고설봉 · 장원재, 『증언 연극사』, 진양, 1990.

구히서, 「안민수론」, 『우리극연구』, 공간미디어, 1995.

국어국문학회, 『판소리연구』, 태학사, 1998.

김경옥, 『여명 80년』, 창조사, 1964.

김남석, 『조선의 여배우들』, 새미, 2006.

김동욱, 『한국 가요의 연구』, 1961.

――――, 『춘향가 연구』, 연세대학교 출판부, 1965.

김동원, 『예에 살다』, 1992.

――――, 『미수의 커튼콜』, 2003.

김방옥, 『열린 연극의 미학』, 1997.

김영수, 『혈맥』, 영인서관, 1949.

김우진, 『김우진 전집』(1 · 2), 전예원, 1983.

김유미, 『작가 김영수』(1 · 2), 민음사, 2002.

김재철, 『조선연극사』, 학예사, 1939.

김정옥, 『나의 연극교실』, 서문당, 1974.

――――, 『시인이 되고 싶은 광대』, 혜화당, 1993.

――――, 『바람 부는 날에도 꽃은 피네』, 혜화당, 1994.

―――― 외, 『연극적 창조의 길』, 시각과언어, 1997.

―――― 외, 『영화론의 전개와 제3의 영화』, 시각과언어, 1997.

김종원 · 정중헌, 『우리 영화 100년』, 현암사, 2001.

김창순 편, 『북한문화론』, 북한연구소, 1978.

김천흥, 『심소 김천흥 무악 70년』, 도서출판 민속원, 1995.

김춘광, 『희곡 안중근사기』(전 · 후), 청춘극장 출판부, 1946.

――――, 『단종애사』, 청춘극장 출판부, 1946.

――――, 『대원군』, 청춘극장 출판부, 1946.

김학동, 『한국문학의 비교문학적 연구』, 1972.

김항명, 『살아 있는 성좌 ― 복혜숙』, 명서원, 1976.

대한민국 예술원, 『한국예술총집 3』, 2000.

문화체육부, 『윤백남 작품세계』, 1993.

――――――, 『박승희 작품세계』, 1994.

반재식 · 김은신,『여성국극 왕자 임춘앵 전기』, 백중당, 2002.

박용철,『박용철 전집』(1 · 2), 깊은샘, 2004.

박조열,『총독 돌아오다』, 학고방, 1991.

─────,『오장군의 발톱』, 공간미디어, 1994.

박   진,『세세연년』, 경화출판사, 1966.

─────,「한국연극사 제1기」,『예술논문집』제15집, 대한민국 예술원, 1976.

박현령,『허규의 놀이마당』, 인문당, 2004.

박현숙,『박현숙 문학전집』(1~7), 늘봄, 2001.

─────,『그리움은 강물처럼』, 늘봄, 2005.

박   황,『창극사연구』, 백록출판사, 1976.

백   철,『세계문예사전』, 민중서관, 1955.

백성희,『무대 밖에서』, 혜화당, 1994.

백현미,『한국창극사연구』, 태학사, 1997.

서연호,『한국근대희곡사』, 고려대학교 출판부, 1994.

서종문 · 정병헌,『신재효 연구』, 태학사, 1997.

서항석,『경안 서항석 전집』(1~6), 하산출판사, 1987.

송수남 편,『한국 근대춤 인물사』, 현대미학사, 1999.

신정옥,『한국연극과 서양연극』, 새문사, 1994.

『실험극장 10년지』, 극단 실험극장, 1990.

『실험극장 40년사』, 극단 실험극장, 2001.

아키바 다로(秋庭太郎),『日本新劇史』, 理想社, 1955.

안민수,『연극연출－원리와 기술』, 집문당, 1998.

─────,『연극적 상상 창조적 망상』, 아르케라이팅아트, 2001.

안병섭,『영화적 현실 상상적 현실』, 정음사, 1989.

안제승,『신무용의 본질과 요람기가 남긴 영향』, 세기사, 1972.

안종화,『신극사 이야기』, 진문사, 1954.

─────,『한국영화측면비사』, 춘추각, 1962.

양승국,『김우진 그의 삶과 문학』, 태학사, 1998.

─────,『한국근대연극비평사 연구』, 태학사, 1996.

─────,『한국 신연극 연구』, 연극과인간, 2001.

여석기,『한국연극의 현실』, 동화출판공사, 1974.

──────,『동서연극의 비교연구』, 고려대학교 출판부, 1987.

──────,『현대영미희곡작품노트』, 한신문화사, 1987.

──────,『세상을 넓게 볼 줄 아는 도량』, 도서출판 둥지, 1991.

──────,『에세이 셰익스피어 명작선』, 시사영어사, 1991.

──────,『씨네마니아』, 솔, 1996.

──────,『햄릿과의 여행 리어와의 만남』, 생각의나무, 2001.

『연극문화 그리고… 사회』, 서강대언론문화연구소, 1993

오사량,『동랑 유치진 선생과 드라마센터 이야기』, 서울예술대학, 1999

오스카 G. 브로켓,『연극개론』, 김윤철 역, 한신문화사, 1989.

오영진,『하나의 증언』, 국민사상지도원, 1952.

──────,『오영진희곡집』, 동화출판공사, 1976.

유민영,『한국현대희곡사』, 홍성사, 1982.

──────,『한국근대연극사』, 단국대학교 출판부, 1996.

──────,『한국 근대극장 변천사』, 태학사, 1998.

──────,『21세기에 돌아보는 한국 연극운동사』, 푸른사상사, 2022.

유치진,『동랑 유치진 전집』(1~9), 서울예술대학 출판부, 1992.

유현목,『한국영화발달사』, 한진출판사, 1980.

이광래,『촌 선생』, 현대문학사, 1972.

이근삼,『제18공화국』, 을유문화사, 1967.

──────,『서양연극사』, 탐구당, 1980.

──────,『어떤 노배우의 마지막 연기』, 연극과인간, 2001.

이규원,『우리가 정말 알아야 할 우리 전통 예인 백 사람』, 현암사, 1995.

이동순,「한국대중문화사와 왕평 이응호의 위상」, 동북아시아문화학회, 국제학술대회
　　　발표자료, 2009.

이두현,『한국신극사연구』, 서울대학교 출판부, 1966,

──────,『한국가면극』, 문화재관리국, 1969.

──────,『의민당수기』, 한샘, 1989.

──────,『한국무속과 연희』, 서울대학교 출판부, 1996.

──────,『한국연극사』, 학연사, 1999.

이두현 · 장주근 · 이광규,『한국민속학개설』, 민중서관, 1974.

이병복,『무대미술 30년』, 도서출판 한국무대미술가협회, 1997.

이석만,『해방기 연극 연구』, 태학사, 1996.

이원경,『연극연출론』, 현대미학사, 1997.

———,『불멸의 처』, 평민사, 1999.

———,『이원경 연극화술론』, 한국예술종합학교 연극원 연기과, 2003.

이유영,『한독문학비교연구』, 서강대학교 출판부, 1983.

이진순,「한국연극사 제3기」, 한국연극협회,『한국연극』1977.3.

이해랑,『또 하나의 커튼 뒤의 인생』, 보림사, 1985.

———,『허상의 진실』, 새문사, 1991.

임종국 · 박노준,『흘러간 성좌』3, 1966.

임형택,『한국문학사의 시각』, 1984.

———,『한국문학사의 논리와 체계』, 2002.

장덕순,『한국설화문학연구』, 서울대학교 출판부, 1978.

정노식,『조선창극사』, 1940.

정상진,『아무르 만에서 부르는 백조의 노래』, 2005.

조선일보사출판부,『현대조선 문학전집』, 1938.

조지프 캠벨,『신화의 힘』, 이윤기 역, 21세기북스, 1991

———,『천의 얼굴을 가진 영웅』, 이윤기 역, 민음사. 1999

조영복,『월북예술가 오래 잊혀진 그들』, 2002.

조지훈,『한국문화사서설』, 탐구당, 1964.

조택원,『가사호접』, 1973.

조희문,『한국영화의 쟁점』1, 2002.

차범석,『껍질이 째지는 아픔 없이는』, 정신사, 1960.

———,『대리인』, 선명문화사, 1969.

———,『환상여행』, 어문각, 1975.

———,『학이여 사랑일레라』, 어문각, 1982.

———,『동시대의 연극인식』, 범우사, 1987.

———,『식민지의 아침』, 학고방, 1992.

———,『예술가의 삶』, 혜화당, 1993.

──────,『목포행 완행열차의 추억』, 융성출판, 1994.

──────,『떠도는 산하』, 형제문화, 1998.

──────,『옥단어!』, 2003.

──────,『한국 소극장 연극사』, 연극과인간, 2004.

최은희·신상옥,『조국은 저 하늘 멀리』(상·하), 패시픽 아티스트 코퍼레이숀, 1988.

한국고전음반연구회,『유성기음반가사집』, 민속원, 1990.

한국극예술학회,『함세덕』, 태학사, 1995.

한국무대미술가협회,『까페 떼아뜨르』, 1998.

한국영화인협회,『한국영화전사』, 1969.

한승연,『꽃이 지기 전에』, 2003.

함세덕,『동승』, 박문출판사, 1947.

허   규,『민족극과 전통예술』, 문학세계사, 1991.

──────,『물도리등』, 평민사, 1998.

허은아,『무대 위에서 스러진 불꽃 왕평 이응호』, 미루나무, 2011.

황문평,『인물로 본 연예사-삶의 발자국』(1, 2), 도서출판 선, 1998

황   철,『화술과분장』, 1963.

Hans Knudsen, *Theaterwissenschaft*, 1950.

Hans Knudsen, *Methodik der Theaterwissenschaft*, 1971.

인물 및 용어

작품 및 도서

유민영 柳敏榮

경기도 용인에서 출생하여 서울대학교 및 같은 대학원 국문학과를 졸업하고 오스트리아 빈대학교 연극학과에서 수학하였다. 연극평론가이며 문학박사. 한양대학교 국문학과 교수와 단국대학교 예술대학 학장, 방송위원회 위원, 예술의전당 이사장, 단국대학교 문화예술대학원장 및 석좌교수를 역임하였다. 현재 단국대학교 명예교수이다.

주요 저서로는 『한국연극산고』(1978) 『한국현대희곡사』(1982) 『한국연극의 미학』(1982) 『전통극과 현대극』(1984) 『한국연극의 위상』(1991) 『한국근대연극사』(1996) 『한국근대극장변천사』(1998) 『20세기 후반의 연극문화』(2000) 『격동사회의 문화비평』(2000) 『문화공간 개혁과 예술발전』(2004) 『한국인물연극사』(전 2권, 2006) 『한국연극의 사적성찰과 지향』(2010) 『한국근대연극사 신론』(전 2권, 2011) 『인생과 연극의 흔적』(2012) 『한국연극의 아버지 동랑 유치진 – 유치진 평전』(2015) 『한국연극의 거인 이해랑』(2016) 『무대 위 세상 무대 밖 세상』(2016) 『예술경영으로 본 극장사론』(2017) 『풍성한 문화예술계의 명암』(2019) 『사의 찬미와 함께 난파하다 – 윤심덕과 김우진』(2021) 『21세기에 돌아보는 한국 연극운동사』(2022) 『북한 연극사』(2024) 등이 있다.